YEARBOOK OF THE EUROPEAN CONVENTION
ON HUMAN RIGHTS

★

ANNUAIRE DE LA CONVENTION EUROPEENNE
DES DROITS DE L'HOMME

YEARBOOK
OF THE EUROPEAN CONVENTION
ON HUMAN RIGHTS

THE EUROPEAN COMMISSION AND
EUROPEAN COURT OF HUMAN RIGHTS

*

ANNUAIRE
DE LA CONVENTION EUROPEENNE
DES DROITS DE L'HOMME

COMMISSION ET COUR EUROPEENNES
DES DROITS DE L'HOMME

1963

Springer-Science+Business Media, B.V.

Correspondence relating to this Yearbook should be addressed to:
Pour toute correspondance relative à cet Annuaire s'adresser à:

Directorate of Human Rights / Direction des Droits de l'Homme
Council of Europe / Conseil de l'Europe
Strasbourg, France / Strasbourg, France

ISBN 978-94-015-1597-9 ISBN 978-94-015-2723-1 (eBook)
DOI 10.1007/978-94-015-2723-1

Foreword

The Committee of Ministers of the Council of Europe by a Resolution of 6th February 1958, authorised the publication of a Yearbook of the European Convention on Human Rights.

The present Volume of the Yearbook is the sixth in the series.

The Yearbook, being prepared by the Directorate of Human Rights of the Council of Europe, does not involve the responsibility either of the European Commission or of the European Court of Human Rights. In particular, the summaries of the decisions of the Commission cannot be quoted against the actual texts of these decisions.

A. H. ROBERTSON
Head of the Directorate
of Human Rights

Préface

Par sa Résolution du 6 février 1958, le Comité des Ministres du Conseil de l'Europe a autorisé la publication d'un Annuaire de la Convention européenne des Droits de l'Homme.

Le présent Volume de l'Annuaire est le sixième de la série.

Rédigé par la Direction des Droits de l'Homme du Conseil de l'Europe, l'Annuaire n'engage ni la Commission ni la Cour européennes des Droits de l'Homme. En particulier, les sommaires des décisions de la Commission ne peuvent être cités à l'encontre du texte même de ces décisions.

A. H. ROBERTSON
Chef de la Direction
des Droits de l'Homme

Table of contents

Table des matières

Troisieme Partie

LA CONVENTION DANS L'ORDRE INTERNE DES ETATS MEMBRES DU CONSEIL DE L'EUROPE

Annexe

DOCUMENTATION ET BIBLIOGRAPHIE

Introduction

The Sixth Volume of the Yearbook of the European Convention on Human Rights, relating to 1963, is considerably longer than the preceding volume, thus reflecting the increased work of the Council of Europe in this important field of international activity.

While the Court of Human Rights was not seized of any cases during the year under review, the Committee of Ministers was called on to take decisions in three cases, one inter-state application, that of *Austria v. Italy,* in which it was held that no violation of the Convention had occurred, and two cases in each of which two individual applications were joined: *Ofner v. Austria* and *Hopfinger v. Austria,* in which it was decided that there had been no violation; *Pataki v. Austria* and *Dunshirn v. Austria,* in which it was clearly indicated that there had been a violation of the Convention but that finally no further action was necessary, because during the proceedings the Austrian Parliament had amended the law complained of and granted to the persons concerned the right to a new hearing.

1963 witnessed the signature of three Protocols to the Convention on Human Rights which had been under negotiation for some time, and which are now published. The Second Protocol will confer on the Court of Human Rights the competence in certain circumstances to give advisory opinions; the Third Protocol will amend in certain respects the procedure of the Commission of Human Rights, notably by abolishing the system of Sub-Commissions; while the Fourth Protocol will add a certain number of other rights to those already protected by the Convention.

Part I of this volume publishes the text of these Protocols and the usual basic information about the Convention, the Commission and the Court. It also includes the decision of the Committee of Ministers to institute a system of legal aid for individual applicants in need; and the proceedings of a special ceremony held in Strasbourg to commemorate the tenth anniversary of the entry into force of the Convention in September 1963.

Part II includes the principal passages in the Commission's reports and the decisions of the Committee of Ministers in the three cases referred to above. It also contains twenty-three decisions of the Commission on the admissibility of individual applications. Among these is the case of *Iversen v. Norway* which

Introduction

Le sixième Volume de l'Annuaire de la Convention européenne des Droits de l'Homme, qui a trait à l'année 1963, est considérablement plus long que le précédent, ce qui reflète l'accroissement des travaux du Conseil de l'Europe dans cet important domaine d'activité internationale.

Si aucune affaire n'a été portée devant la Cour des Droits de l'Homme durant l'année considérée, le Comité des Ministres a été appelé à prendre des décisions dans trois affaires: une requête inter-étatique, l'affaire *Autriche contre Italie*, dans laquelle il a déclaré qu'il n'y avait pas eu violation de la Convention, et deux affaires réunissant chacune deux requêtes individuelles: *Ofner contre Autriche* et *Hopfinger contre Autriche*, dans lesquelles il a décidé qu'il n'y avait pas eu violation de la Convention; *Pataki contre Autriche* et *Dunshirn contre Autriche*, dans lesquelles il a nettement indiqué qu'il y avait eu violation de la Convention, mais qu'il n'y avait pas lieu de poursuivre l'affaire, le Parlement autrichien ayant amendé, au cours de la procédure, la législation incriminée et accordé aux intéressés le droit à une nouvelle audience.

L'année 1963 a vu la signature de trois Protocoles à la Convention des Droits de l'Homme, qui faisaient l'objet de négociations depuis un certain temps et qui sont à présent publiés. Le Deuxième Protocole attribuera à la Cour des Droits de l'Homme la compétence de donner, dans certains cas, des avis consultatifs; le Troisième Protocole amendera sur certains points la procédure de la Commission des Droits de l'Homme; enfin, le Quatrième Protocole ajoutera un certain nombre de droits à ceux qui se trouvent déjà protégés par la Convention.

La Première Partie du présent Volume contient le texte de ces protocoles et les informations habituelles relatives à la Convention, à la Commission et à la Cour. Elle comprend également la décision du Comité des Ministres d'instituer un système d'assistance judiciaire en faveur des requérants individuels nécessiteux, ainsi que le compte rendu d'une cérémonie spéciale qui a eu lieu à Strasbourg en septembre 1963, pour commémorer le dixième anniversaire de l'entrée en vigueur de la Convention.

La Deuxième Partie contient les principaux passages des Rapports de la Commission et les décisions du Comité des Ministres dans

attracted wide publicity at the time. It was brought by a Norwegian dentist who complained that an order directing him to exercise his profession in the extreme north of Norway was contrary to Article 4 of the Convention containing a prohibition of forced or compulsory labour. There are also included decisions on the admissibility of some of the so-called Belgian linguistic cases, in which groups of French-speaking Belgians living in Flemish-speaking areas have complained that the present practice regarding the use of language in Belgian schools is contrary to the provisions of the Convention.

Part III of this volume relates to the Convention within the Member States of the Council of Europe. Among the decisions of national courts relating to the Convention is, for the first time, a decision of the Turkish Constitutional Court.

As last Year, the General Editor of the Yearbook is Mr. Karel VASAK; he is assisted by Mr John SMYTH, both of the Directorate of Human Rights in the Secretariat General of the Council of Europe. I am much indebted to Mr A. B. McNULTY, Secretary of the Commission of Human Rights, and members of his staff, also to Mr H. GOLSONG, Registrar of the Court of Human Rights, for their assistance in preparing this volume.

Strasbourg, 21st December 1964

A. H. ROBERTSON
Head of the Directorate
of Human Rights

les trois affaires relatées ci-dessus. Elle comprend également vingt-trois décisions de la Commission sur le recevabilité de requêtes individuelles. Parmi celles-ci se trouve l'affaire *Iversen contre Norvège*, qui a fait l'objet, en son temps, d'une vaste publicité. La requête avait été introduite par un dentiste norvégien qui se plaignait de ce qu'une décision lui ordonnant d'exercer sa profession dans l'extrême nord de la Norvège fût contraire à l'Article 4 de la Convention, qui interdit le travail forcé ou obligatoire. Sont également incluses dans cette Deuxième Partie, des décisions sur la recevabilité de certaines des affaires connues sous le nom "d'affaires linguistiques belges", dans lesquelles des groupes de Belges de langue française habitant des régions de langue flamande se sont plaints de ce que la pratique actuelle concernant l'emploi des langues dans les écoles belges soit contraire aux dispositions de la Convention.

La Troisième Partie du présent volume a trait à la Convention dans l'ordre interne des Etats membres du Conseil de l'Europe. Parmi les décisions des tribunaux internes se référant à la Convention, figure pour la première fois une décision de la Cour Constitutionnelle turque.

Comme l'année dernière, le Rédacteur en chef de l'Annuaire est M. Karel VASAK, assisté de M. John SMYTH. Ils appartiennent l'un et l'autre à la Direction des Droits de l'Homme du Secrétariat Général du Conseil de l'Europe. Je remercie M. A. B. MCNULTY, Secrétaire de la Commission des Droits de l'Homme et son personnel, ainsi que M. H. GOLSONG, Greffier de la Cour des Droits de l'Homme, pour l'assistance qu'ils ont apportée dans l'élaboration de ce Volume.

Strasbourg, le 21 décembre 1964

A. H. ROBERTSON
Chef de la Direction des Droits de l'Homme

PART ONE

Basic Texts and General Information

PREMIERE PARTIE

Textes fondamentaux et informations de caractère général

CHAPTER I

BASIC TEXTS

A.

Protocol No. 2 to the Convention for the Protection of Human Rights and Fundamental Freedoms, conferring upon the European Court of Human Rights competence to give advisory opinions

The member States of the Council of Europe signatory hereto:

Having regard to the provisions of the Convention for the Protection of Human Rights and Fundamental Freedoms signed at Rome on 4th November 1950 (hereinafter referred to as "the Convention") and, in particular, Article 19 instituting, among other bodies, a European Court of Human Rights (hereinafter referred to as "the Court");

Considering that it is expedient to confer upon the Court competence to give advisory opinions subject to certain conditions;

Have agreed as follows:

ARTICLE 1

1. The Court may, at the request of the Committee of Ministers, give advisory opinions on legal questions concerning the interpretation of the Convention and the Protocols thereto.

2. Such opinions shall not deal with any question relating to the content or scope of the rights or freedoms defined in Section 1 of the Convention and in the Protocols thereto, or with any other question which the Commission, the Court or the Committee of Ministers might have to consider in consequence of any such proceedings as could be instituted in accordance with the Convention.

3. Decisions of the Committee of Ministers to request an advisory opinion of the Court shall require a two-thirds majority vote of the representatives entitled to sit on the Committee.

ARTICLE 2

The Court shall decide whether a request for an advisory opinion submitted by the Committee of Ministers is within its consultative competence as defined in Article 1 of this Protocol.

ARTICLE 3

1. For the consideration of requests for an advisory opinion, the Court shall sit in plenary session.

CHAPITRE I

TEXTES FONDAMENTAUX

A.

Protocole No. 2 à la Convention de sauvegarde des Droits de l'homme et des libertés fondamentales, attribuant à la Cour européenne des Droits de l'homme la compétence de donner des avis consultatifs

Les Etats membres du Conseil de l'Europe, signataires du présent Protocole,

Vu les dispositions de la Convention de sauvegarde des Droits de l'homme et des libertés fondamentales, signée à Rome le 4 novembre 1950 (ci-après dénommée "la Convention"), notamment l'article 19 instituant entre autres organes une Cour européenne des Droits de l'homme (ci-après dénommée "la Cour");

Considérant qu'il est opportun d'attribuer à la Cour la compétence de donner, sous certaines conditions, des avis consultatifs,

Sont convenus de ce qui suit:

ARTICLE 1er

1. La Cour peut, à la demande du Comité des Ministres, donner des avis consultatifs sur des questions juridiques concernant l'interprétation de la Convention et de ses Protocoles.

2. Ces avis ne peuvent porter sur les questions ayant trait au contenu ou à l'étendue des droits et libertés définis au titre 1er de la Convention et dans ses Protocoles, ni sur les autres questions dont la Commission, la Cour ou le Comité des Ministres pourraient avoir à connaître par suite de l'introduction d'un recours prévu par la Convention.

3. La décision du Comité des Ministres de demander un avis à la Cour est prise par un vote à la majorité des deux tiers des représentants ayant le droit de siéger au Comité.

ARTICLE 2

La Cour décide si la demande d'avis présentée par le Comité des Ministres relève de sa compétence consultative telle que celle-ci est définie par l'article 1er du présent Protocole.

ARTICLE 3

1. Pour l'examen des demandes d'avis consultatifs, la Cour siège en séance plénière.

2. Reasons shall be given for advisory opinions of the Court.

3. If the advisory opinion does not represent in whole or in part the unanimous opinion of the judges, any judge shall be entitled to deliver a separate opinion.

4. Advisory opinions of the Court shall be communicated to the Committee of Ministers.

ARTICLE 4

The powers of the Court under Article 55 of the Convention shall extend to the drawing up of such rules and the determination of such procedure as the Court may think necessary for the purposes of this Protocol.

ARTICLE 5

1. This Protocol shall be open to signature by member States of the Council of Europe, signatories to the Convention, who may become Parties to it by:

(*a*) signature without reservation in respect of ratification or acceptance;

(*b*) signature with reservation in respect of ratification or acceptance, followed by ratification or acceptance.

Instruments of ratification or acceptance shall be deposited with the Secretary-General of the Council of Europe.

2. This Protocol shall enter into force as soon as all States Parties to the Convention shall have become Parties to the Protocol, in accordance with the provisions of paragraph 1 of this Article.

3. From the date of the entry into force of this Protocol, Articles 1 to 4 shall be considered an integral part of the Convention.

4. The Secretary-General of the Council of Europe shall notify the member States of the Council of:

(*a*) any signature without reservation in respect of ratification or acceptance;

(*b*) any signature with reservation in respect of ratification or acceptance;

(*c*) the deposit of any instrument of ratification or acceptance;

(*d*) the date of entry into force of this Protocol in accordance with paragraph 2 of this Article.

In witness whereof, the undersigned, being duly authorised thereto, have signed this Protocol.

Done at Strasbourg, this 6th day of May 1963, in English and in French, both texts being equally authoritative, in a single copy which shall remain deposited in the archives of the Council of Europe. The Secretary-General shall transmit certified copies to each of the signatory States.

2. L'avis de la Cour est motivé.

3. Si l'avis n'exprime pas en tout ou en partie l'opinion unanime des juges, tout juge a le droit d'y joindre l'exposé de son opinion individuelle.

4. L'avis de la Cour est transmis au Comité des Ministres.

ARTICLE 4

Par extension du pouvoir que lui attribue l'article 55 de la Convention et aux fins du présent Protocole, la Cour peut, si elle l'estime nécessaire, établir son règlement et fixer sa procédure.

ARTICLE 5

1. Le présent Protocole est ouvert à la signature des Etats membres du Conseil de l'Europe signataires de la Convention, qui peuvent y devenir Parties par:

(*a*) la signature sans réserve de ratification ou d'acceptation;

(*b*) la signature sous réserve de ratification ou d'acceptation, suivie de ratification ou d'acceptation.

Les instruments de ratification ou d'acceptation seront déposés près le Secrétaire Général du Conseil de l'Europe.

2. Le présent Protocole entrera en vigueur dès que tous les Etats Parties à la Convention seront devenus Parties au Protocole, conformément aux dispositions du paragraphe 1er de cet article.

3. A dater de l'entrée en vigueur du présent Protocole, les articles 1er à 4 seront considérés comme faisant partie intégrante de la Convention.

4. Le Secrétaire Général du Conseil de l'Europe notifiera aux Etats membres du Conseil:

(*a*) toute signature sans réserve de ratification ou d'acceptation;

(*b*) toute signature sous réserve de ratification ou d'acceptation;

(*c*) le dépôt de tout instrument de ratification ou d'acceptation;

(*d*) la date d'entrée en vigueur du présent Protocole, conformément au paragraphe 2 de cet article.

En foi de quoi, les soussignés, dûment autorisés à cet effet, ont signé le présent Protocole.

Fait à Strasbourg, le 6 mai 1963, en français et en anglais, les deux textes faisant également foi, en un seul exemplaire qui sera déposé dans les archives du Conseil de l'Europe. Le Secrétaire Général en communiquera copie certifiée conforme à chacun des Etats signataires.

For the Government of the Republic of Austria:
with reservation in respect of ratification or acceptance
KREISKY

For the Government of the Kingdom of Belgium:
with reservation in respect of ratification or acceptance
R. COENE (5.6.1963)

For the Government of the Republic of Cyprus:
—

For the Government of the Kingdom of Denmark:
KJELD PHILIP

For the Government of the French Republic:
—

For the Government of the Federal Republic of Germany:
with reservation in respect of ratification or acceptance
CARSTENS

For the Government of the Kingdom of Greece:
—

For the Government of the Icelandic Republic:
—

For the Government of Ireland:
with reservation in respect of ratification or acceptance
Prôinsias MAC AOGÁIN

For the Government of the Italian Republic:
with reservation in respect of ratification or acceptance
Edoardo MARTINO

For the Government of the Grand Duchy of Luxembourg:
with reservation in respect of ratification or acceptance
E. SCHAUS

For the Government of the Kingdom of the Netherlands:
with reservation in respect of ratification or acceptance
H. R. VAN HOUTEN

For the Government of the Kingdom of Norway:
with reservation in respect of ratification or acceptance
Halvard LANGE

For the Government of the Kingdom of Sweden:
with reservation in respect of ratification or acceptance
Gunnar LANGE

For the Government of the Turkish Republic:
with reservation in respect of ratification or acceptance
Zeki KUNERALP

For the Government of the United Kingdom of Great Britain and Northern Ireland:
Edward HEATH

Pour le Gouvernement de la République d'Autriche:
sous réserve de ratification ou d'acceptation
KREISKY

Pour le Gouvernement du Royaume de Belgique:
sous réserve de ratification ou d'acceptation
R. COENE (5.6.1963)

Pour le Gouvernement de la République de Chypre:
—

Pour le Gouvernement du Royaume de Danemark
Kjeld PHILIP

Pour le Gouvernement de la République française:
—

Pour le Gouvernement de la République Fédérale d'Allemagne:
sous réserve de ratification ou d'acceptation
CARSTENS

Pour le Gouvernement du Royaume de Grèce:
—

Pour le Gouvernement de la République islandaise:
—

Pour le Gouvernement d'Irlande:
sous réserve de ratification ou d'acceptation
Prôinsias MAC AOGÁIN

Pour le Gouvernement de la République italienne:
sous réserve de ratification ou d'acceptation
Edoardo MARTINO

Pour le Gouvernement du Grand Duché de Luxembourg:
sous réserve de ratification ou d'acceptation
E. SCHAUS

Pour le Gouvernement du Royaume des Pays-Bas:
sous réserve de ratification ou d'acceptation
H. R. VAN HOUTEN

Pour le Gouvernement du Royaume de Norvège:
sous réserve de ratification ou d'acceptation
Halvard LANGE

Pour le Gouvernement du Royaume de Suède:
sous réserve de ratification ou d'acceptation
Gunnar LANGE

Pour le Gouvernement de la République turque:
sous réserve de ratification ou d'acceptation
Zeki KUNERALP

Pour le Gouvernement du Royaume-Uni de Grande Bretagne et d'Irlande du Nord:
Edward HEATH

B.

Protocol No. 3 to the Convention for the Protection of Human Rights and Fundamental Freedoms, amending Articles 29, 30 and 34 of the Convention

The member States of the Council of Europe, signatories to this Protocol,

Considering that it is advisable to amend certain provisions of the Convention for the Protection of Human Rights and Fundamental Freedoms signed at Rome on 4th November 1950 (hereinafter referred to as "the Convention") concerning the procedure of the European Commission of Human Rights,

Have agreed as follows:

ARTICLE 1

1. Article 29 of the Convention is deleted.
2. The following provision shall be inserted in the Convention:
"Article 29
After it has accepted a petition submitted under Article 25, the Commission may nevertheless decide unanimously to reject the petition if, in the course of its examination, it finds that the existence of one of the grounds for non-acceptance provided for in Article 27 has been established.
In such a case, the decision shall be communicated to the parties".

ARTICLE 2

In Article 30 of the Convention, the word "Sub-Commission" shall be replaced by the word "Commission".

ARTICLE 3

1. At the beginning of Article 34 of the Convention, the following shall be inserted:
"Subject to the provisions of Article 29..."
2. At the end of the same Article, the sentence "the Sub-Commission shall take its decisions by a majority of its members" shall be deleted.

ARTICLE 4

1. This Protocol shall be open to signature by the member States of the Council of Europe, who may become Parties to it either by:

B.

Protocole No. 3 à la Convention de sauvegarde des Droits de l'homme et des libertés fondamentales, modifiant les articles 29, 30 et 34 de la Convention

Les Etats membres du Conseil de l'Europe, signataires du présent Protocole,

Considérant qu'il convient d'amender certaines dispositions de la Convention de sauvegarde des Droits de l'homme et des libertés fondamentales signée à Rome le 4 novembre 1950 (ci-après dénommée la Convention) relatives à la procédure de la Commission européenne des Droits de l'homme,

Sont convenus de ce qui suit:

ARTICLE 1er

1. L'article 29 de la Convention est supprimé.
2. La disposition suivantes est insérée dans la Convention:
"Article 29
Après avoir retenu une requête introduite par application de l'article 25, la Commission peut néanmoins décider à l'unanimité de la rejeter si, en cours d'examen, elle constate l'existence d'un des motifs de non recevabilité prévus à l'article 27.
En pareil cas, la décision est communiquée aux parties."

ARTICLE 2

A l'article 30 de la Convention, le mot "sous-commission" est remplacé par le mot "Commission".

ARTICLE 3

1. Au début de l'article 34 de la Convention, le membre de phrase suivant est inséré:
"Sous réserve des dispositions de l'article 29, ..."
2. A la fin du même article, la phrase "les décisions de la sous-commission sont prises à la majorité de ses membres" est supprimée.

ARTICLE 4

1. Le présent Protocole est ouvert à la signature des Etats membres du Conseil de l'Europe signataires de la Convention qui peuvent y devenir Parties par:

(*a*) signature without reservation in respect of ratification or acceptance, or

(*b*) signature with reservation in respect of ratification or acceptance, followed by ratification or acceptance.

Instruments of ratification or acceptance shall be deposited with the Secretary-General of the Council of Europe.

2. This Protocol shall enter into force as soon as all States Parties to the Convention shall have become Parties to the Protocol, in accordance with the provisions of paragraph 1 of this Article.

3. The Secretary-General of the Council of Europe shall notify the member States of the Council of:

(*a*) any signature without reservation in respect of ratification or acceptance;

(*b*) any signature with reservation in respect of ratification or acceptance;

(*c*) the deposit of any instrument of ratification or acceptance;

(*d*) the date of entry into force of this Protocol in accordance with paragraph 2 of this Article.

In witness whereof, the undersigned, being duly authorised thereto, have signed this Protocol.

Done at Strasbourg, this 6th day of May 1963, in English and in French, both texts being equally authoritative, in a single copy which shall remain deposited in the archives of the Council of Europe. The Secretary-General shall transmit certified copies to each of the signatory States.

For the Government of the Republic of Austria:
with reservation in respect of ratification or acceptance
KREISKY

For the Government of the Kingdom of Belgium:
with reservation in respect of ratification or acceptance
R. COENE (5.6.1963)

For the Government of the Republic of Cyprus:
—

For the Government of the Kingdom of Denmark:
Kjeld PHILIP

For the Government of the French Republic:
—

For the Government of the Federal Republic of Germany:
with reservation in respect of ratification or acceptance
CARSTENS

(*a*) la signature sans réserve de ratification ou d'acceptation;
(*b*) la signature sous réserve de ratification ou d'acceptation suivie de ratification ou d'acceptation.

Les instruments de ratification ou d'acceptation seront déposés près le Secrétaire Général du Conseil de l'Europe.

2. Le présent Protocole entrera en vigueur dès que tous les Etats Parties à la Convention seront devenus Parties au Protocole conformément aux dispositions du paragraph 1er de cet article.

3. Le Secrétaire Général du Conseil de l'Europe notifiera aux Etats membres du Conseil:
(*a*) toute signature sans réserve de ratification ou d'acceptation;
(*b*) toute signature sous réserve de ratification ou d'acceptation;
(*c*) le dépôt de tout instrument de ratification ou d'acceptation;
(*d*) la date d'entrée en vigueur du présent Protocole, conformément au paragraphe 2 de cet article.

En foi de quoi, les soussignés, dûment autorisés à cet effet, ont signé le présent Protocole.

Fait à Strasbourg, le 6 mai 1963, en français et en anglais, les deux textes faisant également foi, en un seul exemplaire qui sera déposé dans les archives du Conseil de l'Europe. Le Secrétaire Général en communiquera copie certifiée conforme à chacun des Etats signataires.

Pour le Gouvernement de la République d'Autriche:
sous réserve de ratification ou d'acceptation
KREISKY

Pour le Gouvernement du Royaume de Belgique:
sous réserve de ratification ou d'acceptation
R. COENE (5.6.1963)

Pour le Gouvernement de la République de Chypre:
—

Pour le Gouvernement du Royaume de Danemark:
Kjeld PHILIP

Pour le Gouvernement de la République française:
—

Pour le Gouvernement de la République Fédérale d'Allemagne:
sous réserve de ratification ou d'acceptation
CARSTENS

For the Government of the Kingdom of Greece:

—

For the Government of the Icelandic Republic:

—

For the Government of Ireland:

with reservation in respect of ratification or acceptance

Prôinsias MAC AOGÁIN

For the Government of the Italian Republic:

with reservation in respect of ratification or acceptance

Edoardo MARTINO

For the Government of the Grand Duchy of Luxembourg:

with reservation in respect of ratification or acceptance

E. SCHAUS

For the Government of the Kingdom of the Netherlands:

with reservation in respect of ratification or acceptance

H. R. VAN HOUTEN

For the Government of the Kingdom of Norway:

with reservation in respect of ratification or acceptance

Halvard LANGE

For the Government of the Kingdom of Sweden:

with reservation in respect of ratification or acceptance

Gunnar LANGE

For the Government of the Turkish Republic:

with reservation in respect of ratification or acceptance

Zeki KUNERALP

For the Government of the United Kingdom of Great Britain and Northern Ireland:

Edward HEATH

Pour le Gouvernement du Royaume de Grèce:

—

Pour le Gouvernement de la République islandaise:

—

Pour le Gouvernement d'Irlande:
sous réserve de ratification ou d'acceptation
Prôinsias MAC AOGÁIN

Pour le Gouvernement de la République italienne:
sous réserve de ratification ou d'acceptation
Edoardo MARTINO

Pour le Gouvernement du Grand Duché de Luxembourg:
sous réserve de ratification ou d'acceptation
E. SCHAUS

Pour le Gouvernement du Royaume des Pays-Bas:
sous réserve de ratification ou d'acceptation
H. R. VAN HOUTEN

Pour le Gouvernement du Royaume de Norvège:
sous réserve de ratification ou d'acceptation
Halvard LANGE

Pour le Gouvernement du Royaume de Suède:
sous réserve de ratification ou d'acceptation
Gunnar LANGE

Pour le Gouvernement de la République turque:
sous réserve de ratification ou d'acceptation
Zeki KUNERALP

Pour le Gouvernement du Royaume-Uni de Grande Bretagne et d'Irlande du Nord:
Edward HEATH

C.

Protocol No. 4 to the Convention for the Protection of Human Rights and Fundamental Freedoms, securing certain rights and freedoms other than those already included in the Convention and in the first Protocol thereto

The Governments signatory hereto, being Members of the Council of Europe,

Being resolved to take steps to ensure the collective enforcement of certain rights and freedoms other than those already included in Section I of the Convention for the Protection of Human Rights and Fundamental Freedoms signed at Rome on 4th November 1950 (hereinafter referred to as "the Convention") and in Articles 1 to 3, of the First Protocol to the Convention, signed at Paris on 20th March 1952,

Have agreed as follows:

ARTICLE 1

No one shall be deprived of his liberty merely on the ground of inability to fulfil a contractual obligation.

ARTICLE 2

1. Everyone lawfully within the territory of a state shall, within that territory, have the right to liberty of movement and freedom to choose his residence.
2. Everyone shall be free to leave any country, including his own.
3. No restrictions shall be placed on the exercise of these rights other than such as are in accordance with law and are necessary in a democratic society in the interests of national security or public safety, for the maintenance of *ordre public*, for the prevention of crime, for the protection of health or morals, or for the protection of the rights and freedoms of others.
4. The rights set forth in paragraph 1 may also be subject, in particular areas, to restrictions imposed in accordance with law and justified by the public interest in a democratic society.

ARTICLE 3

1. No one shall be expelled, by means either of an individual or of a collective measure, from the territory of the State of which he is a national.

C.

Protocole No. 4 à la Convention de sauvegarde des Droits de l'homme et des libertés fondamentales, reconnaissant certains droits et libertés autres que ceux figurant déjà dans la Convention et dans le premier Protocole additionnel à la Convention

Les Gouvernements signataires, Membres du Conseil de l'Europe,

Résolus à prendre des mesures propres à assurer la garantie collective de droits et libertés autres que ceux qui figurent déjà dans le titre I de la Convention de sauvegarde des Droits de l'homme et des libertés fondamentales, signée à Rome le 4 novembre 1950 (ci-après dénommée "la Convention") et dans les articles 1er à 3 du premier Protocole additionnel à la Convention, signé à Paris le 20 mars 1952,

Sont convenus de ce qui suit:

ARTICLE 1er

Nul ne peut être privé de sa liberté pour la seule raison qu'il n'est pas en mesure d'exécuter une obligation contractuelle.

ARTICLE 2

1. Quiconque se trouve régulièrement sur le territoire d'un Etat a le droit d'y circuler librement et d'y choisir librement sa résidence.

2. Toute personne est libre de quitter n'importe quel pays, y compris le sien.

3. L'exercice de ces droits ne peut faire l'objet d'autres restrictions que celles qui, prévues par la loi, constituent des mesures nécessaires, dans une société démocratique, à la sécurité nationale, à la sûreté publique, au maintien de l'ordre public, à la prévention des infractions pénales, à la protection de la santé ou de la morale, ou à la protection des droits et libertés d'autrui.

4. Les droits reconnus au paragraphe 1er peuvent également, dans certaines zones déterminées, faire l'objet de restrictions qui, prévues par la loi, sont justifiées par l'intérêt public dans une société démocratique.

ARTICLE 3

1. Nul ne peut être expulsé, par voie de mesure individuelle ou collective, du territoire de l'Etat dont il est le ressortissant.

2. No one shall be deprived of the right to enter the territory of the State of which he is a national.

ARTICLE 4

Collective expulsion of aliens is prohibited.

ARTICLE 5

1. Any High Contracting Party may, at the time of signature or ratification of this Protocol, or at any time thereafter, communicate to the Secretary-General of the Council of Europe a declaration stating the extent to which it undertakes that the provisions of this Protocol shall apply to such of the territories for the international relations of which it is responsible as are named therein.

2. Any High Contracting Party which has communicated a declaration in virtue of the preceding paragraph may, from time to time, communicate a further declaration modifying the terms of any former declaration or terminating the application of the provisions of this Protocol in respect of any territory.

3. A declaration made in accordance with this Article shall be deemed to have been made in accordance with paragraph 1 of Article 63 of the Convention.

4. The territory of any State to which this Protocol applies by virtue of ratification or acceptance by that State, and each territory to which this Protocol is applied by virtue of a declaration by that State under this Article, shall be treated as separate territories for the purpose of the references in Articles 2 and 3 to the territory of a State.

ARTICLE 6

1. As between the High Contracting Parties the provisions of Articles 1 to 5 of this Protocol shall be regarded as additional Articles to the Convention, and all the provisions of the Convention shall apply accordingly.

2. Nevertheless, the right of individual recourse recognised by a declaration made under Article 25 of the Convention, or the acceptance of the compulsory jurisdiction of the Court by a declaration made under Article 46 of the Convention, shall not be effective in relation to this Protocol unless the High Contracting Party concerned has made a statement recognising such right, or accepting such jurisdiction, in respect of all or any of Articles 1 to 4 of the Protocol.

2. Nul ne peut être privé du droit d'entrer sur le territoire de l'Etat dont il est le ressortissant.

ARTICLE 4

Les expulsions collectives d'étrangers sont interdites.

ARTICLE 5

1. Toute Haute Partie Contractante peut, au moment de la signature ou de la ratification du présent Protocole ou à tout moment par la suite, communiquer au Secrétaire Général du Conseil de l'Europe une déclaration indiquant la mesure dans laquelle elle s'engage à ce que les dispositions du présent Protocole s'appliquent à tels territoires qui sont désignés dans ladite déclaration et dont elle assure les relations internationales.

2. Toute Haute Partie Contractante qui a communiqué une déclaration en vertu du paragraphe précédent peut, de temps à autre, communiquer une nouvelle déclaration modifiant les termes de toute déclaration antérieure ou mettant fin à l'application des dispositions du présent Protocole sur un territoire quelconque.

3. Une déclaration faite conformément au présent article sera considérée comme ayant été faite conformément au paragraphe 1 de l'article 63 de la Convention.

4. Le territoire de tout Etat auquel le présent Protocole s'applique en vertu de sa ratification ou de son acceptation par ledit Etat, et chacun des territoires auxquels le Protocole s'applique en vertu d'une déclaration souscrite par ledit Etat conformément au présent article, seront considérés comme des territoires distincts aux fins des références au territoire d'un Etat faites par les articles 2 et 3.

ARTICLE 6

1. Les Hautes Parties Contractantes considéreront les articles 1er à 5 de ce Protocole comme des articles additionnels à la Convention et toutes les dispositions de la Convention s'appliqueront en conséquence.

2. Toutefois, le droit de recours individuel reconnu par une déclaration faite en vertu de l'article 25 de la Convention ou la reconnaissance de la juridiction obligatoire de la Cour faite par une déclaration en vertu de l'article 46 de la Convention ne s'exercera en ce qui concerne le présent Protocole que dans la mesure où la Haute Partie Contractante intéressée aura déclaré reconnaître ledit droit ou accepter ladite juridiction pour les articles 1er à 4 du Protocole ou pour certains de ces articles.

ARTICLE 7

1. This Protocol shall be open for signature by the Members of the Council of Europe who are the signatories of the Convention; it shall be ratified at the same time as or after the ratification of the Convention. It shall enter into force after the deposit of five instruments of ratification. As regards any signatory ratifying subsequently, the Protocol shall enter into force at the date of the deposit of its instrument of ratification.

2. The instruments of ratification shall be deposited with the Secretary-General of the Council of Europe, who will notify all Members of the names of those who have ratified.

In witness whereof, the undersigned, being duly authorised thereto, have signed this Protocol.

Done at Strasbourg, this 16th day of September 1963, in English and in French, both texts being equally authoritative, in a single copy which shall remain deposited in the archives of the Council of Europe. The Secretary-General shall transmit certified copies to each of the signatory States.

For the Government of the Republic of Austria:

At the time of signature of this Protocol, the undersigned has communicated, on behalf of his Government, the following declaration:

Protocol No. 4 is signed with the reservation that Article 3 shall not apply to the provisions on the Law of 3rd April 1919, StGB1. No. 209 concerning the banishment of the House of Habsburg-Lorraine and the confiscation of their property, as set out in the Act of 30th October 1919, StGB1. No. 501, in the Constitutional Law of 30th July 1925, BGBl. No. 292, in the Federal Constitutional Law of 26th January 1928, BGBl. No. 30, and taking account of the Federal Constitutional Law of 4th July 1963, BGB1. No. 172.

H. REICHMANN

For the Government of the Kingdom of Belgium:

R. COENE

For the Government of the Republic of Cyprus:

—

For the Government of the Kingdom of Denmark:

Mogens WARBERG

For the Government of the French Republic:

—

ARTICLE 7

1. Le présent Protocole est ouvert à la signature des Membres du Conseil de l'Europe, signataires de la Convention; il sera ratifié en même temps que la Convention ou après la ratification de celle-ci. Il entrera en vigueur après le dépôt de cinq instruments de ratification. Pour tout signataire qui le ratifiera ultérieurement, le Protocole entrera en vigueur dès le dépôt de l'instrument de ratification.

2. Les instruments de ratification seront déposés près le Secrétaire Général du Conseil de l'Europe qui notifiera à tous les Membres les noms de ceux qui l'auront ratifié.

En foi de quoi, les soussignés, dûment autorisés à cet effet, ont signé le présent Protocole.

Fait à Strasbourg, le 16 septembre 1963, en français et an anglais, les deux textes faisant également foi, en un seul exemplaire qui sera déposé dans les archives du Conseil de l'Europe. Le Secrétaire Général en communiquera copie certifiée conforme à chacun des Etats signataires.

Pour le Gouvernement de la République d'Autriche:

Au moment de la signature de ce Protocole, le soussigné a remis, au nom de son Gouvernement, le texte de la déclaration suivante:

Le Protocole N° 4 est signé sous réserve que son article 3 n'est pas applicable à la Loi du 3 avril 1919, StGBl. N° 209, relative au bannissement et à la confiscation des biens de la Maison de Habsbourg-Lorraine dans la version de la Loi du 30 octobre 1919, StGBl. N° 501, de la loi constitutionnelle du 30 juillet 1925, BGBl. N° 292, de la Loi constitutionnelle fédérale du 26 janvier 1928, BGBl. N° 30 et compte tenu de la Loi constitutionnelle fédérale du 4 juillet 1963, BGBl. N° 172.

H. Reichmann

Pour le Gouvernement du Royaume de Belgique:

R. Coene

Pour le Gouvernement de la République de Chypre:

—

Pour le Gouvernement du Royaume de Danemark:

Mogens Warberg

Pour le Gouvernement de la République française:

—

For the Government of the Federal Republic of Germany:
Felician PRILL

For the Government of the Kingdom of Greece:
—

For the Government of the Icelandic Republic:
—

For the Government of Ireland:

At the time of signature of this Protocol, the Irish Government makes the following declaration:

The reference to extradition contained in paragraph 21 of the Report of the Committee of Experts on this Protocol and concerning paragraph 1 of Article 3 of the Protocol includes also laws providing for the execution in the territory of one Contracting Party of warrants of arrest issued by the authorities of another Contracting Party.

Brendan DILLON

For the Government of the Italian Republic:
Alessandro MARIENI

For the Government of the Grand Duchy of Luxembourg:
Pierre WURTH

For the Government of the Kingdom of the Netherlands:
—

For the Government of the Kingdom of Norway:
Knut FRYDENLUND

For the Government of the Kingdom of Sweden:
K. G. LAGERFELT

For the Government of the Swiss Confederation:
—

For the Government of the Turkish Republic:
—

For the Government of the United Kingdom of Great Britain and Northern Ireland:
I. F. PORTER

Pour le Gouvernement de la République Fédérale d'Allemagne:

Felician PRILL

Pour le Gouvernement du Royaume de Grèce:

—

Pour le Gouvernement de la République islandaise:

—

Pour le Gouvernement d'Irlande:

Au moment de la signature de ce Protocole, le Gouvernement irlandais fait la déclaration suivante:

La référence à l'extradition au paragraphe 21 du rapport du Comité d'experts, relatif à ce Protocole et portant sur le paragraphe 1er de l'article 3 de ce dernier, s'applique également aux lois prévoyant l'exécution, sur le territoire d'une Partie Contractante, de mandats d'arrêt délivrés par les autorités d'une autre Partie Contractante.

Brendan DILLON

Pour le Gouvernement de la République italienne:

Alessandro MARIENI

Pour le Gouvernement du Grand Duché de Luxembourg:

Pierre WURTH

Pour le Gouvernement du Royaume des Pays-Bas:

—

Pour le Gouvernement du Royaume de Norvège:

Knut FRYDENLUND

Pour le Gouvernement du Royaume de Suède:

K. G. LAGERFELT

Pour le Gouvernement de la Confédération suisse:

—

Pour le Gouvernement de la République turque:

—

Pour le Gouvernement du Royaume-Uni de Grande Bretagne et d'Irlande du Nord

I. F. PORTER

D.

Resolution (63) 18: Grant of free legal aid to individuals who have submitted an application to the European Commission of Human Rights

adopted by the Ministers' Deputies on 25th October 1963

The Committee of Ministers,

Having considered the proposal of the European Commission of Human Rights formulated in its memoranda of 24th March 1961 and 22nd March 1962, concerning the grant of free legal aid to individuals who have submitted an application to the Commission;

Taking account of the report of the Committee of Experts on Human Rights instructed to give an opinion on the said proposal (Doc. CM (63) 91);

Having regard to Article 58 of the Convention for the Protection of Human Rights and Fundamental Freedoms, signed at Rome on 4th November 1950,

Resolves:

1. That the system of free legal aid before the European Commission of Human Rights, as described in the Appendix to the present Resolution, is hereby approved;
2. That all expenditure incurred in the operation of the said system of free legal aid shall be classed as working expenses of the European Commission of Human Rights and be charged to that Sub-head in the Council of Europe Budget in accordance with Article 58 of the Convention;
3. That, after a period of two years has elapsed, the Committee of Ministers shall reconsider the financial implications of the said system of free legal aid.

APPENDIX

1. Legal aid may be granted to individuals who have submitted an application to the European Commission of Human Rights:

(*a*) at the stage of admissibility: where important issues arise on the question of admissibility and the application is sent to the respondent Government for its observations, under Rule 45, paragraph 2 or 3 (*b*) of the Commission's Rules of Procedure, after such observations have been received or the time-limit fixed for the submission thereof has expired; and / or

D.

Résolution (63) 18: Octroi de l'assistance judiciaire à des particuliers ayant introduit une requête devant la Commission Européenne des Droits de l'Homme

adoptée par les Délégués des Ministres le 25 octobre 1963

Le Comité des Ministres,

Ayant examiné la proposition de la Commission européenne des Droits de l'Homme concernant l'assistance judiciaire à accorder à des particuliers ayant introduit une requête devant cet organe, formulée dans ses notes des 24 mars 1961 et 22 mars 1962;

Tenant compte du rapport soumis par le comité d'experts en matière de droits de l'homme, chargé d'émettre un avis sur cette proposition (Doc. CM (63) 91);

Vu l'article 58 de la Convention de sauvegarde des Droits de l'Homme et des Libertés fondamentales signée à Rome le 4 novembre 1950,

Décide:

1. Le système d'assistance judiciaire devant la Commission européenne des Droits de l'Homme, tel qu'il est résumé en annexe à la présente résolution, est approuvé;
2. Toute dépense encourue par suite de la mise en oeuvre de ce système d'assistance judiciaire sera considérée comme dépense de fonctionnement de la Commission européenne des Droits de l'Homme et imputée à ce titre au budget du Conseil de l'Europe, conformément à l'article 58 de la Convention;
3. Au terme d'une période de deux ans, le Comité des Ministres réexaminera les incidences financières du présent système d'assistance judiciaire.

ANNEXE

1. L'assistance judiciaire peut être accordée à des particuliers ayant introduit une requête devant la Commission européenne des Droits de l'Homme:

(*a*) au stade de l'examen de la recevabilité, lorsque la question de la recevabilité pose d'importants problèmes et que la requête est, par application de l'article 45, paragraphe 2, ou paragraphe 3 (*b*), du Règlement intérieur de la Commission, portée à la connaissance du gouvernement mis en cause pour qu'il présente ses observations, après réception de ces observations ou après expiration du délai fixé pour leur envoi; et/ou

(*b*) after an application has been declared admissible: if the Commission considers it desirable, for the purpose of carrying out its duties, that the applicant should be advised or represented by a lawyer.

2. Legal aid may be granted by the Commission only if the grant of such aid is essential to enable the Commission to discharge its duties and if the applicant does not have sufficient means to meet all or part of the cost involved.

A proposal for the grant of free legal aid may be initiated by the Commission *proprio motu* or by the applicant or the person representing or assisting him in accordance with Rule 36 (2) of the Commission's Rules of Procedure.

3. In every case where the Commission is called upon, either *proprio motu* or at the request of the applicant or of the person representing or assisting him to consider the question of free legal aid, the Secretary of the Commission shall request the applicant to fill up a standard form of declaration of means. This declaration shall relate not only to the applicant's income but also to his capital assets and his financial commitments in respect of dependants. The declaration shall be certified by the competent authority of the country concerned.

The Commission shall notify the respondent Government of its intention to grant legal aid to the applicant and shall request the said Government to submit its observations within the specified time-limit.

After assembling as much information as the Government concerned is in a position to supply, the Commission shall decide whether to grant or refuse legal aid and shall inform the applicant accordingly.

4. Legal aid may cover travelling and subsistence expenses and lawyer's fees *and other necessary out-of-pocket expenses incurred by the applicant or by the person assisting or representing him* in connection with the proceedings before the Commission. These expenses shall be borne by the Council of Europe.

Travelling and subsistence expenses may include expenses shown to have been incurred by the applicant or by the person assisting or representing him before the Commission.

Lawyer's fees may be fees due to a barrister-at-law, a solicitor or a professor of law *or legally qualified person of similar status*. Fees payable to any lawyer other than a barrister-at-law, a solicitor or a professor of law *or legally qualified person of similar status* shall in no circumstances be borne by the Council of Europe.

Fees shall be fixed by agreement between the Secretariat of the

(*b*) après qu'une requête a été déclarée recevable, si la Commission estime utile, pour l'accomplissement de sa tâche, que le requérant soit assisté ou représenté par un homme de loi.

2. L'assistance judiciaire ne peut être accordée par la Commission que si l'octroi de cette assistance est essentiel à l'accomplissement de la tâche de la Commission et si le requérant ne dispose pas de moyens financiers suffisants pour faire face aux frais qu'il est amené à exposer ou à une partie de ceux-ci.

La proposition d'octroi de l'assistance judiciaire peut être formulée soit par la Commission *proprio motu*, soit par le requérant ou par la personne qui le représente ou l'assiste conformément à l'article 36, paragraphe 2, du Règlement intérieur de la Commission.

3. Chaque fois que, soit *proprio motu*, soit à la demande du requérant, ou de la personne qui le représente ou l'assiste, la Commission est appelée à examiner la question de l'assistance judiciaire, le Secrétaire de la Commission demandera au requérant d'établir, au moyen d'un formulaire-type, une déclaration de ressources. Cette déclaration ne portera pas seulement sur les ressources proprement dites du requérant, mais également sur ses avoirs en capital et sur les engagements financiers qu'il a vis-à-vis des personnes à sa charge. La déclaration devra être certifiée par l'autorité compétente du pays intéressé.

La Commission notifiera au gouvernement défendeur son intention d'accorder l'assistance judiciaire au requérant et demandera audit gouvernement de présenter ses observations dans un délai déterminé.

Après avoir recueilli tous renseignements que les gouvernements intéressés seront en mesure de lui fournir, la Commission décidera de l'octroi ou du refus de l'assistance judiciaire et en informera le requérant.

4. L'assistance judiciaire peut comprendre les frais de déplacement et de séjour, les frais d'honoraires, *ainsi que d'autres frais courants nécessaires, exposés par le requérant ou par la personne qui l'assiste ou le représente* et auxquels le déroulement de la procédure devant la Commission pourrait donner lieu. Ces frais incombent au Conseil de l'Europe.

Les frais de déplacement et de séjour peuvent comprendre les frais exposés par le requérant ou par la personne appelée à l'assister ou à le représenter devant la Commission.

Les frais d'honoraires peuvent comprendre les honoraires dus à un avocat, un avoué, un professeur de droit ou *à toute personne légalement qualifiée ayant un statut semblable*. Les honoraires dus à un juriste qui n'est ni avocat, ni avoué, ni professeur de droit, *ni une autre personne légalement qualifiée ayant un statut semblable*, ne doivent en aucune façon incomber au Conseil de l'Europe.

Les honoraires seront fixés par accord entre le Secrétariat de la

Commission acting under the authority of the President of the Commission and the person assisting or representing the applicant. Such agreement should be reached at the time of granting aid and should lay down the rate at which fees will in due course be calculated. The Secretariat of the Commission shall be guided as far as possible by the practice of the various member States in this field.

It is recognised that in appropriate cases legal aid may extend to the employment of more than one lawyer to represent or assist the applicant, e.g. *a solicitor and a barrister.*

5. The Commission shall draw up the necessary rules to give effect to these principles.

E.

Declarations recognising the competence of the European Commission of Human Rights in respect of individual applications

(Article 25 of the Convention) [1]

NORWAY [2]

(*Translation*)

ROYAL MINISTRY OF FOREIGN AFFAIRS

Declaration

In the name of the Royal Norwegian Government I hereby declare that, in accordance with Article 25 of the Convention for the Protection of Human Rights and Fundamental Freedoms signed at Rome on 4th November 1950, the Royal Norwegian Government renews, for a period of one year from 9th December 1963, its recognition of the competence of the European Commission of Human Rights to receive applications addressed to the Secretary-General of the Council of Europe from any person, non-governmental organisation or group of individuals claiming to be the victim of a violation by one of the High Contracting Parties of the rights set forth in the aforesaid Convention.

Oslo, 6th December 1963

(*signed*) Halvard LANGE

[1] Cf. Yearbook, Volume II, pp. 66–77; Volume III, pp. 62–64; Volume IV, pp. 26–30; Volume V, p. 2.

[2] Declaration deposited on 9th December 1963.

Commission agissant sous l'autorité du Président de la Commission, et la personne intéressée qui assiste ou représente le requérant. Cet accord, qui interviendra au moment même où l'assistance judiciaire est octroyée, fixera le taux sur la base duquel le montant des honoraires sera ultérieurement calculé. Pour ce faire, le Secrétariat de la Commission s'inspirera autant que possible des pratiques suivies en ce domaine dans les divers Etats membres.

Il est admis que, dans certains cas appropriés, l'assistance judiciaire peut couvrir les services de plus d'un juriste, par exemple d'un avocat et d'un avoué, appelé à représenter ou à assister le requérant.

5. La Commission élaborera les règles nécessaires pour la mise en oeuvre des principes énumérés ci-dessus.

E.

Déclarations d'acceptation de la compétence de la Commission Européenne des Droits de l'Homme en matière de requêtes individuelles

(Article 25 de la Convention) [1]

NORVEGE [2]

MINISTERE ROYAL DES AFFAIRES ETRANGERES

Déclaration

Au nom du Gouvernement Royal de Norvège, je déclare par la présente que, conformément à l'article 25 de la Convention de Sauvegarde des Droits de l'Homme et des Libertés fondamentales, signée à Rome le 4 novembre 1950, le Gouvernement Royal de Norvège renouvelle, pour une période d'un an, à partir du 9 décembre 1963, sa reconnaissance de la compétence de la Commission Européenne des Droits de l'Homme d'être saisie d'une requête adressée au Secrétaire Général du Conseil de l'Europe par toute personne physique, toute organisation non gouvernementale ou tout groupe de particuliers, qui se prétend victime d'une violation par l'une des Hautes Parties Contractantes des droits reconnus dans ladite Convention.

Oslo, le 6 décembre 1963

(*signé*) Halvard LANGE

[1] Cf. Annuaire, Volume II, pp. 66–77; Volume III, pp. 63–65; Volume IV, pp. 27–31; Volume V, p. 3.

[2] Déclaration déposée le 9 décembre 1963.

F.

Derogations and withdrawal of derogations

(Article 15 of the Convention) [1]

TURKEY

(*Translation*)

Derogation

Note Verbale [2]

249/69

The Turkish Permanent Representative to the Council of Europe presents his compliments to the Secretary-General of the Council of Europe and on the instructions of his Government, has the honour to inform him as follows, in accordance with the provisions of Article 15 of the Convention for the Protection of Human Rights and Fundamental Freedoms, signed at Rome on 4th November 1950,

On the night of 20th/21st May 1963 an armed insurrection against the democratic order and legitimate Government of the country broke out in Ankara.

After the attempted coup d'état, which was immediately crushed by the armed forces of the country, the Council of Ministers met the same day and decided – in accordance with Article 124 of the Constitution – to proclaim a state of siege in Ankara, Istanbul and Izmir for one month from 21st May 1963 with a view to restoring peace in the country and to protecting the democratic order.

The decision was approved at a joint meeting of the Senate and National Assembly of the Turkish Republic on 22nd May 1963.

The Turkish Permanent Representative to the Council of Europe will, in accordance with Article 15 (3) of the aforesaid Convention, inform the Secretary-General of the Council of Europe when these emergency measures have ceased to operate and the provisions of the Convention are again being fully executed.

The Turkish Permanent Representative to the Council of Europe takes this opportunity of conveying to the Secretary-General the renewed assurance of his highest esteem.

Strasbourg, 28th May 1963

(*seal*)

COUNCIL OF EUROPE
Secretariat General
Strasbourg.

[1] Cf. Yearbook, Volume I, pp. 47–51; Volume II, pp. 78–90; Volume III, pp. 68–90; Volume IV, pp. 38–62; Volume V, pp. 6–10.

[2] Deposited with the Secretariat-General on 28th May 1963 and renewed by Notes Verbales of 25th June 1963 and 27th August 1963.

F.

Dérogations et retrait des dérogations

(Article 15 de la Convention) [1]

TURQUIE

Dérogation

Note Verbale [2]

249/69

La Délégation Permanente de Turquie auprès du Conseil de l'Europe présente ses compliments au Secrétaire Général du Conseil de l'Europe et, d'ordre de son Gouvernement, a l'honneur de lui communiquer – conformément aux dispositions de l'article 15 de la Convention de sauvegards des Droits de l'homme et des libertés fondamentales signée à Rome le 4 novembre 1950 – ce qui suit:

La nuit du 20 au 21 mai 1963 un mouvement insurrectionnel armé a éclaté à Ankara contre le régime démocratique et le Gouvernement légitime du Pays.

A la suite de cette tentative de coup d'Etat, écrasée immédiatement par les Forces Armées du Pays, le Conseil des Ministres s'est réuni le même jour et a pris la décision – conformément à l'article 124 de la Constitution – de proclamer l'état de siège à Ankara, Istanbul et Izmir pour une durée d'un mois à partir du 21 mai 1963, en vue de consolider la tranquillité du Pays et de sauvegarder le régime démocratique.

Cette décision a été approuvée lors de la réunion commune du Sénat de la République et de l'Assemblée Nationale tenue le 22 mai 1963.

La Délégation Permanente de Turquie auprès du Conseil de l'Europe ne manquera pas, conformément aux dispositions du paragraphe 3 de l'article 15 de ladite Convention, d'informer le Secrétaire Général du Conseil de l'Europe de la date à laquelle ces mesures exceptionnelles auront cessée d'être en vigueur et les dispositions de la Convention recevront de nouveau pleine application.

La Délégation Permanente de la Turquie auprès du Conseil de l'Europe saisit cette occasion pour renouveler au Secrétaire Général les assurances de sa très haute considération.

CONSEIL DE L'EUROPE
Secrétariat Général
Strasbourg

Strasbourg, le 28 mai 1963
(*cachet*)

[1] Cf. Annuaire, Volume I, pp. 47–51; Volume II, pp. 79–91; Volume III, pp. 69–91; Volume IV, pp. 39–63; Volume V, pp. 7–11.

[2] Déposée au Secrétariat Général le 28 mai 1963. La dérogation a été renouvelée par les Notes Verbales du 25 juin et du 27 août 1963.

(*Translation*)

TURKISH PERMANENT REPRESENTATIVE
TO THE COUNCIL OF EUROPE

Note Verbale [1] registered 28th October 1963
495/133 No. 239629

The Turkish Permanent Representative to the Council of Europe presents his compliments to the Secretary-General of the Council of Europe and – further to his Note No. 398/103 of 26th August 1963 – has the honour to inform him, in accordance with paragraph (3) of Article 15 of the Convention for the Protection of Human Rights and Fundamental Freedoms signed at Rome on 4th November 1950, that, on the proposal of the Turkish Government, the Grand National Assembly decided to extend from 21st October 1963, for two months, the state of siege proclaimed in Ankara and Istanbul.

The Turkish Permanent Representative to the Council of Europe takes the opportunity of conveying to the Secretary-General the renewed assurance of his highest esteem.

Strasbourg, 25th October 1963.

Mr. Lodovico BENVENUTI,
Secretary-General
of the Council of Europe,
Strasbourg.

[1] Renewed for further two months by Note Verbale on 26th December 1963.

REPRESENTATION PERMANENTE DE TURQUIE
AUPRES DU CONSEIL DE L'EUROPE

Note Verbale [1]
495/133

Enregistrée le 28 oct. 1963
sous le N° 239629

La Représentation Permanente de Turquie auprès du Conseil de l'Europe présente ses compliments au Secrétaire Général du Conseil de l'Europe et – faisant suite à sa note N° 398/103 du 26 août 1963 – a l'honneur de lui communiquer, conformément au paragraphe 3 de l'article 15 de la Convention de Sauvegarde des Droits de l'Homme et des Libertés Fondamentales signée à Rome le 4 novembre 1950, que – sur la proposition du Gouvernement turc – la Grande Assemblée Nationale a décidé de proroger de deux mois, à partir du 21 octobre 1963, l'état de siège à Ankara et à Istanbul.

La Représentation Permanente de Turquie auprès du Conseil de l'Europe saisit cette occasion pour renouveler au Secrétaire Général les assurances de sa très haute considération.

Strasbourg, le 25 octobre 1963

Monsieur Lodovico BENVENUTI
Sécrétaire Général
du Conseil de l'Europe
Strasbourg

[1] La dérogation a été renouvelée pour deux mois par la Note Verbale du 26 décembre 1963.

UNITED KINGDOM

Zanzibar
Withdrawal of the derogation

NoteV erbale[1]

1(43)

The United Kingdom Permanent Representative to the Council of Europe presents his compliments to the Secretary-General of the Council and has the honour to convey the following additional information with reference to his Note Verbale No. 3 dated the 5th of December, 1961,[2] in which was notified, in accordance with Article 15 of the Convention for the Protection of Human Rights and Fundamental Freedoms, certain action taken in the Zanzibar Protectorate involving derogation from obligations imposed by the Convention.

2. Having regard to the improved situation in the Zanzibar Protectorate, the state of public emergency was brought to an end by proclamation on the 20th of December 1962, and at the same time the Emergency (Miscellaneous) Regulations 1961 were repealed. All Detention Orders made under Regulation 2A of those regulations had been revoked before that date.

3. The provisions of the Convention are accordingly now again being fully complied with in the Zanzibar Protectorate

OFFICE OF THE UNITED KINGDOM
PERMANENT REPRESENTATIVE
TO THE COUNCIL OF EUROPE
STRASBOURG
14th March, 1963.

[1] Deposited with the Secretary-General on 18th March 1963.
[2] Cf. Yearbook, Volume IV, pp. 44–54.

ROYAUME UNI

Traduction

Zanzibar
Retrait de la dérogation

Note Verbale[1]

1 (43)

Le Représentant permanent du Royaume-Uni auprès du Conseil de l'Europe présente ses compliments au Secrétaire Général et a l'honneur de lui communiquer les informations ci-après, comme suite à sa note verbale N° 3, en date du 5 décembre 1961,[2] par laquelle le Gouvernement britannique faisait connaître, conformément à l'article 15 de la Convention de Sauvegarde des Droits de l'homme et des libertés fondamentales, certaines mesures prises sur le territoire du Protectorat de Zanzibar en dérogation à des obligations découlant de la Convention.

2. Compte tenu de l'amélioration de la situation dans le Protectorat de Zanzibar, il a été mis fin à l'état d'urgence par une proclamation en date du 20 décembre 1962, en même temps qu'était abrogé le règlement d'exception de 1961 (dispositions diverses). Toutes les ordonnances de détention prises en vertu de l'article 2 A de ce règlement avaient été annulées avant cette date.

3. En conséquence, les dispositions de la Convention reçoivent de nouveau pleine application dans le Protectorat de Zanzibar.

CABINET DU REPRESENTANT
PERMANENT DU ROYAUME-UNI AUPRES
DU CONSEIL DE L'EUROPE
STRASBOURG
14 mars 1963

[1] Déposée auprès du Secrétaire Général le 18 mars 1963.
[2] Cf. Annuaire, Volume IV, pp. 45–55.

STATE OF RATIFICATIONS,

as at 31st

Member States of the Council of Europe	Date of deposit of ratification of		Date of deposit of declaration in respect of	
	Convention (entered into force 3 Sept. 1953)	Protocol (entered into force 18 May 1954)	Article 25	Article 46
AUSTRIA	3 Sept. 1958	3 Sept. 1958	4 Aug. 1961 for 3 years from 3 Sept. 1961	4 Aug. 1961 – for 3 years – on condition of reciprocity from 3 Sep. 1961
BELGIUM	14 June 1955	14 June 1955	2 July 1959 for 5 years from 30 June 1959	5 July 1960 for 5 years from 29 June 1960
CYPRUS	6 Oct. 1962	6 Oct. 1962		
DENMARK	13 Apr. 1953	13 Apr. 1953	4 Apr. 1962 for 5 years from 7 Apr. 1962	4 Apr. 1962 for 5 years from 7 Apr. 1962 on condition of reciprocity
FRANCE				
FEDERAL REPUBLIC OF GERMANY	5 Dec. 1952	13 Feb. 1957	21 June 1961 for 5 years from 1 July 1961	21 June 1961 –for 5 years – on condition of reciprocity from 1 July 1961
GREECE	28 March 1953	28 March 1953		
ICELAND	29 June 1953	29 June 1953	14 Apr. 1960 from 25 March 1960 until the contrary is decided	19 Sept. 1961 for 3 years from 3 Sept. 1961
IRELAND	25 Feb. 1953	25 Feb. 1953	25 Feb. 1953	25 Feb. 1953 [1]
ITALY	26 Oct. 1955	26 Oct. 1955		
LUXEMBOURG	3 Sept. 1953	3 Sept. 1953	24 Apr. 1961 for 5 years from 28 Apr. 1961	24 Apr. 1961 – for 5 years – on condition of reciprocity from 28 Apr. 1961
NETHERLANDS	31 Aug. 1954	31 Aug. 1954	5 July 1960 from 28 June 1960 to 31 Aug. 1964	5 July 1960 – for 5 years from 31 Aug. 1959 – on condition of reciprocity
NORWAY	15 Jan. 1952	18 Dec. 1952	6 Dec. 1963 for 1 year from 9 Dec. 1963	
SWEDEN	4 Feb. 1952	22 June 1953	4 Feb. 1952	
SWITZERLAND				
TURKEY	18 May 1954	18 May 1954		
UNITED KINGDOM	8 March 1951	3 Nov. 1952		

[1] For 5 years and thereafter until notice to the contrary.

[2] For Surinam and Netherlands Antilles only and only in respect of the right to legal assistance in criminal proceedings.

DECLARATIONS AND RESERVATIONS

December, 1963

Date of receipt of notification in respect of		Reservations under Article 64	Other declarations	Member States of the Council of Europe
Article 63 of Convention	Article 4 of Protocol			
		– Art. 5 and 6 Convention – Art. 1 Protocol		AUSTRIA
				BELGIUM
				CYPRUS
				DENMARK
				FRANCE
		Art. 7 (Convention) para. 2	1) Extension to Berlin (West) (Convention and Protocol) 2) Art. 2 of Protocol	FEDERAL REPUBLIC OF GERMANY
		Art. 2 (Protocol)		GREECE
				ICELAND
		Art. 6 (3) (c) Convention	Art. 2 Prot.	IRELAND
				ITALY
		Art. 1 (Protocol)		LUXEMBOURG
1 December 1955 for Surinam and Netherlands Antilles		Art. 6 (3) (c) Convention [2]	1) Art. 2 Prot. 2) On the possible extension to non-metropolitan territories	NETHERLANDS
				NORWAY
		Art. 2 (Protocol)		SWEDEN
				SWITZERLAND
		Art. 2 (Protocol)	Notices given pursuant to Art. 15 of the Convention	TURKEY
23 Oct. 1953 for 42 territories listed		Art. 2 (Protocol)	Notices given pursuant to Art. 15 of the Convention	UNITED KINGDOM

ETAT DES RATIFICATIONS,

au 31

Etats membres du Conseil de l'Europe	Date de dépôt de la ratification		Date de dépôt de la déclaration visée à	
	de la Convention (entrée en vigueur le 3 sept. 1953)	du Protocole (entré en vigueur le 18 mai 1954)	l'article 25	l'article 46
AUTRICHE	3 sept. 1958	3 sept. 1958	4 août 1961 pour 3 ans, à partir du 3 sept. 1961	4 août 1961 pour 3 ans réciprocité à partir du 3 sept. 1961
BELGIQUE	14 juin 1955	14 juin 1955	2 juil. 1959 pour 5 ans à partir du 30 juin 1959	5 juil. 1960 pour 5 ans à partir du 29 juin 1960
CHYPRE	6 oct. 1962	6 oct. 1962		
DANEMARK	13 avril 1953	13 avril 1953	4 avril 1962 pour 5 ans à partir du 7 avril 1962	4 avril 1962 pour 5 ans à partir du 7 avril 1962 réciprocité
FRANCE				
REPUBLIQUE FEDERALE D'ALLEMAGNE	5 déc. 1952	13 févr. 1957	21 juin 1961 pour 5 ans à partir du 1er juillet 1961	21 juin 1961 pour 5 ans réciprocité à partir du 1er juillet 1961
GRECE	28 mars 1953	28 mars 1953		
ISLANDE	29 juin 1953	29 juin 1953	14 avril 1960 à partir du 25 mars 1960 et jusqu'à décision contraire	19 sept. 1961 pour 3 ans à partir du 3 sept. 1961
IRLANDE	25 févr. 1953	25 févr. 1953	25 févr. 1953	25 févr. 1953 [1]
ITALIE	26 oct. 1955	26 oct. 1955		
LUXEMBOURG	3 sept. 1953	3 sept. 1953	24 avril 1961 pour 5 ans à partir du 28 avril 1961	24 avril 1961 pour 5 ans réciprocité à partir du 28 avril 1961
PAYS-BAS	31 août 1954	31 août 1954	5 juillet 1960 à partir du 28 juin 1960 jusqu'au 31 août 1964	5 juillet 1960 – pour 5 ans à partir du 31 août 1959 – réciprocité
NORVEGE	15 janvier 1952	18 déc. 1952	6 déc. 1963 pour 1 an à partir du 9 déc. 1963	
SUEDE	4 févr. 1952	22 juin 1953	4 févr. 1952	
SUISSE				
TURQUIE	18 mai 1954	18 mai 1954		
ROYAUME-UNI	8 mars 1951	3 nov. 1952		

[1] Pour cinq ans et par la suite jusqu'à notification du retrait.

[2] Pour Surinam et les Antilles Néerlandaises seulement et uniquement en ce qui concerne le droit à l'assistance en affaires criminelles.

DECLARATIONS ET RESERVES
décembre 1963

Date de réception de la notification visée à		Réserves faites en vertu de l'article 64	Autres déclarations	Etats membres du Conseil de l'Europe
l'article 63 de la Convention	l'article 4 du Protocole			
		– art. 5 et 6 Convention – article Ier du Protocole		AUTRICHE
				BELGIQUE
				CHYPRE
				DANEMARK
				FRANCE
		Article 7 par. 2 de la Convention	1) Extension à Berlin-Ouest (Convention et Protocole) 2) Article 2 du Protocole	REPUBLIQUE FEDERALE D'ALLEMAGNE
		Article 2 du Protocole		GRECE
				ISLANDE
		Article 6 par. 3 (c) de la Convention	Art. 2 Protocole	IRLANDE
				ITALIE
		Article 1 du Protocole		LUXEMBOURG
1er décembre 1955 pour Surinam et les Antilles Néerlandaises		Art. 6 par. 3 (c) de la Convention[2]	Article 2 du Protocole	PAYS-BAS
				NORVEGE
		Article 2 du Protocole		SUEDE
				SUISSE
		Article 2 du Protoocle	Notifications faites en vertu de l'article 15 de la Convention	TURQUIE
23 oct. 1953 pour 42 territoires énumérés		Article 2 du Protocole	Notifications faites en vertu de l'article 15 de la Convention	ROYAUME-UNI

PROTOCOL ON PRIVILEGES AND IMMUNITIES OF MEMBERS OF THE EUROPEAN COMMISSION OF HUMAN RIGHTS[1]

(As at 31st December 1963)

Member States of the Council of Europe	Date of Signature	Signed without reservation in respect of ratification	Date of deposit of instrument of ratification
Austria	13th November 1958	13th November 1958	
Belgium	15th December 1956		7th September 1961
Cyprus	16th December 1961		
Denmark	15th December 1956	15th December 1956	
France	15th December 1956		
Federal Republic of Germany	15th December 1956		7th July 1960
Greece	15th December 1956		2nd February 1961
Iceland	15th December 1956	15th December 1956	
Ireland			
Italy	15th December 1956		4th June 1958
Luxembourg	15th December 1956		8th January 1960
Netherlands	29th April 1957	29th April 1957	
Norway	15th December 1956	15th December 1956	
Sweden	15th December 1956	15th December 1956	
Switzerland			
Turkey	25th September 1957		7th January 1960
United Kingdom	15th December 1956		8th July 1958

[1] Signed in Paris, 15th December 1956. For text see Yearbook, Volume I, pp. 86-90

PROTOCOLE RELATIF AUX PRIVILEGES ET IMMUNITES DES MEMBRES DE LA COMMISSION EUROPEENNE DES DROITS DE L'HOMME [1]

(Au 31 décembre 1963)

Etats membres du Conseil de l'Europe	Date de la signature	Signé sans réserve de ratification	Date de dépôt de l'instrument de ratification
Autriche	13 novembre 1958	13 novembre 1958	
Belgique	15 décembre 1956		7 septembre 1961
Chypre	16 décembre 1961		
Danemark	15 décembre 1956	15 décembre 1956	
France	15 décembre 1956		
Rép. Fédérale d'Allemagne	15 décembre 1956		7 juillet 1960
Grèce	15 décembre 1956		2 février 1961
Islande	15 décembre 1956	15 décembre 1956	
Irlande			
Italie	15 décembre 1956		4 juin 1958
Luxembourg	15 décembre 1956		8 janvier 1960
Pays-Bas	29 avril 1957	29 avril 1957	
Norvège	15 décembre 1956	15 décembre 1956	
Suède	15 décembre 1956	15 décembre 1956	
Suisse			
Turquie	25 septembre 1957		7 janvier 1960
Royaume-Uni	15 décembre 1956		8 juillet 1958

[1] Signé à Paris, le 15 décembre 1956. Voir le texte dans Annuaire, Vol. I, p. 86-90.

FOURTH PROTOCOL TO THE GENERAL AGREEMENT ON PRIVILEGES AND IMMUNITIES OF THE COUNCIL OF EUROPE

(*Provisions concerning the European Court of Human Rights*) [1]

(*As at 31st December 1963*)

Member States of the Council of Europe	Date of signature	Signed without reservation in respect of ratification	Date of deposit of instrument of ratification
Austria	16th December 1961	16th December 1961	
Belgium	16th December 1961		
Cyprus	16th December 1961		
Denmark	16th December 1961	16th December 1961	
France	16th December 1961 [2]		
Federal Republic of Germany	16th December 1961		10th December 1963
Greece	16th December 1961		
Iceland			
Ireland			
Italy	16th December 1961		
Luxembourg	16th December 1961		5th November 1963
Netherlands	16th December 1961	16th December 1961	
Norway	16th December 1961	16th December 1961	
Sweden	16th December 1961		18th september 1962
Switzerland			
Turkey	1st June 1962		1st June 1962 [3]
United Kingdom	16th December 1961		

[1] Signed in Paris, 16th December 1961. For text see Yearbook, Volume IV, p. 16.

[2] At the time of signature of the Protocol, the Government of the French Republic declared that it would not apply the provisions of Article 3(b) (See Yearbook, Vol. IV, p. 22.

By letter dated 15th February 1962, the French Minister for Foreign Affairs informed the Secretary-General that the reservation was to be replaced by the following declaration:

(*Translation*)

"The French Government declares that it will, in application of Article 3(b), grant to Judges during meetings of the Court, the customs and exchange facilities necessary for the free exercise of their functions".

[3] Turkey made at the same time a declaration according to which the Protocol will enter into force on publication in the official gazette of the Republic of Turkey.

QUATRIEME PROTOCOLE ADDITIONNEL A L'ACCORD GENERAL RELATIF AUX PRIVILEGES ET IMMUNITES DU CONSEIL DE L'EUROPE

(Dispositions relatives à la Cour Européenne des Droits de l'Homme) [1]

(Au 31 décembre 1963)

Etats membres du Conseil de l'Europe	Date de la signature	Signé sans réserve de ratification	Date de dépôt de l'instrument de ratification
Autriche	16 décembre 1961	16 décembre 1961	
Belgique	16 décembre 1961		
Chypre	16 décembre 1961		
Danemark	16 décembre 1961	16 décembre 1961	
France	16 décembre 1961 [2]		
Rép. Fédérale d'Allemagne	16 décembre 1961		10 décembre 1963
Grèce	16 décembre 1961		
Islande			
Irlande			
Italie	16 décembre 1961		
Luxembourg	16 décembre 1961		5 novembre 1963
Pays-Bas	16 décembre 1961	16 décembre 1961	
Norvège	16 décembre 1961	16 décembre 1961	
Suède	16 décembre 1961		18 septembre 1962
Suisse			
Turquie	1er juin 1962		1er juin 1962 [3]
Royaume-Uni	16 décembre 1961		

[1] Signé à Paris le 16 décembre 1961. Voir le texte dans l'Annuaire, Volume IV, p. 17.

[2] Au moment de la signature du Protocole, le Gouvernement de la République Française a déclaré qu'il n'appliquerait pas les dispositions de l'alinéa (b) de l'article 3 (voir Annuaire IV, p. 23).

Par une lettre en date du 15 février 1962, le Ministre des Affaires Etrangères du Gouvernement français a notifié au Secrétaire Général que la réserve devait être remplacée par la déclaration suivante:

"Le Gouvernement français précise qu'en application de l'article 3, alinéa b, il accordera aux juges, pendant les réunions de la Cour, les facilités en matière de douanes et de contrôle des changes qui sont nécessaires pour le libre exercice de leurs fonctions."

[3] La Turquie a fait en même temps une déclaration selon laquelle le Protocole entrera en vigueur au moment de sa publication au Journal Officiel de la République de Turquie.

PROTOCOLS NOS. 2, 3, 4 TO THE CONVENTION: STATE OF APPLICATION AS AT 31st DECEMBER 1963

(A) PROTOCOL NO. 2 TO THE CONVENTION, CONFERRING UPON THE EUROPEAN COURT OF HUMAN RIGHTS THE POWER TO GIVE ADVISORY OPINIONS

The Protocol was opened for signature on 6th May 1963 and was signed by the following States: Austria, Denmark, Federal Republic of Germany, Ireland, Italy, Luxembourg, Netherlands, Norway, Sweden, Turkey and the United Kingdom; Belgium signed on 6th June 1963. Denmark and the United Kingdom signed without reservation as to ratification. Ireland ratified the Protocol on 12th September 1963. It will enter into force as soon as all States Parties to the Convention have become parties to it.

(B) PROTOCOL NO. 3 TO THE CONVENTION AMENDING ARTICLES 29, 30 AND 34 OF THE CONVENTION

The Protocol was opened for signature on 6th May 1963.

The position as regards signature and ratifications is the same as for the Second Protocol.

(C) PROTOCOL NO. 4 TO THE CONVENTION, SECURING CERTAIN RIGHTS AND FREEDOMS OTHER THAN THOSE ALREADY INCLUDED IN THE CONVENTION AND IN THE FIRST PROTOCOL THERETO

The Protocol was opened for signature on 16th September 1963 when it was signed by the following States: Austria, Belgium, Denmark, Federal Republic of Germany, Ireland, Italy, Luxembourg, Norway, Sweden and the United Kingdom; the Netherlands signed on 15th November 1963.

This Protocol will enter into force after the deposit of five instruments of ratification; at 31st December 1963 no ratifications had yet been deposited.

PROTOCOLES N° 2, 3 ET 4 A LA CONVENTION: ETAT D'APPLICATION AU 31 DECEMBRE 1963

(A) PROTOCOLE N° 2 A LA CONVENTION, ATTRIBUANT A LA COUR EUROPÉENNE DES DROITS DE L'HOMME LA COMPETENCE DE DONNER DES AVIS CONSULTATIFS

Ouvert à la signature le 6 mai 1963, le protocole a été signé par les Etats suivants: Autriche, Danemark, République Fédérale d'Allemagne, Irlande, Italie, Luxembourg, Pays-Bas, Norvège, Suède, Turquie et Royaume-Uni, et le 6 juin 1963 par la Belgique. Le Danemark et le Royaume-Uni l'ont signé sans réserve de ratification. L'Irlande l'a ratifié le 12 septembre 1963. Il entrera en vigueur dès que tous les Etats parties à la Convention y seront devenus parties.

(B) PROTOCOLE N° 3 A LA CONVENTION, MODIFIANT LES ARTICLES 29, 30 ET 34 DE LA CONVENTION

Le Protocole N° 3 a été ouvert à la signature le 6 mai 1963. L'état des signatures et des ratifications est le même que pour le 2e protocole.

(C) PROTOCOLE N° 4 A LA CONVENTION, TENDANT A LA SAUVEGARDE DE CERTAINS DROITS ET LIBERTES NON VISES PAR LA CONVENTION ET PAR LE PREMIER PROTOCOLE ADDITIONNEL

Le protocole a été ouvert à la signature le 16 septembre 1963. Il a été signé à cette date par les Etats suivants: Autriche, Belgique, Danemark, République Fédérale d'Allemagne, Irlande, Italie, Luxembourg, Norvège, Suède et Royaume-Uni; les Pays-Bas l'ont signé le 15 novembre 1963.

Le protocole entrera en vigueur après le dépôt de cinq instruments de ratification; au 31 décembre 1963, aucune ratification n'avait encore été déposée.

CHAPTER II

THE EUROPEAN COMMISSION OF HUMAN RIGHTS

A.

Composition

The terms of office of six members of the European Commission of Human Rights expired on 17th May 1963. A list of candidates was prepared by the Bureau of the Consultative Assembly, in accordance with Article 21 of the Convention, and submitted to the Committee of Ministers who, by Resolution (63) 4 of 3rd May 1963, elected or re-elected, for a period of six years, Messrs. S. Sigurjonsson, C. A. Maguire, G. Sperduti, F. Welter, S. Petren and T. B. Balta.

Moreover, by reason of the ratification of the Convention by Cyprus in October 1962, it was necessary to elect a fifteenth member of the Commission. By Resolution (63) 7, the Committee of Ministers elected, as member of the Commission, Mr. M. A. Triantafyllidès, for a period of six years from 6th May 1963.

After being partially re-constituted, the Commission had to elect a President and Vice-President for the following three years, in accordance with Rule 5 paragraph 1 of its Rules of Procedure. This took place in the course of the 42nd plenary session held at Strasbourg from 17th to 22nd June 1963. Mr. S. Petren and Mr. C. Th. Eustathiades were re-elected President and Vice-President respectively, on the first ballot.

The membership of the Commission on 31st December 1963 was accordingly as follows:

	Order of precedence	*Country*	*Term of office expires*
MM.	S. PETREN, President	Sweden	17th May 1969
	C. TH. EUSTATHIADES, Vice-President	Greece	17th May 1966
	L. J. C. BEAUFORT	Netherlands	17th May 1966
	A. SÜSTERHENN	Fed. Republic of Germany	17th May 1966
Mrs.	G. JANSSEN-PEVTSCHIN	Belgium	17th May 1966
MM.	M. SØRENSEN	Denmark	17th May 1966
	F. ERMACORA	Austria	15th December 1964
	F. CASTBERG	Norway	17th May 1966
	G. SPERDUTI	Italy	17th May 1969
	S. SIGURJONSSON	Iceland	17th May 1969
	J. E. S. FAWCETT	United Kingdom	17th May 1966
	C. A. MAGUIRE	Ireland	17th May 1969
	M. A. TRIANTAFYLLIDES	Cyprus	5th May 1969
	F. Welter	Luxembourg	17th May 1969
	T. BALTA	Turkey	17th May 1969

CHAPITRE II

LA COMMISSION EUROPEENNE DES DROITS DE L'HOMME

A.

Composition

Le mandat de six des membres de la Commission européenne des Droits de l'Homme est venu à expiration le 17 mai 1963. Saisi de la liste de candidats dressée par le Bureau de l'Assemblée Consultative, conformément à l'article 21 de la Convention, le Comité des Ministres a, par sa Résolution (63) 4 du 3 mai 1963, élu ou réélu pour une période de six ans MM. S. Sigurjonsson, C. A. Maguire, G. Sperduti, F. Welter, S. Petren, T. B. Balta.

D'autre part, du fait de la ratification de la Convention par la République de Chypre en octobre 1962, il est devenu nécessaire d'élire un quinzième membre de la Commission. Par sa Résolution (63) 7, le Comité des Ministres a élu comme membre de la Commission M. M. A. Triantafyllidès pour une période de six ans à compter du 6 mai 1963.

A la suite du renouvellement partiel de ses membres, la Commission était appelée, conformément à l'article 5 § 1 de son Règlement intérieur, à élire pour une durée de trois ans son Président et son Vice-Président. Elle y a procédé lors de sa 42ème session plénière qui s'est tenue à Strasbourg du 17 au 22 juin 1963. Dès le premier tour de scrutin, MM. S. Petren et C. Th. Eustathiades ont été réélus respectivement Président et Vice-Président.

Compte tenu de ces différentes modifications, la composition de la Commission au 31 décembre 1963 se présentait comme suit:

	Ordre de préséance	*Pays*	*Date d'expiration du mandat*
MM.	S. Petren, Président	Suède	17 mai 1969
	C. Th. Eustathiades, Vice-Président	Grèce	17 mai 1966
	L. J. C. Beaufort	Pays-Bas	17 mai 1966
	A. Süsterhenn	République Fédérale d'Allemagne	17 mai 1966
Mme	G. Janssen-Pevtschin	Belgique	17 mai 1966
MM.	M. Sørensen	Danemark	17 mai 1966
	F. Ermacora	Autriche	15 décembre 1964
	F. Castberg	Norvège	17 mai 1966
	G. Sperduti	Italie	17 mai 1969
	S. Sigurjonsson	Islande	17 mai 1969
	J. E. S. Fawcett	Royaume-Uni	17 mai 1966
	C. A. Maguire	Irlande	17 mai 1969
	M. A. Triantafyllides	Chypre	5 mai 1969
	F. Welter	Luxembourg	17 mai 1969
	J. B. Balta	Turquie	17 mai 1969

B.

Biographical Notes

The biographical notes on Messrs. S. Petren, C. Th. Eustathiades, L. J. C. Beaufort, A. Süsterhenn, Mme. Janssen-Pevtschin, Messrs. M. Sørensen, F. Ermacora, F. Castberg and G. Sperduti are found in Volume III of the Yearbook (pp. 102–114).

Biographical notes on Messrs. S. Sigurjonsson, J. E. S. Fawcett and C. A. Maguire are found in Volume V of the Yearbook (pp. 22–24).

The following are biographical notes on Messrs. M. A. Triantafyllidès, F. Welter and T. B. Balta, who were elected members of the Commission in 1963.

Michalakis Antoniou Triantafyllides

Judge of the Supreme Constitutional Court of the Republic of Cyprus;
Born at Nicosia, Cyprus, on 12th May 1927;
Called to the Bar at Gray's Inn, London, in November 1948;
Practised in Cyprus as a lawyer from 1948 to 1960. During that period served for three years as the Secretary of the Human Rights Committee of the Bar;
In 1959–1960 served as a member of the Greek-Cypriot Delegation to the Joint Constitutional Commission which drafted the Cyprus Constitution;
Appointed in present capacity as the Greek-Cypriot Judge of the Supreme Constitutional Court on the 16th August 1960.

Felix Albert Welter

Born 25th April 1898, at Luxembourg;
Doctor of Law, July 1923;
Police-court magistrate, Canton of Rédange, July 1929;
Judge of the District Court of Diekirch, December 1929;
Deputy Public Prosecutor, July 1930;
Judge of the District Court of Luxembourg, July 1933;
Police-court magistrate, Canton of Luxembourg, April 1937;
State Attorney General, July 1945;
Honorary State Attorney General, March 1963;
Elected to the *Conseil d'Etat* in 1945;
President of the *Conseil d'Etat* since February 1952.

B.

Notice biographiques

Les notices biographiques de MM. S. Petren, C. Th. Eustathiades, L. J. C. Beaufort, A. Süsterhenn, Mme G. Janssen-Pevtschin, MM. M. Sørensen, F. Ermacora, F. Castberg et G. Sperduti figurent dans le Volume III de l'Annuaire (pp. 103–115).

Les notices biographiques de MM. S. Sigurjonsson, J. E. S. Fawcett et C. A. Maguire figurent dans le Volume V de l'Annuaire (pp. 23–25).

On trouvera ci-après les notices biographiques de MM. M. A. Triantafyllidès, F. Welter et T. B. Balta élus membres de la Commission en 1963.

MICHALAKIS ANTONIOU TRIANTAFYLLIDES

Juge à la Cour Suprême Constitutionnelle de la République de Chypre;

Né le 12 mai 1927 à Nicosie (Chypre);

Reçu avocat à Gray's Inn, Londres, en novembre 1948;

Exerce à Chypre comme avocat de 1948 à 1960. Au cours de cette période, occupe pendant trois ans le poste de Secrétaire de la Commission des Droits de l'Homme du Barreau;

En 1959–60, membre de la délégation cypriote grecque à la Commission constitutionnelle mixte chargée de rédiger la Constitution de Chypre;

Nommé à ses fonctions actuelles de juge cypriote grec à la Cour Suprême Constitutionnelle le 16 août 1960.

FELIX ALBERT WELTER

Né le 25 avril 1898 à Luxembourg;

Juillet 1923, Docteur en Droit;

Juillet 1929, Juge de paix du Canton de Rédange;

Décembre 1929, Juge au Tribunal d'arrondissement de Diekirch;

Juillet 1930, Substitut du Procureur d'Etat à Luxembourg;

Juillet 1933, Juge au Tribunal d'arrondissement de Luxembourg;

Avril 1937, Juge de paix du Canton de Luxembourg;

Juillet 1945, Procureur Général d'Etat;

Mars 1963, Procureur Général d'Etat honoraire;

Décembre 1945, Conseiller d'Etat;

Depuis février 1952, Président du Conseil d'Etat.

Prof. Dr. Tahsin Bekir Balta

Born in 1902, in Turkey;
LL.B. University of Istanbul, 1924;
LL.D., Friedrich Wilhelm University, Berlin, 1937;
Professor of Constitutional Law School of Political Sciences; (at present, the Faculty of Political Sciences, University of Ankara) (1937–1943);
Professor of Administrative Law, Faculty of Law, University of Ankara (1940–1943);
Member of the Grand National Assembly of Turkey (1943–1950);
Minister of Economy (1946–1947);
Minister of Labour (1947–1949);
Professor of Administrative Law, Faculty of Political Sciences, University of Ankara (since 1951);
Professor of Administrative Law, Faculty of Law, University of Ankara (since 1961);
Professor at the Public Administration Institute for Turkey and the Middle East,
Director of the Institute of Administrative Sciences, Faculty of Political Sciences.

C.

Sub-Commissions

In the event of the Commission accepting a petition referred to it, it undertakes together with the representatives of the parties an examination of the petition and, if need be, an investigation, with a view to ascertaining the facts. It also places itself at the disposal of the parties concerned with a view to securing a friendly settlement of the case [1].

The Commission performs these functions by means of a Sub-Commission consisting of seven members of the Commission. Each of the parties concerned may appoint as member of the Sub-Commission a person of its choice. The remaining members are chosen by lot [2].

Three Sub-Commissions which had been active in 1962 had finished their work and submitted reports to the Plenary Commission by 1st January 1963 [3].

[1] Article 28.
[2] Article 29.
[3] See Yearbook, Volume V, pp. 24–26.

PROF. DR. TAHSIN BEKIR BALTA

Né en Turquie en 1902;
Licencié en Droit, Université d'Istanboul (1924);
Docteur en Droit de l'Université Friedrich Wilhelm, Berlin (1937);
Professeur de droit constitutionnel à l'Ecole des Sciences politiques (actuellement Faculté des Sciences politiques de l'Université d'Ankara) (1937–1943);
Professeur de droit administratif à la Faculté de Droit d'Ankara (1940–1943);
Député à la Grande Assemblée Nationale de Turquie (1943–1950);
Ministre de l'Economie (1946–1947);
Ministre du Travail (1947–1949);
Professeur de droit administratif à la Faculté des Sciences politiques de l'Université d'Ankara (depuis 1951);
Professeur de droit administratif à la Faculté de Droit de l'Université d'Ankara (depuis 1961);
Professeur à l'Institut d'Administration publique pour la Turquie et le Moyen-Orient;
Directeur de l'Institut des Sciences administratives de la Faculté des Sciences politiques.

C.

Sous-Commissions

Lorsque la Commission retient une requête, elle procède, pour établir les faits de la cause, à un examen contradictoire de la requête avec les représentants des parties, et, s'il y a lieu, à une enquête. Elle se met également à la disposition des intéressés en vue de parvenir à un règlement amiable de l'affaire [1].

La Commission remplit ces fonctions au moyen d'une Sous-Commission composée de sept membres. Chaque intéressé peut désigner un membre de son choix pour faire partie de la Sous-Commission. Les autres membres sont désignés par tirage au sort [2].

Trois Sous-Commissions qui fonctionnaient en 1962, avaient terminé leurs tâches et avaient soumis leurs rapports à la Commission plénière avant le 1er janvier 1963 [3].

[1] Article 28.
[2] Article 29.
[3] Voir Annuaire, Volume V, pp. 25–27.

Two Sub-Commissions were constituted in 1963:

1. *Four Applications against Belgium:*

No. 1474/62 (23 inhabitants of Alsemberg v. Belgium)
No. 1677/62 (5 inhabitants of Kraainem v. Belgium)
No. 1691/62 (64 inhabitants of Antwerp and environs v. Belgium)
No. 1769/63 (91 inhabitants of the Ghent and Antwerp areas v. Belgium).

These four applications were joined by order of the Commission made under Rule 39 of the Rules of Procedure, at its session held in June 1963. All four were declared admissible in part on 26th July 1963. The Sub-Commission was constituted on 19th September 1963 after the parties had appointed a member of their choice. The Sub-Commission consists of the following members:

Mr. S. PETREN, President
Mrs. G. JANSSEN-PEVTSCHIN, appointed by the respondent Government
MM. F. WELTER, appointed by the four groups of Applicants jointly
L. J. C. BEAUFORT
F. CASTBERG
S. SIGURJONSSON
M. TRIANTAFYLLIDES

Substitute Members:

MM. C. Th. EUSTATHIADES
T. BALTA
J. E. S. FAWCETT
C. MAGUIRE
M. SØRENSEN
G. SPERDUTI
A. SÜSTERHENN
F. ERMACORA

2. *Application No. 1727/62 – Boeckmans against Belgium.*

This application was declared admissible on 29th October 1963. The Sub-Commission was constituted on 13th December 1963 after the parties had appointed a member of their choice and consists of the following members:

Deux Sous-Commissions ont été constituées en 1963.

1. *Quatre requêtes contre la Belgique*

N° 1474/62 (vingt-trois habitants d'Alsemberg c/Belgique);
N° 1677/62 (cinq habitants de Kraainem c/Belgique);
N° 1691/62 (soixante-quatre habitants d'Anvers et des environs c/Belgique);
N° 1769/63 (quatre-vingt-onze habitants de Gand, d'Anvers et des environs de ces deux villes c/Belgique)

Dès sa session tenue au mois de juin 1963, la Commission a ordonné la jonction de ces quatre affaires (article 32 du Règlement intérieur). Elles ont été déclarées partiellement recevables le 26 juillet 1963 et la Sous-Commission a été constituée le 19 septembre 1963 après que chacune des parties a désigné le membre de son choix.

La Sous-Commission comprend les membres suivants:

MM. S. PETREN, Président
Mme G. JANSSEN-PEVTSCHIN, désignée par le Gouvernement défendeur
M. F. WELTER, membre désigné d'un commun accord par les quatre groupes de requérants
M. L. J. C. BEAUFORT
M. F. CASTBERG
M. S. SIGURJONSSON
M. M. TRIANTAFYLLIDES

Suppléants:

M. C. TH. EUSTATHIADES
M. T. BALTA
M. J. E. S. FAWCETT
M. C. MAGUIRE
M. M. SØRENSEN
M. G. SPERDUTI
M. A. SÜSTERHENN
M. F. ERMACORA

2. *Requête N° 1727/62 – Boeckmans c/Belgique*

Cette requête ayant été déclarée recevable le 29 octobre 1963, la Sous-Commission a été constituée le 13 décembre 1963 après que chacune des parties a désigné le membre de son choix. La Sous-Commission comprend les membres suivants:

MM. L. J. C. Beaufort, President
F. Welter, appointed by the respondent Government
J. E. S. Fawcett, appointed by the Applicant
A. Süsterhenn
M. Sørensen
C. A. Maguire
T. Balta

Substitute Members

MM. S. Petren
C. T. Eustathiades
S. Sigurjonsson
G. Sperduti
F. Castberg
M. Triantafyllides
F. Ermacora

Mrs. G. Janssen-Pevtschin considered that she should not take part in the examination of the case (Rule 32 (1) of the Rules of Procedure).

D.

Sittings [1]

1. PLENARY SESSIONS OF THE COMMISSION

40th Session – 10th–18th January 1963, Paris
41st Session – 21st–30th March 1963, Paris
42nd Session – 17th–22nd June 1963
43rd Session – 22nd–27th July 1963
44th Session – 19th–24th September 1963
45th Session – 28th October–2nd November 1963, Paris
46th Session – 12th–19th December 1963

2. MEETINGS OF THE SUB-COMMISSIONS

None

3. MEETINGS OF "THREE MEMBER GROUPS" [2]

20th–22nd February – Strasbourg:
MM. L. J. C. Beaufort, N. Erim, J. E. S. Fawcett
19th–21st March – Paris:
MM. P. Faber, F. Ermacora, C. A. Maguire

[1] Unless otherwise stated all sittings referred to took place at the Council of Europe, Strasbourg.
[2] Cf. Yearbook, Vol. II, p. 110; Vol. III, p. 120; Vol. IV, p. 84; Vol. V, p. 28.

M. L. J. C. BEAUFORT, Président,
M. F. WELTER, désigné par le Gouvernement défendeur
M. J. E. S. FAWCETT, désigné par le requérant
M. A. SÜSTERHENN
M. M. SØRENSEN
M. C. MAGUIRE
M. T. BALTA

Suppléants:

M. S. PETREN
M. C. TH. EUSTATHIADES
M. S. SIGURJONSSON
M. G. SPERDUTI
M. F. CASTBERG
M. M. TRIANTAFYLLIDES
M. F. ERMACORA

MMe G. JANSSEN-PEVTSCHIN a estimé ne pas devoir participer à l'examen de l'affaire (article 32 par. 1 du Règlement intérieur).

D.

Réunions [1]

1. SESSIONS PLENIERES DE LA COMMISSIONS

40e Session – 10–18 janvier 1963, Paris
41e Session – 21–30 mars 1963, Paris
42e Session – 17–22 juin 1963
43e Session – 22–27 juillet 1963
44e Session – 19–24 septembre 1963
45e Session – 28 octobre–2 novembre 1963, Paris
46e Session – 12–19 décembre 1963

2. SESSIONS DES SOUS-COMMISSIONS

Néant

3. REUNIONS DES GROUPES DE TROIS [2]

20–22 février – Strasbourg:
L. J. C. BEAUFORT, N. ERIM, J. E. S. FAWCETT
19–21 mars – Paris:
P. FABER, F. ERMACORA, C. A. MAGUIRE

[1] Sauf indication contraire, toutes les réunions mentionnées se sont tenues à Strasbourg au siège du Conseil de l'Europe.
[2] Cf. Annuaire, Vol. II, p. 111; Vol. III, p. 121; Vol. IV, p. 85; Vol. V. p. 29.

22nd–25th May – Strasbourg:
MM. M. SØRENSEN, F. ERMACORA, J. E. S. FAWCETT
4th–6th June – Strasbourg:
MM. C. TH. EUSTATHIADES, L. C. J. BEAUFORT, G. SPERDUTI
18th–20th July – Strasbourg:
MM. F. ERMACORA, G. SPERDUTI, M. TRIANTAFYLLIDES
29th July 1963 – Strasbourg:
MM. C. TH. EUSTATHIADES, L. C. J. BEAUFORT, C. A. MAGUIRE
16th–18th September – Strasbourg:
MM. F. CASTBERG, J. E. S. FAWCETT, F. WELTER
25th September – Strasbourg:
(1) M. C. TH. EUSTATHIADES, Mme G. JANSSEN-PEVTSCHIN, M. T. BALTA.
(2) MM. S. SIGURJONSSON, J. E. S. FAWCETT, C. A. MAGUIRE
27th–30th November – Strasbourg:
MM. F. ERMACORA, J. E. S. FAWCETT, C. A. MAGUIRE

4. OTHER MEETINGS

18th–19th January 1963 – Working meeting held at Paris between representatives of the Court and of the Commission.

E.

Secretariat

In accordance with Article 37 of the Convention, the Secretariat of the Commission is provided by the Secretary-General of the Council of Europe. The latter appoints an agent to take charge of the Secretariat of the Commission.

On 31st December 1963, the Secretariat of the Commission consisted of the following persons:

Secretary of the Commission:	Mr. A. B. McNULTY (British)
Deputy Secretary of the Commission:	Mr. M-A. EISSEN (French)
Administrators:	Mr. E. HARREMOES (Danish)
	Mr. K. ROGGE (German)
	Mr. T. GRUBER (Austrian)
	Mr. E. MULLER-RAPPARD (German)
Archivist:	Mr. A. LAFUMA (French)
Assistants:	Miss V. TURNER (British)
	Miss C. RIETH (French)
	Mrs. E. LOCHERT (French)
	Miss D. HILEY (British)

22–25 mai – Strasbourg:
M. SØRENSEN, F. ERMACORA, J. E. S. FAWCETT
4–6 juin – Strasbourg:
C. Th. EUSTATHIADES, L. J. C. BEAUFORT, G. SPERDUTI
18–20 juillet – Strasbourg:
F. ERMACORA, G. SPERDUTI, N. TRIANTAFYLLIDES
29 juillet 1963 – Strasbourg:
C. TH. EUSTATHIADES, L. J. C. BEAUFORT, C. A. MAGUIRE
16–18 septembre – Strasbourg:
F. CASTBERG, J. E. S. FAWCETT, F. WELTER
25 septembre – Strasbourg:
(1) C. TH. EUSTATHIADES, Mme JANSSEN-PEVTSCHIN, T. BALTA
(2) S. SIGURJONSSON, J. E. S. FAWCETT, C. A. MAGUIRE
27–30 novembre – Strasbourg:
F. ERMACORA, J. E. S. FAWCETT, C. A. MAGUIRE

4. AUTRES REUNIONS

18–19 janvier 1963 – Réunion de travail, tenue à Paris entre les représentants de la Cour et de la Commission.

E.

Secrétariat

Conformément à l'article 37 de la Convention, le Secrétariat de la Commission est assuré par le Secrétaire Général du Conseil de l'Europe. Ce dernier désigne l'agent responsable du Secrétariat de la Commission.

Au 31 décembre 1963, faisaient partie du Secrétariat de la Commission:

Secrétaire de la Commission:	M.	A. B. MCNULTY (britannique)
Secrétaire adjoint de la Commission:	M.	M.-A. EISSEN (français)
Administrateurs:	MM.	E. HARREMOES (danois)
		K. ROGGE (allemand)
		T. GRUBER (autrichien)
		E. MULLER-RAPPARD (allemand)
Archiviste:	M.	A. LAFUMA (français)
Assistantes:	Miss	V. TURNER (britannique)
	Melle	C. RIETH (française)
	Mme	E. LOCHERT (française)
	Miss	D. HILEY (britannique)

CHAPTER III

THE EUROPEAN COURT OF HUMAN RIGHTS

A.

Composition

An additional judge had to be elected on the accession of the Switzerland to the Council of Europe on 6th May 1963, since, under Article 38 of the Convention, the Court consists of a number of judges equal to that of the member States of the Council of Europe. On 18th September 1963, from a list of three candidates proposed by the Federal Government of the Swiss Confederation and presented by the Committee of Ministers, the Consultative Assembly elected to the new seat Mr. A. Favre, Judge at the Federal Court of Switzerland.

During 1963 there was no other change in the membership of the Court which, on 31st December 1963, was as follows:

	Order of precedence	*Country*	*Term of office expires*
Lord	McNair, President	United Kingdom	20th January 1965
Mr.	René Cassin, Vice-President	France	20th January 1971
Baron	F. M. van Asbeck	Netherlands	20th January 1968
Messrs.	A. E. V. Holmbäck	Sweden	20th January 1965
	A. Verdross	Austria	20th January 1968
	G. S. Maridakis	Greece	20th January 1968
	H. Rolin	Belgium	20th January 1968
	E. Rodenbourg	Luxembourg	20th January 1968
	A. N. C. Ross	Denmark	20th January 1971
	T. Wold	Norway	20th January 1968
	R. McGonigal	Ireland	20th January 1971
	G. Balladore-Pallieri	Italy	20th January 1965
	E. Arnalds	Iceland	20th January 1971
	H. Mosler	Federal Republic of Germany	20th January 1965
	K. F. Arik	Turkey	20th January 1968
	M. Zekia	Cyprus	25th September 1970
	A. Favre	Switzerland	17th September 1972

CHAPITRE III

LA COUR EUROPEENNE DES DROITS DE L'HOMME

A.

Composition

La Suisse ayant adhéré au Conseil de l'Europe le 6 mai 1963, il y avait lieu de procéder à l'élection d'un juge supplémentaire. En effet, aux termes de l'article 38 de la Convention, la Cour se compose d'un nombre de juges égal à celui des Etats membres du Conseil de l'Europe. Le 18 septembre 1963, l'Assemblée Consultative a élu à ce nouveau siège, sur une liste de trois candidats proposée par le Conseil Fédéral de la Confédération Suisse et présentée par le Comité des Ministres, M. A. Favre, Juge au Tribunal Fédéral Suisse.

Aucun autre changement n'étant intervenu en 1963, la composition de la Cour était, au 31 décembre, la suivante:

	Ordre de préséance	*Pays*	*Date d'expiration du mandat*
Lord	McNair, Président	Royaume-Uni	20 janvier 1965
M.	René Cassin, Vice-Président	France	20 janvier 1971
Baron	F. M. van Asbeck	Pays-Bas	20 janvier 1968
MM.	A. E. V. Holmbäck	Suède	20 janvier 1965
	A. Verdross	Autriche	20 janvier 1968
	G. S. Maridakis	Grèce	20 janvier 1968
	H. Rolin	Belgique	20 janvier 1968
	E. Rodenbourg	Luxembourg	20 janvier 1968
	A. N. C. Ross	Danemark	20 janvier 1971
	T. Wold	Norvège	20 janvier 1968
	R. McGonical	Irlande	20 janvier 1971
	G. Balladore-Pallieri	Italie	20 janvier 1965
	E. Arnalds	Islande	20 janvier 1971
	H. Mosler	République Fédérale d'Allemagne	20 janvier 1965
	K. F. Arik	Turquie	20 janvier 1968
	M. Zekia	Chypre	25 septembre 1970
	M. A. Favre	Suisse	17 septembre 1972

B.

Biographical Notes

Biographical notes on the judges were published in Volume II of the Yearbook (pp. 136–150). A biographical note on Mr. M. Zekia, who was elected on 26th September 1961, appeared in Volume IV of the Yearbook at page 92 and one on Baron Louis Fredericq, the *ad hoc* judge in the "De Becker" case, is found in Volume III of the Yearbook at page 132.

The following is a biographical note on Mr. A. Favre, who was elected a judge on 18th September 1963.

ANTOINE FAVRE:

Born 1897 at Sion (Valais);
Graduate in history, Paris University;
Read law at the Universities of Paris, Fribourg (Switzerland) and Berlin;
Doctor of Laws, Fribourg University;
Practised as a barrister and notary;
Professor at Fribourg University, 1930–52;
Member of Valais Grand Council, 1945–52;
Deputy in National Council, 1943–52;
Appointed member of Federal Court, 1952: presides over one of the Chambers;
Since being appointed to the Federal Court, has retained the Chair of International Law at Fribourg.

C.

Chambers of the Court

As no cases were brought before the Court in 1963, no Chamber of seven judges was constituted.

D.

Sessions and Hearings

The Court held its eighth Plenary Session [1] at Strasbourg from 20th to 22nd May 1963. It examined, in particular, various proposals

[1] Cf. Yearbook, Vol. II, p. 132; Vol. III, p. 138; Vol. IV, p. 96; Vol. V, p. 34.

B.

Notices biographiques

Les notices biographiques des Juges ont été publiées dans le Volume II de l'Annuaire (pp. 137–153). La notice biographique de M. M. Zekia, élu juge le 26 septembre 1961, figure au Volume IV de l'Annuaire (p. 93). Celle du Baron Louis Fredericq, Juge ad hoc dans l'affaire "De Becker", se trouve dans le Volume III de l'Annuaire (p. 133).

On trouvera ci-après la notice biographique de M. A. Favre élu Juge le 18 septembre 1963.

ANTOINE FAVRE

Né à Sion en 1897 (Valais), ressortissant de Sion;

Licencié ès lettres-histoire de l'Université de Paris;

A étudié le droit aux Universités de Paris, de Fribourg (Suisse) et de Berlin;

Doctorat en droit de l'Université de Fribourg;

A exercé les professions d'avocat et de notaire;

Professeur à l'Université de Fribourg de 1930 à 1952;

Membre du Grand Conseil du Valais de 1945 à 1952;

Député au Conseil National de 1943 à 1952;

Elu membre du Tribunal fédéral en 1952: il en préside une des Chambres;

A conservé, depuis son élection au Tribunal fédéral, la chaire de droit international à l'Université de Fribourg.

C.

Chambres de la Cour

Aucune affaire n'ayant été portée en 1963 devant la Cour, celle-ci n'a pas eu à se constituer en Chambre de sept juges.

D.

Réunions

La Cour a tenu sa huitième Assemblée Générale [1] à Strasbourg du 20 au 22 mai 1963. Elle a notamment examiné les diverses

[1] Cf. Annuaire, Volume II, p. 133; Volume III, p. 139; Volume IV, p. 97; Volume V, p. 35.

to amend the Convention (Articles 40 and 43, and suggestions for an Article 54bis and an Article 54ter in the Convention), as well as questions arising out of the publication of the documents in the "Lawless" and "De Becker" cases. The Court also elected a new Registrar.

A working party of the Court met at Strasbourg on 17th and 18th September 1963. It was composed of Lord McNair (President), Mr. René Cassin (Vice-President) and Messrs. A. Holmbäck, G. S. Maridakis, E. Rodenbourg, A. Ross, R. McGonigal, H. Mosler, K. Arik and M. Zekia, and it examined, in particular, the proposed amendment to Article 43 of the Convention which would suppress the Chamber system and provide for the Court to carry out its judicial functions in plenary session.

E.

Registry of the Court

The Registry of the Court consists of a Registrar assisted by a Deputy Registrar, both elected by the Court for a period of seven years.

At its eighth Plenary Session, held at Strasbourg from 20th to 22nd May 1963, the Court elected a new Registrar. On the first ballot, Mr. Heribert Golsong, Deputy Registrar, received an absolute majority of the votes cast. A biographical note on the new Registrar appeared in Volume III of the Yearbook, p. 140. The Court decided not to elect a Deputy-Registrar for the time being.

The Court also decided to pay tribute to the work of Mr. P. Modinos, the former Registrar, and adopted the following Resolution:

> "THE EUROPEAN COURT OF HUMAN RIGHTS,
>
> *Meeting* at Strasbourg from 20th to 22nd May 1963 under the Presidency of Mr. René CASSIN, Vice-President;
>
> *Having confirmed* its President's decision to accept the resignation of Mr. Polys MODINOS from the post of Registrar of the Court;
>
> *Considering* that Mr. MODINOS, first as Director of Human Rights at the Council of Europe and Head of the Secretariat of the Commission and later as Registrar of the Court, has devoted all his energy to the cause of Human Rights in Europe; that he has thus made an exemplary contribution towards achievement of the aim of the Council of Europe, which is that of bringing about greater unity among European nations in the observance of the rule of law;

propositions d'amendements à la Convention (articles 40 et 43, article 54bis et article 54ter de la Convention), ainsi que les questions que soulevait la publication des documents relatifs aux affaires "Lawless" et "De Becker". D'autre part, elle a procédé à l'élection de son nouveau Greffier.

Un groupe de travail de la Cour s'est réuni à Strasbourg les 17 et 18 septembre 1963. Composé de Lord McNair (Président), de M. René Cassin (Vice-Président) et de MM. A. Holmbäck, G. S. Maridakis, E. Rodenbourg, A. Ross, R. McGonigal, H. Mosler, K. Arik et M. Zekia, il a étudié notamment l'amendement à l'article 43 de la Convention, tendant à la suppression du système des Chambres au profit de l'exercice de la compétence juridictionnelle de la Cour en séance plénière.

E.

Greffe de la Cour

Le Greffe de la Cour est assuré par un Greffier, assisté d'un Greffier adjoint, élus par la Cour pour sept ans.

Lors de sa 8e Assemblée Générale qui s'est tenue à Strasbourg du 20 au 22 mai 1963, la Cour a procédé à l'élection de son nouveau Greffier. Dès le premier tour de scrutin, M. Heribert Golsong, Greffier Adjoint, a recueilli la majorité absolue des suffrages. La biographie du nouveau Greffier figure au Volume III de l'Annuaire, page 141. La Cour à d'autre part décidé de ne pas procéder pour le moment à l'élection du nouveau Greffier Adjoint.

Enfin, la Cour a également décidé de rendre hommage à l'oeuvre accomplie par M. P. Modinos, son ancien Greffier, en adoptant la résolution suivante:

> "LA COUR EUROPEENNE DES DROITS DE L'HOMME,
>
> *Réunie* à Strasbourg du 20 au 22 mai 1963, sous la présidence de M. René CASSIN, Vice-Président,
>
> *Ayant confirmé* la décision de son Président d'accepter la démission de M. Polys MODINOS du poste de Greffier de la Cour:
>
> *Considérant* que M. MODINOS, d'abord comme Directeur des Droits de l'Homme au Conseil de l'Europe et Chef du Secrétariat de la Commission, puis comme Greffier de la Cour, a consacré tous ses efforts à la cause des Droits de l'Homme en Europe; qu'il a ainsi contribué de manière exemplaire à la réalisation du but du Conseil de l'Europe qui est l'union plus étroite entre les peuples européens dans le respect de la prééminence du droit;

Expresses to Mr. MODINOS its deep gratitude for the outstanding work accomplished by him and conveys to him its most sincere wishes for success in the performance of his present high functions as Deputy Secretary-General of the Council of Europe."

F.

Extra-Judicial Functions

On 7th May 1963, the Federal Republic of Germany and the Republic of Austria concluded a Treaty on assistance to war victims and the employment of seriously disabled persons (Vertrag über Kriegsopfersorgung und Beschäftigung Schwerbeschädigter).

Article 22 of the Treaty was included with the consent of the President of the Court and contains the following provisions:

(*translated from German*)

"(1) Disputes between the two Contracting States on the interpretation or application of this Agreement shall, so far as practicable, be settled by the competent Federal Ministries of the said States.

(2) Any dispute which cannot be settled in this manner shall, at the request of one of the Contracting States, be submitted to an Arbitral Tribunal.

(3) The Arbitral Tribunal shall be constituted whenever required; each Contracting State shall appoint one member and both members shall then agree upon the nomination of a national of a third State as President, who shall be appointed by the Governments of the two Contracting States. The members of the Tribunal shall be appointed within two months and the President within three months after one Contracting State has informed the other that it intends to submit the dispute to the Arbitral Tribunal.

(4) Should the time-limits laid down in paragraph (3) not be observed, either Contracting State may, failing agreement on any other procedure, request the *President of the European Court of Human Rights* to make the necessary nominations. Should the President of the Court be a national of one of the Contracting States or be prevented from acting for some other reason, the nominations shall be made by the Vice-President. Should the Vice-President also be a national of one of the Contracting States, or be similarly prevented, the nominations shall be made by the next

Exprime à M. MODINOS sa profonde reconnaissance pour l'oeuvre remarquable qu'il a accomplie et lui adresse ses voeux les plus chaleureux pour son succès dans l'exercice des hautes fonctions qui lui sont actuellement confiées en tant que Secrétaire Général adjoint du Conseil de l'Europe."

F.

Fonctions extra-judiciaires

Un accord a été conclu le 7 mai 1963 entre la République Fédérale d'Allemagne et la République d'Autriche sur l'assistance aux victimes de la guerre et l'emploi de personnes atteintes d'infirmités graves (Vertrag über Kriegsopferversorgung und Beschäftigung Schwerbeschädigter).

L'article 22 de cet accord, établi avec le consentement du Président de la Cour, contient la disposition suivante:

(*Original allemand, traduction de l'anglais*)

"(1) Si l'interprétation ou l'application du présent Accord soulève un différend entre les deux Parties Contractantes, il sera réglé, dans toute la mesure du possible, par les Ministères fédéraux compétents desdits Etats.

(2) Tout différend qui ne pourra être réglé ainsi sera, à la demande de l'une des Parties Contractantes, soumis à un tribunal d'arbitrage.

(3) Le Tribunal d'Arbitrage est constitué chaque fois que de besoin; chaque Partie Contractante nomme un membre et ces deux membres désignent d'un commun accord un ressortissant d'un troisième Etat en qualité de Président, qui sera nommé par les Gouvernements des deux Parties Contractantes. Les membres du Tribunal seront nommés dans un délai de deux mois et le Président dans un délai de trois mois après que l'une des Parties Contractantes aura informé l'autre qu'elle a l'intention de soumettre le différend au Tribunal d'Arbitrage.

(4) Si les délais fixés au paragraphe 3) ne sont pas observés, l'une et l'autre des Parties Contractantes peut, à défaut d'accord sur toute autre procédure, solliciter le *Président de la Cour européenne des Droits de l'Homme* de procéder aux désignations nécessaires. Si le Président de la Cour est un ressortissant de l'une des Parties Contractantes, ou s'il en est empêché pour quelque autre raison, les désignations sont faites par le Vice-Président. Si le Vice-Président est lui aussi un ressortissant de l'une des Parties Contractantes, ou s'il en est de même empêché, les désignations sont faites par le juge

senior judge of the Court who is not a national of one of the Contracting States.

(5) Decisions of the Arbitral Tribunal shall be taken by majority vote and shall be binding. Each Contracting State shall bear the costs of its member and of its representation in the proceedings before the Arbitral Tribunal; the costs of the President and miscellaneous costs shall be equally shared by the two Contracting States. The Arbitral Tribunal may make another ruling of the costs. It shall adopt its own Rules of Procedure."

This is the first time extra-judicial duties have been undertaken by the President under the provisions of a treaty.

de la Cour le plus haut placé dans la voie hiérarchique, qui ne soit pas un ressortissant de l'une des Parties Contractantes.

(5) Les décisions du Tribunal d'Arbitrage sont prises à la majorité des voix et lient les Parties. Chaque Partie Contractante assume les frais afférents à son membre et les frais de sa propre représentation devant le Tribunal d'Arbitrage; les frais afférents au Président et les frais divers sont partagés à égalité entre les deux Parties Contractantes. Le Tribunal d'Arbitrage peut établir d'autres règles relativement aux frais. Il adopte son règlement intérieur".

C'est la première disposition conventionnelle qui confère au Président de la Cour un rôle extra-judiciaire.

CHAPTER IV

PRINCIPAL DEVELOPMENTS IN THE COUNCIL OF EUROPE CONCERNING THE PROTECTION OF HUMAN RIGHTS

A.

Chronological list of events

10th–18th January 1963: Fortieth Session of the European Commission of Human Rights.

11th–16th February 1963: Seventh meeting of the Committee of Experts on Human Rights.

21st–30th March 1963: Forty-first Session of the European Commission of Human Rights.

5th April 1963: Adoption by the Committee of Ministers of Resolution (63) DH 1 relating to the applications of Ofner (524/59) and Hopfinger (617/59) against Austria.

3rd May 1963: Partial renewal of the membership of the European Commission of Human Rights. The Committee of Ministers elected or re-elected Messrs. Sigurgeir Sigurjonsson (Iceland), Conor A. Maguire (Ireland), Giuseppe Sperduti (Italy), Félix Welter (Luxembourg), Sture Petren (Sweden), Tahsin Bekir Balta (Turkey).

6th May 1963: Election by the Committee of Ministers of Mr. Michalakis Antoniou Triantafyllidès (Cyprus) as a member of the European Commission of Human Rights, this seat being created on the ratification of the Convention by Cyprus.

6th May 1963: Signature at Strasbourg of Protocol No. 2 to the Convention for the Protection of Human Rights and Fundamental Freedoms, conferring upon the European Court of Human Rights competence to give advisory opinions.

6th May 1963: Signature at Strasbourg of Protocol No. 3 to the Convention for the Protection of Human Rights and Fundamental Freedoms, amending Articles 29, 30 and 34 of the Convention.

20th–22nd May 1963: Eighth plenary Session of the European Court of Human Rights. Mr. H. Golsong was elected Registrar of the Court, to replace Mr. Polys Modinos, resigned.

27th–31st May 1963: Eighth meeting of the Committee of Experts on Human Rights.

17th–22nd June 1963: Forty-second Session of the European Commission of Human Rights. At this session the Commission re-elected Mr. S. Petren as President and Mr. C. Th. Eustathiadès as Vice-President.

22nd–27th July 1963: Forty-third Session of the European Commission of Human Rights.

CHAPITRE IV

PRINCIPAUX EVENEMENTS AYANT MARQUE LE DEVELOPPEMENT DE LA PROTECTION DES DROITS DE L'HOMME DANS LE CADRE DU CONSEIL DE L'EUROPE

A.

Liste chronologique des événements

10–18 janvier 1963: Quarantième session de la Commission européenne des Droits de l'Homme.

11–16 février 1963: Septème réunion du Comité d'Experts en matière de Droits de l'Homme.

21–30 mars 1963: Quarantième-et-unième réunion de la Commission européenne des Droits de l'Homme.

5 avril 1963: Adoption par le Comité des Ministres de la Résolution (63) DH 1 concernant les requêtes Ofner (524/59) et Hopfinger (617/59) contre l'Autriche.

3 mai 1963: Renouvellement partiel des membres de la Commission européenne des Droits de l'Homme. Sont élus ou réélus par le Comité des Ministres: MM. Sigurgeir Sigurjonsson (Islande), Conor A. Maguire (Irlande), Giuseppe Sperduti (Italia), Félix Welter (Luxembourg), Sture Petren (Suède), Tahsin Bekir Balta (Turquie).

6 mai 1963: Election par le Comité des Ministres de M. Michalakis Antoniou Triantafyllidès (Chypre), au siège de membre de la Commission européenne des Droits de l'Homme, créé à la suite de la ratification de la Convention par Chypre.

6 mai 1963: Signature à Strasbourg du Protocole N° 2 à la Convention de sauvegarde des Droits de l'Homme et des Libertés fondamentales, attribuant à la Cour européenne des Droits de l'Homme la compétence de donner des avis consultatifs.

6 mai 1963: Signature à Strasbourg du Protocole N° 3 à la Convention de sauvegarde des Droits de l'Homme et des libertés fondamentales, modifiant les articles 29, 30 et 34 de la Convention.

20–22 mai 1963: Huitième Assemblée Générale de la Cour européenne des Droits de l'Homme. M. H. Golsong est élu Greffier de la Cour, en remplacement de M. P. Modinos, démissionnaire.

27–31 mai 1963: Huitième réunion du Comité d'Experts en matière de droits de l'homme.

17–22 juin 1963: Quarante-deuxième session de la Commission européenne des Droits de l'Homme. Lors de cette session, la Commission a procédé à la réélection de son Président (M. S. Petren) et de son Vice-Président (M. C. Th. Eustathiadès).

22–27 juillet 1963: Quarante-troisième session de la Commission européenne des Droits de l'Homme.

3rd September 1963: Tenth anniversary of the entry into force of the European Convention on Human Rights.

12th September 1963: Ireland ratifies Protocol No. 2 and Protocol No. 3 to the Convention. Ireland is the third State Party to these Protocols.

16th September 1963: Signature at Strasbourg of Protocol No. 4 to the Convention for the Protection of Human Rights and Fundamental Freedoms, securing certain rights and freedoms other than those already included in the Convention and in the first Protocol thereto.

16th September 1963: Adoption by the Committe of Ministers of Resolution (63) DH 2 relating to the applications of Pataki (596/59) and Dunshirn (789/60) against Austria.

18th September 1963: Election by the Consultative Assembly of Mr. A. Favre, Judge of the Federal Court of Switzerland, as a judge of the European Court of Human Rights, this seat being created on the adhesion of Switzerland to the Council of Europe.

18th September 1963: Ceremony on the occasion of the tenth anniversary of the entry into force of the European Convention on Human Rights. Laying of the foundation stone of the Human Rights Building.

19th–24th September 1963: Forty-third Session of the European Commission of Human Rights.

23rd October 1963: Adoption by the Committee of Ministers of Resolution (63) DH 3 relating to application No. 788/60, Austria against Italy.

25th October 1963: Adoption by the Committee of Ministers of Resolution (63) 18, instituting a system of legal aid for individuals who have lodged an application with the European Commission of Human Rights.

28th October–2nd November 1963: Forty-fifth Session of the European Commission of Human Rights.

5th November 1963: Deposit by Luxembourg of its Instrument of Ratification of the 4th Protocol to the General Agreement on Privileges and Immunities of the Council of Europe (provisions relating to the European Court of Human Rights).

12th–16th November 1963: Ninth meeting of the Committee of Experts on Human Rights.

6th December 1963: Renewal by Norway, for a period of one year of its declaration recognising the competence of the Commission to receive individual applications.

10th December 1963: Deposit by the Federal Republic of Germany of its Instrument of Ratification of the 4th Protocol to the General Agreement on Privileges and Immunities of the Council of Europe (provisions relating to the European Court of Human Rights.

3 septembre 1963: Dixième anniversaire de l'entrée en vigueur de la Convention européenne des Droits de l'Homme.

12 septembre 1963: L'Irlande procède à la ratification du Protocole N° 2 et du Protocole N° 3 à la Convention. L'Irlande est le troisième Etat partie à ces Protocoles.

16 septembre 1963: Signature à Strasbourg du Protocole N° 4 à la Convention de sauvegarde des Droits de l'Homme et des libertés fondamentales, reconnaissant certains droits et libertés autres que ceux figurant déjà dans la Convention et dans le premier Protocole additionnel à la Convention.

16 septembre 1963: Adoption par le Comité des Ministres de la Résolution (63) DH 2 concernant les requêtes Pataki (596/59) et Dunshirn (789/60) contre l'Autriche.

18 septembre 1963: Election par l'Assemblée Consultative de Mr. A. Favre, Juge au Tribunal Fédéral Suisse, au siège de Juge à la Cour européenne des Droits de l'Homme, créé à la suite de l'adhésion de la Suisse au Conseil de l'Europe.

18 septembre 1963: Célébration du 10ème anniversaire de l'entrée en vigueur de la Convention européenne des Droits de l'Homme. Pose de la première pierre du Palais des Droits de l'Homme.

19–24 septembre 1963: Quarante-quatrième session de la Commission européenne des Droits de l'Homme.

23 octobre 1963: Adoption par le Comité des Ministres de la Résolution (63) DH 3 relative à la requête N° 788/60 de l'Autriche contre l'Italie.

25 octobre 1963: Le Comité des Ministres adopte la Résolution (63) 18 relative à l'octroi de l'assistance judiciaire à des particuliers ayant introduit une requête devant la Commission européenne des Droits de l'Homme.

28 octobre–2 novembre 1963: Quarante-cinquième session de la Commission européenne des Droits de l'Homme.

5 novembre 1963: Dépôt par le Luxembourg de l'instrument de ratification du 4e Protocole Additionnel à l'Accord Général sur les Privilèges et Immunités du Conseil de l'Europe (dispositions relatives à la Cour européenne des Droits de l'Homme).

12–16 novembre 1963: Neuvième réunion du Comité d'Experts en matière de droits de l'homme.

6 décembre 1963: Renouvellement par la Norvège, pour une période d'un an, de la déclaration d'acceptation de la compétence de la Commission en matière de requêtes individuelles.

10 décembre 1963: Dépôt par la République Fédérale d'Allemagne de l'instrument de ratification du 4e Protocole Additionnel à l'Accord Général sur les Privilèges et Immunités du Conseil de l'Europe (dispositions relatives à la Cour européenne des Droits de l'Homme).

B.

Work of the Council of Europe in the field of Human Rights

Several matters relating to the European Convention on Human Rights were examined by the Consultative Assembly and the Committee of Ministers in 1963. The Committee of Experts on Human Rights continued its work over three plenary meetings.

1. Consultative Assembly

In 1963, the Consultative Assembly considered two questions which were directly connected with the European Convention on Human Rights:

(a) on the basis of a report of its Legal Committee (Doc. 1538), the Assembly adopted, on 18th January 1963, Recommendation 350 (1963) on perjury before international judicial organs. The Assembly recommended that the Committee of Ministers:

"(i) should instruct a Committee of governmental experts to draft a uniform law which member States would undertake to introduce into their national legislation and by which perjury committed before an international judicial body would be considered a criminal offence, so that any person having committed such an offence would be prosecuted by the authorities of the State of which he is a national upon notification by the international judicial body concerned;

(ii) should further instruct the Committee of Experts to examine whether this uniform law should also cover such matters as refusal to give evidence, failure to appear, forgery and subornation of witnesses or experts;

(iii) should communicate the draft uniform law prepared by the Committee of Experts to the Assembly for an opinion before opening it for signature."

As appears later, the proposals made in Recommendation 350 were referred, with some changes, by the Committee of Ministers to the Committee of Experts on Human Rights.

(b) the Committee of Ministers submitted to the Consultative Assembly, for its opinion, the report of the Committee of Experts on the proposal to set up an international Institute of Human Rights. On 20th September 1963, the Assembly adopted the following text [1]:

[1] Opinion No. 40 (1963) on teaching and research in the field of human rights.

B.

Travaux du Conseil de l'Europe dans le domaine des droits de l'homme

Plusieurs questions se rapportant à la Convention européenne des Droits de l'Homme ont été étudiées en 1963 par l'Assemblée Consultative et par le Comité des Ministres. De son côté, le Comité d'Experts gouvernementaux en matière de droits de l'homme a poursuivi ses travaux au cours de trois réunions plénières.

1. Assemblée Consultative

Deux questions traitées par l'Assemblée Consultative en 1963 concernent directement la Convention européenne des Droits de l'Homme:

(a) Sur rapport de sa Commission juridique (Doc. 1538), l'Assemblée a adopté le 18 janvier 1963 la Recommandation 350 (1963) relative aux fausses déclarations devant les instances judiciaires internationales. L'Assemblée a recommandé au Comité des Ministres:

(i) de charger un comité d'experts gouvernementaux de rédiger un texte de loi uniforme que les Etats membres s'engageraient à introduire dans leur législation nationale, aux termes duquel le faux témoignage fait devant une instance judiciaire internationale serait considéré comme un délit dont l'auteur serait, sur notification de l'instance judiciaire internationale intéressée, poursuivi par les autorités de l'Etat dont il est ressortissant;

(ii) de charger, en outre, le Comité d'experts d'examiner s'il convient d'étendre l'application de cette loi uniforme à d'autres délits, tels que le refus de déposer, le défaut de comparution, les faux en écritures et la subornation de témoins ou d'experts;

(iii) de communiquer pour avis à l'Assemblée, avant de l'ouvrir à la signature, le projet de loi uniforme établi par le comité d'experts.

Comme on le verra ci-après, les propositions formulées dans la Recommandation 350 ont été soumises par le Comité des Ministres – avec certaines modifications – au Comité d'Experts en matière de droits de l'homme.

(b) Saisie pour avis par le Comité des Ministres du rapport du Comité d'Experts sur le projet de création d'un Institut international des Droits de l'Homme (Doc. 1557 et Doc. 1620), l'Assemblée Consultative a adopté le 20 septembre 1963 le texte suivant: [1]

[1] Avis No. 40 (1963) sur l'enseignement et la recherche dans le domaine des droits de l'homme.

"The Assembly,

Considering its Recommendation 286 of 28th April 1961, on the creation of an International Institute of Human Rights;

Considering the report of the Committee of Experts on Human Rights, which has been submitted to it for an opinion by the Committee of Ministers (Doc. 1557),

Expresses the following opinion:

1. The Assembly is gratified to see that the Committee of Experts, sharing its opinion regarding the need for further action in the field of human rights, believes "that the promotion of knowledge and understanding of the European Convention on Human Rights and of the work of the organs set up by the Convention represents an important field of further activity for the Council of Europe."

2. The Assembly regrets that the Committee of Experts was unable fully to endorse the proposal to found an International Institute of Human Rights.

3. The Assembly would like to know whether the obstacles to the creation of an Institute of this kind independent of the Council of Europe might not be overcome by setting up a Centre for Human Rights within the Council itself.

4. The Assembly believes that in any event the proposals of the Committee of Experts represent an absolute minimum and should all be put into effect, as rapidly as possible.

5. *As regards documentation,* the Directorate of Human Rights should, as stated by the Committee of Experts, continue the collection of documentation relating to the Convention on the lines already started, and any necessary credits (particularly for the collection and translation of decisions of national courts) should be granted.

6. *As regards publications,* the existing programme should continue for the publication of the *Yearbook,* the *Manual,* the *Concise Handbook* and the *Travaux préparatoires.* Any necessary facilities should be accorded for this purpose, particularly as regards typing.

7. *As regards teaching,* the Assembly agrees with the Committee of Experts that study courses should be organised at the Headquarters of the Council of Europe. More specifically, it proposes two courses per year of two weeks for about thirty participants each. It also proposes that every encouragement should be given to permit individual lectures or courses of lectures to be given by members of the Commission and the Court and by members of the Secretariat.

8. *As regards research,* the Assembly is of opinion that much remains to be done. As suggested by the Committee of Experts, there should be an increase in the number of research fellowships

"L'Assemblée,

Considérant sa Recommandation 286 du 28 avril 1961 relative à la création d'un Institut international des droits de l'homme;

Considérant le rapport du comité d'experts des droits de l'homme que le Comité des Ministres lui a transmis pour avis (Doc. 1557),

Exprime l'avis suivant:

1. L'Assemblée est heureuse de constater que le comité d'experts, partageant son opinion sur la nécessité de développer son action dans le domaine des droits de l'homme, estime que "la tâche qui consisterait à mieux faire connaître et comprendre la Convention des Droits de l'Homme et l'oeuvre accomplie par les organes prévus dans la Convention pourrait représenter, pour le Conseil de l'Europe, un domaine important d'activités nouvelles".

2. L'Assemblée regrette que le comité d'experts n'ait pas cru pouvoir faire entièrement sienne la proposition tendant à la création d'un Institut international des droits de l'homme.

3. L'Assemblée se demande si les difficultés auxquelles pourrait se heurter la création d'un tel Institut indépendant du Conseil de l'Europe ne seraient pas surmontées par l'établissement, dans le cadre du Conseil, d'un Centre des Droits de l'Homme.

4. L'Assemblée estime qu'à tout le moins les propositions du comité d'experts représentent le minimum indispensable et qu'elles devraient être mises en oeuvre dans leur intégralité et aussi rapidement que possible.

5. *En ce qui concerne la documentation*, la Direction des Droits de l'Homme devrait, au dire du comité d'experts, continuer à rassembler la documentation relative à la Convention, selon la méthode déjà adoptée, et les crédits nécessaires (notamment pour le rassemblement et la traduction des décisions des tribunaux nationaux) devraient être accordés.

6. *En ce qui concerne les publications*, le programme actuel devrait poursuivre la publication de l'*Annuaire*, du *Manuel*, du *Précis* et des *Travaux préparatoires*. Toutes facilités devraient être accordées à cet effet, notamment pour la dactylographie.

7. *En ce qui concerne l'enseignement*, l'Assemblée est d'accord avec le comité d'experts pour penser que des cycles d'études devraient être organisés au siège du Conseil de l'Europe. Plus précisément, elle propose que deux stages de deux semaines, destinés chacun à une trentaine de participants, se tiennent chaque année. Elle propose également que tous encouragements soient donnés pour permettre à des membres de la Commission et de la Cour et à des agents du Secrétariat de faire des conférences ou des cycles de conférences.

8. *En ce qui concerne la recherche*, l'Assemblée est d'avis qu'il reste beaucoup à faire. Comme le suggère le comité d'experts, il faudrait augmenter le nombre des bourses affectées à la recherche dans le

awarded for research in the field of human rights; it is suggested that two a year would be a suitable arrangement to start with.

9. *As regards the library* on human rights, the Assembly proposes that steps should be taken to build up the collection of books that will be required.

10. The Assembly recommends that the Committee of Ministers should include in the budget for 1964 the credits necessary to give effect to the above proposals."

2. *Committee of Ministers*

During 1963 the Committee of Ministers were called on to exercise their functions under Article 32 of the Convention in five cases. The decisions taken are published *infra* in Chapter II of Part II of this volume.

The Committee of Ministers also approved, in 1963, the texts of three protocols to the Convention which had been prepared by the Committee of Experts on Human Rights. These protocols, and the state of their application, appear in Chapter I of Part I of this volume.

By Resolution (63) 18, the Committee of Ministers instituted a system of legal aid for individuals applicants in proceedings before the European Commission of Human Rights. The text of this Resolution appears in Chapter I of Part I of the volume All expenditure incurred in the operation of the system will be charged to the budget of the Council of Europe.

The Committee of Ministers also considered the following matters:

(a) *Accession to the Convention by States not members of the Council of Europe*

The Committee of Ministers considered Recommendation 316 of 17th May 1962,[1] in which the Assembly proposed that the Committee of Experts on Human Rights should be instructed "to draft amendments to the Convention providing for the possibility of accession by non-member States which possess the necessary qualifications, on the invitation of the Committee of Ministers, after consultation of the Assembly." Having regard to the arrangements made for the accession of Switzerland to the Council of Europe since the Recommendation was adopted and to the fact that no other European State appeared to be at present in a position to accede to the Convention, the Committee of Ministers decided in February 1963 not to act on this proposal.

[1] Cf. Yearbook, Volume V, p. 42.

domaine des droits de l'homme; il serait, semble-t-il, indiqué d'en accorder pour commencer deux par an.

9. *En ce qui concerne la bibliothèque* des droits de l'homme, l'Assemblée propose que des mesures soient prises pour commencer à réunir la collection d'ouvrages qui devra être constituée.

10. L'Assemblée recommande au Comité des Ministres d'inscrire au budget de 1964 les crédits nécessaires à la mise en oeuvre de ces propositions."

2. Comité des Ministres

En 1963 le Comité des Ministres a été appelé à exercer pour cinq requêtes les fonctions que lui attribue l'article 32 de la Convention. Les décisions qu'il a prises sont reproduites ci-après dans le chapitre II de la deuxième partie de ce volume.

Le Comité des Ministres a également approuvé, au cours de l'année 1963, les textes de trois protocoles à la Convention préparés par le comité d'experts en matière de droits de l'homme. Ces protocoles, ainsi que l'état de leur application, figurent dans le premier chapitre de la première partie de ce volume.

Par sa Résolution (63) 18, le Comité des Ministres a établi un système d'assistance judiciaire en faveur des requérants individuels devant la Commission européenne des Droits de l'Homme. Le texte de cette Résolution figure dans le premier chapitre de la première partie de ce volume. Toute dépense encourue par suite de la mise en oeuvre de ce système sera impartie au budget du Conseil de l'Europe.

En outre, le Comité des Ministres a examiné les questions suivantes:

(a) *Adhésion à la Convention d'Etats non membres du Conseil de l'Europe*

Le Comité des Ministres a examiné la Recommandation 316 du 17 mai 1962,[1] par laquelle l'Assemblée proposait que le comité d'experts en matière de droits de l'homme soit chargé de "rédiger des amendements à la convention prévoyant, pour des Etats non membres qui possèdent les qualifications nécessaires, la possibilité d'y adhérer à la suite de l'invitation du Comité des Ministres et après consultation de l'Assemblée". Compte tenu du fait que la Suisse avait déjà fait part de son intention d'adhérer au Conseil de l'Europe depuis l'adoption de la Recommandation 316 et eu égard au fait qu'aucun autre Etat européen ne semblait, pour le moment, être en mesure d'adhérer à la Convention, le Comité des Ministres a décidé en février 1963 de ne pas donner suite à cette proposition.

[1] Voir Annuaire, Volume V, p. 43.

(b) *Teaching and Research on Human Rights*

Having received the Assembly's Opinion No. 40 of 20th September 1963 suggesting the establishment of a Centre for Human Rights within the existing structure of the Council of Europe, the Committee of Ministers began consideration of this revised proposal.

(c) *Right of asylum*

In September 1963 the Committee of Ministers considered the report of the Committee of Experts on Recommendation 293, in which the Assembly proposed the inclusion of an article on the right of asylum in a Protocol to the Convention on Human Rights.

The Committee of Experts were of opinion that an article based on the text proposed by the Assembly or amended to define only "the right of an individual not to be sent back to a place of persecution (*non-refoulement*)" should not be included in a Protocol to the Convention. The principal reason was that the "right to enjoy asylum" does not mean a right *to be granted asylum*, which would be essential if the article were to be effective; as the granting of asylum must remain in the discretion of States, this could not be converted into a right of the individual. Other reasons which militated against the adoption of such a text were the technical and practical difficulties of implementing the system of international control and of pronouncing on the action of the allegedly persecuting State, which would probably not be a Member of the Council of Europe.

The Committee of Experts considered the possibility of drafting a separate convention on asylum outside the framework of the Convention on Human Rights or a recommendation to member States by way of a resolution of the Committee of Ministers. In view of the fact that the subject of a declaration on the right of asylum is still on the agenda of the United Nations General Assembly, the Committee of Ministers thought it advisable to await the outcome of the discussions of the United Nations before taking any decision.

(d) *Immunities of agents, advocates, witnesses and other persons taking part in proceedings before the Court and the Commission of Human Rights*

In February and April 1963 the Committee of Ministers further considered the draft Protocol to the General Agreement on Privileges and Immunities of the Council of Europe prepared on this subject by the Directorate of Human Rights at the request of the Commission and the Court. Having obtained observations thereon

(b) *Enseignement et recherche dans le domaine des droits de l'homme.*

Saisi de l'Avis N° 40 de l'Assemblée, en date du 20 septembre 1963, qui suggère l'établissement d'un Centre des droits de l'homme dans le cadre de la structure existante du Conseil de l'Europe, le Comité des Ministres a entrepris l'examen de cette proposition révisée.

(c) *Droit d'asile*

En septembre 1963, le Comité des Ministres a examiné le rapport du comité d'experts sur la Recommendation 293 par laquelle l'Assemblée proposait l'insertion d'une disposition relative au droit d'asile dans un protocole additionnel à la Convention des Droits de l'Homme.

Le comité d'experts a estimé qu'il n'y avait pas lieu d'inclure dans un protocole additionnel à la Convention un articles s'inspirant du texte proposé par l'Assemblée, ou modifié de façon à définir uniquement "le droit pour l'individu de ne pas être renvoyé dans un pays où il risquerait d'être persécuté (non-refoulement)". La principale considération qui l'a amené à cette conclusion est que le "droit de bénéficier de l'asile" ne signifie pas le droit *de se voir accorder l'asile*, qui serait essentiel à l'efficacité de l'article: l'asile, devant continuer à dépendre du pouvoir discrétionnaire des Etats, ne saurait être transformé en un droit de l'individu. Parmi les autres raisons qui ont milité contre l'adoption d'un tel texte figurent les difficultés techniques et pratiques qu'il y aurait à mettre en oeuvre le système de contrôle international et à se prononcer sur les activités de l'Etat accusé de persécution, qui ne serait probablement pas un Membre du Conseil de l'Europe.

Le comité d'experts a envisagé la possibilité d'élaborer une convention séparée sur l'asile, en dehors du cadre de la Convention des Droits de l'Homme, ou une recommandation aux Etats membres revêtant la forme d'une résolution du Comité des Ministres. Tenant compte du fait que la question d'une déclaration sur le droit d'asile est encore inscrite à l'ordre du jour de l'Assemblée Générale des Nations Unies, le Comité des Ministres a estimé opportun de différer sa décision en la matière dans l'attente des résultats des discussions devant cette Assemblée.

(d) *Immunités des agents, conseils, témoins et autres personnes participant à la procédure devant la Cour et la Commission des Droits de l'Homme*

En février et avril 1963, le Comité des Ministres a étudié plus avant le projet de protocole additionnel à l'Accord général sur les privilèges et immunités du Conseil de l'Europe, établi en la matière par la Direction des droits de l'homme à la demande de la Commission et de la Cour. Après avoir obtenu les observations d'un

from a number of Governments, the Committee of Ministers decided to submit the draft Protocol to the Committee of Experts for their opinion and any necessary revision. Further observations were made by the Court at its plenary session in May 1963 and communicated to the Committee of Experts.

(e) *Perjury before international judicial organs*

The Committee of Ministers instructed the Committee of Experts on Human Rights to examine the proposals made in Recommendation 350 of 18th January 1963 regarding perjury committed before an international judicial organ, but decided to limit this study to proceedings before the Court and Commission, since arrangements affecting the International Court of Justice and the Court of the European Communities are outside the competence of the Council of Europe. These terms of reference may be considered as supplementary to those given in 1961 when the Committee of Experts were instructed to examine various suggestions made by the Commission including "measures to be taken in the case of failure to appear or perjury on the part of witnesses or experts before the European Commission of Human Rights."

(f) *Rights of national minorities*[1]

The Committee of Experts examined Recommendation 285 (1961) of the Assembly relating to the inclusion in a Protocol to the Convention on Human Rights of an article designed to guarantee to national minorities certain rights not covered by the Convention and the First Protocol.

Towards the end of 1963 the Committee of Experts reached the conclusion that the examination of the matter should be adjourned until final decisions had been taken on certain applications now pending before the European Commission of Human Rights which raise questions concerning the protection of minorities, since such decisions were likely to alter the terms of the problem.

The Committee of Ministers will reconsider the problem, in the light of this opinion, early in 1964.

3. Committee of Experts

The Committee of governmental experts on human rights, which is an advisory body of the Committee of Ministers, held three meetings in 1963. The Committee submitted several reports to the Committee of Ministers, including draft resolutions and protocols to the Convention (see preceding section).

The experts also continued to examine the matters referred to them by the Committee of Ministers. At the end of 1963 the experts still had the following matters under consideration:

certain nombre de gouvernements, il a décidé de soumettre ce texte au comité d'experts pour avis et révision éventuelle. Des observations complémentaires ont été formulées par la Cour à sa session plénière de mai 1963 et communiquées au comité d'experts.

(e) *Fausses déclarations devant les instances judiciaires internationales*

Le Comité des Ministres a chargé le comité d'experts en matière de droits de l'homme d'étudier les propositions formulées dans la Recommandation 350 du 18 janvier 1963, qui a trait aux fausses déclarations devant les instances judiciaires internationales. Il a décidé, toutefois, de limiter cette étude à la procédure devant la Cour et la Commission, les dispositions relatives à la Cour internationale de Justice et à la Cour des Communautés européennes n'étant pas de la compétence du Conseil de l'Europe. Ce mandat peut être considéré comme complétant celui de 1961, qui chargeait le comité d'experts d'étudier diverses suggestions faites par la Commission, y compris les "mesures à prendre en cas de défaillance ou de parjure de témoins et d'experts devant la Commission européenne des Droits de l'Homme".

(f) *Droits des minorités nationales*

Le comité d'experts a examiné la Recommandation 285 (1961) de l'Assemblée relative à l'inclusion dans un protocole à la Convention des Droits de l'Homme d'un article destiné à garantir aux minorités nationales certains droits non visés par la Convention et le premier protocole additionnel.

Vers la fin de 1963, le comité d'experts est arrivé à la conclusion que l'étude de cette recommandation devrait être ajournée jusqu'à ce que certaines requêtes en instance devant la Commission européenne des Droits de l'Homme qui soulèvent des problèmes relatifs à la protection des minorités, aient fait l'objet de décisions définitives, ces décisions étant susceptibles de modifier les données du problème.

Le Comité des Ministres réexaminera la question, à la lumière de cet avis, au début de 1964.

3. Comité d'experts

Le Comité d'experts gouvernementaux en matière des droits de l'homme, qui est un organe consultatif du Comité des Ministres, a tenu trois réunions en 1963. Il a soumis plusieurs rapports au Comité des Ministres contenant des projets de résolutions et de protocoles à la Convention (voir la section précédente).

Le Comité a également poursuivi l'examen des questions dont il avait été précédemment saisi par le Comité des Ministres. A la fin de 1963, le Comité n'avait pas encore terminé l'étude des questions suivantes:

(a) Amendments to the Convention proposed by the Court and the Commission:

(i) to amend Articles 22 and 40 of the Convention so as to ensure a more even balance in the election of members of the Commission and the Court;

(ii) to amend Article 43, so as to modify the system of Chambers when the Court hears cases referred to it;

(iii) to insert an Article 54*bis* conferring on the Court the power to give a pre-judicial ruling, at the request of certain national courts, on any question of interpretation of the Convention arising before such courts;

(iv) to insert an Article 54*ter* giving the Court power to render an advisory opinion at the request of Governments on any question of interpretation of the Convention arising in connection with a draft regulation, decree, Bill or projected Bill under examination by their competent authorities.

(b) Proposals presented by the European Commission and Court of Human Rights relating to perjury and failure to appear on the part of witnesses and experts before the Commission and the Court.

(c) Draft 5th Protocol to the General Agreement on Privileges and Immunities of the Council of Europe relating to immunities for persons – agents, advisers, advocates, witnesses and experts – taking part in proceedings before the European Commission and Court of Human Rights.

C.

Directorate of Human Rights

Within the secretariat-general of the Council of Europe, the Directorate of Human Rights is responsible for all questions in the field of Human Rights, except for those tasks which are carried out by the Registry of the Court or the Secretariat of the Commission.

The following were members of the Human Rights Directorate on 31st December 1963:

Head of the Directorate:	Mr. A. H. ROBERTSON (British)
Administrators:	Mr. Karel VASAK (French)
	Mr. John SMYTH (Irish)
	Mr. Marc SAND (Swiss)
Archivist:	Mrs. M. BRUNSTEIN (French)
Assistants:	Miss M. MILLER (British)
	Mrs. S. SCHMIDT (French)
	Miss A. SCHIERER (French)
	Miss J. DAVIES (British)

(a) amendements à la Convention proposés par la Cour et la Commission:

(i) amender les articles 22 et 40 de manière à assurer un meilleur équilibre dans l'élection des membres de la Commission et de la Cour;

(ii) amender l'article 43 de manière à modifier le système des Chambres lorsque la Cour examine les affaires qui sont portées devant elle;

(iii) insérer un article 54*bis* attribuant à la Cour compétence pour statuer à titre préjudiciel, à la requête de certaines juridictions nationales, sur toute question d'interprétation de la Convention qui se pose devant ces juridictions;

(iv) insérer un article 54*ter* attribuant à la Cour compétence pour donner un avis consultatif, à la demande d'un gouvernement, sur toute question d'interprétation de la Convention qui se pose relativement à un projet d'arrêté ou de décret, à un projet ou proposition de loi soumis à l'examen devant ses autorités compétentes.

(b) Propositions de la Commission et de la Cour européennes des Droits de l'Homme relatives au parjure et à la défaillance des témoins et des experts devant la Commission et la Cour.

(c) Projet de 5e Protocole Additionnel à l'Accord Général sur les Privilèges et Immunités du Conseil de l'Europe, relatif aux immunités des personnes – agents, conseils, avocats, témoins, experts ... – qui participent à la procédure devant la Commission ou la Cour européenne des Droits de l'Homme.

C.

Direction des Droits de l'Homme

Au sein du Secrétariat Général du Conseil de l'Europe, la Direction des Droits de l'Homme est chargée de toutes les questions concernant le domaine des Droits de l'Homme, à l'exception des tâches qui relèvent du Greffe de la Cour et du Secrétariat de la Commission.

Au 31 décembre 1963, faisaient partie de la Direction des Droits de l'Homme:

Chef de la Direction:	M.	A. H. ROBERTSON (britannique)
Administrateurs:	MM.	Karel VASAK (français)
		John SMYTH (irlandais)
		Marc SAND (suisse)
Archiviste:	Mme	M. BRUNSTEIN (française)
Assistantes:	Miss	M. MILLER (britannique)
	Mme	S. SCHMIDT (française)
	Melle	A. SCHIERER (française)
	Miss	J. DAVIES (britannique).

Appendix

SPEECHES

AT THE CEREMONY HELD ON 18th SEPTEMBER 1963 TO MARK THE TENTH ANNIVERSARY OF THE ENTRY INTO FORCE OF THE EUROPEAN CONVENTION ON HUMAN RIGHTS

Speech by M. Lodovico BENVENUTI Secretary-General of the Council of Europe

(*Translated from the French*)

Mr. President.

I

On 4th November 1950 Robert Schuman, that great European whom we lost a few days ago, said:

> "This Convention which we are signing is not as full or as precise as many of us would have wished. However, we have thought it our duty to subscribe to it as it stands. It provides foundations on which to base the defence of human personality against all tyrannies and against all forms of totalitarianism."

This all-embracing statement by Robert Schuman summarises the two-fold meaning and importance – legal and political – of the Convention on Human Rights and Fundamental Freedoms.

As regards the legal aspect, we must remember what the battle was like that was waged against human rights during the totalitarian period, when a new evil spirit was enthroned and worshipped: I mean the omnipotent State, with power unlimited. "*Tutto nello Stato, nulla al di fuori dello Stato, nulla contro lo Stato!*" was the barbarous slogan I heard preached again and again in my youth, as the holy scripture of the totalitarian system of law. A few years later the Nazi science of public law had reached perfection when its advocates boldly declared that the battle-cry of the new generation of jurists should be "*Kampf wider das subjektive Recht*". Totalitarianism had chosen the right target: for the totalitarian State to survive, it was necessary to do away with all subjective rights and indeed to abolish the very idea that man could possess any imprescriptible, intangible rights not subject to the arbitrary authority of the State. Thus the Consultative Assembly, its sensi-

Annexe

DISCOURS

PRONONCES LE 18 SEPTEMBRE 1963 LORS DE LA CELEBRATION DU 10è ANNIVERSAIRE DE L'ENTREE EN VIGUEUR DE LA CONVENTION EUROPEENNE DES DROITS DE L'HOMME

Discours de M. Lodovico BENVENUTI Secrétaire Général du Conseil de l'Europe

Monsieur le Président,

I

Le 4 novembre 1950, le grand Européen qui nous a quittés depuis quelques jours, le Président Robert Schuman, s'exprimait dans les termes suivants:

> "Cette Convention que nous signons n'a pas entièrement l'ampleur ni la précision que beaucoup d'entre nous aurions souhaité lui donner.
>
> Quoi qu'il en soit, nous avons cru devoir souscrire à la Convention telle qu'elle est. Elle constitue les fondations sur lesquelles nous voulons asseoir la défense de la personne humaine contre toutes les tyrannies et contre tous les totalitarismes."

Par cette phrase synthétique, Robert Schuman résumait la signification et la valeur de la Convention des Droits de l'Homme et des Libertés fondamentales dans son double aspect, l'aspect juridique et l'aspect politique.

Au point de vue juridique, il faut bien se rappeler ce qu'était la bataille livrée pendant l'ère totalitaire contre les droits de la personne humaine, bataille qui intronisait la nouvelle idole néfaste, c'est-à-dire, l'Etat tout puissant, n'ayant pas de limite à son pouvoir souverain: "Tout pour l'Etat, tout dans l'Etat, rien contre l'Etat"! Voilà la formule barbare que j'ai entendue répéter et prêcher dans ma jeunesse comme l'évangile essentiel du système juridique totalitaire. Et quelques années plus tard, la science nazie du droit public, ayant perfectionné le système, n'hésitait pas à proclamer que la bataille de la nouvelle génération de juristes devait se résumer dans le mot "*Kampf wider das subjektive Recht*". Le totalitarisme visait très justement sa cible: pour que l'Etat totalitaire puisse vivre il fallait démolir tous les droits subjectifs et supprimer même l'idée qu'il puisse y avoir des droits imprescriptibles de la personne humaine, des droits intangibles et sous-traits au

tivity sharpened by the previous generation of tragedy, saw that its first duty was to fight back on behalf of human rights and the protection of the individual against the unchecked power of the State.

It was necessary to return to the sound doctrine (which totalitarianism had overthrown) that subjective rights, including all rights to freedom, existed independently of the decisions of any State; the State should set up the machinery to guarantee human rights and should be the first to honour them, with full awareness that it is not their originator. Men have innate rights, existing prior to all legislative action and the proclamation of constitutions: no such instrument may presume to grant political freedom to its citizens, as this right already belongs to them, it comes to them with the very name of man before States were born and positive law existed.

II

Gentlemen, this is the legal battle which the Consultative Assembly has been waging since its foundation. But the Convention is also a political instrument, one step towards a European constitutional system, which is the ultimate aim of the builders of Europe. The Consultative Assembly fully understood that the subjective rights attaching to freedom, and the sovereignty of the people, were both an expression of a single political idea.

In a democracy, political rights must be regarded as something more than just a bulwark protecting the citizen from State encroachment.

In a democracy, the subjective rights of freedom are no less than the instrument and condition of the legitimacy of the State itself and of its authority. In a democracy, the source of authority is in the citizens' will and their active participation in the making of law. If that will is paralysed or impeded by lack of political freedom or if the State is able to use its authority to curtail the freedom of individuals, it loses thereby the grounds for its authority, as the citizens' will, the sole source of legitimacy for the State, has been curbed.

Thus, unless individual freedom is demanded by every citizen as the expression of his natural right and intangible personal dignity, it must be demanded, in any case, as the first requirement of public interest: without this freedom the citizen has no genuine share

pouvoir arbitraire de l'Etat. Voilà donc que l'Assemblée Consultative, par une manifestation de sensibilité que la tragédie des vingt précédentes années avait certainement aiguisée, considérait comme son devoir primordial de rouvrir la bataille, et cette fois-ci cela devait être la revanche pour les droits de la personne humaine et pour sa sauvegarde contre la toute puissance de l'Etat.

Il fallait rétablir la saine doctrine (bafouée par le totalitarisme), selon laquelle les droits subjectifs, y compris tous les droits à la liberté, ne dépendent pas d'une décision de l'Etat: l'Etat doit organiser la garantie des droits de la personne humaine et les reconnaître avant tout, ayant pleine conscience qu'il n'en est pas le créateur. La personne humaine a des droits originaires qui précèdent toute intervention législative et qui précèdent même toute proclamation constitutionnelle: nulle constitution ne peut prétendre octroyer au citoyen la liberté politique, parce que ce droit appartient à chaque citoyen étant impliqué par sa nature d'homme avant la naissance de l'Etat et avant l'émanation de toute loi positive.

II

Voilà, Messieurs, la bataille juridique que l'Assemblée Consultative a livrée dès sa naissance, Mais la Convention est aussi un acte politique parce qu'il s'agissait de viser à un système constitutionnel européen, but final des constructeurs de l'Europe. Or, l'Assemblée Consultative avait acquis la pleine conscience que les droits subjectifs de liberté d'un côté, et la souveraineté populaire de l'autre, ne sont que l'expression d'une même conception politique.

En effet ,dans un système démocratique, la défense des droits politiques ne peut pas être conçue seulement comme une barrière placée en faveur du citoyen contre les empiètements du pouvoir étatique.

Dans un système démocratique, les droits subjectifs de liberté ne sont que les instruments et les conditions de la légitimité de l'Etat lui-même et de son autorité. Dans la démocratie, l'autorité trouve sa souce dans la volonté des citoyens et dans leur concours actif à la formation des lois. Si la volonté des citoyens est paralysée ou entravée par l'absence de liberté politique, si l'Etat peut supprimer les libertés individuelles par l'exercice de son pouvoir, il perd par cela même sa qualité d'autorité légitime, parce que la volonté des citoyens, qui est la seule source de légitimité pour l'Etat, a été entravée dans son exercice.

Si donc les libertés individuelles ne sont pas réclamées par chaque citoyen comme expression de son droit naturel et de sa dignité personnelle intangible, ces libertés doivent être en tous cas réclamées comme exigence fondamentale de l'intérêt public: sans ces

in public life and the democratic State could not thrive, or survive, or even be born. The principle that subjective rights are not simply a problem of the selfish defence of the individual, but are one aspect of Society's general interest is confirmed in Article 17 of the Convention, which reads as follows:

> "Nothing in this Convention may be interpreted as implying for any State, group or person any right to engage in any activity or perform any act aimed at the destruction of any of the rights and freedoms set forth herein or at their limitation to a greater extent than is provided for in the Convention."

III

Other speakers can tell you at greater length what the organs founded to protect human rights – the Court and the Commission – have accomplished during these years.

I should only like to say that we must realise that there is still a long road ahead of us, many conflicts are still to be resolved and much progress needs to be made.

However, we may affirm one essential fact already: the Convention and its organs have challenged domestic legal structures in the three fields of authority of the State, and have boldly established themselves, within the limits I mentioned a moment ago, as guardians over the executive, legislative and judicial powers.

First, the executive: it has been reminded that it must conform to the norms of the Convention. Some cases have ended in a friendly settlement, but had they not, the executive power of the State involved would, as provided, have been invited to revise its action.

Next, the judiciary was called to account – to herald our efforts to achieve jurisdictional unity in Europe, that is, a system in which the various national legal orders would be the same; it has become possible for judgments rendered by a court of highest instance in a national system to be brought for review before a European jurisdiction.

Lastly, and this was perhaps the most revolutionary undertaking of all, the law-making authority itself has been challenged, the power which we, States long since democratic, have liked to regard as wholly sovereign and subject to no higher authority.

libertés, en effet, il n'y a pas de participation réelle des citoyens à la vie publique, et donc l'Etat démocratique ne saurait ni respirer ni vivre, ni même prendre naissance. Le fait que les droits subjectifs ne constituent pas seulement un problème de la défense égoïste de la personne humaine, mais un aspect de l'intérêt général de la société est confirmé par l'article 17 de la Convention qui est libellé comme suit:

> "Aucune des dispositions de la présente Convention ne peut être interprétée comme impliquant pour un Etat, un groupement ou un individu, un droit quelconque de se livrer à une activité ou d'accomplir un acte visant à la destruction des droits ou libertés reconnus dans la présente Convention ou à des limitations plus amples de ces droits et libertés que celles prévues à ladite Convention."

III

D'autres orateurs pourront vous exposer plus largement quelle a été l'oeuvre que les organes de sauvegarde des Droits de l'Homme – Cour et Commission – ont déployée pendant ces années.

Permettez-moi de vous dire seulement que nous devons reconnaître que le chemin à accomplir est encore loin d'être épuisé, qu'il nous reste à livrer bien d'autres batailles et à accomplir bien d'autres progrès.

Toutefois, un fait essentiel doit être constaté dès maintenant: la Convention et ses organes ont saisi l'Etat dans les trois pouvoirs qui sont les siens dans l'ordre juridique interne et ils ont courageusement remis en cause, avec les limitations que je mentionnais tout à l'heure, tant le pouvoir exécutif que le pouvoir législatif et le pouvoir judiciaire.

Le pouvoir exécutif, tout d'abord, auquel on a rappelé qu'il doit se conformer aux prescriptions de la Convention. Certaines affaires ont abouti à une conclusion amiable, sans laquelle il était bien prévu que le pouvoir exécutif de l'Etat en cause aurait été invité à modifier les mesures qu'il avait ordonnées.

Le pouvoir judiciaire en second lieu a été pris à partie, ce qui annonce l'effort européen de parvenir à l'unité juridictionnelle, c'est-à-dire à un système, dans lequel les différents ordres juridiques nationaux ne feraient qu'un, et nous avons vu que des jugements prononcés en dernière instance par la juridiction nationale peuvent être réexaminés par la juridiction européenne.

Et enfin, ce qui est le plus révolutionnaire, c'est le pouvoir législatif lui-même qui est mis en cause. C'est ce pouvoir que nous, Etats de vieille démocratie, avions l'habitude de considérer comme souverain absolu, n'ayant aucun autre pouvoir au-dessus de lui,

Now, after action by European judicial bodies, we have witnessed the amendment of an important article in the penal code of one of our countries.

We can thus say that a breach has been made in the old system, whose theory was (without going to the barbarous extremes of fascism or nazism) that there was no power above the sovereign State. As militant workers for the Council of Europe and for freedom we have a right to be proud of this achievement.

IV

Does that mean that the fight for democracy and freedom in a united Europe is already won? It would be presumptuous to say so today. We must know what our success has been and we must also know what its limits are, and what remains for us to do.

It is true that the organs of the Convention, whether Commission, Court or Committee of Ministers, are not judicially superior to national systems and cannot intervene directly in them. The legal structure set up by the Convention remains separate from those of the sovereign States belonging to the Council of Europe. To be sure, the moral authority of the European bodies has been proved to be very real, their prestige and influence have had practical consequences on several occasions, but, legally speaking, the decisions of the European bodies have no direct bearing upon the decisions and activities of the legislative, executive or judicial powers of member States.

National judgments do not become null and void merely because they have been condemned or disapproved by European bodies. Above all, as regards legislative power, we are still far from having thoroughly established the principle proclaimed nearly two centuries ago, in the first declaration of rights at the time of the American revolution: no law may be held valid that interferes with the exercise of the citizens' natural rights.

This is the great task awaiting the coming generations. The constitution of the new Europe must provide for an agreement between the member States of the Union, which will be a reciprocal guarantee of the rights of freedom, to be enforced and supervised by an authority outside the power of the individual States, by a trans-national body; by that I mean a European body greater than the national State, endowed with authoritiy to over-ride national jurisdictions with determination and decisive force.

Eh bien, nous avons vu qu'après l'intervention des organes juridictionnels européens, il y a eu une modification d'un important article du code pénal d'un de nos pays.

On peut donc dire que la brèche idéologique dans le système qui était autrefois (sans arriver à l'excès barbare du fascisme ou du nazisme) celui de l'Etat souverain n'ayant aucun pouvoir audessus de lui-même, est ouverte. C'est une brèche dont nous, militants du Conseil de l'Europe et militants de la liberté, avons le droit d'être fiers.

IV

Cela signifie-t-il que la bataille pour la démocratie et la liberté de l'Europe unie est déjà gagnée? Il serait très présomptueux de l'affirmer aujourd'hui. Il faut que nous ayons pleinement conscience de nos succès et une aussi grande conscience des limites de notre oeuvre et des tâches qu'il nous reste à accomplir.

En effet, il faut bien dire que les organes de la Convention, Commission, Cour et Comité des Ministres, ne sont pas juridiquement supérieurs aux juridictions nationales et n'empiètent pas directement sur leur action. L'ordre juridique de la Convention reste encore un autre ordre juridique par rapport à l'ordre juridique des Etats souverains qui font partie du Conseil de l'Europe. Certes, l'autorité morale des organes européens s'est démontrée très réelle, et leur prestige et leur influence ont eu des conséquences pratiques dans plusieurs cas, mais au point de vue juridique les décisions des organes européens n'entament pas directement les décisions et les activités du pouvoir législatif, exécutif et judiciaire des Etats membres.

Aucune nullité ne découle à la charge des décisions nationales par le seul fait qu'elles ont été condamnées ou réprouvées par les organes européens. Surtout, en ce qui concerne le pouvoir législatif, nous sommes encore loin d'avoir établi le principe qui s'était déjà affirmé dans la doctrine proclamée depuis près de deux siècles, c'est-à-dire depuis les premières déclarations des droits de la révolution américaine: le principe que nulle loi portant atteinte à l'exercice des droits naturels des citoyens ne peut être reconnue comme valable.

Voilà la tâche magnifique des nouvelles générations. La constitution de la nouvelle Europe devra consacrer un accord entre les Etats membres de l'Union, un accord contenant une garantie réciproque des droits de liberté dont l'application sera soustraite au pouvoir des Etats particuliers, garantie dont l'application sera contrôlée par un organe trans-national, c'est-à-dire par un organe européen dépassant l'Etat national et jouissant d'une autorité et d'une force déterminante et décisive par rapport aux juridictions nationales.

This will come to pass as our countries arrive, one by one, at an understanding that the rights of freedom are not merely a requirement of individual law, nor even a simple question of domestic police, but that, as an essential condition of the legitimacy of authority, they are also the essential safeguard of European civilisation and world peace. Today, therefore, we commemorate the tenth anniversary of the entry into force of the European Convention on Human Rights and Fundamental Freedoms by turning resolutely towards the future.

Speech by Mr. Sture PETREN President of the European Commission of Human Rights

(*Translated from the French*)

Mr. President,

Ten years do not seem a very long time in the life of a convention such as the European Convention on Human Rights, but since these have been the first ten years of its existence this anniversary gives us occasion to sum up the position and see how the Convention has fitted into the framework of European institutions.

Arising out of the same considerations as the Universal Declaration of Human Rights adopted by the United Nations General Assembly in 1948, the European Convention, too, bears witness to the fact that our democracies, amidst the ruins of war, have again become conscious of their principles.

In the light of sinister events of the past and in the interest of preserving peace, placing the safeguarding of human rights under international control became as a matter of necessity one of the prime objectives to be attained in the search for a new international order.

At world level the Universal Declaration is an important step forward in the efforts directed to this end, but although there can be no denying the moral force of this Declaration, it has not yet been possible to link it with a system of international control.

Within the more homogeneous framework of the Council of Europe, however, composed as it is of States deriving their heritage from both Greece and the Gospel, our Convention has succeeded in achieving this goal.

The distinguished men who fathered it did not fail to point out that freedoms are not won for all time, but are constantly in jeopardy, one of the dangers, and by no means the least, being that of the reason of State. As Mr. Teitgen so ably put it in addressing this Assembly, "behind the State, like a permanent source of temp-

Cela sera réalisé au fur et à mesure que dans tous nos pays on aura vraiment acquis la conscience que les droits à la liberté ne représentent pas seulement une exigence du droit individuel, ni même une simple question de politique intérieure, mais qu'étant une condition essentielle de la légitimité, ils sont aussi la sauvegarde essentielle de la civilisation européenne et de la paix mondiale. C'est donc en regardant vers l'avenir que nous commémorons aujourd'hui les dix années de l'entrée en vigueur de la Convention européenne des Droits de l'Homme et des Libertés fondamentales.

Discours de M. Sture PETREN Président de la Commission européenne des Droits de l'Homme

Monsieur le Président,

Dix ans ne semblent pas constituer une période bien longue dans la vie d'une convention telle que la Convention européenne des Droits de l'Homme, mais s'agissant des dix premières années de son existence, cet anniversaire nous invite à faire le point pour voir comment la Convention s'est implantée dans le cadre des institutions européennes.

Née des mêmes préoccupations que la Déclaration Universelle des Droits de l'Homme, adoptée par l'Assemblée Générale des Nations Unies en 1948, la Convention européenne atteste, elle aussi, que les démocraties avaient repris, au milieu des ruines de la guerre, conscience de leurs principes.

A la lumière de sinistres expériences et dans l'intérêt même du maintien de la paix, placer la sauvegarde des droits de la personne humaine sous un contrôle international s'imposa comme un des premiers objectifs à atteindre dans la recherche d'un ordre international nouveau.

Sur le plan mondial, la Déclaration Universelle représente une étape importante des efforts dirigés vers ce but, mais cette Déclaration, dont la force morale ne saurait être méconnue, n'a pas encore pu être assortie d'un tel contrôle international.

Par contre, dans le cadre plus homogène du Conseil de l'Europe, composé d'Etats qui ont recueilli l'héritage aussi bien de la Grèce que de l'Evangile, ce but a pu être réalisé par notre Convention.

Les hommes éminents qui en ont pris l'initiative ont bien expliqué que les libertés ne sont pas une conquête assurée une fois pour toutes, mais sont constamment exposées à des risques dont l'un, et non l'un des moindres, est représenté par la raison d'Etat. Comme l'a si bien exprimé M. Teitgen devant cette Assemblée même, "derrière l'Etat, comme une tentation permanente, et quelle que

tation, whatever the form of the State, even if it be a democracy, there is always the temptation of the reason of State."

We must, therefore, be ever on the alert to guard these fundamental freedoms, and that is the very purpose of our Convention.

It is a healthy sign that European States were able to agree to recognise the rights and freedoms set forth in the Convention and to submit the way in which they respect them to collective control.

What imparts to the Convention its full significance, however, and constitutes an outstanding contribution to the status of the individual in international law is that the Convention grants ordinary persons who consider themselves the victims of a violation of the Convention the right to bring their case before our Commission, on condition that the respondent State has recognised the right of invidivual application.

The effects of the Convention cannot, however, be measured solely by the number of applications which we receive and their ultimate fate, for by ratifying the Convention our States have undertaken to ensure that their own legal systems comply with the requirements of the Convention. Thus the influence of the Convention should make itself felt first of all through the internal legislation of States and the jurisprudence of national courts, especially when those courts have to apply the provisions of the Convention directly, as is the case in States that have embodied the Convention as such in their municipal law.

International control is, therefore, only a last resort, and it is not at all surprising that the percentage of applications declared admissible is so low. In any event there is no doubt that some of the Commission's decisions are of considerable general importance for the interpretation of the Convention.

The Commission has thus had to clarify the significance of rights that are defined in the Convention in somewhat general terms. The task of the Commission here has been to analyse concepts of law in greater detail, in the light of the legal tradition common to the member States of the Council of Europe.

The Commission has also had to give decisions on the precise effect of restrictions on guaranteed freedoms authorised by the Convention, by referring in general terms to measures which are necessary in a democratic society; for instance, national security, public safety and the maintenance of law and order. In cases of this kind the Commission has been called upon to contribute to the very definition of what is meant by a democratic society.

It may be said that the role of the Commission is normally that

soit la forme d'un Etat, fut-il démocratique, il y a toujours la tentation de la raison d'Etat".

Il faut donc toujours monter la garde autour des libertés fondamentales et telle est la raison d'être de notre Convention.

C'est un signe de santé que les Etats européens aient pu se mettre d'accord pour reconnaître les droits et libertés énumérés dans la Convention et pour soumettre la manière dont ils les respecteront à un contrôle collectif.

Ce qui donne, toutefois, à la Convention sa pleine signification et ce qui constitue un remarquable apport au statut de l'individu en droit international, c'est que la Convention accorde aux simples particuliers se considérant victimes d'une violation de la Convention la faculté de porter plainte eux-mêmes devant notre Commission, pourvu cependant que l'Etat mis en cause ait reconnu un tel droit de recours individuel.

Les effets de la Convention, toutefois, ne se mesurent pas seulement au nombre des requêtes adressées à nous et au sort qui leur est réservé, car en ratifiant la Convention les Etats ont pris l'engagement de veiller à ce que leur ordre juridique interne soit conforme aux exigences de la Convention. Ainsi, le rayonnement de la Convention doit, en premier lieu, se faire sentir à travers la législation interne des Etats et la jurisprudence des tribunaux nationaux, surtout quand ces tribunaux ont à appliquer directement les dispositions de la Convention, comme c'est le cas dans les Etats qui ont incorporé la Convention comme telle à leur droit interne.

Le contrôle international ne vient donc qu'en dernier lieu et il n'y a rien de suprenant à ce que le pourcentage des requêtes retenues comme recevables se soit avéré si faible. Toujours est-il que certaines des décisions rendues par la Commission sont d'un grand intérêt général pour l'interprétation de la Convention.

Ainsi, la Commission a eu à préciser le contenu de droits dont la définition dans la Convention se trouve rédigée dans des termes plutôt généraux. Ici, la tâche de la Commission a consisté à approfondir l'analyse des concepts de droit en puisant dans la tradition juridique commune aux Etats membres du Conseil de l'Europe.

Dans d'autres affaires, la Commission a eu à se prononcer sur la portée exacte des restrictions aux libertés garanties que la Convention autorise par des renvois de caractère général aux mesures qui, dans une société démocratique, sont nécessaires, par exemple, à la sécurité nationale, à la sûreté publique, à la défense de l'ordre. Dans des cas de ce genre, la Commission s'est donc vue appelée à contribuer à la définition même de ce que c'est qu'une société démocratique.

L'on pourrait dire que, normalement, le rôle revenant à la Commission est plutôt celui d'une soupape de sûreté en ce qui concerne

of a safety valve in the functioning of national laws based on democratic principles.

The Commission has nothing but praise for the unvarying good will shown by Governments in consenting to take part in contentious proceedings on applications found admissible and in doing everything possible to facilitate its work.

In certain well-known cases we have also seen national laws amended to bring them more closely into line with the Convention.

Whilst the normal purpose – and a very important one – of the international control introduced by the Convention is as I have described it, its role might be increased to a marked extent were a real tendency towards weakening of the democratic order to appear in a State that was a Party to the Convention. In that rather unlikely event, the findings of the Commission and the Court might serve to sound the alarm.

In any event, the Convention is serving the European cause both by its very existence and by the work already accomplished by its organs of control.

The Commission is glad that it has something to contribute to this European cause, and it is fitting that the scene of its labours should be here on the banks of the Rhine, the most European of rivers. It welcomes the thought that it will soon be taking up residence in the fine building so generously presented by the City of Strasbourg, of which you, Mr. President, are the Mayor – a City, to borrow words from an admirable book recently stemming from your pen, where there is a real feeling for the everyday rights of the citizen, born of a centuries-old enjoyment of municipal freedoms.

Speech by
Lord McNair
President of the European Court of Human Rights

Mr. President,

On behalf of my colleagues and myself I must tell you how glad we are to participate today in the celebration of two events: firstly, the tenth anniversary of the entry into force of the European Convention on Human Rights, and, secondly, the enlightened generosity of the City of Strasbourg in their gift of a building which will house the Human Rights Division of the Council of Europe, the Commission and the Court.

The Strasbourg movement for the protection of human rights and fundamental freedoms raises in my mind two points that I venture

le fonctionnement de lois nationales basées sur des principes démocratiques.

La Commission n'a eu qu'à se féliciter de la parfaite bonne volonté avec laquelle les Gouvernements se sont prêtés à l'examen contradictoire des requêtes déclarées recevables, en faisant tout pour faciliter le travail de la Commission.

Dans certains cas bien connus, on a également vu des lois nationales amendées pour mieux cadrer avec des dispositions de la Convention.

Si la fonction normale, déjà très importante, du contrôle international instauré par la Convention est celle que je viens d'indiquer, son rôle pourrait se trouver singulièrement accru au cas où, dans un Etat partie à la Convention, se dessinerait une véritable tendance au fléchissement de l'ordre démocratique. Dans cette éventualité, peu vraisemblable, les constatations de la Commission et de la Cour pourraient servir de cri d'alarme.

Toujours est-il que la Convention, aussi bien par sa simple existence que par le travail déjà accompli par ses organes de contrôle, sert la cause européenne.

La Commission est heureuse d'avoir à contribuer à cette oeuvre européenne et elle est heureuse de le faire ici, sur les bords du Rhin, le plus européen des fleuves, et de pouvoir bientôt prendre domicile dans le beau palais que nous offre la générosité de la ville de Strasbourg, dont vous êtes, Monsieur le Président, le premier magistrat et où, selon un remarquable livre, signé récemment par vous, l'on trouve un sens vif des libertés concrètes, né d'une pratique séculaire des franchises communales.

Discours de
Lord McNair
Président de la Cour européenne des Droits de l'Homme

(*Traduit de l'anglais*)

Monsieur le Président,

Je tiens à vous dire, au nom de mes collègues et en mon nom personnel, combien nous nous réjouissons de participer aujourd'hui à la célébration de deux événements: d'une part, le dixième anniversaire de l'entrée en vigueur de la Convention des Droits de l'Homme; de l'autre, le geste d'une générosité éclairée de la Ville de Strasbourg qui nous fait don d'un bâtiment destiné à héberger la Direction des Droits de l'Homme du Conseil de l'Europe, la Commission et la Cour.

Le mouvement de Strasbourg pour la sauvegarde des droits de l'homme et des libertés fondamentales évoque dans mon esprit deux

to draw to your attention. In the first place, in addition to the Universal Declaration of 1948, there have been other Declarations of Human Rights in other parts of the world and by other groups of States. Our Convention signed at Rome in 1950, is unique in the respect that it is not merely a Declaration but creates legal machinery for the enforcement of the code of human rights contained in it, namely, the Commission, the Court and the Committee of Ministers. That fact is of capital importance, and my colleagues and I are very proud to be privileged to form past of that machinery. My second point is this: the Strasbourg movement illustrates the fact that, in the phase of international progress to which our world is now committed, it is often easier to advance on a regional than on a universal basis, because a region usually contains a group of like-minded peoples, and their common outlook makes it easier for them to co-operate. This observation implies no disloyalty to the United Nations, which we all recognise as the supreme organ and source of inspiration of international progress, for the Charter expressly sanctions what it describes as regional arrangements for dealing with the maintenance of international peace and security. It may well be that there are other matters on which it will be found easier to make progress regionally than universally.

If I may return to our own Convention of 1950, I feel sure that my colleagues would wish me to pay a sincere tribute to the spirit of devotion in which the distinguished President of the Commission, his predecessor, and their colleagues, past and present, have – often at great personal inconvenience – dealt with a mass of work which, I am sure, has exceeded their wildest expectations. It is indeed the Commission which has so far borne the heat and burden of the day, and is primarily responsible for the progress that has been achieved.

There has been some disappointment due to the fact that, under the terms of the Convention of 1950, while an individual seeking the redress of a wrong has direct access to the Commission, he cannot be a party to proceedings before the Court. It is, however, worth mentioning that in the first case that came before the Court we found a formula which enables the individual and his legal adviser to communicate their views to the Court through the good offices of the Commission.

In conclusion, Mr. President, I wish to say this to you as Mayor of this City and to your colleagues of the *Conseil Municipal*. From the beginning you have made us feel that the City of Strasbourg is deeply involved in the success of the Human Rights movement. Your warm interest has now culminated in the generous presentation

ordres de considérations sur lesquels je me permets d'appeler votre attention. En premier lieu, outre la Déclaration universelle de 1948, il y a eu, dans d'autres parties du monde, d'autres Déclarations des Droits de l'Homme proclamées par d'autres groupes d'Etats. Notre Convention, signée à Rome en 1950, est cependant unique en son genre, car elle ne constitue pas simplement une Déclaration mais crée, pour la mise en application du code des droits de l'homme qu'elle renferme, un appareil juridique composé de la Commission, de la Cour et du Comité des Ministres. Ce fait revêt une importance primordiale, et mes collègues et moi-même sommes très fiers d'avoir le privilège de faire partie de cet appareil. En second lieu, le mouvement de Strasbourg montre bien que, dans la phase de coopération internationale où notre monde se trouve maintenant engagé, il est souvent plus facile de progresser sur une base régionale que sur une base universelle: en effet, les habitants d'une même région voient généralement les choses sous un jour semblable et cette optique commune facilite leur coopération. Cette remarque n'implique aucune déloyauté envers les Nations Unies, que nous reconnaissons tous comme l'organe suprême et la source d'inspiration du progrès international, car la Charte autorise expressément ce qu'elle appelle des arrangements régionaux touchant au maintien de la paix et de la sécurité internationales. Sans doute existe-t-il d'autres problèmes qu'il se révélera plus facile de résoudre sur le plan régional qu'à l'échelle mondiale.

Pour en revenir à notre propre Convention de 1950, je suis certain de me faire l'interprète de mes collègues en rendant un sincère hommage à l'esprit de dévouement avec lequel le distingué Président de la Commission, son prédécesseur et leurs collègues, passés et présents, ont – souvent au prix de dérangements personnels considérables – mené à bien un travail dont le volume a, j'en suis sûr, dépassé de loin toutes leurs prévisions. C'est en effet la Commission qui a supporté jusqu'ici la plus grande partie du fardeau et à qui l'on doit au premier chef les progrès déjà réalisés.

Une certaine déception s'est fait jour parce que, aux termes de la Convention de 1950, un individu qui cherche à obtenir réparation d'un tort a directement accès à la Commission mais ne peut être partie à la procédure devant la Cour. Il convient toutefois de signaler que, dans la première affaire dont la Cour ait eu à connaître, nous avons trouvé une formule qui permet au particulier et à son conseil de communiquer leurs vues à la Cour en recourant aux bons offices de la Commission.

Pour conclure, Monsieur le Président, permettez-moi de m'adresser à vous en votre qualité de Maire de cette ville, ainsi qu'à vos collègues du Conseil Municipal. Dés le début de nos travaux, vous nous avez fait sentir que la Ville de Strasbourg est profondément concernée par le succès du mouvement des droits de l'homme.

of the building whose foundation stone has been laid today. Inscribed on the roll of the history of Strasbourg are many notable European events. My belief is that in the fulness of time, when the legal structure envisaged by our Convention has been completed, one of the things of which your City will be proud is the home, indeed the cradle, of the European movement for the protection of Human Rights.

Speech by
Mr. Hermod LANNUNG
Chairman of the Legal Committee of the Consultative Assembly

Mr. President,

The Legal Committee is especially interested in this anniversary since it was the author of the original Recommendation in 1949 which proposed the conclusion of the Convention. It has since formulated further important proposals designed to secure the protection of additional rights, the wider acceptance of the optional provisions and the extension of the jurisdiction of the Court. In reflecting on this record, I wish to pay tribute to the part played by my predecessors as Chairmen: Sir David Maxwell-Fyfe, later Lord Chancellor Kilmuir, and Professor Rolin, now a judge on the Court of Human Rights; also to Monsieur Fernand Dehousse, later President of the Assembly, and one of those responsible for the first draft prepared by the European Movement; and to Monsieur Pierre-Henri Teitgen, who wrote the remarkable report proposing the Convention in September 1949.

The Convention on Human Rights is, I believe, the most outstanding achievement of the Council of Europe.

It is only fair to recognise that the work of the United Nations in this field has been to a considerable extent the basis of and the inspiration for our work here. But while the Universal Declaration of the United Nations has a "moral value and authority without precedent...", we in the Council of Europe have, I want to stress, gone one step further and taken the lead in establishing a binding Convention.

This Convention represents an important innovation in international law in the status which it accords to the individual. It carries the hopes expressed by the Declaration of the United Nations into the realm of action and will help to pave the way for the world organisation.

But though we have cause for satisfaction, Mr President, if we

L'intérêt chaleureux que vous nous avez témoigné atteint son point culminant avec le don généreux du bâtiment dont la première pierre vient d'être posée aujourd'hui. Bien des événements européens notables sont inscrits dans les annales de l'histoire de Strasbourg. Je suis convaincu que, le jour où la construction juridique envisagée par notre Convention sera achevée, l'une des choses dont votre Ville pourra s'enorgueillir sera d'être le siège, et même le berceau, du mouvement européen pour la sauvegarde des droits de l'homme.

Discours de M. Hermod LANNUNG Président de la Commission juridique de l'Assemblée Consultative

(*Traduit de l'anglais*)

Monsieur le Président,

Cet anniversaire intéresse tout particulièrement la Commission juridique, car elle est l'auteur de la recommandation initiale de 1949 qui proposait la conclusion de la Convention. Depuis lors, elle a formulé d'autres propositions importantes en vue d'assurer la protection de nouveaux droits, une plus large acceptation des clauses facultatives et l'extension de la compétence de la Cour. C'est en pensant à toutes ces activités que je tiens à rendre hommage à ceux qui m'ont précédé à la présidence de la Commission: Sir David Maxwell-Fyfe, devenu le Lord Chancelier Kilmuir; le Professeur Rolin, maintenant juge à la Cour des Droits de l'Homme; M. Fernand Dehousse, appelé ensuite à la présidence de cette Assemblée et l'un des responsables du premier projet préparé par le Mouvement européen; enfin M. Pierre-Henri Teitgen, qui, en septembre 1949, rédigeait le remarquable rapport proposant la conclusion de la Convention.

La Convention des Droits de l'Homme est, à mon sens, la réalisation la plus marquante du Conseil de l'Europe.

Il n'est que juste de reconnaître que les travaux des Nations Unies dans ce domaine ont, pour une large part, servi de base et de source d'inspiration à ceux que nous avons effectués ici. Mais si la Déclaration Universelle des Nations Unies possède "une valeur et une autorité morales... sans précédents", je tiens à souligner que le Conseil de l'Europe a fait un pas de plus en prenant l'initiative d'établir une Convention ayant force exécutoire.

Cette Convention représente une innovation importante en droit international de par le statut qu'elle reconnaît aux particuliers. Elle traduit en actes les voeux exprimés dans la Déclaration des Nations Unies et contribue ainsi à ouvrir la voie à l'organisation mondiale.

Cependant, si le bilan de ces dix dernières années nous procure

draw up a balance-sheet of these ten years, there is no ground for self-satisfaction, and we should not consider that the objective of this Assembly is fully attained. Much still remains to be done to make the Convention fully effective and we in this Assembly shall go on working to that end until it is accomplished.

First, the Convention must be ratified by all member States – the position here is too well known to require further comment – and I hope that those of my colleagues in the Assembly whom this concerns will consider what they can do in their national parliaments to achieve this end.

Secondly, a striking characteristic of the European Convention, as already mentioned, is that the rights of an individual under international law have developed to a point where he can himself bring a case before an international organ, even against his own Government. The right of individual petition is thus the corner-stone of the Convention – without this the international guarantee does not mean as much as it should. While ten States out of seventeen have accepted the right of individuals to apply to the Commission of Human Rights, from the point of view of population this means that only one third of our citizens enjoy this protection, and this is not good enough. I appeal to our colleagues from the countries which have not yet recognised the right of individual petition to seek to make the Convention fully applicable in their countries.

Thirdly, a further matter of concern is that only eight countries out of seventeen have accepted the compulsory jurisdiction of the Court.

These, Mr. President, are some of the matters which still require our attention. I hope that the goodwill and legitimate satisfaction which we experience today will help us to find solutions to these remaining problems.

Our European Convention on Human Rights has made its impact on both the national and the international levels and it has served as an example in other continents. I may mention here the Draft Convention of the Organisation of American States and the corresponding steps being contemplated by African countries, as well as the fact that a number of substantial articles of the Convention have been inserted in the constitutions of several newly-independent States.

It is in the interests of Western democracy and the Rule of Law, not only in Europe but also outside our continent, that we make better known the existence and functioning of the European Con-

certains motifs de satisfaction, nous ne devons pas nous en contenter et considérer que l'objectif de l'Assemblée est pleinement atteint. Il reste beaucoup à faire pour que la Convention soit véritablement efficace et, dans cette Assemblée, nous continuerons de nous employer à ce qu'elle le devienne.

Tout d'abord, la Convention doit être ratifiée par la totalité des Etats membres – la situation à cet égard est trop bien connue pour appeler de plus amples commentaires – et j'espère que ceux de mes collègues de l'Assemblée qui se sentent visés étudieront ce qu'ils peuvent faire au sein de leurs Parlements nationaux pour parvenir à cette fin.

En deuxième lieu, la Convention européenne présente, comme on l'a déjà dit, une caractéristique notable: elle sanctionne l'évolution sur le plan international des droits de l'individu, qui se sont développés au point qu'un simple particulier peut saisir lui-même une instance internationale, même s'il s'en prend à son propre gouvernement. Le droit de recours individuel est ainsi la pierre angulaire de la Convention; sans lui, la garantie internationale n'a pas toute la portée qu'elle devrait avoir. Bien que dix Etats sur dix-sept aient reconnu aux particuliers le droit de saisir la Commission des Droits de l'Homme, il n'en reste pas moins, si l'on se place du point de vue des chiffres de population, qu'un tiers seulement des citoyens européens bénéficient de cette protection, ce qui n'est pas suffisant. Aussi, je m'adresse à nos collègues des Etats qui n'ont pas encore reconnu le droit de recours individuel pour qu'ils s'efforcent de rendre la Convention entièrement applicable dans leurs pays.

Le troisième sujet de préoccupation tient à ce que huit pays seulement sur dix-sept ont accepté la juridiction obligatoire de la Cour.

Telles sont, Monsieur le Président, certaines des questions qui réclament encore notre attention. J'espère que le climat de bonne volonté et de satisfaction légitime qui règne ici aujourd'hui nous aidera à apporter des solutions à ces problèmes encore pendants.

Notre Convention européenne des Droits de l'Homme a eu des répercussions sur le plan national comme sur le plan international, et elle a servi d'exemple à d'autres continents. Je puis mentionner à ce propos le projet de Convention de l'Organisation des Etats américains et les dispositions de même ordre qu'envisagent actuellement les pays africains; j'ajouterai qu'un certain nombre d'articles du dispositif de la Convention ont été insérés dans les constitutions de plusieurs Etats qui ont récemment accédé à l'indépendance.

Il est dans l'intérêt de la démocratie occidentale et de la primauté du droit, non seulement en Europe, mais aussi en dehors de notre continent, de mieux faire connaître l'existence et le fonctionnement

vention, its principles and ideas, our experience and the lessons which can be drawn from it. It is in the field of Human Rights that the Council of Europe has a message to bring to the world and we should make sure that this is done.

This led us to propose the creation of an international institute of human rights. The government officials who considered this proposal were very cautious in their approach. Later in this Session, my Committee will put forward a more modest suggestion for a centre for teaching and research on human rights attached to the Council of Europe itself.

I appeal to our Member Governments to treat this suggestion with courage and imagination and to understand the opportunity thus offered to make better known an achievement, which – even if still incomplete – offers to the Council of Europe in the words of the late Judge Lauterpacht "an opportunity which may raise it high above the level of a political expedient and invest it with a dignity and authority which may prove one of the main sources of its strength".

It conclusion, Mr. President, by the Convention on Human Rights the member States of the Council of Europe have agreed for the first time in history to submit to common international control their actions in the vital field of human relations – in respect of the most important human rights and fundamental freedoms. We have in reality created a system of control above the national level and the member States have in this respect surrendered a part of their sovereignty. A bulwark has been constructed for safeguarding their common heritage of political traditions, of ideals of freedom and of respect for the Rule of Law.

The Convention thus stands as a lively reminder of what constitutes the bonds uniting the member States of the Council of Europe. We must all follow proudly but with vigilant attention the progress achieved in this sphere. We must continue to reinforce the collective guarantee and protection introduced by the Convention and we must strive to extend its scope neglecting no effort to that end.

de la Convention européenne, ses principes et idéaux, l'expérience que nous avons acquise et les leçons qui s'en dégagent. C'est dans le domaine des droits de l'homme que le Conseil de l'Europe a un message à apporter au monde et nous devons nous assurer qu'il en est bien ainsi. Dans cet esprit, nous avons été amenés à proposer la création d'un Institut international des Droits de l'Homme. Les experts gouvernementaux qui se sont penchés sur cette proposition ont adopté à son égard une attitude très prudente. Dans le courant de la présente session, ma Commission présentera une suggestion plus modeste tendant à la création d'un Centre d'enseignement et de recherche sur les Droits de l'Homme, rattaché au Conseil de l'Europe même.

Je demande instamment aux Gouvernements membres de faire preuve de courage et d'initiative lorsqu'ils étudieront cette suggestion, et de comprendre que c'est là l'occasion de mieux faire connaître une réalisation qui – même encore imparfaite – offre au Conseil de l'Europe, pour reprendre les termes du regretté juge Lauterpacht, "une opportunité susceptible de l'élever bien au-dessus du niveau d'un simple expédient politique et de lui conférer une dignité et une autorité qui pourront se révéler l'une des sources principales de sa force".

En conclusion, Monsieur le Président, les Etats membres du Conseil de l'Europe ont, en souscrivant à la Convention des Droits de l'Homme, accepté pour la première fois dans l'histoire de soumettre à un contrôle international commun leurs actes dans le domaine essentiel des relations humaines – s'agissant des plus importants des droits de l'homme et des libertés fondamentales. Nous avons, en fait, institué un système de contrôle dépassant le plan national, et les Etats membres ont, à cet égard, renoncé à une partie de leur souveraineté. Un rempart a été édifié pour sauvegarder leur patrimoine commun de traditions politiques, d'idéaux de liberté et de respect de la primauté du droit.

La Convention se dresse ainsi comme le vivant symbole des liens qui unissent les Etats membres du Conseil de l'Europe. Nous devons tous suivre fièrement, mais avec une vigilante attention, les progrès réalisés en ce domaine. Nous devons continuer à renforcer la garantie et la protection collectives instituées par la Convention et nous employer à en étendre la portée, en n'épargnant aucun effort à cette fin.

Speech by
Mr. Eugene SCHAUS
Foreign Minister of Luxembourg and Chairman-in-Office of the Committee of Ministers of the Council of Europe

Mr. President,

It gives me great pleasure to take part in this ceremony as the representative of the Committee of Ministers and to express to this distinguished gathering the support of the Member Governments for all that is being done by the different organs of the Council of Europe for the protection of human rights and fundamental freedoms.

Human rights have a very special place in the philosophy of the Council and the reason is not far to seek: respect for human rights is the guarantee of democracy. It was, I believe, something new in international treaties when the Charter of the United Nations, signed at San Francisco in 1945, reaffirmed the faith of the member States in the dignity and worth of men and women and of nations large and small. Later in the Charter there was something more positive when the signatories undertook to encourage and promote respect for human rights and fundamental freedoms. This was an important innovation, but it did not go far enough; and the United Nations then set about drafting the Universal Declaration of Human Rights, which was proclaimed by the General Assembly on 10th December 1948. This had a "moral value and authority without precedent..." but still fell short of a legal guarantee.

It was left to European States to make the next advance. In the Brussels Treaty of March 1948 the five signatories proclaimed their resolution "to fortify and preserve the principles of democracy, personal freedom and political liberty, the constitutional traditions and the rule of law, which are their common heritage but it was the Council of Europe which took the decisive step a year later, when it made the maintenance of human rights and fundamental freedoms not only one of the objectives of the organisation but actually a condition of membership. This led naturally to the Assembly's proposals of 1949, for which Mr. Dehousse and Mr. Teitgen were largely responsible and to the conclusion of the Convention in November, an event which led the Netherlands Foreign Minister (Mr. Stikker) to say:

"Today we show that our common belief in freedom, the rule

Discours de M. Eugène Schaus Président du Comité des Ministres et Ministre des Affaires Etrangères du Grand-Duché de Luxembourg

Monsieur le Président,

J'éprouve un plaisir vraiment très grand à participer à cette cérémonie en qualité de Représentant du Comité des Ministres et à exprimer à cette éminente Assemblée l'appui que réservent les gouvernements des Etats membres aux efforts déployés par les divers organes du Conseil de l'Europe pour la protection des Droits de l'Homme et des Libertés fondamentales.

Les Droits de l'Homme tiennent une place toute spéciale dans les préoccupations du Conseil de l'Europe, et il ne faut pas en chercher bien loin la raison: le respect des droits de l'homme est la garantie même de la démocratie. Il y eut, j'en ai la conviction, l'avènement d'un principe nouveau dans les traités internationaux le jour où la Charte des Nations Unies, signée en 1945 à San Francisco, réaffirma la foi des Etats membres dans la dignité et la valeur de la personne humaine, dans l'égalité des nations grandes et petites. Un peu plus loin dans la Charte, on trouve une prise de position plus positive encore, lorsque les signataires s'engagent à encourager et favoriser le respect des droits de l'homme et des libertés fondamentales. Mais, si importante que fût cette innovation, elle n'allait pas assez loin. C'est alors que les Nations Unies entreprirent la rédaction de la Déclaration Universelle des Droits de l'Homme qui fut proclamée par l'Assemblée Générale le 10 décembre 1948. Celle-ci avait une "valeur morale et une autorité sans précédent...", mais manquait encore de garantie juridique.

Il restait aux Etats européens à franchir l'étape suivante. En mars 1948, les cinq signataires du Traité de Bruxelles proclamèrent leur résolution de "confirmer et défendre les principes démocratiques, les libertés civiques et individuelles, les traditions constitutionnelles et le respect de la loi qui forment leur patrimoine commun", mais c'est le Conseil de l'Europe qui, un an plus tard, prit une mesure décisive en faisant du respect des droits de l'homme et des libertés fondamentales, non seulement l'un des objectifs de l'Organisation, mais en fait l'une des conditions mêmes d'adhésion. Cette initiative mena tout naturellement aux propositions de l'Assemblée de 1949 auxquelles MM. Dehousse et Teitgen ont pris une part prépondérante et à la conclusion de la Convention, en novembre 1950, événement qui amena M. Stikker, Ministre des Affaires Etrangères des Pays-Bas, à déclarer:

> "Nous montrons aujourd'hui que notre foi commune dans la liberté, la prééminence du droit, et les institutions démo-

of law and democratic institutions is a living reality which is the basis of our work in the Council of Europe."

I cannot refrain from adding my own support for the statement of Mr. Bech, who was then the Foreign Minister of the Grand Duchy:

> "This date which is important for us is so above all, it seems to me, for small countries like my own, whose salvation rests on law, well-defined, whether it be law which protects States themselves or law protecting individuals."

The work of the Council of Europe was thus the logical outcome of the work of the United Nations. It is a cause of satisfaction for us that, between a group of likeminded countries, our Statute was able to go further than the Charter and our Convention was able to give legal effect to the principles enunciated in the Universal Declaration. It is thus appropriate that we remember the work of the United Nations today and that they should remember ours when, in three months' time, they celebrate the Fifteenth Anniversary of the Universal Declaration of Human Rights.

But the signature of the Convention itself was only a first step and both the Assembly and the Committee of Ministers were conscious of this fact. In August 1950 the Assembly proposed the inclusion of three additional rights, and these were included in the First Protocol of March 1952. Since then your Legal Committee has gone on making further proposals to make the Convention more effective – I believe as many as nine separate Recommendations over the last seven years; and it is only right to pay tribute today to the work of the Legal Committee and to its indefatigable Chairman, Mr. Lannung. We have learnt this afternoon that the spring of his wisdom has by no means run dry.

The Committee of Ministers, for its part, has not been idle. It appointed a new Committee of Experts on Human Rights to examine these proposals from the Assembly – as well as others which were put to us by the Commission and the Court of Human Rights.

As a result, of their work the member governments signed two new Protocols to the Convention in May of this year, one of which, when ratified, will confer on the Court the competence to give advisory opinions, while the other will simplify – and, I believe, improve – the procedure of the Commission. But that is not all. Only this week a Fourth Protocol was signed, the effect of which will be to add four additional rights to the number already guaranteed.

Moreover, the Committee of Ministers, exercising its powers under Article 32 of the Convention, has now taken decisions on five individual applications.

cratiques, est une réalité qui se trouve à la base même de nos travaux au Conseil de l'Europe."

Je ne puis m'empêcher, quant à moi, de rappeler pour y souscrire pleinement, la déclaration de M. Bech qui était alors Ministre des Affaires Etrangères du Grand-Duché du Luxembourg:

> "La date, importante pour nous, l'est surtout, il me semble, pour les petits pays comme le mien, dont le salut repose sur le droit bien défini, que ce soit le droit qui protège les Etats eux-mêmes ou celui qui protège les individus."

Ainsi, la mission du Conseil de l'Europe était-elle la suite logique de celle des Nations Unies. C'est pour nous une cause de satisfaction certaine de penser que, conçu dans un groupe de pays orientés vers le même idéal, notre Statut a pu aller plus loin que la Charte, et notre Convention a été en mesure de donner force de loi aux principes énoncés dans la Déclaration Universelle. Il est donc juste que nous nous souvenions aujourd'hui de l'oeuvre accomplie par les Nations Unies, et qu'elles n'oublient pas non plus la nôtre, dans trois mois, lorsqu'elles célébreront le Quinzième Anniversaire de la Déclaration Universelle des Droits de l'Homme.

Mais la signature de la Convention n'était, à vrai dire, qu'un premier pas, et l'Assemblée aussi bien que le Comité des Ministres en furent conscients. En août 1950, l'Assemblée proposa l'inclusion de trois nouveaux droits qui firent l'objet du Premier Protocole additionnel, de mars 1952. Depuis lors, votre Commission juridique n'a cessé de faire de nouvelles propositions pour accroître l'efficacité de la Convention; elle a, si je ne me trompe, soumis jusqu'à neuf recommandations distinctes au cours de ces sept dernières années; il n'est donc que juste de rendre aujourd'hui hommage à l'oeuvre accomplie par la Commission juridique et son infatigable Président, M. Lannung. Nous savons depuis cet après-midi que les sources de sa sagesse sont encore loin d'être taries.

De son côté, le Comité des Ministres n'est pas resté inactif. Il a nommé un nouveau Comité d'experts en matière des Droits de l'Homme et l'a chargé d'examiner les propositions de l'Assemblée – ainsi que d'autres dont nous avons été saisis par la Commission et la Cour des Droits de l'Homme.

A la suite de leurs travaux, les gouvernements membres ont signé, en mai de cette année, deux nouveaux Protocoles additionnels à la Convention, dont l'un, une fois ratifié, habilitera la Cour à donner des avis consultatif, et l'autre simplifiera – et, je crois, améliorera – la procédure de la Commission. Mais cela n'est pas tout. Cette semaine encore, un Quatrième Protocole additionnel a été signé, qui aura pour effet d'ajouter quatre droits à ceux déjà garantis.

De plus, le Comité des Ministres, dans l'exercice des pouvoirs que lui confère l'article 32 de la Convention, s'est maintenant prononcé sur cinq requêtes individuelles.

I wish also to take advantage of this opportunity to express my appreciation of the work of the Commission and of the Court. The former has undertaken an enormous task – far greater I think than any of us expected – and has discharged its functions with discretion and wisdom. I am happy to pay tribute today to its President, Mr. Petren, to his predecessor, Sir Humphrey Waldock, to the first provisional President, my compatriot Mr. Faber, and to all the members of the Commission. Moreover, in the Court of Human Rights, we have an international tribunal of exceptional quality. We were not only pleased but honoured that Lord McNair, former President of the International Court of Justice, became the first President of the European Court. He and the other judges, to whom I also pay tribute today, constitute the guarantee that our confidence in the Court is well placed; if their volume of business has so far been less than they expected, this situation may well change in the future.

Our work for the protection of human rights and fundamental freedoms is thus seen as the fruit of a happy partnership between four organs, the Assembly, the Committee of Ministers, the Commission and the Court. Without doubt it constitutes one of the major achievements of the Council of Europe. The Member Governments see in this partnership both a cause for present satisfaction and a guarantee of further accomplishments in the future.

Speech by
M. Pierre PFLIMLIN
President of the Consultative Assembly of the Council of Europe

(*Translated from the French*)

The Consultative Assembly, which I have the honour to represent at this solemn moment, regards the event we are now celebrating as one of outstanding importance.

The Convention of 1950 is generally considered to be the most remarkable of the Council of Europe's achievements. For indeed, the protection of Human Rights is not merely one among other evidences of dignity and proofs of efficiency to which our institution can lay claim; it is its essential mission.

Article I of our Statute declares that the aim of the Council of Europe is to achieve a greater unity between its Members for the purpose of safeguarding and realising the ideals and principles which are their common heritage. This aim, it goes on to say, "shall be pursued by... the maintenance and further realisation of human rights and fundamental freedoms". The purpose thus defined does not, of course, stand by itself; the document from which I have

Je me permets aussi de saisir cette occasion pour vous dire à quel point j'apprécie les travaux de la Commission et de la Cour. La première a accompli une tâche immense – bien plus vaste encore, me semble-t-il, qu'aucun de nous ne l'avait prévu – et cela, avec autant de discrétion que de sagesse. Je suis heureux de saluer aujourd'hui son Président, M. Petren, son prédécesseur, Sir Humphrey Waldock, le premier Président provisoire, mon compatriote, M. Faber, ainsi que tous les membres de la Commission. D'autre part, nous avons en la Cour des Droits de l'Homme un tribunal international d'une qualité exceptionnelle. Nous avons été non seulement heureux, mais honorés que Lord McNair, ancien Président de la Cour internationale de Justice, soit devenu le premier Président de la Cour Européenne. Il est, ainsi que les autres juges que je salue aussi aujourd'hui, la garantie certaine que notre confiance en cette "haute instance" est bien placée; si, jusqu'à présent, leur activité a été moindre qu'ils ne l'escomptaient, cette situation peut également évoluer.

On voit donc que la protection des droits de l'homme et des libertés fondamentales est le fruit d'une heureuse association entre quatre organes: l'Assemblée, le Comité des Ministres, la Commission et la Cour. C'est là, sans nul doute, l'une des réalisations majeures du Conseil de l'Europe; les gouvernements des Etats membres verront dans cette association non seulement une cause de satisfaction dans l'immédiat, mais aussi la sûre garantie d'autres réalisations dans l'avenir.

Discours de
M. Pierre Pflimlin
Président de l'Assemblée Consultative du Conseil de l'Europe

Aux yeux de l'Assemblée Consultative, que j'ai l'honneur de représenter en cette heure solennelle, l'événement que nous célébrons revêt une importance capitale.

La Convention de 1950 est généralement considérée comme l'oeuvre la plus remarquable du Conseil de l'Europe. A la vérité la sauvegarde des Droits de l'Homme n'est pas seulement pour notre institution un titre de noblesse et une preuve d'efficacité parmi d'autres; elle répond à sa mission essentielle.

L'article premier de notre Statut déclare que le but du Conseil de l'Europe est de réaliser une union plus étroite entre ses membres afin de sauvegarder et promouvoir les idéaux et les principes qui sont leur patrimoine commun. Ce but, est-il précisé par ce même article, "sera poursuivi notamment par la sauvegarde et le développement des droits de l'homme et des libertés fondamentales". Sans doute l'objectif ainsi déterminé n'est-il pas le seul; il est question

just been quoting also speaks of promoting the economic and social progress of the nations, and the Council of Europe has not failed to do so. But this is the driving idea which, scarcely four years after the conclusion of the most lethal war in which Europe ever shed its blood, fired the determination of those who first found the courage to bring together in one assembly the representatives of the nations which had so recently been face to face on the battlefield.

The tragic experience of the totalitarian systems then impelled the responsible leaders of the nations which had preserved or recovered their freedom to set about reconstructing Europe on the basis of the very principles whose violation had brought about the disaster. It was, of course, essential to rebuild what had been destroyed, to restore the economic machinery; but it was equally necessary to strike at the very root of the evil – a monstrous distortion of the human mind – by reaffirming those principles which, since they protect mankind from the promptings of hatred and of the will to power, are alone able to establish harmony among individuals and peace among nations.

Moreover, a new danger was threatening. The overthrow of the Government in Prague had just thrown a harsh light on Europe's dissensions. Once again, the line of cleavage dividing our continent was an ideological one; on one side, Communist totalitarianism, on the other, those nations which had remained attached to the values of freedom and respect for the individual. It was natural for these nations to rally to those values which became their distinguishing feature and their one real common denominator. Their memories of history, their national psychology, their economic interests, still differentiate them and even, at times, bring them into oppositon. The only power which could hold them together was a common determination to maintain and protect a common ideal.

Since then a great deal of water has flowed beneath the Rhine bridges. Other concerns may have seemed to thrust into the background those which had inspired the founders of our institution and the authors of the Convention.

Economic problems, which form the stuff of daily life, are in the forefront of the European scene. The desire to preserve peace which – rightly, in view of the prodigious increase in means of destruction – dominates the minds of responsible statesmen, also tends to reduce interest in divergences of doctrine.

But we must beware! For if the free part of Europe became indifferent to the principles laid down in the Convention on Human Rights, our continent would lose its soul and everything else as well, Should the Council of Europe fail to remain unshakeably attached to those principles, despite the temptations of what passes for realism, its existence would no longer be justified.

aussi dans le texte que je viens de citer, de favoriser le progrès économique et social des peuples, et le Conseil de l'Europe n'y a pas manqué. Mais il est l'idée-force qui inspira, quatre ans à peine après la fin de la guerre la plus meurtrière qui ait jamais ensanglanté l'Europe, la volonté de ceux qui eurent l'audace de réunir pour la première fois dans une même assemblée les représentants des peuples qui venaient de s'affronter sur les champs de bataille.

La tragique expérience des régimes totalitaires conduisit alors les dirigeants responsables des peuples demeurés ou redevenus libres à entreprendre la reconstruction de l'Europe sur la base même des principes dont la violation avait engendré la catastrophe. Il était indispensable certes de relever les ruines, de restaurer l'économie, mais il était aussi nécessaire de s'attaquer à la cause même du mal – une monstrueuse déviation de l'esprit humain – en réaffirmant les principes qui, protégeant les hommes contre les entraînements de la haine et de la volonté de puissance, sont seuls capables d'assurer la concorde entre les citoyens et la paix entre les peuples.

Au surplus une nouvelle menace se dessinait. Le coup de Prague venait de faire apparaître brutalement la déchirure de l'Europe. La ligne de clivage qui coupait en deux notre continent était, une fois de plus, idéologique: au-delà le totalitarisme communiste, en deça les peuples attachés aux valeurs de liberté et de respect de la personne humaine. Il était naturel que ces peuples se réunissent autour des valeurs qui devenaient leur signe distinctif et le seul dénominateur qui leur fût véritablement commun. Les souvenirs historiques, la psychologie nationale, les intérêts économiques continuaient à les différencier, voire même parfois à les opposer les uns aux autres. La seule force qui put les rassembler était la volonté commune de maintenir et de protéger un idéal commun.

Depuis lors beaucoup d'eau a coulé sous les ponts du Rhin. D'autres préoccupations ont apparemment relégué à l'arrière-plan celles qui inspirèrent les fondateurs de notre institution et les auteurs de la Convention.

Les problèmes économiques, qui constituent la trame de la vie quotidienne, occupent le devant de la scène européenne. Le désir de maintenir la paix qui, légitimement devant l'accroissement prodigieux des moyens de destruction, domine l'esprit des hommes d'Etat responsables, conduit lui aussi, à tenir pour secondaires les divergences doctrinales.

Que l'on prenne garde cependant! Si l'Europe libre devenait indifférente à l'égard des principes inscrits dans la Convention des Droits de l'Homme, elle perdrait son âme et tout le reste par surcroît. Si le Conseil de l'Europe ne demeurait pas inébranlablement attaché, malgré les tentations d'un prétendu réalisme, à ces mêmes principes, il perdrait sa raison d'être.

We are, of course, gratified by the increase in our economic potential, since it enables us to improve the standard of living of our peoples and to become more competitive in the international sphere. Furthermore, the challenge flung at us by the Communist world has now – or at least, so we hope – taken an economic rather than a military form; that is at present the only possible significance of peaceful coexistence. But as to one thing we must not deceive ourselves: the most genuine source of Western strength is a spiritual one. In material and military matters, our resources are similar in kind to those of our adversaries, and it is by no means certain that we shall always be the stronger side. The fate of the world cannot be written solely in statistics.

Let us look for a moment at those African and Asian nations which have gained their independence or are hoping to do so. Many of them are still at the crossroads, hesitating before the many paths that lie open to them. They are undoubtedly appreciative of the material assistance that may be offered to them from one or another source; but the amount of such aid will not necessarily be the deciding factor in their choice. They too are called upon, in the last resort, to choose between the conflicting principles which tend to determine the individual's place in the community, the relationship between authority and the citizen. It is at this level that the free world can demonstrate its superiority in the eyes of those who are most enlightened, most richly endowed with spiritual culture. In this connection it is an important fact that attention was directed to our Convention in Human Rights at the first Congress of African Jurists, at Lagos in 1961, at the Monrovia Conference in that same year, and again very recently, in May 1963, at the Conference of African States at Addis Ababa.

The trend at present to be observed in the behaviour of the communist States is giving rise in the free world to controversies which this is not the moment to discuss. The Moscow agreement, in particular, has been greeted with confidence by some people, with distrust by others. Events will prove which is the right attitude. What I think is certain is that peace will remain precarious, and co-existence dangerous, so long as all attempts to reduce tension or to bridge the gap dividing Europe, are based merely on mutual fear and on the calculations of political expediency. The danger of war is due to a division of the world which – however this may be questioned at times – remains essentially ideological. Peace will not be truly established until the nations in both camps have reverted to those basic principles which alone are able to restrain the instincts of violence and oppression, those instincts which – let us frankly admit it – are a permanent temptation to every man and to every nation. That was the message of Pope John XXIII in his encyclical

Nous nous réjouissons, certes, de l'accroissement de notre potentiel économique, qui nous permet d'élever le niveau de vie de nos populations et de renforcer notre position dans la concurrence internationale. Au surplus le défi que nous lance le monde communiste se situe désormais – on peut du moins l'espérer – sur le plan économique plus que sur le plan militaire; tel est actuellement le seul sens possible de la coexistence pacifique. Mais ne nous y trompons pas! La force la plus authentique de l'Occident est de l'ordre de l'esprit. Dans le domaine matériel, dans le domaine militaire, nos ressources sont de même nature que celles de l'adversaire et il n'est pas sûr que le rapport des forces nous reste toujours favorable. Ce n'est pas dans les statistiques seulement qu'on peut lire le destin du monde.

Tournons nos regards vers les peuples d'Afrique et d'Asie qui ont accédé ou qui espérent accéder à l'indépendance. Beaucoup d'entre eux hésitent encore entre les voies multiples qui s'ouvrent devant eux. Ils sont sensibles certes à l'aide matérielle qui peut leur être offerte par les uns et par les autres, mais il n'est pas certain que le volume de l'aide proposée soit finalement l'élément décisif de leur choix. Pour eux aussi il s'agit en fin de compte de choisir entre les principes opposés qui peuvent déterminer la place de l'individu dans la société, les rapports entre le pouvoir et les citoyens. C'est sur ce plan que peut s'affirmer aux yeux des plus éclairés, des plus riches de culture spirituelle, la supériorité du monde libre. Il est important, dans cet ordre d'idées, que l'attention se soit portée sur notre Convention des Droits de l'Homme au premier congrès des juristes africains de Lagos en 1961, à la Conférence de Monrovia dans cette même année et tout récemment encore, en mai 1963, à la Conférence des Etats africains d'Addis-Abéba.

L'évolution que l'on peut observer actuellement dans le comportement des Etats communistes donne lieu dans le monde libre à des controverses dans lesquelles il ne convient pas d'entrer aujourd'hui. L'accord de Moscou, en particulier, est accueilli avec confiance par les uns, avec méfiance par les autres. L'arbitrage sera exercé par l'événement. Ce qui me paraît certain, c'est que la paix demeurera fragile et la coexistence dangereuse tant que les tentatives de détente, voire de rapprochement, ne seront fondées que sur la crainte réciproque et sur les calculs du réalisme politique. Le péril de guerre tient à une division du monde qui demeure – quoi qu'on dise parfois – de nature essentiellement idéologique. La paix ne sera véritablement établie que lorsque les peuples de l'un et l'autre camp se seront ralliés aux principes élémentaires qui seuls peuvent tenir en échec les instincts de violence et d'oppression, ces instincts qui sont pour tous les hommes et pour tous les peuples, avouons-le franchement, une tentation permanente. Tel est l'en-

"*Pacem in terris*," where he proposed that all men of good will, irrespective of their beliefs, should lead the world towards complete union in respect for human rights.

To us, confronted as we are with the difficulties and cruel strife of the present times, this exciting vision is still, as we well know, but a distant prospect. But it confirms us in the feeling that the authors of the European Convention on Human Rights were wise and far-sighted. It enables us also better to understand the topical significance of the event we are celebrating. The Convention signed ten years ago is not an end in itself but rather the starting point of a crusade which we must steadfastly pursue. Thanks to the eminence of their members, the Court and the Commission already enjoy an incomparable moral authority. On behalf of the Assembly I should like to express to them our respect and our gratitude. But much still remains to be done. When we examine the list of the signatory countries which have ratified the Convention, there is one country whose absence I keenly regret. The support pledged by the High Contracting Parties is binding upon them in varying degrees, so that the effectiveness of the Convention varies from one country to another. However, its basic purpose is not to reaffirm the principles already formulated in previous documents, but to express the States' determination to submit to a common discipline and to mutual control in order effectively to ensure respect for these principles. It is fitting, therefore, that we should express our gratitude to those countries which have best displayed this determination by amending their legislation or even their Constitution in order to bring them into line with the Convention.

I sincerely hope that all the signatory countries will do their utmost to ensure that the European Convention on Human Rights increasingly becomes a living reality. In this way the guarantees enjoyed by men and women in this Europe of ours, these guarantees, which, as we well know, might be jeopardised by movements of collective passion or by political crisis against which no country is completely proof, will grow deeper roots. And so Europe will once more become the source whence the principles of liberty and respect for the dignity of man will spread throughout the world. The West will thus fulfil its appointed task which is to hand on to the world as a whole the values it has inherited and which, we are convinced, alone can guide the peoples of the earth towards peace founded on justice and fraternity.

seignement que nous a donné le Pape Jean XXIII, lorsque dans son encyclique "*Pacem in terris*" il proposa à tous les hommes de bonne volonté, sans distinction de croyance, de conduire le monde vers l'unité totale sous le signe du respect des droits de l'homme.

Cette vision exaltante n'est encore, nous le savons bien, nous qui sommes plongés dans les difficultés et les déchirements du temps présent, qu'une perspective lointaine. Mais elle nous confirme dans le sentiment que les auteurs de la Convention Européenne des Droits de l'Homme ont vu juste et loin. Elle nous permet aussi de mieux comprendre l'actualité de l'événement que nous commémorons. La Convention signée il y a dix ans n'est pas un point d'aboutissement, mais le point de départ d'un effort qu'il nous faut poursuivre et amplifier. Grâce à la haute compétence des personnalités qui siègent au sein de la Cour et de la Commission, ces institutions bénéficient déjà d'une autorité morale incomparable. Au nom de l'Assemblée je tiens à leur apporter l'hommage de notre déférente gratitude. Mais il reste encore beaucoup d'étapes à franchir. Lorsqu'on examine la liste des pays signataires qui ont ratifié la Convention, on remarque une absence que celui qui vous parle ressent douloureusement. L'adhésion donnée par les Hautes Parties Contractantes les engage à des degrés différents, de sorte que l'efficacité de la Convention varie d'un pays à l'autre. Or sa caractéristique essentielle n'est pas de réaffirmer des principes déjà formulés dans des documents antérieurs, mais d'exprimer la résolution des Etats de se soumettre à une discipline commune, à un contrôle mutuel, pour assurer effectivement le respect de ces principes. Il est juste de dire notre reconnaissance envers les pays qui ont marqué avec le plus d'éclat leur fidélité à cette résolution en modifiant leur législation, voire même leur Constitution pour les mettre en harmonie avec la Convention.

Je souhaite ardemment que tous les pays signataires veuillent bien faire effort pour que la Convention européenne des Droits de l'Homme devienne chaque jour davantage une réalité vivante. Ainsi seront plus fortement enracinées les garanties données aux hommes et aux femmes de notre Europe, ces garanties qui, nous le savons bien, pourraient être remises en cause par des mouvements de passion collective ou par des crises politiques contre lesquels aucun pays n'est entièrement et définitivement prémuni. Ainsi l'Europe deviendra de nouveau le haut-lieu d'où les principes de liberté et de respect de l'homme rayonneront à travers le monde. Ainsi l'Occident accomplira sa vocation, qui est de donner au monde entier les valeurs dont il a reçu l'héritage et qui seules, nous en avons la certitude, peuvent guider les peuples vers la paix dans la justice et la fraternité.

PART TWO

Decisions of the European Commission of Human Rights and the Committee of Ministers of the Council of Europe

DEUXIEME PARTIE

Décisions de la Commission européenne des Droits de l'Homme et du Comité des Ministres du Conseil de l'Europe

CHAPTER I

INDIVIDUAL APPLICATIONS

A.

Introduction

Of the fifteen member States of the Council of Europe which have ratified the Convention, ten have recognised the competence of the Commission in respect of individual applications: Austria, Belgium, Denmark, Federal Republic of Germany, Iceland, Ireland, Luxembourg, Netherlands, Norway and Sweden. Norway renewed its declaration of acceptance, which expired on 9th December 1963, for a period of one year.

In 1963, 346 individual applications were lodged with the Commission, against 442 in 1962 and 344 in 1961. The Commission took 370 decisions on admissibility as against 280 in 1962 and 222 in 1961.

Since 5th July 1955, the date on which the right of individual application first came into effect, 2095 such applications have been lodged with the Commission and it has taken 1587 decisions on the admissibility of these applications. Over the same period 64 individual applications have been struck off the list.

Twenty individual applications were declared admissible in 1963.[1]

Glaser	v. Austria	No. 834/60	joined by order of the Commission
Steinko	,,	No. 964/60	
Steinhauser	,,	No. 1180/61	
Maurer	,,	No. 1207/61	
Pietsch	,,	No. 1308/61	
Eichberger	,,	No. 1526/62	
Nemec	,,	No. 1543/62	
Mölzer	,,	No. 1549/62	
Lettl	,,	No. 1567/62	
Vesetzky	,,	No. 1631/62	
Cerny	,,	No. 1632/62	
Schleritzko	,,	No. 1634/62	
Schostal	,,	No. 1640/62	
Albrecht	,,	No. 1735/62	
Plischke	v. Austria	No. 1446/62	

[1] Cf. text of some of these decisions on admissibility *infra*: No. 834/60; No. 1446/62; No. 1474/62; No. 1727/62; No. 1769/63.

CHAPITRE I

REQUETES INDIVIDUELLES

A.

Introduction

Sur les quinze Etats membres du Conseil de l'Europe qui ont ratifié la Convention, dix ont accepté la compétence de la Commission en matière de requêtes individuelles: Autriche, Belgique, Danemark, République Fédérale d'Allemagne, Islande, Irlande, Luxembourg, Pays-Bas, Norvège et Suède. La Norvège, dont la déclaration d'acceptation venait à expiration le 9 décembre 1963, l'a renouvelée pour une période d'un an.

En 1963, la Commission a été saisie de 346 requêtes individuelles, contre 442 en 1962 et 344 en 1961. Elle a rendu 370 décisions contre 280 en 1962 et 222 en 1961.

Depuis le 5 juillet 1955, date à laquelle le droit de recours individuel a commencé à s'exercer, la Commission a été saisie de 2095 requêtes individuelles; elle a rendu 1587 décisions sur la recevabilité de ces requêtes. Pendant la même période 64 requêtes individuelles ont été rayées du rôle.

Au cours de l'année 1963 vingt requêtes individuelles ont été déclarées recevables.[1]

Glaser	c. Autriche	N° 834/60	requêtes jointes par ordre de la Commission
Steinko	,,	N° 964/60	
Steinhauser	,,	N° 1180/61	
Maurer	,,	N° 1207/61	
Pietsch	,,	N° 1308/61	
Eichberger	,,	N° 1526 62	
Nemec	,,	N° 1543/62	
Mölzer	,,	N° 1549/62	
Lettl	,,	N° 1567/62	
Vesetzky	,,	N° 1631/62	
Cerny	,,	N° 1632/62	
Schleritzko	,,	N° 1634/62	
Schostal	,,	N° 1640/62	
Albrecht	,,	N° 1735/62	
Plischke	c. Autriche	N° 1446/62	

[1] Cf. le texte de plusieurs de ces décisions *infra*: No. 834/60; No. 1446/62; 1474/62; No. 1727/62; No. 1769/63.

23 inhabitants of Alsemberg	v. Belgium	No. 1474/62	joined by order of the Commission
5 inhabitants of Kraainem	,,	No. 1677/62	
64 inhabitants of Antwerp and environs	,,	No. 1691/62	
Charlent and associates	,,	No. 1769/63	
Boeckmans	v. Belgium	No. 1727/62	

In all, twenty seven individual applications have been declared admissible up to 31st December 1963.

On 1st January 1963 nine applications which had been communicated to the respondent Contracting Parties were pending before the Commission: Application No. 764/60 (X. v. Belgium) was still pending on 31st December 1963; Applications Nos. 924/60 [1] and 1136/61 (X. and Y. v. Belgium) were declared inadmissible by decision of 27th March 1963 [1]; three applications against Belgium Nos. 1474/62,[1] 1677/62, 1691/62, known as the "linguistic cases" were joined and declared admissible on 26th July 1963; Application No. 1418/62 (Gergely v. Austria) was declared inadmissible by decision of 21st June 1963 [1]; Application No. 1468/62 (Iversen v. Norway) was declared inadmissible after an oral hearing by decision of 27th December 1963 [1] and Application No. 1035/61 (X. v. Federal Republic of Germany) was declared inadmissible on 17th May 1963 [1].

In the course of the year 1963, thirty four applications were communicated to the respondent Contracting Parties pursuant to Rule 45 of the Commission's Rules of Procedure.

Fifteen of these applications were eventually declared inadmissible: No. 1169/61 (X. v. Federal Republic of Germany) [1]; No. 1802/63, (Kuzbari v. Federal Republic of Germany), after an oral hearing [1]; Nos. 1135/61, 1251/61, 1290/61, 1309/61, 1328/62, 1394/62, 1476/62 and 1655/62, all lodged against Austria; Nos. 1322/62 [1] and 1628/62 lodged against the Federal Republic of Germany; Nos. 1747/62 [1] and 1918/63 [1] lodged against Austria; No. 1267/61 (X. v. Netherlands).

Seventeen of these applications were declared admissible: Nos. 834/60 [1], 964/60, 1180/61, 1207/61, 1308/61, 1526/62, 1543/62, 1549/62, 1567/62, 1631/62, 1632/62, 1634/62, 1640/62, 1735/62, all lodged against Austria; No. 1446/62, (Plischke v. Austria [1]); No. 1727/62 (Boeckmans v. Belgium [1]); No. 1769/63 (Charlent and associates v. Belgium [1]), joined with the three other "linguistic" cases.

Two applications, No. 1191/61 communicated to the Government of the Federal Republic of Germany and No. 1602/62 communicated

[1] The text of these decisions on admissibility appears *infra* in section C of this chapter.

23 habitants d'Alsemberg	c. Belgique	N° 1474/62	requêtes jointes par ordre de la Commission
5 habitants de Kraainem	,,	N° 1677/62	
64 habitants d'Anvers et environs	,,	N° 1691/62	
Charlent et associés	,,	N° 1769/63	
Boeckmans	c. Belgique	N° 1727/62	

En tout, vingt-sept requêtes individuelles ont été déclarées recevables jusqu'au 31 décembre 1963.

Au 1er janvier 1963, neuf requêtes qui avaient été précédemment communiquées aux Parties Contractantes mises en cause étaient pendantes devant la Commission: la requête 764/60 (X c. Belgique) était encore pendante au 31 décembre 1963; les requêtes Nos. 924/60[1] et 1136/61 (X. et Y. c. Belgique) ont été déclarées irrecevables par décision du 27 mars 1963[1]; trois requêtes dirigées contre la Belgique, Nos. 1474/62[1], 1677/62, 1691/62, nommées "requêtes linguistiques", ont été jointes et déclarées recevables le 26 juillet 1963; la requête N° 1418/62 (Gergely c. Autriche) a été déclarée irrecevable par décision du 21 juin 1963[1]; la requête N° 1468/62 (Iversen c. Norvège) a été déclarée irrecevable après audience contradictoire par décision du 27 décembre 1963[1], et la requête N° 1035/61 (X c. République Fédérale d'Allemagne a été déclarée irrecevable le 17 mai 1963[1].

Au cours de l'année 1963, trente-quatre requêtes ont été communiquées aux Parties Contractantes mises en cause, conformément à l'article 45 du Règlement intérieur de la Commission.

Quinze de ces requêtes ont été déclarées irrecevables par la suite: 1169/61 (X. c. République Fédérale d'Allemagne)[1]; N° 1802/63, (Kuzbari c. République Fédérale d'Allemagne), après audience contradictoire[1]; Nos. 1135/61, 1251/61, 1290/61, 1309/61, 1328/62, 1394/62, 1476/62 et 1655/62, toutes dirigées contre l'Autriche; Nos. 1322/62[1] et 1628/62 dirigées contre la République Fédérale d'Allemagne; Nos. 1747/62[1] et 1918/63[1] dirigées contre l'Autriche; 1267/61 (X. c. les Pays-Bas).

Dix-sept de ces requêtes ont été déclarées recevables: Nos. 834/60[1], 964/60, 1180/61, 1207/61, 1308/61, 1526/62, 1543/62, 1549/62, 1567/62, 1631/62, 1632/62, 1634/62, 1640/62, 1735/62, toutes dirigées contre l'Autriche; N° 1446/62, (Plischke c. Autriche)[1]; N° 1727/62 (Boeckmans c. Belgique)[1]; N° 1769/63 (Charlent et associés c. Belgique[1]), jointes avec les trois autres requêtes "linguistiques".

Deux requêtes, N° 1191/61 communiquée au Gouvernement de la République Fédérale d'Allemagne, et N° 1602/62 communiquée

[1] Cf. le texte de la décision sur la recevabilité *infra*, à la section C du présent chapitre.

to the Government of Austria, were still pending before the Commission on 31st. December 1963.

Decisions are set out in the same way as in earlier volumes which is as follows:

- section B of this chapter contains a list of the selected decisions with headings indicating their content;
- section C contains the text of the decisions on admissibility;
- summaries in French and English of the decisions published in this volume are given in section D.

It is to be noted that the headings and summaries are only intended to facilitate reference to the jurisprudence of the Commission and they are not a commentary on, or an interpretation of, the Commission's decisions.

au Gouvernement d'Autriche étaient encore pendantes devant la Commission au 31 décembre 1963.

Les décisions sont présentées selon le même système que dans les volumes précédents:

- la section B de ce chapitre contient la liste des décisions sélectionnées avec les mots-clés qui donnent une brève indication sur leur contenu;
- la section C contient le texte des décisions sur la recevabilité des requêtes;
- la section D du chapitre contient les sommaires, en français et en anglais, des décisions publiées dans le présent volume.

Il est évident que ces indications d'ordre technique ont pour but de permettre au lecteur de consulter plus aisément la jurisprudence de la Commission et ne constituent ni un commentaire, ni une interprétation des décisions de la Commission.

B.

List of selected decisions

Application No. 834/60 (X. v. Austria)
(Decision of 28th March 1963; p. 140)

Proper Administration of Justice (Article 6).

1. Right to a public hearing. Reservation made by Austria (Article 64).
2. Right to a fair hearing. Right of an accused person to defend himself, in person or through legal assistance of his own choosing. Appeal proceedings before the Oberlandesgericht. Public Prosecutor present but accused's lawyer and accused himself both absent. *Reformatio in pejus.*
3. Right to an adequate defence. Accused person not represented by lawyer during appeal proceedings.

Application No. 924/60 (X. v. Belgium)
(Decision of 27th March 1963; p. 150)

Freedom of expression (Article 10).

1. Deprivation of rights in political matters confirmed by the Belgian Law of 30th June 1961 for certain categories of persons sentenced for collaboration with the enemy; similarity with the "De Becker" case. Position adopted by the Commission before the European Court of Human Rights. Restrictions justified in pursuance of paragraph 2 of Article 10.
2. Deprivation of rights imposed by the former Article 123 *sexies*, paragraphs (e), (f) and (g) of the Belgian Penal Code. Similarity with the "De Becker" case. Relevance of the Commission's report. Restrictions justified under the terms of paragraph 2 of Article 10.

Application No. 1035/61 (X. v. the Federal Republic of Germany)
(Decision of 17th January 1963; p. 180)

Proper administration of justice (Article 6).

1. Fair hearing – appeal proceedings. Article 349, paragraph (2) of German Code of Criminal Procedure. Equality of arms. Hearing of Attorney-General. Submission of written pleadings intended to draw the attention of the Court to the above Article.
2. Fair hearing (Article 6). Court of appeal did not give reasons for its decision. Possibility of further appeal to be considered. Constitutional appeal.

B.

Liste des décisions sélectionneés

Requête No. 834/60 (X. c. l'Autriche)
(Décision du 28 mars 1963; p. 141)

Bonne administration de la justice (article 6).

1. Droit à ce que la cause soit entendue publiquement. Réserve formulée par l'Autriche (article 64).
2. Droit à ce que la cause soit entendue équitablement. Droit pour tout accusé de se défendre lui-même ou d'avoir l'assistance d'un défenseur de son choix. Procédure d'appel devant la Cour d'Appel (Oberlandesgericht). Procureur présent, mais avocat et accusé tous deux absents. *Reformatio in pejus.*
3. Droit à une défense adéquate. Accusé non représenté par un avocat au cours de la procédure d'appel.

Requête No. 924/60 (X. c. la Belgique)
(Décision du 27 mars 1963; p. 151)

Liberté d'expression (Article 10).

1. Déchéances maintenues par la loi belge du 30 juin 1961, en matière politique à la charge de certaines catégories de personnes condamnées pour collaboration avec l'ennemi. Similarité avec l'affaire De Becker. Position prise par la Commission devant la Cour Européenne des Droits de l'Homme. Restrictions justifiées en vertu du paragraphe 2 de l'Article 10.
2. Déchéances prévues à l'ancien Article 123 sexies, alinéas e), f), et g) du Code Pénal belge. Similarité avec l'affaire De Becker. Pertinence du rapport de la Commission. Restrictions justifiées en vertu du paragraphe 2 de l'Article 10.

Requête No. 1035/61 (X. c. la Republique Federale d'Allemagne)
(Décision du 17 janvier 1963; p. 181)

Bonne administration de la Justice (Article 6).

1. Droit à ce que la cause soit entendue équitablement. Procédure d'appel. Article 349, paragraphe 2 du Code allemand de procédure pénale. "Egalité des armes". Audition du Procureur Général. Soumission de conclusions écrites ayant pour objet d'attirer l'attention de la Cour sur l'article ci-dessus.
2. Droit à ce que la cause soit entendue équitablement (Article 6). La Cour d'Appel ne motive pas sa décision. Possibilité d'un nouveau recours. Recours constitutionnel.

Application No. 1135/61 (X. v. AUSTRIA)
(Decision of 19th June 1963; p. 194)

I. Arrest (Article 5). Non-exhaustion of domestic remedies (Articles 26 and 27 (3)). Constitutional Court in Austria.

II. ....

III. Proper administration of justice (Article 6).

1. Fair hearing (paras. (1) and (3)). Appeal proceedings before the Supreme Court. Reference to the decision in the cases of Ofner and Hopfinger.
2. Adequate facilities for the preparation of the defence (para. (3)). Consultation with lawyer appointed *ex officio*.
3. Competence *ratione materiae* (articles 1 and 25). Petitions for a retrial and for clemency.

Application No. 1167/61 (X. AND Y. v. FEDERAL REPUBLIC OF GERMANY)
(Décision of 16th December 1963; p. 204)

I. Right to a proper administration of justice (Article 6).

II. Right to obtain the attendance and examination of witnesses for the defence. Refusal by a court to hear an expert at request of defence. (Article 6 para. (3) (d)).

III. Freedom of Expression. Restrictions. Protection of morals. Legislation of the Federal Republic of Germany. (Articles 10 and 18).

IV. Discrimination. Article 14.

V. Article 13 not applicable where no violation of Convention established, e.g. of Articles 5, 6, 7, 10 or 14.

Application No. 1418/62 (X. v. AUSTRIA)
(Decision of 21st June 1963; p. 222)

Right to a proper administration of justice (Article 6). Conformity of the proceedings as a whole with the standards laid down in Article 6. Austrian Code of Criminal Procedure.

Application No. 1446/62 (PLISCHKE v. AUSTRIA)
(Partial decision of 19th June 1963; p. 252)

Fair administration of Justice (Article 6). Right to a fair hearing. Appeal proceedings (Berufung) and plea of nullity (*Nichtigkeitsbeschwerde*). Public hearing before the Supreme Court. Hearing of the Attorney General in the absence of the accused who was not represented by counsel. Hearing in the absence of the parties. *Reformatio in pejus*. Application admissible.

Requête No. 1135/61 (X. c. l'Autriche)
(Décision du 19 juin 1963; p. 195)

I. Arrestation (article 5). Non-épuisement des voies de recours internes (articles 26 et 27, par. 3). Cour constitutionnelle d'Autriche.

II. ....

III. Bonne administration de la justice (article 6).

1. Droit à ce que la cause soit entendue équitablement (paragraphes 1 et 3). Procédure d'appel devant la Cour Suprême. Référence à la décision prise dans les affaires Ofner et Hopfinger.
2. Facilités nécessaires à la préparation de la défense (paragraphe 3). Consultation d'un défenseur désigné *d'office.*
3. Compétence *ratione materiae* (articles 1 et 25). Recours en révision et recours en grâce.

Requête No. 1167/61 (X. et Y. c. la Republique Federale d'Allemagne)
(Décision du 16 décembre 1963; p. 205)

I. Droit à une bonne administration de la justice (article 6).

II. Droit à obtenir la convocation et l'interrogation des témoins à décharge. Refus du tribunal de convoquer un expert cité par la défense. Article 6, par. 3d).

III. Liberté d'expression. Restrictions. Protection de la morale. Législation de la République Fédérale d'Allemagne. Articles 10 et 18.

IV. Discrimination. Article 14.

V. Article 13 non applicable lorsqu'aucune violation de la Convention n'a été établie, par exemple celle des articles 5, 6, 7, 10 ou 14.

Requête No. 1418/62 (X. c. l'Autriche)
(Décision du 21 juin 1963; p. 223)

Droit à une bonne administration de la justice. (Article 6). Conformité de l'ensemble de la procédure avec les normes fixées à l'Article 6. Code de Procédure Pénale autrichien.

Requête No. 1446/62 (Plischke c. l'Autriche)
(Décision partielle du 19 juin 1963; p. 253)

Bonne administration de la justice (article 6). Droit à ce que la cause soit entendue équitablement. Procédure d'appel (Berufung) et recours en annulation (Nichtigkeitsbeschwerde). Audience publique devant la Cour Suprême. Audition du Procureur-Général en l'absence de l'accusé qui n'était pas représenté par un avocat. Audience non contradictoire. *Reformatio in pejus.* Requête recevable.

Application No. 1449/62 (X. v. THE NETHERLANDS)
(Decision of 16th January 1963; p. 262)

I. Competence *ratione temporis*.
II. Non-exhaustion of domestic remedies (Article 26).
III. Private and family life (Article 8). Custody of child on divorce. Applicant's previous conviction. Necessity of preventing crime and of protecting health and morals of minor child (para. (2)).

Application No. 1452/62 (X. v. AUSTRIA)
(Decision of 18th December 1963; p. 268)

I. Right to a proper administration of justice. Right to liberty and security of person. Austria. Administrative offences. Motor Vehicle Act. Reservation made by Austria. Laws on Administrative Procedures. Articles 5 and 64.
II. Non-Discrimination. Article 14 not applicable except with respect to the enjoyment of the rights and freedoms guaranteed by the Convention.

Application No. 1468/62 (IVERSEN v. NORWAY)
(Decision of 17th December 1963; p. 278)

I. Forced or compulsory labour (Article 4). Definition. Norway. Provisional Act of 21st June 1956 relating to obligatory Public Service for Dentists. Compatibility with the Convention. Different opinions. Service required manifestly not forced or compulsory labour within meaning of Article 4. Service reasonably required during emergency threatening well-being of community [Article 4, para. (3) (c)]. Opinion of minority of Commission. Service required subject to penal sanction. Complexity of legal problems raised excludes notion of application "manifestly ill-founded".
II. Exceptional circumstances required Commission to depart from its normal practice concerning decisions on admissibility. Publication of differing opinions.
III. Six months' Time-Limit (Article 26). Date of lodging of application is, at latest, date of its acknowledged arrival in the Secretariat-General.
IV. Application incompatible with provisions of the Convention. Competence of the Commission under Article 25. When the legal basis of an application is clearly indicated, its actual form is not of great importance.
V. Application Abusive. An application which has political aspects is not thereby rendered abusive. An application which presents the issues in a sufficiently clear and substantiated manner does not constitute an abuse of the right of petition.

Requête No. 1449/62 (X. C. LES PAYS-BAS)
(Décision du 16 janvier 1963; p. 263)

I. Compétence *ratione temporis*.
II. Non-épuisement des voies de recours internes (article 26).
III. Vie privée et familiale (article 8). Garde de l'enfant en cas de divorce. Condamnation antérieure du requérant. Nécessité de prévenir des infractions pénales et de protéger la santé et la morale d'un enfant mineur (paragraphe 2).

Requête No. 1452/62 (X. C. L'AUTRICHE)
(Décision du 18 décembre 1963; p. 269)

I. Droit à une bonne administration de la justice. Droit à la liberté et à la sûreté. Autriche. Délits administratifs. Loi sur les véhicules automobiles. Réserve formulée par l'Autriche. Lois sur la procédure administrative. Articles 5 et 64.
II. Non-discrimination. Article 14 applicable uniquement en ce qui concerne la jouissance des droits et libertés garantis par la Convention.

Requête No. 1468/62 (IVERSEN C. LA NORVEGE)
(Décision du 17 décembre 1963; p. 279)

I. Travail forcé ou obligatoire (article 4). Définition. Norvège. Loi provisoire du 21 juin 1956 relative au service public de soins dentaires. Compatibilité avec la Convention. Opinions dissidentes. Service exigé n'étant pas manifestement un travail forcé ou obligatoire au sens de l'article 4. Service raisonnablement exigé en cas de crise menaçant le bien-être de la communauté [article 4, par. 3c)]. Opinion de la minorité de la Commission. Service exigé sous peine de sanctions pénales. La complexité des problèmes juridiques soulevés exclut la notion de requête "manifestement mal fondée".
II. Circonstances exceptionnelles exigeant que la Commission s'écarte de sa pratique habituelle en ce qui concerne les décisions sur la recevabilité. Publication des opinions dissidentes.
III. Délai de six mois (article 26). La date de dépôt d'une requête est, au plus tard, la date à laquelle elle est parvenue au Secrétariat Général qui en accuse réception.
IV. Requête incompatible avec les dispositions de la Convention. Compétence de la Commission selon l'article 25. Quand la base juridique d'une requête est clairement indiquée, sa forme précise importe peu.
V. Requête abusive. L'intérêt politique d'une requête ne la rend pas nécessairement abusive. Une requête dont les allégations sont suffisamment claires et précises n'est pas abusive.

VI. Right to respect for family life (Article 8) and to freedom of association (Article 11). Allegation not supported by facts. Complaint manifestly ill-founded.

Application No. 1474/62 (LODGED BY 23 INHABITANTS OF ALSEMBERG AND BEERSEL V. BELGIUM)
(Partial decision of 26th July 1963; p. 332)

Linguistic case. Belgium. French-speaking community and Flemish-speaking community. Refusal by the authorities to provide the necessary facilities for children to be educated through their maternal language.

I. Revocation of a decision to introduce "Transmutation classes". Possibility of appeal to the Conseil d'Etat [Articles 26 and 27, para (3)].

II. Freedom of Thought (Article 9). Freedom of Expression (Article 10). Right of parents to have their own personality and culture conditioning the education of their children.

III. Right to respect for private and family life (Article 8). Discrimination (Article 14). Right to education and rights of parents in relation to education and teaching (Article 2 of First Protocol). Concept of "manifestly ill-founded" (Article 27, para. (2)]. Six months' time-limit (Article 26). Continuing situation.

Applications Nos. 1420/62, 1477/62 and 1478/62 (X. AND Y. V. BELGIUM)
(Decision of 18th December 1963; p. 590)

I. Right of individuals to apply to the Commission. Victim. Concept. (Article 25).

II. Competence *ratione personae*. Violation of the Convention alleged against individuals.

III. Competence *ratione materiae*. Rights and Freedoms guaranteed by the Convention. Right to have criminal proceedings instituted against other persons. [Article 6, para. (3)]. Rights guaranteed to every person charged with a criminal offence. Meaning of the expression "person charged". Exhaustion of domestic remedies. (Article 26).

IV. Right to property. Seizures carried out in execution of judicial decisions. (Article 1 of First Protocol).

V. Competence of the Commission to order measures of preservation. Subsidary role of the Commission.

VI. Rights of the defence. Right of an accused to defend himself in person or through legal assistance of his own choosing. [Article 6, para. (3)].

VII. Right to respect for family life. Article 8. Competence of the Commission in general.

VI. Droit au respect de la vie familiale (article 8) et à la liberté d'association (article 11). Allégations non justifiées par des faits. Grief manifestement mal fondé.

Requête No. 1474/62 (PRESENTEE PAR VINGT-TROIS HABITANTS D'ALSEMBERG ET DE BEERSEL C. LA BELGIQUE)
(Décision partielle du 26 juillet 1963, p. 333)

Affaire linguistique. Belgique. Communautés d'expression française et d'expression flamande. Refus par les autorités d'accorder les facilités nécessaires pour que l'enseignement soit dispensé aux enfants dans la langue de leurs parents.

I. Retrait d'une décision qui prévoyait l'ouverture de "classes de transmutation". Possibilité de recours au Conseil d'Etat de Belgique (Articles 26 et 27, par. 3).

II. Liberté de pensée (Article 9). Liberté d'expression (Article 10). Droit des parents à ce que leur personnalité et leur culture imprègnent l'éducation de leurs enfants.

III. Droit au respect de la vie privée et familiale (Article 8). Discrimination (Article 14). Droit à l'instruction et droits des parents en matière d'éducation et d'enseignement (Article 2 du 1er Protocole additionnel). Notion de défaut manifeste de fondement (Article 27, par. 2). Délai de six mois (Article 26). Situation continue.

Requêtes Nos. 1420/62, 1477/62 et 1478/62 (X. ET Y. C. LA BELGIQUE)
(Décision du 18 décembre 1963; p. 591)

I. Droit de recours individuel devant la Commission. Victime. Notion. Article 25.

II. Compétence *ratione personae*. Violation de la Convention imputée aux simples particuliers.

III. Compétence *ratione materiae*. Droits et libertés garantis par la Convention. Droit à l'ouverture de poursuites pénales contre des tiers. Article 6 par. 3. Droits garantis à tout accusé. Sens du terme "accusé". Epuisement des voies de recours internes. Article 26.

IV. Droit de propriété. Saisies opérées en exécution de décisions judiciaires. Article 1er du Premier Protocole Additionnel.

V. Compétence de la Commission de prescrire des mesures conservatoires. Rôle subsidiaire de la Commission.

VI. Droits de la défense. Droit pour un accusé de se défendre lui-même ou d'avoir l'assistance d'un défenseur de son choix. Article 6, par. 3.

VII. Droit au respect de la vie familiale. Article 8. Compétence de la Commission en général.

Application No. 1519/62 (X. v. Austria)
(Decision of 27th March 1963; p. 346)

Competence *ratione materiae* (Articles 1 and 25). *Non bis in idem.*

Application No. 1599/62 (X. v. Austria)
(Decision of 16th January 1963; p. 348)

I. Exhaustion of domestic remedies (Article 26).

II. Six months' time-limit (Article 26). Whether proceedings to keep an accused person under arrest is a question of "civil rights" within the meaning of Article 6 (not decided).

III. Competence *ratione materiae* (Articles 1 and 25). Right to institute criminal proceedings against a third person. Right to conditional release.

IV. Application directed against a private person (Articles 19, 25 and 66). Counsel appointed *ex officio* to defend the applicant before the national courts.

V. Remand in custody (Article 5). Danger that the applicant may flee [para. (1) (c)].

VI. Proper administration of justice (Article 6). Hearing before the Supreme Court in the presence of the parties. Impartiality of the judges. Hearing of a witness guilty of the same offence as the applicant.

VII. Legal character of the offence (Article 7). Proposed reform of the Criminal Code to render the offence committed by the Applicant not punishable in future.

Application No. 1661/62 (X. and Y. v. Belgium)
(Decision of 17th January 1963; p. 360)

Failure to exhaust domestic remedies (Article 26). The Convention is an integral part of Belgian Law. Ineffective or insufficient means of redress. Doubt as to the existence and prospects of success of a remedy does not constitute a special circumstance authorising non-exercise of the remedy.

Application No. 1727/62 (Boeckmans v. Belgium)
(Decision of 29th October 1963; p. 370)

I. Right to a proper administration of justice (Article 6). Proceedings before Belgian Courts did not constitute a fair hearing. Prejudice of Court. Failure by superior court to redress violation of rights of accused committed by lower court. Application admissible.

II. Exhaustion of domestic remedies. Complaints submitted in full and in substance to superior court.

Requête No. 1519/62 (X. c. AUTRICHE)
(Décision du 27 mars 1963; p. 347)

Compétence ratione materiae (Articles 1 et 25). *Non bis in idem.*

Requête No. 1599/62 (X. c. L'AUTRICHE)
(Décision du 16 janvier 1963; p. 349)

I. Non-épuisement des voies de recours internes (article 26).

II. Délai de six mois (article 26). Question de savoir si la procédure relative au maintien d'un accusé en état d'arrestation a trait à un "droit de caractère civil", au sens de l'article 6 (non résolue).

III. Compétence *ratione materiae* (articles 1 et 25). Droit à l'ouverture de poursuites pénales contre une tierce personne. Droit à la libération conditionnelle.

IV. Requête dirigée contre un simple particulier (articles 19, 25 et 66). Avocat nommé *d'office* pour défendre le requérant devant les tribunaux nationaux.

V. Détention préventive (article 5). Danger de fuite (paragraphe 1(c)).

VI. Bonne administration de la justice (article 6). Audience contradictoire devant la Cour Suprême. Impartialité des juges. Audition d'un témoin coupable de la même infraction que le requérant.

VII. Légalité des délits (article 7). Projet de réforme du Code Pénal tenant à rendre dorénavant non punissable l'infraction commise par le requérant.

Requête No. 1661/62 (X. ET Y. c. LA BELGIQUE)
(Décision du 17 janvier 1963; p. 361)

Non-épuisement des voies de recours internes (Article 26). La Convention, partie intégrante du droit belge. Recours inefficaces ou insuffisants. Un doute sur l'existence et les chances de succès d'un recours ne constitue pas une circonstance particulière autorisant le non-exercice de ce recours.

Requête No. 1727/62 (BOECKMANS c. LA BELGIQUE)
(Décision du 29 octobre 1963; p. 371)

I. Droit à une bonne administration de la justice (article 6). La procédure devant les tribunaux belges n'était pas équitable. Partialité d'un juge. L'instance supérieure n'a pas redressé la violation des droits de la défense commise par l'instance inférieure. Requête recevable.

II. Epuisement des voies de recours internes. Griefs soumis à la juridiction supérieure dans toute leur ampleur et en substance.

III. Legal problems sufficiently complex to require an examination of the merits. Application not manifestly ill-founded.
IV. No abuse of right of petition.

Application No. 1747/62 (X. v. AUSTRIA)
(Decision of 13th December 1963; p. 424)

I. Right to a proper administration of justice. Right of an accused to be informed of the nature and cause of the accusation [Article 6, para. (3) (a)]. Rights of the defence [Article 6, para. (3) (b)].
II. Right to freedom of thought (Article 9) and to freedom of expression (Article 10). Restrictions.

Application No. 1769/62 (LODGED BY M. CHARLENT AND ASSOCIATES V. BELGIUM)
(Decision of 26th July 1963; p. 444)

Linguistic case. Belgium. French-speaking and Flemish-speaking communities. Refusal by the authorities to provide the necessary facilities for children to be educated through their maternal language.
I. Freedom of Thought (Article 9). Freedom of Expression (Article 10). Right of parents to have their own personality and culture conditioning the education of their children.
II. Right to respect for family and private life (Article 8). Discrimination (Article 14). Right to education and rights of parents in relation to education and teaching. (Article 2 of First Protocol). Concept of "manifestly ill-founded" [Article 27, para. (2)]. Six months' time-limit (Article 26). Continuing situation.

Application No. 1793/62 (X. v. AUSTRIA)
(Decision of 22nd July 1963; p. 458)

Proper administration of Justice (Article 6). "Equality of arms". Facts different to those in the cases of Pataki and Dunshirn (cf. Yearbook, Vol. III, p. 356 and Vol. IV, p. 186).

Application No. 1802/62 (MOHAMMED NAZIH-AL-KUZBARI V. FEDERAL REPUBLIC OF GERMANY)
(Decision of 26th March 1963; p. 462)

I. Non exhaustion of domestic remedy (Article 26). Ineffective remedy – appeal to Bavarian Constitutional Court.

III. Problèmes juridiques suffisamment complexes pour exiger un examen de l'affaire au fond. Requête non manifestement mal fondée.
IV. Requête non abusive.

Requête No. 1747/62 (X. c. l'Autriche)
(Décision du 13 décembre 1963; p. 425)

I. Droit à une bonne administration de la justice. Droit d'un accusé d'être informé de la nature et de la cause de l'accusation (article 6, par. 3a)). Droits de la défense (article 6, par. 3b)).
II. Droit à la liberté de pensée (article 9) et à la liberté d'expression (article 10). Restrictions.

Requête No. 1769/62 (Presentee par mm. Charlent et Consorts c. la Belgique)
(Décision du 26 juillet 1963; p. 445)

Affaire linguistique. Belgique. Communautés d'expression française et d'expression flamande. Refus par les autorités d'accorder les facilités nécessaires pour que l'enseignement soit dispensé aux enfants dans la langue de leurs parents.
I. Liberté de pensée (article 9). Liberté d'expression (article 10). Droit des parents à ce que leur personnalité et leur culture imprègnent l'éducation de leurs enfants.
II. Droit au respect de la vie privée et familiale (article 8). Discrimination (article 14). Droit à l'instruction et droits des parents en matière d'éducation et d'enseignement (article 2 du 1er Protocole additionnel). Notion de "défaut manifeste de fondement" (article 27 par. 2). Délai de six mois (article 26). Situation continue.

Requête No. 1793/62 (X. c. l'Autriche)
(Décision du 22 juillet 1963; p. 459)

Droit à une bonne administration de la justice (article 6). "Egalité des armes". Les faits de l'affaire différents de ceux des requêtes Pataki et Dunshirn (cf. Annuaire, Volume III, p. 357 et Volume IV, p. 187).

Requête No. 1802/62 (Mohammed Nazih-Al-Kuzbari c. la Republique Federale d'Allemagne)
(Décision du 26 mars 1963; p. 463)

I. Non-épuisement des voies de recours internes (article 26). Recours inefficace. Recours devant de la Cour constitutionnelle bavaroise.

II. Competence *ratione materiae* (Articles 1 and 25). Right to political asylum.

III. Inhuman treatment (Article 3). Circumstances of extradition.

IV. Detention pending extradition [Article 5, para. (1) (f)]. Interpretation of paragraph (4).

V. Proper administration of justice (Article 6). Fair hearing. Extradition proceedings. Constitutional issue. Question whether such proceedings fall under Article 6 not pursued. Applicant heard by investigating judge, represented by lawyer and not informed of possibility of submitting written pleadings.

Application No. 1918/63 (X. v. AUSTRIA)
(Decision of 18th December 1963; p. 484)

I. Exhaustion of domestic remedies [Articles 26 and 27, para. (3)] Complaints against lower domestic courts brought before the Commission without being previously brought before a higher domestic court. Ignorance of this remedy is not a special circumstance absolving applicant from this obligation.

II. The proceedings for the applicant's extradition were not a criminal charge within the meaning of Article 6, paras. (2) and (3).

III. Article 13 only applies to persons whose rights and liberties guaranteed under the Convention have been violated.

Application No. 1169/61 (X. v. FEDERAL REPUBLIC OF GERMANY)
(Decision of 24th September 1963; p. 520)

I. Right to a fair hearing. Civil proceedings (commercial). Appearance of the applicant in person before the court. Written procedure. [Article 6, para. (1)].

II. Right to a fair hearing. "Equality of arms". Consultation by the court of the State Prosecutor and of the competent authorities but not of the applicant. Examination of the complaint *in concreto*. [Article 6, para. (1)].

III. Six months' time-limit. Complaint raising issue in substance. Examination *ex officio* by the Commission. (Article 26).

IV. Rights of the defence. Reasons for the decision given by the national courts. Concept of fair hearing. [Article 6, paras. (1) and (3) (a) and (b)].

V. Non-retroactivity of penal legislation. Validity of criminal offences and sentences. Concept. Extension of criminal law by analogy. Extent of the Commission's power to control the application of domestic law by national courts. (Article 7).

II. Compétence *ratione materiae* (articles 1 et 25). Droit à l'asile politique.

III. Traitements inhumains (article 3). Circonstances de l'extradition.

IV. Détention en attendant l'extradition (article 5, par. 1 f)). Interprétation du paragraphe 4.

V. Bonne administration de la justice (article 6). Cause entendue équitablement. Procédure d'extradition. Problème constitutionnel. Question de savoir si une telle procédure relève de l'article 6 (non examinée). Le requérant entendu par le juge d'instruction et représenté par son avocat n'est pas informé de la possibilité de soumettre par écrit ses moyens de défense.

Requête No. 1918/63 (X. C. L'AUTRICHE)
(Décision du 18 décembre 1963; p. 485)

I. Epuisement des voies de recours internes (article 26 et 27, par. 3)). Griefs formulés devant la Commission à l'encontre des juridictions nationales inférieures sans avoir été soumises, auparavant à la juridiction nationale supérieure. L'ignorance des voies de recours ne constitue pas une circonstance particulière relevant le requérant de son obligation.

II. La procédure concernant l'extradition du requérant n'était pas une accusation au sens de l'article 6, par. 2 et 3.

III. L'article 13 n'est applicable qu'aux personnes dont les droits et libertés reconnus dans la Convention ont été violés.

Requête No. 1169/61 (X. C. REPUBLIQUE FEDERALE D'ALLEMAGNE)
(Décision du 24 septembre 1963; p. 521)

I. Droit à ce que la cause soit entendue équitablement. Procès commercial. Comparution personnelle du requérant devant le tribunal. Procédure écrite. Article 6 par. 1.

II. Droit à ce que la cause soit entendue équitablement. Egalité des armes. Consultation, par le tribunal, du Procureur et de l'administration compétente, mais non du requérant. Examen du grief *in concreto*. Article 6 par. 1.

III. Délai de six mois. Grief soulevé en substance par le requérant. Examen *d'office* de la Commission. Article 26.

IV. Droits de la défense. Motivation de la décision rendue par les tribunaux nationaux. Notion de procès équitable. Article 6 par. 1, 3a et b.

V. Non-rétroactivité de la loi pénale. Egalité des délits et des peines. Notion. Application extensive de la loi pénale par voie d'analogie. Etendue du contrôle exercé par la Commission sur l'application, par les juridictions nationales, du droit interne. Article 7.

Application No. 1322/62 (X. v. FEDERAL REPUBLIC OF GERMANY)
(Decision of 17th December 1963; p. 494)

I. Competence of the Commission *ratione loci*. Judgments given by courts in the Soviet Occupied Zone of Germany.

II. Competence *ratione personae*. Violation of the Convention alleged against individuals.

III. Right to liberty and security of the person. Detention of a person after conviction and sentence passed by a competent court. Judgment pronounced in Soviet Occupied Zone of Germany and executed on the territory of the Federal Republic of Germany. Control of the validity of detention effected in conformity with the Act of 2nd May 1953. (Articles 5 and 6).

Requête No. 1322/62 (X. c. REPUBLIQUE FEDERALE D'ALLEMAGNE)
(Décision du 14 décembre 1963; p. 495)

I. Compétence *ratione loci* de la Commission. Jugements rendus par les tribunaux de la zone orientale d'Allemagne.

II. Compétence *ratione personae*. Violation de la Convention imputée à un simple particulier.

III. Droit à la liberté et à la sûreté. Détention d'une personne après sa condamnation par un tribunal compétent. Jugement prononcé en zone orientale d'Allemagne exécuté sur le territoire de la République Fédérale d'Allemagne. Contrôle de la régularité de la détention effectué conformément à la loi du 2 mai 1953. Articles 5 et 6.

C.

Texts of selected decisions

Application No. 834/60 [1]

X. *against* AUSTRIA

Decision of 28th March 1963

...

THE FACTS

Whereas the facts as submitted by the Applicant may be summarised as follows:

The Applicant is an Austrian citizen, born in 1931.

On ... 1960, he was convicted by the Regional Court (*Landesgericht*) of Vienna on several charges of larceny and he was sentenced to 15 months' imprisonment with the additional penalty of "sleeping hard" four times a year. (The Applicant was one of several persons tried and convicted together, among whom was Mr. Y, whose Application No. 789/60 was declared admissible in 1961). The Court took into account extenuating circumstances, *inter alia*, the fact that the Applicant had made full restitution to the victims of his crimes. It appears that the Applicant was granted free legal aid (*Armenrecht*) and that, upon his lawyer's advice, the Applicant accepted the sentence imposed on him.

On ... 1960, the Public Prosecutor appealed from the abovementioned decision. After learning on ... 1960 that the Public Prosecutor intended to lodge an appeal against the sentence imposed upon him, the Applicant requested an interview with the judge of the Court of First Instance, Dr. ... who had presided at the session on ... 1960, in order to be informed of the procedure to be followed. On ... 1960 he was orally informed by the social worker in the prison that he had the right to reply in writing (*Gegenäusserung*) to the Public Prosecutor's appeal, in accordance with Article 294, paragraph (2), of the Code of Criminal Procedure.

During a visit to the prison by the supervising judge shortly afterwards, the Applicant raised the question of legal assistance but he was advised to submit to the Court of Appeal his version of the facts of the case. The judge promised, however, at the Applicant's insistence, to inform the competent Chamber of the Applicant's request for a lawyer.

[1] On similar grounds Applications Nos. 964/60, 1180/61, 1207/61, 1308/61, 1526/26, 1543/62, 1549/62, 1567/62, 1631/62, 1632/62, 1634/62, 1640/62 and 1735/62 were declared admissible.

C.

Texte des décisions sélectionnées

Requête No. 834/60 [1]

X. *contre* L'AUTRICHE

Décision du 28 mars 1963

... (*Traduction*)

EN FAIT

Considérant que les faits de la cause peuvent se résumer comme suit:

Le requérant, de nationalité autrichienne, est né en 1931.

Le ... 1960, le Tribunal régional (*Landesgericht*) de Vienne l'a reconnu coupable de divers délits de vol et l'a condamné à une peine de 15 mois de prison, aggravée d'un régime de "couche dure" une fois par trimestre. (Le requérant fait partie du groupe de personnes jugées et condamnées ensemble, parmi lesquelles se trouvait M. Y. dont la requête N° 789/60 a été déclarée recevable en 1961). Le Tribunal a tenu compte de certaines circonstances atténuantes, et notamment du fait que le requérant avait restitué à ses victimes la totalité de ce qu'il leur avait volé. Il apparaît que le requérant a bénéficié de l'assistance judiciaire (*Armenrecht*) et que, sur les conseils de son avocat, il a acquiescé au jugement le condamnant.

Le ... 1960, le Procureur appela de ce jugement. Ayant appris, le ... 1960, que le Procureur avait l'intention d'interjeter appel de la peine prononcée contre lui, le requérant, désireux d'être informé de la procédure à suivre, demanda une entrevue au Dr. ... juge au Tribunal de première instance, qui avait présidé l'audience du ... 1960. Le ... 1960, l'assistant social de la prison informa verbalement le requérant qu'il avait le droit de répondre par écrit (*Gegenäusserung*) à l'appel interjeté par le Procureur, conformément à l'article 294, paragraphe 2, du Code de Procédure Pénale.

Peu après, à l'occasion de la visite à la prison du juge surveillant, le requérant s'enquit d'un défenseur, mais le juge lui conseilla de soumettre à la Cour d'Appel sa version des faits. Toutefois, devant l'insistance du requérant, il promit d'informer la Chambre compétente de sa demande d'un avocat.

[1] Les requêtes Nos. 964/60, 1180/61, 1207/61, 1308/61, 1526/62, 1543/62, 1549/62, 1657/62, 1631/62, 1632/62, 1634/62, 1640/62 et 1735/62 ont été déclarées recevables pour des motifs similaires.

The Applicant consequently expected a lawyer to be appointed *ex officio* and attributed the lack of news to the fact that the lawyer did not consider it necessary to consult him on the issues of the case. However, he realised eventually that the Court would take no steps to comply with the Applicant's request and consequently he was compelled to proceed without legal assistance and to submit his reply just before the time-limit expired.

On ... 1960, the Court of Appeal (*Oberlandesgericht*) of Vienna, in closed session, heard the appeal in the presence of the Senior Public Prosecutor (*Oberstaatsanwalt*) but not of the Applicant or his representative. The Court refused to take into account the extenuating circumstances which had been accepted in the lower Court and increased the Applicant's sentence from 15 months to three years' imprisonment.

The Applicant subsequently applied to the Regional Court of Vienna for a reduction of sentence but this application was refused on ... 1960. He also requested that the Attorney-General (*Generalprokurator*) should lodge a plea of nullity in the interest of the law (*Nichtigkeitsbeschwerde zur Wahrung des Gesetzes*), but the application was refused on ... 1960.

Having regard to the letter of ... 1963 by which the Respondent Government informed the Commission that it did not intend to raise any objections based on Articles 26 or 27 paragraph (2) as to the admissibility of the Application, but submitted, however, as to the merits of the case, that the Application was ill-founded:

Having regard to the letter of ... 1963 by which the Commission so informed the Applicant;

Having regard to the adoption by the Commission on ... 1963 of its Report concerning Applications Nos. 596/59 and 789/60 in pursuance of Article 31 of the Convention;

THE LAW

As regards the alleged violation of Article 6, paragraph (1), in that the proceedings before the Court of Appeal were not held in public:

Whereas the instrument of ratification deposited by Austria contains the following reservation:

> "The provisions of Article 6 of the Convention shall be so applied that there shall be no prejudice to the principles governing public court hearings laid down in Article 90 of the 1929 version of the Federal Constitutional Law";

Whereas the said Article 90 provides that:

> "Hearings of proceedings in civil and criminal cases before the trial court shall be oral and public. Exceptions may be prescribed by law";

Le requérant escomptait donc qu'un avocat serait désigné *d'office* et il attribua l'absence de nouvelles au fait que ce dernier n'estimait sans doute pas nécessaire de le consulter sur les faits de la cause. Il finit cependant par se rendre compte que la Cour ne prendrait aucune mesure pour satisfaire sa demande; en conséquence, il fut obligé d'agir sans l'assistance d'un défenseur et de soumettre sa réplique immédiatement avant l'expiration du délai.

Le ... 1960, la Cour d'Appel (*Oberlandesgericht*) de Vienne, siégeant à huis clos, examina l'appel en présence du Procureur mais non du requérant ou de son représentant. La Cour refusa de tenir compte des circonstances atténuantes admises par le Tribunal régional, et porta de 15 mois à trois ans la peine infligée au requérant.

Le requérant, par la suite, demanda au Tribunal régional de Vienne, une réduction de la peine, mais cette demande fut rejetée le ... 1960. Il demanda aussi que le Procureur Général (*Generalprokurator*) introduisît un recours en annulation "dans l'intérêt de la loi" (*Nichtigkeitsbeschwerde zur Wahrung des Gesetzes*), mais cette demande fut rejetée le ... 1960.

Vu la lettre du ... 1963, par laquelle le Gouvernement défendeur a informé la Commission qu'il n'avait pas l'intention de soulever d'objections fondées sur les articles 26 ou 27, paragraphe 2, quant à la recevabilité de la requête tout en soutenant cependant qu'en ce qui concerne le fond de l'affaire, la requête est mal fondée;

Vu la lettre du ... 1963 par laquelle la Commission a informé le requérant de ce qui précède;

Vu l'adoption par la Commission, le ... 1963, de son rapport concernant les requêtes Nos. 596/59 et 789/60, conformément à l'article 31 de la Convention;

EN DROIT

En ce qui concerne la violation prétendue de l'article 6 de la Convention, résultant du fait que la procédure devant la Cour d'Appel ne s'est pas déroulée en public.

Considérant que l'instrument de ratification déposé par l'Autriche contient la réserve suivante:

> "... les dispositions de l'article 6 de la Convention seront appliquées dans la mesure où elles ne portent atteinte en aucune façon aux principes relatifs à la publicité de la procédure judiciaire, énoncés à l'article 90 de la Loi fédérale constitutionnelle dans sa version de 1929";

Considérant que ledit article 90 stipule que:

> "... les débats devant les tribunaux en matière civile et pénale sont oraux et publics, sauf les exceptions prévues par la loi";

Whereas Article 294, paragraph 3, of the Austrian Code of Criminal Procedure, as it was worded at the time when the Applicants' appeal was heard by the Court of Appeal of Vienna, expressly prescribed that the Court of Appeal "takes the decision in a closed session..."; whereas, therefore, the Applicant's complaint in regard to the non-public character of the proceedings at the hearing of his appeal falls under the reservation made by the Austrian Government at the time of its ratification of the Convention; whereas it follows that this part of the Application is incompatible with the provisions of the Convention as they apply to the Respondent Government and must be rejected in accordance with Article 27, paragraph (2) of the Convention;

Whereas the Applicant alleges violations of the Convention as follows:

- Article 6, paragraph (1), in that the hearing before the Court of Appeal was not fair and not held in public;
- Article 6, paragraph (3) (b), in that he was denied the facilities necessary to prepare an adequate defence;
- Article 6, paragraph (3) (c), in that he was deprived of the possibilities of defending himself before the Court of Appeal and in that he was refused free legal aid during the appeal proceedings.

Whereas the Applicant claims a retrial.

PROCEEDINGS BEFORE THE COMMISSION

Having regard to the report of 10th March 1961 provided for in Rule 45, paragraph (1), of the Rules of Procedure of the Commission;

Having regard to the Decision of 1st June 1961 whereby the Commission rejected as inadmissible that part of the Application which relates to an alleged violation of Article 6, paragraph (1), in that the hearing of the Applicant's case took place in a non-public session; and

Having regard to the decision of 27th July 1961 whereby the Commission decided to adjourn the examination of the remaining parts of the Application pending the outcome of the proceedings in Applications Nos. 596/59 and 789/60;

Having regard to the decision of 17th January 1963 whereby the Commission decided:

(a) to communicate the Application to the Austrian Government in accordance with Rule 45, paragraph (3), of the Rules of Procedure;

(b) to draw the attention of that Government to the similarity between the allegations brought in the present Application and those brought in Applications Nos. 596/59 and 789/60;

Considérant que l'article 294, paragraphe 3, du Code autrichien de Procédure Pénale prescrit expressément que la Cour d'Appel "prend la décision à huis clos ..."; qu'en conséquence, le grief du requérant relatif au caractère non public de la procédure lors de l'audience d'appel tombe sous le coup de la réserve formulée par le Gouvernement autrichien au moment où il a ratifié la Convention; qu'il s'ensuit que cette partie de la requête est incompatible avec les dispositions de la Convention telles qu'elles sont applicables à l'égard du Gouvernement défendeur; qu'il y a lieu, dès lors, de la rejeter de ce chef, par application de l'article 27, paragraphe 2 de la Convention;

Considérant que le requérant allègue la violation des dispositions suivantes de la Convention:
- Article 6, paragraphe 1, du fait que l'audience d'appel n'était pas équitable et ne s'est pas déroulée en public;
- Article 6, paragraphe 3 (b), du fait qu'on lui a refusé les facilités nécessaires à la préparation de sa défense;
- Article 6, paragraphe 3 (c), du fait qu'il a été privé de la possibilité de se défendre lui-même devant la Cour d'Appel et qu'on lui a refusé l'assistance judiciaire pendant la procédure d'appel;

Considérant que le requérant demande d'être jugé à nouveau;

PROCEDURE DEVANT LA COMMISSION

Vu le rapport du 10 mars 1961, établi conformément au paragraphe 1 de l'article 45 du Règlement intérieur de la Commission;

Vu la décision du 1er juin 1961 par laquelle la Commission a rejeté comme irrecevable la partie de la requête concernant la prétendue violation de l'article 6, paragraphe 1, du fait que la cause du requérant n'aurait pas été entendue au cours d'une audience publique;

Vu la décision du 27 juillet 1961 par laquelle la Commission a ajourné l'examen des autres parties de la requête, en attendant la fin de la procédure concernant les requêtes Nos. 596/59 et 789/60;

Vu la décision du 17 janvier 1963 par laquelle la Commission a décidé:

(a) de donner connaissance de la requête au Gouvernement autrichien, conformément à l'article 45, paragraphe 3b) du Règlement intérieur;
(b) d'attirer l'attention dudit Gouvernement sur la similitude entre les allégations contenues dans la présente requête et celles figurant dans les requêtes Nos. 596/59 et 789/60;

(c) to invite the Government to submit to the Commission within a period of three weeks its observations in writing as to the admissibility of the Application;

As regards the alleged violations of Article 6, paragraphs (1) and (3) (c) of the Convention, in that the hearing of the Applicant's case on appeal did not constitute a "fair hearing" and was conducted in disregard of the rights of the defence:

Whereas the Applicant alleges that the requirements of Article 6 of the Convention were not complied with in his case in that when the Court of Appeal heard the appeal neither he nor a lawyer acting on his behalf was present although the Senior Public Prosecutor was heard;

Whereas in its pleading as to the admissibility of Applications Nos. 596/59 and 789/60, the Respondent Government submitted that the presence of the Public Prosecutor did not in any way cause prejudice to an accused person's right to a "fair hearing" within the meaning of Article 6 of the Convention;

Whereas Article 6, paragraph (1), of the Convention provides, *inter alia:*

> "In the determination ... of any criminal charge against him, everyone is entitled to a fair ... hearing ...";

and *whereas* Article 6, paragraph (3) (c), provides:

> "Everyone charged with a criminal offence has the following minimum rights ... to defend himself in person or through legal assistance of his own choosing ...";

Whereas, on the other hand, the appeal was heard by the Court of Appeal in accordance with the procedure in force at the date of its decision, that is on 13th April 1960;

Whereas the Commission refers expressly to its decision on the admissibility of Applications No. 596/99, lodged by Franz Pataki and declared admissible on 19th December 1960 (Yearbook III, p. 356) and No. 789/60 lodged by Johann Dunshirn and declared admissible on 15th March 1961 (Yearbook IV, p. 186); whereas it is not contested, in the present case, as in the above cases, that the appeal was decided, in accordance with Article 294, paragraph (3) of the Code of Criminal Procedure, after hearing the arguments of the representative of the Public Prosecutor in the absence both of the accused and a lawyer;

Whereas it is true that Article 27, paragraph (2), of the Convention requires the Commission to declare inadmissible any Application lodged by an individual which it considers to be "manifestly ill-founded"; whereas the Commission has consistently

(c) d'inviter le Gouvernement à soumettre à la Commission, dans un délai de trois semaines, ses observations écrites quant à la recevabilité de la requête;

En ce qui concerne les violations prétendues de l'article 6, paragraphes 1 et 3 (c) de la Convention, résultant du fait que la cause du requérant en appel n'a pas été entendue équitablement et que la procédure s'est déroulée en violation des droits de la défense:

Considérant que le requérant allègue que les prescriptions de l'article 6 de la Convention n'ont pas été observées dans son cas du fait que, lorsque la Cour d'appel a examiné l'appel, ni lui ni un avocat le représentant n'étaient présents alors que le Procureur supérieur a été entendu;

Considérant que dans ses observations sur la recevabilité des requêtes Nos. 596/59 et 789/60, le Gouvernement défendeur a fait valoir que la présence du Procureur supérieur ne pouvait en aucune façon porter préjudice au droit de l'accusé à ce que sa cause soit entendue équitablement au sens de l'article 6 de la Convention;

Considérant que l'article 6, paragraphe 1, de la Convention dispose notamment que:

> "toute personne a droit à ce que sa cause soit entendue équitablement ... par un tribunal ... qui décidera ... du bien-fondé de toute accusation en matière pénale dirigée contre elle ...";

et qu'aux termes de l'article 6, paragraphe 3c):

> "Tout accusé a droit notamment à ... se défendre lui-même ou avoir l'assistance d'un défenseur de son choix ...";

Considérant, d'autre part, que l'appel a été entendu par la Cour d'appel conformément à la procédure prévue à l'article 294 du Code autrichien de procédure pénale, tel qu'il était libellé à la date de la décision de la Cour, c'est-à-dire le 13 avril 1960;

Considérant que la Commission se réfère expressément à sa décision sur la recevabilité des requêtes N° 596/59 introduite par Franz Pataki et déclarée recevable le 19 décembre 1960 (Annuaire III, page 357) et N° 789/60 introduite par Johann Dunshirn et déclarée recevable le 15 mars 1961 (Annuaire IV, p. 187); qu'il n'est pas contesté, en l'espèce comme dans les cas mentionnés, que la Cour d'appel s'est prononcée conformément à l'article 294, paragraphe 3 du Code de procédure pénale, après avoir entendu les arguments du représentant du Ministère public, en l'absence aussi bien de l'accusé que de son avocat;

Considérant qu'il est vrai qu'aux termes de l'article 27, paragraphe 2 de la Convention, la Commission déclare irrecevable toute requête individuelle qu'elle estime "manifestement mal fondée"; que la Commission a toujours estimé qu'une requête ne peut être

acted on the principle that an Application should be declared inadmissible as being manifestly ill-founded only when a preliminary examination of the case does not disclose any appearance of a violation of the Convention;

Whereas in its decisions on the admissibility of the Applications lodged by Pataki and Dunshirn the Commission held that "the Applicant's complaint in regard to the procedure followed by the Court of Appeal in dealing with the appeal in his case cannot be regarded as manifestly ill-founded within the meaning of Article 27, paragraph (2) of the Convention and cannot be declared inadmissible on that ground";

Whereas, having regard to the Report adopted on 28th March 1963 concerning the above cases, an examination of the present case does not disclose any grounds which could lead the Commission, in the present case, to arrive at a conclusion different from that taken on 19th December 1960 and 15th March 1961 in respect of the cases lodged by Pataki and Dunshirn;

Whereas it follows that the Applicant's complaint in regard to the procedure followed by the Court of Appeal cannot be regarded as manifestly ill-founded within the meaning of Article 27, paragraph (2), of the Convention and cannot be declared inadmissible on that ground;

As regards the alleged violation of Article 6, paragraph (3) (b) and (c) of the Convention in that the Applicant did not benefit from legal assistance during the appeal proceedings

Whereas Article 6, paragraphs (3) (b) and (c) provide that "Everyone charged with a criminal offence has the following minimum rights:

- to have adequate time and facilities for the preparation of his defence;
- to defend himself in person or through legal assistance of his own choosing or, if he has not sufficient means to pay for legal assistance, to be given it free when the interests of justice so require";

Whereas it appears that, prior to the hearing of his appeal by the Court of Appeal, the Applicant had taken steps to inform the authorities that his legal knowledge was not sufficient to allow him adequately to defend himself against the appeal lodged by the Public Prosecutor; whereas it further appears that, in spite of his request, he was not accorded legal assistance but was obliged himself to draft and submit the counter-memorial provided for in Article 294, paragraph (2) of the Code of Criminal Procedure, as it was then worded; whereas the Court of Appeal, when hearing the appeal in the presence of the Senior Public Prosecutor, considered the Applicant's case on the basis of submissions which by being made by the Applicant without professional legal assistance were inevitably inadequate; whereas, in these circumstances, the

déclarée irrecevable comme manifestement mal fondée que lorsqu'un premier examen de l'affaire ne permet pas de dégager l'apparence même d'une violation de la Convention;

Considérant que dans ses décisions sur la recevabilité des requêtes introduites par Pataki et Dunshirn, la Commission a estimé que "le grief du requérant relatif à la procédure suivie par la Cour d'Appel pour examiner l'appel interjeté dans son cas ne peut être considéré comme manifestement mal fondé au sens de l'article 27, paragraphe 2, et ne peut être déclaré irrecevable pour ce motif";

Considérant, eu égard au rapport adopté le 28 mars 1963 au sujet des affaires mentionnées, qu'un examen de la présente affaire ne fait apparaître aucun motif susceptible d'amener la Commission à une conclusion différente de celle à laquelle elle était parvenue le 19 décembre 1960 et le 15 mars 1961 à propos des requêtes introduites par Pataki et Dunshirn;

Considérant qu'il s'ensuit que le grief du requérant relatif à la procédure suivie par la Cour d'Appel ne peut être considéré comme manifestement mal fondé au sens de l'article 27, paragraphe 2, et ne peut être déclaré irrecevable pour ce motif;

En ce qui concerne la violation de l'article 6, paragraphe 3 (b) et (c) de la Convention du fait que le requérant n'a pas bénéficié de l'assistance d'un défenseur durant la procédure d'appel.

Considérant qu'aux termes du paragraphe 3 (b) et (c) de l'article 6:

"Tout accusé a droit notamment à:

- disposer du temps et des facilités nécessaires à la préparation de sa défense;
- se défendre lui-même ou avoir l'assistance d'un défenseur de son choix et, s'il n'a pas les moyens de rémunérer un défenseur, pouvoir être assisté gratuitement par un avocat d'office, lorsque les intérêts de la justice l'exigent";

Considérant qu'il apparaît qu'avant l'examen de sa cause par la Cour d'appel, le requérant a fait savoir aux autorités que ses connaissances juridiques n'étaient pas suffisantes pour lui permettre de se défendre de manière satisfaisante contre l'appel interjeté par le Procureur Supérieur; qu'il apparaît en outre que malgré sa demande, le requérant n'a pas bénéficié de l'assistance judiciaire, mais a été obligé de rédiger lui-même et de soumettre le contre-mémoire prévu par l'article 294, paragraphe (2) du Code de Procédure pénale tel qu'il était alors libellé; que la Cour d'appel, en examinant l'appel en présence du Procureur supérieur, a jugé la cause du requérant sur la base de conclusions qui, du fait qu'elles avaient été établies par le requérant sans l'aide d'un défenseur, étaient forcément inadéquates; que dans ces conditions, la question de disposer d'une

question of an adequate defence on the preparatory stages of appeal proceedings appears to be closely linked with the question of the non-contradictory nature of the hearing of the appeal; whereas, indeed, the denial to an accused person of legal assistance on appeal or the exclusion of his lawyer from the hearing of that appeal raise the same issue of "equality of arms" as was dealt with by the Commission in decisions in Applications Nos. 596/59 and 789/60; whereas, therefore, for the same reasons, this part of the Application cannot be considered to be manifestly ill-founded and cannot be rejected as inadmissible in accordance with Article 27, paragraph (2), of the Convention;

Now therefore the Commission,

DECLARES INADMISSIBLE the part of the Application which relates to the non-public nature of the hearing before the Court of Appeal; but

DECLARES ADMISSIBLE and retains the part of the Application which relates to the non-contradictory nature of the hearing before that Court.

Application No. 924/60

X. *against* BELGIUM

Decision of 27th March 1963

... (*Translation*)

AS TO THE FACTS

Whereas the facts of the case may be summarised as follows:

The Applicant, a Belgian national born on ... is at present detained in prison, at A., where he is serving a sentence passed on him in 1947 and 1949 for economic collaboration with the enemy and informing against members of the resistance movement.

X.'s complaints are as numerous as they are varied. By a partial decision of ... 1962, to which reference should be made for the remainder (doc. A. 71,628), the Commission declared them all inadmissible except one relating to "the compatibility, with Article 10 of the Convention, of Article 123 *sexies* paragraphs (e), (f) and (g) of the Belgian Penal Code as it originally applied and as it now applies to the Applicant".

On this last point the Commission invited the Respondent Government to submit its observations in writing [Rule 45 (3) (b) of the Rules of Procedure].

On ... 1962 the Belgian Government deposited its written observations as follows [doc. DH/Misc (62) 25]:

défense satisfaisante aux stades préparatoires de la procédure d'appel paraît étroitement liée à la question du caractère non contradictoire de l'audience d'appel; qu'en fait le refus, à un inculpé, de l'assistance judiciaire pour la procédure d'appel, ou l'exclusion de son avocat pendant cette procédure pose le problème de "l'égalité des armes" dont la Commission avait fait état dans ses décisions relatives aux requêtes Nos. 596/59 et 789/60; que, dès lors, cette partie de la requête ne peut être considérée comme manifestement mal fondée et ne peut être rejetée comme irrecevable par application de l'article 27, paragraphe 2 de la Convention;

Par ces motifs, la Commission

DECLARE IRRECEVABLE la partie de la requête qui concerne le caractère non public de l'audience devant la Cour d'appel; mais

DECLARE RECEVABLE et retient la partie de la requête concernant le caractère non-contradictoire de l'audience qui s'est déroulée devant cette Cour.

Requête No. 924/60

X. *contre* LA BELGIQUE

Décision du 27 mars 1963

. . .

EN FAIT

Considérant que les faits de la cause peuvent se résumer ainsi:

Le requérant, ressortissant belge né en . . ., se trouve actuellement détenu à la prison de A.; il y purge une condamnation prononcée contre lui, en 1947 et 1949, pour collaboration économique avec l'ennemi et dénonciation de résistants.

Les griefs de X. sont aussi nombreux que variés. Par une décision partielle du . . . 1962, à laquelle il convient de se référer pour le surplus (Doc. A. 71628), la Commission les a tous déclarés irrecevables à l'exception d'un seul, "relatif à la compatibilité de l'article 123 *sexies*, alinéas e), f) et g) du Code pénal belge, tel qu'il s'appliquait à l'origine et s'applique dorénavant au requérant avec l'article 10 de la Convention."

Sur ce dernier point, la Commission a invité le Gouvernement défendeur à présenter ses observations écrites (article 45 § 3 b) du Règlement intérieur.

Les observations écrites du Gouvernement belge, déposées le . . . 1962 étaient ainsi libellées (Doc. DH/Misc. (62) 25):

"1. The complaint concerning the compatibility with Article 10 of the Convention, of Article 123 *sexies*, paragraphs (e), (f) and (g) of the Belgian Penal Code as it originally applied and as it applies to the Applicant since the entry into force of the law of 30th June 1961, does not appear to be divisible into two parts from the point of view of admissibility, according to the Belgian law on civic screening as it stood at the time when the Application was lodged (... 1960) and thereafter. Although the law of 30th June 1961 has no retroactive effect, the loss of civil rights, as applicable to the Applicant at the time his complaint was lodged, was automatically amended by the effect of Article 4. Since the Commission's functions (Articles 28 to 31 of the Convention) with regard to the substance are confined to the examination and solution of a specific case, which must necessarily have regard to the latest position of Belgian legislation on civic screening, it would be difficult to understand that the admissibility of the complaint stated above should have to be determined, even in part, in terms of an earlier and intermediate state of that legislation.

The dominant feature of the law of 30th June 1961 was not only to put an end for the future to the disabilities imposed upon the Applicant [cf. in particular Article 4 (7)] but also to make it possible for him, according to the conditions laid down therein to appeal for restitution of these rights [Article 4 (5)].

The Commission can however deal with a matter only after all domestic remedies have been exhausted, according to the generally recognised rules of international law and within a period of six months from the date on which the final decision was taken (Article 26 of the Convention).

Contrary to the position in the "De Becker" case, at the time when the Commission took a decision on the admissibility of Application No. 214/56 (Decision of 9th June 1958), the Applicant X. has in Belgium a right of access to the courts with a view to the removal or limitation of the disabilities referred to in paragraphs (e), (f) and (g) (6, 7 and 8) of *Article 123 sexies* of the Penal Code. Whilst the twenty years' period laid down by law in the case of the Applicant [Article 4 (5) (2) of the Law of 30th June 1961] has not, it is true, yet expired (it began to run on 31st October 1947, the date on which the Court Martial in C. gave its judgment), this circumstance does not in any way alter the Applicant's right of appeal, embodied in the *law*, which makes his Application inadmissible (Article 27 (3) of the Con vention).

The final decision in the normal process of exhausting domestic remedies, according to the generally recognised rules of international law, in respect of the disabilities of which the

"1. Le grief relatif à la compatibliité de l'article 123 *sexies*, alinéas e), f) et g) du Code pénal belge, tel qu'il s'appliquait à l'origine et s'applique depuis l'entrée en vigueur de la loi du 30 juin 1961 au requérant, avec l'article 10 de la Convention, ne paraît pas pouvoir être dissocié, au point de vue de sa recevabilité, en deux branches, selon l'état de la législation belge d'épuration civique à l'époque du dépôt de la requête (... 1960) et postérieurement. Encore que la loi du 30 juin 1961 n'ait point d'effet rétroactif, les déchéances, telles qu'elles s'appliquaient au requérant au moment de sa plainte, se sont trouvées automatiquement modifiées par l'effet de l'article 4. Les fonctions que remplit la Commission (art. 28 à 31 de la Convention) étant, en ce qui concerne le fond, limitées à l'examen et à la solution d'un cas concret, lequel devra nécessairement avoir égard au dernier état de la législation belge d'épuration civique, on concevrait mal que l'appréciation de la recevabilité du grief énoncé plus haut dût se faire, même pour partie, en fonction d'un état antérieur et intermédiaire de cette législation.

Le trait dominant de la loi du 30 juin 1961 a été non seulement de mettre fin pour l'avenir à certaines déchéances qui frappaient le requérant (cf. spécialement art. 4 § 7), mais aussi de lui ouvrir, aux conditions qu'elle détermine, un recours judiciaire en restitution (art. 4, § 5).

Or, la Commission ne peut être saisie qu'après l'épuisement des voies de recours internes, tel qu'il est entendu selon les principes de droit international généralement reconnus et dans le délai de six mois, à partir de la date de la décision interne définitive (art. 26 de la Convention).

A l'encontre de ce qui existait dans l'affaire de Becker au moment de la décision de la Commission sur la recevabilité de la requête n° 214/56 (décision du 9 juin 1958), le requérant X. dispose, en Belgique, d'un recours judiciaire portant sur la suppression (ou) la limitation des déchéances visées aux litt. e), f) et g) (6°, 7° et 8°) de *l'article 123 sexies* du Code pénal.

Sans doute, le délai de vingt ans exigé par la loi dans le cas du requérant (art. 4, § 5, al. 2 de la loi du 30 juin 1961) n'est-il pas encore entièrement révolu (son point de départ étant le 31 octobre 1947, date du jugement du conseil de guerre de C.). Mais cette circonstance n'altère en rien l'existence dans le chef du requérant d'un *droit* de recours, inscrit dans la *loi*, qui fait échec à la recevabilité de sa requête (article 27, 3 de la Convention).

La décision définitive rendue dans le cadre normal de l'épuisement des voies de recours internes, tel qu'il est entendu selon les principes de droit international généralement re-

Applicant complains, has not yet been given in this case and the six months' period referred to in Article 26 *in fine* of the Convention has not yet started. This is merely a new aspect of the premature, and consequently inadmissible, nature of the Application.

2. Assuming, *quod non*, that the observations made above must be limited to the question of admissibility of the complaint concerning the compatibility, with Article 10 of the Convention, of *Article 123 sexies*, paragraphs (e), (f) and (g) of the Belgian Penal Code as it applies to the Applicant since the entry into force of the Law of 30th June 1961, and that a separate appreciation must be made of the admissibility of the said complaint limited to paragraphs (e), (f) and (g) of *Article 123 sexies* in its earlier wording, it must nevertheless be pointed out that the general rule in respect of the latter problem, that any international complaint must be made within a reasonable time, militates against its examination by the Commission.

The right of individual petition was recognised by Belgium on 5th July 1955. According to the generally recognised principles of international law, the period of more than five years which elapsed before the Applicant lodged his Application cannot be considered as reasonable."

In September 1962 the President of the Commission instructed the Secretariat to communicate the above written observations to the Applicant and to invite him to reply to them [Rule 46 (1) and (2) of the Rules of Procedure].

It is appropriate to reproduce the following passage from the counter-memorial submitted by X., dated ... 1962 [doc. DH/Misc (62) 31]:

"...

"1. My Application of ... 1960 is a renewal of my Application of ... 1958, registered under the number 424/58, and contains relevant new information as provided for in Article 27 of the Convention.

2. My letter of ... 1961 to the Secretary of the Commission of Human Rights refers to the law of 30th June 1961 which appeared in the "Moniteur belge" of 11th July 1961, *Article 123 sexies* of the amended Belgian Penal Code and I wrote:

This law is relevant new information in respect of my Applications 424/58 and 924/60 to the Commission of Human Rights and of your Decision of 2nd April 1960 (A. 54.284).

If necessary I would ask you to consider this as a new Application.'

3. The Law of 30th June 1961 puts an end to certain disabilities only for the future and leaves untouched the injuries

connus, à l'égard des déchéances dont le requérant se plaint, n'existe donc pas encore en l'espèce et le délai de six mois, visé à l'article 26 *in fine* de la Convention, n'a pas pris cours. Ceci n'est qu'un nouvel aspect du caractère prématuré, et partant irrecevable, de la requête.

2. A supposer, *quod non*, que les observations qui précèdent doivent être limitées à la question de la recevabilité du grief relatif à la compatibilité de *l'article 123 sexies*, alinéas e), f) et g) du Code pénal belge, tel qu'il s'applique au requérant depuis l'entrée en vigueur de la loi du 30 juin 1961, avec l'article 10 de la Convention, et qu'il faille apprécier distinctement la question de la recevabilité dudit grief limité aux alinéas e), f) et g) de *l'article 123 sexies* dans son libellé antérieur, encore, à l'égard de ce dernier problème, doit-on observer que la règle générale d'après laquelle toute réclamation internationale doit être formée dans un délai raisonnable, s'oppose à son examen par la Commission.

L'acceptation du droit de recours individuel par la Belgique remonte au 5 juillet 1955. Au sens des principes de droit international généralement reconnues, le délai de plus de cinq années apporté par le requérant à l'introduction de sa requête ne peut être qualifié de raisonnable."

En septembre 1962, le Président de la Commission a chargé le Secrétariat de communiquer les dites observations écrites au requérant et d'inviter celui-ci à y répondre (article 46 §§ 1 et 2 du Règlement intérieur).

Au contre-mémoire de X. daté du ... 1962, il échet de reproduire le passage suivant (Doc. DH/Misc. (62) 31):

"....

"1. Ma requête du ... 1960 est le renouvellement de ma requête du ... 1958, inscrite sous le n° 424/58, en faisant valoir des faits nouveaux comme prévu par l'article 27 de la Convention.

2. Ma lettre du ... 1961 à M. le Secrétaire de la Commission des Droits de l'Homme se réfère à la loi du 30 juin 1961, parue au Moniteur belge du ... 1961, *article 123 sexies* du Code pénal belge modifié et j'écris:

Cette loi constitue un fait nouveau en ce qui concerne mes requêtes 424/58 et 924/60 à la Commission des Droits de l'Homme et votre Décision du ... 1960 (A. 54.284).

Si cela s'avérait nécessaire, je vous prie de considérer la présente comme une nouvelle requête.'

3. La loi du 30 juin 1961 ne met fin à certaines déchéances que pour l'avenir et laisse subsister les dommages causés

caused prior to its promulgation and the period which elapsed before it came into force. In my Application No. 424/58 I had already asked for compensation in respect of the disabilities pronounced against me.

4. The new Law of 30th June 1961 does not even provide fo the automatic annulment of such disabilities and an appeal has to be lodged.

5. I have no judicial remedy in Belgium, and certainly not within a reasonable period, for the removal (or) limitation of the disabilities referred to under paragraphs (e), (f) and (g) (6, 7 and 8) of *Article 123 sexies* of the Penal Code (nor for review of the death sentence passed on me by the Belgian military judicial authorities.

See further below paragraph 6 (d).

And the Belgian Government maintains that I have not exhausted all domestic remedies, stating that:

'even if the twenty years' period laid down by law in the case of the Applicant X. has not yet expired, (it began to run on 31st October 1947, the date when the Court Martial in C. gave its judgment) the Applicant has a right of appeal embodied in the law which makes the Application inadmissible.'

The Belgian Government must be aware that the sentence passed on ... 1947 by the Court Martial at C. was quashed by the Military Tribunal in B. and is consequently non-existent.

The decision given on ... 1949 by the Military Tribunal at B. states:

Judging on the basis of documentary evidence and passing judgment in the presence of the accused, allows the appeal, quashes the judgment appealed against and rejects from its debates the documents of the proceedings held before the Court Martial, evoking and giving judgment under a new provision without regard to the examination made before the Court Martial.'

Similarly, the decision by the Court of Cassation in 1949 which was published in the 'Pasicrisies belges' for 1949, pages 557–559 (see photocopy forwarded to the European Commission of Human Rights with my letter of 30th August 1961, Appendix I) also refers to the quashing of the judgment *a quo* by the judge of appeal and recalls that the judgment of the Military Tribunal is based on the documents of the preliminary hearing by the military prosecutor.

6. If the Articles of the new law of 30th June 1961 are to apply to the Applicant he must have paid his fines to the State; he must not be detained following the sentence which led to the disabilities provided for by *Article 123 sexies* and twenty years must have passed since the day on which the said disabilities took effect.

antérieurement à sa promulgation et à ses délais d'application. Déjà par ma requête n° 424/58, j'ai demandé le dédommagement des déchéances prononcées contre moi.

4. La nouvelle loi du 30 juin 1961 ne prévoit même pas l'annulation automatique de ces déchéances et il faut introduire un recours.

5. Je ne dispose d'aucun recours judiciaire en Belgique et certainement pas dans un délai raisonnable, portant sur la suppression (ou) la limitation des déchéances visées aux litt. e), f) et g) (6°, 7° et 8°) de *l'Article 123 sexies* du Code pénal, ni pour obtenir la révision de ma condamnation à mort par la justice militaire belge.

Voir ci-dessous: 6/d.

Et le Gouvernement belge prétend que je n'ai pas épuisé toutes les voies internes, invoquant que:

'même si le délai de vingt ans exigé par la loi dans le cas du requérant X. n'est pas encore entièrement révolu, son point de départ étant le 31 octobre 1947, date du jugement du Conseil de Guerre de C., il existe, dans le chef du requérant, un droit de recours inscrit dans la loi qui fait échec à la recevabilité de la requête.'

Or, le Gouvernement belge ne peut ignorer que ce jugement du ... 1947 du Conseil de Guerre de C. a été annulé par la Cour Militaire de B. et partant inexistant.

L'arrêt du ... 1949 de la Cour Militaire de B. stipule:

'Jugeant sur pièces et statuant en présence de l'inculpé, reçoit les appels, annule le jugement dont appel et rejette des débats les pièces de la procédure poursuivie devant le Conseil de Guerre, évoquant et statuant par voie de disposition nouvelle sans égard à l'instruction faite devant le Conseil de Guerre.'

De même, l'arrêt de la Cour de Cassation de 1949, parue aux Pasicrisies belges, année 1949, pages 557 à 559, (voir photocopie remise à la Commission européenne des Droits de l'Homme par ma lettre du 30 août 1961, annexe 1), fait aussi mention de l'annulation du jugement a quo par le juge d'appel et rappelle que l'arrêt de la Cour Militaire est basé sur les actes de l'instruction préparatoire à la diligence de l'auditeur militaire.

6. Pour que les articles de la nouvelle loi du 30 juin 1961 soient applicables au requérant, il faut qu'il ait acquitté ses amendes envers l'Etat; il ne faut pas qu'il soit détenu en exécution de la peine qui eut comme conséquence les déchéances prévues par *l'article 123 sexies* et il faut qu'il y ait vingt années d'écoulées depuis le jour où ces déchéances entrèrent en vigueur.

"(a) *Twenty years' period*

Since the decision by the Court of Cassation is dated ... 1949, this is the date on which the twenty years begin to run and not ... 1947, the date of the quashed judgment of the Court Martial at C. I would not, therefore, be able to lodge an appeal before 1969, at the earliest, if that were possible.

"(b) *The Applicant must not be detained*

In order to be able to appeal against these disabilities therefore, I should have to admit to being guilty of crimes which I did not commit, with a view to being granted conditional release before 1969. Otherwise I should be due for release only upon completion of my sentence, that is, in 1974. See below para. 6 (d).

"(c) *Fines payable to the State*

See my letter of ... 1962 and its appendices 2 and 3. My property has been either confiscated by the Sequestration Office or stolen and embezzled (the value of the stolen property amounts to more than seven million Belgian francs) but the Office, which was administering my property, did not trouble to institute proceedings against those responsible although I had lodged a complaint against them with the Public Prosecutor.

The Sequestration Office took steps to have me taxed unreasonably, fraudulently and wrongly; I was required to pay more than five million francs tax plus judicial interest since 1945. This tax has priority over fines payable to the State. Without my knowledge the Sequestration Office, acting as my representative, was ordered to pay 635,000 francs damages to Z. (against whom I had lodged a complaint for perjury resulting in my being sentenced to death) at a time when I was not personally able to institute civil proceedings since I did not have the provisional agent or trustee provided for by Articles 21 et seq. of the Penal Code.

The damages granted have priority over fines payable to the State.

On the basis of an expert's report, which was falsified and faked I was sentenced *ex aequo et bono* by the Military Tribunal to pay to the Belgian State damages amounting to three million francs, representing the estimated profits of so-called economic collaboration. The judicial interest has been running since ... 1949. Consequently, even if I had the intention of paying the fines to the Belgian State I could not do so before recovering my property or receiving compensation for its loss. Having no agent or trustee I am unable to take proceedings for the recovery of my property until the expiry of my sentence in 1974.

"(d) I am unable to have my death sentence reviewed because the Belgian Ministry of Justice refuses to let me have the documents and information necessary for this review; because the Public Prosecutor's Department refuses to take *ex officio* proceedings for

"a) *Délai de vingt ans*

L'arrêt de la Cour de Cassation datant du ... 1949, c'est donc à partir de cette date que les vingt années commencent à courir et non à partir du ... 1947, date du jugement annulé du Conseil de Guerre de C. Ce serait donc au plus tôt en 1969 que je pourrais introduire un recours, si cela était possible.

"b) *Il ne faut pas que le requérant soit détenu*

Pour bénéficier d'un recours contre ces déchéances il faudrait donc que je me reconnaisse coupable de crimes que je n'ai pas commis, afin d'obtenir une libération conditionnelle avant 1969. Sinon, je ne suis libérable qu'à l'expiration de ma peine, soit en 1974, Voir ci-dessous 6/d.

"c) *Amendes envers l'Etat*

Voir ma lettre du ... 1962 et ses annexes 2 et 3. Mes biens ont été, soit saisis par l'Office des Séquestres, soit volés et escroqués (le montant des vols s'élève à plus de sept millions de francs belges) sans que cet Office, qui eut la gestion de mes biens, ait daigné jamais faire poursuivre les coupables contre lesquels j'avais pourtant déposé plainte auprès du Procureur du Roi.

L'Office des Séquestres me fit taxer indûment, frauduleusement et dolosivement à payer plus de cinq millions de francs de contributions fiscales plus les intérêts judiciaires depuis 1945. Ces contributions ont rang de priorité sur les amendes envers l'Etat.

L'Office des Séquestres, en tant que mon représentant s'est laissé condamner, à mon insu, à 635.000 frs. de dommages-intérêts au profit de Z. contre laquelle j'avais déposé plainte en faux témoignage ayant entraîné ma condamnation à mort et alors que je ne pouvais personnellement me constituer partie civile faute d'administrateur provisoire ou curateur prévu par les articles 21 et suivants du Code pénal.

Ces dommages-intérêts alloués ont rang de priorité sur les amendes envers l'Etat.

Je suis condamné *ex aequo et bono*, par la Cour Militaire qui se basa à cet effet sur un rapport d'expertise falsifié et truqué, à payer 3.000.000 frs de dommages à l'Etat belge, étant le bénéfice présumé d'une soi-disant collaboration économique. Les intérêts judiciaires courent depuis le ... 1949. Donc, même si j'en avais l'intention je ne pourrais pas m'acquitter des amendes envers l'Etat belge, avant d'avoir récupéré mes biens ou avoir été dédommagé de leur perte. Je ne puis poursuivre la récupération de mes biens, faute d'administrateur ou de curateur, qu'à l'expiration de ma peine, soit en 1974.

"d) Je me trouve dans l'impossibilité d'obtenir la révision de ma condamnation à mort, parce que le Ministère de la Justice belge me refuse communication des documents et renseignements utiles à cette révision; parce que le Parquet refuse de poursuivre *d'office* les

false charges – perjury etc. and I am not able to sue the guilty parties myself, since I have no provisional agent or legal trustee; because the Minister of Justice declines to have my sentence reviewed and because I have been refused free legal aid.

As, on the one hand, I refuse to ask for a reprieve for crimes which I have not committed, for a death sentence based on a falsified and faked police file by the assistant military prosecutor, G, his clerk, H, and the expert from the Military Prosecution Department, L; the death sentence was based on a judgment pronounced without any witness for the defence being heard and without any witness for the prosecution being heard in public; and the decision of the Court of Cassation was pronounced whilst legal aid was refused me by the *Bâtonnier* of the Court of Cassation.

As, moreover, I refuse to accept conditional release, since this would imply that I admitted my guilt, I am, therefore condemned to serve the whole of my sentence, namely 25 years' imprisonment. Consequently, I should not be released until 1974 which is the earliest at which I should be able, provided I had paid the fines to the State, to avail myself of a right of appeal for restitution of the civic rights of which I have been deprived under Article 123 *sexies*. If I am still alive, I shall be 71 years old.

It can, therefore, be concluded that there is no effective right of appeal for the Applicant in the Law of 30th June 1961.

"7. The Belgian Government points out that:

Recognition of the right of individual petition by Belgium dates from 5th July 1955. Within the meaning of the generally recognised principles of international law, the period of more than five years which elapsed before the Applicant lodged his Application cannot be said to be reasonable.

The time allowed for lodging individual applications to the Commission of Human Rights begins to run from the date of the last decision by a domestic Court, not from the date of recognition of the right of individual petition by Belgium. Article 26 of the Convention ..."

....

AS TO THE LAW

Whereas in the counter-memorial referred to above and in several letters, the Applicant refers to various points settled by the Commission in its partial Decision of 11th May 1962; whereas he puts forward no relevant new information likely to justify reconsideration of the said Decision; whereas it only remains for the Commission to settle, at this stage in the proceedings, the complaint concerning the compatibility with Article 10 of the Convention, of Article 213 *sexies*,

plaintes déposées en faux, faux témoignages etc. et que je ne puis personnellement faire poursuivre les coupables faute d'administrateur provisoire ou curateur légal; parce que le Ministre de la Justice refuse d'introduire lui-même la révision de ma condamnation; et parce que toute assistance judiciaire gratuite m'est refusée.

Comme d'une part, je refuse de demander grâce pour des crimes que je n'ai pas commis, pour une condamnation à mort basée sur un dossier répressif falsifié et truqué par le substitut de l'auditeur militaire G., son greffier H. et l'expert du Parquet militaire I., condamnation à mort basée sur un arrêt prononcé sans qu'aucun témoin à décharge ait été entendu, sans qu'aucun témoin à charge ait été entendu publiquement; et l'arrêt de la Cour de Cassation prononcé alors qu'assistance judiciaire m'y fut refusée par *le Bâtonnier* des Avocats de la Cour de Cassation;

Comme d'autre part, je refuse toute libération conditionnelle parce qu'impliquant une reconnaissance de culpabilité, je suis donc condamné à subir ma peine dans son entièreté, à savoir: vingt-cinq années de détention. Ce ne serait donc qu'en 1974 que je pourrais être libéré, et que je pourrais au plus tôt, sous réserve d'avoir acquitté les amendes envers l'Etat user d'un droit de recours en restitution des déchéances de l'article 123 *sexies*. Si je reste en vie, j'aurai alors 71 ans.

On peut donc conclure qu'il n'existe aucun droit de recours efficace, dans le chef du requérant, dans la loi du 30 juin 1961.

"7. Le Gouvernement belge fait valoir que:

L'acceptation du droit de recours individuel par la Belgique remonte au 5 juillet 1955. Au sens des principes de droit international généralement reconnus, le délai de plus de cinq années apporté par le requérant à l'introduction de sa requête ne peut être qualifié de raisonnable.

Les délais de recours individuel devant la Commission des Droits de l'Homme ne commencent à courir qu'à partir de la date de la dernière décision interne et non à partir de la date d'acceptation du droit de recours individuel par la Belgique. Article 26 de la Convention ...".

...

EN DROIT

Considérant que dans son contre-mémoire précité ainsi que dans plusieurs lettres, le requérant revient sur certains points que la Commission a tranchés par sa décision partielle du 11 mai 1962; qu'il n'apporte cependant, aucun élément de nature à justifier un réexamen de ladite décision; que la Commission n'a donc plus à statuer, à ce stade de la procédure, que sur le grief relatif à la compatibilité de l'article 123 *sexies*, alinéas e), f) et g) du Code pénal

paragraphs (e), (f) and (g) of the Belgian Penal Code as it originally applied and as it will henceforth apply to the Applicant;

Whereas it appears that the admissibility of this complaint must be considered from two points of view;

AS TO THE DISABILITIES TO WHICH THE APPLICANT IS STILL SENTENCED UNDER ARTICLE 4 (7) OF THE LAW OF 30TH JUNE 1961

Whereas it is appropriate first to decide the admissibility of the complaint that the disabilities still imposed upon the Applicant under Article 4 (7) of the Law of 30th June 1961 are not compatible with the requirements of Article 10 of the Convention;

Whereas under the terms of the said Article 4:

> "Within the limits set forth below, the deprivation of civil and political rights incurred prior to the entry into force of this law for acts committed between 26th August 1939 and 15th June 1949 shall be maintained:
> 1. ...
> 2. ...
> 3. ...
> 4. ...
> 5. ...
> 6. ...
> 7. The disabilities provided for under paragraphs (e), (f) and (g) of Article 123 *sexies* of the Penal Code, as defined before the entry into force of the present law, shall be maintained only in so far as the participation referred to therein is of a political character;
> 8. ...";

Whereas, therefore, the Applicant has recovered, except in political matters, the "right to take part in any capacity in the magagement, administration, editing, printing or distribution of a newspaper or any other publication", the "right to participate in organising or managing any cultural, philanthropic or sporting activity or of any public entertainment" and the "right to participate in the management, administration or any other aspect of the activity of any undertaking concerned with theatrical production, films of broadcasting";

Whereas, on the other hand, X. is still deprived of these same rights in so far as his participation in the activities concerned is in any way of "a political character";

Whereas Article 4 of the Law of 30th June 1961 provides, it is true, in its fifth paragraph that persons sentenced, as was X, "to more than 20 years imprisonment shall be able to apply to the courts for full or partial restitution of the rights set forth" above;

belge, tel qu'il s'appliquait à l'origine et s'applique dorénavant au requérant, avec l'article 10 de la Convention;

Qu'il appert que la recevabilité de ce grief doit s'apprécier à un double point de vue;

QUANT AUX DECHEANCES DONT LE REQUERANT DEMEURE FRAPPE EN VERTU DE L'ARTICLE 4 § 7 DE LA LOI DU 30 JUIN 1961

Considérant qu'il échet de se prononcer, tout d'abord, sur la recevabilité du grief d'après lequel les déchéances dont le requérant demeure frappé en vertu de l'article 4 § 7 de la loi du 30 juin 1961, ne répondent pas aux exigences de l'article 10 de la Convention;

Qu'aux termes de l'article 4 en question,

> "Sont maintenues, dans les limites indiquées ci-après, les déchéances de droits civils et politiques encourues antérieurement à l'entrée en vigueur de la présente loi pour faits commis entre le 26 août 1939 et le 15 juin 1949:
> 1° ...
> 2° ...
> 3° ...
> 4° ...
> 5° ...
> 6° ...
> 7° Les déchéances prévues aux litteras e), f) et g) de l'article 123 *sexies* du Code pénal, telles qu'elles étaient libellées avant l'entrée en vigueur de la présente loi, ne sont maintenues que pour autant que la participation qui y est visée ait un caractère politique;
> 8° ...";

Qu'il s'ensuit que le requérant a recouvré, sauf en matière politique, le "droit de participer à quelque titre que ce soit à l'exploitation, à l'administration, à la rédaction, à l'impression ou à la diffusion d'un journal ou de toute publication", le "droit de participer à la direction ou à l'administration de toute manifestation culturelle, philanthropique et sportive ou de tout divertissement public" et le "droit de participer à l'exploitation, à l'administration ou d'une manière quelconque à l'activité de toute entreprise ayant pour objet les spectacles de théâtre, la cinématographie ou la radiodiffusion";

Qu'en revanche, X. reste privé de ces mêmes droits dans la mesure où sa participation aux activités dont il s'agit revêtirait "un caractère politique";

Que l'article 4 de la loi du 30 juin 1961 prévoit il est vrai, en son cinquième paragraphe, que les personnes condamnées, comme X., "à une peine privative de liberté dépassant vingt ans, pourront

Whereas this application is nevertheless subject to fairly strict conditions of admissibility (Article 4, paragraph 5 _in fine_ of the law of 30th June 1961, together with the new Article 123 _septies_ of the Penal Code) and in no way assures the persons concerned, independently of these conditions, that they will one day be relieved of the disabilities still imposed upon them; whereas, therefore, the Law of 30th June 1961 does not wholly preclude loss for life of the right to freedom of political expression;

Whereas it should nevertheless be recalled that in its report of 8th January 1960 on Application No. 214/56 by Mr. R. De Becker (Article 31 of the Convention) the Commission expressed the following opinion:

> "... to impose on persons convicted of treachery in time of war a total incapacity for life to publish their political opinions may be justifiable under Article 10, paragraph 2 (of the Convention) as a deterrent sanction and a preventive measure of public security ... Paragraphs (e), (f) and (g) of (the former) Article 123 *sexies* (of the Belgian Penal Code) ... are not fully justifiable under the Convention ... in so far as the deprivation of freedom of expression in regard to non-political matters which they contain is imposed inflexibly for life ..." (Doc. A. 51.519, pp. 150 and 151);

Whereas the Commission confirmed and defined this opinion during the proceedings in the same case before the European Court of Human Rights;

"*Whereas* in its Conclusions of 21st August 1961, in particular, the Commission inserted the following passage:

> "...
>
> "(*Whereas*) the Commission recognises that the distinction between political and non-political participation made in the Act of 30th June 1961 may raise problems of interpretation; whereas it holds it to be impossible in practice to define in advance, *in abstracto*, the concept of "political" participation; whereas this definition, moreover, does not appear in its report; whereas in the view of the Commission it is for the Belgian courts to define the meaning and scope of the said concept in the light of the specific cases on which they will have to give judgment; whereas the said courts can naturally be assumed to apply the new provisions, including Article 123 *nonies* of the Penal Code not only with complete good faith but also bearing in mind the provisions of the Convention, in particular those

demander aux tribunaux la restitution totale ou partielle des droits énumérés" ci-dessus; que cette demande obéit, toutefois, à des conditions de recevabilité assez strictes (article 4, paragraphe 5 *in fine*, de la loi du 30 juin 1961, combiné avec l'article 123 *septies* nouveau du Code pénal) et ne donne point par avance aux intéressés, indépendamment même de ces conditions, la certitude d'être relevés un jour des incapacités qui continuent à peser sur eux; qu'il en résulte que la loi du 30 juin 1961 n'écarte pas complètement la possibilité d'une déchéance perpétuelle de la liberté d'expression politique;

Qu'il y a lieu de rappeler, néanmoins, que dans son rapport du 8 janvier 1960 sur la requête n° 214/56 de M. R. De Becker (article 31 de la Convention), la Commission a formulé l'avis ci-après:

> "... Il se peut que le fait de frapper des personnes reconnues coupables de trahison en temps de guerre d'une incapacité totale et perpétuelle de publier leurs opinions politiques se justifie, aux termes du paragraphe 2 de l'article 10 (de la Convention) en tant que sanction d'intimidation et mesure préventive de sécurité publique ... Les paragraphes e), f) et g) de l'(ancien) article 123 *sexies* (du Code pénal belge) ne se justifient pas pleinement au regard de la Convention ..., en ce que la privation de la liberté d'expression qu'ils prévoient en des matières autres que politiques est infligée rigidement et à perpétuité ..." (Doc. A. 51.519, pp. 150–151);

Que la Commission a confirmé et précisé cette thèse lors de la procédure qui s'est déroulée, dans la même affaire, devant la Cour européenne des Droits de l'Homme;

Que dans ses conclusions du 21 août 1961, notamment, la Commission a inséré le passage que voici:

> "...
>
> (*Considérant*) que la Commission reconnaît que la distinction entre participation de caractère politique et participation de caractère non politique, introduite par la loi du 30 juin 1961, peut faire surgir certains problèmes d'interprétation; qu'elle tient, cependant, pour pratiquement impossible de définir par avance, *in abstracto*, le concept de participation "politique"; que pareille définition ne figure pas, du reste, dans son rapport; qu'aux yeux de la Commission, il incombera aux tribunaux belges de préciser le sens et la portée du concept en question à la lumière des cas concrets sur lesquels ils auront à statuer; qu'il va de soi que l'on est en droit de présumer que lesdits tribunaux appliqueront les dispositions nouvelles, y compris l'article 123 *nonies* du Code pénal, non seulement avec une entière bonne foi mais aussi en gardant présentes à l'esprit les prescriptions de la Convention et spécialement celles de l'ar-

of Article 10, the more since the Convention appears to form an integral part of Belgian legislation; and whereas persons who claim to have been victims of an abusive application by the Belgian courts of the concept of "political" participation would, after exhausting all domestic remedies, have every right to apply to the Commission by virtue of Article 25 of the Convention;

...

"*Whereas* according to the previously quoted opinion of the Commission (Report of 8th January 1960) *the former Article 123 sexies of the Belgian Penal Code was compatible with Article 10, paragraph 2, of the Convention in so far as it imposed on persons found guilty of treason in time of war total prohibition for life against publishing their political opinions;* whereas consequently the procedure for the ... remedy (provided for in Article 4 (5) of the Law of 30th June 1961) does not seem in itself to be open to criticism ...;

"*Whereas* the Commission consequently reaches the conclusion that the *Act of 30th June 1961, in so far as it is applicable to Mr. De Becker, meets the preoccupations expressed in the Report of 8th January 1960* and satisfies, if not the whole Application, at least that part of it which the Commission has recognised as being well-founded;

"...

"For these reasons,

"*May its please the Court,* while confirming the view expressed by the Commission on the subject of the former 123 *sexies* of the Belgian Penal Code, *to note that the limitations maintained by the Act of 30th June 1961 as regards freedom of expression, in so far as these apply to Mr. De Becker, do not go beyond the 'formalities, conditions, restrictions or penalties' authorised in Article 10, paragraph 2, of the Convention.*" (Doc. A. 64,363, pp. 5–6);

Whereas the principal delegate of the Commission before the Court expressed the same point of view at the hearing on 5th October 1961 (doc. A. 67.550, pp. 9–12) and at that on 19th February 1962 (doc. A. 68.883, page 15);

Whereas in its final Conclusions of 15th January 1962 the Commission stated that it was not opposed to striking the "De Becker" case off the list of the Court, having regard, in particular, to the letter of "withdrawal" addressed by De Becker to the principal delegate on 5th October 1961; whereas the Commission drew, however, the attention of the Court to the fact

ticle 10, d'autant plus que la Convention paraît former partie intégrante de la législation belge; qu'au demeurant, ceux qui se prétendraient victimes d'une extension abusive, par la jurisprudence belge, du concept de participation "politique" auraient, après épuisement des voies de recours internes, toute latitude pour s'adresser à la Commission en vertu de l'article 25 de la Convention;

...

"*Que,* selon l'avis précité de la Commission (rapport du 8 janvier 1960), *l'ancien article 123 sexies du Code pénal belge était compatible avec l'article 10 § 2 de la Convention dans la mesure où il frappait les personnes reconnues coupables de trahison en temps de guerre d'une incapacité totale et perpétuelle de publier leurs opinions politiques*; que, dès lors, les modalités d'exercice du recours (prévu à l'article 4 § 5 de la loi du 30 juin 1961) ne semblent pas, par elles-mêmes, prêter le flanc à la critique ...;

"*Considérant* que la Commission arrive, en conséquence, à la conclusion que *la loi du 30 juin 1961, pour autant qu'elle s'applique à M. De Becker, répond aux préoccupations formulées dans le rapport du 8 janvier 1960* et donne satisfaction, sinon à l'ensemble de la requête, du moins à cette partie de la requête que la Commission a déclarée fondée;

"...

"Par ces motifs,

"*Plaise à la Cour,* tout en entérinant l'avis formulé par la Commission au sujet de l'ancien article 123 *sexies* du Code pénal belge, *constater que les limitations maintenues par la loi du 30 juin 1961 dans le domaine de la liberté d'expression, dans la mesure où elles s'appliquent à M. De Becker, ne dépassent point le cadre des "formalités, conditions, restrictions ou sanctions" qu'autorise l'article 10 § 2 de la Convention.*" (Doc. A. 64.363, pp. 5–6);

Que le Délégué principal de la Commission auprès de la Cour a développé le même point de vue à l'audience du 5 octobre 1961 (Doc. A. 67.550, pp. 9–12) et à celle du 19 février 1962 (Doc. A. 68.883, p. 15);

Que, dans ses conclusions finales du 15 janvier 1962, la Commission a déclaré ne pas s'opposer à la radiation éventuelle de l'affaire De Becker du rôle de la Cour, compte tenu, en particulier, de la lettre de "désistement" adressée par l'intéressé au Délégué principal le 5 octobre 1961; qu'elle a cependant attiré l'attention de la Cour sur le fait

> "that Article 123 *sexies*, even as modified and supplemented by the Law of 30th June 1961, appears to the Commission to raise a question of general importance concerning the interpretation and application of the Convention, namely the extent to which and the conditions under which a person may be deprived of his right to freedom of expression in political matters by way of penal sanction or preventive measure";

Whereas, in the event of the Court taking the view that it should give a decision on the general problem the Commission invited it to confirm the opinion that

> "the limitations maintained by the Act of 30th June 1961 as regards freedom of expression, in so far as these apply to Mr. De Becker, do not go beyond the "formalities, conditions, restrictions or penalties" authorised in Article 10, paragraph 2 of the Convention." (Doc. A. 68.130, pp. 9–12);

Whereas at the hearing on 19th February 1962 the principal delegate of the Commission before the Court emphasised that in the Commission's view it "would be difficult" to strike the case off the list "if the Court, contrary to the Commission, experienced doubts concerning the compatibility of the forfeiture for life of freedom of political expression with Article 10 of the Convention." (Doc. A. 68.883, p. 13)

Whereas in its judgment of 27th March 1962 the European Court of Human Rights decided to strike the De Becker case off the list considering that "were implementation of the new Belgian Act to raise problems of interpretation, it would not be incumbent upon the Court – since in the present instance striking the case off the list, as requested by both the Belgian Government, as a Party to the case, and the Commission, is not likely to prejudice the fundamental freedoms of the author of the original Application – to give *ex officio* a decision on such problems". (Publications of the Court Sreies A, No. 4, p. 27);

Whereas, therefore, though the Court did not expressly confirm the Commission's view on the legality of deprivation for life of the freedom of political expression, nevertheless it did not invalidate that view;

Whereas the Commission continues to hold the view that the limitations maintained by Article 4 of the Law of 30th June 1961 in the matter of freedom of expression, in respect of persons found guilty of treason in time of war, come within the scope of Article 10, paragraph 2, of the Convention; whereas X's arguments contain nothing in this which would justify a change in the jurisprudence of the Commission;

> "*que* l'article 123 *sexies*, même modifié et complété par la loi du 30 juin 1961, semble poser une question présentant une importance générale quant à l'interprétation et l'application de la Convention, à savoir la mesure dans laquelle et les conditions dans lesquelles un individu peut être privé de son droit à la liberté d'expression en matière politique en vertu d'une sanction pénale ou d'une mesure préventive";

que, pour le cas où la Cour estimerait devoir se prononcer sur ce problème général, la Commission l'a invitée à confirmer l'avis suivant lequel

> "les limitations maintenues par la loi du 30 juin 1961 dans le domaine de la liberté d'expression, dans la mesure où elles s'appliquent à M. De Becker, ne dépassent point le cadre des formalités, conditions, restrictions ou sanctions qu'autorise l'article 10 § 2 de la Convention." (Doc. A. 68.130, pp. 9 à 12);

Qu'à l'audience du 19 février 1962, le Délégué principal de la Commission auprès de la Cour a souligné qu'aux yeux de la Commission, il "serait difficile" de rayer l'affaire du rôle "si la Cour, à l'inverse de la Commission, éprouvait des doutes quant à la compatibilité d'une déchéance perpétuelle de la liberté d'expression politique avec l'article 10 de la Convention." (Doc. A. 68. 883, p. 13);

Que, par son arrêt du 27 mars 1962, la Cour européenne des Droits de l'Homme a décidé de rayer l'affaire De Becker du rôle, estimant "que dans l'hypothèse où l'application de la nouvelle loi belge soulèverait des problèmes d'interprétation, il n'appartiendrait pas à la Cour – alors que, dans le cas présent, la radiation de l'affaire demandée et par l'État belge, Partie et par la Commission n'est pas de nature à porter préjudice aux libertés fondamentales de l'auteur de la requête initiale – de statuer *d'office* sur ces problèmes" (Publications de la Cour, Série A, n° 4, pp. 26–27);

Qu'il en résulte que si la Cour n'a point expressément confirmé l'avis de la Commission sur la licéité d'une déchéance perpétuelle de la liberté d'expression politique, elle ne l'a pas non plus infirmé;

Que la Commission, de son côté, persiste à penser que les limitations maintenues par l'article 4 de la loi du 30 juin 1961 dans le domaine de la liberté d'expression, à l'encontre de personnes reconnues coupables de trahison en temps de guerre, ne sortent point du cadre tracé par l'article 10 § 2 de la Convention; que l'argumentation de X. ne contient rien, à cet égard, qui puisse justifier un revirement de la jurisprudence de la Commission;

Whereas, therefore, it is appropriate to reject the Application on this point as being manifestly ill-founded (Article 27, paragraph 2, of the Convention);

Whereas it appears, in these circumstances, unnecessary to examine the objection about failure to exhaust all domestic remedies made by the Respondent Government, that is to say, to examine whether the remedy provided for in Article 4, paragraph 5, of the Law of 30th June 1961, is, or is not, one of those which Article 26 of the Convention requires, in principle, to be exhausted and if so, whether it is probably effective and adequate in the present case;

AS TO THE DISABILITIES IMPOSED UPON THE APPLICANT UNDER ARTICLE 123 *sexies* PARAS. (e), (f) AND (g) OF THE BELGIAN PENAL CODE, BEFORE THE ENTRY INTO FORCE OF THE LAW OF 30TH JUNE 1961

Whereas it is now the duty of the Commission to give a ruling on the admissibility of the complaint that paragraphs (e), (f) and (g) of the former Article 123 *sexies* of the Belgian Penal Code as applied to X., between the entry into force of the Convention in respect of Belgium (14th June 1955) and of the Law of 30th June 1961, did not comply with the requirements of Article 10 of the Convention;

Whereas by its decision of 9th June 1958 on the admissibility of Application No. 214/56 by Mr. De Becker, the Commission accepted a complaint presenting a clear analogy with that of X. (Yearbook II, pp. 214 *et seq.*);

Whereas in its report of 8th January 1960 on the said Application (Article 31 of the Convention) the Commission expressed the following opinion:

"...

Article 10, paragraph 1, guarantees to everyone the right to freedom of expression and states that the right includes 'freedom to hold opinions and to receive and impart information and ideas without interference by public authority and regardless of frontiers'. The precise extent to which the provisions of Article 123 *sexies* deprive the Applicant of the enjoyment of this right is disputed by the parties. The provisions in question read as follows:

"Celui qui a été condamné etc. est de plein droit frappé à perpétuité de l'interdiction:

...

(e) du droit de participer à quelque titre que ce soit à l'exploitation, à l'administration, à la rédaction, à l'impression ou à la diffusion d'un journal ou de toute publication;

Qu'il échet, dès lors, de rejeter la requête sur ce point, pour défaut manifeste de fondement (article 27 § 2 de la Convention);

Qu'il se révèle superflu, dans ces conditions, d'examiner l'exception de non-épuisement des voies de recours internes, présentée par le Gouvernement défendeur, c'est-à-dire de rechercher si le recours prévu à l'article 4 § 5 de la loi du 30 juin 1961 figure ou non parmi ceux dont l'article 26 de la Convention exige en principe l'épuisement et si, dans l'affirmative, il est ou non vraisemblablement efficace et suffisant en l'espèce;

QUANT AUX DECHEANCES DONT LE REQUERANT SE TROUVAIT FRAPPE, AVANT L'ENTREE EN VIGUEUR DE LA LOI DU 30 JUIN 1961, EN VERTU DE L'ARTICLE 123 *sexies*, ALINEAS e), f) ET g) DU CODE PENAL BELGE

Considérant qu'il incombe maintenant à la Commission de statuer sur la recevabilité du grief selon lequel les alinéas e), f) et g) de l'ancien article 123 *sexies* du Code pénal belge, tels qu'ils se sont appliqués à X. entre l'entrée en vigueur de la Convention à l'égard de la Belgique (14 juin 1955) et celle de la loi du 30 juin 1961, ne répondaient pas aux exigences de l'article 10 de la Convention;

Que, par sa décision du 9 juin 1958 sur la recevabilité de la requête n° 214/56 de M. De Becker, la Commission a retenu un grief offrant une assez nette analogie avec celui de X. (Annuaire II, pp. 215 *et s.*);

Que, dans son rapport du 8 janvier 1960 sur ladite requête (article 31 de la Convention), la Commission a formulé l'avis ci-après:

"...

"Le paragraphe 1er de l'article 10 garantit à toute personne le droit à la liberté d'expression et précise que ce droit comprend 'la liberté d'opinion et la liberté de recevoir ou de communiquer des informations ou des idées sans qu'il puisse y avoir ingérence d'autorités publiques et sans considération de frontière'. L'exacte mesure dans laquelle les dispositions de l'article 123 *sexies* privent le requérant de la jouissance de ce droit donne lieu à contestation entre les parties. Ces dispositions sont les suivantes:

"Celui qui a été condamné etc. est de plein droit frappé à perpétuité de l'interdiction:

...

e) du droit de participer à quelque titre que ce soit à l'exploitation, à l'administration, à la rédaction, à l'impression ou à la diffusion d'un journal ou de toute publication;

(f) du droit de participer à la direction ou à l'administration de toute manifestation culturelle, philanthropique et sportive, ou de tout divertissement public;

(g) du droit de participer à l'exploitation, à l'administration ou d'une manière quelconque à l'activité de toute enterprise ayant pour objet les spectacles de théâtre, la cinématographie ou la radiodiffusion ...'

"Even if opinions may differ as to the exact effect of these provisions, it cannot be denied that they constitute a very substantial deprivation or restriction of the right to freedom of expression guaranteed in paragraph 1 of Article 10 of the Convention, They appear, for example, to prohibit any publication of any form of writings, whether political or non-political – even writings on scientific, horticultural or sporting subjects, etc. ... and all kinds of poetry. Since these provisions of the Belgian law are incompatible with the right to freedom of expression guaranteed in paragraph 1 of Article 10, their justification, if any, has to be found in one of the exceptions to the right of freedom of expression which are stated in paragraph 2 of that Article.

"Paragraph 2 provides that the exercise of the right to freedom of expression, 'since it carries with it duties and responsibilities, may be subject to such ... conditions, restrictions and penalties as are prescribed by law and are necessary in a democratic society in the interests of national security, territorial integrity or public safety, for the prevention of disorder or crime, for the protection of health or morals, for the protection of the reputation or rights of others ...'

"The authors of this paragraph no doubt had in mind primarily the conditions, restrictions and penalties to which freedom of expression is commonly subject in a democratic society as being necessary to prevent seditious, libellous, blasphemous and obscene publications, to ensure the proper administration of justice, to protect the secrecy of confidential information, etc. The restrictions on freedom of information contained in paragraphs (e), (f) and (g) of Article 123 *sexies* are, however, of a somewhat different kind. They are imposed as penal sanctions and deterrent measures on persons convicted of certain crimes committed in time of war which do not necessarily involve misuses of the right to freedom of expression. ... The fact that the incapacities in regard to freedom of expression imposed by Article 123 *sexies* are sanctions and preventive measures of an unusual kind means that the question of their justification as 'measures necessary in a democratic society' has to be considered with special care.

"The crimes to which Article 123 *sexies* is applicable involve

f) du droit de participer à la direction ou à l'administration de toute manifestation culturelle, philanthropique et sportive, ou de tout divertissement public;

g) du droit de participer à l'exploitation, à l'administration ou d'une manière quelconque à l'activité de toute entreprise ayant pour objet les spectacles de théâtre, la cinématographie ou la radiodiffusion...'

"Même si les avis peuvent diverger quant à la portée exacte de ces dispositions, il est indéniable qu'elles constituent une privation ou une restriction substantielle du droit à la liberté d'expression, tel que le garantit le paragraphe 1er de l'article 10 de la Convention. Elles paraissent, par exemple, interdire toute publication de toute forme d'écrits, qu'ils aient ou non un caractère politique, même d'écrits portant p. ex. sur des sujets scientifiques, horticoles ou sportifs et de tout genre de poésie. Ces dispositions de la loi belge étant incompatibles avec le droit à la liberté d'expression que garantit le paragraphe 1er de l'article 10, il faut en rechercher la justification éventuelle dans l'une des exceptions au droit à la liberté d'expression qu'énumère le paragraphe 2 de cet article.

"Ledit paragraphe 2 stipule que l'exercice du droit à la liberté d'expression, 'comportant des devoirs et des responsabilités peut être soumis à certaines conditions, restrictions ou sanctions prévues par la loi, qui constituent des mesures nécessaires, dans une société démocratique, à la sécurité nationale, à l'intégrité territoriale ou à la sûreté publique, à la défense de l'ordre et à la prévention du crime, à la protection de la santé ou de la morale, à la protection de la réputation ou des droits d'autrui ...'

"Sans nul doute, les auteurs de ce paragraphe songeaient avant tout aux conditions, restrictions et sanctions auxquelles la liberté d'expression est normalement soumise dans une société démocratique et qui sont jugées nécessaires pour empêcher les publications séditieuses, diffamatoires, blasphématoires et pornographiques, pour assurer la bonne administration de la justice, pour garantir le secret des informations confidentielles, etc. Or, les restrictions à la liberté de l'information prévues aux paragraphes e), f) et g) de l'article 123 *sexies* ont un caractère quelque peu différent. Elles sont imposées, en tant que sanctions pénales et measures d'intimidation, à des personnes reconnues coupables de certains crimes commis en temps de guerre et n'impliquant pas nécessairement un abus du droit à la liberté d'expression ...

"... Les incapacités que l'article 123 *sexies* impose en matière de liberté d'expression constituant des sanctions et des mesures de sûreté de type exceptionnel, la question de savoir si elles se justifient en tant que 'mesures nécessaires dans une société démocratique' exige un examen particulièrement attentif.

"Les crimes auxquels s'applique l'article 123 *sexies* comprennent

treachery in time of war and are of the utmost gravity. The Commission gives also full weight to the observation of the Respondent Government that in modern society ideologies do not respect international frontiers and that subversive propaganda has been a feature of modern wars. The need for strong sanctions and effective preventive measures to protect the community against crimes of the kind committed by the Applicant may therefore be readily conceded. The Commission considers, however, that paragraph 2 of Article 10 of the Convention does not permit the infliction of incapacities in regard to freedom of expression whether that is done by way of penal sanctions or preventive measures, except where the nature itself of the offence obviously necessitates such incapacities.

"The Commission considers that to impose on persons convicted of treachery in time of war a total incapacity for life to publish their political opinions may be justifiable under Article 10, paragraph 2, as a deterrent sanction and a preventive measure of public security. But article 123 *sexies* goes beyond the imposition of incapacities in regard to the publication of political opinions and includes incapacities which have no direct relation to the offence committed. Even so, the Commission believes that the imposition of the incapacities contained in paragraphs (e), (f) and (g) of that Article may be justifiable in time of war and for such period as may be necessary after the conclusion of a war. During a war and in the immediate post-war period considerations of public morale and public order may justify persons convicted of traitorous association with the enemy being subjected by a State to a total or almost total deprivation of their freedom of expression. Furthermore, when a country has experienced a long period of occupation by the enemy with all its effects on public morale, the process of re-establishing public morale and the risk of disturbances to public order may necessitate and justify the maintenance of these incapacities in full force for some period of time after the end of hostilities. On the other hand, a law which inflexibility takes away for life, without reference to the evolution of public morale and public order, all freedom of publication in regard to non-political as well as political writings, appears to the Commission to go beyond what is justifiable under paragraph 2 of Article 10.

"The Commission does not overlook the need for strong deterrents to prevent persons from committing crimes of the kind to which the sanctions in Article 123 *sexies* are directed. In its view, however, fully adequate deterrents can be devised under Articles 2, 4, 5 and 10 of the Convention without recourse to the lifelong deprivation of freedom of expression, including non-political writings, which is found in Article 123 *sexies*. Such a lifelong and all-embracing

la trahison en temps de guerre et sont d'une extrême gravité. La Commission attache également sa pleine valeur à l'observation du Gouvernement défendeur selon laquelle, dans la société d'aujourd'hui, les idéologies ne respectent pas les frontières internationales et la propagande subversive a été une caractéristique des guerres modernes. On peut, dès lors, admettre d'emblée la nécessité de sanctions rigoureuses et de mesures de sûreté efficaces pour protéger la collectivité contre des crimes du genre de ceux commis par le requérant. La Commission estime toutefois que le paragraphe 2 de l'article 10 ne permet pas d'infliger des incapacités en matière de liberté d'expression, que ce soit à titre de sanctions pénales ou de mesures de sûreté, sauf si la nature même de l'infraction rend manifestement nécessaires pareilles incapacités.

"De l'avis de la Commission, il se peut que le fait de frapper des personnes reconnues coupables de trahison en temps de guerre d'une incapacité totale et perpétuelle de publier leurs opinions politiques se justifie, aux termes du paragraphe 2 de l'article 10, en tant que sanction d'intimidation et mesure préventive de sécurité publique. Mais l'article 123 *sexies* ne se contente pas d'imposer des incapacités relativement à la publication d'opinions politiques et prévoit des incapacités sans rapport direct avec l'infraction commise. La Commission estime néanmoins que l'infliction des incapacités définies aux paragraphes e), f) et g) de cet article peut se justifier en temps de guerre et pendant le temps nécessaire après la fin d'une guerre. En temps de guerre et immédiatement après la guerre, des considérations ayant trait au moral de la nation et à l'ordre public peuvent légitimement amener un Etat à priver complètement ou presque complètement de leur liberté d'expression des personnes reconnues coupables d'intelligences avec l'ennemi. En outre, lorsqu'un pays a vécu une longue période d'occupation ennemie, avec toutes ses répercussions sur le moral de la nation, le processus de restauration de ce moral et le risque d'atteinte à l'ordre public peuvent nécessiter et justifier le maintien intégral de ces incapacités pendant une certaine période après la fin des hostilités. Cependant, une loi qui, sans tenir compte de l'évolution du moral de la nation et de l'ordre public, supprime rigidement et à perpétuité toute liberté de publication, qu'il s'agisse ou non d'écrits politiques, paraît à la Commission aller au delà de ce que justifie le paragraphe 2 de l'article 10.

"La Commission ne méconnaît pas la nécessité de mesures d'intimidation rigoureuses pour empêcher ceux qui en auraient l'intention de commettre des infractions du type de celles auxquelles s'appliquent les sanctions de l'article 123 *sexies*. Elle estime, toutefois, que les articles 2, 4, 5 et 10 de la Convention permettent de concevoir des mesures préventives pleinement suffisantes, sans qu'il soit recouru à la privation perpétuelle de la liberté d'expression que

deprivation of freedom of expression scarcely appears to be reconcilable with the ideals and traditions of the democracies of the Council of Europe and, in the opinion of the Commission, goes beyond what is 'necessary in a democratic society in the interests of national security, territorial integrity or public safety, for the prevention of disorder or crime, for the protection of health or morals, for the protection of the reputation or rights of others'. Certainly, the other States of the Council of Europe which introduced special legislation to deal with those who had collaborated with the enemy during the period of the occupation of their countries did not find it necessary to have recourse to so inflexible a deprivation of freedom of expression as that in Article 123 *sexies*, or at least did not prolong it indefinitely.

"The Commission accordingly concludes that paragraphs (e), (f) and (g) of Article 123 *sexies*, in so far as they affect freedom of expression, are not fully justifiable under the Convention whether they be regarded as providing for penal sanctions or for preventive measures in the interests of public security. They are not justifiable in so far as the deprivation of freedom of expression in regard to non-political matters, which they contain, is imposed inflexibly for life without any provision for its relaxation when, with the passage of time, public morale and public order have been re-established and the continued imposition of that particular incapacity has ceased to be a measure 'necessary in a democratic society' within the meaning of Article 10, paragraph 2, of the Convention.

"The Convention entered into force with respect to Belgium on 14th June 1955. Thereafter the Belgian Government, which made no reservation with respect to Article 10 when ratifying the Convention, was under an obligation to make any modifications in her laws which might be necessary to bring them into harmony with the provisions of the Convention. In the present case the situation under Belgian Law is that the comprehensive incapacities in regard to freedom of speech which are contained in certain provisions of paragraphs (e), (f) and (g) of Article 123 *sexies* and are imposed upon the Applicant remain in full force, unalterable except by Parliament, which has not amended them as yet although the Convention is in force and despite the fact that fifteen years have passed since the end of the occupation of Belgium and of the war in Europe.

"The Commission is aware that in recent years proposals for the modification of Article 123 *sexies* have been under active consideration in the Belgian Parliament. Having regard to its conclusion that paragraphs (e), (f) and (g) of Article 123 *sexies*, in so far as they

prévoit l'article 123 *sexies*, même pour les écrits non-politiques. Une telle privation perpétuelle et complète de la liberté d'expression ne paraît guère conciliable avec les idéaux et les traditions des démocraties membres du Conseil de l'Europe et, de l'avis de la Commission, va au delà des 'mesures nécessaires, dans une société démocratique, à la sécurité nationale, à l'intégrité territoriale ou à la sûreté publique, à la défense de l'ordre et à la prévention du crime, à la protection de la santé ou de la morale, à la protection de la réputation ou des droits d'autrui'. Au demeurant, il est constant que les autres Etats membres du Conseil de l'Europe qui ont adopté une législation spéciale pour châtier ceux qui avaient collaboré avec l'ennemi pendant l'occupation de leur pays n'ont pas jugé nécessaire de recourir à une privation de la liberté d'expression aussi inflexible que celle prévue à l'article 123 *sexies*, ou du moins ne l'ont pas maintenue à perpétuité.

"La Commission conclut, en conséquence, que les paragraphes e), f) et g) de l'article 123 *sexies*, pour autant qu'ils affectent la liberté d'expression, ne se justifient pas pleinement au regard de la Convention, qu'ils soient considérés comme instituant des sanctions pénales ou des mesures préventives de sûreté publique. Ils ne se justifient pas en ce que la privation de la liberté d'expression qu'ils prévoient en des matières autres que politiques est infligée rigidement et à perpétuité, sans qu'il soit envisagé de l'assouplir si, avec le temps, le moral de la nation et l'ordre public sont restaurés et que le maintien en vigueur de cette incapacité particulière cesse d'être une mesure 'nécessaire dans une société démocratique", au sens de l'article 10, paragraphe 2, de la Convention.

"La Convention est entrée en vigueur à l'égard de la Belgique le 14 juin 1955. Par là même, la Belgique – qui, en ratifiant la Convention, n'a émis aucune réserve relative à l'article 10 – a contracté l'obligation d'apporter à ses lois toutes les modifications qui pourraient se révéler nécessaires pour les mettre en harmonie avec les dispositions de la Convention. En l'espèce, la situation qui se présente en droit belge réside dans le fait que les larges déchéances que créent, quant à la liberté d'expression, certaines dispositions des paragraphes e), f) et g) de l'article 123 *sexies*, et dont le requérant se trouve frappé, demeurent pleinement en vigueur, sans pouvoir être amendées si ce n'est par le Parlement, et qu'aucune modification n'y a encore été apportée, bien que la Convention soit en vigueur et que quinze années se soient écoulées depuis la fin de l'occupation de la Belgique et de la guerre en Europe.

"La Commission n'ignore pas que le Parlement belge a examiné activement, au cours des dernières années, des propositions tendant à modifier l'article 123 *sexies*. Eu égard à sa conclusion selon laquelle les paragraphes e), f) et g) de l'article 123 *sexies*, pour autant qu'ils

affect freedom of expression, are not justifiable under Article 10 of the Convention in their present inflexible form, the Commission considers that the modification of Article 123 *sexies*, in order to bring it into harmony with Article 10, is a question that requires the early attention of the Belgian Government." (Doc. A. 51.519, pp. 148–152).

Whereas it is apparent from the foregoing opinion, which was given before promulgation of the Law of 30th July 1961, that if, in the Commission's view, the disputed disabilities were not fully justified under the Convention, the reason for this was that they were for life and at the same time almost absolute.

Whereas it was precisely the purpose of the Law of 30th June 1961 to do away with this dual nature; whereas, moreover, the almost complete deprivation of freedom of expression inflicted on certain persons for the remainder of their lives has now become an incapacity limited both in space and in time, because it now applies only to political matters and the persons concerned may avail themselves of a remedy to obtain total or partial restitution of the rights of which they are deprived (see the pleadings of the principal delegate of the Commission before the Court in the De Becker case; hearing of 5th October 1961, doc. A. 67.550, pp. 9–10); whereas the new law does not, it is true, entirely exclude the possibility of deprivation for life of freedom of political expression, but such a measure is in accordance with Article 10, paragraph 2, of the Convention (see above);

Whereas the task of the Commission is accordingly limited to determining whether the disabilities defined in paragraphs (e), (f) and (g) of former Article 123 *sexies* of the Belgian Penal Code as they applied to X. before the entry into force of the Law of 30th June 1961 might have violated the Applicant's freedom of "non-political" expression guaranteed in Article 10 of the Convention;

Whereas in the above-mentioned report of 8th January 1960 the Commission complained that Article 123 *sexies* did not make "provision for relaxation" of the said disabilities "when with the passage of time public morale and public order have been re-established and the continued imposition of that particular incapacity has ceased to be a measure necessary in a democratic society within the meaning of Article 10, paragraph 2, of the Convention"; whereas the Commission pointed out that fifteen years had elapsed since the end of the war in Europe and "that the modification of Article 123 *sexies*, in order to bring it into harmony with Article 10, (was) a question that (required) the early attention of the Belgian Government";

Whereas, on the other hand, the Commission was not giving a decision as to whether, on 8th January 1960, the restoration of public morale and public order were such, in Belgium, that the

affectent la liberté d'expression, ne peuvent trouver leur justification dans l'article 10 de la Convention, sous leur forme rigide actuelle, la Commission estime que la modification de l'article 123 *sexies*, en vue de le mettre en harmonie avec l'article 10, est une question qui appelle un examen urgent de la part du Gouvernement belge." (Doc. A. 51.519, pp. 148 à 153);

Qu'il ressort de l'avis précité, antérieur à la promulgation de la loi du 30 juin 1961, que si, aux yeux de la Commission, les déchéances litigieuses ne se justifiaient pas pleinement sur le terrain de la Convention, c'était en raison de leur caractère à la fois perpétuel et quasi absolu;

Que la loi du 30 juin 1961, a eu précisément pour but et pour résultat de mettre fin à ce double caractère; qu'en effet, à une privation presque complète de la liberté d'expression, infligée à certains condamnés pour le restant de leur vie, se substitue désormais une incapacité limitée aussi bien dans l'espace que dans le temps, puisqu'elle ne joue plus qu'en matière politique et que les intéressés disposent d'un recours en restitution totale ou partielle des droits dont ils demeurent déchus (cf. la plaidoirie du Délégué principal de la Commission auprès de la Cour en l'affaire De Becker, audience du 5 octobre 1961, Doc. A. 67.550, pp. 9–10); que la nouvelle législation, il est vrai, n'exclut pas entièrement la possibilité d'une privation perpétuelle de la liberté d'expression politique, mais que pareille mesure se concilie avec l'article 10 § 2 de la Convention (cf. supra);

Que la tâche de la Commission se borne, par conséquent, à déterminer si les déchéances définies aux alinéas e), f) et g) de l'ancien article 123 *sexies* du Code pénal belge, telles qu'elles s'appliquaient à X. avant l'entrée en vigueur de la loi du 30 juin 1961, ont pu violer la liberté d'expression "non politique" du requérant, garantie à l'article 10 de la Convention;

Que, dans son rapport susmentionné du 8 janvier 1960, la Commission reprochait à l'article 123 *sexies* de ne pas "envisager d'assouplir" lesdites déchéances "si, avec le temps, le moral de la nation et l'ordre public sont restaurés et que le maintien en vigueur de cette incapacité particulière cesse d'être une mesure nécessaire dans une société démocratique, au sens de l'article 10 § 2 de la Convention"; qu'elle soulignait que quinze années s'étaient écoulées depuis la fin de la guerre en Europe et "que la modification de l'article 123 *sexies*, en vue de le mettre en harmonie avec l'article 10, (était) une question qui (appelait) un examen urgent de la part du Gouvernement belge";

Qu'en revanche, la Commission ne se prononçait pas sur le point de savoir si, à la date du 8 janvier 1960, la restauration du moral de la nation et de l'ordre public était telle, en Belgique, que les

disputed disabilities already constituted a specific violation of the Convention to the detriment of Mr. De Becker; whereas, in other words, it did not indicate whether or not the latter was "victim" of such violation and if so since when;

Whereas this question, too, has not been settled by the European Court of Human Rights;

Whereas it is in the first place for the competent authorities in the Contracting States to judge from what date emergency restrictions placed upon fundamental rights and freedoms and introduced to meet a national crisis of particular scope and gravity, cease to constitute "a measure necessary in a democratic society" within the meaning of Article 10, paragraph 2, of the Convention; whereas in this respect the Contracting States possess wide powers of appreciation;

Whereas, though such powers must clearly be exercised within the scope of the Convention and under the control of the organs responsible for seeing that the Convention is respected, it does not appear that the Belgian Parliament and Government abused them in the case in point; whereas according to the file as it stands at present, the Commission can discern no factor showing that Belgium unduly delayed modification of Article 123 *sexies* of its Penal Code in so far as it could be criticised;

Whereas it is also appropriate to reject the remainder of the Application by virtue of Article 27, paragraph 2, of the Convention as being manifestly ill-founded;

Whereas the Commission considers it unnecessary in these circumstances to give a ruling on the objection formulated by the Belgian Government in respect of the time-limit by referring to the generally recognised rules of international law;

Now therefore the Commission

DECLARES THE APPLICATION INADMISSIBLE.

Application No. 1035/61

X. *against* THE FEDERAL REPUBLIC OF GERMANY

Decision of 17th January 1963

...

THE FACTS

Whereas the facts as submitted by the Applicant may be summarised as follows:

The Applicant is a German citizen born in ... and at present a

déchéances litigieuses entraînaient d'ores et déjà une violation concrète de la Convention au détriment de M. De Becker; qu'en d'autres termes, elle n'indiquait pas si ce dernier était ou non "victime" d'une telle violation et, dans l'affirmative, depuis quand;

Que cette question n'a pas non plus été tranchée par la Cour européenne des Droits de l'Homme;

Qu'il appartient, au premier chef, aux autorités compétentes des Etats contractants d'apprécier à partir de quel moment certaines restrictions exceptionnelles aux droits et libertés fondamentaux, introduites pour faire face à une crise nationale d'une ampleur et d'une acuité particulière, cessent de constituer "une mesure nécessaire dans une société démocratique", au sens de l'article 10 § 2 de la Convention; que les Etats contractants conservent, à cet égard un pouvoir d'appréciation étendu;

Que si ce pouvoir, de toute évidence, doit s'exercer dans le cadre de la Convention et sous le contrôle des organes chargés de veiller au respect de celle-ci, il ne semble pas que le Gouvernement et le Parlement belges en aient abusé dans le cas d'espèce; qu'en l'état actuel du dossier, du moins, la Commission ne discerne aucun élément tendant à établir que la Belgique a indûment tardé à modifier l'article 123 *sexies* de son Code pénal dans ce qu'il avait de critiquable;

Qu'il y a donc lieu de rejeter également le restant de la requête en vertu de l'article 27 § 2 de la Convention, pour défaut manifeste de fondement;

Que la Commission estime superflu, dans ces conditions, de statuer sur l'exception de tardiveté que le Gouvernement belge a formulée en se référant aux principes de droit international généralement reconnus;

Par ces motifs, la Commission

DECLARE LA REQUETE IRRECEVABLE.

Requête No. 1035/61

X. *contre* LA REPUBLIQUE FEDERALE D'ALLEMAGNE

Décision du 17 janvier 1963

... (*Traduction*)

EN FAIT

Considérant que les faits invoqués par le requérant peuvent se résumer comme suit:

Le requérant, ressortissant allemand, né à ... est actuellement

corporal in the German army. He is represented by Dr. H. K., a lawyer practising in Z.

On ... 1959 the Applicant was involved in a traffic accident in which a motor-cyclist was killed. He was subsequently charged with homicide by negligence (*fahrlässige Tötung*) but on ... 1960 he was acquitted by the Jury Court (*Schöffengericht*) of Z. The Public Prosecutor appealed, however, and on ... 1960 the Applicant was convicted by the Regional Court (*Landesgericht*) of Z. and sentenced to a fine of 300 DM. The Court took into consideration as extenuating circumstances the facts that the co-responsibility of the victim could not be excluded in view of the alcohol concentration in his blood, that the Applicant had no previous convictions, that he had recently obtained his driving licence and that the proceedings had made a definite impact on him.

On ... 1960 the Applicant's lawyer lodged an appeal (*Revision*) against his client's conviction and on ... 1960 he received a copy of the counter-memorial filed by the Chief Public Prosecutor (*Oberstaatsanwalt*) dated ... 1960.

On ... 1960 the case-file was forwarded, in accordance with Article 347, paragraph (2), of the Code of Criminal Procedure, by the Attorney-General (*Generalstaatsanwalt*) to the second Criminal Chamber of the Court of Appeal of Z. The covering letter contained in handwriting the following sentence: "*M.E. kann para. 349 II STPO Anwendung finden*" (In my opinion Article 349, para. 2 of the Code of Criminal Procedure may be applied). On ... 1960 the Court of Appeal (*Oberlandesgericht*) of Z. dismissed the appeal.

Counsel for the Applicant states that neither he nor the Applicant was informed of the date of the hearing, that consequently neither of them was present at the hearing but that the Attorney-General (*Generalstaatsanwalt*) was present and heard by the Court. The Applicant further states that he was never informed as to the position taken by the Prosecutor in regard to the appeal, that he was given no knowledge of the Prosecutor's statements in Court and that he was consequently unable to reply.

The text of the decision of the Court of Appeal contains the following sentence: "*Nach Anhörung des Generalstaatsanwalts*" (Having heard the Attorney-General ...), and stated that the appeal was "*Nach para. 349, abs. 2 STPO als offensichtlich unbegründet verworfen*" (rejected in accordance with Article 349, paragraph 2, of the Code of Criminal Procedure as being manifestly ill-founded). It gives, however, no grounds on which the Court reached this decision. The Applicant's lawyer submits that, in view of the conflicting judgments of the lower courts, the decision of the higher court should be accompanied by reasons and that, in any

caporal dans l'armée allemande. Il est représenté par le Dr. H. K., avocat, exerçant à Z.

Le ... 1959, le requérant a été impliqué dans un accident de la circulation qui a causé la mort d'un motocycliste. Il a été, par la suite, accusé d'homicide involontaire (*fahrlässige Tötung*), mais acquitté le ... 1960, par le tribunal des échevins (*Schöffengericht*) de Z. Toutefois, le Ministère public a fait appel et, le ... 1960, le requérant a été condamné par le tribunal régional (*Landesgericht*) de Z. à une amende de 300 DM. Le tribunal a retenu comme circonstances atténuantes que la co-responsabilité de la victime ne pouvait être exclue en raison de la concentration d'alcool constatée dans son sang, que le requérant n'avait subi antérieurement aucune condamnation, qu'il avait obtenu récemment son permis de conduire et que la procédure lui avait causé un véritable choc.

Le ... 1960, l'avocat du requérant a fait appel (*Revision*) du jugement condamnant son client et il a reçu le ... 1960, copie du contre-mémoire en date du ... 1960, déposé par le Procureur supérieur (*Oberstaatsanwalt*).

Le ... 1960, le dossier a été transmis, conformément à l'article 347, paragraphe 2 du Code de procédure pénale, par le Procureur général (*Generalstaatsanwalt*) à la deuxième Chambre criminelle de la Cour d'appel de Z. La lettre de couverture portait, écrite à la main, la phrase suivante: "*M. E. kann para. 349 II STPO Anwendung finden*" (A mon avis, l'article 349, paragraphe 2, du Code de Procédure pénale peut être appliqué). Le ... 1960, la Cour d'Appel (*Oberlandesgericht*) de Z. a rejeté le recours.

Le défenseur du requérant déclare que ni lui, ni son client n'ont été informés de la date de l'audience; qu'en conséquence, ni l'un ni l'autre n'y ont assisté, mais que le Procureur général (*Generalstaatsanwalt*) était présent et a été entendu par la Cour. Le requérant déclare, en outre, qu'il n'a jamais été informé de la position prise par le Procureur au sujet de l'appel, qu'il n'a pas eu connaissance des déclarations faites devant la Cour par ce dernier, et qu'il lui a donc été impossible d'y répondre.

Le texte de la décision de la Cour d'appel contient la phrase suivante: "*Nach Anhörung des Generalstaatsanwalts*" (Ayant entendu le Procureur général ...); et ajoute que l'appel a été rejeté "*Nach para. 349, alinéa 2, STPO als offensichtlich unbegründet verworfen*" (rejeté conformément aux dispositions de l'article 349, paragraphe 2, du Code de procédure pénale, comme étant manifestement mal fondé). Cependant, la Cour n'indique pas les motifs sur lesquels elle s'est basée pour rendre sa décision. L'avocat du requérant estime, qu'en raison du caractère contradictoire des jugements des tribunaux inférieurs, la décision de l'instance supérieure devrait être motivée et, qu'en tout cas, un recours contre

event, an appeal from a judgment reversing that of a lower court cannot be considered to be "manifestly ill-founded".

Relying on the above complaints against the decision of the Court of Appeal, the Applicant's lawyer on ... 1960 lodged a constitutional appeal (*Verfassungsbeschwerde*) which was rejected on ... 1960 by the Federal Constitutional Court.

Whereas the Applicant alleges violations of Article 6, paragraphs (1) and (3), of the Convention.

THE SUBMISSIONS OF THE PARTIES

Whereas the Applicant's submissions, contained in the application form and in his Counsel's Reply of 27th September 1962 to the Observations of the Respondent Government may be summarised as follows:

1. *As to the question of a fair hearing*

The phrase contained in the decision of the Court of Appeal of ... 1960, "having heard the Attorney-General" must mean that the Attorney-General was alone heard by the Court. It is clear that such practice violates the requirements laid down in Article 6 of the Convention as to a "fair trial" and can give rise to the suspicion that the decision was reached by the Court and the Attorney-General to the exclusion of the defence.

It is immaterial whether or not the Attorney-General was present. Even if he did no more than submit a written statement to the Court, it amounts to a serious infuence of the Court without giving the defence the right to counteract such influence. Such practice is all the more serious in view of the prestige of the Attorney-General's office.

2. *As to the question of the Court of Appeal failing in its decision to give reasons for the rejection of the Applicant's appeal*

The dismissal of the appeal by the decision of ... 1960 on the ground that it was manifestly ill-founded within the meaning of Article 349, paragraph 2, of the Code of Criminal Procedure is clearly a violation of the Convention. When an appeal is dismissed it is not sufficient to dispose of the case by a single phrase. The appellant is entitled to know on what grounds the Court reached its decision. In the present case, the two lower courts, the Jury Court of Z. and the Regional Court of Z., arrived at opposite conclusions based on substantially identical facts when the former court acquitted the accused and the latter court convicted him. Consequently, it was of great importance to the appellant to learn the grounds on which the Court of Appeal had upheld the decision of the

un jugement qui a annulé celui d'une instance inférieure, ne peut être considéré comme "manifestement mal fondé".

En se fondant sur les griefs ci-dessus formulés contre l'arrêt de la Cour d'appel, le défenseur du requérant a introduit, le ... 1960, un recours constitutionnel (*Verfassungsbeschwerde*) qui a été rejeté, le ... 1960, par la Cour constitutionnelle fédérale.

Considérant que le requérant allègue des violations de l'article 6, paragraphes 1 et 3 de la Convention.

ARGUMENTS DES PARTIES

Considérant que les arguments du requérant, contenus dans le formulaire de requête et dans la réponse du 27 septembre 1962, de son avocat aux observations du Gouvernement défendeur, peuvent être résumés comme suit:

1. *En ce qui concerne le droit à ce que la cause soit entendue équitablement*

L'expression suivante, contenue dans la décision de la Cour d'appel en date du ... 1960: "Ayant entendu le Procureur général", doit signifier que celui-ci a été seul entendu par la Cour. Il est clair qu'une telle pratique viole les dispositions de l'article 6 de la Convention, concernant le droit à ce que la cause soit "entendue équitablement", et peut faire penser que la décision a été prise par la Cour et le Procureur général à l'exclusion de la défense.

Il importe peu que le Procureur général ait été ou non présent. Même s'il s'était borné à soumettre à la Cour une déclaration écrite, cela équivaut à exercer une forte influence sur cette dernière sans que la défense ait eu le droit de contrecarrer cette influence. Une telle pratique est d'autant plus grave que le Ministère Public jouit d'un grand prestige.

2. *En ce qui concerne le fait que la décision de la Cour d'appel n'indique pas les motifs du rejet de l'appel du requérant*

Le rejet de l'appel, par décision du ... 1960, pour le motif que ce dernier était manifestement mal fondé au sens de l'article 349, paragraphe 2, du Code de procédure pénale, constitue de toute évidence une violation de la Convention. Lorsqu'un appel est rejeté, il ne suffit pas de régler l'affaire par une simple phrase. Le requérant est en droit de connaître les motifs qui ont amené la Cour à prendre sa décision. En l'espèce, les deux instances inférieures, le Tribunal des échevins de Z. et le Tribunal régional de Z., sont arrivés à des conclusions opposées fondées sur des faits substantiellement identiques, car le premier tribunal a acquitté l'accusé alors que le second l'a condamné. Dès lors, il était d'une grande importance pour le requérant de connaître les motifs pour lesquels la Cour d'appel a

Regional Court. An unmotivated dismissal of an appeal, not only in the present case but as a general principle, violates the most elementary principles of legal procedure in a democratic State;

Whereas the submissions of the Respondent Government may be summarised as follows:

1. *As to the question of a fair hearing*

The complaint of the Applicant that the Attorney-General was present at the hearing of the Court of Appeal and heard by the Court is based on a misinterpretation of the words "having heard the Attorney-General" as contained in the introduction to the decision of the Court. As clearly results from the files and as is in conformity with German legal provisions, an oral hearing of the parties before the Court of Appeal did not take place. The judgment was passed at a session *in camera* at which the Attorney-General was not present.

Article 6 of the Convention and, in particular, the principle of "fair trial" were not violated in the proceedings before the Court of Appeal, as both the defence and the prosecution had the same possibilities of submitting their arguments.

In his memorial, counsel for the Applicant had fully set out the reasons for his appeal. The Chief Public Prosecutor (*Oberstaatsanwalt*) at the Regional Court then lodged a counter-memorial which was formally served on Applicant's counsel on ... 1960.

The arguments of the Attorney-General, when forwarding the files to the Court of Appeal, merely consisted of the suggestion to proceed in accordance with Article 349, paragraph 2, of the Code of Criminal Procedure, i.e. to reject the appeal as being "manifestly ill-founded". The words "having heard the Attorney-General" contained in the Court's decision referred solely to this suggestion.

2. *As to the question of the Court of Appeal failing in its decision to give reasons for the rejection of the Applicant's appeal*

Under Article 349, paragraph 2, of the Code of Criminal Procedure, an appeal on a point of law (*Revision*) may be rejected by a decision which does not state the grounds where the Chamber unanimously reaches the opinion that the appeal is manifestly ill-founded.

German law provides in the case of such appeals, that the accused shall, to a limited extent only, have the possibility of attacking the decision complained of. An appeal may be based only on an alleged violation of the law, i.e. that the lower court did not apply, or did

confirmé la décision du tribunal régional. Le rejet non motivé d'un appel, non seulement en l'espèce, mais en tant que règle générale, viole les principes les plus élémentaires de la procédure dans un Etat démocratique;

Considérant que les arguments du Gouvernement défendeur peuvent se résumer comme suit:

1. *En ce qui concerne le droit à ce que la cause soit entendue équitablement*

Le grief du requérant selon lequel le Procureur général était présent à l'audience de la Cour d'appel et a été entendu par celle-ci, est basé sur une interprétation erronée des mots "Ayant entendu le Procureur général", contenus dans les considérants de l'arrêt de la Cour. Comme le montre clairement l'étude des dossiers et conformément aux dispositions du droit allemand, il n'y a pas eu d'audience contradictoire des parties devant la Cour d'appel. L'arrêt à été rendu au cours d'une séance à *huis clos* à laquelle le Procureur général n'assistait pas.

L'article 6 de la Convention et, en particulier, le principe selon lequel la cause doit être "entendue équitablement", n'a pas été violé au cours de la procédure devant la Cour d'appel, étant donné que la défense et l'accusation ont eu les mêmes possibilités de présenter leurs arguments.

Dans son mémoire, l'avocat du requérant a pleinement exposé les raisons de son recours. Le procureur supérieur (*Oberstaatsanwalt*) du tribunal régional a alors déposé un contre-mémoire qui a été dûment notifié à l'avocat du requérant, le ... 1960.

Les arguments du Procureur général lorsqu'il a transmis le dossier à la Cour d'appel, n'ont consisté qu'à suggérer de procéder conformément aux dispositions de l'article 349, paragraphe 2 du Code de procédure pénale, c'est-à-dire de rejeter le recours comme étant "manifestement mal fondé". Les mots "ayant entendu le Procureur général", contenus dans la décision de la Cour, ne se référaient qu'à cette suggestion.

2. *En ce qui concerne le fait que la décision de la Cour d'appel n'a pas indiqué les motifs du rejet du recours du requérant*

En vertu de l'article 349, paragraphe 2, du Code de Procédure pénale, un appel sur un point de droit (*Revision*) peut être rejeté par une décision non motivée lorsque la juridiction compétente estime à l'unanimité que l'appel est manifestement mal fondé.

La loi allemande prévoit dans le cas de tels recours que l'accusé peut, mais seulement dans une certaine mesure, attaquer la décision incriminée. Un tel recours ne peut être fondé que sur une violation alléguée de la loi, due au fait que l'instance inférieure n'aurait pas appliqué, ou n'aurait pas appliqué correctement, une prescription de

not properly apply, a legal provision (Article 337 of the Code of Criminal Procedure). Findings of fact and, in general, the consideration of evidence by the lower court cannot be challenged.

It follows from these rules that the Applicant's appeal was admissible only insofar as it alleged that the Regional Court failed sufficiently to establish the facts by dismissing a motion by counsel for the defence that the place of the accident should be inspected by the Court. On this point the judgment of the Regional Court indicated:

> "The defence counsel's subsidiary application that the Court should inspect the site of the accident need not be accepted since, on the basis of the evidence given by the witness K., Sergeant-Major of Police, the exact measurements of the place of the accident have been ascertained."

The rejection of the appeal, without giving detailed reasons, was not contrary to Article 6 of the Convention and, in particular, to the guarantee of a "fair trial". The criminal charge against the Applicant had been examined and decided upon in a reasoned judgment of the Regional Court sitting as a Court of second instance and fully complying with all guarantees under Article 6. Against the sentence of the Regional Court, which was called upon to settle questions of fact as well as of law, German law gives to the accused a further remedy – thereby exceeding the requirements of the Convention – consisting of a review of the decision concerned. No provision of the Convention prevents a domestic law from stating that an appeal which is manifestly ill-founded may be rejected by a unanimous decision of the Court of Appeal without giving detailed grounds. This limitation does not constitute in itself a legal disadvantage to the appellant.

There is, moreover, no reason to assume that an appeal against a decision of a court of second instance, by which a judgment of a lower court was reversed, cannot be "manifestly ill-founded". Such expression merely indicates that the legal allegations of the appeal obviously lack any basis. It leaves aside the question, which is outside the competence of the Court of Appeal, whether the finding of facts in the judgments of either of the lower instances is correct.

THE LAW

As to the question of a fair hearing

Whereas Article 349 of the Code of Criminal Procedure provides as follows:

la loi (article 337 du Code de procédure pénale). Les conclusions sur des points de fait et, d'une façon générale, l'examen des moyens de preuve admis par l'instance inférieure, ne peuvent être contestés.

Il résulte de ces prescriptions que le recours du requérant n'était recevable que pour autant qu'il alléguait que le tribunal régional n'avait pas suffisamment établi les faits en rejetant une proposition de l'avocat de la défense tendant à ce que le lieu de l'accident soit inspecté par le tribunal. Sur ce point, le jugement du tribunal régional déclarait:

> "Il n'y a pas lieu d'accepter la demande subsidiaire de l'avocat du requérant tendant à ce que le tribunal inspecte le lieu de l'accident puisque, d'après le témoignage de M.K., officier de police, les mesures exactes du lieu en question ont été vérifiées."

Le rejet du recours, sans motifs détaillés, n'est pas contraire à l'article 6 de la Convention et, en particulier, à la garantie que la cause soit "entendue équitablement". L'accusation portée contre le requérant avait fait l'objet d'un jugement motivé du tribunal régional siégeant comme tribunal de deuxième instance et en observant toutes les garanties accordées par l'article 6. Contre la décision du tribunal régional, qui est appelé à régler des questions de fait aussi bien que de droit, la loi allemande donne à l'accusé une autre voie de recours – dépassant par là même les exigences de la Convention – qui consiste dans une révision de la décision en question. Aucune disposition de la Convention n'empêche une loi interne de stipuler qu'un recours manifestement mal fondé peut être rejeté par une décision unanime de la Cour d'appel sans donner de motifs détaillés. Cette limitation ne constitue pas, en elle-même, un désavantage d'ordre juridique pour le requérant.

Il n'y a, au surplus, aucune raison de supposer qu'un appel contre une décision d'un tribunal de deuxième instance infirmant le jugement d'une instance inférieure, ne peut pas être "manifestement mal fondé". Cette expression signifie seulement que les arguments d'ordre juridique invoqués dans le recours manquent manifestement de base. Elle laisse de côté la question, qui ne relève pas de la compétence de la Cour d'appel, de savoir si les faits tels qu'ils ont été établis dans le jugement de l'une ou l'autre des instances inférieures l'ont été correctement ou non;

EN DROIT

En ce qui concerne le droit à ce que la cause soit entendue équitablement

Considérant que l'article 349 du Code de procédure pénale stipule que:

"(1) Where the Court of Appeal (*Revision*) is of the opinion that the provisions concerning the lodging of an appeal or the submission of the substantiation of the appeal have not been observed, it may by a decision (*Beschluss*) reject the appeal as inadmissible.

(2) The same rule applies to cases where the Court of Appeal unanimously considers the appeal to be manifestly ill-founded.

(3) Otherwise the ruling on the appeal is made by judgment (*Urteil*)".

Whereas the Applicant's appeal was rejected by the Court of Appeal of Z. by a decision (*Beschluss*) in accordance with paragraph (2) of this Article; whereas it appears from the submissions of the Respondent Government that in spite of the sentence "*Nach Anhörung des Generalstaatsanwalts* ..." (having heard the Attorney-General ...) the Court of Appeal ruled on the Applicant's appeal without an oral hearing at which the Attorney-General was present; whereas it further appears that the Applicant's counsel had ample opportunity to substantiate his appeal in writing and, after the reply of the Public Prosecutor was duly communicated to him, to make further submissions; whereas it follows that until this stage of the proceedings the principle of "equality of arms" embodied in the notion of a fair hearing and examined by the Commission in Applications Nos. 524/59, 596/59, 617/59 and 789/60 (Ofner, Pataki, Hopfinger and Dunshirn *v.* Austria – Yearbook III, pages 332, 356, 370 and Collection of Decisions Vol. 5) was fully respected; whereas it remains to examine whether or not the subsequent action of the Attorney-General amounted to a breach of this principle; whereas the Commission has noted that the Attorney-General's intervention in the proceedings before the Court of Appeal merely consisted of forwarding the case-file with an indication that in his opinion paragraph (2) of the Article 349 might be applied; whereas the Attorney-General thus did no more than draw the attention of the Court to this provision of the Code of Criminal Procedure; whereas the Commission finds that this intervention did not add to the submissions of ... 1960 made by the Chief Public Prosecutor any legal arguments which might have called for further pleadings from the defence; whereas, consequently, arguments unknown to the defence were not placed before the Court of Appeal when it ruled on the Applicant's appeal; whereas it follows that in these circumstances the "hearing" of the Attorney-General cannot reasonably be said to violate the principle of equality between prosecution and defence which is inherent in the notion of a "fair trial" as laid down in Article 6, paragraph (1), of the Convention; whereas, in the present case, the conduct of the proceedings before the Court of

"(1) Lorsque la Cour d'appel (*Revision*) est d'avis que les dispositions concernant l'introduction d'un recours ou la présentation des arguments à l'appui de celui-ci n'ont pas été observées, elle peut, par une décision (*Beschluss*), rejeter l'appel comme irrecevable.
(2) La même règle s'applique aux cas où la Cour d'appel estime à l'unanimité que le recours est manifestement mal fondé.
(3) Autrement, la Cour statue sur l'appel par un jugement (*Urteil*)".

Considérant que l'appel du requérant a été rejeté par la Cour d'appel de Z. par une décision (*Beschluss*), conformément au paragraphe 2 de cet article; qu'il ressort des conclusions du Gouvernement défendeur que malgré l'expression "*Nach Anhörung des Generalstaatsanwalts...*" (ayant entendu le Procureur général ...), la Cour d'Appel a statué sur l'appel du requérant sans audience contradictoire à laquelle le Procureur général aurait été présent; qu'il appert en outre que l'avocat du requérant a eu amplement la possibilité de motiver son appel par écrit et, après que la réponse du Ministère public lui eut été dûment communiquée, de présenter de nouvelles conclusions; qu'il s'ensuit que jusqu'à ce stade de la procédure, le principe de "l'égalité des armes", inhérent à la notion de "cause entendue équitablement" et examiné par la Commission dans les requêtes N° 524/59, 596/59, 617/59 et 789/60 (Ofner, Pataki, Hopfinger et Dunshirn *contre* Autriche – Annuaire III, pages 333, 357, 371 et Recueil de décisions, Vol. 5) a été pleinement respecté; qu'il reste à examiner si l'action ultérieure du Procureur général constitue ou non une violation de ce principe; que la Commission a constaté que l'intervention du Procureur général dans la procédure devant la Cour d'appel n'a consisté qu'à transmettre le dossier avec la remarque qu'à son avis, le paragraphe 2 de l'article 349 pourrait être applicable; que le Procureur général s'est donc borné à attirer l'attention de la Cour sur cette disposition du Code de procédure pénale; que la Commission constate que cette intervention n'a ajouté aux conclusions du ... 1960 du Procureur Principal aucun argument juridique susceptible d'exiger le dépôt de nouvelles conclusions de la défense; que, par conséquent, des arguments inconnus de la défense n'ont pas été invoqués devant la Cour d'appel lorsqu'elle s'est prononcée sur l'appel du requérant; qu'il s'ensuit que dans ces conditions, "l'audition" du Procureur général ne peut raisonnablement être considérée comme violant le principe de l'égalité entre l'accusation et la défense, qui est inhérent à la notion de "cause entendue équitablement", au sens de l'article 6, paragraphe 1, de la Convention; qu'en l'espèce, la conduite des débats devant la Cour d'appel de Z. n'a été en aucune façon incompatible avec les prescriptions de l'article 6 de la Convention; qu'il s'ensuit

Appeal of Z. was in no way inconsistent with the requirements of Article 6 of the Convention; whereas it follows that this part of the Application is manifestly ill-founded and must he rejected in accordance with Article 27, paragraph (2), of the Convention;

As to the question of the Court of Appeal failing in its decision to give reasons for the rejection of the Applicant's appeal

Whereas, in examining this part of the Application, it must be first considered that the appeal lodged by the Applicant had a limited scope in that, in principle, only points of law and not of fact could be invoked; whereas the submissions of the Applicant's counsel raised the issue whether or not the refusal by the Regional Court of Z. to carry out a judicial inspection of the site of the accident was justified in law; whereas in its decision the Regional Court had already made a ruling on the motion for such inspection made by the Applicant's counsel; whereas, consequently, it might be said that in holding the appeal to be manifestly ill-founded without giving detailed reasons for this decision, the Court of Appeal endorsed the decision of the Regional Court as well as the reasons stated by that Court;

Whereas, however, a second consideration must be taken into account, namely whether or not a further appeal was open for the Applicant; whereas in cases where such possibility is open to a convicted person, it should be considered whether the notion of a "fair trial" within the meaning of Article 6, paragraph (1), of the Convention might not signify that a court must state in detail the reasons for its decision in order that, on appeal from that decision, the defence might be properly safeguarded; whereas the decision of the Court of Appeal of Z. was final, in the sense that no further ordinary remedy was open to the Applicant;

Whereas it is true that the Applicant had the possibility to lodge a constitutional appeal; whereas in his constitutional appeal of ... 1960, the Applicant did not raise the question of the refusal of the Regional Court to inspect the site of the accident; whereas, even if he had done so, the sole relevant issue now was whether the above refusal by the Regional Court was contrary to the German Basic Law and not whether it was justified under the provisions of the Code of Criminal Procedure; whereas, consequently, it would have been immaterial for the defence to learn on which grounds the Court of Appeal had rejected his appeal;

Whereas is must be concluded that in these circumstances the decision rejecting the Applicant's appeal without stating in detail the reasons for this decision does not violate the principles of a fair trial; whereas it follows that this part of the Application is manifestly

que cette partie de la requête est manifestement mal fondée et doit être rejetée par application de l'article 27, paragraphe 2, de la Convention;

En ce qui concerne le fait que la décision de la Cour d'appel n'a pas indiqué les motifs du rejet de l'appel du requérant

Considérant qu'en examinant cette partie de la requête, il y a lieu tout d'abord de tenir compte du fait que l'appel interjeté par le requérant avait une portée limitée en ce sens qu'en principe, seuls des points de droit et non de fait pouvaient être invoqués; que les conclusions de l'avocat du requérant posaient la question de savoir si le refus par le tribunal régional de Z. de procéder à une inspection judiciaire du lieu de l'accident était ou non justifiée en droit; que, dans sa décision, le tribunal régional s'était déjà prononcé sur la demande d'une telle inspection présentée par l'avocat du requérant; qu'en conséquence, on peut dire qu'en considérant l'appel comme manifestement mal fondé sans donner les motifs détaillés de cette décision, la Cour d'appel a confirmé la décision du tribunal régional ainsi que les motifs invoqués par celui-ci:

Considérant, toutefois, qu'il y a lieu, en outre, de se demander si la possibilité d'un nouveau recours était ou non offerte au requérant; que, dans les cas où une telle possibilité est offerte à un accusé, il y a lieu d'examiner si la notion de "cause entendue équitablement" au sens de l'article 6, paragraphe 1 de la Convention, ne pourrait pas signifier qu'un tribunal doit exposer en détail les motifs de sa décision afin que, sur appel de celle-ci, les droits de la défense puissent être convenablement sauvegardés; que la décision de la Cour d'appel de Z. était définitive, en ce sens qu'aucun autre recours ordinaire n'était ouvert au requérant;

Considérant qu'il est exact que le requérant avait la possibilité d'introduire un recours constitutionnel; que dans son recours constitutionnel de ... 1960, le requérant n'a pas soulevé la question du refus du tribunal régional d'inspecter le lieu de l'accident; que, même s'il l'avait fait, la seule question qui se pose maintenant est de savoir si le refus susmentionné du tribunal régional était contraire à la Loi fondamentale allemande, et non s'il était justifié aux termes des dispositions du Code de procédure pénale; qu'en conséquence, il aurait été sans importance pour la défense de savoir pour quel motif la Cour d'appel avait rejeté son recours;

Considérant qu'il y a lieu de conclure que, dans ces conditions, la décision rejetant l'appel du requérant sans donner en détail les motifs de cette décision ne viole pas les principes d'une "cause entendue équitablement"; qu'il s'ensuit que cette partie de la

ill-founded and must be rejected in accordance with Article 27, paragraph (2), of the Convention;

Now therefore the Commission

DECLARES THIS APPLICATION INADMISSIBLE.

Application No. 1135/61

X. *against* AUSTRIA

Decision of 19th June 1963

THE FACTS

Whereas the facts presented by the Applicant may be summarised as follows:

The Applicant, who was born in A. and is at present detained in prison at B., states that he was an Austrian citizen by birth, but that he became a stateless person on enlisting in the French Foreign Legion in ...

From documents submitted by him, it appears that, while he was serving a sentence in a German prison in ..., the Austrian Consul-General informed the police authorities of C. that the Applicant was still considered to be an Austrian citizen. He was then deported from the Federal Republic of Germany to Austria where he was immediately arrested and, on ... 1961, convicted on charges of theft by the Regional Court (*Landesgericht*) of D, which, taking into account that he had had previous convictions, sentenced him to five years' severe imprisonment (*schwerer Kerker*), with the additional penalty of "sleeping hard" (*hartes Lager*) once every three months.

The Applicant lodged an appeal (*Berufung*) and a plea of nullity (*Nichtigkeitsbeschwerde*) from this judgment. As to the plea of nullity, he alleged, in particular, that his deportation to Austria constituted a violation of the Convention of Human Rights as, at the time of the deportation, he was no longer an Austrian citizen but a stateless person.

The Supreme Court (*Oberster Gerichtshof*) examined his plea of nullity in a public session on ... 1961 in the presence both of counsel for the defence and of a representative of the Office of the Attorney-General (*Generalprokuratur*). The Court found that the deportation of the Applicant to Austria was in conformity with international law even if he was, as alleged, a stateless person, and it dismissed the plea of nullity.

The Supreme Court then examined the appeal (*Berufung*) *in camera* and, after hearing the representative of the Attorney-General, dismissed the appeal also.

requête est manifestement mal fondée et doit être rejetée par application de l'article 27, paragraphe 2, de la Convention;

Par ces motifs, la Commission

DECLARE LA REQUETE IRRECEVABLE.

Requête No. 1135/61

X. *contre* L'AUTRICHE

Décision du 19 juin 1963

(*Traduction*)

EN FAIT

Considérant que les faits présentés par le requérant peuvent se résumer ainsi:

Le requérant, qui est né à A. et se trouve actuellement détenu à la prison de B., déclare qu'il est ressortissant autrichien de naissance, mais qu'il est devenu apatride en s'enrôlant dans la Légion étrangère française en ....

Des documents qu'il a présentés, il resort que, alors qu'il purgeait une peine dans une prison allemande à ..., le Consul-Général d'Autriche informa les autorités de police de C. que le requérant était toujours considéré comme ressortissant autrichien. Il fut alors expulsé de la République fédérale d'Allemagne vers l'Autriche, où il fut immédiatement arrêté et reconnu coupable de vol, le ... 1961, par le tribunal régional (*Landesgericht*) de D.; le tribunal, tenant compte de ses condamnations antérieures, lui infligea une peine de cinq ans de réclusion (*schwerer Kerker*), aggravée d'une nuit de "couche dure" (*hartes Lager*) par trimestre.

Le requérant introduisit contre ce jugement un appel (*Berufung*) et un recours en annulation (*Nichtigkeitsbeschwerde*). Dans son recours en annulation, il faisait valoir notamment que son expulsion vers l'Autriche constituait une violation de la Convention des Droits de l'Homme, étant donné qu'à cette époque, il n'était plus un ressortissant autrichien, mais un apatride.

La Cour suprême (*Oberster Gerichtshof*) examina son recours en annulation en audience publique le ... 1961, en présence à la fois de l'avocat de la défense et d'un représentant du Procureur Général (*Generalprokuratur*). La Cour estima que l'expulsion du requérant en Autriche était conforme au droit international, même s'il était apatride comme il le prétendait, et elle rejeta le recours en annulation.

La Cour suprême examina ensuite l'appel (*Berufung*) à *huis clos* et le rejeta également après avoir entendu le représentant du Procureur Général.

An application for a retrial (*Wiederaufnahme des Verfahrens*) lodged by the Applicant was dismissed by the Regional Court on ... 1962 on the ground that it did not disclose any relevant new fact or evidence, and a petition by him for clemency was also dismissed by the same Court on ... 1963.

In his application form dated 27th June 1961, the Applicant alleges before the Commission a violation of Article 5, paragraph (1), subparagraph (f), of the Convention in regard to his deportation to, and subsequent conviction in Austria. He also complains that he was wrongly convicted by the Regional Court, being innocent of the alleged crime, and that in any case a sentence of five years was excessive. In a letter dated 28th November 1962, he further alleges, with regard to the proceedings before the Supreme Court, violations of Article 6, paragraphs (1) and (3), subparagraph (b), in that he was not allowed to be present at the hearing before that Court and in that he had no opportunity of discussing his case with the lawyer who had been appointed by the Court to represent him.

PROCEEDINGS BEFORE THE COMMISSION

Having regard to the report of 28th September 1962 provided for in Rule 45, paragraph (1), of the Rules of Procedure of the Commission;

Having regard to the Decision of 17th December 1962 whereby the Commission decided to adjourn the examination of the Application pending the outcome of the proceedings in Applications Nos. 524/59 and 617/59;

Having regard to the decision of 28th March 1963 whereby the Commission decided:

(a) to communicate the Application to the Respondent Government in accordance with Rule 45, paragraph (3), subparagraph (b), of the Rules of Procedure;

(b) to invite the Government to submit to the Commission within a period of six weeks its observations in writing as to the admissibility of the Application;

Having regard to the written observations of the Respondent Government dated 10th and 26th April 1963;

Having regard to the decisions of the President of the Commission, dated 19th and 30th April 1963 to communicate to the Applicant the observations of the Respondent Government and to invite him to submit before 20th May 1963 any comments he wished to make;

Having regard to the Applicant's observations dated 29th April and 8th May 1963;

Having regard to the decisions of the President of the Commission dated 10th and 21st May 1963, to communicate to the Respondent Government, for its information, the Applicant's observations of 29th April and 8th May 1963;

Un recours en révision (*Wiederaufnahme des Verfahrens*) introduit par le requérant, fut rejeté par le tribunal régional le ... 1962, pour le motif qu'il ne faisait apparaître aucun fait ou élément de preuve nouveau se rapportant à l'affaire et son recours en grâce fut également rejeté par le même tribunal le ... 1963.

Dans son formulaire de requête en date du 27 juin 1961, le requérant allègue devant la Commission une violation de l'article 5, paragraphe 1f) de la Convention, du fait de son expulsion en Autriche et de la condamnation qui s'ensuivit. Il se plaint également d'avoir été injustement condamné par le tribunal régional, étant innocent du délit qui lui était imputé, et soutient que, de toute manière, une condamnation de cinq ans était excessive. Dans une lettre du 28 nobembre 1962, il allègue en outre, à propos de la procédure devant la Cour suprême, la violation de l'article 6, paragraphes 1 et 3b), du fait qu'il n'a pas été autorisé à assister à l'audience devant cette Cour et qu'il n'a pas eu l'occasion de s'entretenir de sa cause avec l'avocat désigné par la Cour pour le représenter.

PROCEDURE DEVANT LA COMMISSION

Vu le rapport établi le 28 septembre 1962, conformément à l'article 45, paragraphe 1 du Règlement intérieur de la Commission;

Vu la décision prise par la Commission le 17 décembre 1962, d'ajourner l'examen de la requête en attendant l'issue de la procédure concernant les requêtes N° 524/59 et 617/59;

Vu la décision prise par la Commission le 28 mars 1963:

(a) de communiquer la requête au Gouvernement défendeur, conformément à l'article 45, paragraphe 3b du Règlement intérieur;

(b) d'inviter le Gouvernement à présenter à la Commission, dans un délai de six semaines, ses observations écrites sur la recevabilité de la requête;

Vu les observations écrites du Gouvernement défendeur en date des 10 et 26 avril 1963;

Vu les décisions prises par le Président de la Commission les 19 et 30 avril 1963, de communiquer au requérant les observations du Gouvernement défendeur et de l'inviter à présenter, avant le 20 mai 1963, toutes observations qu'il aurait à formuler;

Vu les observations du requérant en date des 29 avril et 8 mai 1963;

Vu les décisions prises par le Président de la Commission les 10 et 21 mai 1963, de communiquer au Gouvernement défendeur, pour information, les observations du requérant des 29 avril et 8 mai 1963;

Having regard to the decision of 25th May 1963 by which a group of three members, authorised by the Commission to act under Rule 45, paragraph (3), sub-paragraph (b), of the Rules of Procedure, decided to request from the Respondent Government information as to the part taken by the Attorney-General in the proceedings before the Supreme Court in the Applicant's case;

Having regard to the written observations of 11th June 1963;

Having regard to the report of 19th June 1963 prepared in accordance with Rule 45, paragraph (1), of the Rules of Procedure;

SUBMISSIONS OF THE PARTIES

Whereas the written observations of the Respondent Government dated 10th and 26th April 1963, may be summed up as follows:

(1) insofar as the Application raised the issue of "equality of arms" in the proceedings before the Supreme Court, it was essentially the same as the Applications of Ofner and Hopfinger, in respect of which the Commission found that there had been no violation of the Convention;

(2) while the Applicant himself was not permitted to attend the proceedings before the Supreme Court, he was granted legal assistance for the public hearing of the plea of nullity in the person of Dr. Z., barrister and criminal defence counsel. Having been informed of this appointment on ... 1961, the Applicant did not avail himself of the possibility open to him for almost two months – namely, until ... 1961, when his case was examined by the Supreme Court – of consulting the defence counsel, either in writing or orally;

(3) the Applicant had had ten previous convictions for theft and the offence in question was qualified as habitual theft and punishable under Article 179 of the Penal Code (*Strafgesetz*) by 5 to 10 years' severe imprisonment.

Whereas the Applicant's observations of 29th April and 8th May 1963 may be summed up as follows:

(1) in the proceedings before the Supreme Court, the Applicant's appeal was examined *in camera*, in his absence and without his defence counsel being given a hearing;

(2) having been convicted by the Regional Court at D, the Applicant was assigned a defence counsel, for the hearing before the Supreme Court in Vienna, who was residing 200 km away. This great distance precluded the Applicant from having the essential personal contact with his counsel;

(3) by introducing the amendment of 28th March 1963 to the Code of Criminal Procedure, Austria has admitted a violation of the Convention in the appeal proceedings before the Supreme Court.

Vu la décision du 25 mai 1963 par laquelle un groupe de trois membres, autorisé par la Commission à agir en vertu de l'article 45, paragraphe 3b) du Règlement intérieur, a décidé de demander au Gouvernement défendeur des renseignements sur le rôle que le Procureur Général avait joué, en l'espèce, dans la procédure devant la Cour suprême;

Vu les observations écrites du 11 juin 1963;

Vu le rapport établi le 19 juin 1963 conformément à l'article 45, paragraphe 1 du Règlement intérieur;

ARGUMENTS DES PARTIES

Considérant que les observations écrites du Gouvernement défendeur en date des 10 et 26 avril 1963, peuvent se résumer ainsi:

(1) dans la mesure où la requête soulève la question de "l'égalité des armes" dans la procédure devant la Cour suprême, elle est essentiellement la même que les requêtes Ofner et Hopfinger, au sujet desquelles la Commission avait estimé qu'il n'y avait pas eu violation de la Convention;

(2) bien que le requérant lui-même n'ait pas été autorisé à assister aux débats devant la Cour suprême, l'assistance juridique lui a été octroyée pour l'audience publique du recours en annulation, en la personne du Dr. Z., avocat défenseur. Ayant été informé de cette désignation le ... 1961, le requérant a négligé de se prévaloir pendant près de deux mois – c'est-à-dire jusqu'au ... 1961, date à laquelle sa cause fut entendue par la Cour suprême – de la possibilité qui s'offrait à lui de consulter son défenseur, que ce soit par écrit ou oralement;

(3) le requérant avait déjà subi dix condamnations pour vol et le délit en question était qualifié de vol habituel et punissable, aux termes de l'article 179 du Code pénal (*Strafgesetz*), de cinq à dix ans de réclusion.

Considérant que les observations du requérant, en date des 29 avril et 8 mai 1963, peuvent se résumer ainsi:

(1) lors de la procédure devant la Cour suprême, l'appel du requérant a été examiné à *huis clos*, en son absence, et sans que son défenseur ait été entendu;

(2) ayant été condamné par le tribunal régional de D., le requérant s'est vu assigner, pour l'audience devant la Cour suprême de Vienne, un défenseur résidant à 200 kilomètres. Cette grande distance a empêché le requérant d'avoir les contacts personnels nécessaires avec son défenseur;

(3) en apportant au Code de procédure pénale l'amendement du 28 mars 1963, l'Autriche de ce fait a admis qu'il y avait eu violation de la Convention pendant la procédure d'appel devant la Cour suprême;

THE LAW

Whereas, in regard to the Applicant's arrest at the Austrian border, it is to be observed that, under Article 26 of the Convention, the Commission may only deal with a matter after all domestic remedies have been exhausted according to the generally recognised rules of international law; and whereas the Applicant failed to seize the Constitutional Court (*Verfassungsgerichtshof*) of this complaint; whereas, therefore, he has not exhausted the remedies available to him under Austrian law; whereas, moreover, an examination of the case as it has been submitted, including an examination made *ex officio*, does not disclose the existence of any special circumstances which might have absolved the Applicant, according to the generally recognised rules of international law, from exhausting the domestic remedies at his disposal; whereas, therefore, the condition as to the exhaustion of domestic remedies laid down in Article 26 has not been complied with by the Applicant; whereas it follows that this part of the Application must be rejected in accordance with Article 27, paragraph (3), of the Convention;

. . .

Whereas, furthermore, the Applicant alleges that the requirements of Article 6 of the Convention were not complied with in his case, in that, when the Supreme Court on ... 1961 heard his appeal, neither he nor a lawyer acting on his behalf was allowed to be present, although the representative of the Attorney-General was present and heard by the Court;

Whereas, in its written observations of 11th June 1963, the Respondent Government has submitted that the representative of the Attorney-General merely stated that: "the accused's appeal against sentence is ill-founded"; that thereafter he withdrew from the courtroom and was not present at the deliberations or the voting by the Court; that he thus merely expressed his agreement with the proposal of the Judge-Rapporteur; that, consequently, the Application is manifestly ill-founded;

Whereas Article 6, paragraph (1), of the Convention provides, *inter alia:*

> "In the determination of any criminal charge against him, everyone is entitled to a fair ... hearing"

and whereas Article 6, paragraph (3), sub paragraph (c), provides:

> "Everyone charged with a criminal offence has the following minimum rights ... to defend himself in person or through legal assistance of his own choosing".

Whereas, on the other hand, the appeal was heard by the Supreme Court in accordance with the procedure laid down in Article 296

EN DROIT

Considérant quant à l'arrestation du requérant à la frontière autrichienne, qu'il convient d'observer que, aux termes de l'article 26 de la Convention, la Commission ne peut être saisie qu'après épuisement des voies de recours internes, tel qu'il est entendu selon les principes de droit international généralement reconnus; que le requérant n'a pas saisi la Cour constitutionnelle (*Verfassungsgerichtshof*) de ce grief; qu'il n'a donc pas épuisé les voies de recours qui lui sont ouvertes selon le droit autrichien; qu'au surplus l'examen du dossier tel qu'il se présente ne permet pas de dégager, même *d'office*, l'existence de circonstances particulières de nature à relever le requérant, selon les principes de droit international généralement reconnus, de l'obligation d'épuiser les voies de recours internes à sa disposition; que la condition de l'épuisement des voies de recours internes stipulée à l'article 26 n'a donc pas été remplie par le requérant; qu'il échet, dès lors, de rejeter cette partie de la requête par application de l'article 27, paragraphe 3 de la Convention;

...

Considérant d'autre part, que le requérant allègue que les conditions de l'article 6 de la Convention n'ont pas été respectées en ce que ni lui-même, ni un défenseur agissant en son nom, n'ont été autorisés à assister à la procédure d'appel devant la Cour suprême, le ... 1961, alors que le représentant du Procureur Général y a assisté et a été entendu par la Cour;

Considérant que dans ses observations écrites du 11 juin 1963, le Gouvernement défendeur a soutenu que le représentant du Procureur Général s'était borné à déclarer: "le recours de l'accusé contre le jugement est mal fondé"; qu'ensuite, il quitta la salle d'audience et n'assista pas aux délibérations ni au vote de la Cour; qu'il s'est donc borné à donner son accord à la proposition du juge rapporteur; que la requête est donc manifestement mal fondée;

Que l'article 6, paragraphe (1) de la Convention *stipule entre* autres que:

> "Toute personne a droit à ce que sa cause soit entendue équitablement ... par un tribunal ... qui décidera ... du bien-fondé de toute accusation en matière pénale dirigée contre elle ...";

Que l'article 6, paragraphe 3, (c) dispose de son côté que:

> "Tout accusé a droit notamment à ... se défendre lui-même ou avoir l'assistance d'un défenseur de son choix".

Considérant, d'autre part, que la procédure d'appel suivie par la Cour suprême était régie par l'article 296 du Code autrichien de

of the Austrian Code of Criminal Procedure (*Strafprozessordnung*) as in force at the date of its decision, that is on ... 1961; whereas this Article provided that:

> "Where, as well as the appeal, a plea of nullity has also been lodged ... the Supreme Court shall, either after or when ruling on the plea of nullity, also give a ruling on the appeal, always at a non-public session and after hearing (*nach Anhörung*) the Attorney-General (*Generalprokurator*)";

whereas this provision was interpreted to mean that the Attorney-General should be given an opportunity to submit his observations, either in writing or orally;

Whereas the Commission refers to its decisions of 19th December 1960 by which it declared admissible Applications Nos. 524/59 (Ofner) and 617/59 (Hopfinger) insofar as they related to the question of the non-contradictory character of the hearing before the Supreme Court; whereas, however, in its Report adopted on 23rd November 1962, the Commission expressed its unanimous opinion that the provisions of the Convention had not been violated in the said Applications;

Whereas, furthermore, in its Resolution of 5th April 1963 the Committee of Ministers decided that Ofner and Hopfinger had not been the victims of any violations of the Convention;

Whereas the representative of the Attorney-General in the present case, prior to the decision being taken by the Court, restricted himself to expressing his agreement with the proposal of the Judge-Rapporteur;

Whereas an examination of the case as it has been submitted does not disclose any grounds which could lead the Commission to conclude that in the present case the Attorney-General took a more active part in the proceedings than he did in the cases of Ofner and Hopfinger, where he simply expressed his agreement, by the single written term "*einverstanden*", with the draft decision prepared by the Judge-Rapporteur; whereas, accordingly, the Commission cannot in the present case arrive at the conclusion that the principle of "equality of arms" between the parties was violated;

Whereas, in regard to the proceedings before the Supreme Court, the Applicant further complains that he had no opportunity of discussing his case with his lawyer; whereas the Commission finds, however, that there was nothing to prevent the Applicant from contacting his defence counsel in writing before the hearing of his case by the Supreme Court;

Whereas it follows that the Applicant's complaints, concerning the proceedings before the Supreme Court, are manifestly ill-founded and must be rejected in accordance with Article 27, paragraph (2), of the Convention;

procédure pénale (*Strafprozessordnung*), tel qu'il était en vigueur lors de la décision de la Cour, c'est-à-dire le ... 1961; que ledit article stipulait ce qui suit:

> "Si, en dehors de l'appel, l'une ou l'autre partie a introduit un recours en annulation ... la Cour suprême se prononce également sur l'appel, soit avant, soit après s'être prononcée sur le recours en annulation, et ce au cours d'une audience non publique, après avoir entendu (*nach Anhörung*) le Procureur Général (*Generalprokurator*)";

que cette disposition a été interprétée comme signifiant que le Procureur Général devrait avoir la possibilité de soumettre ses observations par écrit ou oralement;

Considérant que la Commission renvoie à ses décisions du 19 décembre 1960, par lesquelles elle a déclaré recevables les requêtes N° 524/59 (Ofner) et 617/59 (Hopfinger) pour autant qu'elles concernent le caractère non contradictoire de la procédure devant la Cour suprême; que la Commission a cependant adopté, le 23 novembre 1962, un rapport dans lequel elle a exprimé l'opinion unanime que les dispositions de la Convention n'avaient pas été violées dans lesdites affaires;

Considérant au surplus que le Comité des Ministres, dans sa résolution du 5 avril 1963 a décidé que MM. Ofner et Hopfinger n'avaient été victimes d'aucune violation de la Convention;

Considérant qu'en l'espèce le représentant du Procureur Général s'est borné, avant que la décision ne soit prise par la Cour, à marquer son accord avec la proposition du juge-rapporteur;

Considérant que la Commission, en l'état actuel du dossier, n'aperçoit aucune raison de conclure que le Procureur Général ait joué, en l'occurrence, un rôle plus actif que dans les affaires Ofner et Hopfinger, où il s'était borné à marquer, par le simple terme écrit "*einverstanden*" son accord sur le projet de décision élaboré par le juge-rapporteur; que la Commission ne peut donc, en l'espèce, conclure que le principe de "l'égalité des armes" entre les parties a été violé;

Considérant qu'en ce qui concerne la procédure devant la Cour suprême, le requérant se plaint également de n'avoir pas eu la possibilité de s'entretenir de son affaire avec son avocat; que la Commission estime toutefois que rien n'empêchait le requérant de prendre contact par écrit avec son défenseur avant que sa cause ne fût entendue par la Cour suprême;

Considérant qu'il s'ensuit que les griefs du requérant concernant la procédure devant la Cour suprême sont manifestement mal fondés et doivent être rejetés par application de l'article 27, paragraphe 2 de la Convention;

Whereas, finally, in regard to the Applicant's petitions for a retrial and for clemency, the Commission refers to its constant jurisprudence that proceedings concerning such petitions fall outside the scope of Article 6 of the Convention (see Applications Nos. 864/60 and 1127/61, Collection of Decisions of the Commission, IX, pages 17 [21–22], and VIII, page 9 et seq. respectively); whereas it follows that the remainder of the Application is incompatible with the provisions of the Convention and must be rejected in accordance with Article 27, paragraph (2), of the Convention;

Now therefore the Commission

DECLARES THIS APPLICATION INADMISSIBLE

Application No. 1167/61

X. AND THE GERMAN ASSOCIATION OF Z.
against THE FEDERAL REPUBLIC OF GERMANY

Decision of 16th December 1963

THE FACTS

Whereas the facts presented by the Applicant may be summarised as follows:

1. The first Applicant is a German citizen living in A., and the second Applicant is a trade organisation (of which X. is a member) with headquarters in B. which, in view of the importance of the issues, supports X.'s application (*Nebenintervenient*). They are both represented by Dr. Y., a barrister in Vienna.

2. X. is a wholesale newsagent in A. where he is owner-manager of the firm "Pressevertrieb X.". He supplies a considerable clientèle of shopkeepers and stallholders with various periodicals obtained from publishers. The nature of his business necessitates the prompt delivery of the periodicals to the retailers. To do this, X. has built up an organisation comprising some 80 employees and several delivery vans.

In the Federal Republic of Germany, printed matter is not subject to censorship; its sale, distribution and advertisement are, however, restricted by the Act of 9th July 1953, BGBl. I, p. 377 governing the circulation of publications liable to corrupt the young. This Act requires that such publications, including especially those of an

Considérant enfin qu'en ce qui concerne le recours en révision et le recours en grâce, introduits par le requérant, la Commission renvoie à sa jurisprudence constante selon laquelle la procédure relative à ce genre de requêtes n'est pas régie par les dispositions de l'article 6 de la Convention (voir requête n° 864/60 et 1127/61, Recueil de décisions de la Commission, IX, pages 17 [21–22] et VIII, page 9 et suivantes, respectivement); qu'il en résulte que le restant de la requête est incompatible avec les dispositions de la Convention et doit être rejeté par application de l'article 27, paragraphe 2 de la Convention;

Par ces motifs, la Commission

DECLARE LA REQUETE IRRECEVABLE.

Requête No. 1167/61

X. ET L'ASSOCIATION ALLEMANDE DE Z.
contre LA REPUBLIQUE FEDERALE D'ALLEMAGNE

Décision du 16 décembre 1963

(*Traduction*)

EN FAIT

Considérant que les faits de la cause, tels qu'ils sont exposés par le requérant, peuvent se résumer ainsi:

1. Le premier requérant est un ressortissant allemand résidant à A. et le deuxième requérant une organisation commerciale, ayant son siège à B. dont X. est membre et qui, étant donné l'importance des questions en cause, appuie sa requête en tant que tiers intervenant (*Nebeninterveniént*). Tous deux sont représentés par un avocat de Vienne, le Dr. Y.

2. X. est directeur de messageries à A. où il exerce les fonctions de propriétaire-gérant de l'entreprise "Pressevertrieb X.". Il fournit divers périodiques qui lui sont procurés par des éditeurs, à une clientèle considérable de marchands de journaux et de tenanciers de kiosques. La nature de son affaire nécessite la livraison rapide des périodiques aux détaillants. A cet effet, X. a mis sur pied une organisation comprenant quelque 80 employés et plusieurs camions de livraison.

En République Fédérale d'Allemagne, les imprimés ne sont pas soumis à la censure; toutefois, leur vente, leur diffusion et la publicité dont ils peuvent faire l'objet sont limités par la Loi du 9 juillet 1953, BGBl. I, p. 377, régissant la diffusion de publications de nature à corrompre la jeunesse. Cette loi exige que les publications

indecent nature and such as glorify crime, war and race hatred, shall be entered in a list and their entry notified to the public (Section I). The decision regarding their entry in the list rests with a branch of the Executive, the Federal Inspection Office in Bonn, whose members are appointed by the Federal Minister of the Interior and the Governments of the *Länder* and are not bound by instructions (Sections 8 *et seq.*). Administrative court procedure provides for appeal against a decision of the Inspection Office (Section 20). As soon as the entry of a publication in this list has been notified; it may not be offered for sale or made accessible to any person under 18 (Section 3), nor may it be sold, distributed or lent either by dealers outside business premises or by door-to-door salesmen (Section 4). After notification of its entry in the list, advertising of the publication by displaying it in a shop window, inside a shop, or in any other generally accessible place, by poster, newspaper or postal advertisement, or by any other method is prohibited. Announcements in trade journals are permissible (Section 5). Where there is manifestly a high degree of liability to corrupt the young, the publication in question is subject to the restrictions laid down in Sections 3 to 5, without the requirement of entry in the list and public notification (Section 6). Infringements of the provisions of Sections 3 to 6 are punishable under Section 21 by up to one year's imprisonment and fines. Ordinary law courts are competent to try such cases.

Under the Act, therefore, the subject covered is made the concern of the administration – more precisely of the Federal Administration, and two concepts are created: the wider concept embodied in Section 1, "publications liable to corrupt the young", and the narrower concept of Section 6, "publications manifestly liable to corrupt the young". The sale of the former category outside business premises which the customer is not in the habit of entering – e.g. kiosks, as in the case in question – is prohibited only if they were entered in the list of prohibited publications referred to in Section 1; the sale of the latter in such premises, however, is prohibited even before their entry in this list. It is surely obvious that a publication which is "manifestly liable to corrupt the young" is also "liable to corrupt the young" and, as such, must be entered in the list in accordance with Section 1, and that the provision in Section 6 applies only to flagrant cases in which there has not been time to enter the publication in the "prohibited" list.

de cette nature, notamment celles ayant un caractère indécent et celles glorifiant le crime, la guerre et la haine raciale, soient portées sur une liste et que leur inscription sur cette liste soit notifiée au public (article 1). La décision touchant leur inscription sur la liste appartient à un service de l'administration fédérale, l'Office fédéral d'inspection de Bonn, dont les membres sont nommés par le Ministre fédéral de l'Intérieur et les Gouvernements des *Länder* et ne sont pas liés par des instructions (articles 8 *et suivants*). La procédure des tribunaux administratifs prévoit la possibilité d'un recours contre une décision de l'Office d'inspection (article 20). Dès que l'inscription sur la liste d'une publication a été notifiée, celle-ci ne peut être offerte en vente ou rendue accessible à toute personne de moins de 18 ans (article 3), ni vendue, distribuée ou prêtée en dehors de locaux commerciaux ou par des vendeurs ambulants (article 4). Après que son inscription sur la liste a été notifiée, il est interdit de faire de la réclame pour la publication en l'exposant en devanture, à l'intérieur d'un magasin ou dans tout autre endroit généralement accessible, ainsi que par voie d'affiche, de publicité dans un journal ou par la poste, ou par toute autre méthode. Les annonces dans des revues professionnelles sont autorisées (article 5). S'il existe manifestement un fort risque de corruption de la jeunesse, la publication en question est soumise aux restrictions stipulées dans les articles 3 à 5 sans que son inscription sur la liste et la notification au public de cette inscription soient exigées (article 6). Les infractions aux dispositions des articles 3 à 6 sont passibles, aux termes de l'article 21, d'un an de prison au maximum et d'amendes. Les tribunaux ordinaires sont compétents pour juger ce genre d'affaires.

Selon la loi donc, c'est l'administration – plus précisément l'administration fédérale – qui est compétente en cette matière et deux concepts sont créés: le concept large, contenu dans l'article 1, des "publications de nature à corrompre la jeunesse" et le concept plus étroit, défini à l'article 6, des "publications manifestement de nature à corrompre la jeunesse". La vente de la première catégorie de publications en dehors de locaux commerciaux où le client n'a pas l'habitude de pénétrer – par exemple, de kiosques comme en l'espèce – n'est interdite que si elles ont été portées sur la liste d'interdiction visée à l'article 1; en revanche la vente des publications de la deuxième catégorie dans ce genre de locaux est interdite avant même leur inscription sur cette liste. Il est bien évident qu'une publication qui est "manifestement de nature à corrompre la jeunesse" est aussi "de nature à corrompre la jeunesse" et, comme telle, doit être portée sur la liste conformément à l'article 1, et que la disposition de l'article 6 ne s'applique qu'à des cas flagrants dans lesquels l'inscription de la publication sur la liste n'a pu se faire faute de temps.

X. was fined once before under Section 21 – in his opinion, unjustly – for contravening the regulations contained in Section 6. He maintains that the was convicted only because the Bavarian courts interpret the conception "manifestly liable to corrupt the young" with a liberality bordering on prudery. In order to avoid any danger of further prosecution, he instructed his senior employees always to examine periodicals prior to their distribution to ensure that their content was not "manifestly liable to corrupt the young" and, if in doubt, to show them to him. He did, in fact, withhold a number of publications from distribution to kiosks, although they were not subsequently entered in the list provided for in Section 1.

3. In November 1956, X. delivered to his regular customers, including several kiosks, No. 7 of the publication "Das Journal Capriccio", issued by Pressebuch W. Hermann & Co., Publishers, Hamburg. This publication was described by the Public Prosecutor's Office as "manifestly liable to corrupt the young" on the grounds that seven of its illustrations were likely to "considerably over-excite and misdirect the sexual fantasy of adolescents". The District Court of A. endorsed this opinion and sentenced X. on ... 1957 to a fine of DM 50 for offences under Section 6 in conjunction with Sections 4 and 21 of the above Act.

X. protested against this sentence which was thereby rendered void and a court hearing was fixed. At the public hearing of ... 1957, X. declared that his employees had not shown him the publication prior to its distribution, but even if they had done so, he would still have had it distributed to the kiosks, for he did not consider it as being in any way harmful to the morals of young persons, let alone "manifestly liable to corrupt". The Bavarian Public Prosecutor's Office, it seemed, was alone in regarding it as such, since no objection had ever been raised to the publication in any other Federal Land. Viewed objectively, the publication was not "manifestly liable to corrupt the young"; he offered the following evidence in support of this: the opinions of Father S., Chaplain of the Secondary School Hostel, C., of ... 1957, and of Frau Dr. T., psychologist at the ... Institut of ... 1957, neither of whom thought the publication likely to corrupt the young, the opinion of a certain Frau U., of ... 1957, who, as a mother, did not consider the publication as dangerous to the morals of young persons, and finally, the verdict of the Federal Inspection Office (Sections 8 *et seq.*), of ... 1957, which declined to include the publication in the list provided for in Section 1.

On ... 1957, the District Court of A. found X. guilty of negligence

X. avait déjà été condamné une fois – à son avis, injustement – à une amende en vertu de l'article 21 pour avoir contrevenu aux prescriptions de l'article 6. Il soutient qu'il n'avait été condamné que parce que les tribunaux bavarois interprètent la conception "manifestement de nature à corrompre la jeunesse" si largement que cela frise la pruderie. Afin d'éviter tout risque de nouvelles poursuites, il avait chargé ses employés principaux d'examiner toujours les périodiques avant leur distribution pour s'assurer que leur contenu n'était pas "manifestement de nature à corrompre la jeunesse" et, en cas de doute, de les lui montrer. Il s'était, en fait, opposé à la distribution à des kiosques d'un certain nombre de publications, bien que celles-ci n'aient pas été, par la suite, portées sur la liste prévue à l'article 1.

3. En novembre 1956, X. livrait à ses clients réguliers, y compris à plusieurs kiosques, le N° 7 de la publication "Das Journal Capriccio", éditée par la maison "Pressebuch, W. Hermann & Co" de Hambourg. Cette publication a été décrite par le Ministère public comme étant "manifestement de nature à corrompre la jeunesse", pour le motif que sept de ses illustrations étaient susceptibles de "surexciter et de dévoyer considérablement l'imagination sexuelle des adolescents". Le Tribunal régional de Munich se rangea à cette opinion et condamna X. le ... 1957 à une amende de 50 DM pour infractions à l'article 6 considéré, combiné avec les articles 4 et 21 de la loi susmentionnée.

X. protesta contre cette décision qui fut de ce fait annulée, et une audience fut fixée. A l'audience publique du ... 1957, X. déclara que ses employés ne lui avaient pas montré la publication avant sa distribution, mais que, même s'ils l'avaient fait, il en aurait autorisé la distribution aux kiosques, car il n'estimait pas qu'elle fut en quoi que ce soit préjudiciable à la moralité des jeunes et encore moins "manifestement de nature à corrompre la jeunesse". Le Ministère public bavarois était, semblait-t-il, seul à la considérer comme telle, étant donné qu'aucune objection n'avait jamais été soulevée à son encontre dans un autre Etat fédéral. Envisagée d'un point de vue objectif, la publication n'était pas "manifestement de nature à corrompre la jeunesse", le requérant fournissait à l'appui de sa thèse les moyens de preuve suivants: l'avis du Père S., aumônier de l'internat du Lycée de C., du ... 1957, et celui de Mme T., psychologue à l'Institut ..., du ... 1957, qui n'estimaient ni l'un ni l'autre que cette publication était de nature à corrompre la jeunesse, l'opinion d'une certaine Mme U., du ... 1957, qui, en tant que mère de famille ne considérait pas la publication comme préjudiciable à la moralité des jeunes, et enfin la décision de l'Office fédéral d'inspection (paragraphes 8 *et suivants*) du ... 1957, refusant de porter la publication sur la liste prévue à l'article 1.

Le ... 1957, le Tribunal régional de Munich reconnaissait X.

under Sections 4, 6, and 21 and imposed a fine of DM 30. In the grounds given for this verdict, it was stated that the publication was manifestly highly prejudicial to the morals of young persons, that it was devoid of any artistic or literary value and merely displayed the physical charms of film stars, while the text dwelt on the love affairs of film stars whom adolescents frequently idolised and imitated. The decision of the Inspection Office of ... 1957 not to include the publication in the "prohibited" list provided for in Section I was not binding on the Court. Further evidence adduced by X. was ignored by the Court. In determining the penalty, it took into account against X. a previous conviction under the same section of the regulations and the fact that the publication was of a type likely "to be read clandestinely by adolescents", and in his favour the absence of evidence of any concrete harm having been caused.

Both the Public Prosecutor's Office and X. appealed from this judgment. The Public Prosecutor's Office moved that X. be charged, not with negligence, but with a deliberate breach of the regulations under Section 4 *et seq.* X., on the other hand, demanded his acquittal and again submitted the evidence passed over by the Court of first instance. He argued that he could not, as a newsagent, be expected to be a severer judge of the morality of the content of a periodical than a Minorite priest, a child psychologist or a mother. It was unjust to apply a standard, designed only for swift intervention in exceptional, difficult cases, to a publication which the competent authority (the Inspection Office in Bonn) had not judged prejudicial to the morals of young persons, and declare it manifestly highly prejudicial and prosecute a newsagent for not applying criteria which, among all the Public Prosecutors' Offices in Germany, the Bavarian one alone seemed to have adopted.

The Regional Court of A. heard both appeals – X.'s and that of the Public Prosecutor – on ... 1957. At the request of the Prosecutor, it called in an expert who expressed the view that, while the illustrations originally objected to in the publication could not – with the exception of one which on closer inspection appeared obscene – be said to be manifestly highly prejudicial to young persons, a careful perusal revealed that many passages in the text were. The Court refused X.'s request to hear a second expert and to rectify the expert's statement on the basis of the tape-recordings submitted.

By a decision of ... 1957, the Regional Court rejected both

coupable de négligence aux termes des articles 4, 6 et 21 et lui infligeait une amende de 30 DM. Dans les attendus du jugement, il était dit que la publication était manifestement fort préjudiciable à la moralité des jeunes, qu'elle était dénuée de toute valeur artistique ou littéraire et se contentait d'exhiber les appas de vedettes de cinéma, tandis que le texte s'apesantissait sur les amours de vedettes de cinéma que les jeunes idôlatraient et imitaient fréquemment. La décision prise le ... 1957 par l'Office d'inspection de ne pas porter la publication sur la liste d'interdiction prévue à l'article 1 n'engageait pas le tribunal. Celui-ci ne prit pas en considération d'autres moyens de preuve produits par X. Pour la fixation de la peine, il retint à l'encontre de X. une condamnation antérieure pour infraction au même article de la loi, ainsi que le fait que la publication était de celles susceptibles "d'être lues clandestinement par des adolescents", et en sa faveur l'absence de preuve qu'un préjudice concret eût été occasionné.

Le Ministère public et X. firent tous deux appel de ce jugement. Le Ministère public demanda que X. fût inculpé non de négligence, mais de violation délibérée des prescriptions des articles 4 *et suivants*. X. pour sa part, réclama son acquittement et soumit de nouveau les moyens de preuve qui avaient été négligés par le tribunal de première instance. Il fit valoir que l'on ne pouvait demander à un directeur de messageries d'être un censeur plus exigeant de la moralité du contenu d'un périodique qu'un Père franciscain, un psychologue de l'enfance ou une mère de famille. Il était injuste d'appliquer une règle destinée uniquement à permettre une intervention rapide dans des cas difficiles, de caractère exceptionnel, à une publication que l'autorité compétente (l'Office d'inspection de Bonn) n'avait pas jugé préjudiciable à la moralité des jeunes, de déclarer que cette publication était manifestement fort préjudiciable et de poursuivre un directeur de messageries pour n'avoir pas appliqué des critères que, parmi tous les Ministères publics existant en Allemagne, seul celui de Bavière semblait avoir adopté.

Les deux appels – celui de X. et celui du Ministère public – furent entendus le ... 1957 par le Tribunal régional de A. A la demande du Procureur, celui-ci convoqua un expert qui exprima l'opinion que, si les illustrations initialement incriminées dans la publication ne pouvaient pas – à l'exception d'une seule qui, vue de plus près, apparaissait obscène – être considérées comme manifestement fort préjudiciables aux jeunes, un examen attentif révélait que de nombreux passages du texte l'étaient. Le tribunal rejeta la demande de X. tendant à entendre un deuxième expert et à rectifier la déclaration de l'expert sur la base des enregistrements soumis.

Par une décision du ... 1957, le Tribunal régional devait rejeter

appeals and upheld the fine of DM 30 imposed on X. as being "commensurate with the guilt of the accused and adequate as a penalty and deterrent".

In the grounds given for the judgment, the Court devotes 12 pages to describing a number of illustrations and passages in the publication. It found only two of the incriminated illustrations likely to have a corrupting influence on young persons:

- a colour photograph of the film star Lana Turner who, dressed as an oriental dancer, behind a gossamer-thin curtain, "seemed to be looking straight at the reader and beckoning to him"; the veil-like curtain "threw into relief rather than concealed the charms of the lower part of the body";
- a picture of the film star Mamie van Doren as a "tap dancer in a sleeveless blouse, satin briefs, net stockings and evening shoes; the tight-fitting briefs seemed to emphasise the contours of the female sex organs, particularly the vulva". Until the expert drew their attention to it, this fact had "escaped the notice of the members of the Court, particularly since there did not seem, at first glance, to be anything in the picture to make it harmful to the morals of young persons". A careful examination of it, however, left the Court no longer in any doubt as to the "highly licentious nature of the picture, even though it had to be admitted that many adolescents would not look at the picture closely enough to notice the detail in question and hence be aware of the obscenity of the picture as a whole".

The Court went on to state while "the illustrations in general" could not be said to be manifestly liable to corrupt the young, nevertheless parts of the text described the "extravagance, frivolity, looseness and profligacy" of filmstars' lives, and thus presented a grave danger to adolescents who were much more prone than adults to seek models to imitate and emulate. Hence the risk that they might choose such a way of life as an ideal to strive after. The Court considered that, since the text and illustrations belonged together – "on this one point the Court could not agree with the expert" – the entire publication was manifestly liable to corrupt the young. The publication should have been examined either by X. himself or by some of his employees, in which case they could not have failed to recognise the danger to young readers and should not have distributed the magazine to kiosks. The defence's arguments that the provision of Section 6 was not applicable in this instance because it was designed only for rapid intervention in particularly serious cases, was unfounded, for it was "not the intention of the legislator to take the decision in a normal

les deux appels et maintenir l'amende de 30 DM infligée à X. comme étant "proportionnée à la faute de l'accusé et adéquate à titre de sanction et à titre préventif".

Dans les attendus du jugement, le tribunal consacrait 12 pages à la description d'un certain nombre d'illustrations et de passages de la publication. Parmi les illustrations incriminées il n'en avait trouvé que deux susceptibles d'avoir une influence corruptrice sur la jeunesse:

- une photographie en couleurs de la vedette de cinéma Lana Turner qui, habillée en danseuse orientale, derrière un rideau arachnéen, "semblait regarder le lecteur droit dans les yeux et lui faire signe d'approcher"; le rideau de voile léger "mettait en relief plutôt qu'il ne dissimulait les attraits de la partie inférieure du corps";
- une photographie de la vedette de cinéma Mamie van Doren en "danseuse de cabaret vêtue d'une blouse sans manches, d'un slip de satin, de bas à filets et de chaussures du soir; le slip collant semblait mettre en relief les organes sexuels féminins, notamment la vulve". Jusqu'à ce que l'expert le leur ait fait remarquer, ce fait avait "échappé à l'attention des membres du tribunal, notamment parce qu'à première vue, rien dans cette photographie ne semblait de nature à la rendre préjudiciable à la moralité des jeunes". Cependant, un examen attentif n'avait plus laissé au tribunal le moindre doute quant à la "nature fortement licencieuse de la photographie, même s'il fallait admettre que de nombreux adolescents ne la regarderaient pas d'assez près pour remarquer le détail en question et, partant, prendre conscience de l'obscénité de cette photographie dans son ensemble".

Le tribunal ajoutait que, si l'on ne pouvait dire des "illustrations en général" qu'elles étaient manifestement de nature à corrompre la jeunesse, le texte quant à lui, décrivait dans certains passages "l'extravagance, la frivolité, l'immoralité et le libertinage" de la vie des vedettes de cinéma et présentait ainsi un grave danger pour les adolescents, qui étaient bien plus enclins que les adultes à chercher modèles à imiter – d'où le risque qu'ils puissent choisir un tel mode de vie comme idéal à poursuivre. Comme, de l'avis du tribunal, le texte et les illustrations formaient un tout – "sur ce seul point, le tribunal ne pouvait se ranger à l'avis de l'expert" – la publication entière était manifestement de nature à corrompre la jeunesse. Elle aurait dû être examinée soit par X. lui-même, soit par certains de ses employés, auquel cas ils n'auraient pu manquer de reconnaître le danger qu'elle présentait pour de jeunes lecteurs et ne l'auraient pas distribuée à des kiosques. Les arguments de la défense touchant l'inapplicabilité en l'espèce de la disposition de l'article 6, destinée uniquement, selon elle, à permettre une intervention rapide dans des cas particulièrement sérieux, n'étaient pas fondés car il n'était "pas dans l'intention du législateur d'enlever aux organes

case out of the hands of the State organs of justice and transfer it to other organisations". No mention of the opinions submitted as evidence by X. was made by the Court in this judgment either.

X. applied to the Court of Appeal of A. for a review of the Regional Court's decision, basing his plea on a number of points of law, including the following:

(a) improper application of the provision of Section 6 due to the fact that the publication – which was not subsequently included in the list of publications prohibited under Section 1 as "prejudicial to young persons" – was pronounced "manifestly liable to corrupt the young", in accordance with what were not generally accepted criteria, and this only after a careful study, and that a criminal charge was brought against X. for distributing it;

(b) violation of the right of the defence as to the admission and consideration of evidence submitted by it as proof of the accused's innocence;

(c) violation of the right of the defence to an explanation by the Court of why a newsagent should be a severer judge of the corruptive nature of a publication than a chaplain in charge of the spiritual welfare of young people, a qualified child psychologist or the competent Office.

The Criminal Appeals Senate of the Court of Appeal reviewed the case at a public hearing on ... 1959 and rejected the appeal by its decision of ... 1959.

X. appealed to the Federal Constitutional Court in Karlsruhe against this decision, but the Federal Constitutional Court rejected X.'s appeal in a decision taken at a non-public hearing on ... 1961. In the grounds given in accordance with Section 24 of the Basic Law (Federal Constitution Act), it is stated that the Court could find no evidence of any violation of X.'s constitutionally guaranteed rights in the criminal proceedings described above. With regard to the alleged violation of the rights safeguarded in the Human Rights Convention, the Court states:

> "The reference to the Human Rights Convention is pointless, since an appeal to a constitutional court on the grounds of its violation cannot be supported."

4. *Whereas* the Applicant alleges:

1. violation of the right safeguarded in Article 6, paragraphs (1) and (3), of the Convention in that, in the criminal proceedings which began in the Regional Court of A., the evidence adduced by him was not admitted or his arguments heeded,

judiciaires de l'Etat, pour le transférer à d'autres organisations, le pouvoir de prendre une décision dans un cas normal". Dans ce jugement, le tribunal ne mentionnait pas non plus les opinions soumises par X. comme moyens de preuve.

X. demanda alors à la Cour d'appel de A. la révision de la décision du Tribunal régional en s'appuyant sur un certain nombre de points de droit, et notamment les suivants:

(a) application impropre de la disposition de l'article 6, la publication – qui n'avait pas été inscrite par la suite sur la liste des publications interdites en vertu de l'article 1 comme "préjudiciables à la jeunesse" – ayant été déclarée "manifestement de nature à corrompre la jeunesse" selon des critères qui n'étaient pas généralement admis et, d'autre part, cela seulement après un examen attentif, et une accusation pénale ayant été portée contre X. pour l'avoir distribuée;
(b) violation du droit de la défense à ce que des moyens de preuve soumis par elle pour établir l'innocence de l'accusé, soient admis et examinés;
(c) violation du droit de la défense à obtenir une explication du Tribunal sur le point de savoir pourquoi un directeur de messageries devrait être un censeur plus exigeant de la nature corruptrice d'une publication qu'un aumônier ayant la charge de la vie spirituelle de jeunes, une psychologue qualifiée de l'enfance ou le service administratif compétent.

La Chambre criminelle de la Cour d'appel examina l'affaire lors d'une audience publique le ... 1959 et rejeta l'appel par son arrêt du ... 1959.

X. se pourvut contre cet arrêt devant la Cour fédérale constitutionnelle de Karlsruhe, mais celle-ci rejeta le recours de X. dans une décision rendue en audience non-publique le ... 1961. Dans les motifs indiqués conformément à l'article 24 de la Loi fondamentale (Loi constitutionnelle fédérale), il est dit que la Cour n'a pu trouver aucune preuve de violation des droits garantis à X. par la Constitution dans la procédure pénale décrite ci-dessus. Quant à la violation alléguée des droits sauvegardés par la Convention des Droits de l'Homme, la Cour déclare:

> "La référence à la Convention des Droits de l'Homme est sans objet, car un recours devant une Cour Constitutionnelle fondé sur la violation de cette Convention est irrecevable".

4. La requérant allègue:
   1. la violation du droit garanti par l'article 6, paragraphe 1 et 3 de la Convention, pour le motif que, dans la procédure pénale engagée devant le Tribunal régional de A., les moyens de preuve produits par lui n'auraient pas été admis ni ses argu-

and that the judgment issued against him was based on biased evidence, assertions which conflicted with the case-file and an arbitrary application of the law;

2. violation of freedom of the press safeguarded by Article 10 of the Convention, in that the obligation was imposed on him, a newsagent, to censor publications in accordance with criteria alien to both the competent administrative organ and a democratic society;

3. violation of his rights safeguarded in Articles 7, paragraph (1), 5, paragraph (1) and 14, of the Convention, in that he was convicted in Bavaria for an act which is not expressly defined as punishable under the general law applicable to all the Federal Länder and which is regarded as legal in the rest of the Federal territory where, though committed repeatedly, it has never been punished.

4. violation of his right safeguarded in Article 13 of the Convention, in that the judicial authorities to which he had applied in the prescribed manner – the last of these being the Federal Constitutional Court – failed to submit his appeal to appropriate examination and based their decisions on speculative, manifestly incorrect assumptions, or refused to give a proper legal verdict.

THE LAW

As regards the alleged violations of Article 6, paragraphs (1) and (3) of the Convention

Whereas, during the proceedings before the District Court of A., the first Applicant availed himself of the possibility of submitting in evidence written statements by three private persons supporting his own submissions in defence;

Whereas, during the proceedings on appeal he unsuccessfully requested the permission of the Regional Court of A. to call a counter-expert to refute the evidence of the expert appointed by the Court at the request of the Public Prosecutor;

Whereas Article 6, paragraph (3) (d) provides that "everyone charged with a criminal offence has the right . . . to examine or have examined witnesses against, and to obtain the attendance and examination of, witnesses on his behalf under the same conditions as witnesses against him."

Whereas, in its decision on the admissibility of Application No. 1290/61 (M. *v.* Austria) the Commission considered that "the calling of experts as witnesses is covered by the terms of Article 6, paragraph (3) (d) of the Convention";

ments pris en considération, et que le jugement prononcé à son encontre serait fondé sur des moyens de preuve partiaux, des affirmations en contradiction avec le dossier et une application arbitraire de la loi;

2. la violation de la liberté de la presse garantie par l'article 10 de la Convention, pour le motif qu'il se serait vu imposer, dans l'exercice de ses fonctions de directeur de messageries, l'obligation de censurer des publications selon des critères étrangers à la fois à l'organe administratif compétent et à une société démocratique;
3. la violation de ses droits garantis par les articles 7, paragraphe 1), 5, paragraphe 1) et 14 de la Convention, pour le motif qu'il a été condamné en Bavière pour un acte qui ne serait pas défini expressément comme punissable selon le droit général applicable à tous les Länder fédéraux, et qui serait considéré comme légal sur le reste du territoire fédéral où, bien que cet acte ait été commis à diverses reprises, il n'aurait jamais été puni;
4. la violation de son droit garanti par l'article 13 de la Convention, pour le motif que les instances judiciaires auxquelles il se serait adressé selon les modalités prescrites – la dernière de ces instances étant la Cour constitutionnelle fédérale – n'auraient pas examiné son recours avec suffisamment d'attention, fondant leurs décisions sur de pures hypothèses manifestement incorrectes ou auraient refusé de prononcer un véritable verdict juridique;

EN DROIT

Sur les violations alléguées de l'article 6, paragraphes 1 et 3 de la Convention

Considérant que, durant la procédure suivie devant le Tribunal régional de A., le premier requérant a usé de la faculté de produire comme moyens de preuve des déclarations écrites de trois particuliers appuyant les arguments présentés par lui pour sa défense;

Que, pendant la procédure d'appel, il a demandé en vain au Tribunal régional de A. l'autorisation de faire appel à un contre-expert afin de réfuter la déposition de l'expert désigné par le Tribunal à la demande du Ministère public;

Que l'article 6, paragraphe 3 d) stipule que "tout accusé a droit à interroger ou faire interroger les témoins à charge et obtenir la convocation et l'interrogation de témoins à décharge dans les mêmes conditions que les témoins à charge";

Que, dans sa décision sur la recevabilité de la requête N° 1290/61 (M. *contre* l'Autriche), la Commission a estimé que "la convocation d'experts comme témoins est régie par les termes de l'article 6, paragraphe 3 d) de la Convention";

Whereas, however, the Commission has held in several decisions (No. 617/59 – Hopfinger *v.* Austria – Yearbook III, p. 370 – and No. 753/60 – E. *v.* Austria – *ibid.* p. 310) that "this provision does not allow the accused to call everyone, in particular persons who are not in a position to assist by their statements in elucidating the truth; whereas, in other words, paragraph (3) (d) does not prohibit the Court from refusing to summon persons who cannot be 'witnesses on his behalf' within the meaning of that same paragraph";

Whereas the Regional Court of A. had in the case-file the written statements of three witnesses on behalf of the Applicant as well as the evidence of an expert which it had itself appointed; whereas the Court thus considered that the evidence before it was adequate for it to reach a decision without calling the expert proposed by the Applicant; whereas the Applicant has not shown that the Court in so evaluating the evidence acted in violation of the rights guaranteed to the Applicant in paragraph (3) (d) or in a wider notion of a "fair trial" embodied in paragraph (1) of Article 6; whereas therefore this part of the Application is manifestly ill-founded and must be rejected in accordance with Article 27, paragraph (2) of the Convention.

As regards the alleged violation of Article 10 of the Convention

Whereas the Commission has frequently held in cases in which a public authority is shown to have interfered with the rights or freedoms guaranteed by the Convention that the Commission has not only the right but also the duty to examine the question whether such interference either by legislation or otherwise complies with the terms of the relevant provisions of the Convention; whereas it has further held in considering this question both generally and with particular reference to Article 10, paragraph (2), that a State is given a certain margin of appreciation in determining the limits that may be placed on freedom of expression; whereas in this respect the Commission refers to its decision on the admissibility of Application No. 753/60 (see above);

Whereas the first Applicant was sentenced under Sections 4, 6 and 21 of the Act of 9th July 1953 on the circulation of publications liable to corrupt the young; whereas the Commission finds that these provisions in no way exceeded the above margin of appreciation and constitute restrictions on the freedom of expression such as are authorised under paragraph (2) of Article 10 since they are provided for by law and represent measures necessary "for the protection of morals" of young persons;

Whereas, in respect of the application of the provisions to the

Que, toutefois, la Commission a dit dans plusieurs décisions (N° 617/59, Hopfinger *contre* l'Autriche – Annuaire III, page 370; et N° 753/60, E. *contre* l'Autriche – *ibid.* p. 310) que "cette disposition ne permet pas à l'accusé d'obtenir la convocation de n'importe quelle personne et notamment de celle qui n'est pas en mesure, par ses déclarations, d'aider à la manifestation de la vérité; qu'en d'autres termes, le paragraphe 3 d) n'interdit pas au Tribunal de refuser de convoquer des personnes qui ne peuvent pas être "des témoins à décharge" au sens de ce paragraphe";

Qu'au dossier du Tribunal régional de A. figuraient les déclarations écrites de trois témoins à décharge du requérant ainsi que la déposition d'un expert désigné par lui-même; que le Tribunal a estimé, dans ces conditions, que les moyens de preuve dont il disposait étaient suffisants pour lui permettre de prendre une décision sans faire appel à l'expert proposé par le requérant; que le requérant n'a pas démontré que le Tribunal, dans son appréciation des moyens de preuve, avait agi en violation des droits garantis au requérant par le paragraphe 3 d) ou par une conception élargie de l'idée de procès équitable contenu au paragraphe 1 de l'article 6; que cette partie de la requête est donc manifestement mal fondée; qu'il y a lieu, dès lors, de la rejeter de ce chef par application de l'article 27, paragraphe 2 de la Convention;

Sur la violation alléguée de l'article 10 de la Convention

Considérant que la Commission a fréquemment conclu que, dans les cas où il est établi qu'une autorité publique s'est ingérée dans l'exercice des droits et libertés garantis par la Convention, elle n'a pas seulement le droit mais aussi le devoir d'examiner la question de savoir si une telle ingérence, législative ou autre, est conforme aux termes des dispositions pertinentes de la Convention; qu'elle a en outre jugé, en étudiant cette question à la fois sur un plan général et en se référant particulièrement à l'article 10, paragraphe 2, qu'un Etat dispose d'une certaine marge d'appréciation pour fixer les limites qui peuvent être imposées à la liberté d'expression; qu'elle se réfère à ce propos à sa décision sur la recevabilité de la requête N° 753/60 (voir *supra*);

Que le premier requérant a été condamné en vertu des articles 4, 6 et 21 de la loi du 9 juillet 1953 sur la diffusion des publications de nature à corrompre la jeunesse; que la Commission constate que ces dispositions n'outrepassent en aucune manière la marge d'appréciation susmentionnée et qu'elles constituent des restrictions à la liberté d'expression autorisées par le paragraphe 2 de l'article 10 puisque, d'une part elles sont prévues par la loi et que, d'autre part, il s'agit de mesures nécessaires "à la protection de la moralité" des jeunes;

Qu'en ce qui concerne l'application de ces dispositions au requé-

Applicant, the Commission, on the general evidence before it and without considering it necessary to examine the actual contents of the publication in question, finds that the Regional Court of A. and the Court of Appeal of A. have not applied these restrictions on the right to receive and impart information in a manner contrary to the provisions of the Convention and in particular to Article 10; whereas it follows that this part of the Application is manifestly ill-founded and must be rejected in accordance with Article 27, paragraph (2) of the Convention.

As regards the alleged violations of Articles 7, 5 and 14 of the Convention

Whereas an examination of the case as it has been submitted, including an examination made *ex officio*, does not disclose any appearance of a violation of the rights and freedoms set forth in the Convention and in particular in the Articles invoked by the Applicant; whereas, it is true that no prosecutions for similar offences took place in other parts of the Federal territory to which the Act of 9th July 1953 applies; whereas, however, the appreciation by the authorities of the terms "liable to corrupt" and "manifestly liable to corrupt" may inevitably vary according to the different standards and conditions in other parts of the Federal territory; whereas such difference in appreciation may well result in a difference in the application of the provisions of the Act by the authorities but does not thereby constitute a discrimination in its application within the meaning of Article 14.

Whereas it follows that this part of the Application is manifestly ill-founded and must be rejected in accordance with Article 27, paragraph (2) of the Convention.

As regards the alleged violations of Article 13 of the Convention

Whereas it is to be observed that the effective remedy before a national authority which is guaranteed to everyone under Article 13 of the Convention relates exclusively to a remedy in respect of a violation of one of the rights and freedoms set forth in the Convention; and whereas, the first Applicant not having established any violation of Articles 5, 6, 7, 10 or 14 of the Convention, there is no basis for the Application of Article 13 to the present case; whereas the Commission in this respect refers to its decisions on the admissibility of Applications No. 472/59 (W. *v.* the Federal Republic of Germany – Yearbook III, p. 206) and No. 912/60 (W. *v.* Sweden); whereas it follows that this part of the Application is manifestly ill-founded and must be rejected in accordance with Article 27, paragraph (2) of the Convention;

Now therefore the Commission

DECLARES THIS APPLICATION INADMISSIBLE.

rant, la Commission, se fondant sur l'ensemble des moyens de preuve qui lui ont été soumis et n'estimant pas nécessaires d'étudier le contenu effectif de la publication en question, est d'avis que le Tribunal régional de A. et la Cour d'Appel de A. n'ont pas appliqué ces restrictions relatives au droit de recevoir et de communiquer des informations d'une manière contraire aux dispositions de la Convention et notamment de son article 18; qu'il s'ensuit que cette partie de la requête est manifestement mal fondée; qu'il y a lieu, dès lors de la rejeter de ce chef par application de l'article 27, paragraphe 2 de la Convention.

Sur les violations allégués des articles 7, 5 et 14 de la Convention

Considérant que l'examen du dossier tel qu'il se présente ne permet pas de dégager, même *d'office*, l'apparence d'une violation des droits et libertés définis dans la Convention et notamment des articles invoqués par le requérant; qu'il est vrai qu'aucune poursuite n'a été intentée pour des infractions analogues dans d'autres parties du territoire fédéral auxquelles s'applique la loi du 9 juillet 1953; qu'il est toutefois inévitable que l'appréciation par les autorités des termes "de nature à corrompre" et "manifestmeent de nature à corrompre" varie selon les normes et les conditions propres aux différentes parties du territoire fédéral; qu'une telle différence d'appréciation peut fort bien aboutir à une différence dans l'application des dispositions de la loi par les autorités, mais qu'elle n'en constitue pas pour autant une discrimination dans cette application au sens de l'article 14;

Qu'il s'ensuit que cette partie de la requête est manifestement mal fondée; qu'il y a lieu, dès lors, de la rejeter par application de l'article 27, paragraphe 2 de la Convention.

Sur les violations alléguées de l'article 13 de la Convention

Considérant qu'il échet d'observer que le recours effectif devant une instance nationale prévu par l'article 13 de la Convention n'est garanti à toute personne qu'en cas de violation de l'un des droits et libertés reconnus dans la Convention; que, le premier requérant n'ayant établi aucune violation des articles 5, 6, 7, 10 ou 14 de la Convention, il n'existe aucune base permettant d'appliquer en l'espèce ledit article 13; que la Commission se réfère à cet égard à ses décisions sur la recevabilité des requêtes N° 472/59 (W. *contre* la République Fédérale d'Allemagne – Annuaire III, p. 206) et N° 912/60 (W. *contre* la Suède); qu'il s'ensuit que cette partie de la requête est manifestement mal fondée; qu'il y a lieu, dès lors, de la rejeter de ce chef par application de l'article 27, paragraphe 2 de la Convention;

Par ces motifs, la Commission

DECLARE LA REQUETE IRRECEVABLE.

Application No. 1418/62

X. *against* AUSTRIA

Decision of 21st June 1963

THE FACTS

The Applicant, who was born in 1924 in A., is at present living in Germany. He is represented by Dr. Y. of Vienna.

On ... 1961, the Applicant was convicted by the Regional Court of B. on charges of having, by evasion of taxes and import duties, violated the Financial Offences Act (*Finanzstrafgesetz*) and sentenced to one year's imprisonment, subsequent deportation from Austria and a fine of 1 million Austrian schillings, and, in default of payment, three months' imprisonment. He was also ordered to make restitution (*Wertersatz*) of approximately 3.5 million Austrian schillings, or in default of payment ten months' imprisonment. In respect of certain parts of the original indictment, the Applicant was apparently acquitted either for lack of proof or following a withdrawal of the charges. The Court had rejected a request from the lawyer for the defence to call two witnesses named Y and Z.

The Applicant lodged a joint plea of nullity (*Nichtigkeitsbeschwerde*) and appeal (*Berufung*) and, in respect of the former plea, invoked Article 281 (4) of the Austrian Code of Criminal Procedure, which states as follows:

"(1) A plea of nullity may be entered ... only on the following grounds:

(4) if, during the main proceedings, no decision has been taken on an application by the complainant or if an interim decision rendered against his application or opposition has disregarded or applied incorrectly laws or principles of procedure which must be observed through a procedure providing for both prosecution and defence;"

On ... 1961 the Public Prosecutor's Office of B. stated that it would make no counter-statement, and on ... 1961 the case-file was sent to the Supreme Court.

The member of the Supreme Court designated as Rapporteur transmitted the case-file to the Attorney-General's Office at the Supreme Court with the comment that, in accordance with paragraph 290, sub-paragraph 1, of the Code of Criminal Procedure, he was applying for a day to be fixed for a public hearing. He based his application on the ground that, in his opinion, there were "material judicial" grounds for annulment under paragraph 281,

Requête No. 1418/62

X. *contre* L'AUTRICHE

Décision du 21 juin 1963

(*Traduction*)

EN FAIT

Le requérant, né en 1924 à A., habite actuellement l'Allemagne. Il est représenté par le Dr. Y.. de Vienne.

Le ... 1961, le requérant fut reconnu coupable par le Tribunal régional de B., d'avoir, par des fraudes sur l'impôt et sur les taxes à l'importation, enfreint la loi portant répression des infractions fiscales (*Finanzstrafgesetz*); il fut condamné à un an de prison, à l'expulsion d'Autriche après avoir purgé sa peine, et à une amende d'un million de schillings autrichiens, ou, à défaut de paiement, à trois mois de prison. Il fut également condamné à la restitution (*Wertersatz*) d'environ 3,5 millions de schillings autrichiens ou, à défaut de paiement, à dix mois de prison. En ce qui concerne certains chefs d'accusation, le requérant fut apparemment acquitté soit faute de preuves, soit à la suite d'un retrait des plaintes. Le tribunal rejeta la requête de l'avocat qui demandait que la Cour entendît deux témoins du nom de Y. et Z.

Le requérant introduisit à la fois un recours en annulation (*Nichtigkeitsbeschwerde*) et un appel (*Berufung*) et, pour ce qui est du premier recours, invoqua l'article 281 paragraphe 4 du Code autrichien de procédure pénale, qui déclare:

> "(1) Un recours en annulation ne peut être introduit que ... pour les motifs suivants:
> (4) si, durant l'audience principale, aucune décision n'a été prise sur une requête du plaignant ou si une décision interlocutoire rejetant sa requête ou son opposition a violé ou incorrectement appliquée les lois ou les principes de procédure qui doivent être observés dans une procédure intéressant à la fois l'accusation et la défense";

Le ... 1961, le Parquet de B. déclarait qu'il ne présenterait pas de contre-mémoire et le ... 1962, le dossier était transmis à la Cour suprême.

Le juge de la Cour suprême désigné comme rapporteur transmit le dossier au Procureur général près la Cour suprême en mentionnant que, conformément à l'article 290, paragraphe 1 du Code de procédure pénale, il demandait qu'une date soit fixée pour une audience publique. Il se basait sur le fait qu'à son avis, il existait des motifs juridiques fondamentaux d'annulation, conformément à l'article 281, paragraphe 11 du Code de procédure pénale (qui n'avait pas été

sub-paragraph 11, of the Code of Criminal Procedure (which had not been invoked in the plea of nullity) in that the trial Court had made a mistake in law in applying the provisions of the Financial Offences Act instead of those of the Tax Code. He submitted that this was relevant insofar as the sentence included deportation of the accused from Federal territory, and that that would be prejudicial to him; the clauses of the Tax Code properly applicable to the case in question did not provide for such a measure.

On ... 1961, in a letter addressed to the Attorney-General, Dr. Y., who had meanwhile been instructed by the Applicant, requested an oral hearing in order to submit to the Court further arguments in respect of Article 281 and to show in detail why the refusal by the lower court to hear the above witnesses obstructed the defence. It was also pointed out that the grounds of a plea of nullity mentioned in article 281 (9–11) had not been clearly invoked by the Applicant's former counsel and that, according to Article 290, the Court should, *ex officio*, take these grounds into consideration; this would necessitate an oral hearing. Dr. Y.'s letter contained an *exposé* of the issues relating to the plea of nullity, as well as to the appeal, and he intended to develop his arguments further at the hearing requested by him.

On ... 1961, the Attorney-General's Office, after examining the legal position, sent the file to the Supreme Court with its "Croquis", in which it stated its opinion, given as though in open court, that the accused's plea of nullity should be rejected; it also pointed out that there was an abvious ground for annulment of the conviction which had not been invoked by the defence or mentioned by the Judge-Rapporteur. This was that the trial Court had imposed a fine of S. 1,000,000, although, under the provisions of the Tax Code which should have been applied, the maximum fine applicable was S. 600,000. It also stated that grounds for annulment under 281, sub-paragraphs 10 and 11, of the Code of Criminal Procedure had been mentioned, and under paragraph 290, sub-paragraph 1, of the Code of Criminal Procedure, must automatically be applied in the accused's favour.

The Attorney-General, having regard no doubt to his duty under Paragraph 33 of the Code of Criminal Procedure, examined Dr. Y.'s application of ... 1961 and sent the Supreme Court a letter with a copy of the application, stating that he saw no reason to intervene. Insofar as the petition contained points relevant in law – even though they made no difference to the legal position of the accused – they were taken into account in the parts of the "Croquis" dealing with the "material judicial" aspects of the case.

invoqué dans le recours en annulation), car le tribunal avait commis une erreur de droit en appliquant les dispositions de la Loi portant répression des infractions fiscales au lieu de celles du Code des impôts. Il faisait valoir que cette erreur avait entraîné une condamnation comportant l'expulsion de l'accusé du territoire fédéral, ce qui constituait pour lui un préjudice; les dispositions du Code des impôts, applicables en l'espèce, ne prévoyaient pas cette mesure.

Le ... 1961, dans une lettre adressée au Procureur général, le Dr. Y. qui avait entretemps reçu des instructions du requérant, demanda qu'une audience contradictoire fût fixée afin qu'il pût présenter à la Cour de nouveaux arguments relatifs à l'article 281 et expliquer comment le tribunal de première instance, en refusant d'entendre les témoins susmentionnés, avait gêné l'action de la défense. Il faisait également valoir que les motifs d'annulation mentionnés à l'article 281, paragraphes 9–11, n'avaient pas été clairement invoqués par le précédent avocat du requérant et que, conformément à l'article 290, la Cour devait, *d'office*, prendre ces motifs en considération, ce qui nécessitait une audience contradictoire. Dans sa lettre, le Dr. Y. *exposait* les questions relatives au recours en annulation ainsi qu'à l'appel, et annonçait son intention de développer son argumentation lors de l'audience contradictoire qu'il sollicitait.

Le ... 1961, le Ministère public après avoir examiné l'affaire du point de vue du droit, transmit le dossier à la Cour suprême avec un "croquis" dans lequel il émettait, comme pour une audience publique, l'avis qu'il convenait de rejeter le recours en annulation de l'accusé; il faisait également remarquer qu'il existait un motif évident d'annulation de la condamnation, qui n'avait pas été invoqué par la défense ni mentionné par le juge-rapporteur. Ce motif était que le tribunal de première instance avait infligé une amende d'un million de schillings alors que, d'après les dispositions du Code des impôts qui auraient dû s'appliquer, le maximum de la sanction pécuniaire est de 600.000 schillings. Le Ministère public déclarait également que des motifs d'annulation prévus par l'article 281, paragraphes 10 et 11 du Code de procédure pénale avaient été mentionnés et qu'ils devaient, selon l'article 290, paragraphe 1 du Code de procédure pénale, s'appliquer automatiquement en faveur de l'accusé.

Le Procureur général, tenant compte sans doute de ses obligations aux termes de l'article 33 du Code de procédure pénale, examina la demande du Dr. Y. en date du ... 1961, et en adressa à la Cour suprême une copie avec une lettre dans laquelle il déclarait qu'il ne voyait pas de raison d'intervenir. Pour autant que la demande contenait des points pertinents en droit – même si elle ne changeait rien à la situation juridique de l'accusé –, il en était tenu compte dans les parties du croquis traitant des aspects juridiques fondamentaux de l'affaire.

In a decision dated ... 1961, the Supreme Court, despite the original application of the Judge-Rapporteur for a day to be fixed for a public hearing (agreed to by the Attorney-General's Office) and without further consultation of the Attorney-General's Office, rejected the plea of nullity as manifestly ill-founded. This decision was taken in the absence of the Attorney-General and of the accused and his counsel. The Court announced at the same time that a separate order would be made fixing a day for a public hearing since it was apparent that the law had been wrongly applied to the prejudice of the accused, and proceedings should therefore go forward as though the plea of nullity had been based on paragraph 281, sub-paragraphs 10 and 11, of the Code of Criminal Procedure. On ... 1961 this hearing was fixed for ... 1961 and counsel for the defence was so informed by notice dated ... 1961.

The record of the public hearing of ... 1961 shows that counsel for the defence gave his views on the case and made submissions similar to those in his written statement to the Attorney-General's Office. The representative of the Attorney-General's Office took up a position on the lines of that set out in the "Croquis".

The oral decision of ... 1961, ordering the adjournment, was based on a written draft which shows that counsel for the defence took the opportunity to submit legal considerations not contained in his petition to the Attorney-General's Office. The decision therefore had to be deferred *sine die* to allow a thorough examination of the defence's submissions. After a further session on ... 1961, the Supreme Court delivered the following judgment on ... 1961 at a public hearing:

> "The decision of the Regional Court of B. of ... 1961 by ..., which otherwise remains unchanged, is, on the contrary, to be set aside in accordance with Article 290, paragraph 1 of the Code of Criminal Procedure, insofar as it concerns the legal qualification of the acts which have been attributed to the accused, X., in the conviction and which are mentioned in the beginning of the decision under paragraphs 1) and 2) and accordingly also, insofar as concerns the pronouncement of the sentence; it is in accordance with Article 288, paragraph 2, rev. 3, of the Code of Criminal Procedure, by a partial amendment of the decision, to be decided as follows:
>
> The offences of which the accused, X., was found guilty by the Regional Criminal Court of B. in its judgment of ... 1961, and described in detail in paragraphs 1) and 2) thereof, constitute tax evasion (*Steuerhehlerei*) within the meaning of paragraph 403, sub-paragraphs 1 and 3, and paragraph 401 b, sub-paragraph 1, of the Tax Code, and he is therefore sentenced, under paragraph 396 and paragraph 401 b, sub-paragraph 1, of the Tax Code, to one year's imprisonment and to a fine of

Dans un arrêt en date du 20 septembre 1961, la Cour suprême, malgré la demande initiale du juge-rapporteur tendant à ce qu'une date soit fixée pour une audience contradictoire (avec l'accord du Procureur général) et sans nouvelle consultation du Ministère public, rejeta le recours en annulation comme manifestement mal fondé. Cette décision fut prise en l'absence du Procureur général, de l'accusé et de son avocat. La Cour annonça en même temps qu'elle fixerait ultérieurement la date d'une audience contradictoire, puisqu'il apparaissait qu'une erreur de droit avait été commise au préjudice de l'accusé et que la procédure devait donc se poursuivre comme si le recours en annulation avait été fondé sur l'article 281, paragraphes 10 et 11 du Code de procédure pénale. Le ... 1961, cette audience fut fixée au ... 1961 et l'avocat en fut informé par une convocation datée du ... 1961.

Le procès-verbal de l'audience contradictoire du ... 1961 montre que la défense a fait connaître son point de vue sur l'affaire et a présenté des conclusions semblables à celles de sa déclaration écrite adressée au Procureur général. Le représentant du Procureur général a pris position dans le sens défini par le croquis.

La décision orale du ... 1961, ordonnant l'ajournement, se fondait sur un projet écrit qui montre que la défense a saisi l'occasion de présenter des arguments juridiques qui ne figuraient pas dans sa requête au Ministère public. La décision devait donc être reportée *sine die* pour permettre un examen approfondi des arguments de la défense. Après une nouvelle audience, tenue le ... 1961, la Cour suprême prononça le ... 1961, au cours d'une séance publique, l'arrêt suivant:

> "Le jugement du tribunal régional de B., du ... 1961, (...), qui par ailleurs demeure inchangé, doit être infirmé, conformément à l'article 290, paragraphe 1 du Code de procédure pénale, pour autant qu'il concerne la qualification juridique des actes imputés à l'accusé, X., lors de la condamnation, et qui sont mentionnés au début du jugement, aux paragraphes 1 et 2 et, en conséquence, également pour autant qu'il concerne le prononcé de la sentence; conformément à l'article 288, paragraphe 2 rév. 3, du Code de procédure pénale, il échet, par modification partielle du jugement, de décider ce qui suit:
>
> Les infractions dont l'accusé, X. a été reconnu coupable par le Tribunal régional de B. dans son jugement du ... 1961, et qui sont décrites, en détail aux paragraphes 1 et 2 dudit jugement, constituent une fraude fiscale (*Steuerhehlerei*) au sens de l'article 403, paragraphes 1 et 3, et de l'article 401 b, paragraphe 1, du Code des impôts; en conséquence, l'accusé est condamné, en vertu de l'article 396 et de l'article 401 b, paragraphe 1 du Code des impôts, à un an de prison et à une

S. 500,000 (as against S. 1,000,000 in the original sentence) or to six weeks imprisonment in the original sentence) and, further, under paragraph 401, sub-paragraph 2, of the Tax Code, to make restitution amounting to S. 3,518,600 for those goods which cannot be recovered, or to six months imprisonment in default of payment (as against ten months imprisonment in the original sentence) and, under paragraph 389 of the Code of Criminal Procedure, he is ordered to pay the costs of the proceedings and of execution."

In the decision on his appeal, the accused was referred to the decision on his plea of nullity.

THE ALLEGATIONS MADE BY THE APPLICANT

The Applicant alleges violations of Article 6, paragraphs (1) and (3) (b) and (c).

THE SUBMISSIONS OF THE PARTIES

Whereas the submissions made by the Applicant's counsel, Dr. Y., may be summarised as follows:

Before the hearing by the Supreme Court of the plea of nullity, the Attorney-General submitted to the Court a so-called "Croquis".

The croquis is, as explained in a decision of the Supreme Court of 6th March 1957, "an expression not recognised by law and only used to express that it is a tentative draft of an opinion intended for the hearing".

Dr. Y. has traced the development of the relevant provisions as follows:

Under the Austrian Code of Criminal Procedure of 23rd May 1873, it is laid down as a principle that the proceedings on a plea of nullity lodged by the accused shall be held before the Supreme Court in public on the day fixed. At this hearing "a member of the Supreme Court appointed Rapporteur by the President of that Court shall give an account of the past history of the proceedings" (Article 287 (2) of the Code of Criminal Procedure) (StPO) and state the grounds for nullity put forward by the complainant together with the contentious points arising therefrom, but without expressing an opinion on the decision taken by the lower court. Article 287 (3) further provides as follows:

> "The complainant shall then be called upon to outline the grounds for the plea and his opponent asked to make a counter-statement. In all cases the accused or his counsel shall have the right to make the closing statement."

The scope of this basic regulation was restricted by the Criminal

amende de 500.000 schillings (contre un million de schillings dans la condamnation initiale), ou à défaut de paiement, à six semaines de prison (contre trois mois de prison dans la condamnation initiale); il est, en outre, condamné, en vertu de l'article 401, paragraphe 2, du Code des impôts, au remboursement s'élevant à 3.518.600 schillings en compensation des objets qui ne peuvent être récupérés, ou à défaut de paiement, à six mois de prison (contre dix mois de prison dans la condamnation initiale); et, en vertu de l'article 389 du Code de procédure pénale, il est condamné de payer les frais de procédure et d'exécution du jugement."

La décision relative à l'appel renvoyait l'accusé à la décision concernant son recours en annulation.

LES ALLEGATIONS DU REQUERANT

Le requérant allègue la violation de l'article 6, paragraphes 1 et 3 b) et c) de la Convention.

LES ARGUMENTS DES PARTIES

Considérant que les arguments présentés par l'avocat du requérant, le Dr. Y., peuvent se résumer comme suit:

Avant l'examen du recours en annulation par la Cour suprême, le Procureur général a présenté à celle-ci un croquis.

Le croquis est, comme l'explique un arrêt de la Cour suprême du 6 mars 1957, "une expression non reconnue par la loi et utilisée seulement pour signifier qu'il s'agit d'un projet d'avis destiné à l'audience".

Le Dr. Y. a retracé ainsi l'évolution des dispositions applicables en la matière.

Dans le Code autrichien de procédure criminelle du 23 mai 1873, il est posé en principe que l'examen d'un recours en annulation introduit par l'accusé aura lieu publiquement devant la Cour suprême le jour fixé. Au cours de cette audience, "un juge de la Cour suprême désigné comme rapporteur par le Président de la Cour fait l'historique de la procédure" (Article 287, paragraphe 2 du Code de procédure pénale) (StPO), et expose les motifs d'annulation invoqués par le plaignant ainsi que les points litigieux qu'ils soulèvent, mais sans exprimer d'avis sur la décision prise par l'instance inférieure. L'article 287, paragraphe 3 dit ensuite:

> "Le requérant est alors invité à développer les motifs du recours et son adversaire est invité à présenter sa réplique. Dans tous les cas, c'est l'accusé ou son avocat qui a le droit d'intervenir en dernier."

La portée de cette disposition fondamentale a été limitée par la

Amendment Act of 31st December 1877. The provisions of Articles 3 and 4 of this Act lay down the following procedure:

"*Article 3*

(1) The Supreme Court shall deliberate on a plea of nullity submitted to it in accordance with Article 285 (2) of the Code of Criminal Procedure at a *session in camera*, after hearing the Attorney-General, *only* if the Attorney-General or the Rapporteur selected by the President of the Supreme Court from among the members of that Court proposes one of the decisions referred to in Articles 4, 5 of 6.

(2) In all other circumstances a *public court* sitting to deal with the case shall be ordered in accordance with the relevant provisions of Article 286 of the Code without any decision to this effect being required on the part of the Supreme Court.

Article 4

(1) At the deliberation *in camera*, the plea of nullity may be dismissed *de plano:*

1. Where it should already have been dismissed by the Court of first instance according to Article 1 of this Act, or where the ground for nullity invoked has already been disposed of by a decision of the Supreme Court on that case;
2. Where the plea of nullity is based on the nullity grounds set out in Article 281, (1 to 8), or in Article 345, (1 to 4), of the Code of Criminal Procedure and the Supreme Court unanimously considers that it should be rejected without further deliberation as being *manifestly ill-founded;*

(2) The above-mentioned decision can be taken at a deliberation *in camera* even if, owing to other grounds for nullity or because the Supreme Court wishes to reserve for itself the exercise of the powers granted it under paragraph (1) of Article 290 of the Code, a public court sitting should be called to deal with the case."

The provisions of the Amendment Act have only been incorporated in the Code of Criminal procedure in the last few years. This was done in the "Code of Criminal Procedure 1960" which was promulgated by virtue of Article 1 of the Promulgating Law (Official Gazette [BGBl] No. 114/47), and published in the official announcement by the Federal Government on 20th April 1960 (BGBl. No. 98/47). Article 3 of the old Act now appears as Article 265 c, and the old Article 4 as Article 265 d of the present Code of Criminal Procedure.

Loi du 31 décembre 1877 portant amendement en matière pénale. Les dispositions des articles 3 et 4 de cette loi prévoient la procédure suivante:

"*Article 3*

(1) La Cour suprême délibère sur un recours en annulation qui lui est soumis conformément à l'article 285, paragraphe 2, du Code de procédure pénale, au cours d'une séance non publique, après avoir entendu le Procureur général, *seulement dans le cas* où le Procureur général ou le Rapporteur désigné par le Président de la Cour suprême parmi les juges de cette Cour, propose l'adoption de l'une des décisions mentionnées aux articles 4, 5 ou 6.

(2) Dans tous les autres cas, une *audience publique* pour l'examen de l'affaire est ordonnée conformément aux dispositions de l'article 286 du Code, sans que la Cour suprême soit appelée à prendre une décision à cet effet."

"*Article 4*

(1) Lors de la délibération en séance *non publique*, le recours en annulation peut être rejeté *de plano*:

1. Lorsqu'il aurait dû être déjà rejeté par le tribunal de première instance conformément à l'article 1 de la présente loi, ou lorsque le motif d'annulation invoqué a déjà été repoussé par un arrêt de la Cour suprême relatif à l'affaire;
2. Lorsque le recours en annulation est fondé sur les motifs d'annulation énoncés à l'article 281, paragraphes 1 à 8, ou à l'article 345, paragraphes 1 à 4, du Code de procédure pénale et que la Cour suprême est unanime à considérer qu'il doit être rejeté sans autre examen, *comme manifestement mal fondé*;

(2) La décision précitée peut être prise lors d'une audience *non publique*, même si, en raison d'autres motifs d'annulation ou parce que la Cour suprême désire se réserver l'exercice des pouvoirs qui lui sont conférés par l'article 290, paragraphe 1 du Code, une audience publique devra être convoquée pour l'examen de l'affaire."

Les dispositions de la Loi d'amendement n'ont été incorporées dans le Code de procédure pénale qu'assez récemment. Cela a été fait dans le "Code de procédure pénale de 1960", qui a été promulgué en vertu de l'article 1, de la Loi de promulgation (Journal officiel [BGBl] N° 114/47), et publié par communication officielle du Gouvernement fédéral le 20 avril 1960 (BGBl N° 98/47). L'article 3 de l'ancienne loi est devenu l'article 265 (c), et l'ancien article 4, l'article 265 (d) du nouveau Code de procédure pénale.

As the nullity plea of the accused was based on purely formal grounds, it could, under Austrian municipal law, be dismissed *de plano* at a session *in camera* if, in accordance with Article 4 (1) sub-paragraph 2, of the Criminal Amendment Act, the Supreme Court unanimously considered that it should be "rejected without further deliberation as being manifestly ill-founded". It is possible and permissible for such a deliberation *in camera* to be ordered, however, only so long as the conditions of Article 3 (1) of the Amendment Act are fulfilled. Even if the Rapporteur of the Supreme Court requests a decision according to para. 4, proceedings *in camera* may be ordered if, and *only* if, the Attorney-General has first been heard for that purpose (i.e. *after he has been heard*); thus the Attorney-General must also have an apportunity to say whether, in his opinion, the nullity plea "should be rejected without further deliberation as being 'manifestly ill-founded'". Should any one of the conditions in Article 3, para. 1 not be fulfilled, a public hearing must be held.

It is perfectly clear from the origin, meaning and purpose of the clause, as well as from the wording of the Act, that the provision governing those cases, in which immediate dismissal of a nullity plea at a session *in camera* is permissible, is a wholly exceptional application and must be very strictly interpreted. Article 3 (2) of the Criminal Amendment Act orders that "in all other circumstances", that is to say without exception, unless the conditions of Article 3 (1) of the Amendment Act of 1877 are fulfilled, "a public session shall be ordered."

Dr. Y. describes the procedure usually followed in the following terms:

"The proceedings on a plea of nullity lodged by the accused are so regulated that the plea of nullity is lodged in the court of first instance, namely, in the case at hand, the Regional Court of B. The Court then presents a report on the plea of nullity to the representative of the Public Prosecution who is attached to the Regional Court and has the right to prepare counter-statements to this plea of nullity. After presenting these counter-statements, or after the appointed period has run out, the files are presented by the Regional Court to the Supreme Court sitting as the court of second instance.

Up to this step ,the right of treatment on equal footing is protected; a counter-statement presented by the office of the Public Prosecution on a legal instrument is an item of the court file and is subject to examination by counsel for the defence. This uniform and just treatment is protected by law for the

Le recours en annulation introduit par l'accusé étant fondé sur des motifs purement formels, il pouvait, selon le droit autrichien, être rejeté *de plano* lors d'une séance *non publique* si, conformément à l'article 4, paragraphe 1, alinéa 2, de la Loi d'amendement en matière pénale, la Cour suprême considérait à l'unanimité qu'il convenait de le "rejeter sans autre examen, comme manifestement mal fondé". Toutefois, il n'est possible et il n'est admis d'ordonner une séance *non publique* que pour autant que les conditions de l'article 3, paragraphe 1, de la Loi d'amendement sont remplies. Même si le Rapporteur de la Cour suprême demande qu'une décision soit prise conformément à l'article 4, la procédure non publique peut être ordonnée si – et *seulement* dans ce cas – le Procureur général a d'abord été entendu à cette fin (c'est-à-dire, *après audition du Procureur général*); ainsi, le Procureur général doit également avoir la possibilité de dire si, à son avis, le recours en annulation "doit être rejeté sans autre délibération comme manifestement mal fondé". Si l'une des conditions prévues à l'article 3, paragraphe 1, n'est pas remplie, la séance doit être publique.

Il ressort parfaitement et clairement de l'origine, du sens et du but de cette clause, ainsi que du libellé de la Loi, que la disposition réglementant les cas où le rejet immédiat d'un recours en annulation est autorisé en séance *non publique*, est d'une application tout à fait exceptionnelle et doit être interprétée avec la plus grande rigueur. L'article 3, paragraphe 2 de la Loi d'amendement dispose "dans tous les autres cas", c'est-à-dire sans autre exception que les cas où les conditions de l'article 3, paragraphe 1 de la Loi d'amendement de 1877 sont remplies, "une audience publique est ordonnée".

Le Dr. Y. décrit en ces termes la procédure généralement suivie:

"La procédure relative à un recours en annulation introduit par l'accusé est réglementée de telle sorte que le recours est introduit devant le tribunal de première instance, en l'espèce le Tribunal régional ("*Landesgericht*") de B. Le tribunal soumet alors le rapport concernant le recours en annulation au représentant du Ministère public près le Tribunal régional, qui est autorisé à préparer un contre-mémoire concernant ce recours en annulation. Après que le Ministère public a présenté ce contre-mémoire, ou après l'expiration du délai fixé, les dossiers sont transmis par le Tribunal régional à la Cour suprème siégeant en tant que tribunal de seconde instance.

Jusque là, le droit à l'égalité de traitement est préservé; le contre-mémoire présenté par le Ministère public au sujet d'un document juridique constitue l'un des éléments du dossier et peut être examiné par la défense. Cette égalité de traitement est protégée par la loi au bénéfice de l'accusé, jusqu'à ce que

accused, if and as long as it comes to a public hearing on the plea of nullity in which, according to the clear wording of the law, counsel for the defence and the Attorney-General are treated equally and both for the first time – and only in the trial – have the possibility to speak. In this trial, however, a facility sneaked in not provided for by law, against which the Austrian Bar Association has been fighting for many years, namely, this "Croquis" of the office of the Attorney-General.

In this "Croquis", the Attorney-General summarises the points of view which he intends to present in court on the day of trial. This croquis had developed, however, in practice, to be a regular draft of the decision. Indeed, according to custom, the croquis was taken over verbatim into the body of the decision, whereby it is impossible for the defence to ascertain if and in what measure this applied in the present case. Such croquis are prepared in the same manner and with the same effect by the office of the Attorney-General in such cases in which there is no trial at all, and in which the plea of nullity of the defence is rejected."

Dr. Y. also refers to the following statement made by Dr. Liebscher and quoted by Dr. Y. during the oral hearing before the Sub-Commission in the four Austrian cases:

> "In the sessions *in camera*, on the other hand, the position of the accused is considerably more unfavourable, because only the written pleadings are before the Court; the accused himself, or his representative, is not heard. Therefore it will accord far better with logic, as well as with equity, to give counsel for the defence a sight of those written opinions of the Attorney-General which are prepared for the session *in camera*".

At those proceedings, Dr. Y. himself added:

> "At a session *in camera*, the Attorney-General alone receives a hearing, in a way for which the law makes no provision. These are back-stage mysteries of criminal procedure which the defence only discovers by chance and cannot check because scrutiny of the records is unwarrantably refused. And yet, it is at sessions *in camera* that the interests of the defence and the accused are particularly at stake.

In all pleas of nullity decided *in camera*, the Attorney-General, it transpires, is heard by the Supreme Court as follows:

l'on en arrive à une séance publique au cours de laquelle, selon les termes non équivoques de la Loi, la défense et le Procureur général sont placés sur un pied d'égalité et ont tous les deux, pour la première fois – et seulement pendant le procès – la possibilité de prendre la parole. Toutefois, dans la procédure, s'est glissée une facilité qui n'est pas prévue par la loi et contre laquelle l'Association des Avocats autrichiens lutte depuis de nombreuses années, à savoir, ce "croquis" du bureau du Procureur général.

Dans ce "croquis", le Procureur général résume l'argumentation qu'il a l'intention de présenter devant la Cour le jour du procès. Toutefois, ce croquis est devenu, dans la pratique, un véritable projet de décision. En fait, l'usage s'est établi de reprendre le croquis textuellement dans le corps de la décision, de sorte qu'il est impossible pour la défense de déterminer si, et dans quelle mesure, tel était le cas en l'espèce. Ces croquis sont établis de la même manière et avec le même effet par le bureau du Procureur général dans les cas où il n'y a pas d'audience et où le recours en annulation de la défense est rejeté."

Le Dr. Y. se réfère également à la déclaration suivante faite par le Dr. Liebscher et citée par le Dr. Y. durant l'audience contradictoire devant la Sous-commission sur les quatre requêtes autrichiennes:

> "A la séance *non publique*, la situation de l'inculpé est naturellement plus défavorable, parce que seules les conclusions écrites se trouvent devant les juges, alors que l'inculpé et son représentant ne sont pas entendus. Il serait donc plus logique et cela correspondrait aussi beaucoup plus à l'équité, de permettre au défenseur de consulter précisément ces avis écrits du Procureur général qui sont destinés à la séance *non publique*."

Au cours de cette procédure, le Dr. Y. a lui-même ajouté:

> "A la séance *non publique*, ce n'est que le Procureur Général qui peut se faire entendre d'une manière qui n'est pas du tout prévue par la loi. Ce sont des secrets de coulisse sur le plan pratique du droit pénal, dont la défense n'a connaissance que par hasard et qu'elle ne peut vérifier parce qu'on lui refuse injustement toute consultation du dossier. Or, c'est précisément pendant la séance *non publique* que les intérêts de la défense et de l'inculpé sont plus particulièrement en jeu."

Dans tous les recours en annulation qui sont décidés en séance *non publique*, il apparaît que le Ministère public se fait entendre devant la Cour suprême de la façon suivante:

either he is handed the case-file and prepares a "Croquis" which is in reality a draft decision and is accepted in many cases as the judgment, as was shown and expressly admitted on the occasion of Barristers' Day, or the Judge-Rapporteur of the Supreme Court prepares a draft decision – and sends it to the Attorney-General. The Attorney-General either agrees or disagrees with it. In neither case is the defence informed. What he does, and what happens then, cannot be checked: it remains secret. But he does get the draft decision."

Dr. Y. adds that the Attorney-General is bound by directives from the Minister of Justice. In this respect he submits that contacts between independent judges and administration officials made before the taking of a court decision "open a source of danger for the independence of adjudication. This is especially so when such contact is beyond any possibility of control by the defence." He refers to decision No. 434/58 (Yearbook, Vol. 2, p. 354) in which the Commission held:

"The rights to a fair hearing guaranteed by Article 6, paragraph 1, of the Convention, appear to contemplate that everyone who is a party to civil proceedings shall have a reasonable opportunity of presenting his case to the Court under *conditions which do not place him under a substantial disadvantage vis-à-vis his opponent.*"

and adds this principle must apply to criminal proceedings with the same force.

Dr. Y. then deals with the facts of the present case:

He submits that, on ... 1961, the Attorney-General received from the Supreme Court the case-file on the basis of which he prepared a written opinion, "the Croquis", which he submitted to the Court on ... 1961 and which, either *in extenso* or in an amended form, constituted the decision adopted by the Court in a closed session and in the absence of the defence.

He points out that the croquis was supplied only on the assumption and condition that an oral hearing would be held to deal with the plea of nullity lodged by the accused on the grounds invoked under para. 4 and, if appropriate, also under para. 5 of Article 281 of the Code of Criminal Procedure.

The croquis was not produced at the hearing and was not made available to the defence for the submission of a reply or objection as no public hearing was ever held. The croquis which was produced in connexion with the plea of nullity of the accused (Article 281,

> Ou bien on lui communique le dossier et il prépare un "croquis" qui constitue en réalité un projet d'arrêt et qui, comme il a été exposé et expressément reconnu lors de la "Journée des avocats", est repris dans de nombreux cas comme arrêt; ou bien le juge-rapporteur de la Cour suprême prépare un projet d'arrêt et l'envoie au Procureur général; le Procureur général donne alors son accord ou non, mais les deux façons de faire restent ignorées de la défense. Ce que le Procureur fait et comment cela se passe, tout reste secret. Cela n'est pas contrôlable, et le Procureur général obtient le projet de décision."

Le Dr. Y. ajoute que le Procureur général est lié par les directives du Ministère de la Justice. A ce propos, il soutient que le contact entre des juges indépendants et des fonctionnaires avant qu'une décision judiciaire soit prise, "engendre des dangers pour l'impartialité du jugement. Ceci est le cas spécialement quand un tel contact a lieu en dehors de toute possibilité de contrôle de la part de la défense." Le Dr. Y. se réfère à la décision concernant la requête N° 434/58 (Annuaire, Vol. 2, p. 355) dans laquelle la Commission a considéré que:

> "Le droit à un procès équitable garanti par l'article 6, paragraphe 1er, de la Convention, paraît impliquer que toute partie à une action civile doit avoir une possibilité raisonnable d'exposer sa cause au Tribunal *dans des conditions qui ne la désavantagent pas d'une manière appréciable par rapport à la partie adverse.*"

Le Dr. Y. ajoute que ce principe doit s'appliquer avec la même force aux procès criminels.

Il traite ensuite des faits de la présente cause:

Il soutient que, le ... 1961, le Procureur général a reçu de la Cour suprême le dossier sur la base duquel il prépara un avis écrit, le croquis, qui fut présenté à la Cour le ... 1961 et qui, soit *in extenso*, soit sous une forme amendée, a constitué la décision adoptée par la Cour en séance non publique et en l'absence de la défense.

Il fait valoir que le croquis ne fut fourni que dans l'hypothèse et à la condition qu'une audience contradictoire aurait lieu pour examiner le recours en annulation introduit par l'accusé pour les motifs invoqués en vertu du paragraphe 4, et, le cas échéant, également en vertu du paragraphe 5 de l'article 281 du Code de procédure pénale.

Le croquis ne fut pas produit à l'audience et ne fut pas mis à la disposition de la défense pour lui permettre de présenter sa réplique ou ses objections, car il n'y eut jamais de séance publique. Le croquis qui fut produit à propos du recours en annulation de l'accusé (article 281, paragraphes 4 et 5 du Code de procédure

paras. 4 and 5, of the Code of Criminal Procedure) has, moreover, not yet been seen by the defence.

As Applicant's counsel explained at the Austrian Barristers' Conference, 1958, in connexion with the problem of the "Attorney-General's Croquis", the Attorney-General hopes to influence the decision of the Supreme Court, to which not the slightest objection is raised, as the plea of nullity of the defence serves the same purpose. The difference lies only in the fact that the Attorney-General's Office is informed of what is contained in the written plea of nullity of the defence. The prosecution's answer to this in the croquis becomes known to the defendant either too late or nor at all. It is too late if the croquis is produced only at the oral hearing. The defendant is then at a distinct disadvantage because the hearing is prepared on the basis of the croquis by the Rapporteur and the President of the Court; the defence is not informed at all if, as in the present case, no oral hearing is held and the plea of nullity is rejected at a session *in camera*.

He submits that the Attorney-General also prepared a "croquis" on the questions dealt with at the oral hearing in ... 1961.

After receiving the summons to the hearing fixed for ... 1961, together with the notice of the dismissal of the accused's plea of nullity at a non-public sitting, counsel for the defence would have had a suitable opportunity of acquainting himself with the "croquis". The Supreme Court still refuses today to allow any inspection of the "croquis". The Attorney-General agreed, however, to allow counsel for the defence to inspect that part of the "croquis" which dealt with the *material* grounds of nullity (Article 281, paragraphs 9–11, of the Code of Criminal Procedure). In accordance with that practice, the Attorney-General, following a conversation with counsel for the defence at which the latter requested authorisation to inspect the "croquis", was empowered to grant such authorisation with the proviso that it would not apply to that part of the "croquis" which related to the *formal* grounds of nullity. As, however, the "croquis" formed a whole, it was not possible to divide it up for purposes of inspection, and the Attorney-General therefore ordered that an official copy be made of the part of the "croquis" declared available for inspection and that this copy be communicated to counsel for the defence.

When summoned to the oral hearing on ... 1961, Dr. Y. was only informed that the Court "intended to discuss judicial considerations within the framework of Article 290". Had it not been for his possession of the copy of the "croquis", he would not have known the nature of these considerations.

He states, however, that the copy of the "croquis" which was made available to him was "incomplete, and decisive statements were lacking".

criminelle) n'a pas encore, maintenant, été porté à la connaissance de la défense.

Comme l'avocat du requérant l'a expliqué au cours du Congrès des Avocats autrichiens, en 1958, à propos du problème du "croquis du Procureur général", le Procureur espère influencer la décision de la Cour suprême, ce à quoi on ne saurait objecter, puisque le recours en annulation de la défense poursuit le même but. La différence réside seulement dans le fait que le Ministère public, lui, est informé de la teneur du recours en annulation présenté par la défense. La réponse du Ministère public contenue dans le croquis parvient à la connaissance de la défense ou trop tard ou pas du tout. Il est trop tard si le croquis n'est produit qu'à l'audience contradictoire. Le défendeur se trouve nettement désavantagé car l'audience est préparée par le rapporteur et par le Président sur la base du croquis; la défense n'est pas du tout informée si, comme en l'espèce, il n'y a pas d'audience contradictoire et si le recours en annulation est rejeté en séance *non publique*.

Le Dr. Y. soutient que le Procureur général a également préparé un croquis relatif aux questions traitées à l'audience contradictoire de ... 1961.

Après avoir reçu la convocation pour l'audience fixée au ... 1961, en même temps que la notification du rejet, en séance non publique, du recours en annulation introduit par l'accusé, le défense aurait eu une bonne occasion de prendre connaissance du croquis. La Cour suprême, aujourd'hui encore, lui refuse l'autorisation d'examiner le croquis. Toutefois, le Procureur général a consenti à ce que la défense examine la partie du croquis qui traite des motifs fondamentaux d'annulation (article 281, paragraphes 9–11 du Code de procédure pénale). Conformément à cette pratique, le Procureur, à la suite d'une conversation avec l'avocat au cours de laquelle ce dernier a demandé à être autorisé à examiner le croquis, fut habilité à accorder cette autorisation sous réserve qu'elle ne s'appliquerait qu'à la partie du croquis se rapportant aux motifs *formels* d'annulation. Mais, comme le croquis formait un tout, il ne fut pas possible de le diviser à des fins d'examen, et le Procureur général ordonna donc d'établir une copie officielle de la partie du croquis dont l'examen était autorisé, et de communiquer cette copie à la défense.

Lors de sa convocation à l'audience contradictoire du ... 1961, le Dr. Y. fut seulement informé que la Cour "avait l'intention d'examiner des arguments juridiques dans le cadre de l'article 290". S'il n'avait pas été en possession de la copie du croquis, il n'aurait pas connu la nature de ces arguments.

Il déclare, toutefois, que l'exemplaire du croquis qui avait été mis à sa disposition était "incomplet" et que "des déclarations décisives n'y figuraient pas".

Applicant's counsel further points out that the very fact that the "croquis" is headed by a "B", shows that it cannot have been complete, since the "B" must necessarily have been preceded by an 'A'.

He adds that, in the course of a conversation with Dr. T., General Counsel and representative of the Attorney-General's Office during the deliberation on the judgment, the latter drew his attention to the amnesty clause concerning USIA, unobtrusively embodied in the first State Treaty Implementation Act, and also read out to him the following passage of the "croquis" concerning the material legal grounds for nullity under Article 290 of the Code of Criminal Procedure:

> "For the sake of completeness, it must also be pointed out that the requirements of Article 24, paras. 2 and 3 of the Law of 25th July 1956 (*Bundesgesetzblatt* No. 165/56) are not fulfilled."

Counsel for the defence immediately drew Dr. T.'s attention to the fact that, in the official copy of the "croquis" supplied to him, this sentence was missing and the issue had not been raised during the oral hearing. He stated that it was necessary for him to have an opportunity to speak on this point before the Supreme Court. The representative of the Attorney-General's Office not only agreed to this suggestion, but personally submitted to the Supreme Court a joint request for the reopening, on this ground, of the proceedings which had already been closed. The Supreme Court granted this request. It was obvious that a hurried submission in reply, without adequate preparation and simply on the basis of a private and incidental conversation, did not make for a proper defence.

Dr. Y. further points out that, in its motives, the text of the final decision (pages 3 to 8) corresponds word for word with the copy of the "croquis" (pages 8 to 14) which he received on ... 1961. He adds that there is a strong presumption that the remainder of the decision is likewise a *verbatim* reproduction of that part of the "croquis" which remained concealed from him.

Whereas the submissions made by the Respondent Government may be summarised as follows:

> It is submitted that the Application was manifestly ill-founded and should be rejected in accordance with Article 27, paragraph (2) of the Convention. The "croquis" does not constitute a violation of Article 6, and the question of "equality of arms" did not arise.
>
> On behalf of the Respondent Government, reference is first made to the general practice regarding the "croquis" system.
>
> The Government admits that, if the Attorney-General's

L'avocat du requérant observe que le fait même que le croquis porte en tête la lettre "B" montre qu'il ne peut être complet, le "B" devant nécessairement avoir été précédé d'un "A".

Il ajoute qu'au cours d'une conversation avec le Dr. T., représentant du Ministère public, pendant le délibéré des jugements, celui-ci appela son attention sur la clause d'amnistie concernant l'USIA, discrètement incluse dans la première loi d'application du Traité d'Etat, et lui lut également le passage suivant du croquis relatif aux motifs juridiques fondamentaux d'annulation selon l'Article 290 du Code de procédure pénale:

> "Pour être complet, il convient également de faire remarquer que les conditions exigées par l'article 24, paragraphes 2 et 3 de la Loi du 25 juillet 1956 (*Bundesgesetzblatt* N° 165/56) ne sont pas remplies."

L'avocat appela immédiatement l'attention du Dr. T. sur le fait que cette phrase manquait dans la copie officielle du croquis qui lui avait été fournie, et que la question n'avait pas été soulevée durant l'audience contradictoire. Il déclara qu'il devait avoir la possibilité d'en parler devant la Cour suprême. Non seulement le représentant du Procureur général donna son accord à cette proposition, mais il présenta personnellement à la Cour suprême une requête conjointe demandant la réouverture sur ce point de la procédure qui était déjà close. La Cour suprême accéda à cette requête. Il était évident qu'une réponse hâtive, sans préparation convenable et fondée simplement sur une conversation privée et fortuite ne constituait pas une défense appropriée.

Le Dr. Y. fait en outre remarquer que, dans ses motifs, le texte de la décision finale (pages 3 à 8) correspond mot pour mot à la copie du croquis (pages 8 à 14) qu'il reçut le 10 novembre 1961. Il ajoute qu'il existe une forte présomption que le reste de la décision représente, de même, la reproduction *textuelle* de la partie du croquis qu'on ne lui a pas révélée.

Considérant que les arguments présentés par le Gouvernement défendeur peuvent se résumer comme suit:

> La requête est manifestement mal fondée et il y a lieu de la rejeter par application de l'article 27, paragraphe 2 de la Convention. Le croquis ne constitue pas une violation de l'article 6 et la question de "l'égalité des armes" ne se pose pas.
>
> Il est d'abord fait référence à la pratique généralement suivie en ce qui concerne le croquis. Le Gouvernement reconnaît que, si le Ministère public convient avec le juge rapporteur que la cause doit être entendue publiquement, il renvoie à ce dernier

Office agrees with the Judge-Rapporteur that the case should be heard publicly, it sends him back the file with its "croquis". In this way, it informs the Rapporteur, who has in effect requested its opinion on the appeal by sending the file and plea of nullity, what line its representative proposes to take at the hearing. The Attorney-General's Office does not thereby become a party, but simply gives a legal opinion which is not binding and thus does not commit the Supreme Court in any way. This is clear from the introductory formula of the "croquis": "... The Attorney-General's Office considers that, after the oral proceedings, ...".

It cannot be argued that the disclosure in a public hearing of the "croquis", which has previously been kept secret, has a surprise effect which prejudices the accused and his defence. It should not be overlooked that the matter at issue, namely the proceedings in the trial Court, are known to the accused (and his counsel) at first hand and not merely from the judgment and record of the trial, on which alone the Attorney-General has to rely. Therefore no surprise effect is to be expected from a submission referring to such material, especially since the Attorney-General's Office is precluded from producing new facts and evidence in nullity proceedings before the Supreme Court. The same applies to explanations of the legal position which are equally accessible to professional counsel, in the light of legislation, judicial practice, jurisprudence and literature, as to the Attorney-General or his representative.

Hence, no infringement of the right of "equality of arms", or indeed any encroachment on the rights of the defence, can be deduced from the fact that the contents of the "croquis" are first made known to the defence in open court.

In respect of the present Application, the Government submits as follows:

At no stage of the proceedings in question did the Attorney-General's Office express the view that the Applicant's plea of nullity should be rejected *in camera*.

On the contrary, it agreed with the member of the Supreme Court designated as Rapporteur that the appeal of the accused should be heard in public session. The Attorney-General's Office did not learn that the plea of nullity had been rejected at a closed session until it received a copy of the Supreme Court's decision in ... 1961. The Attorney-General was *not* present at that closed session and the "hearing" to which he was entitled by law had consisted simply of his opinion supporting the Judge-Rapporteur's request for a public

le dossier avec le croquis. De cette manière, il informe le rapporteur – qui, en fait, a sollicité son avis quant à l'appel interjeté en lui communiquant le dossier et la requête en annulation –, de l'attitude que le représentant du Ministère public se propose d'adopter à l'audience. Le Ministère public ne devient pas, par là même, partie au procès, mais émet simplement un avis juridique qui n'a pas force obligatoire et n'engage en rien la Cour suprême. C'est ce qui ressort clairement de la formule qui sert d'introduction au croquis: "... le Ministère public considère qu'après les débats contradictoires ...".

On ne peut soutenir que la révélation, en séance publique, du croquis, jusque là tenu secret, provoque un effet de surprise préjudiciable à l'accusé et à la défense. On ne doit pas oublier que l'objet du litige, à savoir les débats du tribunal devant lequel s'est déroulé le procès, est connu de l'accusé (et de son avocat) directement et pas seulement d'après le jugement et le compte rendu du procès, seuls éléments sur lesquels doit se fonder le Procureur général.

On ne saurait donc attendre d'effet de surprise d'une argumentation se référant à ces documents, surtout dans la mesure où le Ministère public ne peut produire de faits nouveaux et de preuves nouvelles dans la procédure en annulation devant la Cour suprême. Il en va de même pour les explications relatives aux problèmes juridiques en cause, à la lumière de la législation, de la jurisprudence et des ouvrages publiés sur ce sujet, qui sont également accessibles à la défense tout comme au Procureur général ou à son représentant.

Aucune violation du droit à "l'égalité des armes" ou des droits de la défense ne peut donc être déduite du fait que la teneur du croquis ne soit révélée pour la première fois à la défense que durant l'audience contradictoire.

En ce qui concerne la présente requête, l'argumentation du gouvernement est la suivante:

A aucun stade de la procédure en question, le Ministère public n'a exprimé l'avis que le recours en annulation du requérant devait être rejeté au cours d'une séance *non publique*.

Au contraire, il a convenu avec le juge de la Cour suprême désigné comme rapporteur que le recours introduit par l'accusé devait être entendu en audience contradictoire. Le Ministère public n'a appris le rejet du recours en annulation lors d'une séance non publique que lorsqu'il a reçu copie de l'arrêt de la Cour suprême, le ... 1961. Le Procureur général *n'était pas* présent à cette audience non publique et son "audition", prévue par la loi, a consisté simplement à faire connaître son avis en faveur de l'audience contradictoire demandée par le juge

hearing. It's comments on the grounds for nullity mentioned in paragraph 281, sub-paragraphs 4 and 5, of the Code of Criminal Proceedings, were intended simply as an opinion on the plea of nullity for use in public session. They were thus of no avail and hence there is no question of any infringement of the principle of "equality of arms".

The Supreme Court is fully entitled, irrespective of the opinion of the Attorney-General's Office on the question of whether the case should be heard in open court or *in camera*, to reject *in camera* a plea of nullity based solely on Article 281, Nos. 1–8 of the Code of Criminal Procedure, if it is of the unanimous opinion that the plea can, without need for further deliberation, be rejected as manifestly ill-founded (Article 285 d, paragraph (1), No. 2 of the Code of Criminal Procedure).

This was, indeed, the situation in this case; the statutory right of the Attorney-General to be consulted before such a step was taken (article 285 c, paragraph (1), of the Code of Criminal Procedure) was respected in that, when returning the file, he expressed the opinion, which was not, however, binding on Supreme Court, that the plea of nullity should be heard in public.

Dr. Y.'s assertion that he first heard in a conversation during an adjournment of the Supreme Court proceedings of the existence of the Federal Act of 25th July 1956, BGBI. No. 165/56, which had been in force since 31st July 1956 and which he hoped (wrongly as it happened) would favour his case, is open to doubt. It is certainly incorrect for him to suggest that the Attorney-General's Office, in knowledge of this law and of its application, had made in the "croquis" observations on the case which had been concealed from him. In any event, the Attorney-General is not under any obligation to lead defence counsel by the hand and a failure to do so does not infringe the principle of equality of arms.

It is, moreover, to be observed that, once the Applicant's plea of nullity had been disposed of *in camera*, the proceedings on this plea were at an end. The subsequent steps taken to fix a day for a public hearing constituted an official intervention by the Attorney-General's Office and the Supreme Court, and were solely in the interests of the accused.

This intervention was based on paragraph 290, sub-paragraph 1, of the Code of Criminal Procedure, whereby the Supreme Court must indeed confine itself to the grounds for annulment expressly invoked or clearly implied by the applicant. If,

rapporteur. Ses commentaires relatifs au motif d'annulation mentionné à l'article 281, paragraphes 4 et 5 du Code de procédure pénale ne constituaient qu'un avis relatif au recours en annulation et destiné à l'audience publique. Ils se sont ainsi trouvés sans objet et il n'est donc pas question d'une violation du principe de "l'égalité des armes".

Quelle que soit l'opinion du Ministère public sur la question de savoir si la cause doit être entendue en audience publique ou *non publique*, la Cour suprême est parfaitement en droit de rejeter en séance *non publique* un recours en annulation fondé seulement sur l'article 281, Nos. 1–8 du Code de procédure pénale, si elle est unanime à considérer qu'il échet de rejeter le recours, sans autre délibération, comme manifestement mal fondé (Article 285 d, paragraphe 1, N° 2 du Code de procédure pénale).

Telle était la situation en l'espèce; le droit du Procureur Général d'être consulté avant qu'une telle décision soit prise – droit qui lui est reconnu par la loi (Article 285 c, paragraphe 1 du Code de procédure pénale) – a été respecté dans la mesure où, en renvoyant le dossier, il a exprimé l'avis qui, toutefois, n'avait pas force obligatoire pour la Cour suprême, que le recours en annulation devait être examiné contradictoirement.

On peut mettre en doute les assertions du Dr. Y. quand il affirme n'avoir appris qu'au cours d'une conversation intervenue durant une suspension de séance de la Cour suprême l'existence de la loi fédérale du 25 juillet 1956, BGBl, N° 165/56, qui était en vigueur depuis le 31 juillet 1956 et qui, espérait-il (à tort, comme la suite devait le montrer), serait favorable à son client. Il est certainement inexact de laisser entendre, comme il le fait, que le Ministère public, connaissant cette loi et son application, a formulé dans le croquis des observations qui lui avaient été dissimulées. De toute manière, le Procureur général n'est pas obligé de conseiller la défense et, s'il ne le fait pas, il n'enfreint pas pour autant le principe de l'égalité des armes.

Il convient en outre d'observer qu'une fois le recours en annulation du requérant rejeté en séance *non publique*, la procédure relative à ce recours était close. Les mesures prises par la suite pour fixer une date pour l'audience contradictoire constituaient une intervention officielle du Ministère public et de la Cour suprême, et étaient uniquement dans l'intérêt de l'accusé.

Cette intervention se fondait sur l'article 290, paragraphe 1 du Code de procédure pénale qui dispose que la Cour suprême doit se borner à n'examiner que les motifs d'annulation que le requérant a expressément invoqués ou clairement laissé en-

however, the Supreme Court is convinced by any plea of nullity which has been lodged that the criminal law has been wrongly applied to the *prejudice* of the accused (paragraph 281, sub-paragraph 1, points 9–11, of the Code of Criminal Procedure), it is nevertheless bound to proceed *ex officio* as though such ground of nullity had been invoked.

In other words, the Supreme Court is obliged by law to give weight *in favour* of the accused to any "material judicial" defects in a judgment which the defence has failed to invoke. The Attorney-General's Office is equally bound to do so, as can be seen both from the general stipulation of paragraph 3 of the Code of Criminal Procedure and from paragraph 33, which provides that the Attorney-General, even when considering judgments by criminal courts that already have force by law, may enter a plea of nullity to ensure that justice is done.

Thus paragraph 290, sub-paragraph 1, of the Code of Criminal Procedure actually means that the Attorney-General's Office and the Supreme Court are empowered and obliged to go beyond the literal defence of the accused and to help him to obtain his rights (*favor defensionis*).

In the present case, the Attorney-General's Office not only supported the application of the Judge-Rapporteur for steps to be taken under paragraph 290 sub-paragraph 1, of the Code of Criminal Procedure, but also drew attention in its "croquis" to a further ground of nullity operating in favour of the accused. This had not been raised either by the Rapporteur or by the former or present counsel for the defence.

In the procedure which has thus been instituted under paragraph 290, sub-paragraph 1, the Attorney-General's Office and the Supreme Court have virtually acted in defence of the accused by correcting the omissions of the legal representative whom he himself had appointed.

This has led to a considerable improvement in his position compared with the position in which he found himself under the original judgment: he has been spared deportation, while his fine has been reduced by half a million Schillings and his prison sentence by almost six months.

In conclusion, the Government submits that a convicted person has no grounds to complain of infringement of the principle of "equality of arms" where he has been given the opportunity under the law of his own country to appeal from the judgment of the court of first instance. The object of such appeal is, of course, to improve his position by the reduction or quashing of his sentence. At the same time he knows that his position cannot as a result of the appeal be made worse.

This is so in the case in question. The Public Prosecutor had

tendre. Si, toutefois, la Cour suprême est convaincue, en examinant un recours en annulation, que le droit pénal a été l'objet d'une application erronée au *préjudice* de l'accusé (article 281, paragraphe 1, chiffres 9–11 du Code de procédure pénale), elle doit néanmoins procéder *d'office* comme si ce motif d'annulation avait été invoqué.

En d'autres termes, la loi oblige la Cour suprême de tenir compte *en faveur* de l'accusé de tout vice fondamental d'un jugement qui n'aurait pas été invoqué par la défense. Le Ministère public doit procéder de même, comme il ressort de la clause générale de l'article 3 du Code de procédure pénale et de l'article 33, qui prévoient que le Procureur général, même en examinant des jugements prononcés par des instances pénales et, qui ont déjà autorité de la chose jugée, peut introduire un recours en annulation afin que justice soit rendue.

Ainsi, l'article 290, paragraphe 1 du Code de procédure pénale signifie en fait que le Ministère public et la Cour suprême ont le pouvoir et le devoir d'aller au-delà de la défense pure et simple de l'accusé et de l'aider à faire valoir ses droits (*favor defensionis*).

En l'espèce, non seulement le Ministère public a soutenu le juge rapporteur lorsque celui-ci demandait que les mesures soient prises en vertu de l'article 290, paragraphe 1 du Code de procédure pénale, mais encore il a appelé l'attention, dans son croquis, sur un nouveau motif d'annulation qui jouait en faveur de l'accusé. Ce motif n'avait été soulevé ni par le rapporteur, ni par l'ancien ou le présent avocat de l'accusé.

Dans la procédure ainsi engagée en vertu de l'article 290, paragraphe 1, le Ministère public et la Cour suprême avaient ainsi, en fait, assuré la défence de l'accusé en redressant les omissions du représentant légal désigné par l'accusé lui-même.

Il en est résulté une amélioration considérable de sa situation par rapport à celle dans laquelle il s'était trouvé au terme du premier jugement: l'expulsion lui était épargnée, l'amende infligée était réduite de 500.000 schillings et la peine de prison l'était de près de six mois.

En conclusion, le Gouvernement soutient qu'un condamné n'a aucune raison de se plaindre d'une infraction au principe de "l'égalité des armes" lorsque le droit de son propre pays lui a donné la possibilité de faire appel du jugement du tribunal de 1ère instance. L'objet de cet appel est, naturellement, d'améliorer sa situation grâce à la réduction ou à l'annulation de sa condamnation. Par ailleurs, il sait que sa situation ne peut s'aggraver du fait de l'appel.

Il en va ainsi en l'espèce. Le Ministère public s'est abstenu

refrained from taking any legal steps and had made no counter-statement to the accused's plea of nullity. As a result, whatever the Supreme Court might have decided, the accused could not have found himself in a worse position than that resulting from the original proceedings.

As to the question, whether or not the copy of the "croquis" received by Dr. Y. was incomplete, the Government submits that Part 'A' of the "croquis", as prepared by the Attorney-General's Office for the court, contained an opinion on the accused's plea of nullity (which plea was based only on Article 281, Nos. 4 and 5 of the Code of Criminal Procedure). Part 'B' contained a statement of the extent to which the judgment of the Court of first instance contained mistakes of law. These mistakes had not been pleaded, but the Attorney-General's Office was in duty bound to point them out in the interest of the accused at the public hearing. But since the plea of nullity was rejected by the Supreme Court *in camera*, Part A of the "croquis" had become obsolete and there was no reason to provide Dr. Y. with a copy.

THE LAW

Whereas the Commission has considered various elements of the system of the so-called "croquis" as practised at the time of the proceedings in question;

Whereas, in particular, the Commission has first noted that this system was not provided for by law but was an administrative practice which had been followed over a period of years; further, that the primary object of the "croquis" was apparently to prepare the case for submission by the Attorney-General's Office to the Supreme Court in open session; that, nevertheless, the fact that a copy of the "croquis" was sent to the Court before the opening of the session resulted in the Court being aware of the Attorney-General's case before it was made known to the appellant; that, indeed, it was possible that the full contents of the "croquis" might never be made known to the appellant;

Whereas, on the other hand, the Attorney-General's Office submitted his case at a hearing at which the appellant was represented and thus had the possibility to submit arguments in reply;

Whereas, the Commission, after appreciating these various aspects of the "croquis" system, is of the opinion that the system, as then practised, might have given rise to an abuse resulting in a prejudice to the principle of equality of arms and generally to the fair hearing of an appellant's case; that consequently the system was on the whole undesirable;

de prendre une initiative juridique et n'a pas présenté de contre-mémoire au recours en annulation introduit par l'accusé. Dès lors, quelle que pût être la décision de la Cour suprême, l'accusé n'aurait pu se trouver dans une situation plus défavorable que celle résultant du procès initial.

Quant à la question de savoir si la copie du croquis reçue par le Dr. Y. était ou non incomplète, le gouvernement soutient que la partie "A" du croquis, telle qu'elle avait été préparée par le Ministère public pour la Cour, contenait un avis sur le recours en annulation introduit par l'accusé (recours qui n'était fondé que sur l'article 281. Nos. 4 et 5 du Code de procédure pénale). La partie "B" contenait une déclaration sur les erreurs de droit que pouvait renfermer le jugement du tribunal de 1ère instance. Ces erreurs n'avaient pas été invoquées par la défense, mais le Ministère public avait le devoir de les signaler dans l'intérêt de l'accusé au cours de l'audience publique. Mais, le recours en annulation ayant été rejeté par la Cour suprême en séance *non publique*, la partie "A" du croquis était devenue sans objet et il n'y avait aucune raison d'en fournir une copie au Dr. Y.;

EN DROIT

Considérant que la Commission a examiné divers éléments du système dit du "croquis" tel qu'il était pratiqué au moment de la procédure en question;

Considérant, en particulier, que le Commission a d'abord noté que ce système n'est pas prévu par la loi, mais constitue une pratique administrative suivie depuis un certain nombre d'années; qu'en outre, l'objet principal du croquis est apparemment de préparer l'exposé du Ministère public devant la Cour suprême en audience contradictoire: que, néanmoins, le fait qu'un exemplaire du croquis ait été adressé à la Cour avant l'ouverture de l'audience a pour résultat que la Cour était informée de l'opinion du Ministère public avant le requérant; qu'en fait, il se pouvait que la teneur intégrale du croquis ne soit jamais connue du requérant;

Considérant d'autre part, que le Ministère public a développé son argumentation au cours d'une audience où le requérant était représenté et où il avait ainsi la possibilité de présenter des arguments en réponse;

Considérant que la Commission, après avoir apprécié ces divers aspects du système du croquis, estime que ce système, tel qu'il était alors pratiqué, pouvait permettre un abus portant atteinte au principe de l'égalité des armes et, d'une manière générale, au principe selon lequel la cause du requérant doit être entendue équitablement; qu'en conséquence, ce système dans l'ensemble n'était pas satisfaisant;

Whereas the Commission has now been informed that, since, the period of the proceedings in question, the "croquis" system has been modified to the extent that the whole "croquis" is made available to an appellant before the opening of the proceedings at which it is to be used;

Whereas, although the Commission considers that the "croquis" system was in general undesirable, the question before it is whether the application of the system to the present Applicant in the proceedings before the Supreme Court amounted to a violation of the Convention and, in particular, of the provisions of Article 6 in regard to the guarantee to an accused person of the right of a fair hearing in the proceedings against him;

Whereas the question whether the trial conforms to the standard laid down by paragraph (1) of Article 6 must be decided on the basis of a consideration of the trial as a whole, and not necessarily on the basis of an isolated consideration of one particular aspect of the trial or one particular incident (The "Nielsen" Case, Doc. A 67.184, page 80).

Whereas it is not denied in the present case that the Attorney-General submitted a "croquis" to the Supreme Court before the Court began its consideration of the case against the Applicant; whereas the question arises whether or not this particular aspect of the trial caused prejudice to the Applicant's defence, and if so, to such an extent as to deprive him of a fair hearing in a general evaluation of the case;

Whereas, therefore, the various stages of the proceedings must be looked at as a whole in arriving at such evaluation;

Whereas it is true that the "croquis" was sent to the Supreme Court before the non-public session on ... 1961 at which the Applicant's plea of nullity was rejected; whereas, however, at the subsequent public hearing of the plea of nullity filed *ex officio* by the Attorney-General's Office, the Attorney-General himself invoked legal provisions which had not been invoked by the Applicant in his own plea of nullity and which were wholly in the Applicant's favour; whereas the parts of the "croquis" relating to these provisions were made available to the Applicant's lawyer before the opening of the proceedings; whereas it must also be taken into account that the final outcome of these proceedings was beneficial to the Applicant in that his sentence of deportation was set aside, the fine imposed upon him was very considerably reduced and his sentences of imprisonment in default of payment of the fine were reduced from ten months to six months and from three months to six weeks respectively;

Whereas the intervention by the Attorney-General in the present case was to the benefit of the Applicant; whereas the use of the "croquis" which was the basis of that intervention is not on the

Considérant que la Commission a maintenant été informée que, depuis la procédure en question, le système du croquis a été modifié en ce sens que l'ensemble du croquis est mis à la disposition du requérant avant l'ouverture du procès au cours duquel il doit être utilisé;

Considérant que bien que la Commission estime que le système du croquis, d'une manière générale, n'est pas satisfaisant, la question dont elle est saisie est de savoir si l'application de ce système au présent requérant dans la procédure devant la Cour suprême constitue une violation de la Convention et, notamment, des dispositions de l'article 6 qui concernent le droit de l'accusé à ce que sa cause soit entendue équitablement dans la procédure intentée contre lui;

Considérant que la conformité du procès avec les normes fixées au paragraphe 1 de l'article 6 doit être jugée en fonction de l'ensemble du procès et pas nécessairement sur la base d'un aspect ou d'un incident particulier du procès (L'affaire "Nielsen", Doc. A 67.185, page 81);

Considérant qu'en l'espèce, il n'est pas contesté que le Procureur général a présenté un croquis à la Cour suprême avant que celle-ci n'aborde l'examen de l'affaire du requérant; que la question se pose de savoir si cet aspect particulier du procès a causé un préjudice à la défense du requérant – et, dans l'affirmative – au point que sa cause prise en considération comme un tout n'a pu être entendue équitablement;

Considérant, en conséquence, que les divers stades de la procédure doivent être examinés comme un tout pour parvenir à la décision;

Considérant qu'il est exact que le croquis fut adressé à la Cour suprême avant la séance non publique du ... 1961 au cours de laquelle le recours en annulation du requérant fut rejeté; que, toutefois, lors de l'audience contradictoire ultérieure, consacrée au recours en annulation introduit *d'office* par le Ministère public, le Procureur général lui-même invoqua des dispositions légales qui n'avaient pas été invoquées par le requérant dans son propre recours en annulation et qui étaient entièrement en sa faveur; que les parties du croquis relatives à ces dispositions ont été communiquées à l'avocat du requérant avant l'ouverture de la procédure; qu'il échet également de tenir compte du fait que l'issue de cette procédure a été favorable au requérant puisque sa condamnation à l'expulsion a été écartée, que l'amende qui lui était infligée a été considérablement réduite et que les peines de prison pour défaut de paiement de l'amende ont été ramenées de dix mois à six mois et de trois mois à six semaines respectivement;

Considérant que l'intervention du Procureur général a joué, en l'espèce, au profit du requérant; que l'usage du croquis, qui était à la base de cette intervention, ne doit pas, dans l'ensemble, être considéré comme ayant violé le droit du requérant à ce que sa cause

whole to be considered as having prejudiced his right to a fair trial and thereby violating the provisions of Article 6 in that respect;

***Whereas* it follows that the Application is manifestly ill-founded and must be rejected in accordance with Article 27, paragraph (2) of the Convention.**

Now therefore the Commission

DECLARES THIS APPLICATION INADMISSIBLE

Application No. 1446/62

X. *against* AUSTRIA

Partial decision of 19th June 1963

(*Translation*)

THE FACTS

Whereas the facts of the case may be summarised as follows:

The Applicant, a stone-cutter, born in 1913, is at present detained at A.; he says that he is of German nationality.

The A. District Court (*Kreisgericht*), sitting as a juvenile court, sentenced him, on ... 1961, to 18 months solitary confinement – with hard labour (*Schwerer Kerker*) – with one night's "hard sleeping" (*Hartes Lager*) and one foodless day a month for fraud, burglary, false accusation, breach of trust, and desertion of family. (Articles 171, 174 (1) (d), 183, 197, 200, 321 and 461 of the Criminal Code: Articles 1 and 3 of the *Unterhaltsschutzgesetz* of 1960).

In regard to the last count, the District Court held that from ... 1959 to ... 1961 the accused had failed to provide for the maintenance of Y., his illegitimate son. X. denied paternity of the child but the Court rejected the argument on the ground that it was not supported by any previous decision having the force of *res judicata*.

The Court noted that the Applicant had already been convicted several times for fraud (e.g. on 9th September 1958) and desertion (e.g. on 24th July 1958). It nevertheless gave him the benefit of "special mitigating circumstances" (*ausserordentliches Milderungsgesetz*) on account of his partial admissions, and the poverty in which he had lived after his previous release from prison and also the fact that he had returned to its owner one of the articles stolen.

The A. Public Prosecutor appealed from this judgment and entered a plea of nullity, complaining that the *Kreisgericht* had, *inter alia*, shown excessive indulgence and did not order that X. be committed to a labour institution upon completion of sentence.

soit entendue équitablement, et, par conséquent, comme ayant violé les dispositions de l'article 6 à cet égard;

Considérant qu'il résulte de ce qui précède que la requête est manifestement mal fondée; qu'il y a lieu par conséquent de la rejeter par application de l'article 27, paragraphe 2 de la Convention;

Par ces motifs, la Commission

DECLARE LA REQUETE IRRECEVABLE.

Requête No. 1446/62

X. *contre* L'AUTRICHE

Décision partielle du 19 juin 1963

EN FAIT

Considérant que les faits de la cause peuvent se résumer ainsi:

Le requérant, tailleur de pierres, né en 1913, se trouve actuellement détenu au pénitencier de A.; il se déclare Allemand.

Le Tribunal de district (*Kreisgericht*) de A. constitué en Tribunal pour enfants, lui a infligé, le ... 1961, dix-huit mois de "réclusion rigoureuse", aggravée d'une nuit de "couche dure" et d'un jour de jeûne par mois, pour escroquerie qualifiée, vol avec effraction, dénonciation calomnieuse, abus de confiance et abandon de famille (articles 171, 174, § 1 d), 183, 197, 200, 321 et 461 du Code pénal; articles 1 et 3 de l'*Unterhaltsschutzgesetz* de 1960).

Quant à ce dernier point, le Kreisgericht a retenu que l'intéressé avait manqué, du ... 1959 à ... 1961, à son obligation alimentaire envers Y., son fils naturel. X. contestait la paternité de l'enfant, mais le Tribunal a repoussé l'argument pour le motif, notamment, qu'il ne s'appuyait sur aucune décision passée en force de *chose jugée*.

Le Tribunal a relevé que le requérant avait déjà subi plusieurs condamnations pour escroquerie (p. ex. le 9 septembre 1958) et abandon de famille (p. ex. le 24 juillet 1958). Il lui a néanmoins accordé le bénéfice du "droit d'atténuation extraordinaire" (*ausserordentliches Milderungsgesetz*) en raison de ses aveux partiels, de la détresse dans laquelle il avait vécu après sa précédente sortie de prison, et du fait qu'il avait restitué à son propriétaire l'un des objets escroqués.

Le Parquet de A. a attaqué cette sentence au moyen d'un appel doublé d'un pourvoi en cassation. Il paraît avoir reproché au *Kreisgericht, entre autres*, d'avoir montré une indulgence excessive et de ne pas avoir ordonné que X. fût interné dans une maison de travail après avoir purgé sa peine.

On ... 1961 the Supreme Court (*Oberster Gerichtshof*) confirmed the judgment of ... 1961 but criticised it in two respects. The Supreme Court found that, in the first place, from ... to ... (or ...) 1959 and from ... 1961 to ... 1961, that is, during a part of the period considered by the Court (... 1959 to ... 1961) the Applicant was deprived of his liberty and consequently of his sole livelihood, namely, his occupation. The Court deduced therefrom that there had been desertion within the meaning of Article 1 of the *Unterhaltsschutzgesetz*, only from ... 1959 to ... 1961; it appears to have given on *ex officio* ruling on this point.

On the other hand, the Supreme Court agreed with the Public Prosecutor's Department that the *Kreisgericht* had been too liberal in its appreciation of the mitigating circumstances; it nevertheless refused to order X.'s detention in a labour institution.

Finally, the Supreme Court increased the sentence from 18 months to three years' solitary confinement with hard labour (*Schwerer Kerker*).

The decision of 21st December 1961 was given at a public hearing and after hearing the judge-rapporteur (*Berichterstatter*) and the Attorney-General's office (*Generalprokuratur*); the accused, however, was neither present nor represented (*nach öffentlicher Verhandlung, nach Anhörung des Vortrages des Berichterstatters ... und der Ausführungen des Vertreters der Generalprokuratur*).

The Applicant alleges violation of Article 6 paragraphs (1), (2), and (3) (b), (c) and (d) and of Article 7 of the Convention. He complains of several infringements of the rights of the defence: witnesses for the defence were neither summoned nor heard, permission was refused to consult the file, no counsel was appointed *ex officio*, the proceedings before the Supreme Court were conducted in the absence of the parties.

Originally the Applicant appeared also to criticise the disputed decisions on certain points of fact (e.g. in respect of his paternity); in his last letter dated 17th September 1962 he expressly withdraws this criticism.

X. appears to ask for review of his case.

THE PROCEEDINGS BEFORE THE COMMISSION

Whereas, at its sitting on ... 1963, the Commission instructed the Secretariat:

(a) to give notice of the application to the Austrian Government and invite it to submit within six weeks its observations in writing on the admissibility of the complaints made by X. [Rule 45 (3) (b) of the Rules of Procedure];

(b) to ask the said Government to state whether the provisions of Article 1 of the Austrian Law of 18th July 1962, amending

Le .... 1961, la Cour Suprême (*Oberster Gerichtshof*) a censuré le jugement du ... 1961 à deux égards, tout en le confirmant pour le surplus. Elle a constaté en premier lieu que, du ... au ... (ou ...) 1959 et du ... 1961 à ... 1961, c'est-à-dire pendant une partie de la période prise en considération par le Tribunal (... 1959–... 1961), le requérant s'était trouvé privé de sa liberté et, partant, de son unique gagnepain, à savoir son métier. Elle en a déduit qu'il n'y avait eu abandon de famille, au sens de l'article 1er de l'*Unterhaltsschutzgesetz*, que du ... 1959 au ... 1961; il semble qu'elle ait statué *d'office* sur ce point.

En revanche, l'*Oberster Gerichtshof* a estimé, en accord avec le Parquet, que le *Kreisgericht* avait témoigné d'un trop grand libéralisme dans l'octroi des circonstances atténuantes; il a cependant refusé de prescrire l'internement de X. dans une maison de travail.

En définitive, la Cour Suprême a porté la peine principale de 18 mois à trois ans de réclusion rigoureuse.

L'arrêt du ... 1961 a été rendu en séance publique et après audition du conseiller rapporteur et de la Procurature Générale; l'accusé, en revanche, n'était ni présent ni représenté ("*nach öffentlicher Verhandlung, nach Anhörung des Vortrages des Berichterstatters ... und der Ausführungen des Vertreters der Generalprokuratur*").

Le requérant, qui allègue la violation de l'article 6 §§ 1, 2 et 3 b), c) et d) ainsi que de l'article 7 de la Convention, se plaint de plusieurs atteintes prétendument portées aux droits de la défense: non-convocation ou non-audition des témoins à décharge, interdiction de consulter le dossier, non-désignation d'un avocat *d'office*, caractère non contradictoire de la procédure devant l'Oberster Gerichtshof.

A l'origine, il semblait critiquer également les décisions litigieuses sur certains points de fait (p. ex. en ce qui concerne sa paternité); dans sa dernière lettre, datée du 17 septembre 1962, il déclare expressément y renoncer.

X. paraît demander la révision de son procès.

PROCEDURE SUIVIE DEVANT LA COMMISSION

Considérant que la Commission, lors de sa séance du ... 1963, a chargé le Secrétariat:

a) de communiquer la requête au Gouvernement autrichien et d'inviter celui-ci à présenter, dans le délai de six semaines, ses observations écrites sur la recevabilité des griefs de X. (article 45 § 3 b) du Règlement intérieur);

b) de prier ledit Gouvernement de préciser si le requérant pourrait, le cas échéant, bénéficier des dispositions de l'article 1er de

Article 41 (2) of the Code of Penal Procedure might, in the event, help the Applicant;

Whereas by letter dated ... 1963 the Secretariat carried out its instructions.

Having regard to the observations in writing, dated 20th May 1963, of the respondent Government on the admissibility of the application, which were expressed as follows:

"(1) *Proceedings held in the absence of the parties and failure to appoint counsel ex officio in the proceedings before the Oberster Gerichtshof (Supreme Court)*

The questions of law raised by this Application are of such variety and complexity that it is not possible to say how long it will take to make a thorough examination of the legal problems raised. It is therefore likely that the Applicant would be unable to respect the time-limit laid down in Article 2 (1) of the Law of 27th March 1963, Federal Bulletin of Laws (*Bundesgesetzblatt*) No. 66/1963 which appears to be applicable in this case. In accordance with the opinion of the Federal Ministry of Justice and as an exceptional measure without prejudice to such further action as may be taken in the matter, the acceptance of the Application by the Commission of Human Rights in pursuance of Article 28 of the Convention, in so far as it concerns proceedings in the absence of the parties conducted before the Supreme Court would meet with no opposition from the Republic of Austria.

(2) *Refusal of permission to consult the file*

It has not been possible, in the absence of more specific information from the Applicant, for the Federal Ministry of Justice to find out whether, when and in what circumstances the Applicant was refused permission to consult the file. There is nothing in the file to show that the Applicant wished to consult it.

(3) *Failure to summon or to hear witnesses for the defence*

It is an indispensable condition precedent to establishing successfully this alleged violation of the Convention that the Applicant should have exhausted all remedies. This, however, has not been done, since he refrained from lodging a plea of nullity against the decision of the A. District Court (*Kreisgericht*), in which plea he should have put forward the alleged omission as a ground for nullity under Article 281 (4) of the Code of Criminal Procedure.

la loi autrichienne du 18 juillet 1962, modifiant l'article 41 § 2 du Code de procédure pénale;

Considérant que le Secrétariat s'est acquitté de cette tâche par une lettre du ... 1963;

Vu les observations écrites du Gouvernement défendeur sur la recevabilité de la requête, datées du 20 mai 1962 et ainsi conçues:

"1) *Caractère non-contradictoire de la procédure et non-désignation d'un avocat d'office dans la procédure devant l'Oberster Gerichtshof* (*Cour Suprême*)

Les questions de droit soulevées par cette requête sont si multiformes et si compliquées que la dure d'un examen complet des problèmes juridiques qu'elles soulèvent n'est pas prévisible. Il serait donc à craindre que le requérant ne puisse observer le délai prescrit à l'article 2, § 1, de la loi du 27 mars 1963, Bulletin fédéral des Lois (*Bundesgesetzblatt*) N° 66/1963, qui s'applique apparemment en l'espèce. Conformément à l'avis du Ministère fédéral de la Justice, à titre exceptionnel et sans préjuger des suites à donner à l'affaire, l'acceptation de la requête par la Commission des Droits de l'Homme par application de l'article 28 de la Convention, pour autant qu'elle concerne la procédure non contradictoire devant l'*Oberster Gerichtshof*, ne rencontrerait pas l'opposition de la République d'Autriche.

2) *Interdiction de consulter le dossier*

Il n'a pas été possible au Ministère fédéral de la Justice, en l'absence de renseignements plus précis de la part du requérant, de s'assurer si, quand et dans quelles circonstances le requérant se serait vu refuser la consultation du dossier. Rien dans le dossier ne permet d'établir que le requérant ait manifesté le désir de le consulter.

3) *Non-convocation ou non-audition des témoins à décharge*

La condition préalable pour que l'on puisse faire valoir avec succès cette violation prétendue de la Convention serait avant tout que le requérant ait épuisé les voies de recours. Or, tel n'est pas le cas puisqu'il a renoncé à introduire contre le jugement du tribunal de district (*Kreisgericht*) de A. un recours en annulation dans lequel il aurait dû faire valoir ce prétendu défaut sous le motif d'annulation prévu au § 4 de l'article 281 du Code de procédure pénale.

(4) *Alleged violation of Article 7 of the Convention*

The application of Article 6 (2) of the *Unterhaltsschutzgesetz* (law on maintenance obligations) of 1960 did not prejudice the Applicant. Indeed, he benefited from it, since, had his punishable behaviour from ... 1959 onwards been considered as a petty offence under the *Unterhaltsschutzgesetz* of *1925* up to ... 1960 and as a misdemeanour afterwards, then, when the sentence was being considered the concurrence of misdemeanour and petty offence would have weighed in the balance as an aggravating circumstance. According to the relevant provision of the above-mentioned law, the act constituting a petty offence is, within the meaning of the *Unterhaltsschutzgesetz*, merged, so to speak, with the misdemeanour so that as a result of an aggravating circumstance being waived, – the Applicant was in fact accorded more favourable treatment than is alleged by him in the submission of his case.

All things considered, the wording and application of the law made it possible to avoid aggravating the applicant's case by imputing to him acts regarded as a misdemeanour as well as a petty offence. There can, therefore, be no question of a violation of Article 7 of the Convention";

Having regard to the order dated ... 1963 whereby the President of the Commission instructed the Secretariat to communicate the said observations to the Applicant and to invite him to reply to them within a time-limit ending on ... 1963 (Rule 46 (1) and (2) of the Rules of Procedure);

Whereas the Secretariat complied with this instruction on ... 1963 but has not yet received a reply from the Applicant.

THE LAW

As to the alleged violation of Article 6 paragraphs (1) and (3) (c) of the Convention

Whereas under the terms of Article 6 (1) of the Convention for the Protection of Human Rights and Fundamental Freedoms "in the determination ... of any criminal charge against him everyone is entitled to a fair ... hearing ... by a ... tribunal ..."; whereas Article 6 paragraph (3) (c) provides that everyone charged with a criminal offence shall have the right "to defend himself in person or through legal assistance of his own choosing or, if he has not sufficient means to pay for legal assistance, to be given it free when the interests of justice so require";

Whereas, in the opinion of the Applicant, the conditions in which

4) *Violation prétendue de l'article 7 de la Convention*

L'application de l'article 6, § 2 de l'*Unterhaltsschutzgesetz* (loi relative à l'obligation d'entretien) de 1960, n'a pas causé de préjudice au requérant. Il en a au contraire bénéficié; en effet, si son comportement punissable, qui durait depuis le ... 1959, avait été considéré comme une contravention à l'*Unterhaltsschutzgesetz* de *1925* avant le ... 1960 et comme délit après cette date, lors du calcul de la peine, le concours d'un délit et d'une contravention aurait pesé dans la balance comme circonstance aggravante supplémentaire. Selon la disposition pertinente de la loi mentionnée, le fait constitutif de contravention se confond pour ainsi dire avec le délit aux termes de l'*Unterhaltsschutzgesetz*, de sorte que le requérant (par l'abandon d'une circonstance aggravante) a été en définitive l'objet d'un traitement plus favorable qu'il ne le prétend dans la présentation de sa cause.

Tout bien considéré, il se trouve donc que la rédaction et l'application de la loi ont eu pour résultant d'éviter d'aggraver le cas de l'auteur du délit en lui imputant des actes prolongés comme délit aussi bien que comme contravention.

Il ne peut, dès lors, être question d'une violation de l'article 7 de la Convention";

Vu l'ordonnance, datée du ... 1963, par laquelle le Président de la Commission a chargé le Secrétariat de communiquer lesdites observations au requérant et d'inviter celui-ci à y répondre dans un délai devant expirer le ... 1963 (article 46 §§ 1 et 2 du Règlement intérieur);

Considérant que le Secrétariat s'est acquitté de cette tâche dès le ... 1963, mais qu'il n'a reçu, à ce jour, aucune nouvelle du requérant.

EN DROIT

Quant à la violation alléguée de l'article 6 §§ 1 et 3 c) de la Convention

Considérant qu'aux termes de l'article 6 § 1 de la Convention de Sauvegarde des Droits de l'Homme et des Libertés fondamentales, "toute personne a droit à ce que sa cause soit entendue équitablement ... par un tribunal ... qui décidera ... du bien-fondé de toute accusation en matière pénale dirigée contre elle ..."; que l'article 6 § 3 c) prévoit, de son côté, que tout accusé a droit à "se défendre lui-même ou avoir l'assistance d'un défenseur de son choix et, s'il n'a pas les moyens de rémunérer un défenseur, pouvoir être assisté gratuitement par un avocat d'office, lorsque les intérêts de la justice l'exigent";

Considérant que, de l'avis du requérant, l'audience publique du

the public hearing on ... 1961 was held were contrary to the aforesaid provisions inasmuch as the Supreme Court gave its ruling after hearing the Attorney-General and in the absence of X. who, moreover, was not represented since no counsel had been appointed *ex officio*;

Whereas, in the course of the examination of the applications of MM. Ofner (No. 524/59) and Hopfinger (No. 617/59) the respondent Government showed that it was the sole duty of the Attorney-General to see that the law was respected with strict objectivity and did not prejudice the right of a person charged with a criminal offence to a fair trial within the meaning of Article 6 of the Convention.

Whereas in its report of 23rd November 1962 on the two applications mentioned above (Article 31 of the Convention) the Commission expressed the opinion that MM. Ofner and Hopfinger had not been victims of any violation of the rights guaranteed by the Convention; whereas the Committee of Ministers of the Council of Europe came to the same conclusion (Resolution of 5th April 1963 adopted in pursuance of Article 32 of the Convention);

Whereas nevertheless there are far-reaching differences between the cases referred to above and the present case;

Whereas in fact the appeal and the plea of nullity were lodged in this case by the Public Prosecutor's Department and not by the convicted defendant as in the case of MM. Ofner and Hopfinger.

Whereas the Supreme Court was consequently able to increase the sentence passed on X. by the Court of First Instance and, moreover, availed itself of this right, whilst the Applicants Ofner and Hopfinger did not run any risk of having their sentences increased in this way;

Whereas, moreover, the representative of the Attorney-General's office (*Generalprokuratur*) did not confine himself, as in the cases of Ofner and Hopfinger, to expressing his agreement ("*einverstanden*") in writing with the proposal made by the judge-rapporteur (*Berichterstatter*) but was, in the true sense of the word, "heard" by the Court, in the absence, not only of the Applicant but also of any legal representative entitled to defend the Applicant;

Whereas, to sum up, the proceedings in question were concluded by a public hearing, held in the absence of the parties, and by a *reformatio in pejus*, whilst the proceedings of which Ofner and Hopfinger complained were written only and, as far as the main features were concerned, were conducted in the presence of the parties and led to reduction of the sentence (Ofner case) and to confirmation of the sentence *a quo* (Hopfinger case).

Whereas the differences enumerated above relate to certain facts of which the Commission, and later the Committee of Ministers, took particular account in concluding, in applications Nos. 524/59 and 617/59, that there had been no violation of the Convention;

... 1961 s'est déroulée dans des conditions contraires aux dispositions précitées, en ce que l'Oberster Gerichtshof a statué après audition de la Procurature Générale et en l'absence de X., lequel en outre n'était point représenté, faute d'avoir obtenu la désignation d'un avocat *d'office*;

Considérant que le Gouvernement défendeur, lors de l'examen des requêtes de MM. Ofner (N° 524/59) et Hopfinger (N° 617/59), a fait valoir que la Procurature Générale a pour seul rôle de veiller au respect de la loi dans un esprit de stricte objectivité, de sorte qu'elle ne saurait léser le droit d'un accusé à un procès équitable, au sens de l'article 6 de la Convention;

Considérant que la Commission, dans son rapport du 23 novembre 1962 sur les deux requêtes susmentionnées (article 31 de la Convention), a formulé l'opinion que MM. Ofner et Hopfinger n'avaient été victimes d'aucune violation des droits que garantit la Convention; que le Comité des Ministres du Conseil de l'Europe est arrivé à la même conclusion (Résolution du 5 avril 1963, adoptée en vertu de l'article 32 de la Convention);

Considérant toutefois qu'il existe de profondes différences entre les affaires précitées et la présente espèce;

Qu'en effet, l'appel et le pourvoi en cassation émanaient en l'occurrence du Ministère public, et non pas du condamné comme dans le cas de MM. Ofner et Hopfinger;

Que la Cour Suprême pouvait, par conséquent, augmenter la peine infligée à X. en première instance et qu'elle a usé du reste de cette faculté, alors que les requérants Ofner et Hopfinger ne risquaient point pareille aggravation de leur sort;

Qu'en outre, le représentant de la Procurature Générale, au lieu de se borner, comme dans les affaires Ofner et Hopfinger, à exprimer par écrit son accord (*einverstanden*) avec le projet du conseiller-rapporteur, a été "entendu en ses déclarations", au sens propre du terme, et ce en l'absence non seulement du requérant mais de tout homme de loi habilité à défendre celui-ci;

Qu'en résumé, la procédure litigieuse s'est terminée par une audience publique mais non contradictoire et par une *reformatio in pejus*, tandis que celle dont se plaignaient Ofner et Hopfinger, entièrement écrite et, pour l'essentiel au moins, contradictoire, avait abouti à une réduction de peine (affaire Ofner) ou à la confirmation pure et simple du jugement *a quo* (affaire Hopfinger).

Considérant que les différences énumérées ci-dessus affectent certaines des données dont la Commission, puis le Comité des Ministres, ont tenu précisément le plus grand compte en concluant, dans les causes N° 524/59 et 617/59, à l'absence de violation de la

whereas the question of equal facilities (*Waffengleichheit*) for prosecution and defence in the present case is raised in new and particularly complex terms which preclude ruling out forthwith the possibility of such a violation having taken place;

Whereas Article 27 (2) of the Convention requires the Commission to declare "inadmissible" individual applications which it considers "manifestly ill-founded" but the Commission is not thereby entitled to reject, at the stage of its decision as to admissibility, an application, which is not obviously ill-founded (see *inter alia* the decision as to the admissibility of Application No. 214/56 De Becker *v.* Belgium, Yearbook, II pp. 252–254);

Whereas the Commission cannot, therefore, reject the complaint in question as manifestly ill-founded;

Whereas no other ground of incompetence or inadmissibility has been revealed; whereas the Austrian Government does not oppose the admissibility of this complaint;

As to the other complaints of the Applicant

Whereas the Commission is not at present able to give a ruling in full knowledge of the facts on the admissibility of the Applicant's other complaints; whereas, indeed, the Applicant's reply to the written observations of the respondent Government has not yet been received by the Secretariat; whereas, moreover, the Applicant has not yet clearly framed the grounds for the alleged violation of Article 7 of the Convention;

Now therefore the Commission

1. DECLARES THE APPLICATION TO BE ADMISSIBLE AND ACCORDINGLY RETAINS IT IN REGARD TO THE ALLEGED VIOLATION OF ARTICLE 6 PARAGRAPHS (1) AND (3) (c) OF THE CONVENTION, without prejudice to the merits of the case;

2. ADJOURNS ITS EXAMINATION OF THE REMAINDER OF THE APPLICATION.

Application No. 1449/62

X. *against* THE NETHERLANDS

(Decision of 16th January 1963)

THE FACTS

The Applicant is a Netherlands citizen, born in . . .; he is at present resident in R. and working as a masseur.

The Applicant's allegations fall under two heads:

Convention; que le problème de l'"égalité des armes" (*Waffengleichheit*) se pose donc, en l'espèce, en des termes nouveaux et particulièrement complexes, qui ne permettent pas d'écarter d'emblée la possibilité d'une telle violation;

Que l'article 27 § 2 de la Convention oblige la Commission à déclarer "irrecevables" les requêtes individuelles qu'elle juge "manifestement mal fondées", mais ne l'autorise pas pour autant à rejeter, dès le stade de l'examen de la recevabilité, les recours dont le mal-fondé ne tombe pas sous le sens (cf., *entre autres*, la décision relative à la recevabilité de la requête N° 214/56, De Becker/Belgique, Annuaire, II, pp. 253–255);

Que la Commission ne saurait, dès lors, repousser le grief en question pour défaut manifeste de fondement;

Considérant qu'aucun autre motif d'incompétence ou d'irrecevabilité n'a pu être retenu; que le Gouvernement autrichien ne s'oppose d'ailleurs pas à la recevabilité dudit grief;

Quant aux autres griefs du requérant

Considérant que la Commission ne peut actuellement statuer en pleine connaissance de cause sur la recevabilité des autres griefs du requérant; qu'en effet, la réponse de ce dernier aux observations écrites du Gouvernement défendeur n'est pas encore parvenue au Secrétariat; qu'en outre, l'intéressé n'a pas indiqué clairement jusqu'ici, en quoi consisterait la violation alléguée de l'article 7 de la Convention;

Par ces motifs, la Commission

1. DECLARE RECEVABLE ET RETIENT LA REQUETE EN CE QUI CONCERNE LA VIOLATION ALLEGUEE DE L'ARTICLE 6 §§ 1 ET 3 c) DE LA CONVENTION, tout moyen de fond étant réservé;

2. SURSEOIT A STATUER QUANT AU SURPLUS.

Requête No. 1449/62

X. *contre* LES PAYS-BAS

Décision du 16 janvier 1963

(*Traduction*)

EN FAIT

Le requérant est ressortissant néerlandais, né à ...; il réside actuellement à R. et travaille comme masseur.

Il existe deux catégories de griefs du requérant:

1. In the first place he alleges that he was deprived, in 1943, of his business as a music-dealer by the Netherlands *Kultuurkamer*, created and dominated by the German National Socialist Party, on the grounds that the father of his wife, herself a Roman Catholic, was of jewish descent. He claims that he was not subsequently reinstated in his business by the Netherlands authorities.

2. The Applicant alleges secondly that he has been deprived of the custody of his daughter (born in 1943).

It appears from the papers before the Commission that on ... 1959 the Applicant was sentenced by the Court of R. to ten months' imprisonment for having committed acts of indecency with his own daughter and another young girl of the same age. The Applicant alleges that his prosecution was the result of a plot by his ex-wife (then his wife) to obtain grounds for a divorce. It appears that the same court subsequently (... 1959) granted a divorce to his wife to whom it also awarded custody of their daughter.

The Applicant alleges that he has tried on a number of occasions to re-open the case and to have the custody order reversed. He claims that the presiding judge is prejudiced and favours his ex-wife, and that his own lawyer refuses to take the matter seriously.

The Applicant alleges further that his ex-wife and her family have unlawfully taken the child in question to the United States of America and that this was done with the cooperation of the Netherlands Government.

Whereas the Applicant claims:

(1) reinstatement of his rights;
(2) custody of his daughter and her return to the Netherlands;
(3) damages.

THE LAW

Whereas certain of the facts alleged relate to a period prior to 31st August 1954, the date of the entry into force of the Convention with respect to the Netherlands; and whereas, in accordance with the generally recognised rules of international law, the Convention only governs, for each Contracting Party, facts subsequent to its entry into force with respect to that Party; whereas it follows that the Application, insofar as it relates to these alleged facts, must be rejected *ratione temporis;*

Whereas, in regard to the decisions of ... and ... 1959, which are the object of certain of the Applicant's complaints, it is to be observed that, under Article 26 of the Convention, the Commission may only deal with a matter after all domestic remedies have been exhausted according to the generally recognised rules of inter-

1. En premier lieu, il allègue qu'il a été dépossédé en 1943 de son commerce d'instruments de musique, par la "Chambre Culturelle des Pays-Bas", créée et dominée par le Parti national-socialiste allemand. Le motif invoqué était que le père de sa femme, elle-même catholique romaine, était d'origine juive. Il pretend que les autorités néerlandaises ne l'ont pas remis en possession de son commerce par la suite.

2. Le requérant allègue en second lieu qu'on lui a enlevé la garde de sa fille (née en 1943).

Il ressort des documents présentés à la Commission que le requérant a été condamné par le Tribunal de R. le ... 1959 à dix mois de détention, pour avoir commis des actes indécents avec sa propre fille et une autre jeune fille du même âge. Le requérant allègue que les poursuites judiciaires dont il a été l'objet étaient dues à une machination ourdie par son ex-femme (qui était alors sa femme) pour pouvoir disposer des motifs de divorcer. Le même tribunal a accordé ultérieurement (... 1959) le divorce à sa femme, à laquelle il a également confié la garde de leur fille.

Le requérant allègue qu'il a essayé à plusieurs reprises d'obtenir la réouverture du procès et la modification en sa faveur de l'ordonnance de garde de l'enfant. Il prétend que le Président du Tribunal est de parti pris et favorise son ex-femme, et que son propre avocat refuse de prendre l'affaire au sérieux.

Le requérant allègue en outre que son ex-femme et sa famille ont emmené illégalement l'enfant en question aux Etats-Unis d'Amérique, et que cela a été fait avec la coopération du Gouvernement des Pays-Bas.

Considérant que le requérant réclame:
(1) le rétablissement dans ses droits;
(2) la garde de sa fille et le retour de celle-ci aux Pays-Bas;
(3) des dommages-intérêts.

EN DROIT

Considérant que certains des faits allégués remontent à une période antérieure au 31 août 1954, date de l'entrée en vigueur de la Convention à l'égard des Pays-Bas; que, selon les principes de droit international généralement reconnus, la Convention ne régit, pour chaque Partie Contractante, que les faits postérieurs à son entrée en vigueur, à l'égard de cette Partie; qu'il s'ensuit que la requête, dans la mesure où elle se réfère à ces faits allégués, doit être rejetée *ratione temporis*;

Considérant, en ce qui concerne les décisions du ... et du ... 1959 qui font l'objet de certains des griefs du requérant, qu'il y a lieu d'observer que, selon l'article 26 de la Convention, la Commission ne peut être saisie qu'après l'épuisement des voies de recours internes, tel qu'il est entendu selon les principes de droit international géné-

national law; and whereas the Applicant failed to appeal from these decisions; whereas, therefore, he has not exhausted the remedies available to him under Dutch law; whereas, moreover, an examination of the case as it has been submitted, including an examination made *ex officio*, does not disclose the existence of any special circumstances which might have absolved the Applicant, according to the generally recognised rules of international law, from exhausting the domestic remedies at his disposal; whereas, therefore, the condition as to the exhaustion of domestic remedies laid down in Article 26 has not been complied with by the Applicant; whereas it follows that this part of the Application must be rejected in accordance with Article 27, paragraph (3), of the Convention;

Whereas, in respect of the Applicant's complaints that he has been deprived of the custody of his daughter, it is true that Article 8 of the Convention guarantees generally the right to respect for private and family life; whereas, in the event of a divorce, the question of the custody must necessarily be decided in favour of one of the parties; whereas Article 8 cannot be invoked by either party in order to justify the giving of a preference to that party's claim for the custody of a particular child; whereas in its decision on the admissibility of Application No. 172/56 (S. *v.* Sweden – Yearbook I, p. 211) the Commission held as follows: "it is plain that the right of one particular parent to the custody of an infant as against the other parent is not as such included among the rights and freedoms set forth in the Convention and that the appreciation of the question which parent should be given the custody of an infant is, in principle, governed by the law of the domestic courts";

Whereas it must further be pointed out that paragraph (2) of Article 8 provides that "there shall be no interference by a public authority with the exercise of this right except such as is in accordance with the law and is necessary in a democratic society ... for the prevention of disorder and crime, for the protection of health and morals ..."; whereas, in its decision on the admissibility of Applications Nos. 911/60 (S. *v.* Sweden – Collection of Decisions, Vol. 7, page 7) and 1329/62 (M. *v.* Denmark) concerning access to children of whom the Applicants did not have the custody, the Commission stated that the terms of paragraph (2) left a considerable measure of discretion to the domestic courts in taking into account, when deciding on questions of access to the children, factors in the case which might appear to them to be critical for the protection of the health and morals of the child; whereas the Commission nevertheless concluded that it was ultimately for the Commission to judge whether or not the measures taken were justifiable under the provisions of paragraph (2);

Whereas such considerations recognised by the Commission when deciding questions of access to children apply with even greater

ralement reconnus; que le requérant n'a pas fait appel contre ces décisions; qu'il n'a donc pas épuisé les voies de recours qui lui étaient ouvertes selon le droit néerlandais; qu'au surplus l'examen du dossier tel qu'il a été présenté, ne permet de dégager, même *d'office*, aucune circonstance particulière qui aurait pu dispenser le requérant, selon les principes de droit international généralement reconnus, de l'obligation d'épuiser les voies de recours dont il disposait; que la condition de l'épuisement des voies de recours internes stipulée à l'article 26 n'a donc pas été remplie par le requérant; qu'il s'ensuit que cette partie de la requête doit être rejetée par application de l'article 27, paragraphe 3 de la Convention;

Considérant pour autant que le requérant se plaint d'avoir été privé de la garde de sa fille, qu'il est exact que l'article 8 de la Convention garantit, en règle générale, le droit au respect de la vie privée et familiale; qu'en cas de divorce, la question de la garde doit nécessairement être tranchée en faveur de l'une des parties; que l'article 8 ne peut être invoquée par l'une ou l'autre des parties pour justifier que l'on donne la préférence à sa demande de garde d'un enfant; que dans sa décision sur la recevabilité de la requête N° 172/56 (S. *contre* Suède – Annuaire I, page 211) la Commission a décidé ce qui suit: "Il est évident que le droit d'un des parents à obtenir la garde d'un enfant au détriment de l'autre parent ne figure pas comme tel parmi les droits et libertés énumérés dans la Convention et l'appréciation de la question de savoir à quel parent doit être confiée la garde de l'enfant est, en principe, régie par le droit des tribunaux nationaux";

Considérant en outre qu'il y a lieu de souligner que le paragraphe 2 de l'article 8 dispose que "il ne peut y avoir ingérence d'une autorité publique dans l'exercice de ce droit que pour autant que cette ingérence est prévue par la loi et qu'elle constitue une mesure qui, dans une société démocratique, est nécessaire ... à la prévention des infractions pénales, à la protection de la santé ou de la morale ..."; que, dans sa décision sur la recevabilité des requêtes N° 911/60 (S. *contre* Suède – Recueil de Décisions, Vol. 7, page 7) et 1329/62 (M. *contre* Danemark) sur le droit de visite à des enfants dont les requérants n'avaient pas la garde, la Commission a déclaré que les termes du paragraphe 3 laissaient une marge considérable d'appréciation aux tribunaux nationaux, qui leur permettait de tenir compte, dans leurs décisions sur le droit de visite à des enfants, d'éléments du dossier qui pourraient leur sembler préjudiciables à la protection de la santé et de la morale de l'enfant; que la Commission a néanmoins conclu qu'il lui appartenait de décider en dernier ressort si les mesures prises étaient ou non justifiées selon les dispositions du paragraphe 2;

Que ces considérations admises par la Commission lorsqu'elle décide sur des questions relatives au droit de visite à des enfants

force to the question of deciding upon the custody of the children of divorced parents;

Whereas, in the present case, the Applicant had, six weeks prior to the decision of ... 1959 awarding the custody of his daughter to his wife, been convicted on charges of having committed acts of indecency with his daughter;

Whereas it is therefore beyond doubt that the decision of the R. Court of ... 1959 took into account the necessity of preventing crime and of protecting the health and morals of the minor child; whereas, consequently, that decision is in no way inconsistent with Article 8 of the Convention;

Whereas it follows that an examination of the case as it has been submitted, including an examination made *ex officio*, does not disclose any appearance of a violation of the rights and freedoms set forth in the Convention; whereas it follows that this part of the Application is manifestly ill-founded and must be rejected in accordance with Article 27, paragraph (2), of the Convention;

Now therefore the Commission

DECLARES THIS APPLICATION INADMISSIBLE.

Application No. 1452/62

X. *against* AUSTRIA

Decision of 18th December 1963

THE FACTS

Whereas the facts presented by the Applicant may be summarised as follows:

The Applicant is an Austrian citizen, born in 1936 and living in B. He is represented by Dr. Y., a lawyer practising in Vienna.

He states that on ... 1959 he was convicted by the Federal Police Headquarters (*Bundespolizeidirektion*) in A. on charges of drunken driving under Sections 111 and 85/2 of the Motor Vehicles Act (*Kraftfahrgesetz*) of 1955, and sentenced to two weeks detention (*Arrest*) according to Section 64 (2) of the Administrative Penal Code (*Verwaltungsstrafgesetz*) of 1950. Upon his appeal (*Berufung*), this decision was confirmed by the B. Provincial Government Office (B. *Landesregierung*) on ... 1960.

Invoking the provisions of the Convention, the Applicant lodged a constitutional appeal (*Verfassungsbeschwerde*) with the Constitutional Court (*Verfassungsgerichtshof*) in Vienna, which was

s'appliquent davantage encore lorsqu'il s'agit de prendre une décision sur la garde d'enfants de parents divorcés;

Que, dans la présente affaire, six semaines avant la décision du ... 1959 qui confiait la garde de sa fille à sa femme, le requérant avait été condamné pour avoir commis des actes indécents avec sa fille;

Qu'il est donc hors de doute que la décision du tribunal de R. du ... 1959 a tenu compte de la nécessité de prévenir des infractions pénales et de protéger la santé et la morale de l'enfant mineur; que cette décision n'est donc en aucune façon contraire à l'article 8 de la Convention;

Qu'il s'ensuit qu'un examen du dossier tel qu'il a été présenté, y compris un examen *d'office*, ne révèle aucune apparence de violation des droits et libertés énumérés dans la Convention; qu'il s'ensuit que cette partie de la requête est manifestement mal fondée et doit être rejetée par application de l'article 27, paragraphe 2 de la Convention;

Par ces motifs, la Commission

DECLARE LA REQUETE IRRECEVABLE.

Requête No. 1452/62

X. *contre* L'AUTRICHE

Décision du 18 décembre 1963

(*Traduction*)

EN FAIT

Considérant que les faits de la cause, tels qu'ils ont été présentés par le requérant, peuvent se résumer comme suit:

Le requérant, de nationalité autrichienne, est né en 1936 et vit à B. Il est représenté par Me Y., avocat au barreau de Vienne.

Le requérant déclare qu'il a été condamné le ... 1959, par la Direction de la police fédérale (*Bundespolizeidirektion*) à A. pour conduite en état d'ivresse, infraction prévue aux articles 111 et 85/2 de la loi sur les véhicules automobiles (*Kraftfahrgesetz*) de 1955, à une peine de deux semaines de détention (*Arrest*) en vertu des dispositions de l'article 64 par. 2 du Code pénal administratif (*Verwaltungsstrafgesetz*) de 1950. Sur appel du requérant (*Berufung*), cette décision a été confirmée par le Gouvernement du Land de B. (B. *Landesregierung*), le ... 1960.

Invoquant les dispositions de la Convention, le requérant a introduit un recours constitutionnel (*Verfassungsbeschwerde*) auprès de la Cour constitutionelle (*Verfassungsgerichtshof*) à Vienne, qui a

dismissed on ... 1960. By the same decision, the case, upon a petition by the Applicant, was remanded to the Administrative Tribunal (*Verwaltungsgerichtshof*) in A. for further consideration on the merits. On ... 1961, this Court dismissed the appeal. The decision was communicated to the Applicant on ... 1961. The Applicant served the sentence of two weeks imprisonment in ... 1962.

I. He complains now that he was wrongly convicted and states that the "proofs" as to his state of intoxication which were accepted by the police and the courts, were given satisfactory medical explanation by the doctor of his family, who was heard on the appeal; a blood test was not taken as he is allergic to injections. He complains, in particular:

(1) that he was not granted a fair hearing before the Federal Police Headquarters, in that only prosecuting witnesses were examined, namely, a police officer and the police doctor, whereas witnesses who were to testify in his defence, have not been heard on the ground that they would "shield" him;

(2) that he was refused a second medical opinion which would have proved the fact that he had not been intoxicated;

(3) that he was not accorded an equal treatment before the law in that usually a much lesser penalty or a fine was imposed for offences of this kind;

(4) that the newspaper had published the decision despite the fact that the hearing was held *in camera* and before the Applicant was given an opportunity to examine the files, thus leading to the inference that the whole proceedings were lacking the proper objectivity.

II. The Applicant complains that the sentence of detention imposed upon him is contrary to Article 5 of the Convention in that he has not been convicted by a court. He maintains that the reservation, made by the Austrian Government upon ratifying the Convention, was general in nature and therefore in violation of Article 64 of the Convention. He maintains, in particular, that the reservation reading:

> "The provisions of Article 5 of the Convention shall be so applied that there shall be no interference with the measures for the deprivation of liberty prescribed in the Laws on Administrative Procedure (BGBl No. 172/1950), subject to review by the Administrative Court or the Constitutional Court as provided for in the Austrian Federal Constitution",

does not comply with Article 64, paragraph (2), of the Convention,

été rejeté le ... 1960. Par le même arrêt, cette affaire a été renvoyée, sur demande du requérant, au tribunal administratif (*Verwaltungsgerichtshof*) de A., pour nouvel examen au fond. Le ... 1961, ce tribunal a rejeté la requête. La décision a été communiquée au requérant le ... 1961. Celui-ci a purgé la peine de deux semaines d'emprisonnement en ... 1962.

I. Le requérant se plaint maintenant d'avoir été condamné à tort et il déclare que les "preuves" établissant son état d'ivresse, qui avaient été acceptées par la police et par les tribunaux, ont été expliquées médicalement de façon satisfaisante par le médecin de sa famille, qui a été entendu en appel; on n'a pas procédé à la prise du sang, le requérant étant allergique aux injections. Le requérant formule, en particulier, les griefs suivants:

1) Il n'a pas été entendu équitablement par la Direction de la Police fédérale car seuls des témoins à charge, en l'occurence un officier de police et un médecin de la police, ont été interrogés, alors que les témoins à décharge qui devaient déposer en sa faveur n'ont pas été entendus pour le motif qu'ils le "couvriraient";
2) Il lui a été défendu de produire un second avis médical qui aurait prouvé qu'il n'était pas en état d'ivresse;
3) Il n'a pas bénéficié d'un traitement équitable au regard de la loi, car, d'une façon générale, une peine beaucoup moins lourde ou une amende, est infligée pour des infractions de cette nature;
4) Les journaux ont publié la décision, bien que l'audience ait eu lieu à huis clos et avant que le requérant ait eu la possibilité d'examiner les dossiers, ce qui l'amène à conclure que toute la procédure n'a pas été conduite avec l'objectivité requise.

II. Le requérant se plaint en outre que la peine de détention qui lui a été infligée est contraire à l'article 5 de la Convention, du fait qu'il n'a pas été condamné par un tribunal. Il soutient que la réserve faite par le gouvernement autrichien, lorsque celui-ci a ratifié la Convention, était de caractère général et par conséquent contraire à l'article 64 de la Convention. Il estime, en particulier, que la réserve suivante:

> "Les dispositions de l'article 5 de la Convention seront appliquées sans préjudice des dispositions des lois de procédure administrative BGBl N° 172/1950 concernant les mesures de privation de liberté qui resteront soumises au contrôle ultérieur du tribunal administratif ou de la Cour constitutionnelle, prévu par la Constitution fédérale autrichienne",

n'est pas conforme aux dispositions de l'article 64, paragraphe 2

in that it does not contain a brief statement of the law concerned.

Whereas the Applicant alleges a violation of Article 5, paragraph (1), subparagraphs (a) and (b) and paragraphs (4) and (5), Article 6, paragraph (3) and Article 14 of the Convention. He also claims compensation for the damage suffered by him;

THE LAW

As regards the alleged violation of Article 5 of the Convention

Whereas the Commission refers to its findings in the decision on the admissibility of Application No. 1047/61 (G. *v.* Austria – Yearbook IV, p. 356) in which it held as follows:

> "*Whereas* at the time of its ratification of the Convention the Austrian Government made the following reservation in respect of the Article invoked by the Applicant:
> "The provisions of Article 5 of the Convention shall be so applied that there shall be no interference with the measures for the deprivation of liberty prescribed in the laws on administrative procedure, BGBl No. 172/1950, subject to review by the Administrative Court or the Constitutional Court as provided for in the Austrian Federal Constitution";

Whereas it has first to be pointed out that in its original German text the reservation contains the words "*Die in den Verwaltungsverfahrensgesetzen BGBl No. 172/1950 vorgesehenen Massnahmen des Freiheitzentzuges*"; whereas a more exact translation of the word "vorgesehenen" would be "provide for" and not "prescribed in"; whereas, in order to determine the exact scope and intention of a reservation, which in this particular case was deposited in the German language only, regard should be had to the wording used in the original language and not to an approximate translation; whereas, consequently, the Commission has to consider the present Application and, in particular, the alleged violation of Article 5 in the light of the original text of the reservation;

Whereas the Administrative Penal Code (BGBl. 172/1950 in Articles 10 and 11 provides as follows:

"*Penalties*

Paragraph 10

(1) The category and extent of the punishment are determined by administrative regulations.

(2) Whereas, accordingly, punishment of deprivation of liber-

de la Convention, du fait qu'elle ne contient pas un bref exposé de la loi en cause.

Considérant que le requérant allègue la violation de l'article 5, paragraphe 1, alinéas (a) et (b) et des paragraphes 4 et 5 du même article, ainsi que de l'article 6, paragraphe 3 et de l'article 14 de la Convention et qu'il demande également des dommages-intérêts pour le préjudice qu'il a subi;

EN DROIT

Quant à la prétendue violation de l'article 5 de la Convention

Considérant que la Commission se réfère aux conclusions qu'elle a formulées dans la décision sur la recevabilité de la requête N° 1047/61 (G. *contre* Autriche - Annuaire IV, page 357) dans laquelle elle a fait valoir ce qui suit:

> "*Considérant* qu'au moment de la ratification de la Convention, le Gouvernement autrichien a formulé la réserve suivante au sujet de l'article invoqué par le requérant:
>
> Les dispositions de l'article 5 de la Convention seront appliquées sans préjudice des dispositions des lois de procédure administrative, BGBl N° 172/1950 sur les mesures privatives de liberté prescrites dans les lois sur la procédure administrative BGBl N° 172/1950 qui resteront soumises au contrôle ultérieur du tribunal administratif ou de la Cour constitutionnelle, prévu par la Constitution fédérale autrichienne";

Considérant qu'il convient de faire observer d'abord que, dans le texte original allemand, la réserve contient les mots: "*Die in den Verwaltungsverfahrensgesetzen BGBl, No. 172/1950 vorgesehenen Massnahmen des Feriheitzentzuges*"; qu'il serait plus exact de traduire le mot "vorgesehenen" par "prévues" que par "prescrites"; que, pour déterminer la portée exacte et l'objet d'une réserve qui, dans ce cas particulier, n'a été formulée qu'en langue allemande, il convient de tenir compte du texte original et non pas d'une traduction approximative; que par conséquent, la Commission doit examiner la présente requête et, notamment, la prétendue violation de l'article 5, en tenant compte du texte original de la réserve;

Considérant que, en ses paragraphes 10 et 11, le Code pénal administratif (BGBl 172/1950) contient les stipulations suivantes:

> "*Sanctions*
>
> Paragraphe 10
>
> (1) La catégorie et l'étendue de la peine sont fixées par les règlements administratifs.
>
> (2) Lorsqu'en conséquence, il y a lieu d'infliger une peine privative de liberté ou une amende, ou d'ordonner une con-

ty or of a fine or of confiscation of property is applicable, the provision of paragraphs 11 to 22 shall apply.

Imprisonment

Paragraph 11

(1) Imprisonment is either close arrest or house arrest.

(2) The minimum duration of imprisonment is six hours.

(3) In the case of a term of imprisonment, one day is equivalent to 24 hours, one week equivalent to seven days, while the duration of a month is to be determined by the calendar."

Whereas "administrative regulations" within the meaning of paragraph 10 (1) cover any enactments which deal with administrative matters and which give the administrative authorities the power to impose imprisonment as a penalty for any offences against such enactments;

Whereas the Motor Vehicles Act and the Road Traffic Act are properly to be considered as enactments dealing with administrative matters and indeed they refer to "administrative offences" (*Verwaltungsübertretungen*), and provide for the penalty of imprisonment in regard to such offences;

Whereas, accordingly, the Motor Vehicles Act and the Road Traffic Act are to be regarded as "administrative regulations" within the meaning of paragraph 10 (1) of the Administrative Penal Code;

Whereas reservations to the Convention are governed by Article 64, which states:

> "(1) Any State may, when signing this Convention or when depositing its instrument of ratification, make a reservation in respect of any particular provision of the Convention to the extent that any law then in force in its territory is not in conformity with the provision. Reservations of a general character shall not be permitted under this Article.
>
> (2) Any reservation made under this Article shall contain a brief statement of the law concerned".

Whereas Article 64 by its plain terms permits the making of a reservation only with respect to laws which were already in force when the reservation was made; and whereas the Austrian reservation was made on 3rd September 1958, the date on which Austria deposited its instrument of ratification of the Convention with the Secretary-General of the Council of Europe;

Whereas, the Commission is satisfied that the two Acts under which the Applicant was charged in the present case were enacted

fiscation de biens, il convient d'appliquer les dispositions des paragraphes 11 à 22.

Emprisonnement

Paragraphe 11.

(1) L'emprisonnement revêt soit la forme de la détention, soit celle de l'assignation à résidence.

(2) La durée minimum de l'emprisonnement est de six heures.

(3) Dans le cas d'une peine d'emprisonnement, un jour équivaut à 24 heures, une semaine à sept jours, alors que la durée d'un mois est déterminée en fonction du calendrier";

Considérant que les "règlements administratifs", au sens du paragraphe 10 (1), comprennent toutes les lois qui concernent des questions administratives et qui confèrent aux autorités administratives le pouvoir d'infliger une peine d'emprisonnement pour des infractions à ces lois;

Considérant que la loi sur les véhicules automobiles et la loi sur la circulation routière doivent être considérées comme des règlements portant sur des questions administratives et qu'elles se réfèrent, en fait, à des "délits administratifs"(*Verwaltungsübertretungen*), pour lesquels elles prévoient une peine d'emprisonnement;

Considérant, en conséquence, que la loi sur les véhicules automobiles et la loi sur la circulation routière doivent être considérées comme des "règlements administratifs" au sens du paragraphe 10 (1) du Code pénal administratif;

Considérant que les réserves à la Convention sont réglées par l'article 64, qui est ainsi conçu:

> "(1) Tout Etat peut, au moment de la signature de la présente Convention ou du dépôt de son instrument de ratification, formuler une réserve au sujet d'une disposition particulière de la Convention, dans la mesure où une loi alors en vigueur sur son territoire n'est pas conforme à cette disposition. Les réserves de caractère général ne sont pas autorisées aux termes du présent article.
>
> (2) Toute réserve émise conformément au présent article comporte un bref exposé de la loi en cause";

Considérant que l'article 64 stipule clairement qu'une réserve ne peut être formulée que pour des lois déjà en vigueur; que la réserve du Gouvernement autrichien a été formulée le 3 septembre 1958, date à laquelle l'Autriche a déposé auprès du Secrétaire Général du Conseil de l'Europe son instrument de ratification de la Convention;

Considérant que la Commission a constaté que les deux lois sur la base desquelles le requérant a été accusé ont été promulguées

prior to 3rd September 1958, namely, the Road Traffic Act in 1947 and the Motor Vehicles Act in 1955; whereas these two Acts were "in force" when Austria adhered to the Convention;

Whereas, therefore, the reservation made by the Austrian Government as to Article 5 of the Convention in any case extends to the legislation which was applied to the Applicant";

Whereas it follows that the present Application, which raises an identical issue under Articles 5 and 64 of the Convention with regard to the same administrative Acts, is, in this respect, incompatible with the provisions of the Convention in regard to their application to Austria and must be rejected in accordance with Article 27, paragraph (2), of the Convention;

As regards the alleged violation of Article 6 of the Convention

Whereas the allegations which the Applicant makes in respect of Article 6 of the Convention relate to the proceedings before the administrative instances whose decisions are expressly covered by the above reservation made by the Austrian Government; whereas it is true that this reservation does not make any express reference to Article 6 of the Convention; whereas, however, the Commission finds that these proceedings must be viewed as a whole and cannot be considered as comprising separate stages, to some of which the provisions of the Convention apply and from some of which the application is excluded by the reservation; whereas it was no doubt the intention of the Respondent Government to exempt from the incidence of the Convention the procedural system set up in conformity with the laws on administrative procedure; whereas the Commission, in interpreting the terms of the reservation, has taken into consideration the clear intention of the Government (cf. Application No. 473/59, Yearbook, Vol. 2, page 403); whereas, accordingly, the reservation must be extended to cover not only "the measures for the deprivation of liberty" but also the proceedings leading up to a decision by which an accused person is deprived of his liberty in accordance with the Acts mentioned in the reservation; whereas it follows that in the present case the reservation not only applies to the deprivation of the Applicant's liberty, but also to the prior proceedings before the Federal Police Headquarters in A. and the A. Provincial Government Office; whereas it follows that this part of the Application is incompatible with the provisions of the Convention in respect to their application to Austria and must be rejected in accordance with Article 27, paragraph (2), of the Convention;

avant le 3 septembre 1958, la loi sur la circulation routière l'ayant été en 1947 et la loi sur les véhicules automobiles en 1955; que les deux lois étaient donc "en vigueur" lorsque l'Autriche a adhéré à la Convention;

Considérant, par conséquent, que la réserve formulée par le Gouvernement autrichien au sujet de l'article 5 de la Convention s'étend, de toute manière, aux dispositions législatives qui ont été appliquées au requérant";

Considérant qu'il s'ensuit que la présente requête, qui soulève un problème identique aux termes des articles 5 et 64 de la Convention, à propos des mêmes lois administratives, est à cet égard, incompatible avec les dispositions de la Convention telles qu'elles sont applicables à l'égard de l'Autriche et qu'il y a lieu, dès lors, de la rejeter conformément à l'article 27, paragraphe 2 de la Convention;

Quant à la prétendue violation de l'article 6 de la Convention

Considérant que les allégations formulées par le requérant au sujet de l'article 6 de la Convention ont trait à la procédure devant les instances administratives dont les décisions sont expressément visées par la réserve ci-dessus mentionnée du Gouvernement autrichien; qu'il est vrai que cette réserve ne fait aucune référence expresse à l'article 6 de la Convention; que, cependant, la Commission constate que cette procédure doit être envisagée comme un tout et ne peut être considérée comme comprenant différentes étapes, dont certaines relèveraient des dispositions de la Convention alors que pour certaines autres l'application de la Convention serait exclue par la réserve formulée; qu'il ne fait aucun doute que l'intention du gouvernement défendeur était de soustraire aux effets de la Convention le système de procédure établi conformément aux lois sur la procédure administrative; que la Commission, en interprétant les termes de la réserve, a pris en considération l'intention évidente du gouvernement (cf. Requête N° 473/59, Annuaire, Vol. 2, page 405); qu'en conséquence, la réserve ci-dessus doit être étendue de manière à couvrir non seulement "les mesures privatives de liberté" mais aussi la procédure au terme de laquelle la décision finale prive un accusé de sa liberté conformément aux dispositions des lois mentionnées dans la réserve; qu'il s'ensuit que, dans la présente affaire, la réserve ne s'applique pas seulement à la privation de liberté du requérant, mais aussi à la procédure qui s'est déroulée antérieurement devant la Direction de la Police fédérale à A. et devant le Gouvernement du Land de A.; qu'il s'ensuit que cette partie de la requête est incompatible avec les dispositions de la Convention telles qu'elles sont applicables à l'égard de l'Autriche et qu'il y a lieu, dès lors, de la rejeter conformément à l'article 27, paragraphe 2 de la Convention;

As regards the alleged violation of Article 14 of the Convention

Whereas it is to be observed that by its express terms Article 14 guarantees that there shall be no discrimination with reference only to the enjoyment of the rights and freedoms set forth in the Convention; whereas in this respect the Commission refers to its decisions on the admissibility of Applications Nos. 511/59 (Gudmundsson v. Iceland, Yearbook Vol. 3, p. 394) and 911/60 (S. *v.* Sweden – Yearbook Vol. 4, p. 198); whereas, as held above, the Applicant has not established that his rights and freedoms under the Convention were violated during the proceedings before the Federal Police Headquarters of A. and the A. Provincial Government Office; whereas, consequently, Article 14 finds no application in the present case; whereas it follows that this part of the Application is manifestly ill-founded and must be rejected in accordance with Article 27, paragraph (2), of the Convention;

Now therefore the Commission

DECLARES THIS APPLICATION INADMISSIBLE.

Application No. 1468/62

IVERSEN *against* NORWAY

Decision of 17th December 1963

THE FACTS

Whereas the facts presented by the parties may be summarised as follows:

The Applicant is a Norwegian dentist, born in 1934 and living in A. His Application was presented by Mr. Y., barrister practising at the Supreme Court of Norway.

The facts as represented from the pleadings of the parties appear to be as follows:

1. On 28th July 1949, a Law providing for a public dental service was enacted. For the purpose of implementing this Act the country was divided into districts. In each district there was to be a district dentist responsible to a regional dentist who would be the head of the public dental service in his particular region. It was realised at the time when the Law was enacted that it would be difficult to fill all the positions of district dentists which were to be established, especially in northern Norway.

In 1950, the Ministry for Social Affairs raised the question of

Quant à la prétendue violation de l'article 14 de la Convention

Considérant qu'il convient d'observer que l'article 14 n'interdit expressément toute discrimination que dans la jouissance des droits et libertés reconnus dans la Convention; qu'à cet égard, la Commission se réfère aux décisions qu'elle a prises sur la recevabilité des requêtes N° 511/59 (Gudmundson c. Islande, Annuaire, Vol. 3, page 394) et 911/60 (S. *contre* Suède - Annuaire, Vol. 4, p. 198); que, comme on l'a relevé ci-dessus, le requérant n'a pas établi que ses droits et libertés reconnus par la Convention ont été violés au cours de la procédure qui s'est déroulée devant la Direction de la Police fédérale à A. et devant le Gouvernement du Land de A.; qu'en conséquence, l'article 14 n'est pas applicable dans le cas d'espèce; qu'il s'ensuit que cette partie de la requête est manifestement mal fondée et qu'il y a lieu, dès lors, de la rejeter par application de l'article 27, paragraphe 2 de la Convention;

Par ces motifs, la Commission

DECLARE LA REQUETE IRRECEVABLE.

Requête No. 1468/62

IVERSEN *contre* LA NORVEGE

Décision du 17 décembre 1963

(*Traduction*)

EN FAIT

Considérant que les faits, tels qu'ils ont été présentés par les parties, peuvent se résumer ainsi:

Le requérant est un dentiste norvégien né en 1934 et domicilié à A. Sa requête a été présentée par M. Y., avocat près la Cour Suprême de Norvège.

Les faits, tels qu'ils ressortent des conclusions des parties, paraissent être les suivants:

1. Le 28 juillet 1949 était promulguée une loi instituant un service public de soins dentaires. Aux fins d'application de cette loi, le pays fut divisé en districts. Chaque district devait être pourvu d'un dentiste de district, responsable devant un dentiste régional qui dirigerait le service public de soins dentaires dans la région de son ressort. A l'époque de la promulgation de la loi, les autorités se rendaient compte qu'il serait difficile de pourvoir à tous les postes de dentistes de district qui devaient être créés, notamment en Norvège septentrionale.

En 1950, le Ministère des Affaires sociales souleva la question

increasing the supply of dentists for the public dental service. It was proposed that students admitted to the Norwegian Dental College as well as those studying abroad, were to be required, on beginning their studies, to make a statement in which they undertook, on completing their studies, to work for a period not exceeding two years in the public dental service in any district to which they were assigned by the Ministry. This scheme was brought into effect in 1951 and, in 1954, a Royal Decree was published which amended accordingly the regulations for admission to the Norwegian Dental College.

In 1955, however, some doubt was expressed in student quarters about the legal force of the undertakings which they had been required to make and, on 2nd March 1956, the students graduating that year wrote to the Ministry for Social Affairs stating, *inter alia*, that they considered themselves legally justified in breaking the agreement. This led to the passing, on 21st June 1956, of a provisional Act relating to obligatory public dental service for dentists. The text of this Act was as follows:

"Provisional Act of 21st June, 1956,
Relating to Obligatory Public Service for Dentists.

§ 1.

Persons who in 1955 or later have passed the examination in dentistry in this Kingdom, or have obtained approval of a foreign examination in dentistry giving it the same effect as the Norwegian examination in dentistry pursuant to the Act of 8th July 1949, may, on the basis of a decision of the Ministry for Social Affairs, be required for a period of up to 2 years to take a position in public dental service which, though having been advertised, remains vacant.

Unless the dentist concerned agrees to some other arrangement, the assignment shall be given in such a manner that the service can be commenced at latest 3 months after the conclusion of his academic studies or after the termination of such military service as is immediately subsequent to his examination, or – if the dentist has passed his examination in 1955 – at latest 3 months after this Act enters into force.

Assignments may not be made for service which extends beyond 30th June 1963.

§ 2.

By public dental service is understood:

1. municipal dental care for schools,

d'une intensification du recrutement des dentistes pour le service public de soins dentaires. Il fut proposé d'astreindre les étudiants admis à l'Ecole dentaire de Norvège, ainsi que ceux qui fréquentaient des établissements étrangers à souscrire au début de leurs études, une déclaration par laquelle ils s'engageraient à travailler, immédiatement après avoir passé leur examen final, et pendant deux ans au maximum, pour le service public de soins dentaires dans tout district auquel ils seraient affectés par le Ministère. Ce système devait être mis en oeuvre en 1951, et en 1954 était publié un décret royal qui modifiait en conséquence le règlement d'admission à l'Ecole dentaire de Norvège. En 1955, toutefois, quelques doutes furent exprimés dans les milieux estudiantins quant à la valeur légale des engagements que les étudiants avaient été requis de contracter et, le 2 mars 1956, les étudiants qui passaient leur examen final cette année-là adressaient au Ministère des Affaires sociales une lettre où ils déclaraient, notamment, qu'ils se considéraient comme juridiquement fondés à rompre cet accord. Cette démarche devait provoquer l'adoption, le 21 juin 1956, d'une loi provisoire relative au service public obligatoire pour les dentistes. Le texte de cette loi était ainsi libellé:

"Loi provisoire du 21 juin 1956
relative au service public obligatoire pour les dentistes.

Article 1

Les personnes qui, en 1955 ou postérieurement à cette date, ont été reçues à l'examen d'odontologie dans le Royaume, ou ont obtenu la reconnaissance d'un diplôme étranger d'odontologie assimilé au diplôme norvégien d'odontologie conformément à la loi du 8 juillet 1949, peuvent, sur décision du Ministère des Affaires sociales, être requises d'occuper, pendant deux ans au maximum, un poste du service public de soins dentaires qui, bien qu'avant été annoncé, demeure vacant.

A moins que le dentiste intéressé n'accepte quelque autre arrangement, cette affectation sera opérée de telle manière qu'il puisse commencer son service trois mois au plus tard après la fin de ses études universitaires ou après sa libération du service militaire s'il accomplit celui-ci immédiatement après son examen, ou – si le dentiste a été reçu à son examen en 1955 – trois mois au plus tard après l'entrée en vigueur de la présente Loi.

Il ne pourra être procédé à des affectations pour un service s'étendant au-delà du 30 juin 1963.

Article 2

Par service public de soins dentaires, ou entend:

1. le service municipal de soins dentaires pour les écoles;

2. Public Dental Service according to the provisions of the Act of 28th July 1949,
3. municipal dental care for children and young people, being respectively below and above the age of obligatory school attendance.

§ 3.

For service under § 1. the dentist is entitled to the remuneration which is stipulated for the position to which the assignment applies.

The dentist is moreover entitled to a refund of reasonable travelling expenses in connection with his assumption of the post assigned, and for the return journey to his place of ordinary residence.

The State is responsible for payment and can claim reimbursement by the county or municipality concerned.

The King may issue further regulations concerning the calculation and fixing of the remuneration, etc. under the second paragraph.

§ 4.

Contravention of an assignment issued under the authority of this Act is punishable by fine, or by imprisonment up to 3 months.

§ 5.

This Act enters into force immediately."

The Government's Bill was introduced in Parliament on 16th March 1956 and was strongly opposed by the Opposition.

However, the Act was passed by Parliament by the majority vote of the Government Party after some members of the Opposition had argued that the Act introduced a compulsory direction of labour and was, therefore, contrary to the Norwegian Constitution and to Article 4 of the Convention. These arguments were rejected by the Government which maintained that this direction of labour was necessary to implement a public dental service.

2. The Act was applied to the Applicant in the following circumstances:

He passed his matriculation examination in 1953 and then applied for admission to the Norwegian Dental College. Alternatively, he asked the Dental College to arrange for him to be sent to one of the foreign universities whose degrees were recognised as equivalent to Norwegian degrees. His application was refused on the ground that the marks he obtained for the entrance examination were not

2. le service public de soins dentaires conformément aux dispositions de la Loi du 28 juillet 1949;
3. le service municipal de soins dentaires pour les enfants et les adolescents qui sont respectivement au-dessous et au-dessus de l'âge de la scolarité obligatoire.

Article 3

Pour le service défini à l'article 1, le dentiste a droit à la rémunération fixée pour le poste auquel il est affecté.

Le dentiste a droit en outre au remboursement, dans des limites raisonnables, des frais de voyage exposés par lui pour rejoindre le poste auquel il est affecté et pour regagner le lieu de sa résidence ordinaire.

Le paiement est à la charge de l'Etat, qui peut se faire rembourser par le comté ou la municipalité intéressés.

Le Roi peut promulguer de nouveaux règlements relatifs au calcul et à l'établissement de la rémunération, etc., prévue au paragraphe 2.

Article 4

La non-observation d'une affectation décidée en vertu de la présente loi est punissable d'une amende ou d'une peine de prison n'excédant pas trois mois.

Article 5

La présente loi entre en vigueur immédiatement."

Le projet de loi gouvernemental fut présenté au Parlement le 16 mars 1956 et rencontra une vive hostilité de la part de l'opposition.

Cependant, la loi fut adoptée par le Parlement par un vote majoritaire du parti gouvernemental, après que certains membres de l'opposition eurent fait valoir que cette loi introduisait une affectation autoritaire des travailleurs et était donc contraire à la Constitution norvégienne et à l'article 4 de la Convention. Ces arguments furent rejetés par le gouvernement, qui soutint que cette affectation des travailleurs était nécessaire pour faire fonctionner le service public de soins dentaires.

2. La loi fut appliquée au requérant dans les circonstances suivantes:

Reçu à son examen de fin d'études secondaires en 1953, le requérant demanda alors son admission à l'Ecole dentaire de Norvège. En même temps, il proposait à l'Ecole dentaire de le faire envoyer dans l'une des universités étrangères dont les diplômes sont reconnus comme équivalents aux diplômes norvégiens. Sa demande fut rejetée en raison de l'insuffisance des notes obtenues par lui à

adequate. It was recommended to him that he should sit once his more for the matriculation examination with a view to improving his marks but, nevertheless, the Applicant went to Germany on his own initiative and passed a dental examination at the Medical Academy of Düsseldorf in 1957.

An examination diploma from that Academy is recognised in Norway as equivalent to a Norwegian degree and, indeed, the Applicant studied in Düsseldorf together with a number of Norwegian students who had been sent there by the Norwegian Dental College. Since the Applicant started his studies at his own expense, without assistance from the Norwegian Agency for Student Loans, he was not required to give any undertaking to serve in the public dental service after the completion of his studies, nor has he later made any such statement. In fact, such written declarations have been discontinued in 1956 after the promulgation of the Provisional Act.

On his return to Norway, the Applicant, whose first petition for admission into the Norwegian Dental College had been rejected in 1957 while his second had been accepted in 1958, attended a supplementary course at the College which is compulsory for all candidates with a foreign diploma. He passed the test at this course in September 1958 and then carried out his military service until December 1959 as a military dentist. Towards the end of his service he received from the Ministry for Social Affairs a list of vacancies in the public dental service and was asked to indicate the post or posts for which he wanted to apply.

On 2nd November 1959 the Applicant sent a letter to the Ministry for Social Affairs in which he applied for a position in the public dental service in southern Norway but, on 4th December 1959, he was informed that his application could not be considered and that he would be directed to take over the position of dentist in the Moskenes district in the region of Nordland. Since he had performed his military service in northern Norway the period of his compulsory assignment was limited to one year and on 7th December 1959 the Applicant applied in vain for a reduction of that period. At a meeting with representatives of the Ministry for Social Affairs, on 14th December 1959, he accepted this post for the period envisaged by the Ministry and took over the position in Moskenes on 11th January 1960. However, he gave up his work on 20th May 1960 and left, having in a letter of 21st March 1960 informed the Ministry for Social Affairs of his intention to do so.

Criminal proceedings were subsequently instituted against the Applicant by writ issued by the Chief of Police of Sandefjord on 3rd Nobember 1960. By decision of the Sandefjord Town Court of 20th February 1961, the Applicant was ordered to pay a penalty of kr. 2,000, or, alternatively, to serve a prison sentence of 30 days for violation of the Provisional Act of 21st June 1956.

l'examen d'entrée. On lui recommanda de se représenter à cet examen afin d'améliorer ses notes mais, néanmoins, le requérant se rendit en Allemagne de sa propre initiative et fut reçu à l'examen d'odontologie de l'Académie de Médecine de Düsseldorf en 1957

Le diplôme délivré par cette Académie est reconnu en Norvège comme équvalent au diplôme norvégien et, d'ailleurs, le requérant avait eu pour condisciples à Düsseldorf un certain nombre d'étudiants norvégiens envoyés dans cette ville par l'Ecole dentaire de Norvège. Ayant commencé ses études à ses propres frais, sans l'aide de l'Organisation norvégienne de prêts aux étudiants, il n'était pas tenu de s'engager à travailler pour le service public de soins dentaires à la fin de ses études et il n'a jamais fait ultérieurement de déclaration en ce sens. Du reste, ces déclarations écrites ont cessé d'être exigées en 1956 après la promulgation de la Loi provisoire.

A son retour en Norvège, le requérant, dont la première demande d'admission à l'Ecole dentaire de Norvège avait été rejetée en 1957, alors que la seconde avait été acceptée en 1958, suivit à l'Ecole un cours supplémentaire qui est obligatoire pour tous les candidats titulaires d'un diplôme étranger. Il passa avec succès l'épreuve sanctionnant ce cours en septembre 1958 et accomplit ensuite son service militaire jusqu'en décembre 1959 comme dentiste militaire. Vers la fin de son service, il reçut du Ministère des Affaires sociales une liste de postes vacants dans le service public de soins dentaires et fut invité à indiquer le ou les postes auxquels il désirait poser sa candidature.

Le 2 novembre 1959, le requérant adressa au Ministère des Affaires sociales une lettre par laquelle il se portait candidat à un poste du service public de soins dentaires dans le Sud de la Norvège, mais le 4 décembre 1959, il était informé que sa candidature ne pouvait être prise en considération et qu'il serait affecté au poste de dentiste du district de Moskenes, dans la région du Nordland. Le requérant ayant accompli son service militaire dans le nord de la Norvège, la durée de son affectation obligatoire était limitée à un an et, le 7 décembre 1959, il demanda en vain une réduction de cette durée. Lors d'une rencontre avec des représentants du Ministère des Affaires sociales, le 14 décembre 1959, il accepta ce poste pour la période envisagée par le Ministère et il prit ses fonctions à Moskenes le 11 janvier 1960. Cependant, il abandonna son travail le 20 mai 1960 et partit après avoir, par une lettre du 21 mars 1960, informé le Ministère des Affaires sociales de son intention.

Des poursuites pénales furent ensuite intentées contre le requérant sur mandat délivré par le Chef de la police de Sandefjord, le 3 novembre 1960. Par décision du Tribunal municipal de Sandefjord en date du 20 février 1961, le requérant devait être condamné à une amende de 2.000 couronnes ou à une peine de 30 jours de prison pour infraction à la Loi provisoire du 21 juin 1956.

The Applicant appealed against this judgment to the Supreme Court by notice of appeal dated 28th February 1961. He submitted:

1) that the Provisional Act of 21st June 1956 was invalid as being contrary to the Constitution;
2) that the Act was invalid as it was contrary to the European Convention for the Protection of Human Rights; and
3) that the Act was only intended to apply to students who, before commencing their studies, had made a statement undertaking, for a period of not more than two years after the completion of their studies, to serve in the public dental service, and that the Act did not therefore apply to him who had made no such statement.

By decision of the Supreme Court of 16th December 1961 the Applicant's appeal was dismissed. Of the five members of the Supreme Court, three judges held that none of the three objections could be accepted while the other two members of the Court held that objection 3) was valid and that the Applicant should be acquitted. These two judges felt that there was no need to express an opinion on the two other submissions made by the Applicant.

The majority finding of the Court, as pronounced by Justice Hiorthöy, held as follows:

> "Defending Counsel's attack on constitutional grounds, on the general validity of the Provisional Act of 21st June 1956 regarding civilian service for dentists is, I think, clearly ill-founded. I do not entirely rule out the possibility that courts may, in extreme cases, find a Law to be inapplicable because it is contrary to certain general principles of law of a constitutional nature, even if it does not violate any definite provision in the Constitution. But it goes without saying that it would take a good deal for a Law, enacted by Parliament (Stortinget) and approved by the King, to be ruled out in this way as being contrary to the spirit and principles of the Constitution. In view of the history and background of the abovementioned Law, the manner in which it is applied and the restrictions as to time governing both the Law and the orders of assignments which are based on it, it seems to me quite clear that the Law cannot be ruled out on such grounds.
>
> The position is much the same as regards the claim that the Law is invalid, as being contrary to Article 4 of the European Convention of 4th November 1950 for the Protection of Human Rights and Fundamental Freedoms. There is little doubt to my mind that the Convention's stipulation that no one shall be required to perform forced or compulsory labour cannot be reasonable interpreted as applying to the obligations of a

Le requérant se pourvut devant la Cour Suprême par recours en date du 28 février 1961. Il soutint:

1) que la Loi provisoire du 21 juin 1956 était nulle et sans effet parce qu'elle était contraire à la Constitution;
2) que cette loi était nulle et sans effet parce qu'elle était contraire à la Convention européenne de sauvegarde des Droits de l'Homme;
3) que cette loi n'était destinée à s'appliquer qu'aux étudiants qui, avant de commencer leurs études, s'étaient engagés à travailler pour le service public de soins dentaires pendant deux ans au maximum après leur examen final, et qu'elle ne s'appliquait donc pas à lui qui n'avait fait aucune déclaration en ce sens.

Par arrêt de la Cour Suprême du 16 décembre 1961, le requérant fut débouté de son recours. Sur les cinq membres de la Cour Suprême, trois juges considérèrent qu'aucune des trois objections soulevées n'était recevable, cependant que les deux membres de la Cour estimaient que la troisième objection était valable et que le requérant devait être acquitté. Pour ces deux juges, il n'était pas nécessaire d'exprimer une opinion sur les deux autres arguments invoqués par le requérant.

L'arrêt majoritaire de la Cour, tel qu'il fut prononcé par le Juge Hiorthöy, était ainsi libellé:

> "La mise en cause par la défense, pour des motifs constitutionnels, de la validité générale de la Loi provisoire du 21 juin 1956 relative au service civil des dentistes est, à mon sens, manifestement mal fondée. Je n'exclus pas complètement la possibilité que, dans des cas extrêmes, des tribunaux jugent une loi inapplicable parce que contraire à certains principes généraux de droit de nature constitutionnelle, même si elle ne viole pas de disposition déterminée de la Constitution. Mais il va sans dire qu'il serait fort difficile d'écarter ainsi une loi votée par le Parlement (Stortinget) et approuvée par le Roi en faisant valoir qu'elle est contraire à l'esprit et aux principes de la Constitution. Etant donné la genèse et l'historique de la loi susmentionnée, les modalités de son application et les limitations de durée applicables aussi bien à la loi même qu'aux mesures d'affectation fondées sur ses dispositions, il me semble parfaitement évident que cette loi ne peut être écartée pour de tels motifs.
>
> Il en va sensiblement de même pour l'affirmation selon laquelle la loi est nulle et sans effet parce que contraire à l'article 4 de la Convention européenne du 4 novembre 1950 pour la sauvegarde des Droits de l'Homme et des Libertés fondamentales. Il ne fait guère de doute, à mon sens, que la disposition de la Convention interdisant le travail forcé ou obligatoire ne peut être raisonnablement interprétée comme

public nature arising in the present case. The work in question is of short duration, well-paid, based on the professional qualifications of the person concerned and in immediate continuation of his completed studies. Even if, at the time, such service is, as may occur in many cases, contrary to the interests of the individual concerned, it is clear to me that it cannot be regarded as an infringement, let alone a violation, of Human Rights. As, therefore, I do not find that there is any conflict between the Convention and the Norwegian Law in question, there is no need for me to go into the question as to which should be given preference in the event of a conflict."

The Applicant has paid the fine imposed upon him.

THE ALLEGATIONS OF THE APPLICANT

3. *Whereas* the Applicant's counsel submits that the Act and the order assigning the Applicant to the dental district of Moskenes are contrary to Article 4 of the Convention. His particular submissions in support of this allegation are set out below (paragraphs 6–9). He further alleges that Articles 8 and 11 of the Convention have been infringed (paragraph 10).

THE CLAIMS OF THE APPLICANT

4. *Whereas*, in his letter of 8th June 1962, the Applicant's counsel claims "that the Provisional Act of June 21st, 1956 is invalid as being contrary to Article 4 of the Convention. It follows that the order of the Ministry for Social Affairs directing him to take over the position of district dentist in Moskenes is invalid and that the judgment passed on him by the national courts cannot be enforced."

In his Reply of 1st March 1963 the Applicant's counsel, admitting that his above claims were perhaps misleading, restated his claims to the effect that the Commission, after an examination of the Application

a) should state its opinion that the Provisional Act of 1956, as applied to the Applicant by order of the Ministry, is contrary to Article 4 of the Convention;
b) should make such proposals as it sees fit in accordance with Article 31 of the Convention. He added that the Commission was called upon to decide "the general issue whether or not the Act itself was contrary to the provisions of the Convention".

s'appliquant aux obligations d'ordre public dont il s'agit en l'espèce. Le travail en question est de courte durée, bien rétribué, basé sur les qualifications professionnelles de l'intéressé et immédiatement consécutif aux études accomplies par lui. Même si, comme cela peut se produire dans de nombreux cas, un tel service est, au moment où il doit être effectué, contraire aux intérêts de la personne visée, il me paraît évident qu'il ne peut être considéré comme une atteinte, et encore moins comme une infraction, aux droits de l'Homme. Ne voyant, dès lors, aucun conflit entre la Convention et la loi norvégienne en question, je n'ai nul besoin d'examiner la question de savoir auquel des deux textes il conviendrait d'accorder la préférence en cas de conflit."

Le requérant a acquitté l'amende qui lui avait été infligée;

ALLEGATIONS DU REQUERANT

3. *Considérant* que l'avocat du requérant soutient que la Loi et la décision affectant le requérant au district de soins dentaires de Moskenes sont contraires à l'article 4 de la Convention. Les arguments avancés par lui à l'appui de cette allégation sont exposés ci-après (paragraphes 6–9). Il affirme en outre que les articles 8 et 11 de la Convention ont été violés (paragraphe 10).

DEMANDES DU REQUERANT

4. *Considérant* que, dans sa lettre du 8 juin 1962 l'avocat du requérant estime "que la Loi provisoire du 21 juin 1956 est nulle et sans effet parce que contraire à l'article 4 de la Convention. Il s'ensuit que la décision du Ministère des Affaires sociales enjoignant au requérant d'occuper le poste de dentiste de district à Moskenes est nulle et non avenue et que le jugement rendu à son encontre par les tribunaux nationaux ne peut être exécuté".

Dans sa réponse du 1er mars 1963, l'avocat du requérant, reconnaissant que les demandes susindiquées pouvaient prêter à confusion, a réexposé celles-ci, en demandant que la Commission, après examen de la requête,

a) exprime l'avis que la Loi provisoire de 1956, telle qu'elle a été appliquée au requérant par décision du Ministère, est contraire à l'article 4 de la Convention;
b) formule les propositions qu'elle juge appropriées conformément à l'article 31 de la Convention. Il a ajouté que la Commission était appelée à trancher "la question générale de savoir si la Loi elle-même était ou non contraire aux dispositions de la Convention".

THE SUBMISSIONS OF THE PARTIES

5. *Whereas* the submissions of the Parties may be summarised as follows:

The Respondent Government, in its observations of 7th January 1963, its Reply of 1st June 1963 and its oral submissions on 30th and 31st October 1963 raised the following four objections to the admissibility of the Application:

a. that the Application had been lodged out of time and should be rejected in accordance with Article 27. paragraph (3), of the Convention, for non-observance of the six months' rule laid down in Article 26 (see para. 6).
b. that the Application was incompatible with the provisions of the Convention and should be rejected in accordance with Article 27, paragraph (2), of the Convention (see para. 7).
c. that the Application was an abuse of the right of petition under Article 25 of the Convention and should be rejected in accordance with Article 27, paragraph (2), of the Convention (see para. 8).
d. that the Application was manifestly ill-founded and should be rejected in accordance with Article 27. paragraph (2), of the Convention (see para. 51).

6. *As regards the contention that the Applicant did not observe the six months' time-limit laid down in Article 26 of the Convention*

The Respondent Government, in its observations of 7th January 1963, submitted that the final decision in the criminal proceedings against the Applicant was given by the Supreme Court of Norway on 16th December 1961. Accordingly, the six months' time-limit prescribed in Article 26 expired on 16th June 1962. The Application was dated 8th June 1962 but was received and registered by the Secretariat of the Commission on 18th June. Rule 48 of the Rules of Procedure of the Commission stated that, for the purpose of determining any time-limits, the date of the filing of the pleadings with the Secretariat General should alone be taken into consideration. Consequently the Commission could not and did not deal with the matter within the six months' time-limit laid down in Article 26 of the Convention.

The Applicant's Counsel, in his observations of 1st March 1963, agreed that the time-limit expired on 16th June 1962. The Application was dated 8th June 1962, however, and was acknowledged by letter dated 12th June 1962 from the Secretary to the Commission. The application form, which was itself not a necessary document since it might be replaced by equivalent documents, was dated 16th June. This was acknowledged by a letter of 20th June stating that it had been registered on 18th June. The time-limit was pointed out to the Secretary to the Commission who wrote confirming

ARGUMENTATION DES PARTIES

5. *Considérant* que l'argumentation des parties peut se résumer ainsi:

Le Gouvernement défendeur, dans ses observations du 7 janvier 1963, sa réponse du 1er juin 1963 et ses explications orales des 30 et 31 octobre 1963, a formulé quatre objections contre la recevabilité de la requête:

a. la requête avait été introduite en dehors des délais prescrits et devait être rejetée par application de l'article 27, paragraphe 3 de la Convention pour non observation de la règle des six mois énoncés à l'article 26 (voir paragraphe 6);
b. la requête était incompatible avec les dispositions de la Convention et devait être rejetée par application de l'article 27, paragraphe 2 de la Convention (voir paragraphe 7);
c. la requête était abusive au sens de l'article 25 de la Convention et devait être rejetée par application de l'article 27, paragraphe 2 de la Convention (voir par. 8);
d. la requête était manifestement mal fondée et devait être rejetée par application de l'article 27, par. (2) de la Convention (voir par. 9).

6. *Sur la non-observation par le requérant du délai de six mois prescrit à l'article 26 de la Convention*

Le Gouvernement défendeur, dans ses observations du 7 janvier 1963, a fait valoir que la décision définitive dans la procédure pénale intentée contre le requérant avait été rendue par la Cour Suprême de Norvège le 16 décembre 1961. En conséquence, le délai de six mois prescrit à l'article 26 expirait le 16 juin 1962. La requête était datée du 8 juin 1962, mais n'avait été reçue et enregistrée par le Secrétariat de la Commission que le 18 juin. L'article 48 du Règlement intérieur de la Commission dispose que, pour la computation des délais, seule la date du dépôt au Secrétariat Général du Conseil de l'Europe est prise en considération. En conséquence, la Commission ne pouvait traiter et n'avait pas traité cette question dans le délai de six mois prescrit à l'article 26 de la Convention.

L'avocat du requérant, dans ses observations du 1er mars 1963, a reconnu que le délai expirait le 16 juin 1962. Cependant, la requête était datée du 8 juin 1962 et il en avait été accusé réception par lettre du Secrétaire de la Commission en date du 12 juin 1962. Le formulaire de requête, qui ne constituait pas en soi un document nécessaire, puisqu'il pouvait être remplacé par des pièces équivalentes, était daté du 16 juin. Il en avait été accusé réception par une lettre du 20 juin indiquant qu'il avait été enregistré le 18 juin. La question du délai avait été portée à l'attention du Secrétaire de

that the effective date of the filing of the Application was 8th June 1962.

7. As regards the contention that the Application is incompatible with the provisions of the Convention

The Respondent Government stated in its observations of 7th January 1963, its Reply of 1st June 1963 and during the oral hearing, that the Application contained three submissions namely:

1. that the Commission was requested to declare the Provisional Act of June 1956 invalid;
2. that the Commission was requested to declare invalid the order of the Ministry of Social Affairs directing the Applicant to take over the position of district dentist in Moskenes;
3. that the Commission was requested to declare that the judgment of the national court could not be enforced.

It submitted that all three claims were incompatible with the provisions of the Convention for the following reasons:

As to 1. The Commission had no competence, either under the Convention or under any general principle of international law, to declare invalid an Act duly passed by the Norwegian Legislative authority. The Supreme Court of Norway decided on 16th December 1961 that the Act was valid and the Commission could in no sense act as a further Court of Appeal.

As to 2. The Commission had no competence to declare on the validity of orders or decisions given by the proper Norwegian administrative authorities. The validity of such orders was also in this case confirmed by decisions of the Sandefjord Town Court and of the Supreme Court and the Commission had no appellate jurisdiction in regard to such orders.

As to 3. The Commission had no competence to decide on the question of the enforcement of a valid decision by the Supreme Court of Norway.

The Government submitted that the Applicant had amended his claims in his counter-observations of 1st March 1963 and that the Convention does not provide for such "re-writing" of an application, particularly when it is to the benefit of the Applicant and prejudicial to the Government. The Commission, in view of Article 27, paragraph (2), of the Convention, may only consider the petition ("requête") itself. It was further submitted that the Applicant's two new claims were irreconciliable with the provisions of the Convention. These new claims were moreover inadmissible as having been introduced more than six months after the final decision (Article 26 of the Convention). The Commission was not competent to pronounce itself on any "general issues" and the proceedings

la Commission, qui avait écrit pour confirmer que la date effective du dépôt de la requête était le 8 juin 1962.

7. *Sur l'incompatibilité de la requête avec les dispositions de la Convention*

Le Gouvernement défendeur a exposé dans ses observations du 7 janvier 1963, sa réponse du 1er juin 1963 et pendant l'audience contradictoire, que la requête contenait une argumentation en trois points, invitant la Commission:

1. à déclarer la Loi provisoire de juin 1956 nulle et sans effet;
2. à déclarer nulle et non avenue la décision du Ministère des Affaires sociales enjoignant au requérant d'occuper le poste de dentiste de district à Moskenes;
3. à déclarer que le jugement de la juridiction nationale ne pouvait être exécuté.

Il a fait valoir que ces trois demandes étaient incompatibles avec les dispositions de la Convention pour les raisons suivantes:

Quant au point 1. La Commission n'était compétente, ni selon la Convention, ni selon les principes généraux du droit international, pour déclarer nulle et sans effet une loi dûment votée par le pouvoir législatif norvégien. La Cour Suprême de Norvège avait décidé le 16 décembre 1961 que la loi était valable et la Commission ne pouvait en aucun cas faire office de nouvelle juridiction d'appel.

Quant au point 2. La Commission n'était pas compétente pour se prononcer sur la validité de décisions prises par les autorités administratives norvégiennes. La validité de ces décisions avait également été confirmée en l'espèce par des décisions du Tribunal municipal de Sandefjord et de la Cour Suprême, et la Commission n'avait pas compétence pour connaître en appel de telles décisions.

Quant au point 3. La Commission n'était pas compétente pour trancher la question de l'exécution d'un arrêt valable de Cour Suprême de Norvège.

Le Gouvernement a relevé que le requérant avait modifié ses demandes dans son contre-mémoire du 1er mars 1963 et que la Convention ne prévoyait pas un tel "remaniement" d'une requête, en particulier lorsqu'il était profitable au requérant et préjudiciable au gouvernement. La Commission, selon l'article 27, paragraphe (2) de la Convention, ne pouvait examiner que la requête elle-même. Par ailleurs, de l'avis du gouvernement, les deux nouvelles demandes du requérant étaient inconciliables avec les dispositions de la Convention. Elles étaient, de plus, irrecevables puisqu'elles avaient été introduites plus de six mois après la décision définitive (article 26 de la Convention). La Commission n'était pas compétente pour se prononcer sur des "questions générales" et il y avait lieu de

should be confined to this particular Application which should be considered on the basis of the original petition and not on the claims as later amended. The Commission was not competent to examine the Provisional Act of 1956 *in abstracto* but only to deal with the circumstances of this particular case (compare Commission's decision in Application No. 290/57).

The Applicant's Counsel, in his counter-observations of 1st March 1963, his rejoinder of 15th July 1963 and during the oral hearing, submitted that the Norwegian Government had accepted the authority of the Commission in accordance with Article 31 of the Convention to state its opinion upon Norwegian law, administrative practices and judicial decisions. It followed that the organs constituted under that international agreement would be entitled to deliver opinions on national enactments and administrative or judicial practices, even if not expressly invested with such powers.

The Applicant's Counsel contested the Government's suggestion that he had rewritten his petition. The issue raised was still the same, namely, whether or not Article 4 of the Convention had been infringed. The objections made by the Government were purely formalistic. There was no material difference between the wording in the Application and in the counter-observations.

In order to decide whether or not a violation of Article 4 had been committed in regard to the Applicant, the Commission had necessarily to look at the Provisional Act and to determine whether or not its provisions complied with the requirements of the Convention. The logical way of approaching the issue raised was first to decide on the compatibility of the Act which was thus the "general issue" and then to look at the individual aspects of the Applicant's case. This method could not be considered an examination *in abstracto* of the Application as alleged by the Government.

8. *As regards the contention that the Application was an abuse of the right of petition*

The Respondent Government, in its observations of 7th January 1963, in its Reply of 1st June 1963 and during the oral hearing, submitted that the Application was abusive as, although it was absolutely clear that the Applicant had to bear the full burden of proof, he had relied upon loose and unsubstantiated accusations, leaving it to the Government of Norway to produce all the basic documents in the dispute.

It was further abusive in the sense that the Commission should not be used as a forum for domestic politics. Since Norway was a democracy, in the enactment of almost all laws some divergence of opinion would be manifest in Parliament as well as in the Press. The present enactments were passed in a democratic manner and

s'en tenir à cette requête particulière, qui devait être examinée sur la base de son libellé initial et non d'après les demandes dans leur version révisée. La Commission n'était pas compétente pour examiner la Loi provisoire de 1956 *in abstracto*, mais seulement pour connaître des circonstances propres à cette affaire (cf. la décision de la Commission au sujet de la requête N° 290/57).

L'avocat du requérant, dans son contre-mémoire du 1er mars 1963, sa réplique du 15 juillet 1963 et pendant l'audience contradictoire, a fait valoir que le Gouvernement norvégien avait reconnu que la Commission avait qualité, selon l'article 31 de la Convention, pour formuler son avis sur la législation, les pratiques administratives et les décisions judiciaires de la Norvège. Il s'ensuivait que les organes constitués en vertu de cet accord international seraient en droit de formuler des avis sur les lois et les pratiques administratives ou judiciaires nationales, même sans être expressément investis de tels pouvoirs.

L'avocat du requérant a contesté l'affirmation du gouvernement selon laquelle le requérant aurait remanié sa requête. La question soulevée restait la même, à savoir s'il y avait eu ou non violation de l'article 4 de la Convention. Les objections du gouvernement étaient purement formalistes. Il n'y avait pas de différence sensible entre le libellé de la requête et celui du contre-mémoire.

Afin de décider si une violation de l'article 4 avait été ou non commise à l'encontre du requérant, la Commission devait nécessairement examiner la Loi provisoire et déterminer si ses dispositions étaient ou non conformes aux exigences de la Convention. La manière logique d'aborder le problème était de trancher d'abord la question de la compatibilité de la loi, qui constituait ainsi la "question générale", et d'étudier ensuite les aspects particuliers du cas du requérant. Cette méthode ne pouvait être considérée comme un examen *in abstracto* de la requête, comme le prétendait le gouvernement.

8. *Sur le caractère abusif de la requête*

Le Gouvernement défendeur, dans ses observations du 7 janvier 1963, dans sa réponse du 1er juin 1963 et pendant l'audience contradictoire, a soutenu que la requête était abusive. En effet, alors que de toute évidence la charge de la preuve incombait entièrement au requérant, celui-ci s'en était tenu à des accusations vagues et non prouvées laissant au Gouvernement de la Norvège le soin de produire tous les documents de base afférents au litige.

La requête était en outre abusive en ce que la Commission ne devait pas servir de forum de politique intérieure. La Norvège étant une démocratie, l'adoption de presque toutes les lois donnait lieu à des divergences d'opinions qui se manifestaient au Parlement aussi bien que dans la presse. Les textes en cause avaient été votés

were purely a matter of domestic politics. The Applicant clearly broke his agreement of 14th December 1959 with the Ministry for Social Affairs for purposes of domestic politics and in this respect the Government referred to the Applicant's letter of 21st March 1960 to the Ministry for Social Affairs in which he alleged that the Act of 1956 was an attempt to "socialise" the profession of dentistry. This allegation was entirely incorrect, as was his statement that the Bill of the 1956 Act was fought by a united Opposition on the basis of its being contrary to the Convention.

The Commission was not competent to decide upon questions raised on such grounds. The behaviour of the Applicant could not be looked upon as acts of good faith deserving protection under the Convention.

The Applicant's Counsel, in his counter-observations of 1st March 1963 and in his preliminary and final rejoinders respectively of 15th July and 29th August 1963, submitted that the question of burden of proof was not important in this case. Clearly he had the burden of proof of his case but the Government had the burden of proof in regard to its contention that the 1956 Act was within the limits of Article 4 of the Convention.

Since the Provisional Act had, a long time previously, been promulgated and prolonged, it was not a question of raising domestic political issues in the Commission.

The question of burden of proof was at this stage of theoretical interest only. The Applicant had made out a *prima facie* case that a breach of the Convention had occurred. The burden of proof was then shifted so that the Respondent Government would have to prove that the measures taken were not contrary to the Convention. In order to decide this issue, it was obviously necessary for the Commission to evaluate the general issue as to whether or not the Provisional Act of 1956 was compatible with Article 4 of the Convention.

In reply to the allegation that the Applicant had launched "loose and unsubstantiated accusations against a responsible Government" it was pointed out: that a unanimous opposition had fought the Provisional Act in the *Storting* on the the ground that it was against the Convention; that two justices of the Supreme Court had been of the opinion that the Provisional Act could not be invoked against the Applicant; that the Dentists' Association and the whole Federation of Academic Professions had taken steps before the Courts against the compulsory measures; and that the Applicant had brought a specific case before the Commission.

During the oral hearing, Applicant's counsel further submitted

d'une manière démocratique et constituaient uniquement une question de politique intérieure. Le requérant avait manifestement rompu son accord du 14 décembre 1959 avec le Ministère des Affaires sociales à des fins de politique intérieure et, à ce propos, le gouvernement rappelait que, dans une lettre adressée le 21 mars 1960 au Ministère des Affaires sociales, le requérant avait prétendu que la loi de 1956 constituait une tentative de "socialiser" la profession de dentiste. Cette allégation était dénuée de tout fondement, de même que la déclaration du requérant selon laquelle le projet de la loi de 1956 aurait été combattu par une opposition unanime parce qu'il était contraire à la Convention.

La Commission n'était pas compétente pour statuer sur des questions soulevées pour de tels motifs. La requérant ne pouvait être considéré comme ayant agi de bonne foi et ne pouvait donc prétendre bénéficier de la protection de la Convention.

L'avocat du requérant, dans son contre-mémoire du 1er mars 1963 et dans ses répliques préliminaire et définitive, des 15 juillet et 29 août 1963 respectivement, a soutenu que la question de la charge de la preuve n'était pas importante en l'espèce. De toute evidence, il incombait au requérant de prouver le bien-fondé de sa cause, mais il incombait au gouvernement de prouver le bien-fondé de son affirmation selon laquelle la Loi de 1956 n'était pas contraire à l'article 4 de la Convention.

La loi provisoire ayant été promulguée et prorogée longtemps auparavant, il ne s'agissait pas de porter des questions de politique intérieure devant la Commission.

La question de la charge de la preuve ne présentait, à ce stade, qu'un intérêt théorique. Le requérant avait apporté un commencement de preuve quant à l'existence d'une violation de la Convention. La charge de la preuve, à partir de ce moment, passait au Gouvernement défendeur qui devait prouver que les mesures prises n'étaient pas contraires à la Convention. Afin de trancher cette question, il était manifestement nécessaire que la Commission se prononçât sur la question générale de savoir si la Loi provisoire de 1956 était ou non compatible avec l'article 4 de la Convention.

En réponse à l'allégation selon laquelle le requérant aurait lancé "des accusations vagues et non prouvées contre un gouvernement responsable", l'avocat du requérant a fait valoir: qu'une opposition unanime avait combattu la Loi provisoire au Storting parce qu'elle la considérait comme contraire à la Convention; que deux juges de la Cour Suprême avaient été d'avis que la Loi provisoire ne pouvait être invoquée contre le requérant; que l'Association des dentistes et l'ensemble de la Fédération des Professions libérales avaient intenté une action devant les tribunaux contre ces mesures coercitives; et que le requérant avait saisi la Commission d'un cas précis.

Au cours de l'audience contradictoire, l'avocat du requérant a

that all cases before the Commission had domestic or political aspects and the Commission could not be debarred from looking into issues of domestic policy if it was to accomplish properly its task of protecting human rights. The contentions of the Government were, in this respect, very dangerous for the competence of the Commission in general and, if successful, would render the Commission impotent.

9. *As regards the contention that the Application is manifestly ill-founded*

a. *as regards the question whether or not the service required from the Applicant is "forced or compulsory labour" within the meaning of Article 4, paragraph (2), of the Convention*

The Respondent Government, in its observations of 7th January 1963, its Reply of 1st June 1963 and during the oral hearing, submitted that the Applicant had not been subjected to "forced or compulsory labour". It was pointed out that this term should be given a reasonable and working interpretation so as not to prevent a democratic government from enacting measures necessary for extending social benefits to its citizens.

The Respondent Government submitted that, as regards the general background of the case, the Commission should take into account the particular circumstances prevailing in Norway at the time when Parliament passed the Act of 1956.

When trying to give to its citizens all modern social benefits, the Government was faced with exceptional geographical problems. The country was situated in the same latitudes as Greenland, Labrador and Alaska, one-third of it lying north of the Arctic circle. It was barren and mountainous, the coast heavily indented with fjords and fringed by 150,000 islands. Only 4% of the surface was cultivable. The Act of 1956 was aimed at helping, *inter alia*, the northern provinces which, though comprising 30% of the territory, were inhabited by only 10% of the population, approximately 4 persons per km^2.

While the southern parts of the country benefited from adequate social service, the outlying districts had a deplorable lack of such facilities which seriously affected the social and health conditions of these communities. It was pointed out that in 1946 there was in Oslo one dentist per 650 inhabitants whereas in the provinces of Finmark, Froms and Nordland the ratio was one dentist per 13,000, 6,000 and 5,500 inhabitants respectively. Moreover, adequate dental care was rendered even more difficult by the enormous distances,

soutenu en outre que toutes les affaires soumises à la Commission comportaient des aspects intérieurs ou politiques et que l'on ne pouvait interdire à la Commission d'examiner des questions de politique intérieure si l'on voulait qu'elles s'acquittât convenablement de sa tâche de sauvegarder les droits de l'homme. Les assertions du gouvernement étaient, à ce point de vue, très dangereuses pour la compétence de la Commission en général et, si elles devaient prévaloir, elles condamneraient la Commission à l'impuissance.

9. *Sur le défaut manifeste de fondement de la requête*

a. *Quant à savoir si le service exigé du requérant constituait un "travail forcé ou obligatoire" au sens de l'article 4, paragraphe 2 de la Convention.*

Le Gouvernement défendeur, dans ses observations du 7 janvier 1963, sa réponse du 1er juin 1963 et pendant l'audience contradictoire, a soutenu que le requérant n'avait pas été soumis à un "travail forcé ou obligatoire". Il a fait observer que ce terme devait être pris dans une acception raisonnable et pratique, de manière à ne pas empêcher un gouvernement démocratique d'édicter les mesures nécessaires pour assurer aux citoyens le bénéfice des avantages sociaux.

Le Gouvernement défendeur a fait valoir qu'en ce qui concerne l'historique de l'affaire, la Commission devait prendre en considération les circonstances particulières que connaissait la Norvège au moment où le Parlement a voté la loi de 1956.

Les efforts du gouvernement pour faire bénéficier la population de tous les avantages sociaux modernes se heurtaient à des problèmes géographiques exceptionnels. Le pays est situé à la même latitude que le Groënland, le Labrador et l'Alaska, un tiers de son territoire se trouvant au nord du cercle arctique. Dans ces régions, le sol est stérile, le relief montagneux, la côte découpée par de nombreux fjords et bordée de 150.000 îles. 4% seulement des terres sont cultivables. La Loi de 1956 visait notamment à venir en aide aux provinces septentrionales qui, bien qu'elles couvrent 30% du territoire, ne sont habitées que par 10% de la population, soit une densité d'environ 4 habitants au kilomètre carré.

Alors que les régions méridionales du pays bénéficiaient d'un service social adéquat, les districts éloignés souffraient d'un déplorable sous-équipement qui compromettait sérieusement les conditions sociales et sanitaires de ces communautés. En 1946, on comptait à Oslo un dentiste pour 650 habitants, alors que dans les provinces de Finmark, de Froms et de Nordland, la proportion était d'un dentiste pour 13.000, 6.000 et 5.500 habitants respectivement. En outre, il était encore plus difficile d'assurer un service de soins

the difficulties of communication and the arctic weather conditions prevailing during the winter months.

The Acts of 1949 and 1956 were an attempt to overcome these difficulties by making dental care available to the populations of these isolated districts and they should be considered in the light of their humanitarian and social purpose.

The Respondent Government, by the Act of 1949, made provision for free dental treatment for children and young people and for treatment at stipulated fees for others, the dentists employed in the Public Dental Service being public officials. It was, however, found difficult to fill vacant posts of district dentist in the northern areas of the country. To fill the posts created by the 1949 Act, two special measures were introduced:

1. From 1951 the authorities gave permission for qualified students to study dentistry at approved foreign universities.

2. Students studying at home or abroad were required to accept and sign declarations undertaking to serve for a period of up to two years, after final examinations as dentists, in a public dental clinic.

As in the present case, students studying abroad without the authorisation of the Norwegian authorities were required to sign the declaration form before being admitted to the supplementary courses to obtain *licentia practicandi* in Norway.

These undertakings only amounted to "gentlemen's agreements" and from representations made in March 1956, it appeared that the students became aware that the agreements were not legally tenable and that they were legally justified in breaking them. They also stated that they would not comply with any administrative posting under this agreement.

The letters written by the students in 1956 did not merely contain a refusal by the students to sit on a committee for the distribution of vacant positions in the Public Dental Service but also contained statements from the students that they did not consider themselves contractually bound. A group of 23 students refused to co-operate at all. If the original declarations were considered not binding it was doubtful whether new ones would remedy this, although the students had apparently changed their attitude. Also, new declarations by the 1956 graduates would not bind these graduating prior to, or after, 1956.

In order to protect the whole programme of the dental welfare

dentaires satisfaisant du fait des énormes distances, des mauvaises communications et du climat arctique pendant les mois d'hiver.

Les Lois de 1949 et de 1956 constituaient une tentative pour surmonter ces difficultés en mettant les soins dentaires à la disposition des populations de ces districts isolés, et elles devaient être considérées en fonction de leur objectif humanitaire et social.

Le Gouvernement défendeur, par la loi de 1949, avait mis sur pied un service de soins dentaires gratuit pour les enfants et les adolescents et payant, selon des taxes établies, pour les autres groupes d'âge, les dentistes employés par le service public étant des fonctionnaires. Il devait cependant rencontrer des difficultés pour pourvoir aux postes vacants de dentiste de district dans les régions septentrionales du pays. Pour donner des titulaires aux postes créés par la loi de 1949, il fallut prendre deux mesures spéciales:

1. A partir de 1951, les étudiants qualifiés furent autorisés à étudier l'odontologie dans des universités étrangères agréées;
2. les étudiants faisant leurs études en Norvège ou à l'étranger furent requis d'accepter et de signer des déclarations par lesquelles ils s'engageaient à servir comme dentistes dans une clinique publique de soins dentaires pendant deux ans au maximum après avoir été reçus à leur examen final.

Comme dans le cas présent, les étudiants qui fréquentaient des établissements étrangers sans l'approbation des autorités norvégiennes devaient signer le formulaire de déclaration avant d'être admis aux cours supplémentaires leur permettant d'obtenir l'autorisation d'exercer (*licentia practicandi*) en Norvège.

Ces engagements ne constituaient que des "gentlemen's agreements" et des protestations écrites formulées en mars 1956 devaient faire apparaître que les étudiants ne considéraient pas ces engagements comme juridiquement valables et s'estimaient en droit de les rompre. Ils précisaient également qu'ils ne se conformeraient pas à des affectations administratives décidées en vertu de tels engagements.

Dans les lettres écrites par les étudiants en 1956, non seulement ceux-ci refusaient de siéger dans un comité chargé de répartir les postes vacants du service public de soins dentaires, mais ils déclaraient qu'ils ne se considéraient pas comme contractuellement liés. Un groupe de 23 étudiants refusa toute coopération. Sil les déclarations originelles étaient considérées comme n'ayant pas force contraignante, il était douteux que de nouvelles déclarations pussent y remédier, bien que les étudiants eussent apparemment modifié leur attitude. En outre, de nouvelles déclarations faites par les diplômés de 1956 n'engageraient pas les étudiants ayant obtenu leurs diplômes avant ou après 1956.

Pour sauvegarder l'ensemble du programme du service de soins

service which was threatened by the unco-operative attitude of the students but which had the support of the population of northern Norway, a temporary Act was passed on 21st June 1956 providing for obligatory service for not more than two years by dental students after passing their final examination. This period was reduced to 1½ years by the Act of 28th June 1962. Under Section 4 of the Act of 1956, violation of its provisions was a misdemeanour subject to fine or imprisonment for a maximum of 3 months.

The purely social and humanitarian aspects of this enactment must of themselves be sufficient for the evaluation of the question as to whether or not the Government had acted in conformity with its obligations under the Convention. The Norwegian legislature deemed the Act to be both necessary and reasonable and the Commission had neither the competence nor the necessary facts available to overrule the Government's discretion in this respect.

The Respondent Government then dealt with the allegations regarding particular provisions of the Convention. As to the interpretation of Article 4, the Government submitted that this provision was designed in the light of Nazi excesses and Soviet ideology. Neither the "*travaux préparatoires*" to the Convention nor previous anti-slavery instruments and "B" mandate agreements defined "forced labour". They did not distingiush between "forced" and "compulsory" labour, nor did the 1926 Slavery Convention or the ILO Conventions of 1930 and 1957. The background of these Conventions, which were dealing with conditions in colonies and other dependent territories, shows that "forced labour" was regarded as not far from "slavery". It was not correct, as alleged by the Applicant, that "compulsory labour" had a wider or different scope than "forced labour".

Paragraph (2) of Article 4, which deals with "forced labour" must be viewed in its context and read in connection with paragraph (1), which deals with slavery and servitude. It was obvious that the Provisional Act of 1956 had imposed upon the Applicant neither slavery nor servitude. The Government had introduced the Act of 1956 in its struggle to improve the lot of the population, as it considered it to be, within reasonable limits, part of the fundamental human rights of the population of Western democracies that they should have a minimum of medical facilities available such as doctors, dentists and hospitals. Article 4 could not allow untimely interference with the necessary and natural functioning of a democratic society and institutions and the obstruction of measures of social importance.

Viewed in its historic context, it was obvious that the Article envisaged the suppression of concentration and labour camps and

dentaires, qui était menacé par l'hostilité des étudiants, mais qui avait le soutien de la population de la Norvège septentrionale, une Loi provisoire fut votée le 21 juin 1956. Elle prévoyait que les étudiants en art dentaire devraient accomplir un service obligatoire de 2 ans au maximum après avoir été reçus à leur examen final. La durée de ce service devait être réduite à un an et demi par la Loi du 28 juin 1962. Aux termes de l'article 4 de la Loi de 1956, la violation de ses dispositions constituait un délit punissable d'une amende ou d'une peine de prison ne dépassant pas trois mois.

Les aspects purement sociaux et humanitaires de cette loi devaient suffire pour juger si le gouvernement avait ou non agi conformément aux obligations que lui imposait la Convention. Le Parlement norvégien avait estimé cette loi à la fois nécessaire et raisonnable, et la Commission ne possédait ni la compétence ni les éléments d'appréciation nécessaires pour passer outre au pouvoir discrétionnaire du gouvernement en la matière.

Le Gouvernement défendeur traitait ensuite des allégations relatives à des dispositions particulières de la Convention. Quant à l'interprétation de l'article 4, il soutenait que cette disposition avait été conçue en fonction des excès nazis et de l'idéologie soviétique. Ni les travaux préparatoires de la Convention, ni les instruments anti-esclavagistes et accords de mandat "B" antérieurs ne définissaient le "travail forcé". Ils n'établissaient pas de distinction entre travail "forcé" et travail "obligatoire", pas plus que la Convention de 1926 relative à l'esclavage ni les Conventions de l'O.I.T. de 1930 et de 1957. L'historique de ces conventions, qui avaient trait aux conditions dans les colonies et autres territoires dépendants, montrait que le "travail forcé" était considéré comme assez proche de l'esclavage". Il n'était pas exact que, comme l'affirmait le requérant, le terme de "travail obligatoire" eût une acception plus large que celui de "travail forcé", ou un sens différent.

Le paragraphe 2 de l'article 4, relatif au "travail forcé" devait être replacé dans son contexte et rapproché du paragraphe 1 concernant l'esclavage et la servitude. Il était évident que la Loi provisoire de 1956 n'avait soumis le requérant ni à l'esclavage ni à la servitude. Le gouvernement avait introduit la loi de 1956 pour tenter d'améliorer le sort de la population, considérant que, dans des limites raisonnables, l'un des droits de l'homme fondamentaux de la population des démocraties occidentales était de bénéficier d'un minimum de services médicaux tels que médecins, dentistes et hôpitaux. L'article 4 ne pouvait autoriser une ingérence intempestive dans le fonctionnement nécessaire et naturel d'une société et d'institutions démocratiques ni une opposition à des mesures de portée sociale.

Il était évident que, vu dans son contexte historique, l'article tendait à éliminer les camps de concentration et de travail et

was never meant to apply to reasonable steps taken by democratic governments to solve pressing humanitarian and social needs.

The Government could not accept the objection that it could only resort to compulsory measures if it was evident that it could not achieve its legitimate ends by other means. The underlying exceptional circumstances must weigh heavily for the decision of the question pending before the Commission, particularly when these facts were of a humanitarian character. In any event, it was not for one individual to decide whether or not the Provisional Act of 1956 was necessary. The Norwegian Parliament and Government promulgated the Act because they deemed it necessary and expedient and it was held to be valid and binding on the Applicant by the Norwegian Courts.

The Government also contested that it had a duty to show that it was impossible to achieve the aims of the Public Dental Service Act of 1949 without resorting to compulsory measures.

The burden of proof was on the Applicant in respect of his allegation that sufficient inducements of pecuniary or other character to attract voluntary personnel had not been used. In any case, this allegation was entirely incorrect. The salary paid to a young and inexperienced dentist was very high and even considered by some to be out of proportion.

The Government did not agree with the Applicant that Article 4 prohibited 3 sorts of measures:

a. slavery or servitude,
b. forced labour,
c. compulsory labour.

The splitting up of this provision was immaterial to the correct interpretation of Article 4 but it must be divided into either 4 or 2 categories, if at all.

As expressly stated in Article 4, provision is made for 2 main categories of violations:

(1) 4, paragraph (1) – slavery or servitude
(2) 4, paragraph (2) – forced or compulsory labour.

Article 4 could not be interpreted as restricting every kind of compulsion in modern society and must therefore be subject to reasonable interpretations as are specifically provided for in other Articles of the Convention.

The ILO Conventions of 1930 and 1957 were of a certain importance for the interpretation of Article 4. Article 2, paragraph (1), of the former contained the following definition of the term "forced or compulsory labour": "... all work or service which is exacted from any person under the menace of any penalty and for which the

n'avait jamais été conçu pour s'appliquer aux mesures raisonnables prises par des gouvernements démocratiques en vue de résoudre des problèmes humanitaires et sociaux pressants.

Le gouvernement ne pouvait accepter l'objection selon laquelle il ne serait en droit de recourir à des mesures coercitives que s'il était dans l'impossibilité manifeste de parvenir à ses fins légitimes par d'autres moyens. Les circonstances exceptionnelles qui existaient à l'époque devaient être dûment prises en considération par la Commission pour trancher la question qui lui était soumise surtout lorsque ces faits étaient de caractère humanitaire. En tout état de cause, il n'appartenait pas à un particulier de décider si la Loi provisoire de 1956 était ou non nécessaire. Le Parlement et le Gouvernement norvégiens avaient promulgué cette loi parce qu'ils l'estimaient nécessaire et opportune et les tribunaux norvégiens avaient considéré qu'elle était valable et s'appliquait au requérant.

Le gouvernement contestait également qu'il lui incombât de prouver l'impossibilité d'atteindre les objectifs de la Loi de 1949 sur le service public de soins dentaires sans avoir recours à des mesures coercitives.

La charge de la preuve incombait au requérant lorsque celui-ci affirmait que l'on n'avait pas offert suffisamment d'avantages pécuniaires ou d'autres pour attirer des volontaires. De toute manière, cette allégation était entièrement fausse. Le traitement versé à un jeune dentiste inexpérimenté était très élevé et même considéré par certains comme disproportionné.

Le gouvernement n'acceptait pas le point de vue du requérant selon lequel l'article 4 interdisait trois sortes de mesures:

a) esclavage ou servitude,
b) travail forcé,
c) travail obligatoire.

Il n'était pas utile de subdiviser cette disposition pour parvenir à une interprétation correcte de l'article 4, mais si l'on établissait des subdivisions, il fallait en établir, soit 4, soit 2.

L'article 4 prévoyait expressément deux principales catégories de violations:

1) l'article 4, paragraphe (1) – esclavage ou servitude
2) l'article 4, paragraphe (2) – travail forcé ou obligatoire.

L'article 4 ne pouvait être interprété comme restreignant toute forme de contrainte dans la société moderne et il convenait donc de le soumettre à des interprétations raisonnables spécialement prévues dans d'autres articles de la Convention.

Les Conventions de l'O.I.T. de 1930 et de 1957 présentaient un certain intérêt pour l'interprétation de l'article 4. L'article 2, paragraphe 1 de la Convention de 1930 contenait la définition suivante du terme "travail forcé ou obligatoire": ... tout travail ou service exigé d'un individu sous la menace d'une peine quelconque

said person has not offered himself voluntarily". It should not be overlooked, however, that this definition was given for a specific set of problems, namely, the forced labour of nationals in colonial or dependent territories and that it was not adopted in the 1957 Convention nor in any other international instrument.

The jurisprudence of the ILO bodies was also important for determining the scope of Article 4. It was clear that reasonable sanctions for a breach of contract could not be contrary to the Convention on Human Rights. The Greek legislation of 1960 regarding the medical service had the same object as the Norwegian Act of 1956 and was also far from being a violation of the Convention. Criticisms by ILO of various systems of direction of labour in the Eastern European countries were based on facts which differed greatly from the Norwegian Act of 1956, in particular, as to the ideology behind these systems, namely, a general channelling of labour, and the exaggerated, often indefinite, length of the compulsion to work.

The ILO had had no objection to the practice that certain work was required as a condition for admission to universities for scholarships or for state-financed studies, or as a condition for the exercise of a profession. If any such scheme had been operative in Norway, the Applicant would have been faced with the same obligation as he now had according to the Provisional Act of 1956 and he would have had no standing before the Commission. The conclusion to be drawn from the ILO practices was that the Act of 1956 could in no way be condemned as introducing measures which amounted to forced or compulsory labour.

Article 4, paragraph (2) itself was couched in general terms and an exhaustive definition of the term "forced or compulsory labour" was not possible. The Government submitted that the following factors had a bearing on the interpretation of the term "forced and compulsory labour":

1. the scope and purpose of the Act of 29th June 1956;
2. the temporary and provisional character of these legislative measures imposed conditions in no way analogous to conditions of slavery;
3. the duration of the service;
4. the remuneration and social status, in which respect the Government pointed out that the salary paid was considerably over average incomes for dentists in southern Norway;
5. the fact that the service was within one's own profession and in immediate connection with graduation or completion of military service;

et pour lequel ledit individu ne s'est pas offert de plein gré". Toutefois, il ne fallait pas perdre de vue le fait que cette définition avait été donnée pour un ensemble précis de problèmes, à savoir le travail forcé des populations des territoires coloniaux ou dépendants, et qu'elle n'avait pas été reprise dans la Convention de 1957 ni dans aucun autre instrument international.

La jurisprudence des organes de l'O.I.T. était également importante pour déterminer le champ d'application de l'article 4. Il était évident que des sanctions raisonnables pour une rupture de contrat ne pouvaient être contraires à la Convention des Droits de l'Homme. La législation grecque de 1960 relative au service médical avait le même objectif que la Loi norvégienne de 1956 et était également loin de constituer une violation de la Convention. Les critiques formulées par l'O.I.T. à l'encontre de divers systèmes d'affectation autoritaire des travailleurs dans les pays de l'Europe de l'est, étaient fondées sur des faits très différents de la loi norvégienne de 1956, en particulier quant à l'idéologie qui inspirait ces systèmes, à savoir une orientation générale de la main-d'oeuvre et la durée exagérée, souvent même indéterminée, du travail obligatoire.

L.O.I.T. n'avait manifesté aucune opposition à la pratique consistant à exiger un certain travail comme condition d'admission aux universités pour des bourses ou des études financées par l'Etat, ou comme condition à l'exercice d'une profession. Si un régime de ce genre avait été en vigueur en Norvège, le requérant se serait trouvé devant la même obligation que celle découlant pour lui de la Loi provisoire de 1956 et il n'aurait pu saisir la Commission. La conclusion à tirer de la pratique suivie par l'O.I.T. était que la Loi de 1956 ne pouvait en aucune manière être condamnée pour avoir introduit des mesures équivalant à un travail forcé ou obligatoire.

L'article 4, paragraphe 2 était lui-même libellé en termes généraux et une définition exhaustive de l'expression "travail forcé ou obligatoire" n'était pas possible. De l'avis du gouvernement, les facteurs suivants influaient sur l'intreprétation de l'expression "travail forcé et obligatoire":

1) le champ d'application et le but de la Loi du 21 juin 1956;
2) le caractère temporaire et provisoire de ces mesures législatives, créant des conditions qui ne rappelaient en rien celles de l'esclavage;
3) la durée du service;
4) la rémunération et la position sociale à propos desquelles le gouvernement soulignait que le traitement versé était considérablement supérieur au revenu moyen des dentistes de la Norvège méridionale;
5) le fait que le service s'effectuait dans le cadre de la profession de l'intéressé et était en rapport direct avec l'obtention du diplôme ou l'accomplissement du service militaire;

6. the nature of the sanctions involved for violation of the Act, in particular, the lightness of the penal sanction and the fact that the Applicant in the present case was neither imprisoned nor forced to return to Moskenes, nor deprived of his right to practise as a dentist in the future; and
7. the voluntary or contractual aspects of the present case.

It was also important to consider that the Ministry always endeavoured to take individual considerations into account when posting young dentists as was shown by the reduction of the Applicant's service from two years to one year.

Too broad an interpretation of the Article would make it apply also to career diplomats and officers in the armed forces who were transferred against their wills. Such interpretation was clearly unreasonable but these examples did not differ in any way from the Applicant's case.

The Government then returned to the particular facts of the present case and pointed out that the Applicant knew of the effect of the 1949 and 1956 Acts and voluntarily entered into an agreement with the competent authorities. By his conversations with officials in the Ministry for Social Affairs and his consent to being posted in Moskenes, the relationship between the Applicant and the Ministry had assumed a contractual nature which excluded any application of Article 4 of the Convention. In this respect, the Government submitted that the Applicant applied for the supplementary courses in Norway 1½–2 years after the promulgation of the Provisional Act of June 1956. He knew of the consequences of his application and did not question his obligation to comply with the request of the Ministry for Social Affairs. It had been stressed repeatedly in official notifications that those students going abroad to study could not expect to obtain a *licentia practicandi*. Nevertheless, the Applicant applied for admission to these courses, though he was in no way obliged to do so. Furthermore, in December 1959 the Applicant concluded an agreement with the competent Ministry to the effect that he should take over the position as a dentist in Moskenes which he did on 11th January 1960. This agreement, entered into voluntarily by him, was wilfully broken by him four months later. It was not usual to reduce the period to one year and this had been done in only a few cases. The Applicant thanked the Ministry "for handsome treatment".

In the light of his application for the supplementary courses, his application for *licentia practicandi* and his agreement with the Ministry, it was not possible to pretend that the service required

6) la nature des sanctions encourues pour violation de la loi, notamment le peu de sévérité de la sanction pénale et le fait que le requérant, en l'espèce, n'avait été ni interné ou contraint de regagner Moskenes, ni privé de son droit d'exercer à l'avenir la profession de dentiste;
7) les aspects volontaires ou contractuels de la présente espèce.

Il importait également de se rappeler que le Ministère s'était toujours efforcé de tenir compte des considérations individuelles lors de l'affectation des jeunes dentistes, comme le montrait la réduction de la durée du service du requérant de deux ans à un an. Une interprétation trop large de l'article conduirait à le considérer comme applicable également aux diplomates de carrière et aux officiers des forces armées qui sont mutés contre leur gré. Aux yeux du gouvernement, une telle interprétation était manifestement déraisonnable, mais ces exemples ne différaient en rien du cas du requérant.

Le gouvernement, revenant ensuite aux faits particuliers de la présente espèce, a relevé que le requérant avait connaissance des effets des Lois de 1949 et 1956 et qu'il avait passé de plein gré un accord avec les autorités compétentes. Le requérant ayant eu des entretiens avec des fonctionnaires du Ministère des Affaires sociales et ayant consenti à être affecté à Moskenes, ses relations avec le Ministère avaient assumé un caractère contractuel qui excluait toute application de l'article 4 de la Convention. A ce propos, le gouvernement a fait observer que le requérant avait posé sa candidature aux cours supplémentaires organisés en Norvège un an et demi à deux ans après la promulgation de la Loi provisoire de juin 1956. Il savait quelles conséquences entraînait sa candidature et n'avait pas contesté son obligation de se conformer à la demande du Ministère des Affaires sociales. Il avait été souligné à maintes reprises dans les notifications officielles que les étudiants qui allaient faire des études à l'étranger ne pouvaient compter à être admis aux cours supplémentaires nécessaires pour l'obtention de la *licentia practicandi*. Néanmoins, le requérant avait sollicité son admission à ces cours, bien qu'il ne fût nullement obligé de le faire. En outre, en décembre 1959, le requérant avait conclu avec le Ministère compétent un accord aux termes duquel il devait occuper le poste de dentiste à Moskenes, ce qu'il fit le 11 janvier 1960. Cet accord, souscrit de plein gré par le requérant, allait être délibérement rompu par lui quatre mois plus tard. Il n'était pas courant de ramener la durée du service à un an et cela n'avait été fait que dans quelques cas. Le requérant avait remercié le Ministère de sa "générosité".

Compte tenu de sa candidature aux cours supplémentaires, de sa demande de *licentia practicandi* et de son accord avec le Ministère, il n'était pas possible de prétendre que le service demandé au

from the Applicant could be termed "forced or compulsory labour" within the meaning of Article 4, paragraph (2), of the Convention. In this respect, reference was made to the Supreme Court's decision of 16th December 1961.

The Applicant's Counsel, in his counter-observations, his rejoinder and during the oral hearing, submitted that the service required from the Applicant constituted "compulsory labour" within the meaning of Article 4 of the Convention.

The conditions in northern Norway might call for a special solution but it did not follow that they justified compulsory measures. The Government could only resort to such measures if it was evident that it could not achieve its legitimate ends by other means and it had a duty to show that it would be impossible otherwise to achieve the aims of the Public Dental Service Act, 1949. The Applicant challenged the suggestion that it would entail "heavy financial implications for the State Budget" to carry out the scheme by means of economic inducements to dentists to fill the vacant posts. It was not the duty of a small group of dentists to shoulder the burden for the whole nation.

It was true that the 1949 Act was passed unanimously, but this might not have been so had it been thought that it would be necessary to resort to compulsory labour. It was wrong to use the unanimity vote in 1949 on the Public Dental Service as an argument to justify the later compulsory measures provided for in the Act of 1956. As to the background of the Act of 1956, it was submitted that students were required as from 1951 to sign a declaration to work in the Public Dental Service as a condition for admission to the Dental College, but it was doubtful whether the authorities had legal power to enforce these declarations. This was remedied by the Decree of 1954.

In 1955 the odontological students did not claim that the Decree of 1954 was illegal but that the above condition could not be imposed before the Decree came into force.

The letter from the graduating students dated 2nd March 1956 gave the impression of a threat. Examination of the letter did not, however, reveal a refusal to fulfil the obligations undertaken in the declarations but only unwillingness to serve on a committee set up to allocate the vacant posts. The attitude of the students did not make legislation necessary. It was a misunderstanding that 23 students refused to co-operate. The Government could have counted on the co-operation of all, or practically all, of the odontological students but it refused to try and find a voluntary solution to the

requérant put être qualifié de "travail forcé ou obligatoire" au sens de l'article 4, paragraphe 2 de la Convention. A cet égard, le gouvernement renvoyait à la décision de la Cour Suprême du 16 décembre 1961.

L'avocat du requérant, dans son contre-mémoire, sa réplique et pendant l'audience contradictoire, a soutenu que le service demandé au requérant constituait un "travail obligatoire" au sens de l'article 4 de la Convention. Les conditions existant en Norvège septentrionale pouvaient exiger une solution particulière, mais elles ne justifiaient pas pour autant des mesures coercitives. Le gouvernement ne pouvait recourir à de telles mesures que s'il était manifestement dans l'impossibilité de parvenir à ses objectifs légitimes par d'autres moyens et il lui incombait de prouver qu'il lui eût été impossible d'atteindre autrement les objectifs de la Loi de 1949 sur le service public de soins dentaires. Le requérant contestait la thèse du gouvernement selon laquelle l'offre d'avantages économiques suffisants pour inciter les dentistes à occuper les postes vacants aurait entraîné "de lourdes incidences financières pour le budget de l'Etat". Il n'incombait pas à un petit groupe de dentistes de supporter cette charge pour le compte de l'ensemble de la nation.

Sans doute la loi de 1949 avait-elle été adoptée à l'unanimité, mais il n'en aurait peut-être pas été ainsi si l'on avait pensé qu'il serait nécessaire de recourir à un travail obligatoire. Il était erroné de tirer argument de ce vote unanime de 1949 sur le service public de soins dentaires pour justifier les mesures coercitives ultérieures prescrites par la Loi de 1956. Quant à la genèse de la Loi de 1956, les étudiants avaient été mis en demeure, à compter de 1951, de signer une déclaration par laquelle ils s'engagaient à travailler pour le service public de soins dentaires comme condition d'admission à l'Ecole dentaire, mais il était douteux que les autorités eussent le pouvoir légal de les contraindre à observer cet engagement. C'est à quoi devait remédier le décret de 1954.

En 1955, les étudiants en odontologie n'avaient pas prétendu que le décret de 1954 était illégal mais que la condition précitée ne pouvait être imposée avant l'entrée en vigueur de ce décret.

La lettre émanant des étudiants qui se présentaient au diplôme, datée du 2 mars 1956, donnait l'impression d'une menace. Toutefois, l'examen de cette lettre révélait que leurs auteurs ne refusaient pas de se conformer aux obligations souscrites dans les déclarations, mais se montraient simplement peu disposés à siéger à un comité constitué pour attribuer les postes vacants. L'attitude des étudiants ne rendait pas nécessaire l'adoption de mesures législatives. C'était par suite d'un malentendu que 23 étudiants avaient refusé leur coopération. Le gouvernement aurait pu compter sur la coopération de tous les étudiants en odontologie, ou de presque tous, mais il avait refusé de rechercher une solution librement consentie à ce problème.

problem. The new declarations given in exchange for a withdrawal of the Draft Bill would have been enforceable as contracts.

It was stated that the Government had asserted that the Act was only intended to apply to students who had, at the commencement of their studies, stated that they would serve up to two years, after completing their studies, in the public dental service. It would therefore not be unreasonable in its effects, since it did not impose obligations which had not been accepted by the students when they began their studies.

It was submitted that, as maintained by certain parliamentarians during the debate in 1956, the Act of 1956 was unnecessary. This aspect was relevant in considering if that Act was a breach of the Convention.

It could not be accepted that the social and humanitarian aspects of the enactment were sufficient for the appreciation of the question whether the Government had acted in conformity with its obligations under the Convention or not. It was wrong to assume that an idealistic goal was decisive in the issue whether or not a State was acting within the obligations of the Convention. The ends could not justify the means. The order to post the Applicant to Moskenes should be considered in relation to Article 4 of the Convention and not solely to the motives behind the measures taken. Neither the period of service nor the pay was relevant to the case since it was not a question of the degree of hardship but the fact that the service was compulsory.

As to the interpretation of Article 4, the Applicant submitted that this provision, taken as a whole, prohibited three different kinds of infringement on the individuals' liberty, namely:

a) slavery or servitude,
b) forced labour,
c) compulsory labour.

It was wrong to equate b) with c).

Clearly, "compulsory labour" covered a wider field than "forced labour". This was evident from the French and German terms:

> "*travail obligatoire*" and "*Pflichtarbeit*" have wider scope than "*travail forcé*" and "*Zwangsarbeit*".

The events during and after World War II were important in ascertaining the immediate motives of the Convention but it was incorrect to maintain that the intention only was to prevent future inhumanities comparable with war crimes. The preparatory works on the Convention showed clearly the intention of establishing a much wider scope than merely to prevent outright criminal acts.

Les nouvelles déclarations souscrites en échange du retrait du projet de loi auraient été exécutoires sur une base contractuelle.

Le gouvernement avait affirmé que la loi n'était destinée à s'appliquer qu'aux étudiants qui, au début de leurs études, auraient pris l'engagement de travailler pendant deux ans au maximum, une fois passé leur examen final, pour le service public de soins dentaires. Elle n'aurait donc pas été déraisonnable dans ses effets, puisqu'elle n'aurait pas imposé d'obligations non acceptées par les étudiants au début de leurs études.

Comme l'avaient soutenu certains parlementaires au cours du débat de 1956, la Loi de 1956 n'était pas nécessaire. Cet aspect devait être pris en considération pour déterminer si la loi en question constituait une violation de la Convention.

Il était impossible d'admettre que les aspects sociaux et humanitaires de la législation promulgée fussent suffisants pour apprécier si le gouvernement avait agi ou non conformément aux obligations que lui imposait la Convention. Il était erroné de présumer qu'un objectif idéaliste fût décisif dans la question de savoir si un Etat respectait les obligations découlant pour lui de la Convention. Les fins ne sauraient justifier les moyens. L'affectation autoritaire du requérant à Moskenes devait être considérée en fonction de l'article 4 de la Convention et non pas seulement en fonction des motifs ayant inspiré cette mesure. Ni la durée du service ni le montant de la rémunération ne devaient entrer en ligne de compte en l'espèce, car l'élément déterminant n'était pas le degré de sévérité de l'épreuve imposée, mais le caractère obligatoire du service.

Quant à l'interprétation de l'article 4, le requérant a soutenu que cette disposition, prise dans son ensemble, interdisait trois catégories différentes d'atteintes à la liberté individuelle, à savoir:

a) l'esclavage ou la servitude,
b) le travail forcé
c) le travail obligatoire.

Il était erroné de confondre b) et c).

De toute évidence, le "travail obligatoire" couvrait un champ plus vaste que le "travail forcé". C'est ce qui ressortait clairement des termes français et allemands:

> "*travail obligatoire*" et "*Pflichtarbeit*" avaient une portée plus large que "*travail forcé*" et "*Zwangsarbeit*".

Les événements survenus pendant et après la seconde guerre mondiale avaient leur importance pour établir les motifs immédiats de la Convention, mais il était inexact d'affirmer que l'on avait seulement voulu prévenir les actes inhumains comparables aux crimes de guerre. Les travaux préparatoires de la Convention démontraient clairement l'intention d'aller bien au-delà d'une simple prévention des actes criminels caractérisés.

It was to describe only one side of the picture to say that Article 4 of the Convention "was not meant to ... allow untimely interference with the necessary and natural functioning of democratic societies". The other aspect was the side of the individual. It was clear that the individual and the State would often hold different opinions as to what "the necessary and natural functioning" of society demanded in terms of individual sacrifice. To strike a balance, paragraph (3) of Article 4 of the Convention had been adopted and a compulsory measure must come under one of its four heads. It was not open to doubt that paragraph (2) was applicable in the present case. By a "sensible and reasonable interpretation" no other result could be arrived at. The protection of the individual should not give way to the convenience of the State.

The fundamental right of a minimum of facilities was irrelevant to the issue; these social services had nothing to do with the fundamental human rights as defined in the Convention. It was more relevant to ask if these measures could only be rendered through compulsory measures and, if this was the case, were these measures contrary to the Convention?

The Applicant could not accept the contention that his comparison with career diplomats and regular officers was valid since the latter accepted transfers as a normal part of their chosen professions. It was a different matter to force a small number of people in a special profession into the temporary employment of the State and direct them to take up work at places against their own wishes. This was a clear case of compulsion.

The Applicant submitted that the ILO Conventions and the European Convention must be interpreted along the same lines. It was true that the 1930 Convention mainly aimed at supressing forced labour in overseas colonial territories but it was obvious that the protection should not be less effective in respect of the populations of more civilised and advanced countries. The provisions of the 1930 Convention proved that the liberty of the individual was considered more important than the speeding up of the economic development of a territory. The definition of "forced or compulsory labour" in Article 2, paragraph (1), of the 1930 Convention was highly relevant to the present case.

The Applicant concluded that the 1956 Act would have been considered contrary to the ILO Conventions if it had been submitted to the ILO bodies for examination.

The specification under the headings (a) to (c) of Article 1 of the ILO Convention of 1957 gave a broad illustration of what was considered as "forced or compulsory labour". It showed clearly that these terms could not be given a narrow and restrictive interpre-

C'était ne présenter qu'un seul aspect de la situation que d'affirmer que l'article 4 de la Convention "n'a pas été conçu de manière à ... autoriser une ingérence intempestive dans le fonctionnement nécessaire et naturel des sociétés démocratiques". L'autre aspect à envisager était celui de l'individu. De toute évidence, l'individu et l'Etat avaient souvent des opinions divergentes quant aux exigences du "fonctionnement nécessaire et naturel de la société" en termes de sacrifices individuels. C'était pour établir un équilibre que le paragraphe 3 de l'article 4 de la Convention avait été adopté et une mesure coercitive devait s'inscrire sous l'une de ses quatre rubriques. Il ne faisait pas de doute que le paragraphe 2 était applicable en l'espèce. Une "interprétation sensée et raisonnable" ne pouvait donner d'autre résultat. La protection de l'individu ne devait pas être subordonnée aux raisons d'Etat.

Le droit fondamental à un minimum d'avantages sociaux était hors de propos; ces services sociaux n'avaient rien à voir avec les droits fondamentaux de l'homme définis dans la Convention. Il convenait plutôt de se demander si ces services ne pouvaient être organisés que par des mesures coercitives et, dans l'affirmative, si ces mesures étaient contraires à la Convention.

Le requérant ne pouvait accepter l'argument selon lequel sa situation était comparable à celle des diplomates de carrière ou des officiers des forces armées, puisque ceux-ci acceptent des affectations d'office dans le cadre normal de la profession choisie par eux. Il en allait différemment lorsqu'on obligeait un petit nombre de personnes appartenant à une profession particulière à entrer au service temporaire de l'Etat et qu'on décidait de leur affectation contre leur gré. Il s'agissait alors clairement d'une contrainte.

De l'avis du requérant, les conventions de l'O.I.T. et la Convention européenne devaient être interprétées dans le même sens. Sans doute la convention de 1930 visait-elle essentiellement à abolir le travail forcé dans les territoires coloniaux d'outre-mer, mais il était évident que la protection ne devait pas moins s'appliquer aux populations de pays plus civilisés et plus évolués. Les dispositions de la Convention de 1930 prouvaient que la liberté individuelle était considérée comme plus importante que l'accélération du développement économique d'un territoire. La définition du "travail forcé ou obligatoire" figurant à l'article 2, paragraphe 1 de la Convention de 1930 s'appliquait parfaitement en l'espèce.

Le requérant concluait que la Loi de 1956 aurait été jugée contraire aux conventions de l'O.I.T. si elle avait été soumise à l'examen des organes de l'O.I.T.

La description figurant aux alinéas a) à c) de l'article 1 de la Convention de 1957 de l'O.I.T. donnait une idée générale de ce qu'il fallait considérer comme "travail forcé ou obligatoire". Elle montrait clairement que ces termes ne devaient pas recevoir une inter-

tation. In particular, heading (b), which suppressed forced or compulsory labour "as a method of mobilising and using labour for purposes of economic development", was important in the present case. The public dental service was a special aspect of a broad economic development. The Applicant referred in particular to certain practices in the Eastern European countries which had been criticised by ILO authorities and which showed a certain similarity to the Norwegian Act of 1956.

Concerning the factors enumerated by the Government as having a bearing on the interpretation of the term "forced or compulsory labour", the Applicant made the following observations:

re 1. Purpose of the Act: – The Government had not shown that the Act was necessary in order that society would function in a reasonable and natural manner.

re 2. Temporary character of the measures: – The Act was promulgated in 1956 and prolonged until 1966. Ten years was a long period and this was also the expert opinion of the organisation of dentists which had protested.

re 3. Duration of the obligatory service: – Two years (now 18 months) was a considerable hardship but the duration was of no relevance in respect of Article 4 of the Convention.

re 4. The remuneration and social status: – It was an exaggeration to say that dentists performing obligatory service were among the highest paid officials, also that they achieved high and advanced positions in the Norwegian Health Service. Remuneration, however, had no bearing on the question of whether or not the compulsory service was within the scope of the Convention.

re 5. The service was within the Applicant's chosen profession and in immediate connection with graduation: – It was misleading to compare the compulsory service demanded in the present case with other kinds of service which students of various kinds must undertake as part of their education. In these cases the students could decide for themselves whether or not they would accept the different postings and thereby complete their education.

re 6. The nature of the sanctions involved: – This was only of importance in the appreciation of the degree of hardship and was irrelevant to the principle involved.

The "contractual aspects" of the case, which were stressed by the

prétation étroite et restrictive. L'alinéa b) qui visait l'abolition du travail forcé ou obligatoire "en tant que méthode de mobilisation et d'utilisation de la main-d'oeuvre à des fins de développement économique", présentait une importance particulière en l'espèce. Le service public de soins dentaires constituait un aspect spécial du développement économique au sens large. Le requérant se référait notamment à certaines pratiques des pays de l'Europe orientale qui avaient été critiquées par les autorités de l'O.I.T. et qui présentaient une certaine similitude avec la loi norvégienne de 1956.

En ce qui concerne les facteurs énumérés par le gouvernement comme influant sur l'interprétation de l'expression "travail forcé ou obligatoire", le requérant a formulé les observations suivantes:

1) – Objectif de la Loi: – Le gouvernement n'avait pas apporté la preuve que cette loi était nécessaire au fonctionnement raisonnable et normal de la société.
2) – Caractère temporaire des mesures: – La loi avait été promulguée en 1956 et prorogée jusqu'en 1966. Dix ans constituaient une longue période, ce qui était également l'avis autorisé de l'Association des dentistes, qui avait émis une protestation.
3) – Durée du service obligatoire: Un service de deux ans (18 mois actuellement) représentait une épreuve considérable, mais la durée n'entrait pas en ligne de compte s'agissant de l'article 4 de la Convention.
4) – Rémunération et position sociale: – Il était exagéré de prétendre que les dentistes accomplissant un service obligatoire figuraient parmi les fonctionnaires les mieux payés, et qu'ils bénéficiaient de situations élevées et avantageuses dans le Service norvégien de santé. D'ailleurs, la rémunération n'avait aucune incidence sur la question de savoir si le service obligatoire était ou non contraire à la Convention.
5) – Fait que le service a été effectué dans le cadre de la profession choisie par le requérant et était en relation directe avec l'obtention de son diplôme: – Il était fallacieux de comparer le service obligatoire exigé en l'espèce avec d'autres catégories de service que les étudiants de diverses disciplines devaient assumer dans le cadre de leur formation. Dans ces derniers cas, les étudiants pouvaient décider par eux-mêmes s'ils accepteraient ou non les différents postes et complèteraient ainsi leur formation.
6) – Nature des sanctions encourues: – Cet élément ne jouait que lorsqu'il s'agissait d'apprécier le degré de sévérité de l'épreuve imposée et était sans rapport avec le principe en cause.

Les "aspects contractuels" de l'affaire, sur lesquels le gouverne-

Respondent Government, were not relevant: First, they had no bearing on the fundamental issue in the case, i.e. whether or not the 1956 Act was contrary to the Convention. Secondly, the term "agreement" was misleading since the Applicant was faced with an order directing him to Moskenes. It was a necessary element in a contract that both parties had freedom of action. The Applicant, however, knew that he was under the threat of a criminal prosecution. The fact that he accepted this alternative did not make his behaviour a breach of contract. It was also contested that, by applying for the supplementary courses at the Norwegian Dental College, he had entered into a contractual relation with the Government. The Applicant could not know that the Act of 1956 applied to him. Indeed, the dissenting minority in the Supreme Court was of the opinion that it did not. The fact that the Applicant applied for certain posts in the Public Dental Service was also irrelevant since appointment to one of these posts would have had as its basis a voluntary agreement. He did not get one of these posts, however, but was sent to Moskenes by a compulsory order.

Furthermore, the "contractual" point of view now taken by the Respondent Government had not been argued by the prosecution in the national courts. The Government had not sued the Applicant for breach of contract but he had been charged with a violation of the Act of 1956 and the prosecution had chosen to defend the Act on its merits. The Government should not be entitled to use arguments before the Commission which had not been used before the national courts.

It had not been a special favour to the Applicant to reduce his service to one year and to give him the position as a Class A dentist. The reduction to one year was the usual practice in difficult districts and the choice of class was left to the dentist himself.

b. *As regards the question of the applicability of Article 4, paragraph (3), subparagraph (c), of the Convention – "any service exacted in case of an emergency or calamity threatening the life or well-being of the community"*

The Respondent Government, during the oral hearing, submitted as a subsidiary argument and without prejudice to its main conclusion, that no violation of Article 4, paragraph (2), had occurred. It submitted that, if a rigid and strict interpretation were given to paragraph (2), the exceptions in paragraph (3) should correspondingly be given a wider interpretation in order to make the Article as a

ment défendeur avait mis l'accent, n'entraient pas en ligne de compte. Premièrement, ils n'avaient pas d'incidence sur le problème fondamental, à savoir si la Loi de 1956 était contraire à la Convention. Deuxièmement, le terme d'"accord" était impropre, le requérant avait été affecté d'office à Moskenes. La liberté d'action des deux parties constituait un élément indispensable d'un contrat. Le requérant, toutefois, savait qu'il était menacé de poursuites pénales. Le fait d'accepter cette éventualité ne donnait pas à son comportement le cacactère d'une rupture de contrat. Il n'était pas non plus exact qu'en demandant à être admis aux cours supplémentaires de l'Ecole dentaire de Norvège, le requérant eût établi une relation contractuelle avec le gouvernement. Le requérant ne pouvait savoir que la Loi de 1956 lui était applicable. Du reste, la minorité de la Cour Suprême avait été d'avis que ce n'était pas le cas. Le fait que le requérant eût posé sa candidature à certains postes du Service public de soins dentaires n'entrait pas davantage en ligne de compte, car la nomination à l'un de ces postes se serait faite sur la base d'un accord librement consenti. Toutefois, il n'avait pas obtenu l'un de ces postes mais avait été envoyé à Moskenes sous la contrainte.

En outre, le point de vue "contractuel" adopté maintenant par le gouvernement défendeur n'avait pas été soutenu par l'accusation devant les tribunaux nationaux. Le gouvernement n'avait pas poursuivi le requérant pour rupture de contrat, mais pour violation de la Loi de 1956 et l'accusation avait choisi de défendre la loi au fond. Le gouvernement ne devait pas être autorisé à employer devant la Commission des arguments qu'il n'avait pas invoqués devant les tribunaux nationaux.

Le requérant n'avait pas été l'objet d'une faveur spéciale lorsqu'on avait réduit la durée de son service à un an et qu'on lui avait donné le poste de dentiste de la classe A. La réduction à un an constituait la pratique habituelle dans les districts difficiles et le choix de la classe était laissé au dentiste lui-même.

b. *Sur l'applicabilité de l'article 4, paragraphe 3, alinéa c) de la Convention, "tout service requis dans le cas de crises ou de calamités qui menacent la vie ou le bien-être de la communauté"*

Le gouvernement défendeur, pendant l'audience contradictoire, a soutenu à titre subsidiaire et sans préjudice de sa conclusion principale, qu'aucune violation de l'article 4, paragraphe 2 n'avait eu lieu. Il a fait valoir que, si l'on donnait une interprétation rigide et stricte au paragraphe 2, les exceptions du paragraphe 3 devaient, à l'avenant, recevoir une interprétation plus large afin que le texte de l'article dans son ensemble soit raisonnable et applicable dans

whole reasonable and workable. In respect of subparagraph (c), the Government emphasised the extraordinary geographical conditions of northern Norway.

The Applicant's Counsel submitted that there was no emergency in the provinces of northern Norway which could justify a compulsory direction of dentists to posts which had not been filled on a voluntary basis, and that the situation did not amount to a threat to the life or well-being of these communities. He referred to the ILO Convention of 1930, which in its Article 2, paragraph (2), subparagraph (d) gave examples of what could be termed cases of emergency, namely, war, fire, flood, famine, earthquake and epidemic diseases. Public dental care could not be considered to fall within any of these categories. Furthermore, the term "emergency" could not be construed so as to apply to an Act which had been in force for more than seven years and would remain in force for yet three more years. The exception for emergencies envisaged only short-termed situations of extraordinary nature, quite different from the one existing in northern Norway.

c. *As regards the question of the applicability of Article 4, paragraph (3), subparagraph (d), of the Convention – "any work or service which forms part of normal civic obligations"*

The Respondent Government, in its observations of 7th January 1963, its Reply and during the oral hearing, submitted without prejudice to its main conclusion, that it was a part of "normal civic obligations" for a young dentist to serve in the public dental service and, in any event, for the Applicant to fulfil the agreement which he entered into with the Ministry for Social Affairs, to serve one year as a district dentist in Moskenes.

The Applicant's Counsel submitted that the compulsory service imposed upon dentists was not a part of the general civic obligations of all nationals but affected only a very limited group of people. The Act of 1956 was clearly not covered by paragraph (3), subparagraph (d). Two conditions inherent in this clause were that the service must be "normal" that was part of the usual and ordinary obligations in the State, and must be a "civic obligation", that was to say, the kind of work or service which could be asked on an equal basis from all or a substantial part of the citizens. Neither of these conditions was fulfilled.

la pratique. A propos de l'alinéa c), le gouvernement a souligné le caractère exceptionnel des conditions géographiques de la Norvège septentrionale.

L'avocat du requérant a soutenu qu'il n'y avait dans les provinces de la Norvège septentrionale aucune situation de crise qui pût justifier une affectation autoritaire de dentistes à des postes non pourvus sur une base volontaire et que la situation ne constituait pas une menace à la vie ou au bien-être de ces communautés. Il s'est référé à la Convention de 1930 de l'O.I.T. qui, dans son article 2, paragraphe 2, alinéa d), cite des exemples de ce que l'on peut considérer comme des cas de crise ou de "force majeure", à savoir guerre, incendies, inondations, famines, tremblements de terre et épidémies. Le Service public de soins dentaires ne pouvait être considéré comme rentrant dans l'une de ces catégories. En outre, le terme de "crise" ne pouvait être interprété de manière à s'appliquer à une loi en vigueur depuis plus de sept ans et qui devait rester en vigueur pendant trois ans encore. L'exception prévue pour le cas de crise n'envisageait que des situations de courte durée et de nature extraordinaire, tout à fait différentes de celle existant en Norvège septentrionale.

c. *Sur l'applicabilité de l'article 4, paragraphe 3, alinéa d), de la Convention – "tout travail ou service formant partie des obligations civiques normales"*

Le gouvernement défendeur, dans ses observations du 7 janvier 1963, dans sa réponse et pendant l'audience contradictoire, a soutenu, sans préjudice de sa conclusion principale, qu'il entrait dans les "obligations civiques normales" d'un jeune dentiste de travailler pour le Service public de soins dentaires et, en tout cas, dans celles du requérant d'observer l'accord qu'il avait passé avec le Ministère des Affaires sociales aux fins d'occuper pendant un an le poste de dentiste de district à Moskenes.

L'avocat du requérant a soutenu que le service obligatoire imposé aux dentistes ne faisait pas partie des obligations civiques normales de tous les ressortissants norvégiens, mais ne touchait qu'un groupe très restreint de personnes. La loi de 1956 n'était manifestement pas couverte par le paragraphe 3, alinéa d). Deux conditions étaient inhérentes à cette clause: d'une part, le service devait être "normal", c'est-à-dire faire partie des obligations habituelles et ordinaires dans l'Etat considéré; d'autre part, il devait constituer une "obligation civique", c'est-à-dire le genre de travail ou de service qui peut être demandé sur un pied d'égalité, à tous les citoyens ou à une partie notable de la population. Aucune de ces deux conditions ne se trouvait remplie en l'espèce.

10. *As regards the alleged violations of Articles 8 and 11 of the Convention*

The *Respondent Government* made no submissions in respect of these alleged violations.

The Applicant's Counsel, in his rejoinder and during the oral hearing, submitted that the compulsory direction of dentists to posts in which they did not wish to serve would amount to an unwarranted interference with their rights to respect for private and family life under Article 8 and with their freedom of association under Article 11. He referred, in respect of the latter issue, to the ILO Conventions Nos. 87 and 98 concerning the Freedom of Association and the Right to Bargain Collectively.

THE LAW

As regards the contention that the Applicant did not observe the six months' time-limit laid down in Article 26 of the Convention

Whereas Article 26 provides that "the Commission may only deal with a matter ... within a period of six months from the date on which the final decision was taken"; whereas the decision of the Supreme Court, which was the final decision in this case, was given on 16th December 1961;

Whereas, in regard to this Application, the first letter sent by the Applicant's counsel to the Secretary of the Commission was dated 8th June 1962; whereas this letter arrived at the Council of Europe on 12th June 1962;

Whereas the Respondent Government has submitted that the date of the filing of this Application should be considered as 18th June 1962, being the date on which the Application was entered in the special register provided for in Rule 13 of the Commission's Rules of Procedure; whereas, in this connection, the Government has referred to Rule 48, paragraph (2), of the Rules of Procedure which provides as follows: "... For the purpose of determining any time-limit, the date of the filing of the pleading with the Secretariat-General of the Council of Europe shall alone be taken into consideration";

Whereas it is necessary to distinguish in the introduction of an Application between its deposit with the Secretariat-General and its registration by the Commission; and whereas, if Rule 48, paragraph (2) is applicable to the introduction of an Application, it is clear, particularly from the French text, that the date of its deposit is at the latest the date of its acknowledged arrival in the Secretariat-General; and whereas, since the Application in the present case was dated 8th June and arrived in the Secretariat-General on 12th June, the time-limit required by Article 26 was observed;

10. *Sur les violations alléguées des articles 8 et 11 de la Convention*

Le gouvernement défendeur n'a pas présenté d'argumentation relative à ces violations alléguées.

L'avocat du requérant, dans sa réplique et pendant l'audience contradictoire, a soutenu que l'affectation obligatoire des dentistes à des postes dans lesquels ils ne désiraient pas servir constituait une atteinte injustifiée à leur droit au respect de la vie privée et familiale (article 8) et à leur liberté d'association (article 11). Il s'est référé, au sujet de ce dernier point, aux Conventions N° 87 et 98 de l'O.I.T. concernant la liberté d'association et le droit de négociation collective.

EN DROIT

Sur la non-observation par le requérant du délai de six mois prescrit par l'article 26 de la Convention

Considérant que l'article 26 dispose que "la Commission ne peut être saisie que ... dans le délai de six mois à partir de la date de la décision interne définitive"; que l'arrêt de la Cour Suprême, qui était la décision définitive en l'espèce, a été rendu le 16 décembre 1961;

que, en ce qui concerne la présente requête, la première lettre adressée par l'avocat du requérant au Secrétaire de la Commission portait la date du 8 juin 1962; que cette lettre est arrivée au Conseil de l'Europe le 12 juin 1962;

que le Gouvernement défendeur a soutenu que la date du dépôt de cette requête doit être considérée comme étant le 18 juin 1962, date à laquelle la requête a été inscrite au registre spécial prévu à l'article 13 du Règlement intérieur de la Commission; qu'à ce propos, le Gouvernement s'est référé à l'article 48, paragraphe 2 du Règlement intérieur qui dispose: "... pour la computation des délais, seule la date du dépôt au Secrétariat du Conseil de l'Europe est prise en considération";

que, dans l'introduction d'une requête, il est nécessaire de distinguer entre son dépôt au Secrétariat Général et son enregistrement par la Commission; que, si l'article 48, paragraphe 2 est applicable à l'introduction d'une requête, il est clair, notamment dans le texte français, que la date de son dépôt, est, au plus tard, la date à laquelle elle est parvenue au Secrétariat Général et où il en a été accusé réception; que, dans la présente espèce, la requête étant datée du 8 juin et étant parvenue au Secrétariat Général le 12 juin, le délai requis par l'article 26 a été observé;

Whereas, consequently, the Commission unanimously rejects this first objection made by the Respondent Government as to the admissibility of the present Application.

As regards the contention that the Application is incompatible with the provisions of the Convention

Whereas the Respondent Government has contended that the Application is incompatible with the provisions of the Convention in that the Applicant, in his application form, claims a form of redress which is outside the competence of the Commission; whereas it was further submitted by the Government that the claims as "re-written" by the Applicant in his counter-observations of 1st March 1963 also fell outside the scope of the competence of the Commission;

Whereas it is true that the Convention does not confer upon the Commission any competence to declare invalid an Act passed by a national parliament, or to declare invalid an administrative order issued by a competent national authority or to give a decision that a judgment of a national court cannot be enforced;

Whereas, however, in his application form, the Applicant, in unequivocal terms, made the allegation that the Provisional Act of 1956, as applied to the Applicant, violates Article 4 of the Convention; whereas he has thus clearly indicated the legal basis of his Application and left no doubt as to the issue of which he seized the Commission in pursuance of Article 25 of the Convention, so that the precise form in which he summarised his claims may be disregarded;

Whereas, in respect of the "amendments" to the claims contained in the Applicant's counter-observations of 1st March 1963, the Commission finds that he has not amended the substance of the Application in a manner which amounts to a "re-writing" of the Application; whereas the text of these counter-observations make it clear that the basic issue raised by the Applicant was still the conformity of the application to himself of the Provisional Act of 1956 with Article 4 of the Convention;

Whereas, therefore, the Commission has competence to examine and pronounce upon the allegations contained in the Application;

Whereas, consequently, the Commission unanimously rejects this second objection made by the Respondent Government as to the admissibility of the present Application.

As regards the contention that the Application was an abuse of the right of petition

Whereas the Respondent Government has contended that the Application was abusive on the grounds that it was designed to

que, par conséquent, la Commission rejette unaniment la première objection soulevée par le gouvernement défendeur quant à la recevabilité de la présente requête;

Sur l'incompatibilité de la requête avec les dispositions de la Convention

Considérant que le gouvernement défendeur a fait valoir que la requête est incompatible avec les dispositions de la Convention en ce que le requérant, dans son formulaire de requête, revendique une forme de réparation qui est hors de la compétence de la Commission; qu'il a en outre été soutenu par le gouvernement que les prétentions du requérant, telles qu'elles ont été "remaniées" par lui dans son contre-mémoire du 1er mars 1963, échappaient également à la compétence de la Commission;

qu'il est exact que la Convention ne confère pas à la Commission la compétence de déclarer nulle et sans effet une loi votée par un Parlement national, ou pour déclarer nulle et non avenue une décision administrative prise par une autorité nationale compétente, ou pour décider qu'un jugement d'un tribunal national ne peut être exécuté;

que, toutefois, dans sa requête, le requérant a formulé en termes non équivoques, l'allégation que la Loi provisoire de 1956, telle qu'elle lui a été appliquée, viole l'article 4 de la Convention; qu'il a ainsi clairement indiqué la base juridique de sa requête et n'a laissé aucun doute quant à la question dont il saisissait la Commission par application de l'article 25 de la Convention, de sorte que l'on peut faire abstraction de la forme précise sous laquelle il a résumé ses prétentions;

que, en ce qui concerne les "amendements" aux prétentions contenues dans le contre-mémoire du requérant du 1er mars 1963, la Commission estime que le requérant n'a pas modifié la substance de la requête au point de la "remanier"; qu'il ressort du texte de ce contre-mémoire que la question fondamentale soulevée par le requérant restait celle de savoir si l'application à sa personne de la Loi provisoire de 1956 était conforme à l'article 4 de la Convention;

que, dès lors, la Commission est compétente pour examiner les allégations contenues dans la requête et se prononcer à leur sujet;

que, par conséquent, la Commission rejette à l'unanimité cette seconde objection formulée par le gouvernement défendeur quant à la recevabilité de la présente requête.

Sur le caractère abusif de la requête

Considérant que le gouvernement défendeur a soutenu que la requête était abusive parce qu'elle est destinée à utiliser la Commission

make use of the Commission as a forum for domestic politics and that it relied upon loose and unsubstantiated accusations;

Whereas, in respect of the first submission, the Commission refers to its decision on the admissibility of Application No. 332/57 (Lawless v. Ireland – Yearbook II, p. 308 [338] in which it held as follows:

> "*Whereas* the fact that the Applicant was inspired by motives of publicity and political propaganda, even if established, would not by itself necessarily have the consequence that the Application was an abuse of the right of petition";

Whereas the Commission has taken into consideration the undisputed fact that the present case raises issues which caused considerable political interest in Norway; whereas, nevertheless, the Commission does not find it established that the Applicant has unduly emphasised the political aspect of his case in the present proceedings;

Whereas, in respect of the second submission, the Commission finds that the allegations made by the Applicant were sufficiently clear and substantiated as to permit the Commission to pronounce upon the issues raised;

Whereas, therefore, the present Application does not constitute an abuse of the right of petition under Article 25 of the Convention;

Whereas, consequently, the Commission unanimously rejects this third objection made by the Respondent Government as to the admissibility of the present Application.

As regards the contention that the Application is manifestly ill-founded

Whereas the majority, consisting of six members out of the ten members present and voting, consider that the service of Iversen in Moskenes was not forced or compulsory labour within the meaning of Article 4 of the Convention;

Whereas the Commission had has regard to the importance of the question of principle raised in the Application, and has had further regard to the exhaustive written and oral submissions made to it by both parties in which all the material facts have been set out; whereas, consequently, the Commission has thought it right to depart, in the exceptional circumstances of this case, from its usual practice and to indicate the vote by which the decision upon the issue of admissibility was taken;

Whereas four members of the majority,

considering that:

although Article 4, paragraph (3), of the Convention delimits

comme forum de politique intérieure et était fondée sur des accusations vagues et non prouvées;

que, relativement au premier argument, la Commission renvoie à sa décision sur la recevabilité de la requête N° 332/57 (Lawless c. Irlande - Annuaire II, p. 309 [339]), dans laquelle elle a déclaré:

> "*que* le fait pour la requête d'avoir été inspirée par des motifs de publicité et de propagande politique, même s'il était établi, n'aurait pas nécessairement pour conséquence de rendre la requête abusive";

Considérant que la Commission a pris en considération le fait incontesté que la présente affaire soulève des questions qui ont suscité un intérêt politique considérable en Norvège; que, néanmoins, la Commission ne tient pas pour établi que la requérant ait exagérément insisté sur l'aspect politique de sa cause dans la présente instance;

que, relativement au second argument, la Commission estime les allégations formulées par le requérant suffisamment claires et établies pour lui permettre de se prononcer sur les questions soulevées;

que, dès lors, la présente requête ne constitue pas un abus du droit de recours prévu à l'article 25 de la Convention;

que, par conséquent, la Commission rejette à l'unanimité cette troisième objection formulée par le Gouvernement défendeur quant à la recevabilité de la présente requête;

Sur le défaut manifeste de fondement de la requête

Considérant que la majorité, composée de six des dix membres présents et votants, estime que le service d'Iversen à Moskenes ne constituait pas un travail forcé ou obligatoire au sens de l'article 4 de la Convention;

que la Commission a tenu compte de l'importance de la question de principe soulevée dans la requête et a également pris en considération le caractère exhaustif de l'argumentation que les deux parties lui ont soumise par écrit et oralement, argumentation dans laquelle tous les faits pertinents ont été exposés;

que, par conséquent, eu égard aux circonstances exceptionnelles de cette affaire, la Commission a cru bon de s'écarter de sa pratique habituelle et de faire connaître le vote par lequel a été prise la décision relative à la recevabilité.

Considérant que quatre membres de la majorité,

estimant:

que si l'article 4, paragraphe 3 de la Convention délimite la

the scope of article 4, paragraph (2), by declaring that four categories of work or service do not constitute forced or compulsory labour for the purpose of the Convention, the expression "forced or compulsory labour" is not defined in the Convention and no authoritative description of what it comprises is to be found elsewhere;

the concept of compulsory or forced labour cannot be understood solely in terms of the literal meaning of the words, and has in fact come to be regarded in international law and practice, as evidenced in part by the provisions and application of ILO Conventions and Resolutions on Forced Labour, as having certain elements, and that it is reasonable, in the interpretation of Article 4, paragraph (2) of the Convention, to have due regard to those elements;

these elements of forced or compulsory labour are first, that the work or service is performed by the worker against his will and, secondly, that the requirement that the work or service be performed is unjust or oppressive or the work or service itself involves avoidable hardship;

the attribution of these elements to "forced and compulsory labour" in Article 4, paragraph (2), of the Convention is not inconsistent with the other provisions of that Article or of the Convention;

it is true that the Provisional Act of 1956 imposed obligatory service, but since such service was for a short period, provided favourable remuneration, did not involve any diversion from chosen professional work, was only applied in the case of posts not filled after being duly advertised, and did not involve any discriminatory, arbitrary or punitive application, the requirement to perform that service was not unjust or oppressive; the Law of 1956 was properly applied to Iversen when he was directed to take up the post at Moskenes; further, in the particular case of the Applicant, the hardship of the post was mitigated by the reduction in the required term of his service from 2 years to 1 year;

hold that the service of Iversen in Moskenes was manifestly not forced or compulsory labour under article 4, paragraph (2), of the Convention and they therefore find it unnecessary to express any opinion on the applicability to the case of Article 4, paragraph (3), of the Convention;

Whereas two members of the majority,

considering that:

the situation in 1956 and 1960 of the public dental service and

portée de l'article 4, paragraphe 2 en déclarant que quatre catégories de travail ou de service ne constituent pas un travail forcé ou obligatoire aux fins de la Convention, l'expression "travail forcé ou obligatoire" n'est pas définie dans la Convention et il n'existe nulle part ailleurs de description autorisée de ce qu'il faut entendre par cette expression;

que la notion de travail obligatoire ou forcé ne peut s'entendre uniquement au sens littéral du terme et qu'elle en est venue en fait à être considérée, dans le droit international et la pratique, ainsi qu'en témoignent en partie les dispositions et l'application des conventions et résolutions de l'O.I.T. relatives au travail forcé, comme comportant certains éléments dont il est raisonnable de tenir dûment compte dans l'interprétation de l'article 4, paragraphe 2 de la Convention;

que ces éléments du travail forcé ou obligatoire sont, premièrement, que le travail ou le service soit accompli par le travailleur contre son gré et, deuxièmement, que l'obligation d'accomplir ce travail ou ce service soit injuste ou oppressive ou que le travail ou le service lui-même constitue une épreuve évitable;

que l'attribution de ces éléments au "travail forcé ou obligatoire" envisagé à l'article 4, paragraphe 2 de la Convention n'est pas incompatible avec les autres dispositions de cet article ou de la Convention;

qu'il est vrai que la Loi provisoire de 1956 imposait un service obligatoire, mais que comme ce service était de courte durée, assurait une rémunération satisfaisante, ne s'écartait pas de l'activité professionnelle choisie, ne s'appliquait que dans le cas de postes non pourvus après que leur vacance eut été dûment annoncée, et ne comportait pas d'application discriminatoire, arbitraire ou punitive, l'obligation d'accomplir ce service n'était ni injuste ni oppressive;

que la loi de 1956 a été appliquée à bon droit à Iversen lorsque celui-ci a reçu l'ordre de rejoindre son poste à Moskenes;

qu'en outre, dans le cas particulier du requérant, l'épreuve a été tempérée par la réduction de la durée du service de deux ans à un an;

jugent que le service d'Iversen à Moskenes ne constituait manifestement pas un travail forcé ou obligatoire au sens de l'article 4, paragraphe 2 de la Convention et n'estiment donc pas nécessaire d'exprimer une opinion quant à l'applicabilité en l'espèce de l'article 4, paragraphe 3 de la Convention;

Considérant que deux membres de la majorité,

estimant:

que la situation, en 1956 et 1960, du service public de soins

school dental care in northern Norway was regarded by the Norwegian Government as an emergency threatening the well-being of the community in northern Norway;

in particular, in 1956, the Norwegian Government was confronted, in the exercise of its function, recognised in the Convention, of protecting public health, with a situation of the public dental service in northern Norway which had two elements; the inherent difficulties of administering the service caused by the scattered character of towns and settlements and the severe climate and intractable terrain; and a regional shortage of qualified dentists;

in the opinion of the Norwegian Government, there was the threat of a breakdown in the supply of volunteers from among whom the public dental service in northern Norway had hitherto been maintained;

the Law of 1956 was enacted by the Norwegian Parliament after a full and public debate;

the Commission has frequently held that, although a certain margin of appreciation should be given to a government in determining the existence of a public emergency within the meaning of Article 15 in its own country, the Commission has the competence and the duty to examine and pronounce upon the consistency with the Convention of a government's determination of this question (*cf.* Lawless Report, p. 85);

in the analogous circumstances of the present case, the Commission cannot question the judgment of the Norwegian Government and Parliament as to the existence of an emergency as there is evidence before the Commission showing reasonable grounds for such judgment;

hold therefore, having regard to Article 4, paragraph (3), of the Convention, that the service of Iversen at Moskenes was service reasonably required of him in an emergency threatening the well-being of the community and was not forced or compulsory labour;

Whereas the majority thus finds that this part of the Application must be rejected in accordance with Article 27, paragraph (2), of the Convention;

Whereas to this decision the *minority* of four members attaches the following statement:

I. The minority is of the opinion that the conditions under which the Applicant was required to perform his work in Moskenes, as regards, for instance, salary, time-limit and professional facilities, do not as such exclude the applicability of Article 4,

dentaires et du service dentaire scolaire en Norvège septentrionale était considérée par le Gouvernement norvégien comme un cas de crise menaçant le bien-être de la communauté en Norvège septentrionale;

qu'en 1956 notamment, le Gouvernement norvégien s'est trouvé, dans l'exercice de sa fonction, reconnue par la Convention, de protection de la santé publique, devant une situation du service public de soins dentaires en Norvège septentrionale, qui se caractérisait par deux éléments: les difficultés inhérentes d'organisation du service dues à la dispersion des villes et des agglomérations ainsi qu'à la rigueur du climat et à la nature du terrain; et une pénurie régionale de dentistes qualifiés;

que, de l'avis du Gouvernement norvégien, le recrutement des volontaires qui avaient jusque là assuré le service public de soins dentaires en Norvège septentrionale menaçait à l'époque de se tarir;

que la Loi de 1956 a été votée par le Parlement norvégien après un débat complet et public;

que la Commission a fréquemment jugé que, s'il y a lieu de laisser une certaine marge d'appréciation à un gouvernement pour déterminer l'existence dans son propre pays d'un danger public au sens de l'article 15, la Commission a le pouvoir et le devoir d'examiner la compatibilité avec la Convention de la décision prise par un gouvernement en la matière et de se prononcer à ce sujet (cf. rapport Lawless, page 83);

que, dans les circonstances analogues de la présente espèce, la Commission ne peut mettre en doute le jugement du Gouvernement et du Parlement norvégiens quant à l'existence d'un danger public, la Commission disposant de preuves montrant que ce jugement est raisonnablement fondé.

jugent en conséquence, eu égard à l'article 4, paragraphe 3 de la Convention, que le service d'Iversen à Moskenes était un service raisonnablement exigé de lui dans un cas de crise menaçant le bien-être de la communauté et ne constituait pas un travail forcé ou obligatoire;

Considérant que la majorité estime donc que cette partie de la requête doit être rejetée par application de l'article 27, paragraphe 2 de la Convention;

Considérant que la *minorité* de quatre membres joint à cette décision la déclaration suivante:

I. La minorité est d'avis que les conditions dans lesquelles le requérant a été requis d'accomplir son travail à Moskenes, en ce qui concerne, par exemple, le traitement, le délai et les facilités professionnelles, n'excluent pas en soi l'applicabilité

paragraph (2), of the Convention, since the work in question was imposed upon the Applicant subject to penal sanctions;

II. The same members find that the question of the applicability of Article 4, paragraph (3), subparagraph (c), of the Convention requires further examination;

III. Having thus regard to the complexity of the legal problems raised by the Application and in view of the number of opinions which were, in the course of the deliberations, put forward in the Commission and even among the six members forming the majority which voted in favour of the inadmissibility of this part of the Application, the members of the minority do not find it possible to declare this part of the Application inadmissible as *manifestly* ill-founded and are therefore of the opinion that it should be declared *admissible.*

As regards the alleged violation of Articles 8 and 11 of the Convention

Whereas the Applicant has alleged, in general, that orders directing persons to take up work in places other than their place of residence constitute violations of the right of family life guaranteed under Article 8 and also of the right to free association with others as guaranteed under Article 11;

Whereas the Commission unanimously finds that in the present case the Applicant has failed to produce any facts substantiating his allegations that the order issued by the Ministry for Social Affairs on 14th December 1959 to the effect that the Applicant should take up his duties as a dentist in Moskenes constituted a violation of the rights or freedoms guaranteed in Article 8 or 11; whereas it follows that this part of the Application is manifestly ill-founded and must be rejected in accordance with article 27, paragraph (2), of the Convention:

Now therefore the Commission

DECLARES THIS APPLICATION INADMISSIBLE.

Application No. 1474/62

BY 23 INHABITANTS OF ALSEMBERG AND BEERSEL
against BELGIUM

Partial decision of 26th July 1963 [1]

THE FACTS

Whereas the facts of the case may be summarised as follows:

The Applicants, who claim to be acting both on their own behalf

[1] On the same date Application No. 1677/62 (five inhabitants of KRAIMNE) was declared admissible in part for similar reasons.

de l'article 4, paragraphe 2 de la Convention, étant donné que le travail en question a été imposé au requérant sous peine de sanctions pénales;

II. les mêmes membres estiment que la question de l'applicabilité de l'article 4, paragraphe 3, alinéa (c) de la Convention appelle un plus ample examen;

III. tenant ainsi compte de la complexité des problèmes juridiques soulevés par la requête et eu égard au nombre d'opinions qui, au cours des délibérations, ont été émises à la Commission, même parmi les six membres formant la majorité qui a voté en faveur de l'irrecevabilité de cette partie de la requête, les membres de la minorité ne croient pas pouvoir déclarer cette partie de la requête irrecevable comme *manifestement* mal fondée et sont donc d'avis qu'elle doit être déclarée *recevable*.

Sur la violation alléguée des articles 8 et 11 de la Convention

Considérant que le requérant a allégué, d'une façon générale, que des décisions ordonnant à des personnes d'occuper des emplois hors de leur lieu de résidence constituent des violations du droit au respect de la vie familiale, garanti par l'article 8, ainsi que du droit à la liberté d'association, garanti par l'article 11;

Considérant que la Commission unanime estime qu'en l'espèce, le requérant n'a pas produit de faits à l'appui de ses allégations selon lesquelles la décision du Ministère des Affaires sociales, en date du 14 décembre 1959, enjoignant au requérant d'occuper ses fontions de dentiste à Moskenes constituait une violation des droits ou libertés garantis par l'article 8 ou 11;

qu'il s'ensuit que cette partie de la requête est manifestement mal fondée et doit être rejetée par application de l'article 27, paragraphe 2 de la Convention;

Par ces motifs, la Commission

DECLARE LA REQUETE IRRECEVABLE.

Requête No. 1474/62

PRESENTEE PAR VINGT-TROIS HABITANTS D'ALSEMBERG ET DE BEERSEL *contre* LA BELGIQUE

Décision partielle du 26 juillet 1963 [1]

EN FAIT

Considérant que les faits de la cause peuvent se résumer ainsi:

Les requérants, qui déclarent agir tant en leur nom personnel que

[1] A la même date la Requête No. 1677/62 (cinq habitants de KRAINEM) a été déclarée partiellement recevable pour des motifs analogues.

and on behalf of their minor children (numbering 55), reside at Alsemberg and Beersel, outer suburbs of Brussels. "Like many town-dwellers they joined the exodus from the unhealthy centre of the city to the more airy outer districts".

As a result of this exodus, Alsemberg and Beersel have gradually lost their original character of purely Flemish localities, which had been confirmed by the Act of 28th June 1932 on the use of languages for administrative purposes (Sections 1 (1) and 2 (5) read in conjunction).

The Applicants state that under Section 3 (1) of the Act of 28th June 1932 (aforesaid) a linguistic census, to be taken normally every ten years, should record the trend in Belgian municipalities with regard to languages spoken, so that any necessary administrative, educational and judicial adjustments may be made in accordance with the changes observed (above-mentioned Act of 28th June 1932; Act of 14th July 1932 on language regulations in primary and intermediate education; Act of 15th June 1935 on the use of languages for judicial purposes).

But, "by the Act of 24th July 1961 (Section 3) ordering a census be taken followed by the Royal Decree of 3rd November 1961 in implementation of the Act, the legislature abolished the linguistic part of the general census taken on 31st December 1961, and even prohibited the distribution of bilingual census forms, fearing lest these should enable an indirect linguistic census to be made".

Observing "that they usually express themselves in French and wish to give their children an education in that language", the Applicants complain that they are "obliged to send them either to an exclusively Flemish-speaking local school or to a school in the Walloon area or in Brussels far from home, which entails many inconveniences, such as: length of journey, traffic dangers, crowding in public transport, inability of the parents to supervise their children's homework and lessons, considerable extra expense, disorganisation of family life and social injustice to parents of modest means".

Moreover, "the Belgian Government (it is alleged) refuses to give satisfaction to the Applicants and (it is alleged) proposes to take even more drastic measures (Gilson plans and Larock – Van Elslande plan)".

"Furthermore, in the new school built by the State at Alsemberg the introduction of so-called classes to meet the needs of French-speaking children had been decided; but on Saturday 2nd September 1961, two days before the opening of the school year ..., the

pour le compte de leurs enfants mineurs (au nombre de cinquante cinq), résident à Alsemberg et à Beersel, communes de la grande banlieue bruxelloise. "Comme beaucoup de citadins, ils ont participé à l'exode du centre malsain de la ville vers la périphérie plus aérée".

Par suite de cet exode, Alsemberg et Beersel ont perdu progressivement le caractère de localités purement flamandes, qu'elles possédaient à l'origine et que consacrait la loi du 28 juin 1932 sur l'emploi des langues en matière administrative (article 1 § 1 et article 2 § 5 combinés).

Les requérants exposent que, "d'après la loi (précitée) du 28 juin 1932, article 3 § 1, un recensement linguistique, en principe décennal, devait constater l'évolution des communes belges au point de vue de l'emploi des langues parlées, de façon à permettre une éventuelle adaptation administrative, scolaire et judiciaire conforme aux modifications observées" (loi susmentionnée du 28 juin 1932; loi du 14 juillet 1932 concernant le régime linguistique de l'enseignement primaire et moyen; loi du 15 juin 1935 sur l'emploi des langues en matière judiciaire).

Or, "par la loi du 24 juillet 1961 (article 3) ordonnant l'exécution d'un recensement, suivie de son arrêté royal d'exécution du 3 novembre 1961, le législateur a supprimé le volet linguistique du recensement général qu'il a exécuté le 31 décembre 1961 et a même interdit la distribution de formulaires de recensement bilingues, craignant que ceux-ci ne permettent un recensement linguistique indirect".

Soulignant "qu'ils s'expriment le plus fréquemment en français et désirent donner une éducation en cette langue à leurs enfants", les requérants se plaignent d'être "contraints soit de les placer dans une école locale exclusivement flamande, soit de les envoyer dans un établissement scolaire situé en Wallonie ou à Bruxelles, à une longue distance de leur domicile, ce qui ne va pas sans provoquer de multiples inconvénients, notamment: longueur du trajet, dangers de la circulation, promiscuité dans les transports publics, impossibilité pour les parents de surveiller les devoirs et les leçons de leurs enfants, frais importants supplémentaires, désorganisation de la vie familiale et injustice sociale à l'égard des parents de condition modeste".

En outre, "le Gouvernement belge se (refuserait) à donner satisfaction aux requérants; il se (proposerait) même de prendre des mesures plus draconiennes encore (projets Gilson et projet Larock – Van Elslande)".

"D'ailleurs, dans le nouvel établissement scolaire édifié par l'Etat à Alsemberg, la création de classes dites de transmutation (c'est-à-dire destinées à accorder des facilités relatives aux francophones) avait été décidée, mais, le samedi 2 septembre 1961, soit l'avant-

Applicants (it is said) were informed that these classes would not be held".

The Applicants allege violation:

- of Article 2 of the First Protocol, inasmuch as the Belgian Government is said deliberately to ignore their "aspirations" as regards education, although they "live in a bilingual region";
- of Article 8 of the Convention, inasmuch as the policy followed is said to result in separating young children from their homes;
- of Articles 9 and 10 of the Convention, since the freedoms of thought and expression imply also linguistic freedom;
- of Article 14 of the Convention, inasmuch as the Belgian Government is said to be attempting to hinder the extension of French and to encourage Flemish artificially thereby imposing a discrimination on grounds of language, membership of a national minority or even race.

The Applicants request that their rights be recognised, that Belgian law be modified to make it comply with the requirements of the Convention and that reparation be made for the damages they claim to have suffered, which they estimate provisionally at 200,000 Belgian Francs each.

PROCEEDINGS BEFORE THE COMMISSION

Whereas the proceedings before the Commission to date may be summarised as follows:

On 5th October 1962 the Commission granted a request submitted by Mr. Laloux on behalf of the Applicants (Rule 38 (1) *in fine*) that precedence be given to this case.

On 15th December 1962 it instructed the Secretariat to communicate the Application to the Respondent Government, inviting it to submit, within two months, observations in writing on the admissibility of the Applicants' complaints (Rule 45 (3) (b)); the Secretariat did so on 19th December 1962.

At the request of the Respondent Government, the President of the Commission extended the time-limit to 12th April 1963 (Order of 29th January 1963).

The written observations of the Belgian Government, signed by Mr. P. Vermeylen, Minister of Justice, reached the Secretariat on 11th April 1963 (Doc. A 78.899).

Pursuant to an order made by the President on 18th April 1963 (Rule 46 (1) and (2)), the Secretariat on 19th April 1963 sent the Applicants a copy of the written observations in question, asking them to reply not later than 3rd June 1963.

The Counter-Memorial of the Applicants, signed on their behalf on 30th May 1963 by Mr. V. Laloux, reached the Secretariat on

veille de la rentrée scolaire ..., les requérants (auraient été) avisés de ce que ces classes ne s'ouvriraient pas."

Les requérants allèguent la violation:

- de l'article 2 du premier Protocole additionnel, en ce que le Gouvernement belge ignorerait délibérément leurs "aspirations" en matière d'éducation, alors pourtant qu'"ils habitent dans une région bilingue";
- de l'article 8 de la Convention, en ce que la politique suivie aboutirait à éloigner de jeunes enfants du foyer familial;
- des articles 9 et 10 de la Convention, car les libertés de pensée et d'expression auraient pour corollaire la liberté linguistique;
- de l'article 14 de la Convention, en ce que le Gouvernement belge chercherait à empêcher l'extension du français et à favoriser artificiellement le flamand, ce qui entraînerait une discrimination à raison de la langue, de l'appartenance à une minorité nationale ou même de la race.

Les requérants demandent la reconnaissance de leurs droits, l'adaptation de la législation belge aux exigences de la Convention et la réparation du préjudice prétendument subi, qu'ils évaluent provisoirement à 200.000 FB. pour chacun d'eux.

PROCEDURE SUIVIE DEVANT LA COMMISSION

Considérant que la procédure suivie à ce jour devant la Commission peut se résumer ainsi:

Le 5 octobre 1962, la Commission a fait droit à une demande d'examen prioritaire, présentée par Me. Laloux au nom des requérants (article 38 § 1 *in fine* du Règlement Intérieur).

Le 15 décembre 1962, elle a chargé le Secrétariat de communiquer la requête au gouvernement défendeur et d'inviter celui-ci à formuler, dans le délai de deux mois, ses observations écrites sur la recevabilité des griefs des requérants (article 45 § 3 b) du Règlement Intérieur); le Secrétariat s'est acquitté de cette tâche le 19 décembre 1962.

A la demande du gouvernement défendeur, le Président de la Commission a prorogé ledit délai jusqu'au 12 avril 1963 (Ordonnance du 29 janvier 1963).

Les observations écrites du Gouvernement belge, signées par M. P. Vermeylen, ministre de la Justice, sont parvenues au Secrétariat le 11 avril 1963 (Doc. A 78.899).

En exécution d'une ordonnance présidentielle du 18 avril 1963 (article 46 §§ 1 et 2 du Règlement Intérieur), le Secrétariat a adressé aux requérants, le 19 avril 1963, une copie du mémoire en question en les priant d'y répondre avant le 3 juin 1963.

Le contre-mémoire des requérants, signé en leur nom, le 30 mai 1963, par Me. V. Laloux, a atteint le Secrétariat le 4 juin 1963

4th June 1963 (Doc. DH/Misc (63) 10) and was communicated for information to the Respondent Government on 13th June 1963.

On 22nd June 1963 the Commission:

- ordered the joinder of this case with three other cases that raised similar problems (Application No. 1677/62, by 5 inhabitants of Kraainem; Application No. 1691/62 by 64 inhabitants of Antwerp and environs; Application No. 1769/63, by Y. and 91 other inhabitants of the Ghent and Antwerp areas) (Rule 39)
- thought fit to request the parties to give oral explanations regarding the admissibility of each of the four Applications in question (Rule 46 (1) *in fine*;
- left it to the President to arrange, after consultation with the parties, a date for the hearing in the presence of the parties.

By Order of 25th June 1963, the President fixed the hearing for Strasbourg on Thursday 25th July and, if necessary, Friday 26th July, 1963.

The following appeared before the Commission at the time and place fixed:

for the Belgian Government (Rule 36 (1)):

Mr. A. Gomree, Magistrate attached to the Ministry of Justice, *Agent;*

Mr. A. Bayart, Barrister at the Belgian Court of Cassation, *Counsel;*

for the Applicants (Rule 36 (2)):

MM. V. Laloux and L. Defosset, Barristers, representing the signatories to Applications Nos. 1474/62 and 1677/62;

MM. F. Marquet, Honorary Barrister, and A. Nyssens, former Leader of the Bar at the Brussels Court of Appeal, representing the signatories to Applications Nos. 1691/62 and 1769/63.

The Commission heard the arguments and submissions of the parties and put certain questions to them (Rules 53 and 63, read together); the verbatim record of the hearing appears in Document A 83.177, to which reference may be made as required.

The hearing in the presence of the parties concluded at about 5.30 pm. on Friday 26th July 1963; the Commission then retired and, after deliberating in private adopted on the same day the present decision, the text of which was signed by the President on 24th September 1963.

THE LAW

1. IN SO FAR AS THE APPLICATION IS DIRECTED AGAINST THE REVOCATION OF THE DECISION TO OPEN TRANSMUTATION CLASSES AT ALSEMBERG IN SEPTEMBER 1961

Whereas the Applicants have stated that "in the new school built by the State at Alsemberg the introduction of ... transmutation

(Doc. DH/Misc (63) 10) et a été communiqué, pour information, au gouvernment défendeur le 13 juin 1963.

Le 22 juin 1963, la Commission:

- a ordonné la jonction de la présente affaire avec trois autres causes soulevant des problèmes comparables (requête N° 1677/62, cinq habitants de Kraainem; requête N° 1691/62, soixante-quatre habitants d'Anvers et des environs; requête N° 1769/63, G. Charlent et quatre-vingt-onze autres habitants des régions de Gand et d'Anvers) (article 39 du Règlement Intérieur);
- a estimé utile de convier les parties à lui donner des explications orales sur la recevabilité de chacune des quatre requêtes dont il s'agit (article 46 § 1 *in fine* du Règlement Intérieur);
- a laissé à son Président le soin de fixer la date de l'audience contradictoire après consultation des parties.

Par ordonnance du 25 juin 1963, le Président a décidé que ladite audience se tiendrait à Strasbourg le jeudi 25 juillet et, le cas échéant le vendredi 26 juillet 1963.

Ont comparu devant la Commission, au lieu et à la date prévus:

pour le Gouvernement belge (article 36 § 1 du Règlement Intérieur):

M. A. Gomrée, magistrat délégué au Ministère de la Justice, *Agent*;

Me. A. Bayart, avocat à la Cour de Cassation de Belgique, *Conseil*;

pour les requérants (articles 36 § 2 du Règlement Intérieur):

Mes. V. Laloux et L. Defosset, avocats, représentant les signataires des requêtes N° 1474/62 et N° 1677/62;

Mes. F. Marquet, avocat honoraire, et A. Nyssens, ancien Bâtonnier des Avocats à la Cour d'Appel de Bruxelles, représentant les signataires des requêtes N° 1691/62 et N° 1769/63.

La Commission a entendu les parties en leurs moyens et conclusions et leur a posé différentes questions (articles 53 et 63, combinés, du Règlement Intérieur); le compte rendu intégral de l'audience se trouve reproduit au Document A 83.177, auquel il est renvoyé pour autant que de besoin.

L'audience contradictoire s'est terminée le vendredi 26 juillet 1963 vers 17 h. 30; la Commission s'est retirée alors en Chambre du Conseil. Après en avoir délibéré, elle a adopté, le même jour, la présente décision dont le Président a signé le texte le 24 septembre 1963.

EN DROIT

I. POUR AUTANT QUE LA REQUETE SE DIRIGE CONTRE LE RETRAIT DE LA DECISION QUI PREVOYAIT L'OUVERTURE DE CLASSES DE TRANSMUTATION A ALSEMBERG EN SEPTEMBRE 1961

Considérant que les requérants ont exposé que "dans le nouvel établissement scolaire édifié par l'Etat à Alsemberg, la création de

classes ... had been decided", but that this decision was revoked a few days before the beginning of the new school year in 1961; whereas they complain of this explicitly, at the same time making it clear that this complaint is of secondary importance in their argument as a whole, since in their view such alternative classes were merely a lesser evil;

Whereas in this connexion the Respondent Government has made the objection of failure to exhaust domestic remedies (Article 26 and 27 (3)); whereas it maintained that the parents adversely affected by the revocation decision complained of had the right, of which they did not avail themselves, to attack that decision before the Conseil d'Etat;

Whereas the Commission has obtained the written and oral observations of the parties on this point;

Whereas, after the hearing in the presence of the parties on 26th July 1963, the Commission invited the representatives of the Belgian Government to supply detailed information as soon as possible in writing regarding the date and wording of the aforesaid revocation decision;

Whereas it is necessary to reserve judgment pending receipt of this information.

II. AS TO THE OTHER ASPECTS OF THE APPLICATION

Whereas the representatives of the Belgian Government contended in their written observations of April 1963 and their oral arguments on 25th and 26th July 1963 that the Application should be rejected as manifestly ill-founded;

Whereas A. – *As regards the alleged violation of Articles 9 and 10 of the Convention*

Article 9 (1) of the Convention for the Protection of Human Rights and Fundamental Freedoms provides that "Everyone has the right to freedom of thought, conscience and religion; this right includes freedom to change his religion or belief and freedom, either alone or in community with others and in public or private, to manifest his religion or belief, in worship, teaching, practice and observance"; whereas Article 10 (1) of the said Convention provides that "Everyone has the right to freedom of expression. This right shall include freedom to hold opinions and to receive and impart information and ideas without interference by public authority and regardless of frontiers. This Article shall not prevent States from requiring the licensing of broadcasting, television or cinema enterprises.";

Whereas it must be pointed out that neither the texts quoted

classes de transmutation ... avait été décidée" mais que cette décision a été rapportée quelques jours avant la rentrée scolaire de 1961; qu'ils s'en plaignent expressément, tout en précisant que ce grief revêt une importance secondaire dans l'ensemble de leur argumentation, les classes de transmutation ne constituant à leurs yeux qu'un moindre mal;

Que le gouvernement défendeur a invoqué, à cet égard, l'exception de non-épuisement des voies de recours internes (articles 26 et 27 § 3 de la Convention); qu'il a soutenu, en effet, que les parents lésés par la décision de retrait litigieuse auraient eu la faculté, dont ils n'ont pas usé, d'attaquer ladite décision devant le Conseil d'Etat;

Que la Commission a recueilli, sur le point particulier dont il s'agit, les observations écrites et orales des parties;

Qu'à l'issue de l'audience contradictoire du 26 juillet 1963, la Commission a invité les représentants du Gouvernement belge à lui fournir par écrit, dans les meilleurs délais, des renseignements détaillés sur la date et la teneur de la décision de retrait susmentionnée;

Qu'il échet de surseoir à statuer dans l'attente de ces renseignements.

II. QUANT AUX AUTRES ASPECTS DE LA REQUETE

Considérant que les représentants du Gouvernement belge ont soutenu, dans leurs observations écrites d'avril 1963 et leurs plaidoiries des 25 et 26 juillet 1963, que la requête devait être rejetée pour défaut manifeste de fondement;

A. – *En ce qui concerne la violation alléguée des articles 9 et 10 de la Convention*

Considérant qu'aux termes de l'article 9 § 1 de la Convention de Sauvegarde des Droits de l'homme et des Libertés fondamentales, "toute personne a droit à la liberté de pensée, de conscience et de religion; ce droit implique la liberté de changer de religion ou de conviction, ainsi que la liberté de manifester sa religion ou sa conviction individuellement ou collectivement, en public ou en privé, par le culte, l'enseignement, les pratiques et l'accomplissement des rites"; que l'article 10 § 1 de ladite Convention dispose, de son côté, que "toute personne a droit à la liberté d'expression. Ce droit comprend la liberté d'opinion et la liberté de recevoir ou de communiquer des informations ou des idées sans qu'il puisse y avoir ingérence d'autorités publiques et sans considération de frontière. Le présent article n'empêche pas les Etats de soumettre les entreprises de radiodiffusion, de cinéma ou de télévision à un régime d'autorisations";

Qu'il échet de relever que ni les textes précités, ni aucun autre

nor any other Article of the Convention or first Protocol explicitly guarantees "linguistic freedom" as such; whereas the only clauses of the Convention that deal with the use of languages, namely Articles 5 (2) and 6 (3) (a) and (e), are limited in scope and irrelevant to the case in point;

Whereas it remains to be determined whether the legislation complained of appears to disregard the freedoms set forth in Articles 9 and 10;

Whereas freedom of religion is not in question; whereas this is also true of the freedom of thought, conscience and expression of the Applicants themselves, since nothing prevents them from expressing their thoughts freely in the language of their choice;

Whereas the problem presents a different aspect as regards the Applicants' children;

Whereas the Applicants agree in substance that although their children can freely use their mother tongue, at least out of school, they nevertheless risk permanent harm to the development and exercise of their intellectual faculties through being obliged to study in a language other than that of their family;

Whereas the Commission observes that the manner in which human thought is formed and expressed is perforce determined by a concatenation of circumstances over which the individual has virtually no control (time and place, social environment, diverse events and influences, etc.), without any threat to freedom of thought and expression as such resulting *ipso facto* therefrom;

Whereas, in the last analysis, the Applicants are claiming the right to have the imprint of their own personality and of the culture they acknowledge as their own take first place among the factors conditioning the education of their children, in order that their children's thinking should not become alien to their own;

Whereas, however, it appears that the guarantee of this right is outside the scope of Articles 9 and 10;

Whereas, therefore, examination of the files discloses no *prime facie* violation of Articles 9 or 10 of the Convention, so that the Application must be rejected on this count under Article 27 (2) as being manifestly ill-founded;

Whereas B. – *As regards the alleged violation of Articles 8 and 14 of the Convention and Article 2 of the first Protocol*

Article 27 (2) of the Convention obliges the Commission to declare inadmissible any individual application which it considers manifestly ill-founded, but does not thereby empower it to reject, at the stage of examination for admissibility, an application which is not obviously ill-founded (see *inter alia* the decision on the admissibility

article de la Convention et du premier Protocole additionnel ne consacrent expressément la "liberté linguistique" en tant que telle; que les seules clauses de la Convention qui traitent de l'emploi des langues, à savoir les articles 5 § 2 et 6 §§ 3 a) et e), ont une portée restreinte et sont étrangères au cas d'espèce;

Qu'il reste à déterminer si la législation litigieuse semble ou non de nature à méconnaître les libertés que définissent les articles 9 et 10;

Que la liberté de religion n'est pas en cause; qu'il en va de même des libertés de pensée, de conscience et d'expression des requérants eux-mêmes, car rien n'empêche ceux-ci d'exprimer leur pensée librement et dans la langue de leur choix;

Que le problème se présente sous un jour différent en ce qui concerne les enfants des requérants;

Que ces derniers font valoir en substance que leurs enfants, s'ils peuvent utiliser librement leur langue maternelle, au moins en dehors de l'école, risquent cependant de pâtir durablement, dans le développement et l'exercice de leurs facultés intellectuelles, de devoir étudier en une langue autre que celle de leur famille;

Que la Commission fait observer à ce sujet que, par la force des choses, la manière dont se forme et s'exprime la pensée humaine se trouve conditionnée par une série d'éléments contingents sur lesquels l'individu n'a guère de prise (données de temps et de lieu, milieu social, événements et influences divers, etc. ...), sans qu'il en résulte, *ipso facto*, une atteinte aux libertés de pensée et d'expression comme telles;

Qu'en dernière analyse, les requérants revendiquent le droit à ce que l'empreinte de leur propre personnalité ainsi que celle de la culture dont ils se réclament, figurent au premier rang des éléments conditionnant l'éducation de leurs enfants, afin que la pensée de ceux-ci ne devienne pas étrangère à la leur;

Qu'il appert toutefois que la garantie de ce droit sort du cadre des articles 9 et 10;

Que l'examen du dossier ne permet donc pas de dégager l'apparence d'une violation des articles 9 et 10 de la Convention, de sorte qu'il y a lieu de rejeter la requête à cet égard, en vertu de l'article 27 § 2, pour défaut manifeste de fondement;

B. – *En ce qui concerne la violation alléguée des articles 8 et 14 de la Convention et de l'article 2 du premier Protocole additionnel*

Considérant que l'article 27 § 2 de la Convention oblige la Commission à déclarer "irrecevable" les requêtes individuelles qu'elle estime "manifestement mal fondées", mais ne l'autorise pas pour autant à rejeter, dès le stade de l'examen de leur recevabilité, les recours dont le mal-fondé ne tombe pas sous le sens (cf., *entre autres*,

of Application No. 214/56, De Becker against Belgium, Yearbook II, pages 253–255);

Whereas the problems that arise in this case in connexion with Articles 8 and 14 of the Convention and Article 2 of the first Protocol have proved to be sufficiently complex to require for their solution an examination of the merits of the case;

Whereas the complaints in question cannot therefore be rejected as manifestly ill-founded;

Whereas no other grounds of incompetence or inadmissibility are apparent;

Whereas it is true that the Respondent Government contested in its Memorial of April 1963 (Doc. A 78.899, pages 4–5) that Application No. 1474/62 was inadmissible *ratione temporis* (Articles 26 and 27 (3)), in as much as it related to the Act of 24th July 1961, which was published on 1st August, i.e. more than six months before the submission of this Application; whereas however, the Commission finds that the legislation complained of gives rise to a continuing situation, and that there is no domestic remedy within the meaning of Article 26 whereby it can be attacked; whereas the six months' time-limit is not applicable to a case of this kind; whereas the Commission refers in this connexion to its decision of 9th June 1958 on the admissibility of Application No. 214/56 lodged by Mr. De Becker (Yearbook II, pages 243–247); whereas, moreover, at the hearing in the presence of the parties on 25th July 1963 the representatives of the Belgian Government declared that they would not press the objection *ratione temporis* which they had entered during the written proceedings;

Now therefore the Commission,

1. RESERVES JUDGMENT ON THE ADMISSIBILITY OF THE COMPLAINT REGARDING REVOCATION OF THE DECISION TO OPEN TRANSMUTATION CLASSES AT ALSEMBERG IN SEPTEMBER 1961;

2. DECLARES THE APPLICATION INADMISSIBLE IN RESPECT OF THE ALLEGED VIOLATION OF ARTICLES 9 AND 10 OF THE CONVENTION;

3. DECLARES IT ADMISSIBLE AND ACCEPTS IT IN RESPECT OF THE ALLEGED VIOLATION OF ARTICLES 8 AND 14 OF THE CONVENTION AND ARTICLE 2 OF THE FIRST PROTOCOL, WITHOUT PREJUDICE TO THE MERITS OF THE CASE.

la décision relative à la recevabilité de la requête N° 214/56, De Becker c/Belgique, Annuaire II, pp. 253–255);

Que les problèmes qui surgissent en l'espèce sur le terrain des articles 8 et 14 de la Convention et de l'article 2 du premier Protocole additionnel se révèlent suffisamment complexes pour que leur solution doive relever de l'examen du fond de l'affaire;

Que les griefs en question ne sauraient, dès lors, être repoussés pour défaut manifeste de fondement;

Qu'ils ne se heurtent à aucun autre motif d'incompétence ou d'irrecevabilité;

Que le Gouvernement défendeur a soutenu, il est vrai, dans son mémoire d'avril 1963 (Doc. A 78.899, pp. 4–5), que la requête N° 1474/62 était irrecevable pour cause de tardiveté (articles 26 et 27 § 3 de la Convention) dans la mesure où elle se dirige contre la loi du 24 juillet 1961, publiée le 1er août et, partant, plus de six mois avant l'introduction de cette requête; que la Commission constate cependant que la législation litigieuse engendre une situation continue et qu'il n'existe aucun recours interne, au sens de l'article 26 de la Convention, permettant de l'attaquer; que le délai de six mois ne s'applique pas à un cas de ce genre; que la Commission se réfère, à cet égard, à la décision qu'elle a rendue le 9 juin 1958 sur la recevabilité de la requête N° 214/56 de M. de Becker (Annuaire II, pp. 243 à 247); qu'à l'audience contradictoire du 25 juillet 1963, les représentants du Gouvernement belge ont d'ailleurs déclaré ne pas insister sur l'exception de tardiveté qu'ils avaient soulevée au cours de la procédure écrite;

Par ces motifs, la Commission

1. SURSEOIT A STATUER SUR LA RECEVABILITE DU GRIEF RELATIF AU RETRAIT DE LA DECISION QUI PREVOYAIT L'OUVERTURE DE CLASSES DE TRANSMUTATION A ALSEMBERG EN SEPTEMBRE 1961;

2. DECLARE LA REQUETE IRRECEVABLE QUANT A LA VIOLATION ALLEGUEE DES ARTICLES 9 ET 10 DE LA CONVENTION;

3. LA DECLARE RECEVABLE ET LA RETIENT QUANT A LA VIOLATION ALLEGUEE DES ARTICLES 8 ET 14 DE LA CONVENTION ET DE L'ARTICLE 2 DU PREMIER PROTOCOLE ADDITIONNEL, TOUT MOYEN DE FOND ETANT RESERVE.

Application No. 1519/62

X. *against* AUSTRIA

Decision of 27th March 1963

THE FACTS

Whereas the facts as presented by the Applicant may be summarised as follows:

The Applicant is an Austrian citizen born in ...

On ... 1960, the Applicant was convicted by the Regional Court (*Landesgericht*) of A. in Germany on a charge of having committed robbery (in Germany) against a person of German nationality. He was sentenced to 25 months' imprisonment, the period of his detention pending trial being incorporated in the sentence, and to subsequent deportation from Germany. Having served two-thirds of the sentence he was deported to Austria on ... 1961.

On ... 1961 the Applicant was arrested by the Austrian police and, in accordance with Article 36 of the Austrian Criminal Code, charged with the same robbery, namely the robbery committed in Germany. Article 36 reads as follows:

> "(1) An Austrian citizen who has committed a crime abroad shall, when he enters this country, not be extradited to the foreign country in question but is to be treated in accordance with the present Penal Code without regard to the laws of the country in which the crime has been committed.
>
> (2) Where, however, he has already been punished abroad for this offence (*Handlung*), that punishment shall be taken into consideration for the purposes of the punishment to be imposed upon him under the present Penal Code."

On ... 1962 the Applicant was sentenced by the Regional Court (*Landesgerichl*) of B. to five years' imprisonment as, according to the Applicant, that Court considered the sentence of 25 months' imprisonment imposed upon him by the above German Court and the 17 months actually served, to be too lenient a punishment. The Applicant did not appeal from this decision as the sentence of 5 years' imprisonment was the minimum penalty under Austrian law (Article 191 of the Penal Code) and, having never denied his guilt, he could not expect a milder sentence on appeal.

Whereas the Applicant alleges that it is contrary to the Convention to punish a person twice for the same crime.

Requête No. 1519/62

X. *contre* L'AUTRICHE

Décision du 27 mars 1963

(*Traduction*)

EN FAIT

Considérant que les faits de la cause tels qu'ils ont été exposés par le requérant peuvent se résumer comme suit:

Le requérant, de nationalité autrichienne, est né en ....

Le ... 1960, le requérant a été reconnu coupable par le tribunal régional (*Landesgericht*) de A. (Allemagne) d'un vol (commis en Allemagne) au préjudice d'un ressortissant allemand; il a été condamné à 25 mois de prison – la durée de la détention préventive étant imputée sur la durée de la peine – et à l'expulsion. Le ... 1961, alors qu'il avait purgé les deux tiers de sa peine, il a été expulsé vers l'Aurtiche.

Le ... 1961 le requérant a été arrêté par la police autrichienne et poursuivi, en application de l'article 36 du Code pénal autrichien, pour ce même vol, commis en Allemagne. L'article 36 est ainsi libellé:

"1) Tout citoyen autrichien qui, ayant commis un crime ou délit à l'étranger, sera revenu en territoire autrichien, sera jugé conformément au présent Code pénal sans égard aux lois du pays étranger dans lequel le crime ou délit aura été commis et ne sera en aucun cas extradé.

2) Toutefois, s'il a déjà été condamné à l'étranger pour les mêmes faits, il sera tenu compte de la peine subie pour fixer celle qui lui sera infligée en vertu du présent Code pénal."

Le ... 1962, le tribunal régional (*Landesgericht*) de B. a condamné le requérant à cinq ans d'emprisonnement, estimant d'après le requérant que la condamnation à 25 mois d'emprisonnement prononcée par le tribunal allemand précité, et les 17 mois effectivement subis, constituaient une peine trop légère. Le requérant n'a pas fait appel de cette décision car la condamnation à cinq années d'emprisonnement est la peine minima prévue par le droit autrichien (article 191 du Code pénal) et, n'ayant jamais nié sa culpabilité, il ne pouvait espérer bénéficier en appel d'une condamnation plus légère.

Considérant que le requérant prétend qu'il est contraire à la Convention de punir une personne deux fois pour le même crime ou délit.

THE LAW

Whereas, in the present Application, the Commission is, for the first time, faced with the problem of "*non bis in idem*", namely, whether or not a person can be tried for a crime or offence in respect of which he has already been acquitted or convicted by a competent Court;

Whereas, the aforesaid situation has arisen because the Applicant, having been convicted by a court of a foreign State, was brought to trial also in his own State in accordance with the relevant provisions of its Criminal Code;

Whereas the Commission can declare an application admissible only insofar as the Convention, in its Section I, guarantees to the Applicant the right or freedom allegedly violated by the country against which the Application is directed; whereas the present Applicant, in submitting his case to the Commission, has not referred to any particular Article of the Convention; whereas the Commission itself, having examined this issue *ex officio*, does not find that Article 6 or any other Article of the Convention guarantees either expressly or by implication the principle of *non bis in idem;* whereas an examination of the Application is accordingly outside the competence of the Commission *ratione materiae;* whereas it follows that the Application is incompatible with the provisions of the Convention and must be rejected in accordance with Article 27, paragraph (2), of the Convention;

Now therefore the Commission

DECLARES THIS APPLICATION INADMISSIBLE.

Application No. 1599/62

X. *against* AUSTRIA

Decision of 16th January 1963

(*Translation*)

THE FACTS

Whereas the facts of the case may be summarised as follows:

The Applicant, an Austrian national born on . . ., holds a power of attorney for his father, a tradesman in A.; he is at present detained in prison at Z.

On . . . 1960 the Regional Court (*Landesgericht*) of A. sentenced X. to 15 months' imprisonment with hard labour (*Schwerer Kerker*) for having had homosexual relations with, among others, a certain

EN DROIT

Considérant que la présente requête soumet pour la première fois à la Commission le problème de la validité du principe "*non bis in idem*"; – une personne peut-elle être jugée pour un crime ou un délit alors qu'une juridiction compétente l'a déjà acquittée ou condamnée pour ce même crime ou délit? –;

Considérant que la situation en question résulte du fait que le requérant, condamné par un tribunal d'un Etat étranger, a également été jugé par un tribunal de l'Etat dont il est ressortissant, conformément aux dispositions du Code pénal de cet Etat;

Considérant que la Convention garantit uniquement les droits et libertés définis en son Titre I; que seule la violation alléguée d'un de ces droits ou libertés peut faire l'objet d'une requête recevable devant la Commission;

Considérant que le requérant, en présentant la cause à la Commission, ne s'est référé à aucun des articles de la Convention;

Considérant que la Commission ayant procédé à l'examen *d'office* de la cause, estime que l'article 6, ni aucun autre article de la Convention, ne garantit soit expressément, soit implicitement, le principe *non bis in idem*;

Que la Commission ne peut, dès lors, connaître de cette requête et doit se déclarer incompétente *ratione materiae;*

Qu'il appert donc que la présente requête est incompatible avec les dispositions de la Convention et doit être rejetée de ce chef par application de l'article 27, paragraphe 2 de ladite Convention;

Par ces motifs, la Commission

DECLARE LA REQUETE IRRECEVABLE.

Requête No. 1599/62

X. *contre* L'AUTRICHE

Décision du 16 janvier 1963

EN FAIT

Considérant que les faits de la cause peuvent se résumer ainsi:

Le requérant, ressortissant autrichien né en ..., exerce les fonctions de fondé de pouvoirs de son père, commerçant à A.; il se trouve actuellement détenu à la prison de Z.

Le ... 1960, le Tribunal régional (*Landesgericht*) de A. avait infligé à X. quinze mois de "réclusion rigoureuse" (*Schwerer Kerker*) pour avoir entretenu des relations homosexuelles avec, parmi

K. A clerical error appeared in the text of the judgment: K's date of birth was given as ... 1950, instead of ... 1940.

On ... 1961 the Regional Court at Z. sentenced the Applicant to 18 months' imprisonment with hard labour for having had, on ... 1961, "unnatural" relations with a certain W. aged 18 years and for having planned a second meeting with him for the following day [Articles 129 (1) (b)) and 8 of the Criminal Code].

X. immediately announced his intention of lodging an appeal (*Berufung*) with the Supreme Court (*Oberster Gerichtshof*) together with a plea of nullity (*Nichtigkeitsbeschwerde*). The *Landesgericht* nevertheless ordered his immediate arrest on the ground that there was a danger of his fleeing (*Fluchtgefahr*).

The Applicant appealed against this decision to the High Court (*Oberlandesgericht*) at A. He maintained, in substance, that he was obliged to manage the shop belonging to his invalid father and this, he said, completely ruled out the danger referred to by the judges of the lower Court. He appears to have added that after arresting him on ... 1961 the police provisionally released him and that he had not in any way taken advantage of this to avoid the prosecution. Indeed, he had, he said, gone to Italy for a fortnight but had informed the authorities of his intentions and returned to Austria of his own free will several weeks before appearing before the *Landesgericht*.

Giving judgment *in camera* after hearing the Public Prosecutor's Department (*in nicht öffentlicher Sitzung nach Anhörung der Oberstaatsanwaltschaft*), the *Oberlandesgericht* rejected the appeal on ... 1961 on the ground that it might properly be feared that the Applicant would seek to avoid enforcement of the heavy sentence passed on him.

On ... 1962, after hearing the defence and the Attorney-General at a public hearing, the Supreme Court allowed in part the plea of nullity (*Nichtigkeitsbeschwerde*) made by X. The Court found that the proposed meeting between the Applicant and W. was a preparatory act, and as such not punishable, and was not an attempt to commit an offence within the meaning of Article 8 of the Criminal Code. On the other hand it rejected the remainder of the plea of nullity and referred X. to the terms of its decision regarding the appeal (*Berufung*) of which it had also been seized ("*mit seiner Berufung war der Angeklagte auf diese Entscheidung zu verweisen*").

Finally, the *Oberster Gerichtshof* reduced the sentence pronounced by the *Landesgericht* to 15 months' hard labour.

On ... 1962 the Applicant's mother sent a letter and various other documents to the Secretariat, from which it appeared:

- that on ... 1962 she applied for her son's conditional release on the grounds that he had completed two thirds of his sentence, and his presence in his father's shop was essential for the purpose of

d'autres, un nommé K. Une erreur matérielle s'était glissée dans le texte de son jugement: le ... 1950, au lien du ... 1940, y figurait comme date de naissance de K.

Le ... 1961, le Tribunal régional de Z. a condamné le requérant à dix-huit mois de réclusion rigoureuse pour avoir eu, le ... 1961, des rapports "contre nature" avec un certain W., âgé de dix-huit ans, et pour avoir projeté avec celui-ci une seconde rencontre pour le lendemain (articles 129 § 1b) et 8 du Code pénal).

X. a aussitôt exprimé l'intention de saisir la Cour Suprême (*Oberster Gerichtshof*) d'un appel (*Berufung*) doublé d'un pourvoi en cassation (*Nichtigkeitsbeschwerde*). Le *Landesgericht* a ordonné cependant son arrestation immédiate, estimant qu'il y avait danger de fuite (*Fluchtgefahr*).

L'intéressé a attaqué cette dernière décision devant la Cour (*Oberlandesgericht*) de A. Il a soutenu, en substance, qu'il lui fallait gérer le magasin de son père impotent, ce qui, à l'en croire, excluait entièrement le risque dont avaient fait état les juges de première instance. Il paraît avoir ajouté que la police, après l'avoir appréhendé le ... 1961, l'avait mis en liberté provisoire, et qu'il n'en avait nullement profité pour se soustraire aux poursuites. Bien mieux: étant allé en Italie pour une quinzaine de jours, non sans en avoir avertiles autorités, il serait retourné en Autriche de son plein gré plusieurs semaines avant de se présenter devant le *Landesgericht*.

Statuant en audience *non publique* après consultation du Ministère public (*in nicht öffentlicher Sitzung nach Anhörung der Oberstaatsanwaltschaft*), l'*Oberlandesgericht* a rejeté le recours le ... 1961, pour le motif que l'on pouvait légitimement craindre que le requérant ne cherchât à se dérober à l'exécution de sa lourde peine.

Le ... 1962, la Cour Suprême, après avoir entendu la défense et la "Procurature Générale" en séance publique, a partiellement accueilli le pourvoi (*Nichtigkeitsbeschwerde*) de X. Elle a constaté, en effet, que la rencontre projetée par le requérant et W. constituait un acte préparatoire non punissable en tant que tel, et non pas une tentative d'infraction au sens de l'article 8 du Code pénal. En revanche, elle a repoussé le pourvoi pour le surplus, et renvoyé X. aux termes de son arrêt quant à l'appel (*Berufung*) dont elle se trouvait également saisie ("*mit seiner Berufung war der Angeklagte auf diese Entscheidung zu verweisen*").

En définitive, l'*Oberster Gerichtshof* a ramené à quinze mois de réclusion rigoureuse la peine prononcée par le *Landesgericht*.

Le ... 1962, la mère du requérant a envoyé au Secrétariat une lettre, accompagnée de plusieurs pièces, d'où il ressort:

– qu'elle a demandé, le ... 1962, la libération conditionnelle de son fils en soulignant que celui-ci aurait purgé, le ..., les deux tiers de sa peine, que sa présence au magasin paternel était indispen-

drawing up the balance-sheet and end-of-year stock-taking, and that under the recently introduced criminal law ("*der Strafnovelle nach die Grundlage zu seiner Verurteilung keinen strafbaren Tatsbestand mehr darstellen soll*") the acts for which he had been sentenced were no longer an offence;

- that the Court (*Landesgericht*) in Z. rejected the said application on ... 1962 despite the favourable opinion expressed by the prison director at Z. and the police at A.;
- that the Applicant appealed against this decision on ... 1962 to the court (*Oberlandesgericht*) in A. which did not appear to have yet taken a decision despite the efforts made on several occasions by Mrs. X.

Whereas the Applicant's complaints may be summarised as follows:

The Applicant alleges violation of Articles 5 (1) and (3), 6 (1) and 7 (1) of the Convention.

He complains in the first place of the clerical error made by the *Landesgericht* of A. in 1960. It was discovered at a late date by the Austrian legal authorities and by himself and would explain the refusal of his appeal from the judgment given on ... 1961. The mistake was, moreover, the reason for withdrawal of his driving licence, a penalty which could not be imposed under Austrian law for homosexual relations with a person of K.'s age.

In the second place, X. attacks the sentence passed on ... 1961 and the decision of ... 1962. While admitting the acts which led to his conviction, he considers that the judges dealt with him with unusual severity, contrary to consistent case law and to the principle of the equality of all before the law [Article 7 (1) of the Constitution]. As proof he quotes a number of sentences of considerably greater leniency which have been passed by the *Landesegricht* of A. in similar cases. He is, moreover, surprised that W., although joint author of the offence, was not charged as co-defendant but made a statement as witness for the prosecution. In a letter dated ... 1962 the Applicant protested about this to the Public Prosecutor's Department, invoking Article 7 (1) of the Constitution and Article 34 of the Code of Criminal Procedure; the protest was, however, unsuccessful.

The Applicant alleges too, that his immediate arrest, ordered on ... 1961 by the *Landesgericht* at Z., did not comply with the conditions of Article 175 (2) of the Code of Criminal Procedure and that his Counsel, Mr. F. seriously failed in his duties on several occasions.

Whereas the Applicant applies for re-trial with a view to having his sentence reduced;

AS TO THE LAW

Whereas, in the first place, in so far as the Applicant complains

sable pour l'établissement du bilan et de l'inventaire de fin d'année, et qu'au demeurant les faits retenus à sa charge ne constituaient plus une infraction selon la nouvelle loi pénale en vigueur ("*der Strafnovelle nach die Grundlage zu seiner Verurteilung keinen strafbaren Tatsbestand mehr darstellen soll*");

- que le Tribunal (*Landesgericht*) de Z. a rejeté ladite demande le ... 1962, malgré l'avis favorable qu'auraient exprimé la direction de la prison de Z. et la police de A.;
- que le requérant a attaqué cette décision, le ... 1962, auprès de la Cour (*Oberlandesgericht*) de A., laquelle n'aurait point encore statué en dépit de plusieurs démarches de Mme X.

Considérant que les griefs du requérant peuvent se résumer ainsi:

Le requérant allègue la violation des articles 5 § 1, 5 § 3, 6 § 1 et 7 § 1 de la Convention.

Il se plaint, tout d'abord, de l'erreur matérielle commise par le *Landesgericht* de A. en 1960. Découverte tardivement par la justice autrichienne et lui-même, elle expliquerait le rejet de son appel contre le jugement du ... 1961. En outre, elle lui aurait valu le retrait de son permis de conduire, sanction que le droit autrichien ne prévoirait pas dans le cas de relations homosexuelles avec une personne de l'âge de K.

En second lieu, X. s'en prend au jugement du ... 1961 et à l'arrêt du ... 1962. S'il reconnaît les faits que ont entraîné sa condamnation, il considère que ses juges l'ont frappé avec une sévérité inhabituelle, contraire à une jurisprudence constante et au principe de l'égalité de tous devant la loi (article 7 § 1 de la Constitution). Il en veut pour preuve une série de jugements, nettement plus indulgents, rendus par le *Landesgericht* de A. dans des affaires similaires. Il s'étonne en outre de ce que W., bien que co-auteur du délit, n'ait pas été traduit en justice à titre de co-prévenu, mais ait déposé en qualité de témoin à charge. Par lettre du ... 1962, le requérant a protesté à ce sujet auprès du Parquet en invoquant l'article 7 § 1 de la Constitution et l'article 34 du Code de procédure pénale; cette démarche n'a abouti à aucun résultat.

L'intéressé affirme encore que son arrestation immédiate, prescrite le ... 1961 par le *Landesgericht* de Z., ne répondait pas aux conditions de l'article 175 § 2 du Code de procédure pénale et que son avocat, Me. F. a manqué gravement à ses devoirs en plusieurs occasions.

Considérant que le requérant demande la révision de son procès en vue d'une réduction de peine;

EN DROIT

Considérant tout d'abord, pour autant que le requérant se

about the sentence of ... 1960, the Commission, may under the terms of Article 26 of the Convention for the Protection of Human Rights and Fundamental Freedoms, "only deal with the matter after all domestic remedies have been exhausted, according to the generally recognised rules of international law"; whereas X. appears to have failed, without sufficient reason, to bring an appeal (*Berufung*) and, if necessary, to lodge a plea of nullity (*Nichtigkeitsbeschwerde*) against the said sentence; whereas the application must be refused in this respect by virtue of Article 27 (3) of the Convention;

Whereas, in the second place, in so far as the Applicant complains that the proceedings held in 1961 before the Court (*Oberlandesgericht*) in A. were not held in the presence of both parties and that it was duty of this Court to give a decision on the continued detention of X.; whereas, therefore, it was the duty of the Court to settle a dispute as to the right of the accused to his liberty, guaranteed by Article 5 of the Convention; whereas, it might be asked whether such dispute did not relate to a civil right in the sense of Article 6 (1) of the Convention; whereas, the procedure referred to would, in that event, raise problems in respect of the latter provision as regards the "equality of arms" between the prosecution and the defence (*Waffengleichheit*); whereas it must, however, emphasised that the Commission can be seized only "within a period of six months from the date on which the final decision was taken" (Article 26 *in fine* of the Convention); whereas the *Oberlandesgericht* in A., whose decision constituted the "final decision by a domestic court" gave its decision on ... 1961 and consequently more than six months before the application was lodged (14th August 1962); whereas, therefore, the Application is inadmissible in this respect for failure to respect the time-limit [Article 27 (3) of the Convention];

Whereas, in the third place, in so far as the Applicant claims the right to have criminal proceedings opened against a third party, in this case, W., and the right to be granted conditional release and whereas Article 1 of the Convention guarantees only "the rights and freedoms defined in Section I" (of the Convention); whereas a complaint made by a person, non-governmental organisation or group of individuals must, according to Article 25 (1), relate to an alleged violation of these rights and freedoms, without which its examination is outside the competence of the Commission "*ratione materiae*"; whereas neither of the aforesaid rights appears as such among the said rights and freedoms, as, moreover, the Commission has already found in the case of the first (see *inter alia* the decisions as to the admissibility of Applications Nos. 1204/61, Collection VIII, p. 132 and 1273/61) and of the second (see decisions as to admissibility of Applications Nos. 369/58, Yearbook II, p. 382, 703/60 and

plaindrait du jugement du ... 1960, que la Commission, aux termes de l'article 26 de la Convention de Sauvegarde des Droits de l'Homme et des Libertés fondamentales "ne peut être saisie qu'après l'épuisement des voies de recours internes, tel qu'il est entendu selon les principes de droit international généralement reconnus"; que X. paraît avoir omis, sans motif valable, d'interjeter appel (*Berufung*) et, le cas échéant, de se pourvoir en cassation (*Nichtigkeitsbeschwerde*) contre ledit jugement; qu'il échet donc de rejeter la requête, à cet égard, en vertu de l'article 27 § 3 de la Convention ;

Considérant d'autre part, pour autant que l'intéressé s'en prendrait au caractère non contradictoire de la procédure suivie en 1961 par la Cour (*Oberlandesgericht*) de A., que celle-ci avait pour tâche de se prononcer sur le maintien de X. en état d'arrestation; qu'il lui incombait, par conséquent, de trancher une contestation, relative au droit de l'accusé à sa liberté, garanti par l'article 5 de la Convention; que l'on pourrait se demander si pareille contestation ne portait pas sur un droit "de caractère civil", au sens de l'article 6 § 1 de la Convention; que, dans l'affirmative, la procédure dont il s'agit soulèverait certains problèmes sur le terrain de cette dernière disposition, dans la mesure où l'"égalité des armes" (*Waffengleichheit*) n'aurait pas régné entre le Ministère public et la défense; qu'il importe de souligner, cependant, que la Commission ne peut être saisie que "dans un délai de six mois, à partir de la date de la décision interne définitive" (article 26 *in fine* de la Convention); que l'*Oberlandesgericht* de A., dont l'arrêt constituait en la matière la "décision interne définitive", a statué le ... 1961 et, partant, plus de six mois avant l'introduction de la requête (14 août 1962); qu'il appert, dès lors, que sur ce point la requête est irrecevable pour cause de tardiveté (article 27 § 3 de la Convention);

Considérant en troisième lieu, pour autant que le requérant revendique le droit à l'ouverture de poursuites pénales contre un tiers, en l'occurrence W., et le droit au bénéfice d'une mesure de libération conditionnelle, que la Convention, aux termes de son article 1er, garantit uniquement "les droits et libertés définis (en son) Titre I"; que tout grief formulé par une personne physique, une organisation non gouvernementale ou un groupe de particuliers doit, selon l'article 25 § 1, avoir trait à une violation alléguée de ces droits et libertés, faute de quoi son examen échappe à la compétence "*ratione materiae*" de la Commission; que les deux droits susmentionnés ne figurent pas, en tant que tels, parmi lesdits droits et libertés, ainsi d'ailleurs que la Commission l'a déjà constaté tant pour le premier (cf., entre autres, les décisions relatives à la recevabilité des requêtes Nos. 1204/61, Recueil VIII, p. 132 et 1273/61) que pour le second (cf. les décisions relatives à la recevabilité des requêtes Nos. 369/58, Annuaire II, p. 382, 703/60 et 1554/62); qu'il s'ensuit

1554/62); whereas, therefore, in this respect this Application is incompatible with the provisions of the Convention [Article 27 (2)];

Whereas, moreover, in as much as X. complains that his counsel, Mr. F., failed in his duties and whereas under the terms of Article 19 of the Convention the Commission is required only to ensure the observance of the engagements undertaken by the High Contracting Parties to the Convention, that is to say, by those member States of the Council of Europe which have signed the Convention and deposited their instrument of ratification (Article 66); whereas Article 25 (1) lays down that the Commission cannot be validly seized by a person, nongovernmental organisation or group of individuals unless the Applicant claims to have been the victim of a violation by one of the Contracting States of the rights recognized in the Convention and that State has recognised the competence of the Commission in the matter; whereas, therefore the Commission is not competent *ratione personae* to take cognizance of violations of the Convention by individuals, including legal counsel (see the consistent jurisprudence of the Commission); whereas, moreover, an examination of the file including an examination made *ex officio* does not disclose any way in which the action of Mr. F. of which the Applicant complains could, in any circumstances, have involved the international responsibility of Austria in respect of the Convention; whereas the Application is consequently also incompatible in this respect with the provisions of the Convention (Article 27 (2));

Whereas, lastly, with regard to the other aspects of the Application, examination of the file, including an examination made *ex officio*, does not reveal any apparent violation of the rights and freedoms defined in the Convention;

Whereas it should be recalled in particular with regard to the disputed judicial decisions, that the sole task of the Commission is to ensure the observance of the engagements undertaken by the Contracting States to the Convention (Article 19); whereas, therefore, the Commission cannot, when examining the admissibility of Applications lodged in pursuance of Article 25, deal with errors of fact or of law imputed rightly or wrongly to the domestic courts of Contracting States, save if, and in so far as, such errors appear to the Commission to have involved the rights and freedoms guaranteed by the Convention;

Whereas this is not the case in respect of this Application;

Whereas, with regard to the alleged violation of Article 5 (1) and (3), the Commission notes in particular that X. has without dispute at least since ... 1962, the date of the decision by the Supreme Court, been deprived of his liberty "lawfully" as "prescribed by law", "after conviction by a competent court" [Article 5 (1) second sentence and sub-paragraph (a)]; whereas his detention from ...

que, sous ce rapport, la requête est incompatible avec les dispositions de la Convention (article 27 § 2);

Considérant par ailleurs, pour autant que X. reproche à son avocat, Mr. F., d'avoir manqué à ses devoirs, que la Commission, aux termes de l'article 19 de la Convention, a pour seule tâche d'assurer le respect des engagements résultant de celle-ci pour les Hautes Parties contractantes, c'est-à-dire pour les Etats membres du Conseil de l'Europe qui ont signé la Convention et déposé leur instrument de ratification (article 66); que l'article 25 § 1 stipule, de son côté, que la Commission ne peut être valablement saisie par une personne physique, une organisation non gouvernementale ou un groupe de particuliers que si le requérant se prétend victime d'une violation, par l'un des Etats contractants, des droits reconnus dans la Convention et que cet Etat ait accepté la compétence de la Commission en la matière; que la Commission n'a donc pas compétence, *ratione personae*, pour connaître des violations de la Convention imputées aux simples particuliers, y compris les avocats (cf. la jurisprudence constante de la Commission); qu'au demeurant, l'examen du dossier ne permet pas de déterminer, même *d'office*, en quoi les agissements incriminés de Me. F. auraient pu, exceptionnellement, entraîner la responsabilité internationale de l'Autriche sur le terrain de la Convention; que la requête est par conséquent, ici encore, incompatible avec les dispositions de cette dernière (article 27 § 2);

Considérant enfin, quant aux autres aspects de la requête, que l'examen du dossier ne permet de discerner, même *d'office*, aucune apparence de violation des droits et libertés définis dans la Convention;

Qu'il échet spécialement de rappeler, quant aux décisions judiciaires litigieuses, que la Commission a pour seule tâche d'assurer le respect des engagements résultant de la Convention pour les Etats contractants (article 19); qu'il en découle notamment qu'elle ne peut, au stade de l'examen de la recevabilité des requêtes introduites en vertu de l'article 25, connaître des erreurs de fait ou de droit reprochées, à tort ou à raison, aux juridictions internes des Etats contractants que si et dans la mesure où ces erreurs lui semblent susceptibles d'avoir porté atteinte aux droits et libertés garantis par la Convention;

Que tel n'est point le cas en l'espèce;

Que la Commission relève en particulier, quant à la violation alléguée de l'article 5 §§ 1 et 3, que X. se trouve sans contredit, au moins depuis le ... 1962, date de l'arrêt de la Cour Suprême, privé de sa liberté "régulièrement" et "selon les voies légales", "après condamnation par un tribunal compétent" (§ 1, deuxième phrase et alinéa a), de l'article 5); que la détention qu'il a subie du

1961 to ... 1962 was also covered by the provisions quoted above; whereas in fact the Applicant had been found guilty and sentenced to eighteen months' hard labour immediately before his arrest; whereas, moreover, according to Austrian law such detention is regarded as provisional detention or remand in custody, having regard to the suspensive effect of the appael and the plea of nullity which were the subject of the sentence dated ... 1961 [Article 284 (3) and 294 (1) of the Code of Criminal Procedure]; whereas Article 5 (1) (c) of the Convention provides for "the lawful arrest or detention effected for the purpose of bringing him before the competent legal authority on reasonable suspicion of having committed an offence or when it is reasonably considered necessary to prevent his committing an offence or fleeing after having done so"; whereas the disputed detention does not seem in any way contrary to these provisions; whereas in particular, according to the file as it stands at present, the Commission does not consider that the *Landesgericht* in Z. (sentence of ... 1961) and the *Oberlandesgericht* in A. (decision of ... 1961) abused their powers of appreciation by considering that there was danger that the Applicant might flee; whereas, moreover, the Applicant had the right, of which he availed himself before the *Oberlandesgericht* in A., to lodge an appeal in accordance with the requirements of Article 5 (3) and (4); whereas the Commission further refers, in so far as it is necessary, to the second paragraph of the preamble of this decision from which it appears that expiry of the six months' time limit [Article 26 and 27 (3) of the Convention] precludes the Applicant from attacking before the Commission the decision of ... 1961;

Whereas the Commission is likewise unable to conclude that the Austrian Courts have violated the Applicant's right to a fair trial as protected by Article 6; whereas the Commission notes in this connection, first, that the proceedings before the Supreme Court (*Oberster Gerichtshof*) were carried on in the presence of the parties; whereas it notes, too, that the severity of the sentence inflicted on X. by the Court of first instance and to a smaller extent by the *Oberster Gerichtshof*, would be explained by the existence of previous convictions and not by an unjust or partial attitude on the part of the judges (see p. 3 of the judgment of ... 1961 and p. 7 of the decision of ... 1962); whereas the Commission also stresses that nothing in the Convention precludes a court from hearing, as a witness for the prosecution, a person guilty of the same offence as the person on trial before the court (in the case in point, W.);

Whereas the principle of legality of offences and penalties, laid down in Article 7 of the Convention, has, moreover, not been violated in this case either by the *Landesgericht* of Z. or the *Oberster Gerichtshof*, or at a later date; whereas study of the sentence of ... 1961 and of the decision of ... 1962 does not, as contended by the

... 1961 au ... 1962 rentrait elle aussi dans le cadre des dispositions précitées; qu'en effet, le requérant avait été déclaré coupable et frappé de dix-huit mois de réclusion rigoureuse aussitôt avant son arrestation; qu'en outre, ladite détention s'analyse en droit autrichien, pour la période antérieure au ... 1962, en une détention provisoire ou préventive, compte tenu de l'effet suspensif de l'appel et du pourvoi en cassation dont a fait l'objet le jugement du ... 1961 (articles 284 § 3 et 294 § 1 du Code de procédure pénale); qu'en son paragraphe 1 c), l'article 5 de la Convention prévoit qu'un individu peut être "arrêté ou détenu", "selon les voies légales", "en vue d'être conduit devant l'autorité judiciaire compétente, lorsqu'il y a des raisons plausibles de soupçonner qu'il a commis une infraction ou qu'il y a des motifs raisonnables de croire à la nécessité de l'empêcher de commettre une infraction ou de s'enfuir après l'accomplissement de celle-ci"; que la détention litigieuse ne semble point contraire à ces prescriptions; qu'en l'état actuel du dossier, spécialement, la Commission n'estime pas que le *Landesgericht* de Z. (jugement du ... 1961) et l'*Oberlandesgericht* de A. (arrêt du ... 1961) aient abusé de leur pouvoir d'appréciation en retenant l'existence d'un danger de fuite; qu'au demeurant, l'intéressé a eu la faculté, dont il s'est prévalu, d'exercer devant l'*Oberlandesgericht* de A. un recours répondant aux exigences des §§ 3 et 4 de l'article 5; que la Commission se réfère au surplus, pour autant que de besoin, au deuxième "considérant" de la présente décision, d'où il ressort que l'expiration du délai de six mois (articles 26 et 27 § 3 de la Convention) empêche le requérant d'attaquer devant elle l'arrêt du ... 1961;

Que la Commission ne parvient pas davantage à conclure que les juridictions autrichiennes puissent avoir violé le droit du requérant à une bonne administration de la justice, tel que le protège l'article 6; qu'elle constate à ce propos, tout d'abord, que la procédure suivie devant la Cour Suprême (*Oberster Gerichtshof*) a revêtu un caractère contradictoire; qu'elle note en second lieu que la sévérité de la peine infligée à X. en première instance et, dans une moindre mesure d'ailleurs, par l'*Oberster Gerichtshof*, s'expliquerait par l'existence de condamnations antérieures, et non par une attitude inique ou partiale des juges (cf. la p. 3 du jugement du ... 1961 et la p. 7 de l'arrêt du ... 1962); que la Commission souligne également que rien, dans la Convention, n'interdit à un tribunal d'entendre, en qualité de témoin à charge, une personne coupable de la même infraction qu'un prévenu traduit devant lui (en l'occurrence W.);

Que le principe de la légalité des délits et des peines, consacré par l'article 7 de la Convention, n'a pas non plus été transgressé en l'espèce, que ce soit par le *Landesgericht* de Z. et l'*Oberster Gerichtshof* ou ultérieurement; que la lecture du jugement du ... 1961 et de l'arrêt du ... 1962 ne révèle en effet, contrairement aux affir-

Applicant, reveal any retroactive application or extensive interpretation of the pertinent texts of Austrian criminal law; whereas in her letter of ... 1962 the Applicant's mother appears to invoke in this connection, as a subsidiary matter, the proposed revision of the Austrian Criminal Code (*Strafnovelle*); whereas, so far as the Commission has been able to ascertain, this proposed revision has not yet come into force; whereas, moreover, even if, in Austria, homosexual relations were shortly to removed from the list of crimes and misdemeanours, it cannot be denied that the facts established against X., at the time when they were committed, constituted an offence under Austrian law; whereas the disputed conviction is, therefore, fully compatible with Article 7;

Whereas, therefore, the remainder of the Application must be rejected as being manifestly ill-founded [Article 27 (2) of the Convention];

Now, therefore, the Commission

DECLARES THE APPLICATION TO BE INADMISSIBLE.

Application No. 1661/62

X. AND Y. *against* BELGIUM

Decision of 17th January 1963

(*Translation*)

THE FACTS

Whereas the facts of the case may be summarised as follows: the Applicants are domiciled at A., near Brussels.

Early in 1962 the female Applicant, a commercial artist, received census forms which she was obliged to complete in a "language other than her mother tongue or common tongue". She affirms that she "completed them to the best of her ability" and inserted the statement "mother tongue: Walloon".

On ... 1962, she was called to the police station at A. Y. was summoned for having made a frivolous statement.

On ... 1962, this Applicant was summoned to appear on ..., before the Police Court at C. on a charge of "not having supplied, in the municipality where [she] was at the time of the census, in an exact and complete manner, the particulars prescribed in the individual bulletin A bis or B bis [Article 4 (1) and Article 22 (2) of the Royal Decree of 3rd November 1961]", when she was "entered, under the provisions of Article 2" of that Decree, "on a household bulletin A".

mations du requérant, aucune application rétroactive ou interprétation extensive des textes pertinents du droit pénal autrichien; que, dans sa lettre du ... 1962, la mère du requérant semble invoquer sous ce rapport, en ordre subsidiaire, le projet de réforme du Code pénal autrichien (*Strafnovelle*); que, selon les renseignements recueillis par la Commission, toutefois, ledit projet n'est pas encore entré en vigueur; qu'au demeurant, même si les relations homosexuelles devaient disparaître à bref délai, en Autriche, de la liste des crimes et délits, les faits établis à la charge de X. constituaient sans nul doute, à l'époque où ils ont été commis, une infraction en droit autrichien; que la condamnation litigieuse se révèle donc entièrement compatible avec l'article 7;

Qu'il échet, dès lors, de rejeter le restant de la requête pour défaut manifeste de fondement (article 27 § 2 de la Convention);

Par ces motifs, la Commission

DECLARE LA REQUETE IRRECEVABLE.

Requête No. 1661/62

X. ET Y. *contre* LA BELGIQUE

Décision du 17 janvier 1963

...

EN FAIT

Considérant que les faits de la cause peuvent se résumer ainsi:

Les requérants ont leur domicile à A. près de Bruxelles.

Au début de 1962, la requérante, dessinatrice de publicité, a reçu des formulaires de recensement qu'il lui a fallu remplir dans une "langue autre que sa langue maternelle et communautaire". Elle affirme les avoir "complètement remplis selon ses moyens propres", tout en y insérant la mention "langue maternelle: wallon".

Convoquée le ... 1962 au commissariat de police de A., Y. s'y est vu dresser procès-verbal pour déclaration fantaisiste.

Le ... 1962, la requérante a été citée à comparaître le ... devant le Tribunal de police de C. sous la prévention de "ne pas avoir fourni dans la commune où (elle) se trouvait au moment du recensement, d'une manière exacte et complète, les renseignements prévus par le bulletin individuel modèle A bis ou B bis (article 4 § 1 et article 22 § 2 de l'arrêté royal du 3 novembre 1961)", alors pourtant qu'elle devait "être signalée, en exécution des dispositions de l'article 2" de cet arrêté, "sur un bulletin de ménage A.".

In proceedings before the Police Court (first Chamber) Y. is said to have invoked the Convention in addition to the Belgian Constitution and Civil Code. The Court nevertheless sentenced her, on ... 1962, to a fine of 700 Belgian francs or, in default of payment within the time-limit prescribed by law, to seven days' imprisonment.

Whereas the Applicants' complaints may be summarised as follows:

The Applicants, who allege violation of Articles 6, 9, 10 and 14 of the Convention, ask the Commission to examine their case, which, they submit, comes within the context of the Belgian language problem.

They recall that the decennial census, provided for by the Law of 28th June 1932, originally included a "language page" by which the State was informed of the distribution of the various groups and the governmental, provincial and municipal services were thus able to "apply effectively the rights of freedom of language" by adapting or maintaining a unilingual or a bilingual system according to a percentage laid down by law and according to regional development of population and language.

The Law of 24th July 1961 (Article 3) laid down that the 1961 census would not include "any question relating to the use of languages" and postponed the effects of the language census of 31st December 1947. The Law was alleged to have been voted under the pressure and demands of the Flemish members of the population, who were in the majority in the country, "whose only criteria are the law of numbers and the priority of soil over man".

The Law in question also formed part of a series of measures showing wilful ignorance of the true linguistic situation, with a view to impeding the development of the French language, destroying freedom of expression and fostering "the progressive development of the Flemish influence in the country":

- grant of the bilingual system to areas having only a small Flemish minority;
- refusal to grant the same system to large French minorities;
- introduction of the Flemish language system into Walloon localities, with grant of facilities to the French-speaking majority;
- elsewhere, abolition of these facilities and application of the use of Flemish as sole language;
- laws instituting compulsion and punishment.

That is why, it is said, thousands of Belgians did not complete their census forms or mentioned on them their mother tongue, or returned the forms to the Minister or Mayor, or refused to reply to the census officer.

Many local authorities are reported to have then had the census

Devant le Tribunal de police (1ère chambre), Y. aurait invoqué la Convention en plus de la Constitution et du Code Civil belges. Le Tribunal ne l'en a pas moins condamnée, le ... 1962, à 700 FB d'amende ou, à défaut de paiement dans le délai légal, à sept jours d'emprisonnement.

Considérant que les griefs des requérants peuvent se résumer ainsi:

Les requérants, qui allèguent la violation des articles 6, 9, 10 et 14 de la Convention, invitent la Commission à examiner leur cas, qu'ils replacent dans le contexte du problème linguistique belge.

Ils rappellent que le recensement décennal prévu par la loi du 28 juin 1932 comportait, à l'origine, un "volet linguistique" qui faisait connaître à l'Etat la répartition des différents groupes et permettait ainsi aux services gouvernementaux, provinciaux et communaux, "d'appliquer effectivement les droits à la liberté des langues" par l'adaptation ou le maintien d'un régime soit unilingue, soit bilingue, suivant un pourcentage déterminé par la loi et suivant l'évolution démographique et linguistique des régions.

Or, la loi du 24 juillet 1961 (article 3) a décidé que le recensement de 1961 ne comprendrait "aucune question relative à l'emploi des langues", et a prorogé les effets du recensement linguistique du 31 décembre 1947. Elle aurait été votée sous la pression et les revendications de la fraction flamande, majoritaire dans le pays, "dont les seuls critères sont la loi du nombre et la primauté du sol sur les hommes".

La loi dont il s'agit s'insérerait d'ailleurs dans un ensemble de mesures dénotant une ignorance volontaire de la situation linguistique réelle et tendant à entraver le développement de la langue française, détruire la liberté d'expression et favoriser "la flamandisation progressive du pays":

- octroi du régime bilingue à des zones ne comprenant que de faibles minorités flamandes:
- refus de ce même régime à de fortes minorités françaises;
- introduction du régime linguistique flamand dans des localités wallones, avec octroi de facilités à la majorité d'expression française;
- ailleurs, suppression de ces facilités et application de l'unilinguisme flamand;
- lois de contrainte et de répression.

Voilà pourquoi des milliers de Belges n'auraient pas rempli leur formulaire de recensement, ou y auraient mentionné leur langue maternelle, ou l'auraient renvoyé au ministre ou au bourgmestre, ou encore auraient refusé de répondre au recenseur.

Beaucoup d'autorités locales auraient alors fait remplir les feuilles de recensement par les agents chargés du travail de distribution, de

forms completed by the officials responsible for distributing them, so that many "offenders" escaped punishment.

On the other hand, legal action was taken against other "offenders". Generally speaking, the judges were more severe towards persons who, like the female Applicant, tried to defend themselves, than towards those who did not: the former were sentenced to the maximum possible penalty (20 × 35 Belgian francs) and the latter to the minumim (20 × 15 Belgian francs). The Applicants consider this to be a flagrant violation of Article 6 of the Convention.

Such punishment was all the more abusive since 300 Flemish Mayors, who, in 1960 "refused, for political or racial reasons, to distribute the full census forms" benefited from action by Parliament which "amended the Law ad hoc".

With regard to the proposals for an amnesty which have been tabled or are being studied, the Applicants claim that they do not re-establish the rights and freedoms guaranteed by the Convention.

THE LAW

Whereas, under the terms of Article 26 of the Convention for the Protection of Human Rights and Fundamental Freedoms, the Commission "may only deal with the matter after all domestic remedies have been exhausted, according to the generally recognized rules of international law";

Whereas, the female Applicant did not lodge an appeal against the disputed decision of ... 1962;

Whereas, it is true that the Applicants maintain that "it was impossible for them to utilise the normal remedies"; whereas they emphasise in this connection that since the language page had been removed from the census forms the courts were obliged to sentence "those who wished to vindicate their rights and freedoms"; whereas they add that "all new government decisions, both as regards the rights of parents in the matter of education and the rights to a language, the application of penal laws, obligations, breach of rights and freedoms, are acts covered by royal decrees and have the force of law"; whereas they deduce therefrom that "all acts contrary to these decisions contravene the established laws and any penalty, of whatever kind, will be ineffective and inadequate since the Government has not decided to re-introduce the former laws which guaranteed the rights and freedoms of the individual";

Whereas it should be noted that this case relates essentially to the compatibility of the Law of 24th July 1961 (Article 3) and the Royal Decree of 3rd November 1961 with Articles 9, 10 and 14 of the Convention;

sorte qu'un très grand nombre de "réfractaires" auraient échappé à toute sanction.

D'autres, en revanche, ont été traduits en justice. D'une manière générale, les juges se seraient montrés plus sévères pour les prévenus qui, comme la requérante, ont tenté de se défendre, qu'envers ceux qui y ont renoncé: aux premiers, ils auraient infligé le maximum de la peine prévue (35 FB × 20), aux seconds le minimum (15 FB × 20) Les requérants y voient une violation flagrante de l'article 6 de la Convention.

Cette répression se révélerait d'autant plus choquante que trois cents bourgmestres flamands qui, en 1960, "refusèrent, pour des motifs politiques et racistes, de distribuer les formulaires complets de recensement", auraient bénéficié de l'intervention du Parlement, qui "modifia la loi pour la circonstance".

Quant aux projets d'amnistie déposés ou à l'étude, les requérants leur reprochent de ne pas rétablir les droits et libertés garantis par la Convention.

EN DROIT

Considérant que la Commission, aux termes de l'article 26 de la Convention de sauvegarde des Droits de l'Homme et des Libertés fondamentales, "ne peut être saisie qu'après l'épuisement des voies de recours internes, tel qu'il est entendu selon les principes de droit international généralement reconnus";

Que la requérante n'a pas interjeté appel contre le jugement litigieux du ... 1962;

Que les requérants soutiennent, il est vrai, qu'il leur "a été impossible d'utiliser les voies de recours normales"; qu'ils soulignent à ce sujet, notamment, que les formulaires de recensement ayant subi l'amputation du volet linguistique, les tribunaux ont l'obligation de condamner "ceux qui voudraient faire valoir leurs droits et libertés"; qu'ils ajoutent que "toutes les nouvelles décisions gouvernementales, tant en ce qui concerne les droits des parents en matière d'enseignement, que les droits à la langue, l'application des lois de répression, les obligations, les atteintes aux droits et libertés, tous ces actes sont couverts par des arrêtés royaux et ont force de loi"; qu'ils en déduisent que "tous actes contraires à ces décisions sont en contravention avec les lois établies et tous recours, quels qu'ils soient, seront inefficaces et insuffisants, le gouvernement n'étant pas décidé à remettre en vigueur les lois antérieures qui garantissaient des droits et libertés de chacun";

Qu'il échet cependant de constater que la présente affaire a trait, pour l'essentiel, à la compatibilité de la loi du 24 juillet 1961 (article 3), ainsi que de l'arrêté royal du 3 novembre 1961, avec les articles 9, 10 et 14 de la Convention;

Whereas the Commission has recalled on many previous occasions that, for the purposes of applying Article 26 of the Convention, any complaint made to it in respect of a lower national court must first have been brought, at least in substance, before the appropriate higher court (cf. Yearbook I, page 147 (French only); Collection VII, pages 52 and following (French only) Collection VIII, pages 23 to 24 (English) and 123 to 124 (French only)); whereas an application against a State where the Convention is an integral part of municipal law, as in Belgium (see *inter alia* the case law of the Court of Cassation and of the Council of State) may thus prove to be inadmissible if the victim of the alleged violation has not given his judges an opportunity to remedy that violation because the Convention was not invoked or no other arguments to the same effect were raised (cf. the decisions relating to the admissibility of Applications Nos. 1045/61, 1103/61, (Collection, VIII, page 124) and 1273/61);

Whereas it nevertheless remains to be established whether there was any special circumstance dispensing the Applicant, according to the relevant generally recognised principles of international law from appealing to the court of appeal and then, if necessary, to the Court of Cassation, complaining, expressly or substantially, of a breach of the rights guaranteed by Articles 9, 10 and 14 of the Convention;

Whereas, in order to decide whether the two remedies mentioned above were, or were not, likely to be ineffective or inadequate in the circumstances, the Commission could not weigh the merits of the Applicants' arguments according to which the law of 24th July 1961 and the Royal Decree of 3rd November 1961 do not fulfil the requirements of the three articles referred to above; whereas at this stage of the proceedings it is, in other words, obliged to accept the validity of the arguments on a strictly provisional basis and purely as a working hypothesis (cf. the arbitration award made by Mr. A. Bagge on 9th May 1934 in the matter of the "Finnish ships", United Nations Collection of Arbitration Awards, Vol. III pp. 1503 and 1594);

Whereas the Convention entered into force for Belgium on 14th June 1955, that is, several years before the above-mentioned Law and Royal Decere; whereas though Belgian jurisprudence and legal practice generally grant international treaties precedence over earlier laws they are nevertheless considerably more hesitant when, as in the present case, subsequent laws are concerned (see Masquelin, "Théorie élémentaire des traités internationaux, spécialement au regard du système constitutionnel de la Belgique", Brussels 1953, page 38 paragraph 301; see also Slusny and Waelbroeck, "Journal des Tribunaux" 1960, pages 725 to 726; but see, too, to the contrary, Rolin "Journal des Tribunaux" 1953, pp. 561 to 562 and the

Que la Commission a déjà rappelé, à maintes reprises, qu'aux fins d'application de l'article 26 de la Convention, tout grief formulé devant elle à l'encontre d'une juridiction nationale inférieure doit avoir été articulé auparavant, au moins en substance, devant la juridiction supérieure compétente (cf. notamment Annuaire, I, p. 147; Recueil, VII, pp. 52 et s.; Recueil, VIII, pp. 23–24 et 123–124); qu'une requête dirigée contre un Etat où la Convention forme partie intégrante de la législation interne, comme la Belgique (cf., entre autres, la jurisprudence de la Cour de Cassation et du Conseil d'Etat), peut donc se révéler irrecevable si la victime de la violation alléguée n'a point donné à ses juges l'occasion de redresser celle-ci, faute d'avoir invoqué la Convention ou d'avoir soulevé d'autres arguments d'un effet équivalent (cf., par exemple, les décisions relatives à la recevabilité des requêtes N° 1045/61, 1103/61 (Recueil, VIII, p. 124) et 1273/61);

Qu'il reste à rechercher, néanmoins, s'il existait une circonstance particulière de nature à dispenser la requérante, selon les principes de droit international généralement reconnus en la matière, de saisir la juridiction d'appel puis, le cas échéant, la Cour de Cassation, en se plaignant, expressément ou en substance, d'une atteinte aux droits que garantissent les articles 9, 10 et 14 de la Convention;

Que, pour déterminer si les deux recours susmentionnés étaient ou non vraisemblablement inefficaces ou insuffisants en l'espèce, la Commission ne saurait apprécier le bien-fondé de l'argumentation des requérants, d'après laquelle la loi du 24 juillet 1961 et l'arrêté royal du 3 novembre 1961 ne répondent pas aux exigences des trois articles précités; qu'à ce stade de la procédure, en d'autres termes, elle doit accepter l'exactitude de cette argumentation, à titre strictement provisoire et comme une pure hypothèse de travail (cf. la sentence arbitrale rendue par M. A. Bagge, le 9 mai 1934, dans l'affaire des "navires finlandais", Recueil des sentences arbitrales de l'O.N.U., III, pp. 1503–1504);

Que la Convention est entrée en vigueur, à l'égard de la Belgique, le 14 juin 1955, c'est-à-dire plusieurs années avant la loi et l'arrêté royal susmentionnés; que la jurisprudence et la doctrine belges, si elles accordent en général la primauté aux traités internationaux sur les lois antérieures, se montrent sensiblement plus hésitantes lorsqu'il s'agit, comme en l'occurrence, de lois postérieures (cf. Masquelin, "Théorie élémentaires des traités internationaux, spécialement au regard du système constitutionnel de la Belgique", Bruxelles 1953, p. 38, § 301; cf. également Slusny et Waelbroeck, "Journal des Tribunaux", 1960 pp. 725–726; cf. toutefois, en sens contraire, Rolin, "Journal des Tribunaux", 1953, pp. 561–562, et

sentence pronounced by the Brussels Tribunal de Commerce on 16th June 1960, *ibidem*, 1960, p. 725); whereas, therefore, the question arises whether the remedies of which the applicant failed to avail herself might not have been ineffective or inadequate;

Whereas various Belgian courts have nevertheless agreed in similar cases that "the courts are competent to apply the provisions of the ... Convention" (Police court, La Louvière, 29th June 1962, Public Prosecutor *v.* Latin), that "the rights protected by the Convention have expressly become an integral part of positive Belgian law" and that "if a Law were to deprive a citizen of one of these rights there would be a conflict of laws which, in criminal cases, should entail application of the most favourable text" (Police court, Roeulx, 20th June 1962, Public Prosecutor *v.* Loth); whereas in any event the question whether or not, in Belgium, the Convention takes precedence over laws passed after 14th June 1955 is still apparently open in Belgian jurisprudence, for neither the Court of Cassation nor the Council of State appears as yet to have settled it; whereas, moreover, a series of judicial decisions have laid down, as a principle, in respect of international agreements other than the Convention, that it cannot be assumed that there is any wish on the part of the legislature to derogate from a treaty concluded by Belgium and incorporated into its legal system and that if, therefore, it is not clearly expressed, the judge must try to, by interpretation, reconcile the later law with the earlier treaty.

Whereas, moreover, mere doubt as to the existence and prospects of success of a domestic remedy does not constitute a special circumstance authorising non-exercise of that remedy since these are problems on which the competent national courts must have had an opportunity of giving a ruling themselves before any appeal to the Commission (cf. the decision of 16th Decembr 1961 on the admissibility of Application No. 712/60 of the Retimag Company against the Federal Republic of Germany, Collection VIII, pp. 38 and 41; cf. also the Permanent International Court of Justice, case of the Panevezys-Saldutiskis railway, Series A/B No. 76);

Whereas, an examination of the file does not reveal any other special circumstances which might have dispensed the Applicant, according to the generally recognised principles of international law, from contesting the disputed sentence of ... 1962;

Whereas, in these circumstances the Application must be rejected in pursuance of Article 27 (3) of the Convention for failure to exhaust all domestic remedies.

Now therefore the Commission

DECLARES THE APPLICATION INADMISSIBLE.

le jugement prononcé par le Tribunal de Commerce de Bruxelles le 16 juin 1960, *ibidem*, 1960, p. 725); que l'on peut, dès lors, se demander si les recours que la requérante a omis d'exercer n'auraient pas été vraisemblablement inefficaces ou insuffisants;

Que diverses juridictions belges ont admis pourtant, dans des causes analogues à la présente affaire, que "les tribunaux sont habiles à appliquer les dispositions de la ... Convention" (Tribunal de police de La Louvière, 29 juin 1962, Ministère Public *contre* Latin), que "les droits protégés par la Convention sont expressément devenus partie intégrante du droit positif belge", et que "si une loi venait à priver un citoyen d'un de ces droits, il y aurait un conflit de lois qui au pénal devrait se traduire par l'application du texte le plus favorable" (Tribunal de police de Roeulx, 20 juin 1962, Ministère Public *contre* Loth); qu'en tout cas, la question de savoir si la Convention l'emporte ou non, en Belgique, sur les lois postérieures au 14 juin 1955, demeure apparemment ouverte dans la jurisprudence belge, car ni la Cour de Cassation ni le Conseil d'Etat ne semblent l'avoir tranchée à ce jour; qu'une série de décisions judiciaires ont d'ailleurs érigé en principe, au sujet d'accords internationaux autres que la Convention, que la volonté du législateur de déroger à un traité conclu par la Belgique et incorporé dans son ordre juridique ne saurait se présumer, de sorte que si elle n'a pas été clairement exprimée, le juge doit s'efforcer de concilier, par voie d'interprétation, la loi postérieure avec le traité antérieur;

Qu'en outre, un simple doute sur l'existence et les chances de succès d'un recours interne ne constitue point une circonstance particulière autorisant le non exercice de ce recours, car il s'agit là de problèmes sur lesquels les juridictions nationales compétentes doivent avoir eu l'occasion de statuer elles-mêmes, avant tout appel à la Commission (cf. la décision du 16 décembre 1961 sur la recevabilité de la requête N° 712/60 de la Société Retimag contre la République Fédérale d'Allemagne, Recueil, VIII, pp. 38 et 41; cf. également Cour Permanente de Justice Internationale, affaire du chemin de fer Panevezys-Saldutiskis, Série A/B N° 76);

Que l'examen du dossier, enfin, ne permet de dégager aucune autre circonstance particulière qui ait pu dispenser la requérante, selon les principes de droit international généralement reconnus, d'attaquer le jugement litigieux du ... 1962;

Qu'il échet, dans ces conditions, de rejeter la requête en vertu de l'articlt 27 § 3 de la Convention, pour non épuisement des voies de recours internes;

Par ces motifs, la Commission

DECLARE LA REQUETE IRRECEVABLE.

Application No. 1727/72

X. *against* BELGIUM

Decision of 29th October 1963

(*Translation*)

THE FACTS

The Applicant, a Belgian citizen born in 1930, is a house painter. He is married with nine children, and was imprisoned at Y. when the Application was lodged.

On ... 1961, the Brussels Court of First Instance sentenced him to two years' imprisonment and a fine of 4,000 BF for unlawfully removing a large number of valuables from the house of Mme. A. between ... 1959 and ... 1961. As the theft was committed by breaking and entering or by means of counterfeit keys it was alleged by the prosecution to constitute a crime, but, on ... 1961 the Court, sitting in Chambers (*Chambre du Conseil*), remitted the case to a court of summary jurisdiction in view of certain extenuating circumstances.

The Applicant's wife was also convicted on the same facts and sentenced to six months' imprisonment (suspended) and a fine of 2,000 BF.

The Applicant (but not his wife) and the Department of the Public Prosecutor (*Ministère Public*), lodged an appeal against the judgment of ... 1961.

Presenting his report (*rapport*) at the hearing on ... 1962, the President of the Brussels Court of Appeal (14th Chamber) described the defendant's "system of defence" as "improbable", "scandalous", "lying", "disgraceful" and "distasteful". He also told X. that the Court would have to consider whether the sentence passed by the Court of First Instance "was adequate in view of the system of defence adopted".

One of the Applicant's two lawyers, Maître B., requested confirmation of these remarks in writing.

On ... 1962 the Brussels Court of Appeal (14th Chamber) gave a decision (*arrêt*), from which the following extracts are taken:

...

"*Whereas* the Court could dispense with meeting the request to "give confirmation in writing" on the grounds that in its submissions (conclusions) the defence draws no legal inference from the statements which are asked to be recorded (Cf. Cassation, ... 1930, Pas. I (363);

"*Whereas*, moreover, at the preliminary hearing of the case, the report on, and cross-examination of, the accused by the President

Requête No. 1727/62

X. *contre* LA BELGIQUE

Décision du 29 octobre 1963

EN FAIT

Considérant que les faits de la cause peuvent se résumer ainsi:

Le requérant, ressortissant belge né en 1930, exerce le métier de peintre en bâtiment; marié et père de neuf enfants, il se trouvait détenu à la prison de Y. au moment de l'introduction de sa plainte.

Le ... 1961, le Tribunal de première instance de Bruxelles avait infligé à X. deux ans d'emprisonnement, plus 4.000 FB d'amende, pour avoir frauduleusement soustrait dans l'appartement de Mme A., entre le ... 1959 et le ... 1961, un très grand nombre d'objets mobiliers de valeur. Il s'agissait là, selon le Ministère public, d'un vol commis à l'aide d'effraction, d'escalade ou de fausses clefs et par conséquent qualifié crime, mais la Chambre du Conseil avait "correctionnalisé" l'infraction le ... 1961 en raison de certaines circonstances atténuantes.

De son côté, l'épouse du requérant s'était vu condamner, pour les mêmes faits, à six mois d'emprisonnement avec sursis, plus 2.000 FB d'amende.

Le requérant (mais non sa femme) et le Ministère public interjetèrent appel contre le jugement du ... 1961.

A l'audience du ... 1962, le Président de la 14ème Chambre de la Cour d'Appel de Bruxelles, présentant son rapport, qualifia le "système de défense" du prévenu d'"invraisemblable", "scandaleux", "mensonger", "ignoble" et "répugnant". Il indiqua en outre à X. que la Cour aurait à examiner si la peine prononcée en première instance "était suffisante, eu égard au système de défense adopté".

L'un des deux avocats de l'intéressé, Me. B., demanda acte de ces propos.

Le ... 1962, la Cour d'Appel de Bruxelles (14ème Chambre) rendit un arrêt dont il échet de reproduire les passages suivants:

...

"*Attendu* que la Cour pourrait se dispenser de répondre à cette demande de "donner acte", motif pris de ce que la défense ne tire, en conclusions, aucune conséquence juridique des actes dont la constatation est postulée (cf. Cass. ... 1930 – Pas. I 363);

"*Attendu,* au demeurant, que lors de l'instruction de la présente cause à l'audience, rapport et interrogatoire du prévenu par

of the Bench formed a whole designed to prepare the case for further hearing;

"*Whereas*, in its search for truth, it is for the Court having jurisdiction (juridiction de jugement) to evaluate the merits of the "system of defence" submitted and, bearing in mind the facts already established during the hearing, to take note, if necessary, of any palpable improbabilities and even, if appropriate, of the gratuitously scandalous nature of the defence;

"*Whereas* the accused admitted having removed and sold, without permission, for his personal profit at least part of the civil plaintiff's property, which is sufficient evidence for finding him guilty of an offence and convicting him; whereas his wife, prosecuted as an accomplice and convicted of the same offence by the judgment *a quo*, lodged no appeal against the decision;

"*Whereas*, therefore, the accused's statements on the matter appear irrelevant and lacking in pertinence;

"*Whereas*, in trying to exonerate himself, the defendant alleged, and reiterated under cross-examination before the Court, that the civil plaintiff, of her own free will, divested herself of a large part of her property because, he claimed, she had taken him as a lover;

"*Whereas* this system of defence has been shown in the circumstances to be highly improbable;

"*Whereas* the civil plaintiff ... estimates at the considerable sum of approximately half a million francs the over-all value of the property removed from her house in Rue B., Brussels;

"*Whereas* the victim is a respectable lady of over 80 years of age ...;

"*Whereas*, as she resided not at the Rue B. but at the M. at O., she met the accused only occasionally ...;

"*Whereas* from the information gathered from acquaintances and friends of Mme. A. it is clear that not the slightest doubt can be cast on her integrity or morals;

"*Whereas* she was sentimentally attached to her family furniture and regarded her house, left vacant, in Rue B., as a kind of sanctuary to which she would retire from time to time;

"*Whereas* she has a reputation, as is natural among certain aged people, of being very cautious, as was testified by, *inter alia*, her servant, who has been in her employment for more than two years, and was certain that her mistress could not have given the accused any presents ...;

"*Whereas*, when informed of the accused's preposterous, ill-founded and offensive statements, the civil plaintiff, rightly shocked by such remarks – which, being utterly false, can only be described as scandalous – immediately protested vehemently ...;

"*Whereas* if, despite all contrary evidence, Mme. A. did in fact

le Président du siège formaient un ensemble visant à la mettre en état;

"*Qu'il* appartient à la juridiction de jugement d'apprécier – dans sa recherche de la vérité – la valeur du "système de défense" présenté et d'en constater, éventuellement – compte tenu des éléments déjà acquis aux débats – les invraisemblances manifestes, voire, le cas échéant, le caractère gratuitement scandaleux;

"*Or*, attendu que le prévenu avait reconnu avoir, sans aucune autorisation, enlevé et vendu pour son compte, tout au moins une partie du mobilier de la partie civile, ce qui suffit à le constituer en infraction et à justifier sa condamnation; que, poursuivie comme "coauteur" et condamnée également du chef des mêmes faits par le jugement *a quo*, son épouse n'a point relevé appel de cette décision;

"*Attendu*, dès lors, que les considérations de fait émises par le prévenu adviennent sans relevance et dénuées de pertinence;

"*Attendu* que, pour tenter de se disculper, le prévenu a allégué – et il l'a maintenu devant la Cour lors de son interrogatoire – que la partie civile s'est, de son plein gré, dépouillée à son profit d'une importante partie de ses biens parce qu'elle l'aurait, prétend-il, pris pour amant;

"*Attendu* que ce système de défense se révèle, en l'occurence hautement invraisemblable;

"*Attendu*, en effet, que la partie civile ..., chiffre à la somme considérable d'un demi-million de francs environ, la valeur de l'ensemble du mobilier disparu de son hôtel de la rue B. à Bruxelles;

"*Que* la préjudiciée est une vieille dame respectable de plus de 80 ans ...;

"*Que*, domiciliée non à la rue B. mais au M. à O., elle ne rencontrait qu'occasionnellement le prévenu ...;

"*Qu'il* ressort, des renseignements pris dans l'entourage et les relations de Mme A., que son honorabilité et sa moralité ne peuvent être le moins du monde suspectées;

"*Qu'elle* était sentimentalement attachée à ses meubles de famille et considérait son hôtel de la rue B., resté inoccupé, comme une sorte de sanctuaire, où elle venait, de temps en temps, se recueillir;

"*Qu'elle* passe pour être – comme il est naturel à certains vieillards – très conservatrice, ainsi qu'en atteste, notamment, sa femme d'ouvrage qui, à son service depuis plus de deux ans, a assuré que sa patronne n'a pu faire de cadeaux au prévenu ...;

"*Attendu* qu'instruite des imputations aussi saugrenues et mal fondées que blessantes proférées par le prévenu, la partie civile, légitimement écoeurée de tels propos – qu'on ne peut, les constatant mensongers, que les qualifier de scandaleux – protesta immédiatement avec véhémence ...;

"*Attendu* que si Mme A. avait – contre toute vraisemblance –

give the accused a large amount of valuable furniture from her house in Rue B., there could be no possible reason for X. to remove the property, as he did, under cover of darkness and to conceal its disappearance by replacing it with objects of similar bulk hidden under covers . . . ;

"*Whereas*, therefore, the evidence submitted to the Court reveals in their true light the accused's barefaced lies and, in particular, demolishes the highly offensive statements by which, being unable to vindicate himself, he debased his system of defence;

"*Whereas* the evidence confirms that the accused, who had previously been sentenced to 8 months' imprisonment (with suspension of sentence) for forgery, issuing forged documents and misappropriation of funds ... is a person of very low morals, who lived off public charity and suddenly began to lead a somewhat expensive way of life . . . ; whereas, in this respect, the enquiry made by the Criminal Investigation Department into the accused's character is extremely revealing . . . ;

"*Whereas* the view expressed at the preliminary hearing that the accused's sentence might be increased was perfectly justified and in the circumstances, served as a warning to the accused as to the inadvisability of maintaining a system of defence which, in the light of the evidence submitted to the Court, was clearly untenable and gratuitously insulting to the civil plaintiff;

"*Whereas* the accused took no heed of the warning and both his lawyers used it as a pretext for not making final submissions;;

"*Whereas*, when resummoned at the conclusion of the hearing, the accused stated that he had nothing to add in his defence;

"*Whereas* it emerges from all these considerations that the facts declared established by the first judge were confirmed by the hearing before the Court of Appeal;

"*Whereas* the seriousness of the facts and the accused's criminal record justify (an) increase in sentence . . ."

The Court accordingly:

- gave "written formal acknowledgment to the defence of its note entitled '*Donner acte à la défense*', read and deposited at the hearing of 24th February 1962, subject to the express objections arising out of the foregoing arguments";

- "unanimously" decided to increase the Applicant's principal sentence from two years to thirty months;
- upheld the judgment *a quo* for the remainder.

X. then appealed to the Court of Cassation on a single ground divided into three parts:

> *First part:* "Without it being necessary to refute each and every argument of the Court, it is sufficient to observe that

effectivement fait cadeau au prévenu de cette masse importante de mobilier de prix garnissant l'hôtel de la rue B., il ne se concevrait point que X. eût dû, comme il l'a fait, déménager ces meubles à la faveur de la nuit et en camoufler la disparition en leur substituant des objets de même volume qu'il dissimulait sous des housses ...;

"*Attendu* donc que, d'une part, les éléments soumis à la Cour font bonne justice des mensonges éhontés du prévenu, pulvérisant, notamment, les imputations hautement injurieuses auxquelles – faute de pouvoir se justifier – il a ravalé son système de défense;

"*Que*, d'autre part, ils confirment que le prévenu – déjà condamné antérieurement à huit mois de prison (avec sursis) du chef de faux en écritures, usage de faux et détournement frauduleux ... – est de très basse moralité, qu'il vivait aux crochets de la charité publique et que, soudainement, il s'est mis à mener un train de vie assez coûteux ...; qu'à cet égard, l'enquête de moralité à laquelle a procédé la police judiciaire est pleinement édifiante ...;

"*Attendu* que l'avis donné au prévenu, lors de l'instruction de la cause à l'audience, d'avoir à envisager une majoration de peine se justifiait donc parfaitement; qu'il constituait, en l'occurence, un avertissement destiné à l'éclairer sur l'inopportunité de maintenir un système de défense s'avérant, compte tenu des éléments soumis à la Cour, manifestement insoutenable et gratuitement insultant à l'égard de la partie civile;

"*Attendu* que le prévenu n'a eu cure de cet avertissement et que ses deux conseils en ont pris prétexte, l'un et l'autre, pour refuser de développer leurs conclusions;

"*Que*, réinterpellé en clôture des débats, le prévenu a déclaré n'avoir rien à ajouter pour sa défense;

"*Attendu* qu'il ressort de l'ensemble de ces considérations, que les faits déclarés constants par le premier juge sont restés établis par l'instruction faite devant la Cour;

"*Attendu* que la gravité de ces faits et les antécédents judiciaires du prévenu justifient (une) majoration de peine ...".

En conséquence, la Cour:

- donna "acte à la défense de son écrit intitulé 'Donner acte à la défense', lu et déposé à l'audience du ... 1962, sous les protestations expresses résultant des motifs ci-avant";
- statuant à l'unanimité", porta à trente mois (au lieu de deux ans) la peine principale du requérant;
- confirma le jugement *a quo* pour le surplus.

X. se pourvut en cassation, invoquant un moyen unique divisé en trois branches:

Première branche: "Sans qu'il soit nécessaire de rencontrer tous et chacun des motifs de la Cour, il suffit de constater que

the manner in which the judges expressed their opinion before hearing either the parties concerned or the *Ministère Public* contravenes the right to defence, the Convention for the Protection of Human Rights and the methods of procedure (formes substantielles) laid down, under pain of the proceedings being declared void, by the Code of Criminal Procedure for the organisation of proceedings before the Court (contravention of Article 6, particularly paragraphs 1 and 2, of the Convention, approved by the Act of 15th May 1955, and (of Article) 210 of the Code of Criminal Procedure)";

Second part: "The facts of which the accused is charged were referred to the Court having jurisdiction. The latter cannot, without undermining the freedom of defence, gauge their truth or seriousness against the system of defence adopted or, in particular, do so before hearing the arguments of the parties concerned. A decision which lays down the principle that the Court can, at any time during the hearing, warn the defendant that his sentence will be increased if he maintains his position, contravenes the basic principles of equality in legal hearings, the presumption of innocence and the freedom of defence (contravention of Article 2, particularly sub-paragraph 2, of the Decree of 20th July 1831 on the press; Article 6, particularly paragraphs 1, 2 and 3 (c) of the Convention, Article 210 of the Code of Criminal Procedure and Article 97 of the Constitution)";

Third part: "By stating that the accused did not heed the President's warning and that his two lawyers used it as a pretext for refusing to make their final submissions, the contested decision reveals that the Court took account of counsel's attitude in evaluating the sentence, thereby violating the freedom of defence and freedom of members of the Bar to choose grounds for defence, which is a guaranteed freedom and cannot be checked or restricted except in the manner laid down by law. If the correlation between counsel's attitude and the increased sentence were doubtful, such ambiguity in the contested decision would prevent the Court from examining the legality of the judgment referred to it (contravention of Article 2, particularly sub-paragraph 2, of the Decree of 20th July 1831 on the press; Article 6, particularly paragraph 3 (c), of the Convention, Article 452 of the Penal Code, Article 37, particularly sub-paragraph 1 (1), of the Imperial Decree of 14th December 1810 on the profession of barrister, Article 97 of the Constitution)."

In an explanatory memorandum of ... 1962, counsel for the defence added in essence:

la manifestation d'opinion des juges avant l'audition des parties et du Ministère public viole les droits de la défense, la Convention de Sauvegarde des Droits de l'Homme et les formes substantielles prescrites à peine de nullité par le Code d'instruction criminelle pour l'organisation des débats devant la Cour [violation de l'article 6, spécialement alinéas 1 et 2 de la Convention ..., approuvée par la loi du 13 mai 1955, et (de l'article) 210 du Code d'instruction criminelle]";

Deuxième branche: "La juridiction de jugement est saisie des faits mis à charge du prévenu et ne peut, sans porter atteinte à la liberté de la défense, mesurer la réalité ou la gravité de ceux-ci en fonction du système de défense adopté, ni surtout le faire avant d'avoir entendu les parties en leurs moyens; en posant en principe que la Cour peut, à tout moment des débats, avertir le prévenu que sa peine sera accrue s'il maintient sa position, l'arrêt viole les principes fondamentaux de l'égalité dans le débat judiciaire, de la présomption d'innocence et de la liberté de la défense (violation des articles 2, spécialement alinéa 2, du décret du 20 juillet 1831 sur la presse, 6, spécialement alinéa 1, 2 et 3 littera c) de la Convention ..., 210 du Code d'instruction criminelle et 97 de la Constitution)";

Troisième branche: "L'arrêt attaqué, en constatant que le prévenu n'a eu cure de l'avertissement du président et que ses deux conseils en ont pris prétexte pour refuser de développer leurs conclusions, indique que la Cour a retenu l'attitude des avocats dans l'appréciation de la peine, violant ainsi la liberté de la défense et la liberté des membres du barreau dans le choix des moyens de défense qui est garantie et ne peut être contrôlée et limitée que dans la forme prescrite par la loi; que si la corrélation entre l'attitude des avocats et l'aggravation prononcée était incertaine, cette ambiguïté de l'arrêt attaqué empêcherait la Cour de contrôler la légalité de la décision qui lui est soumise (violation des articles 2, spécialement alinéa 2 du décret du 20 juillet 1831 sur la presse, 6, spécialement alinéa 3, littera c), de la Convention de Sauvegarde des Droits de l'Homme, 452 du Code pénal, 37, spécialement alinéa 1, §1 du décret impérial du 14 décembre 1810, sur la profession d'avocat, 97 de la Constitution)".

Dans leur mémoire ampliatif du ... 1962, les conseils du requérant ont ajouté en substance:

- that after requesting confirmation in writing of the statements of the *Président-Rapporteur* and making their submissions as to the merits, they expressly decided not to plead. Although solemnly and sincerely convinced that they "possessed substantial information in support of their client's argument", they considered that the attitude of the Court of Appeal "undermined" and "invalidated" their function as agents of justice;
- that, to their mind, the "unequivocal words" used by the President "in the name of the Court ... implied that the Court's opinion was formed and expressed before (the defence had) been able to take part in the hearing";
- that Article 6 para. (1) of the Convention and Article 210 of the Belgian Code of Criminal Procedure "clearly laid down the judge's duty as being *to hear* the accused's explanations *before expressing his opinion";*
- that "as a result of the appeals lodged by both the accused and the *Ministère Public*, the whole of the case was down for hearing before the Court" and that "therefore, the judgment pronounced by the first judge in no way affects the rule of presumption of innocence";
- that the freedom of defence, guaranteed by, *inter alia*, Article 6 para. (3) (c) of the Convention and Article 2 (2) of the Decree of 20th July 1861 on the press,

  "is subject only to the right of the judge to criticise the arguments of the accused and, of course, any implausibility in his statements. It is nevertheless accepted that the judge may do this only at the conclusion of the hearing, when drawing up his judgment. It appears that, even then, the judge can take no account of the choice of grounds for defence in appraising the degree of guilt and the sentence to be imposed". (Belgian Pandects, volume LXX, p. 26, under '*Liberté de la défense*', Nos. 18 and 19).

- that it could not be maintained, as the Court of Appeal nevertheless appeared to do, that "the grounds put forward by the accused (were lacking) in relevance", for

  (i) "if the accused's general argument were allowed, the charge of theft with counterfeit keys should be reduced to petty larceny, even if the finding of admitted thefts, reached by the Court in final instance, were retained";

  (ii) the appraisal of the facts was obviously quite different, in regard to the application of a sentence, in the argument maintained from the outset by the accused";

- that the Court of Appeal did "not give an adequate reply to the submissions duly made" nor "deal with the subsidiary defence

- *qu'après* avoir demandé acte des déclarations du Président-rapporteur et déposé leurs conclusions au fond, ils avaient expressément renoncé à plaider; bien que persuadés, en leur âme et conscience, de "disposer d'éléments sérieux à l'appui de la thèse" de leur client, ils avaient estimé que l'attitude de la Cour d'Appel "mettait en cause" et "rendait inutile" leur rôle d'auxiliaires de la justice;
- *qu'à* leurs yeux, en effet, les "termes non équivoques" employés par le Président "au nom de la Cour ... impliquaient que la conviction de celle-ci était formée et exprimée avant (que la défense n'ait) eu le loisir d'intervenir dans le débat";
- *que* les articles 6 § 1 de la Convention et 210 du Code belge d'instruction criminelle "prévoient sans ambiguïté le devoir du juge d'*entendre* les explications du prévenu *avant de manifester son opinion*";
- *que* "par les appels interjetés tant par le prévenu que le Ministère public, la Cour est saisie de la totalité du débat", et que "la condamnation prononcée par le premier juge n'entraîne donc aucune modification de la règle de l'innocence présumée";
- *que* la liberté de la défense, garantie notamment par l'article 6 § 3 c) de la Convention et l'article 2 § 2 du décret du 20 juillet 1831 sur la presse,

  "n'est limitée que par le droit du juge de critiquer les arguments invoqués par le prévenu et bien sûr l'invraisemblance éventuelle de ses déclarations. Il va toutefois de soi que c'est seulement à l'issue des débats, en rédigeant sa décision, que le juge peut procéder ainsi. Il semble que, même à ce moment, le juge ... ne puisse tenir compte du choix des moyens de défense pour apprécier la culpabilité et la peine à infliger" (Pandectes belges, tome LXX, p. 26, sous "Liberté de la défense", N° 18 et 19);

- *qu'on* ne pouvait soutenir, comme la Cour d'Appel paraissait cependant l'avoir fait, que "les moyens développés par le prévenu (manquaient) d'intérêt", car

  (i) "si l'on admettait la thèse générale du prévenu, la prévention de vol avec fausses clefs devait être nécessairement disqualifiée en vol simple, même si l'on retenait la constatation de vols reconnus souverainement appréciée par la Cour";

  (ii) "l'appréciation des faits était évidemment toute différente quant à l'application d'une peine éventuelle dans la thèse soutenue dès le premier jour par le prévenu";

- *que* la Cour d'Appel n'avait d'ailleurs "pas répondu adéquatement aux conclusions régulièrement prises", ni "rencontré le moyen

based on the submission that the civil plaintiff gave the accused the keys to the building", despite the fact that this was "a plea as to the merits affecting the nature of the offence";

- that, according to Article 37 of the Imperial Decree of 14th December 1810, "barristers shall freely exercise their functions for the defence of justice and truth";
- that "by taking a stand, before hearing it, against the argument which counsel solemnly and sincerely considers it his duty to submit, the judge departs from the normal working of the judicial machinery and compromises the role of the defence";
- that "a counsel cannot allow an argument he considers plausible in the light of his brief to be put forward before a judge who describes it in advance as distasteful and disgraceful", and that the judge cannot "appraise the attitude of barristers by accusing them in a decision of having sought a 'pretext' for not pleading", since "a barrister practises his profession in accordance with strict rules within the framework of the law";
- that the disputed decision should be quashed for "ambiguity of reasons" through not indicating "what consequence other than an increased sentence the Court (drew) from its criticism of the accused and its advice as to the choice of grounds for defence and counsels' attitude".

The Court of Cassation (2nd Chamber) dismissed the appeal, on ... 1962, judging:

(a) *as regards the first part of the plea:*

- "that the evidence before the Court did not reveal that the President of the Court of Appeal had, in his report, pre-judged the appellant's guilt", since he "merely expressed an appraisal of the system of defence adopted by the latter prior to his appearance before the Court of Appeal";
- that "in Article 210 of the Code of Criminal Procedure and in Articles 141 and 142 of the Act of 18th June 1869 on judicial organisation, the expression "opinion" refers simply to the opinion which the "*rapporteur*" and judges are required to express during the consultation (*délibération*) following the hearing (*débats*)";
- that "the contested appraisal was made before the appellant was heard and in the presence of his counsel, who therefore were in a position to refute it";
- that, accordingly, "neither Article 210 of the Code of Criminal Procedure nor Article 6 of the Convention ... nor the rights of the defence were violated";

des clefs de l'immeuble", alors pourtant qu'il s'agissait "d'un moyen de défense au fond entraînant le changement de nature de l'infraction";

- *que*, selon l'article 37 du décret impérial du 14 décembre 1810, "les avocats exerceront librement leur ministère pour la défense de la justice et de la vérité";
- *qu'* "en prenant position, avant de l'entendre développer, contre la thèse qu'en âme et conscience l'avocat estime devoir présenter, le juge s'écarte", par conséquent, "du fonctionnement normal de l'appareil judiciaire et y compromet le rôle de la défense";

- *qu'* "un avocat ne peut admettre de développer une thèse qu'il croit plausible au vu du dossier devant un magistrat qui la déclare par avance répugnante et ignoble", et que le juge ne saurait "apprécier l'attitude des avocats en les accusant dans un arrêt d'avoir cherché un 'prétexte' pour ne pas plaider", "la discipline du barreau (s'exerçant) suivant des règles strictes dans le cadre de la loi";
- *que* l'arrêt litigieux encourait cassation pour "ambiguïté de motifs", faute d'indiquer "quelle conséquence, autre que l'aggravation de peine, la Cour (avait tirée) des reproches qu'elle (avait formulé à l'égard du prévenu et de ses conseils dans le choix des moyens de défense et l'attitude des avocats à la barre".

La Cour de Cassation (2ème Chambre) a rejeté le pourvoi le ... 1962. Elle a jugé en effet:

a) *quant à la première branche du moyen:*
   - "*qu'il* ne (résultait) pas des pièces auxquelles la Cour peut avoir égard que le Président de la Cour d'Appel (eût), dans son rapport, préjugé la culpabilité du demandeur", puisqu'il s'était "borné à émettre une appréciation au sujet du système de défense adopté par celui-ci antérieurement à sa comparution devant la Cour d'Appel";
   - *que*, "dans l'article 210 du Code d'instruction criminelle, comme dans les articles 141 et 142 de la loi du 18 juin 1869 sur l'organisation judiciaire, le terme opinion ne vise que l'opinion que le rapporteur et les juges sont appelés à émettre au cours de la délibération consécutive aux débats";
   - *que* "l'appréciation critiquée (avait) été émise avant l'audition du demandeur et en présence de la défense, qui (avaient) donc été en mesure de la contredire";
   - *que*, dès lors, "ni les articles 210 du Code d'instruction criminelle ou 6 de la Convention ..., ni les droits de la défense (n'avaient été violés");

(b) ***as regards the second part:***

- **that the decision made "did not (lay down) the principle that the Court of Appeal can, at any time during the hearing, warn the accused that his sentence will be increased if he maintains his position, but stated that the accused had been notified that his sentence might be increased" and that "such a warning (violated) none of the texts invoked";**

(c) ***as regards the third part:***

- that the decision of ... 1962 stated "that the seriousness of the facts of which the appellant was charged and his criminal record (justified) an increase in the sentence passed by the first judge", thus setting out "without ambiguity the reasons for the increase", which were "not related to the attitude adopted by the appellant's lawyers".

In a memorandum published by the *Journal des Tribunaux* of ... 1963 and added to the file, Maître D., a former member of the Council of the Order of Belgian Barristers,
- upholds the way in which the Court of Cassation interpreted Article 210 of the Code of Criminal Procedure;
- appears to consider, however, that the decision of ... 1962 violated Article 6, para. (2) of the Convention.

Whereas X. alleges before the Commission that paragraphs 1, 2 and 3 (c) of Article 6 of the Convention were disregarded "by the Courts of the Kingdom of Belgium"; that the complaints he made before the 14th Chamber of the Court of Appeal at Brussels and the President were the same, in substance, as those made before the Court of Cassation; that the latter too failed to put right the dispiuted situation and "the reasons given by the Court of Cassation did not expressly refute any of the arguments he derived from the Convention"; whereas he requests:

"(1) that the Kingdom of Belgium agree, be invited and, if necessary, obliged to fulfil the obligations arising from the Convention, with which the facts reported are in conflict;

(2) that it agree, be invited and, if necessary, obliged to repair the consequences of the infringements committed by, *inter alia:*

(a) taking all necessary steps to declare void the decisions of ... 1962 of the Court of Cassation and ... 1962 of the Court of Appeal and, if possible, re-open proceedings from the time when the accused appeared before the Court of Appeal;

(b) ordering the immediate *provisional* release of the accused who is being held in prison solely on the basis of decisions taken in violation of the provisions of the Convention;

b) *quant à la deuxième branche:*

- *que* l'arrêt entrepris "ne (posait) pas en principe que la Cour d'Appel peut, à tout moment des débats, avertir le prévenu de ce que sa peine sera accrue s'il maintient sa position, mais (constatait) qu'avis (avait) été donné au demandeur d'avoir à envisager une majoration de peine", et que "pareil avertissement ne (violait) aucun des textes invoqués";

c) *quant à la troisième branche:*

- *que* l'arrêt du ... 1962 avait relevé "que la gravité des faits mis à charge du demandeur et les antécédents judiciaires de celui-ci (justifiaient) une majoration de la peine prononcée par le premier juge", énonçant "ainsi sans ambiguïté les motifs de cette majoration", lesquels étaient "étrangers à l'attitude adoptée par les conseils du demandeur".

Dans une note publiée par "Le Journal des Tribunaux" du ... 1963 et versée au dossier, Me D., ancien membre du Conseil de l'Ordre des Avocats de Belgique,
- admet la manière dont la Cour de Cassation a interprété l'article 210 du Code d'instruction criminelle;
- semble considérer, en revanche, que l'arrêt du ... 1962 a violé l'article 6 § 2 de la Convention.

Considérant que X. allègue devant la Commission la méconnaissance, "par les instances judiciaires du Royaume de Belgique", des paragraphes 1, 2 et 3c) de l'article 6 de la Convention; que les griefs qu'il formule à l'encontre de la 14ème Chambre de la Cour d'Appel de Bruxelles et de son Président coïncident, en substance, avec ceux qu'il a énoncés devant la Cour de Cassation; qu'il se plaint également de celle-ci, à laquelle il reproche de ne pas avoir redressé la situation litigieuse et de n'avoir "rencontré expressément", dans les motifs de son arrêt, "aucun des arguments" que le pourvoi "tirait de la Convention"; qu'il demande:

"1°) que le Royaume de Belgique accepte, soit invité, et au besoin contraint, de respecter les obligations découlant de la Convention de Sauvegarde avec lesquelles les faits rapportés sont en opposition;

2°) qu'il accepte, soit invité et au besoin contraint, d'effacer les conséquences des violations précitées, notamment:

(a) en faisant toutes diligences pour faire annuler les arrêts du ... 1962 de la Cour de Cassation et du ... 1962 de la Cour d'Appel et, si possible, faire recommencer la procédure à compter de la comparution devant la Cour d'Appel;

(b) ordonner la mise en liberté *provisoire* immédiate du prévenu qui n'est détenu que sur la base de décisions prises en contravention des dispositions de la Convention;

(3) that it agree, be invited and, if necessary, obliged to afford the Applicant just satisfaction if (the) internal law (of Belgium) allows only partial reparation to be made for the consequences of decisions declared void";

PROCEEDINGS BEFORE THE COMMISSION

Whereas the proceedings to date before the Commission may be summarised as follows:

On ... 1963, the President of the Commission, acting on the authority vested in him by the Commission, granted a request for precedence submitted by Me. B. on behalf of the Applicant (Rule 38, paragraph 1 *in fine*, of the Rules of Procedure).

On ... 1963, a group of three members of the Commission unanimously concluded, after a preliminary examination of the case, that the Application appeared to be admissible (Rules 34 and 45, paragraph 1, of the Rules of Procedure).

The President of the Commission consequently instructed the Secretariat, on the same day, to give notice of the Application to the Respondent Government and to invite that Government to submit, within four weeks, its observations in writing on the admissibility of Mr. X.'s complaints (Rule 45, paragraph 2, of the Rules of Procedure). The Secretariat immediately carried out these instructions.

The written observations of the Belgian Government [doc. DH/Misc (63) 13] dated ... 1963, were transmitted to the Secretariat on ... by the Permanent Representative of Belgium to the Council of Europe. On the instructions of the President of the Commission (Rule 46, paragraphs 1 and 2, of the Rules of Procedure) the Secretariat communicated them to the Applicant's counsel on ... 1963, asking him to reply within a period of four weeks.

By letter of ... 1963 Me. B. informed the Secretariat that he saw no point in making a counter-memorial; he submitted that the Belgian Government had put forward "no serious argument" against the unanimous opinion of the Group of three members [doc. DH/Misc (63) 15].

On ... and ... 1963 the plenary Commission decided to invite the parties to make oral submissions on the admissibility of the Application (Rule 46, paragraph 1 *in fine*, of the Rules of Procedure); it was left to the President (or Vice-President, if necessary) to decide, after consulting the parties, when the hearing should take place.

On ... 1963 Mr. H. Deruelles, Belgian Deputy Minister of Finance, wrote to the President of the Commission, informing him on behalf of the Minister of Justice that Mr. X. had been released from prison that day (doc. A 82.912).

3°) qu'il accepte, soit invité et au besoin contraint, d'accorder une satisfaction équitable au requérant au cas où son droit interne ne lui permettrait qu'imparfaitement d'effacer les conséquences des décisions incriminées";

PROCEDURE SUIVIE DEVANT LA COMMISSION

Considérant que la procédure suivie à ce jour devant la Commission peut se résumer ainsi:

Le ... 1963, le Président de la Commission, agissant en vertu des pouvoirs que celle-ci lui a délégués en la matière, a fait droit à une demande d'examen prioritaire que Me. B. avait présentée au nom du requérant (article 38 § 1 in fine du Règlement intérieur).

Le ... 1963, un groupe de trois membres de la Commission est arrivé, après un examen préliminaire de l'affaire, à la conclusion unanime que la requête semblait recevable (articles 34 et 45 § 1 du Règlement Intérieur).

En conséquence, le Président de la Commission a chargé le Secrétariat, le même jour, de donner connaissance de la requête au Gouvernement défendeur et d'inviter ledit Gouvernement à formuler, dans le délai de quatre semaines, ses observations écrites sur la recevabilité des griefs de X. (article 45 § 2 du Règlement intérieur). Le Secrétariat s'est acquitté aussitôt de cette tâche.

Les observations écrites du Gouvernement belge (Doc. HD/Misc (63) 13), datées du ... 1963, ont été transmises au Secrétariat le ..., par le Représentant Permanent de Belgique auprès du Conseil de l'Europe. Sur les instructions du Président de la Commission (article 46 §§ 1 et 2 du Règlement intérieur), le Secrétariat les a communiquées, le ... 1963, à l'avocat du requérant avec prière d'y répondre dans le délai de quatre semaines.

Par lettre du ... 1963, Me. B. a informé le Secrétariat qu'il ne croyait pas utile de rédiger un tel contre-mémoire; il a exprimé l'opinion, en effet, que le Gouvernement belge n'opposait "aucun argument sérieux" à l'avis unanime du Groupe de Trois (Doc. DH/Misc (63) 15).

Les ... et ... 1963, la Commission plénière a décidé de convier les parties à lui fournir des explications orales sur la recevabilité de la requête (article 46 § 1 *in fine* du Règlement intérieur); elle a laissé à son Président (ou, le cas échéant, à son Vice-Président) le soin de fixer la date de l'audience contradictoire après consultation des parties.

Par lettre du ... 1963, M. H. Deruelles, Ministre Adjoint aux Finances de Belgique, a fait savoir au Président de la Commission, au nom du Ministre de la Justice, que X. avait été libéré le même jour (Doc. A 82.912).

On ... 1963 the President of the Commission decided that the hearing on the admissibility of the Application would be held at the Paris Offices of the Council of Europe on Monday ... 1963, beginning at 10 a.m. and continuing, if necessary, on the following day.

At the place and on the date specified there appeared before the Commission:

for the Applicant (Rule 36, paragraph 2, of the Rules of Procedure):
Me. S. MOUREAUX, Barrister at the Brussels Court of Appeal;
for the respondent Government (Rule 36, paragraph 1, of the Rules of Procedure):
Mr. A. GOMREE, *magistrat délégué* at the Belgian Ministry of Justice, *Agent;*
Me. J. VAN RYN, *Bâtonnier de l'Ordre des Avocats* at the Belgian Court of Cassation, *Counsel.*

The Commission heard the arguments and submissions of the parties and put various questions to them (Rules 53 and 63, combined, of the Rules of Procedure); the verbatim record of proceedings is contained in document A 85.118.

The hearing ended at about 6 p.m. on Monday, ... 1963. The Commission deliberated in private the following day and adopted this decision, which was signed by the President on ... 1964.

THE LAW

Whereas the respondent Government maintains that the Application is inadmissible on the grounds of non-exhaustion of domestic remedies (Article 26 and 27, paragraph 3, of the Convention), as being manifestly ill-founded (Article 27, paragraph 2) and an abuse of the right of application (Article 27, paragraph 2); whereas it is necessary to examine in turn each of these three arguments for a non-acceptance of the case.

I. EXHAUSTION OF DOMESTIC REMEDIES

A. *Arguments of the parties*

Whereas at the hearing of ... 1963 the representatives of the Belgian Government maintained that not all domestic remedies had been exhausted, as X. had not appealed to the Belgian Court of Cassation in pursuance of Article 542 of the Code of Criminal Procedure, to have the case withdrawn from the 14th Chamber of the Brussels Court of Appeal and transferred to a different Court of Appeal on grounds of legitimate suspicion.

Whereas Article 542 of that Code reads as follows:

> "In assize, correctional or police court cases, the Court of Cassation may, at the request of the Public Prosecutor (Pro-

Le ... 1963, le Président de la Commission a décidé que l'audience contradictoire sur la recevabilité de la requête s'ouvrirait à Paris, dans les bureaux du Conseil de l'Europe, le lundi ... 1963 à 10 h., et se poursuivrait au besoin le lendemain.

Ont comparu devant la Commission, au lieu et à la date prévus: *pour le requérant* (article 36 § 2 du Règlement intérieur):

Me. S. MOUREAUX, avocat à la Cour d'Appel de Bruxelles;

pour le Gouvernement défendeur (article 36 § 1 du Règlement intérieur):

M. A. GOMREE, magistrat délégué au Ministère de la Justice de Belgique, *Agent*;

Me. J. VAN RYN, Bâtonnier de l'Ordre des Avocats à la Cour de Cassation de Belgique, *Conseil*.

La Commission a entendu les parties en leurs moyens et conclusions et leur a posé différentes questions (articles 53 et 63, combinés, du Règlement intérieur); le compte rendu intégral des débats se trouve reproduit au Document A 85.118.

L'audience contradictoire s'est terminé le lundi ... 1963 vers 18 h. Le lendemain, la Commission a délibéré en chambre du conseil et a adopté la présente décision, dont le Président a signé le texte le ... 1964.

EN DROIT

Considérant qu'aux yeux du Gouvernement défendeur, la requête est irrecevable à la fois pour non-épuisement des voies de recours internes (articles 26 et 27 § 3 de la Convention), pour défaut manifeste de fondement (article 27 § 2) et en raison de son caractère abusif (article 27 § 2); qu'il échet d'examiner successivement chacune de ces trois fins de non-recevoir;

I. SUR L'EPUISEMENT DES VOIES DE RECOURS INTERNES

A. *Argumentation des parties*

Considérant qu'à l'audience contradictoire du ... 1963, les représentants du Gouvernement belge ont soutenu que l'épuisement des voies de recours internes ne se trouvait pas réalisé en l'espèce, pour le motif que X. n'avait pas demande à la Cour de Cassation de Belgique, en vertu de l'article 542 du Code d'instruction criminelle, de dessaisir la 14ème Chambre de la Cour d'Appel de Bruxelles pour cause de suspicion légitime et de renvoyer l'affaire à une autre Cour d'Appel;

Qu'aux termes de l'article 542 dudit Code,

> "En matière criminelle, correctionnelle et de police, la Cour de Cassation peut, sur la réquisition du Procureur Général près

cureur Général) attached to that Court, transfer a case from one Assize Court to another, from one correctional or police court to another of the same category, or from one examining judge to another, on the grounds of public safety or legitimate suspicion.

Transfer may also be ordered at the request of the parties in the case, but only on the ground of legitimate suspicion";

Whereas the respondent Government's arguments on this point may be summarised as follows (doc. A 85.118, pages 13 to 16, and 44 to 53):

In its written observations of 2nd July 1963 [doc. DH/Misc (63) 13] the Belgian Government asked only that the Application be dismissed as being manifestly ill-founded and an abuse of the right of application (Article 27, paragraph 2, of the Convention); it did not invoke Articles 26 and 27, paragraph 3, of the Convention for the Protection of Human Rights and Fundamental Freedoms. No text however, prohibits this ground of inadmissibility from being raised for the first time at a hearing.

The respondent Government argued that the main purpose of Application No. 1727/62 was to have the Commission recognise and condemn the inequitable, biassed and malicious attitude which, alleges X., the President of the 14th Chamber of the Brussels Court of Appeal adopted towards him on 24 February 1962. If one assumes for a moment, merely as a working hypothesis, that such an attitude was indeed showing then it becomes clear, in the Belgian Government's view, that application for the case to be referred to another court would have been the most effective and satisfactory means of correcting the situation complained of. The respondent Government gave the Commission information on this point; it also cited, in support, some judicial decisions reported in the "*Répertoire pratique du Droit belge*" to the effect that there may be "legitimate suspicion", within the meaning of Article 542 of the Code of Criminal Procedure, when a party submits arguments which are serious and explicit enough to warrant the belief that the court normally competent will not carry out its task in a calm, independent and unprejudiced spirit. Lack of impartiality or equity, indeed even disregard of the principle of the presumption of innocence, would be factors likely to substantiate before the Court of Cassation the distrust felt by an accused person for a judge.

No doubt, an application for a case to be referred to another court on grounds of legitimate suspicion is, in analysis, an extraordinary remedy, but Article 26 of the Convention, as interpreted by the Commission, does not demand that only ordinary remedies be exhausted.

In any event, according to the respondent Government, there was

cette Cour, renvoyer la connaissance d'une affaire d'une Cour d'assises à une autre, d'un tribunal correctionnel ou de police à un autre tribunal de même qualité, d'un juge d'instruction à un autre juge d'instruction, pour cause de sûreté publique ou de suspicion légitime.

Ce renvoi peut aussi être ordonné sur la réquisition des parties intéressées, mais seulement pour cause de suspicion légitime.";

Que la thèse développée à cet égard au nom du Gouvernement défendeur peut se résumer ainsi (Doc. A. 85.118, pp. 13 à 16, 22 et 44 à 53):

Dans ses observations écrites du 2 juillet 1963 (Doc. DH/Misc (63) 13), le Gouvernement belge se bornait à conclure au rejet de la requête pour défaut manifeste de fondement et abus du droit de recours (article 27 § 2 de la Convention); il n'invoquait pas les articles 26 et 27 § 3 de la Convention de sauvegarde des Droits de l'Homme et des Libertés fondamentales. Cependant, aucun texte n'interdirait que ce moyen d'irrecevabilité soit soulevé pour la première fois en audience contradictoire.

La requête N° 1727/62 chercherait essentiellement à voir constater et condamner par la Commission l'attitude inéquitable, partiale et malveillante que le Président de la 14ème Chambre de la Cour d'Appel de Bruxelles, à en croire X., a adoptée envers celui-ci le 24 février 1962. Imaginons un instant, à titre de pure hypothèse de travail, que pareille attitude ait réellement eu lieu; il apparaît alors clairement, de l'avis du Gouvernement belge, que l'introduction d'une demande de renvoi eût constitué le moyen le plus efficace et adéquat de redresser la situation critiquée. Ledit Gouvernement a fourni à la Commission des renseignements sur ce point; il s'est, en outre, référé à certaines décisions de jurisprudence, tirées du Répertoire pratique du Droit belge *verbo* "renvoi d'un tribunal à un autre". Il en ressortirait qu'il peut y avoir "suspicion légitime", au sens de l'article 542 du Code d'instruction criminelle, lorsqu'un plaideur avance des faits assez graves et précis pour donner à penser que le tribunal normalement compétent ne s'acquittera pas de sa tâche dans un esprit serein, libre et dépourvu de préjugé. Un manque d'impartialité ou d'équité, voire une atteinte à la présomption d'innocence, figureraient parmi les éléments de nature à justifier, aux yeux de la Cour de Cassation, la défiance qu'un magistrat inspire à un prévenu.

Sans doute la requête en renvoi pour cause de suspicion légitime s'analyse-t-elle en un recours extraordinaire mais l'article 26 de la Convention, tel que l'interprète la Commission, n'exigerait pas l'épuisement des seules voies de recours ordinaires.

Toujours selon le Gouvernement défendeur, il n'existait aucun

nothing to prevent X. from making use of Article 542 of the Code of Criminal Procedure.

In the first place, in Belgian jurisprudence an application for transfer of a case to another court may be lodged at any time up to the beginning of oral pleadings; in the present case, these had not begun when the President of the 14th Chamber of the Brussels Court of Appeal made the remarks in issue.

The 14th Chamber, it is true, gave the defence a formal acknowledgment of the said remarks only in its decision of ... 1962. According to the Belgian Government, however, it would have been different had the defence, when requesting formal acknowledgment, announced that it intended to apply to the Court of Cassation for transfer of the case to another court on grounds of legitimate suspicion; had the defence done so, the Court of Appeal would probably have allowed the application on ... 1962 and postponed its decision on the merits of the case, even though it was under no obligation to do so; furthermore, even if the Court of Appeal had over-ruled the application and had proceeded with the case without intermission and if the Court of Cassation had subsequently ordered the transfer of the case, the order of the 14th Chamber would automatically have been quashed by the higher Court.

Moreover, the application for transfer to another court would not in any way "duplicate" the appeal to the Court of Cassation: the first ensures that the accused will not be tried by judges who are considered open to objection; the second implies, on the contrary, that the case is tried before them and their decision subsequently contested on a point of law. Thus, neither the grounds put forward nor the aim pursued are the same and the success or failure of one remedy would have absolutely no bearing upon the result which the other would produce or might have produced.

Certainly, an application for transfer of the case to another court could not be founded on X.'s complaints in respect of the decision of the Court of Cassation of ... 1962. The respondent Government pointed out, nevertheless, that the said decision would never have been made had X. made such an application and had it been allowed; it appears to have deduced therefrom that domestic remedies in this respect, too, had not been exhausted.

In reply to a question put by the President of the Commission, the Belgian Government conceded that the "right of defence" (paragraph 3 (c) of Article 6 of the Convention), unlike the "right to a fair and impartial hearing" and the "presumption of innocence" (article 6 paragraphs 1 and 2) could not have been made the subject of appeal in pursuance of Article 542 of the Code of Criminal Procedure.

Whereas the arguments put forward on the Applicant's behalf on

obstacle qui empêchât X. d'exercer la faculté prévue à l'article 542 du Code d'instruction criminelle.

Et d'abord, la jurisprudence belge admet que le dépôt d'une requête en renvoi peut intervenir jusqu'au début des plaidoiries; or, en l'espèce, celles-ci n'avaient pas commencé au moment où le Président de la 14ème Chambre de la Cour d'Appel de Bruxelles a prononcé les paroles litigieuses.

Certes la 14ème Chambre n'a donné acte à la défense de ces paroles que dans son arrêt du ... 1962. D'après le Gouvernement belge, toutefois, il en eût été autrement si la défense avait annoncé, en formulant sa demande de "donner acte", son intention de saisir la Cour de Cassation d'une requête en renvoi pour suspicion légitime: en pareil cas, la Cour d'Appel aurait probablement accueilli ladite demande dès le ... 1962 et sursis à statuer sur le fond de l'affaire, bien qu'elle n'en eût pas l'obligation; du reste, si d'aventure elle avait passé outre et mené la procédure à son terme sans désemparer, et si le renvoi de la cause avait ensuite été ordonné par la Cour de Cassation, cette dernière aurait automatiquement annulé l'arrêt de la 14ème Chambre.

Par ailleurs, la requête en renvoi ne ferait nullement "double emploi" avec le pourvoi en cassation: la première permet de ne pas être jugé par les juges dont on estime avoir à se plaindre; le second suppose, au contraire, qu'on laisse l'instance se dérouler devant eux et que l'on attaque leur décision après coup pour des raisons de droit. Par conséquent, ni les moyens invoqués, ni le but recherché ne seraient identiques, et l'échec ou le succès de l'un de ces recours ne signifierait absolument rien quant au résultat qu'obtiendrait ou aurait pu obtenir l'autre.

Assurément, les griefs que X. articule à l'encontre de l'arrêt rendu par la Cour de Cassation le ... 1962 ne pouvaient, eux, donner ouverture à une requête en renvoi. Le Gouvernement défendeur a souligné, néanmoins, que ledit arrêt n'aurait jamais existé si X. avait formé une telle requête et que celle-ci eût abouti; il semble en avoir déduit que l'épuisement des voies de recours internes ne se trouvait pas non plus réalisé sous ce rapport.

En réponse à une question du Président de la Commission, le Gouvernement belge a concédé que la matière du "droit de défense" (article 6 § 3 c) de la Convention), à la différence de celles de l'examen "équitable" et "impartial" de la cause et de la présomption d'innocence (article 6 §§ 1 et 2), était "étrangère au recours" prévu à l'article 542 du Code d'instruction criminelle.

Considérant que la thèse développée au nom du requérant peut,

this point may be summarised as follows (doc. A 85.118, pages 23, 28–30, 33 to 37, 58 to 63, 65 and 69):

Me. B. began by raising the question whether a respondent Party may validly invoke at a hearing a ground for inadmissibility which it has not submitted during the written proceedings; but he did not insist on the point; in any event, he submitted that the objection of non-exhaustion on the present case would not withstand examination.

In the first place, the Court of Appeal had, he argued, itself made it impossible for X.'s counsel to lodge an appeal under Article 542: Me. B. had asked to speak immediately after the remarks in issue were made, but he was not allowed to do so at that time: the President of the 14th Chamber, "carried away", replied that he could do so when making his pleading. The Applicant's counsel was thus, he said, reduced to silence until the Public Prosecutor and civil plaintiff had presented their case. Only then was he able to ask for formal acknowledgment of the remarks mentioned above. He had first made this application orally and when the President asked him to submit it in writing, he immediately drafted his submissions and laid them before the Court. The Court, however, included the incident in the merits and did not acknowledge the application until a month later, namely in its judgment of ... 1962. Without this formal acknowledgment the defence could not prove that the President of the 14th Chamber had made the criticised remarks. An application for the case to be transferred to another court on the ground of legitimate suspicion would not, therefore, have had the slightest prospect of success, had it been filed before ... 1962.

On that date the defence had, in theory, to choose between two courses of procedure, namely avail itself *a posteriori* of the option provided in Article 542 of the Code of Criminal Procedure, or to appeal to the Court of Cassation. How could one be blamed for choosing the latter course, by far the more normal and usual?

An application for transfer of the case on the ground of legitimate suspicion would, moreover, have meant leaving out one and possibly two of the three complaints made in the appeal to the Court of Cassation, namely, the alleged violations of the "right of defence" [Article 6, paragraph 3 (c) of the Convention], and the rule of the presumption of innocence (Article 6, paragraph 2). Furthermore. had the application been refused, it would have been too late to appeal to the Court of Cassation, since the prescribed time-limit of ten days would, in the meantime, have expired. In these circumstances it was not to X.'s advantage to make such an application.

The Belgian Government having objected that matters would have taken a different course if the defence had told the Court of Appeal on ... 1962 that it intended to apply to have the case transferred to another court on the ground of legitimate suspicion

sur le point dont il s'agit, se résumer ainsi (Doc. A. 85. 118, pp. 23, 28–30, 33 à 37, 58 à 63, 65 et 69):

Me B. a soulevé, pour commencer, la question de savoir si une Partie défenderesse peut valablement invoquer à l'occasion d'une audience contradictoire, un moyen d'irrecevabilité qu'elle n'a pas présenté au cours de la procédure écrite. Il n'a cependant pas insisté sur ce point: de toute façon, l'exception de non-épuisement ne résisterait pas à l'examen en l'espèce.

En premier lieu, la Cour d'Appel aurait mis elle-même la défense de X. dans l'impossibilité d'exercer le recours de l'article 542. En effet, Me B. aurait réclamé la parole aussitôt après les propos litigieux, mais il ne l'aurait pas obtenue immédiatement: le Président de la 14ème Chambre, "emporté", lui aurait répliqué qu'il l'aurait au moment des plaidoiries. L'avocat du requérant aurait donc été réduit au silence jusqu'à la fin des déclarations du Ministère public et de la partie civile. Alors seulement, il aurait été en mesure de demander acte des propos susmentionnés. Il aurait d'abord formulé cette demande de vive voix; le Président l'ayant invité à la coucher par écrit, Me B. aurait, sur-le-champ, rédigé des conclusions dont il saisit la Cour. Pourtant, celle-ci joignit l'incident au fond et n'accueillit la demande qu'un mois plus tard, dans son arrêt du ... 1962. Or, sans ce "donner acte", la défense ne pouvait établir que le Président de la 14ème Chambre de la Cour d'Appel avait tenu les propos critiqués. Par conséquant une requête en renvoi pour suspicion légitime n'aurait pas eu la moindre chance de succès si elle avait été introduite avant le ... 1962.

A cette date, la défense devait, en théorie, choisir entre deux solutions: user *a posteriori* de la faculté prévue à l'article 542 du Code d'instruction criminelle, ou se pourvoir en cassation. Comment lui reprocher d'avoir préféré la seconde, de loin la plus normale et la plus habituelle? D'ailleurs, une requête en renvoi pour suspicion légitime aurait laissé de côté un et peut-être même deux des trois griefs invoqués dans le pourvoi en cassation, à savoir l'atteinte prétendue au "droit de défense" (article 6 § 3 c) de la Convention) et à la présomption d'innocence (article 6 § 2). En outre, si elle avait échoué, il eût été trop tard pour se pourvoir en cassation: le délai légal de dix jours aurait expiré entre-temps. Dans ces conditions, X. n'avait pas intérêt à déposer pareille requête.

Le Gouvernement belge ayant objecté que les choses auraient pris une tournure différente si la défense avait annoncé à la Cour d'Appel, le ... 1962, son intention de réclamer le renvoi de la cause pour suspicion légitime (cf. *supra*), Me B. a répliqué que cet argument lui

(cf. *supra*), Me. B. had replied that the argument seemed to him to be "quite irrelevant to the exhaustion of domestic remedies", since it meant "doing the work of defence over again". He added that he had had to write out his application for formal acknowledgment with all possible speed at his seat in Court, on a loose sheet of paper, without having any time to reflect its terms or the consequences. There was nothing to prove, moreover, that if the defence had taken the course described above, the 14th Chamber would thereupon have acceded to its request and suspended judgment on the merits of the case: there was no text obliging it to do so, as the Belgian Government had expressly acknowledged.

Me. B. pointed out too, that the application would, moreover, have "duplicated" X.'s appeal to the Court of Cassation, since it would have been founded on the remarks made by the President of the 14th Chamber of the Court of Appeal, submitted to the Court of Cassation and would, at best, have led to the case being transferred to another Court of Appeal. X.'s appeal, too, concerned, although not exclusively, the President's remarks; was addressed to the Court of Cassation, and sought to have the decision of ... 1962 quashed and the case transferred to another Court of Appeal. Thus the grounds. the appropriate court and the purpose were the same for both remedies.

Furthermore, the rule relating to the exhaustion of domestic remedies, as laid down by the Convention and interpreted by the Commission, was held to apply to ordinary remedies only; extraordinary remedies, such as the application for the case to be transferred to another court on the ground of legitimate suspicion, would not be governed by it except in so far as they "applied intimately and very precisely" to the case in point.

Again, Application No. 1727/62 was directed not only against the 14th Chamber of the Brussels Court of Appeal (hearing of ... and decision of ... 1962); it attacked the Court of Cassation too. Boeckmans complained that the latter, in its decision of ... 1962, neither redressed the "violations" committed by the judges of the Court of Appeal, nor even replied to those arguments advanced during the appeal which were founded on the basis of Article 6 of the Convention. In this respect at least, the remedy available under Article 542 of the Code of Criminal Procedure could not be considered in point. Me. B. expressed doubts about the legal validity of the Belgian Government's contention that if Boeckmans had applied for the case to be transferred to another court and his application had been successful, he would not have needed to appeal to the Court of Cassation or subsequently apply to the Commission.

The Applicant's counsel then referred to the "generally recognised rules of international law" mentioned in Article 26 of the Convention. In this context he cited several extracts from the Com-

semblait "fort étranger à l'épuisement des voies de recours internes", car il tendait à "refaire le travail de la défense". Il a ajouté qu'il lui avait fallu écrire sa demande de "donner acte" à son banc, sur une simple feuille volante et en toute hâte, sans avoir le loisir d'en peser les termes ni les conséquences. Rien ne prouverait, au demeurant, que si la défense avait agi de la manière indiquée plus haut, la 14ème Chambre aurait, séance tenante, accueilli la demande en question et sursis à statuer sur le fond de l'affaire: aucun texte ne l'y obligaeit, ainsi du reste que le Gouvernement belge l'a expressément reconnu.

Selon Me B., d'ailleurs, cette requête aurait fait "double emploi" avec le pourvoi en cassation de X. En effet, elle se serait fondée sur les propos du Président de la 14ème Chambre de la Cour d'Appel, aurait été soumise à la Cour de Cassation et aurait abouti, dans l'hypothèse la plus favorable, au renvoi de l'affaire à une autre Cour d'Appel. Or, le pourvoi de X. avait trait lui aussi – mais non pas exclusivement – aux paroles du Président, s'adressait à la Cour de Cassation et visait l'annulation de l'arrêt du ... 1962 et le renvoi de la cause à une autre Cour d'Appel. Les moyens soulevés, la juridiction compétente et le résultat recherché étaient donc les mêmes pour les deux recours.

En outre, la règle de l'épuisement des voies de recours internes, telle que la consacre la Convention et que l'interprète la Commission, ne vaudrait en principe que pour les recours ordinaires; les recours extraordinaires, et par exemple la requête en renvoi pour suspicion légitime, échapperaient à son empire sauf dans la mesure où ils "s'appliquent intimement" et "très précisément" au cas d'espèce.

Au surplus, la requête N° 1727/62 ne se dirige pas uniquement contre la 14ème Chambre de la Cour d'Appel de Bruxelles (déroulement de l'audience du ... 1962 et arrêt du ... 1962); elle s'en prend, de surcroît, à la Cour de Cassation, X. reproche à celle-ci de n'avoir, dans son arrêt du 6 juin 1962, ni redressé les "violations" commises par les juges d'appel, ni même répondu aux arguments que le pourvoi tirait de l'article 6 de la Convention. A cet égard, pour le moins, le recours prévu à l'article 542 du Code d'instruction criminelle n'entrerait point en ligne de compte. Le Gouvernement belge avant fait observer que X. n'aurait pas eu besoin de se pourvoir en cassation, ni de saisir ensuite la Commission, s'il avait exercé ledit recours avec succès. Me B. a exprimé des doutes sur le caractère juridique de cette objection.

L'avocat du requérant s'est référé enfin aux "principes de droit international généralement reconnus", auxquels renvoie l'article 26 de la Convention. Il a cité, à ce sujet, plusieurs extraits de la décision que la Commission a rendue, le ... 1961, sur la recevabilité

mission's decision of 11th January 1961 as to the admissibility of Application No. 799/60 lodged by the Austrian Government against the Italian Government (Yearbook IV, page 172: concept of "normal" use of "essential" remedies "likely to be effective and adequate"; complaints submitted "in substance" to municipal courts before being brought before the Commission).

In conclusion, Me. B. asked the Commission to disallow the objection of non-exhaustion:

- in respect of the Application as a whole;
- or, at least, in respect of the complaints about the decision of the Court of Cassation;
- or, in respect of those complaints and those concerning the alleged violation by the Court of Appeal of the "right of defence" and the presumption of innocence.

B. *Decision of the Commission*

Whereas under Article 26 of the Convention for the Protection of Human Rights and Fundamental Freedoms, "the Commission may only deal with the matter after all domestic remedies have been exhausted, according to the generally recognised rules of international law ...";

Whereas at the beginning of the hearing of ... 1963 the respondent Government invoked the above text as a ground for dismissal of the application; whereas the Applicant's counsel asked whether this ground for inadmissibility was not made out of time, since it was not mentioned in the Belgian memorial of ... 1963;

Whereas it should be observed in this connection that neither the Convention nor the Rules of Procedure lay down, at any rate in a specific way, that States concerned must present, at the stage of written proceedings, all their submissions on lack of jurisdiction and on inadmissibility (Rules 44, 45, paragraphs 2 and 3 (b) and 46, paragraph 1, first sentence, of the Rules of Procedure; whereas on several occasions the Commission has considered and allowed an objection of non-exhaustion even though the respondent Party made it for the first time during the oral explanations provided for in Rule 46, paragraph 1 *in fine*, of the Rules of Procedure (cf. 11.1.1961, No. 788/60, Austria/Italy, Yearbook IV, pages 160 to 164 and 166 to 170; 16.12.1961, No. 712/60, Retimag/Federal Republic of Germany, Yearbook IV, pages 398 to 406; cf. also, with respect to the objection of incompetence *ratione temporis*, Yearbook IV, page 134); whereas, moreover, Applicant's counsel was given and took full advantage of the opportunity of replying to his opponent's arguments; whereas, lastly and above all, there was nothing to prevent the Commission from satisfying itself *ex officio*, as it very often does, that the conditions laid down in Article 26 had been met, except, perhaps if the Belgian Government clearly waived the right to take advantage of that Article;

de la requête N° 788/60 du Gouvernement autrichien contre le Gouvernement italien (Annuaire IV, p. 173: notion d'usage "normal" des recours "essentiels", "vraisemblablement efficaces et suffisants"; griefs soulevés "en substance" dans l'ordre interne avant de l'être devant la Commission).

En conclusion, Me B. a invité la Commission à rejeter l'exception de non-épuisement:
- soit pour l'ensemble de la requête;
- soit, au minimum, quant aux griefs relatifs à l'arrêt de la Cour de Cassation;
- soit encore quant à ces mêmes griefs, plus ceux qui ont trait à la violation alléguée, par la Cour d'Appel, du "droit de défense" et de la présomption d'innoncence.

B. *Décision de la Commission*

Considérant qu'aux termes de l'article 26 de la Convention de sauvegarde des Droits de l'Homme et des Libertés fondamentales, "la Commission ne peut être saisie qu'après l'épuisement des voies de recours internes, tel qu'il est entendu selon les principes de droit international généralement reconnus ...";

Considérant qu'au début de l'audience contradictoire du ... 1963, le Gouvernement défendeur a invoqué le texte précité pour conclure au rejet de la requête que l'avocat de X. a posé la question de savoir si cette fin de non-recevoir n'était pas tardive, du moment qu'elle ne figurait point dans le mémoire belge du ... 1963;

Qu'il échet de constater, à cet égard, que ni la Convention, ni le Règlement intérieur n'obligent les Etats intéressés, du moins expressément, à énoncer l'ensemble de leurs moyens d'incompétence et d'irrecevabilité dès le stade de la procédure écrite (articles 44, 45 §§ 2 et 3 b) et 46 § 1, première phrase du Règlement intérieur); que, dans plusieurs affaires, la Commission a examiné et retenu l'exception de non-épuisement bien que la Partie mise en cause l'eût présentée, pour la première fois, dans le cadre des explications orales prévues à l'article 46 § 1 *in fine* du Règlement (cf. p. ex. 11.1.1961, N° 788/60, Autriche/Italie, Annuaire IV, pp. 161 à 165 et 167 à 171; 16.12.1961, N° 712/60, Retimag/République Fédérale d'Allemagne, Annuaire IV, pp. 399 à 407; cf. également, en ce qui concerne l'exception d'incompétence *ratione temporis*, Annuaire IV, p. 135); qu'en outre, l'avocat du requérant a eu l'occasion, dont il a pleinement profité, de répondre à l'argumentation adverse; qu'enfin et surtout, rien n'aurait empêché la Commission de s'assurer *d'office*, comme elle le fait très fréquemment, que les conditions de l'article 26 se trouvaient remplies en l'espèce, sauf peut-être si le Gouvernement belge avait clairement renoncé au bénéfice de cet article;

Whereas there is consequently no need to go further into this aspect of the problem, on which, moreover, the Applicant did not himself dwell;

Whereas according to the generally recognised rules of international law to which Article 26 refers it is incumbent upon the respondent Government, if they raise the objection of non-exhaustion, to prove the existence in their municipal law system of remedies which have not been exercised (cf. in particular 12.10.1957, No. 299/57, Greece/United Kingdom, Yearbook II, pages 190–192; 11.1.1961, No. 788/60, Austria/Italy, Yearbook IV, pages 166–168);

Whereas the respondent Government showed that under Article 542 of the Belgian Code of Criminal Procedure, X. was entitled to apply for the case to be transferred to another court on the ground of legitimate suspicion and that the Applicant had not availed himself of that right;

Whereas the rule concerning exhaustion in principle requires, according to the conceptions which prevail in the matter nowadays, that all judicial means offered by municipal legislation should be utilised, provided they are likely to prove an effective and adequate means of redressing the grievances set forth, on the international plane, against the respondent State (2.9.1959, No. 343/57, Nielsen/Denmark, Yearbook II, pages 436–438; 11.1.1961, No. 788/60, Austria/Italy, Yearbook IV, page 168);

Whereas a priori, there was no reason why an application to have the case transferred to another court on the ground of legitimate suspicion, notwithstanding its "extraordinary" character, should not prove an adequate "means" of this kind in given cases (cf. the decision of 11.1.1961 as to the admissibility of Application No. 788/60, Austria/Italy, Yearbook IV, pages 166–170);

Whereas the Commission is, indeed, inclined to think, in the light of the explanations of the Belgian Government, that such an application might properly have been based on some of the Applicant's grievances, namely the lack of equity and impartiality which X. alleges was shown by the President of the 14th Chamber of the Brussels Court of Appeal, and according to X., even that judge's violation of the principle of the presumption of innocence (*Répertoire pratique du droit belge, Verbo: Renvoi d'un tribunal à un autre, Titre V, Renvoi en matière répressive*, Chapter II, *Suspicion légitime*, paragraphs 84, 86 and 87.

Whereas according to Article 26 of the Convention, however, it is the "generally recognised rules of international law" that should govern the decision as to whether domestic remedies have or have not been properly exhausted; whereas it is commonly admitted, in this respect, that only the non-utilisation of an essential recourse for establishing the merits of the case before the courts of the respondent Government leads to the inadmissibility of the inter-

Qu'il n'y a pas lieu, par conséquent, de s'arrêter davantage à cet aspect du problème, sur lequel le requérant n'a d'ailleurs guère insisté;

Considérant que selon les principes de droit international généralement reconnus, auxquels renvoie l'article 26, il incombe au Gouvernement qui soulève l'exception de non-épuisement de prouver l'existence, dans son système juridique interne, d'un recours qui n'ait pas été exercé (cf. notamment 12.10.1957, N° 299/57, Grèce/Royaume-Uni, Annuaire II, pp. 191–193; 11.1.1961, N° 788/60, Autriche/Italie, Annuaire IV, pp. 167–169);

Que le Gouvernement défendeur a démontré que le Code belge d'instruction criminelle permettrait à X., en son article 542, de former une demande de renvoi pour suspicion légitime, et que le requérant n'a pas usé de cette faculté;

Que la règle de l'épuisement exige en principe, d'après les conceptions dominant de nos jours en la matière, que soient employées toutes les ressources judiciaires offertes par la législation nationale, pourvu qu'elles apparaissent susceptibles de fournir un moyen vraisemblablement efficace et suffisant de redresser les griefs articulés, sur le plan international, contre l'Etat mis en cause (2.9.1959, N° 343/57, Nielsen/Danemark, Annuaire II, pp. 437–439; 11.1.1961, N° 788/60, Autriche/Italie, Annuaire IV, p. 169);

Qu'a priori, rien n'empêche la demande de renvoi pour suspicion légitime, nonobstant son caractère "extraordinaire" de constituer un "moyen" adéquat de ce genre dans des cas déterminés (comp. la décision du 11.1.1961 sur la recevabilité de la requête N° 788/60, Autriche/Italie, Annuaire IV, pp. 167–171);

Que la Commission incline même à penser, à la lumière des explications du Gouvernement belge, qu'une telle demande aurait pu valablement se fonder sur certains des griefs du requérant, à savoir le manque d'équité et d'impartialité que X. reproche au Président de la 14ème Chambre de la Cour d'Appel de Bruxelles, voire l'atteinte à la présomption d'innoncence dont il accuse ce magistrat (Répertoire pratique du droit belge, verbo: Renvoi d'un tribunal à un autre, Titre V, Renvoi en matière répressive, Chapitre II, Suspicion légitime, N° 84, 86 et 87);

Considérant toutefois que, selon l'article 26 de la Convention, c'est à la lumière des "principes de droit international généralement reconnus" que l'on doit déterminer si les voies de recours internes ont ou non été valablement épuisées; que l'on admet communément, à cet égard, que seule la non-utilisation d'un recours essentiel ("essential") pour établir le bien-fondé de la cause devant les tribunaux de l'Etat défendeur entraîne l'irrecevabilité de la réclamation inter-

national complaint (11.1.1961, No. 788/60, Austria/Italy, Yearbook IV, page 172; cf. also the arbitral award of 6th March 1956 in the Ambatielos Case, London, H.M. Stationery Office, 1956, pages 27–28);

Whereas it was not essential to apply for transfer of the case to another court on the ground of legitimate suspicion in order to determine if necessary, whether the President of the 14th Chamber of the Brussels Court of Appeal had adopted a biased and unfair attitude, not consistent with the rule of the presumption of innocence; whereas an appeal to the Court of Cassation would have enabled X. to present the same argument before a higher court and, had he obtained the result he desired, the case would have been transferred to a different Court of Appeal, in the same way as by means of an application in pursuance of Article 542 of the Code of Criminal Procedure;

Whereas the two remedies in question present, it is true, several differences which one ought not to overlook; whereas the second remedy is preventive, since it is based on the idea that a legitimate mistrust of judges who are about to exercise jurisdiction may cause the removal of the case from the court which would ordinarily try it and therefore the remedy is to be used before such court has completed its functions and taken a decision (Répertoire pratique du droit belge, Verbo Renvoi d'un tribunal à un autre, No. 100); whereas the first remedy implies that the court has already passed judgment; that it is alleged to have disregarded certain rules of law and that one seeks to quash its judgment, with retroactive effect, by appeal to the Court of Cassation;

Whereas, however, for the purposes of applying Article 26, these unquestionable differences are of only limited interest, since they relate merely to technical aspects of the two remedies; whereas the decisive criterion to be observed in the matter is, in the opinion of the Commission, whether the remedy actually chosen enabled the higher court to examine at least in substance (11.1.1961, No. 788/60, Austria/Italy, Yearboo IV, pages 172 and 176), and to redress any of the wrongs alleged to have been committed by the lower court, or whether it was necessary to have recourse to a different remedy to achieve this end;

Whereas, before rejecting on 11th January 1961 one of the complaints of the Austrian Government, on the ground that the accused in the Fundres/Pfunders case had not asked for the case to be transferred from the Court at Bolzano/Bozen and from the Court at Trent on the ground of legitimate suspicion (Yearbook IV, pages 166–170), the Commission made certain that this complaint could not be the ground of an appeal to a Court of Cassation (Record of the hearing in the presence of the parties of ... and ... 1961, doc. A 59,625, pages 60–61) and that application for the

nationale (11.1.1961, N° 788/60, Autriche/Italie, Annuaire IV, p. 173; cf. également la sentence arbitrale rendue le 6 mars 1956 en l'affaire Ambatielos, Londres, H. M. Stationery Office, 1956, pp. 27–28);

Que le dépôt d'une requête en renvoi pour suspicion légitime n'était point indispensable pour établir, le cas échéant, le bien-fondé de la thèse d'après laquelle le Président de la 14ème Chambre de la Cour d'Appel de Bruxelles avait adopté une attitude partiale, inéquitable et contraire à la présomption d'innocence; que le pourvoi en cassation permettait lui aussi à X. de développer cette même thèse devant la juridiction supérieure; que s'il avait abouti au résultat escompté, il aurait provoqué le renvoi de la cause à une autre Cour d'Appel tout comme la requête prévue à l'article 542 du Code d'instruction criminelle;

Que les deux recours dont il s'agit présentent, il est vrai, plusieurs différences que l'on ne saurait négliger; que le second revêt un caractère préventif puisqu'il repose sur l'idée d'une défiance justifiée envers des magistrats s'apprêtant à s'acquitter de leur tâche, tend à voir dessaisir le tribunal normalement compétent et, partant, doit s'exercer avant que ce tribunal n'ait épuisé sa juridiction en statuant (Répertoire pratique du droit belge, verbo Renvoi d'un tribunal à un autre, N° 100); que le premier, lui, implique que le tribunal a déjà statué, qu'on lui reproche d'avoir méconnu certaines règles de droit et que l'on réclame l'anéantissement rétroactif de son jugement par voie de cassation;

Qu'aux fins d'application de l'article 26, cependant, ces indéniables différences n'offrent qu'un intérêt limité car elles ont trait, sans plus, à l'aménagement technique respectif des deux recours en question; que le critère décisif à observer en la matière consiste, aux yeux de la Commission, à rechercher si le recours effectivement exercé offrait à la juridication supérieure l'occasion d'examiner au moins en substance (11.1.1961, N° 788/60, Autriche/Italie, Ann. IV, pp. 173 et 177), et de redresser éventuellement, les violations imputées à la juridiction inférieure, ou s'il fallait user d'un autre recours pour atteindre ce but;

Qu'avant de rejeter, le 11 janvier 1961, l'un des griefs du Gouvernement autrichien pour le motif que les accusés de Fundres/Pfunders n'avaient pas demandé le dessaisissement de la Cour de Bolzano/Bozen ni de la Cour de Trente pour suspicion légitime (Annuaire IV, pp. 167–171), la Commission avait pris soin de vérifier que ce grief ne pouvait donner lieu à un pourvoi en cassation (compte rendu de l'audience contradictoire des ... et ... 1961, Doc. A 59.625, pp. 60–61); qu'en l'occurrence, la demande de renvoi constituait le seul recours interne "vraisemblablement efficace et suffisant";

case to be transferred to another court was the only remedy likely to be "effective and adequate";

Whereas this is not true of the present case; whereas in fact X.'s criticisms of the President of the 14th Chamber of the Brussels Court of Appeal were submitted to the Court of Cassation in full, and not only in substance; and even when rejecting them, the Court of Cassation nonetheless decided, implicitly but essentially, that they were admissible for the purposes of the appeal; and whereas, moreover, the Applicant also included in his appeal a ground he would not have been able to submit in support of a request for the case to be transferred to another court on the ground of legitimate suspicion (alleged failure to respect the "right of defence");

Whereas the Commission consequently concludes that all domestic remedies have been exhausted in this case and that this being so it does not appear to be necessary to determine whether an application for the case to be heard by another court would in any event have met with a practical "impossibility" (the lack of an immediate "formal acknowledgment" or the fact that Me. B. was not allowed to speak "before the beginning of counsel's pleadings"; doc. A. 85.118,pages 14 and 49; the aforementioned *Répertoire pratique*, paragraph 98, page 224); nor does it seem necessary to examine the argument made on the basis that the Application is, in fact, directed against the decision of the Court of Cassation of ... 1962;

Now therefore,

Rejects the ground for dismissal submitted by the respondent Government in opposition to the Application on the basis of Article 26 and Article 27, paragraph 3, of the Convention;

II. ON THE QUESTION WHETHER THE APPLICATION WAS MANIFESTLY ILL-FOUNDED

A. *Arguments of the parties*

Whereas the representatives of the respondent Government, in their written comments of ... 1963 and at the hearing of ... 1963, asked that the Application be rejected as being manifestly ill-founded; whereas their arguments on this point may be summarised as follows [doc. DH/Misc (63) 13 and doc. A. 85.118, pages 4-13, 16–22, 44–48, 53–57 and 67–68]:

According to the Belgian Government, there would undeniably have been a violation of Article 6 if the facts of the matter had been as the Applicant described them. But, it is claimed, such is not the

Qu'il n'en va pas de même dans la présente affaire; qu'en effet, les critiques formulées par X. contre le Président de la 14ème Chambre de la Cour d'Appel de Bruxelles ont été soumises à la Cour de Cassation dans toute leur ampleur et non pas seulement en substance; que si elle les a rejetées au fond, la Cour de cassation n'en a pas moins décidé, implicitement mais nécessairement, qu'elles étaient recevables dans le cadre d'un pourvoi; que le requérant, bien mieux, a également invoqué en cassation un moyen qu'il n'aurait pu soulever à l'appui d'une demande de renvoi pour suspicion légitime (atteinte prétendue au "droit de défense");

Que la Commission arrive, en conséquence, à la conclusion que l'épuisement des voies de recours internes se trouve réalisé en l'espèce; qu'il ne lui semble pas indispensable, dès lors, de rechercher si l'introduction d'une demande de renvoi se heurtait de toute manière à une "impossibilité" matérielle (l'absence de "donné acte" immédiat, ou encore le fait que Me B. n'aurait pas obtenu la parole "avant le commencement des plaidoiries": Doc. A. 85.118, pp. 14 et 49; Répertoire pratique précité, § 98 p. 224); qu'il ne paraît pas non plus nécessaire d'examiner l'argument tiré de ce que la requête se dirige, pour une part, contre l'arrêt rendu par la Cour de Cassation le ... 1962;

Par ces motifs,

Rejette la fin de non-recevoir que le Gouvernement défendeur oppose à la requête sur le terrain des articles 26 et 27 § 3 de la Convention;

II. SUR LE DEFAUT MANIFESTE DE FONDEMENT

A. *Argumentation des parties*

Considérant que dans leurs observations écrites du ... 1963 et à l'audience contradictoire du ... 1963, les représentants du Gouvernement défendeur ont conclu au rejet de la requête pour défaut manifeste de fondement; que leur argumentation peut, à cet égard, se résumer ainsi (Doc. DH/Misc (63) 13 et Doc. A 85.118, pp. 4–13, 16–22, 44–48, 53–57 et 67–68):

Selon le Gouvernement belge, il y aurait eu indéniablement violation de l'article 6 si les faits de la cause s'étaient déroulés de la manière dont les décrit le requérant. Toutefois, tel ne serait point

case: the appeal to the Court of Cassation and X.'s Application are alleged to contain a number of errors and inaccuracies. The representatives of the Belgian Government denied that the parties, as Me. B. put it, "disagreed as to the facts" and that it was necessary to leave to a Sub-commission the task of settling the controversy by means of an investigation [Articles 28 (a) and 29 of the Convention]. In their opinion, it was necessary to "keep to the documents" of the case, especially the judgment of the Court of Cassation which had already set about the "essential redressing" of the matter and, far from "distorting the facts" as Me. B. pretended, had "restored them to their true perspective".

Following step by step the reasoning of the Court of Appeal (judgment of ... 1962) and the Court of Cassation (judgment of ... 1962), the Belgian Government maintained, first of all, that the President of the 14th Chamber of the Brussels Court of Appeal had not "expressed his opinion before hearing either the parties concerned or the Public Prosecutor (cf. the first part of the single ground of X.'s appeal to the Court of Cassation); he had merely expressed in his report an appraisal of the system of defence which the accused had adopted during proceedings before the lower court.

In this connection the respondent Government laid stress on the importance of the report prepared in pursuance of Article 209 of the Code of Criminal Procedure, which lays down that "the appeal shall be determined at a hearing, within a month, on a report made by one of the judges", e.g. the President of the competent Chamber. This report is "an essential formality, the need for which is beyond question". Although the law does not specify its form or scope, which are "left to the conscience" of the *Rapporteur*, its purpose is to present publicly all of the factors which the court of appeal will have to assess, including the arguments submitted to the judges of the lower courts and the decision rendered there (jurisprudence of the Court of Cassation).

In this case, it was a question of giving the 14th Chamber full particulars of the system of defence which X. had chosen and until that time maintained, and of the reasons for which the lower court had not found that defence worthy of belief. The Belgian Government submitted that the judge making the report was entitled, on that occasion, to "express a personal appraisal, in good conscience, with respect to the system of defence which, in view of facts established during hearings before the first judge, appeared to be improbable" and "scandalous". In so doing his choise of epithets was governed by his "psychology" and his "temperament", but he was not violating the Convention thereby.

Indeed, Article 210 of the Code of Criminal Procedure stipulates that "after the report is made and before the *Rapporteur* and judges give their opinion, the accused ..., the parties having civil lia-

le cas: le mémoire en cassation et la demande introductive de X. renfermeraient une série d'erreurs et d'inexactitudes. Les représentants du Gouvernement belge ont contesté que les parties soient "contraires en fait" – expression employée par Me B. et qu'il faille laisser à une Sous-Commission le soin de les "départager" au moyen d'une enquête (articles 28 a) et 29 de la Convention). A leur avis, il échet de "s'en tenir aux pièces" et spécialement à l'arrêt de la Cour de Cassation: d'ores et déjà, celle-ci aurait procédé au "redressement indispensable"; loin de se livrer à la moindre "distorsion des faits", comme le lui a reproché Me B., elle les aurait "rétablis dans leur réalité".

Suivant pas à pas le raisonnement de la Cour d'Appel (arrêt du ... 1962) et de la Cour de Cassation (arrêt du ... 1962), le Gouvernement belge a soutenu, pour commencer, que le Président de la 14ème Chambre de la Cour d'Appel de Bruxelles n'avait pas "manifesté son opinion avant l'audition des parties et du Ministère public" (cf. la première branche du moyen unique du pourvoi en cassation de X.), mais s'était borné à émettre, dans son rapport, une appréciation au sujet du système de défense que le prévenu avait adopté en première instance.

Le Gouvernement défendeur a insisté, à ce propos, sur l'importance du rapport prévu à l'article 209 du Code d'instruction criminelle, aux termes duquel "l'appel sera jugé à l'audience, dans le mois, sur un rapport fait par l'un des juges", par exemple le Président de la chambre compétence. Ce rapport constitue une "formalité essentielle dont la nécessité se comprend évidemment". Bien que la loi n'en détermine pas la forme ni l'étendue, qu'elle "abandonne à la conscience" du rapporteur, il a pour objet d'exposer en public tous les éléments sur lesquels la juridiction d'appel sera amenée à se prononcer, y compris les thèses plaidées devant les premiers juges et la décision entreprise (jurisprudence de la Cour de Cassation).

En l'occurrence, il s'agissait de fournir à la 14ème Chambre, entre autres, des renseignements complets sur le système de défense que X. avait choisi et maintenu jusqu'alors, et sur les motifs pour lesquels le Tribunal correctionnel n'y avait pas ajouté foi. De l'avis du Gouvernement belge, le magistrat rapporteur pouvait légitimement, à cette occasion, exprimer "en conscience une appréciation personnelle au sujet de ce système de défense, qui, eu égard aux éléments acquis aux débats devant le premier juge, apparaissait invraisemblable" et "scandaleux". Ce faisant, il aurait utilisé les épithètes que lui dictaient sa "psychologie" et son "tempérament", mais sans violer pour autant la Convention.

Assurément, l'article 210 du Code d'instruction criminelle stipule qu'"à la suite du rapport, et avant que le rapporteur et les juges émettent leur opinion, le prévenu ..., les personnes civilement

bility in respect of the offence, the civil plaintiff and the Public Prosecutor (*Procureur*)... shall be heard in respect of the specific complaints raised against the judgment, in the order decided by the judge. If the accused so requests, he shall always be allowed to speak last". However, all the requirements of this Article - and of Article 6 of the Convention – are said to have been complied with on this occasion.

The appraisal expressed by the *Président-Rapporteur* did not, it is claimed, constitute an "opinion", within the meaning of Article 210: the "opinion" referred to in that text being solely that which the judges are required to give when deliberating after the hearing concerning the guilt of the accused and the severity of the penalty, if any, to be imposed (cf. also articles 141 and 142 of the Law of 18th June 1869 on the organisation of courts).

Moreover, the appraisal was pronounced at the opening of the hearing of ... 1962, before the cross-examination of X., in his presence and that of his counsel, who could thus challenge and refute it later on during the final pleadings.

This being, so the *Président-Rapporteur* neither prejudged the guilt of the accused nor, in a more general way, encroached upon the rights of the defence.

The respondent Government pointed out in this connection that in Belgian law the *Ministère public* (Public Prosecutor) was not required to disprove the allegations of an accused unless they appeared "plausible" and "probable". The contentions put forward by X. did not merit such description. The Applicant's system of defence had to be considered as a whole. In other words X. could not merely assert that Mme. A. had given him the furniture and was aware that he often went to her house in the Rue B.; he also had to explain such generosity, which was not customary in relations between an employer and a casual employee. He had tried to explain the position by alleging that the civil plaintiff had taken him as her lover, but this allegation was neither "plausible" nor "probable": the Belgian Government regarded it as "highly insulting", even "ridiculous in some respects" and concluded that the *Ministère public* did not have to prove it false, a task which would be both "absurd and impossible". Furthermore, X.'s arguments ran contrary to a number of incontestable factors: "the defendant's confession concerning the material nature of the facts"; "the dissimulation of the missing pieces of furniture"; the fact that they were removed at night; the acceptance by X.'s wife of the judgment of the lower court; the " irreproachable morals" of Mme A., a widow; the "relatively low" morals of the accused, etc. In these circumstances the President of the 14th Chamber did not disregard the principle of the presumption of innocence when he warned the Applicant of the risk he was running by not changing his system of defence.

responsables du délit, la partie civile et le procureur ... seront entendus sur les griefs précis élevés contre le jugement et dans l'ordre qui sera réglé par le juge. L'inculpé, s'il le demande, aura toujours le dernier la parole". Cependant, toutes les prescriptions de cet article – et de l'article 6 de la Convention – auraient été observées en l'espèce.

En effet, l'appréciation émise par le Président-rapporteur ne s'analyserait pas en une "opinion", au sens de l'article 210: l'"opinion" dont parle ce texte serait uniquement celle que les juges sont appelés à donner, lors du délibéré consécutif aux débats, sur la culpabilité du prévenu et, le cas échéant, sur le taux de la peine à infliger (cf. également les articles 141 et 142 de la loi du 18 juin 1869 sur l'organisation judiciaire).

De plus, ladite appréciation a été formulée au début de l'audience du ... 1962, avant l'interrogatoire de X., en présence de celui-ci et de ses conseils qui pouvaient donc la combattre, et la réfuter éventuellement, au stade ultérieur des plaidoiries.

Dès lors, le Président-rapporteur n'aurait ni préjugé la culpabilité de l'intéressé ni, plus généralement, lésé les droits de la défense.

Le Gouvernement mis en cause a signalé à ce sujet qu'en droit belge, il n'incombe au Ministère public d'établir la fausseté des allégations d'un prévenu que si elles apparaissent "plausibles" et "vraisemblables". Or, les faits articulés par X. ne mériteraient pas ces qualificatifs. Le système de défense du requérant formerait un tout. En d'autres termes, X. ne pouvait se borner à prétendre que Mme A. lui avait donné les meubles en question et n'ignorait pas qu'il se rendait souvent à son hôtel de la rue B: encore fallait-il qu'il expliquât pareilles largesses, inhabituelles dans les relations entre un patron et un employé occasionnel. Il a bien tenté de présenter une telle explication en affirmant que la partie civile l'avait pris pour amant, mais cette affirmation ne serait ni "plausible" ni "vraisemblable": le Gouvernement belge l'estime "hautement injurieuse", voire "ridicule à certains points de vue", et en déduit que le Ministère public n'avait pas à en prouver le caractère mensonger, tâche "absurde et impossible" à la fois. D'ailleurs, la thèse de X. se heurterait à une série d'éléments incontestables: "les aveux du prévenu en ce qui concerne la matérialité des faits"; "le camouflage des meubles manquants"; la circonstance que leur enlèvement avait eu lieu la nuit; l'acquiescement de la femme de X. au jugement de première instance; la "moralité irréprochable" de Mme A.; celle, "relativement basse", de l'intéressé, etc. Dans ces conditions, le Président de la 14ème Chambre n'aurait point méconnu la présomption d'innonce en avertissant le requérant des risques qu'il courrait s'il maintenait son système de défense.

The Court of Appeal had fully respected the Convention.

First of all, it in no way "gauged the truth or seriousness of the offences charged in the light of X.'s system of defence" (cf. the second part of the single ground of appeal to the Court of Cassation). It is true that it increased to 30 months the principal sentence (two years) to which the Applicant had been sentenced by the lower court. In this connection the Belgian Government drew attention to the fact that the decision of the judges of the 14th Chamber was taken unanimously, as is required (article 140 of the Law of 18th June 1869) and that their sentence was still far less than the maximum allowed by law (article 463 of the Penal Code: five years' imprisonment; article 467 of the Penal Code, read with article 13: ten years' imprisonment with hard labour (*réclusion*). It added that "the choice of system of defence" of an accused and his insistence upon maintaining it, may reveal "in some cases – quite rare, in point of fact" – a "state of mind" and "immorality" that warrant, in Belgium, as elsewhere, "a particularly severe assessment" of the penalty to be inflicted (cf. the Belgian Pandects, *V° "Défense, défenseur"*, No. 153). Such procedure was fully consistent with the idea fundamental in Belgian criminal law, of taking into account the offender's character when passing sentence (*personnalisation du degré de la peine*); the Belgian Government submitted that there was consequently no reason why the Court of Appeal should not adopt it. But the 14th Chamber did not even go that far, since the text of the judgment showed that the Court based its decision solely on the "seriousness of the offence" and on X.'s "past record".

Nor did the Court of Appeal "lay down as a principle" that it could "at any time during the hearing, warn that defendant that his sentence would be increased if he maintained his position" (cf. the second part of the single ground of the appeal to the Court of Cassation). In effect, it considered, at most, that its President had been right to make clear to X. "during the preliminary investigation of the case at the hearing, the undesirability of maintaining the defence he had offered which, on the information submitted to the Court, was manifestly untenable and gratuitously insulting to the civil plaintiff"; it had previously pointed out that "in its search for truth, it is for the Court entertaining jurisdiction (*juridiction de jugement*) to evaluate the merits of the system of defence submitted and, bearing in mind the facts already established during the hearing, to take note, if necessary, of any palpable improbabilities and even, if appropriate, of the gratuitously scandalous nature of the defence". The warning put in issue was made at the very opening "of the investigation of the case at the hearing", in the framework of the President's report and not, as Me. B. affirms, during the cross-examination of X. Moreover, the "information already es-

De son côté, la Cour d'Appel aurait pleinement respecté la Convention.

Et d'abord, elle n'aurait en aucune manière "mesuré la réalité ou la gravité des faits incriminés en fonction du système de défense" de X. (cf. la deuxième branche du moyen unique du pourvoi en cassation). Sans doute a-t-elle porté à trente mois d'emprisonnement la peine principale dont le Tribunal correctionnel avait frappé le requérant (deux ans). Le Gouvernement belge a souligné à ce propos que la 14ème Chambre avait dûment statué à l'unanimité (article 140 de la loi du 18 juin 1869) et que la nouvelle peine ainsi prononcée demeurait de beaucoup inférieure au maximum légal (article 463 du Code pénal: cinq ans d'emprisonnement; article 467 du même code, combiné avec l'article 13: dix ans de réclusion). Il a ajouté que "le choix du système de défense" d'un prévenu, et l'obstination que celui-ci met à y persévérer, peuvent révéler "dans certains cas, à vrai dire assez rares", "un état d'exprit" et une "immoralité" justifiant, en Belgique comme ailleurs, "une appréciation particulièrement sévère" de la sanction à infliger (cf. les "Pandectes belges", V° "Défense, défenseur", N° 153). Pareille solution s'accorderait parfaitement avec l'idée de la personnalisation du degré de la peine, sur laquelle repose le droit pénal belge; aux yeux du Gouvernement belge, rien n'eût donc empêché la Cour d'Appel de l'adopter. Or, la 14ème Chambre ne serait pas même allée jusque là: du texte de son arrêt, il ressortirait qu'elle s'est exclusivement fondée sur la "gravité des faits" et "les antécédents judiciaires de X".

La Cour d'Appel n'aurait pas davantage "posé en principe" qu'elle pouvait, "à tout moment des débats, avertir le prévenu que sa peine (serait) accrue s'il (maintenait) sa position" (cf. la deuxième branche du moyen unique du pourvoi en cassation). Elle aurait estimé en réalité, sans plus, que son Président avait eu raison d'éclairer X., "lors de l'instruction de la cause à l'audience, sur l'inopportunité de maintenir un système de défense s'avérant, compte tenu des éléments soumis à la Cour, manifestement insoutenable et gratuitement insultant à l'égard de la partie civile"; auparavant, elle avait relevé qu'"il appartient à la juridiction de jugement d'apprécier, dans sa recherche de la vérité, la valeur du système de défense présenté et d'en constater éventuellement, compte tenu des éléments déjà acquis aux débats, les invraisemblances manifestes, voire le cas échéant, le caractère gratuitement scandaleux". L'avertissement litigieux aurait été donné au requérant tout au début de "l'instruction de la cause à l'audience", dans le cadre du rapport du Président et non – comme l'affirme Me B., – pendant l'interrogatoire de X. En outre, les "éléments déjà acquis aux débats", sur lesquels il s'appuyait, seraient ceux qui se

tablished during proceedings" on which he based his report, was that recorded during proceedings "in the Court of first instance" and contained in the "documents of the case". In approving the attitude of its President the 14th Chamber had in no way contravened "the basic principles of equality in court hearings, of the presumption of innocence and of freedom of defence".

The decision of ... 1962 did not, moreover, "take account of X.'s counsel's attitude in assessing the sentence" (cf. the third part of the single ground of the appeal to the Court of Cassation). Certainly, the Court of Appeal observed that "the accused's two lawyers withdrew" and "refused to make final submissions", but it nonetheless "ensured that X. had an opportunity to defend himself" and, once again, increased the original sentence only on the basis of the gravity of the offence and the past record of the accused.

Lastly, it would be "unjustifiable to pretend that the Court of Cassation did not deal with any of the arguments advanced by the Applicant with reference to the Convention" (introductory application, doc. A 84.485, page 3): in its decision of ... 1962 that Court "gave the reasons why none of X.'s three grounds appeared to it to be well-founded and all three grounds invoked ... article 6 of the Convention".

In conclusion, the respondent Government emphasised that the conditional release of X. on 21st August 1963 was a measure affected "purely and simply in application of Belgian law"; the Government consequently asked the Commission not to read into this measure "even the beginning of an admission that the Application had ... the slightest appearance of justificaiton". By so doing, the Government replied to a question raised by Me. B. in a letter dated ... 1963 (doc. A 82.913) and at the hearing of ... 1963 (doc. A 85.118), namely, whether the anticipated release of X. of which the Commission was notified on the same day, did not imply the withdrawal of the grounds of non-admissibility submitted by the Belgian Government in its memorial of ... 1963 (Application manifestly ill-founded and abuse of the right of application).

Whereas the arguments presented on this point on behalf of the Applicant may be summarised as follows [doc. A 84.485, pages 3–5; doc. DH/Misc (63) 15; doc. A 85.118, pages 23–32, 38–43, 45–47, 65–67 and 69]:

Me. B. made it clear that his client's complaints were directed against both the 14th Chamber of the Brussels Court of Appeal (hearing of ... 1962 and decision of ... 1962) and the Court of Cassation (decision of ... 1962).

In the first place, the hearing of ... 1962, it was submitted, took place in conditions which were incompatible with Article 6 of the Convention.

dégageaient de la procédure suivie "en première instance" et des "pièces du dossier". En approuvant son Président, la 14ème Chambre n'aurait par conséquent point méconnu "les principes fondamentaux de l'égalité dans le débat judiciaire, de la présomption d'innocence et de la liberté de la défense".

De même, l'arrêt du ... 1962 n'aurait nullement "retenu l'attitude des avocats" de X. "dans l'appréciation de la peine" (cf. la troisième branche du moyen unique du pourvoi en cassation). Certes, la Cour d'Appel a noté que "les deux conseils du prévenu (s'étaient) retirés de la barre" et avaient "refusé de développer leurs conclusions". Elle n'en aurait pas moins "veillé à ce que X. (pût) exercer son droit de se défendre lui-même" et, encore une fois, n'aurait aggravé la peine initiale qu'en fonction de la gravité des faits et des antécédents judiciaires de l'intéressé.

Enfin, il serait "injustifié de prétendre que la Cour de Cassation n'ait rencontré aucun des arguments que le requérant tirait de la Convention" (requête introductive, Doc. A 84.485, p. 3): dans son arrêt du ... 1962, elle "donne les raisons pour lesquelles aucun (des) trois moyens (de X.) ne lui paraît fondé, et chacun de ces moyens invoquait ... l'article 6 de la Convention".

En conclusion, le Gouvernement défendeur a souligné qeu si X. a bénéficié, le ... 1963, d'une mesure de libération conditionnelle, c'est "par la pure et simple application de la loi belge". Aussi a-t-il demandé à la Commission de ne pas voir dans cette mesure "ne fût-ce qu'un commencement de preuve (qu'il) ait reconnu que (la) requête ... ait la moindre apparence de fondement". Il a répondu ainsi à une question que Me B. avait posée dans une lettre du ... 1963 (Doc. A. 82.913) et à l'audience du ... 1963 (Doc. A. 85.118, p. 33): celle de savoir si l'élargissement anticipé de X., notifié le jour même à la Commission, n'impliquait pas le retrait des fins de non-recevoir que le Gouvernement belge avait soulevées dans son mémoire du ... 1963 (défaut manifeste de fondement et abus du droit de recours).

Considérant que la thèse développée au nom du requérant peut, sur le point dont il s'agit, se résumer en ces termes (Doc. A. 84.485, pp. 3–5; Doc. DH/Misc (63) 15; Doc. A. 85.118, pp. 23–32, 38–43, 45–47, 65–67 et 69):

Me B. a précisé que les griefs de son client se dirigent tant contre la 14ème Chambre de la Cour d'Appel de Bruxelles (débats du ... 1962 et arrêt du ... 1962) que contre la Cour de Cassation (arrêt du ... 1962).

Et d'abord, l'audience du ... 1962 se serait déroulée dans des conditions incompatibles avec l'article 6 de la Convention.

Me. B. laid stress on this point, beginning with the fact that X.'s system of defence, called "improbable, scandalous, lying, disgraceful and distasteful" by the *Président-Rapporteur*, had never changed. The Applicant adopted it when first remanded in custody (... 1961), at a time when he was not allowed legal assistance under Belgian law: he immediately admitted "on his own" and "without any difficulty" "that he had indeed taken away the furniture" belonging to Mme A. (widow); he claimed, however, as he did thereafter, that he had sold part of it for the complainant's own profit and added that he had disposed of the remainder for his own profit, but "with the complainant's consent, in payment for services" which were not contested, such as driving her about and doing house-painting for her, and also "for the special relations" which he said existed between them.

When, with his colleague Me. L., Me. B. agreed to defend X., he believed that this system of defence rested on "very strong presumptions", failing which he would have found it "absurd and ridiculous" to adopt it. The missing furniture was sold "through antique-dealers or official salesrooms" and not by "professional receivers of stolen property" or "habitual thieves"; in addition, the examining judge had verified the information spontaneously supplied by the accused in this respect. Furthermore, the removal of the furniture took place over a period of two years. During that time Mme A. went on numerous occasions to her house in the Rue B. of which she had given a key to the Applicant; "in consequence she could not reasonably claim to have suddenly discovered one day that several hundred items were missing". X. had, it was true, replaced some of these objects by others which he had concealed under dust-covers; but "this practice" could "also be explained by the fact that Mme A. did not wish her daughter" – who, it was alleged, subsequently compelled her to bring suit – to learn of her generosity towards the accused. Furthermore, how could Mme A. fail to notice "the disappearance of chandeliers, which, of necessity, were not under cover, or of rugs, objects of art or table linen"? Nor did Mme X.'s acceptance of the decision of the Court of first instance (... 1961) affect in any way the system of defence in question: the Applicant's wife was given a suspended sentence, so why should she have appealed at the risk of having her sentence increased. Moreover, her counsel was not the same as that of her husband.

This being so, the President of the 14th Chamber had, it was submitted, disregarded the requirements of article 6 of the Convention.

Me B. a insisté à ce sujet, pour commencer, sur la circonstance que le "système de défense" de X. – qualifié par le Président-rapporteur d'"invraisemblable, scandaleux, mensonger, ignoble et répugnant" – n'avait jamais varié. Le requérant l'aurait adopté dès le début de sa détention préventive (... 1961), à une époque où la loi belge lui refusait l'assistance d'un avocat: il aurait admis aussitôt, "de son propre chef" et "sans aucune difficulté", "qu'il avait effectivement emporté le mobilier" de Mme A.; il aurait allégué en revanche, comme il devait le faire par la suite, qu'il en avait vendu une partie au profit de la plaignante; quant au reste, il aurait ajouté que s'il l'avait écoulé pour son propre compte, c'était "avec l'accord de la plaignante, en rémunération de services" non contestés – la véhiculer et accomplir pour elle des travaux de peinture – et aussi "pour des relations particulières" qu'il affirmait entretenir avec elle.

Au moment où il assuma, avec son confrère Me L., le mandat dont l'avait chargé X., Me B. aurait estimé que ce système de défense s'appuyait sur "de très sérieuses présomptions", faute de quoi il lui "aurait paru absurde et ridicule" de s'y rallier. En effet, les meubles manquant auraient été vendus "par l'intermédiaire d'antiquaires ou de salles de vente officielles" et non de "receleurs professionnels" ni de "voleurs habituels"; au demeurant, le juge d'instruction aurait vérifié l'exactitude des renseignements que l'inculpé lui avait spontanément fournis à cet égard. En outre, l'enlèvement du mobilier se serait échelonné sur deux années. Pendant ce laps de temps, Mme A. se serait rendue maintes fois à son hôtel de la rue B – dont elle aurait confié une clef au requérant; "par conséquent, elle ne pouvait raisonnablement prétendre qu'elle avait un jour, subitement, découvert la disparition de plusieurs centaines d'objets divers". Sans doute X. avait-il remplacé certains de ces objets par d'autres, qu'il avait dissimulés sous des housses. Cependant, "cette pratique" s'expliquerait "tout aussi bien par le fait que Mme A. ne souhaitait pas que sa fille" – laquelle l'aurait obligée plus tard à porter plainte – s'aperçût de ses libéralités envers l'intéressé. De plus, comment "la disparition de lustres qui fatalement n'étaient pas sous housse, de même que de tapis, de bibelots ou même de napperons" aurait-elle échappé à Mme A.? L'acquiescement de Mme X. à la décision de première instance (... 1961) n'affecterait pas davantage le système de défense en question: l'épouse du requérant avait bénéficié du sursis; partant, pourquoi eût-elle interjeté appel, au risque de s'attirer une aggravation de peine? D'ailleurs, elle n'avait pas le même avocat que son mari.

Dès lors, le Président de la 14ème Chambre aurait méconnu les exigences de l'article 6 de la Convention.

To begin with, his attitude was, it was alleged, neither "equitable" nor "impartial" in the meaning of paragraph 1 of that article. "By taking up a position *a priori*", "before hearing the parties" and "without serious deliberation", and "by saying that Mme A. was a respectable lady and X. a despicable fellow", he had lost sight of the fact that equity is, by definition, "natural justice", "equal justice for all". Similarly, the epithets he employed in censuring the Applicant's system of defence were evidence that he "favoured the civil plaintiff to the detriment of the accused, and the *Ministère public* to the detriment of counsel for the defence" and that he "had already formed an opinion". Confusing "his role with that of the *Ministère public* or the civil plaintiff" and forgetful of "the objectivity inherent in his social function" he transformed himself "into an actor in the hearing", of which he ought to have remained "the supreme arbiter". This, it was claimed, was a flagrant mark of "unfair preference and, consequently, of bias".

The *Président-Rapporteur* was also considered to have violated paragraph 2 of article 6, embodying the principle of the presumption of innocence. Me. B. recalled in this connection that "according to established Belgian jurisprudence" it was incumbent upon the civil plaintiff and the *Ministère public* to disprove any "plausible and probable" fact put forward by an accused. As they were unable to furnish such proof, the civil plaintiff and *Ministère public* arbitrarily selected one element of their opponent's system of defence: to avoid the *onus probandi* they maintained "that it was improbable that X. had had relations with Mme A.". But "the essence of the Applicant's argument" lay elsewhere, namely in the claim, which was "probable" because it was supported by a number of factors (see above) that the furniture removed by X. had been given to him. In order to find X. guilty it was, in Me. B.'s opinion, necessary "to prove that there had been no such gift", "to prove that for two years Mme A. never noticed the disappearance of any furniture"; the underlying reason for the civil plaintiff's generosity, that is, "one of the supporting grounds adduced by the Applicant", was of little or no importance.

The civil plaintiff and the prosecution consequently "turned the proceedings from their true course". The arguments they advanced were assuredly "admissible" on their part: X. and his counsel were entitled to oppose them. On the other hand, it was "abnormal" for the President of the 14th Chamber to have used them. "In the law of civilised nations the guilt of an accused is not "legally established" within the meaning of article 6, paragraph 2, of the Convention, "until it is found to be so as the result of a court decision which has become *res judicata*". The judge must therefore respect the presumption of innocence "during the hearing"; he has not to form an opinion about the guilt of the accused until he gives judgment.

En premier lieu, son attitude n'aurait été ni "équitable" ni "impartiale", au sens du paragraphe 1er de cet article. "En prenant position d'emblée", "avant d'avoir entendu les parties" et "sans mûre délibération", "en disant que Mme A. (était) une dame respectable et X. un individu abject", il aurait perdu de vue que l'équité se définit comme "la justice naturelle", "la justifice égale pour tous". De même, les épithètes dont il s'est servi pour flétrir le système de défense du requérant auraient montré, à l'évidence, qu'il "favorisait la partie civile au préjudice du prévenu (et) le Ministère public au préjudice des avocats de la défense" et qu'il "avait déjà formé sa conviction". Confondant "son rôle avec celui du Ministère public ou de la partie civile" et oublieux de "l'objectivité inhérente à sa fonction sociale", il se serait mué en "acteur dans le débat judiciaire" dont il aurait dû rester "l'arbitre souverain". Il y aurait là une marque flagrante de "préférence injuste et donc de partialité".

Le Président-rapporteur aurait aussi enfreint le paragraphe 2 de l'article 6, qui consacre la présomption d'innocence. Me B. a rappelé à ce sujet que, "selon une jurisprudence belge constante", il incombe à la partie civile et au Ministère public d'établir la fausseté de tout fait "plausible et vraisemblable" avancé par un prévenu. Dans l'impossibilité d'administrer pareille preuve, la partie civile et le Ministère public auraient arbitrairement isolé l'un des éléments du système de défense de leur adversaire: pour se soustraire à l'*onus probandi*, ils auraient soutenu "qu'il était invraisemblable que X. ait eu des relations avec Mme A.". Or, "l'essentiel de l'argumentation du requérant" se situerait ailleurs: dans l'allégation, "vraisemblable" parce qu'étayée par une série d'indices (cf. *supra*), que les meubles enlevés avaient été donnés à X. Pour condamner ce dernier, il fallait, de l'avis de Me B., "prouver la fausseté de cette remise", "prouver que jamais Mme A. ne s'était aperçue de la disparition de meubles pendant deux années"; la raison profonde des largesses de la plaignante, c'est-à-dire "l'une des causes jutificatives invoquées par le requérant", ne revêtirait guère d'importance.

Par conséquent, partie civile et accusation auraient "fait dévier le débat". Certes, l'argumentation qu'elles ont développée était "tolérable" de leur part: X. et ses conseils avaient la faculté de la combattre. En revanche, il serait "anormal" que le Président de la 14e Chambre l'ait utilisée à son tour. "Dans le droit des nations civilisées, la culpabilité d'un prévenu" ne serait "légalement établie", au sens de l'article 6 § 2 de la Convention, "que lorsque sa constatation résulte d'une décision judiciaire coulée en force de chose jugée". La présomption d'innocence s'imposerait donc "au juge pendant l'instance"; juqsu'à l'heure où il rend sa décision, il n'aurait pas à formuler son sentiment sur la culpabilité. Or, le Président de la

The President of the 14th Chamber, however, did not wait for the decision (... 1962) to give his opinion: in his report, submitted a month before, he described the argument that X. had received the missing furniture as a gift as "improbable" and "lying" and by so doing he "necessarily implied the existence of a theft", since the Applicant "did not deny he had taken the furniture away". He again expressed a pre-conceived opinion by warning the accused that he might risk an increased sentence if he persisted in maintaining his system of defence. This "threat" was not uttered in the context of the report, as the Belgian Government had claimed, but immediately afterwards, during cross-examination of the Applicant.

Me. B. had asked for permission to speak immediately, but the President, "carried away", replied that he could do so "during the final pleadings". When the time came, X.'s counsel, who had in the meantime asked, first orally and then in writing, for formal record of the President's remarks, said they would not plead, "as the Court had already formed its opinion". The Court did not demur, and its silence is said to have confirmed that each of its members had indeed made up his mind.

The applicant's counsel quoted ample extracts from an article by Me. D., published by the *"Journal des Tribunaux"* on ... 1963: the author considered that the principle of the presumption of innocence had not been respected in the case.

The President of the 14th Chamber had also violated Article 6, paragraph 3 (c) of the Convention: he had "taken up his position before hearing the case" and thereby "rendered it impossible to defend the accused". Me. B. found it "disagreeable" and "abnormal" for a judge to tell a barrister in advance that the "submissions he is going to make" in all sincerity and good faith "are scandalous, disgraceful and distasteful"; that is why the rights of the defence were violated "in the person of counsel" for X. as well as that of X. himself. Me. B. pointed out, in passing, that, contrary to the statement of the Belgian Government, Me. L. and he had not left court and "were present throughout the hearing".

Subsequently, the decision of the Court of Appeal of ... 1963 had not respected the requirements of paragraphs 1, 2 and 3 (c) of Article 6: the 14th Chamber had "justified" and "endorsed" the attitude of its President. It had, it is true, given to the defence a formal record of his remarks, but in terms showing that it fully approved of them. In particular, the Chamber had pointed out that it was for the Court trying the case, "bearing in mind the facts already established during the hearing, to take note, if necessary, of any palpable improbabilities and even, if appropriate, of the gratuitously scandalous nature" of the defence. This, it was maintained, was tantamount to admitting "that the President or the Court may, during a hearing, appraise" the arguments of the ac-

14e Chambre n'aurait pas attendu l'arrêt (... 1962) pour se prononcer: dans son rapport, présenté un mois plus tôt, il a qualifié d'"invraisemblable" et de "mensongère" la thèse selon laquelle X. avait reçu en don les meubles enlevés; par là-même, il aurait "nécessairement admis le vol" puisque le requérant "ne contestait pas avoir emporté le mobilier". Il aurait à nouveau manifesté son opinion préconçue en avertissant le prévenu qu'il courrait le risque d'une aggravation de peine s'il persistait dans son système de défense. Cette "menace" n'aurait pas été proférée dans le cadre du rapport, comme l'a soutenu le Gouvernement belge, mais immédiatement après, pendant l'interrogatoire du requérant.

Me B. aurait réclamé sur-le-champ la parole mais le Président, "emporté", lui aurait répondu qu'il l'aurait "au moment des plaidoiries". Quand ce moment arriva, les conseils de X. – qui entretemps avaient demandé acte, oralement puis par écrit, des propos du Président – auraient déclaré qu'ils renonçaient à plaider, "la Cour (ayant) déjà formé sa conviction". La Cour n'aurait point protesté; elle aurait confirmé, par son silence, que le siège de chacun de ses membres était fait.

L'avocat du requérant a cité de larges extraits d'un article de Me D., publié par le "Journal des Tribunaux" du ... 1963. L'auteur de cet article, considére en effet que la présomption d'innocence n'a pas été respectée en l'espèce.

Le Président de la 14ème Chambre aurait également violé l'article 6 § 3 c) de la Convention: il aurait "pris position avant d'entendre la cause" et, partant, "rendu impossible la défense du prévenu". Me B. trouve "désagréable" et "anormal" qu'un magistrat dise par avance à un avocat "que ce qu'il va plaider" en son âme et conscience "est scandaleux, ignoble et répugnant"; voilà pourquoi les droits de la défense auraient été lésés "dans la personne des avocats" de X. et non pas uniquement de celui-ci. Me B. a précisé en passant que, contrairement à ce qu'avait avancé le Gouvernement belge, Me L. et lui-même n'avaient pas quitté la barre et avaient "assisté à la totalité de l'audience".

De son côté, l'arrêt d'appel du ... 1962 aurait méconnu les exigences des paragraphes 1, 2 et 3 c) de l'article 6: la 14ème Chambre n'a-t-elle pas "justifié", "avalisé" l'attitude de son Président? Sans doute a-t-elle donné acte à la défense des propos de ce dernier, mais en des termes d'où il ressortirait qu'elle les approuvait entièrement. En particulier, elle a souligné qu'il appartient à toute juridiction de jugement de "constater éventuellement, compte tenu des éléments déjà acquis aux débats, les invraisemblances manifestes, voire le cas échéant, le caractère gratuitement scandaleux" d'un système de défense. Cela reviendrait à admettre "que le Président ou la Cour peuvent, pendant l'audience, apprécier" la thèse d'un prévenu. En outre, la 14ème Chambre a augmenté de six

cused. The 14th Chamber, moreover, increased by six months the sentence pronounced by the lower court and this should be associated with the warning given to X. by its President on ... 1962. Me. B. argued that this was "indisputable" proof "that the Court of Appeal associated the threat to increase the sentence with the maintenance of the accused's system of defence".

Lastly, the Court of Cassation violated the aforementioned provisions by dismissing, on ... 1962, the accused's appeal after conviction. Not only did that Court not censure the decision of ...; it did not even study the grounds invoked by the Applicant on the basis of the Convention: it examined only those based on municipal law and, having rejected them, "automatically deduced that the Convention had not been violated". In short, it did not apply the Convention, which is, however, an integral part of Belgian legislation. Me. B. denied, moreover, that the Court had "re-established" the facts of the case; in his view it was much more appropriate to speak of "distortion". The Court of Cassation "was playing on words" when it considered that the President of the 14th Chamber had not "pre-judged the guilt" of the accused, but had merely given "an appraisal of the system of defence he had adopted prior to appearing before the Court of Appeal". Nor was it true that the President had expressed "the contested appraisal ... before hearing the appellant", for "the threat of increased sentence" was, in fact, "uttered during X.'s cross-examination". Thus the Court of Cassation had distorted the meaning of "formal record" in dispute: although it obsrved that "the appellant had been informed that he might expect an increase in his sentence", it did not repeat the most revealing phrase ("in view of the system of defence adopted") which appeared in those words, in the decision of ... 1962.

Furthermore, the arguments advanced in this connection by the Belgian Government seemed to indicate that the parties "perhaps disagreed about the facts". But in that case, how was it possible "to stop proceedings at the stage of admissibility"? According to Me. B. a Sub-Commission should be set up to ascertain the truth of the matter [articles 28 (a) and 29 of the Convention]. The Sub-Commission might hear "the opponents in the case" and "the many colleagues" who "were present when the incident took place" and reacted to it "with indignation", including counsel for the civil plaintiff.

B. *Decision of the Commission*

Whereas although Article 27, paragraph 2, of the Convention requires the Commission to declare "inadmissible" individual applications which it considers "manifestly ill-founded", it is not thereby

mois la peine prononcée en première instance, ce qui serait à" rapprocher" de l'avertissement que son Président avait adressé à X. le ... 1962. Me B. y voit la preuve "indiscutable que la Cour d'Appel a lié la menace d'aggravation de la peine au maintien du système de défense du prévenu".

Enfin, la Cour de Cassation aurait porté atteinte aux dispositions précitées en rejetant, le ... 1962, le pourvoi du condamné. Non seulement elle n'a pas censuré l'arrêt du ..., mais elle n'aurait pas même étudié les moyens que le requérant invoquait sur le terrain de la Convention: elle se serait bornée à examiner ceux qui'il tirait du droit interne et, les ayant repoussés, en aurait "déduit qu'automatiquement la Convention de sauvegarde n'était pas violée". Bref, elle n'aurait pas appliqué la Convention, qui forme pourtant partie intégrante de la législation belge. Me B. a contesté de surcroît qu'elle ait "redressé" les faits de la cause: à ses yeux, il faut parler bien plutôt de "distorsion". La Cour de Cassation aurait "joué sur les mots" en estimant que le Président de la 14ème Chambre n'avait pas "préjugé la culpabilité" du requérant, mais simplement émis "une appréciation au sujet du système de défense adopté par celui-ci antérieurement à la comparution devant la Cour d'Appel". De même, il serait inexact que le Président ait exprimé "l'appréciation critiquée ... avant l'audition du demandeur", car "la menace d'augmentation de peine" aurait, en réalité, "été émise pendant l'interrogatoire" de X. La Cour Suprême aurait aussi dénaturé le sens du "donné acte" litigieux: si elle a relevé qu'"avis (avait) été donné au demandeur d'avoir à envisager une majoration de peine", elle n'a pas reproduit le membre de phrase le plus révélateur ("eu égard au système de défense adopté"), qui figurait textuellement dans l'arrêt du ... 1962.

Du reste, l'argumentation développée à ce sujet par le Gouvernement belge tendrait à indiquer que les parties sont "peut-être contraires en fait". Mais alors, comment "arrêter la procédure au stade de la recevabilité"? Selon Me B., il y a lieu de constituer une Sous-Commission chargée de rechercher où se trouve la vérité (articles 28 a) et 29 de la Convention). La Sous-Commission pourrait, par exemple, entendre "les protagonistes de cette affaire" et de "nombreux confrères" qui auraient "assisté à l'incident" et en auraient été "indignés", y compris l'avocat de la partie civile.

B. *Décision de la Commission*

Considérant que l'article 27 § 2 de la Convention, s'il oblige la Commission à déclarer "irrecevables" les requêtes individuelles qu'elle estime "manifestement mal fondées", ne l'autorise pas pour

entitled to reject, at the stage of its decision as to admissibility, an application which is not obviously ill-founded (cf. *inter alia*, 9.6.1958, No. 214/56, De Becker v. Belgium, Yearbook, II, pages 252–254);

Whereas the problems arising in this case in connection with Article 6 of the Convention have proved so complex that they cannot be solved without going into the merits of the case;

Whereas X.'s complaints cannot therefore be rejected as being manifestly ill-founded;

Now therefore,

Rejects the second ground for dismissal submitted by the respondent Government in opposition to the Application;

III. ABUSE OF THE RIGHT OF PETITION

A. *Arguments of the parties*

Whereas in their memorial of ... 1963 [doc. DH/Misc (63) 13] the respondent Government maintained that the Application should be rejected as being an abuse of the right of petition; whereas after endeavouring to establish the absence of violation of Article 6 and thus the manifestly ill-founded character of X.'s complaints (cf. *supra*), they claimed that "initial examination of the documents produced seems to show that the Applicant is merely trying to escape the consequences of his conviction"; whereas this expression seems to come from the decision taken by the Commission on ... 1962 on the admissibility of Application No. 1270/62 lodged by Mrs. Ilse Koch against the Federal Republic of Germany (Yearbook V, p. 126);

Whereas the respondent Government did not return to this point at the hearing of 28th October 1963;

Whereas counsel for the Applicant denied at the hearing that his client was merely trying "to elude the consequences of his conviction"; whereas he emphasised that the Application "is directed to correcting the errors of the Belgian Courts, to removing the violations and the consequences of those violations or to making equitable reparation therefor"; and whereas the consequences of the disputed conviction "have ceased to exist for the time being", since X. was given his freedom on ... 1963; whereas he added that as far as the Application, "like any other appeal", is intended to remove the Applicant from the "consequences of his conviction", Boeckmans cannot be blamed for having lodged it, unless "it is assumed that he is necessarily guilty" and it is overlooked that "even a person who is potentially guilty is protected by the Convention"; whereas, lastly, Me. B. expressed the opinion that an

autant à rejeter, dès le stade de l'examen de leur recevabilité, les recours dont le mal-fondé ne tombe pas sous le sens (cf., *entre autres*, 9.6.1958, N° 214/56, De Becker/Belgique, Annuaire II, pp. 253–255);

Que les problèmes qui surgissent en l'espèce sur le terrain de l'article 6 de la Convention se révèlent suffisamment complexes pour que leur solution doive relever de l'examen du fond de l'affaire;

Que les griefs de X. ne sauraient, dès lors, être repoussés pour défaut manifeste de fondement;

Par ces motifs,

Rejette la seconde fin de non-recevoir que le Gouvernement défendeur oppose à la requête;

III. SUR L'ABUS DU DROIT DE RECOURS

A. *Argumentation des parties*

Considérant que dans son mémoire du ... 1963 (Doc. DH/Misc (63) 13), le Gouvernement défendeur a conclu au rejet de la requête pour abus du droit de recours; qu'après s'être attaché à établir l'absence de violation de l'article 6 et, partant, le défaut manifeste de fondement des griefs de X. (cf. *supra*), il a soutenu que "le premier examen des documents produits semble ... indiquer que le requérant ne cherche rien d'autre qu'à échapper aux conséquences de sa condamnation"; que cette dernière formule paraît s'inspirer de la décision que la Commission a rendue, le ... 1962, au sujet de la requête N° 1270/62 de Mme Ilse Koch/la République Fédérale d'Allemagne (Annuaire V, p. 127);

Que ledit Gouvernement n'est pas revenu sur ce point particulier à l'audience contradictoire du 28 octobre 1963;

Considérant que, lors de cette même audience, l'avocat du requérant a contesté que son client cherche uniquement à "échapper aux conséquences de sa condamnation"; qu'il a souligné, en effet, que la requête "vise à redresser les erreurs des juridictions belges, à réparer les violations, à supprimer les conséquences de ces violations ou à fournir une réparation équitable", et que d'ailleurs les conséquences de la condamnation litigieuse "ont disparu pour l'instant" puisque X. a recouvré sa liberté le ... 1963; qu'il a ajouté que dans la mesure où la requête, "comme tout recours", tend à soustraire l'intéressé aux "conséquences de sa condamnation" on ne saurait le reprocher à X. sans partir "du préjugé que (celui-ci) est nécessairement coupable" et sans oublier "que même un coupable éventuel bénéficie des garanties de la Convention"; que Me B. a exprimé enfin l'opinion que l'on ne pouvait raisonnablement

Application which raised "a question of principle as important as that of the impartiality of a judge and the presumption of innocence" could not reasonably be called an abuse of the right of petition and that "the import of the decision" the Commission was called upon to take went "very much (beyond) the person of his client" (doc. A 85.118, pages 37–38);

B. *Decision of the Commission*

Whereas under article 27, paragraph 2 *in fine*, of the Convention, "the Commission shall consider inadmissible any petition submitted under article 25 which it considers ... an abuse of the right of petition";

Whereas, before declaring on ... 1962, that Application No. 1270/62 lodged by Ilse Koch against the Federal Republic of Germany constituted a clear and marked abuse of the right of individual application", the Commission had found that the Applicant was merely trying "to escape the consequences of the conviction"; whereas it had not limited itself to this finding, however, noting that Ilse Koch, "imprisoned in pursuance of a sentence passed upon her because of crimes committed in defiance of the most elementary rights of the individual", had put forward "a series of allegations and grievances for which there was not the slightest support in the Convention", as there was incompetence, and inadmissibility, on several grounds (incompetence *ratione temporis*, incompetence *ratione materiae* and inadmissibility as being manifestly ill-founded) (Yearbook V, p. 126);

Whereas the same is not true in this case;

Whereas in a more general way and having regard to its jurisprudence in this respect (cf. in particular Yearbook I, pages 194–197; Yearbook II, page 338; Yearbook III, page 442; Collection IX, page 57), the Commission sees no reason for rejecting the present Application as "an abuse of the right of petition" within the meaning of article 27, paragraph 2, of the Convention;;

Now therefore, the Commission

Rejects the third ground for dismissal submitted by the respondent Government in opposition to the Application;

Whereas, lastly, no other question of competence or admissibility arises in this case;

DECLARES THE APPLICATION ADMISSIBLE.

qualifier d'abusive une requête posant "un cas de principe aussi important que celui de l'impartialité du juge (et) de la présomption d'innocence", et que "l'intérêt de (la) décision" que la Commission aurait à prendre dépassait "très notablement la personne de (son) client" (Doc. A 85.118, pp. 37–38);

B. *Décision de la Commission*

Considérant qu'aux termes de l'article 27 § 2 *in fine* de la Convention, "la Commission déclare irrecevable toute requête introduite par application de l'article 25, lorsqu'elle estime la requête ... abusive" ("an abuse of the right of petition");

*Qu'*avant de déclarer, le ... 1962, que l'introduction de la requête N° 1270/62 d'Ilse Koch/la République Fédérale d'Allemagne constituait "un abus manifeste et caractérisé du droit de recours individuel", la Commission avait relevé que la requérante ne cherchait "qu'à échapper aux conséquences de sa condamnation"; qu'elle ne s'était cependant pas bornée à cette constatation; qu'elle avait également noté qu'Ilse Koch, "détenue en exécution d'une condamnation qui lui (avait) été infligée à raison de crimes perpétrés au mépris des droits les plus élémentaires de la personne humaine", avançait "une série d'allégations et de griefs auxquels la Convention ne (fournissait) pas le moindre appui", car ils se heurtaient à différents chefs d'incompétence et d'irrecevabilité (incompétence *ratione temporis*, incompétence *ratione materiae* et défaut manifeste de fondement) (Annuaire V, p. 127);

Que tel n'est point le cas en l'espèce;

Que plus généralement, et compte tenu de sa jurisprudence en la matière (cf. notamment Annuaire I, pp. 194–197; Annuaire II, p. 339; Annuaire III, p. 443; Recueil IX, p. 57), la Commission n'aperçoit aucun motif de rejeter la présente requête comme "abusive" au sens de l'article 27 § 2 de la Convention;

Par ces motifs, la Commission

Rejette la troisième fin de non-recevoir que le Gouvernement défendeur oppose à la requête;

Considérant, enfin, qu'aucune autre question de compétence ou de recevabilité ne surgit en la cause;

DECLARE LA REQUETE RECEVABLE.

Application No. 1747/62

X. *against* AUSTRIA

Decision of 13th December 1963

THE FACTS

Whereas the facts presented by the Applicant may be summarised as follows:

The Applicant is an Austrian citizen, born in 1932 and living in B.

From a document submitted by the Applicant, it appears that, on ... 1960, he was convicted on charges of neo-Nazi activities and sentenced to 9 months' imprisonment by the Regional Court (*Landesgericht*) of B. The conviction was based on Article 3 g of the Constitutional Act concerning the Interdiction of the N.S.D.A.P. (*Verfassungsgesetz über das Verbot der N.S.D.A.P.*), which deals with "National-Socialist activities" (*"Betätigung im nationalsozialistischen Sinne"*).

The Applicant lodged a plea of nullity (*Nichtigkeitsbeschwerde*) alleging violations of Article 345, paragraph (1), Nos. 6, 8 and 11 a of the Code of Criminal Procedure (*Strafprozessordnung*) and the Office of the Public Prosecutor (*Staatsanwaltschaft*) lodged an appeal (*Berufung*) demanding an increase of his sentence.

On ... 1962 the Supreme Court (*Oberster Gerichtshof*) examined the plea of nullity in a public session in the presence both of counsel for the defence and a representative of the Attorney-General (*Generalprokurator*). The Court dismissed the plea of nullity. It then examined the appeal *in camera* and, after "hearing" the Office of the Attorney-General (*Generalprokuratur*), dismissed the appeal also.

The Applicant complains that he was wrongly convicted. He submits that the penal provision applied was vague and that the findings of the Regional Court, while referring generally to his participation in several youth organisations, did not indicate any particular acts which were found to be National-Socialist activities.

The Applicant alleges violations of Article 6, paragraphs (2) and (3), subparagraph (b), Articles 9, 10 and 14 of the Convention.

Proceedings before the Commission

A group of three members authorised by the Commission to proceed under Article 45, paragraph (3), subparagraph (b) of the Rules of Procedure, considered the Application on ... 1963 and decided that the Respondent Government should be invited to

Requête No. 1747/62

X. *contre* L'AUTRICHE

Décision du 13 décembre 1963

(*Traduction*)

EN FAIT

Considérant que les faits présentés par le requérant peuvent se résumer ainsi:

Le requérant est un ressortissant autrichien, né en 1932 et résidant à B.

Il ressort d'un document soumis par lui que, le ... 1960, le requérant a été condamné pour activités néo-nazies à 9 mois de prison par le Tribunal régional (*Landesgericht*) de B. Cette condamnation était fondée sur l'article 3 g) de la Loi constitutionnelle relative à l'interdiction du N.S.D.A.P. (*Verfassungsgesetz über das Verbot der N.S.D.A.P.*) qui traite des "activités national socialistes" (*Betätigung im national-sozialistischen Sinne*).

Le requérant introduisit un recours en annulation (*Nichtigkeitsbeschwerde*) alléguant la violation de l'article 345, paragraphe 1, Nos 6, 8, et 11 a) du Code de procédure penale (*Strafprozessordnung*), et le Ministère public (*Staatsanwaltschaft*) interjeta appel (*Berufung*) a minima.

Le ... 1962, la Cour Suprême (*Oberster Gerichtshof*) examinait le recours en annulation au cours d'une audience publique à laquelle assistaient à la fois le défenseur du requérant et un représentant du Procureur Général (*Generalprokurator*). La Cour rejeta le recours en annulation. Elle examina ensuite l'appel à huis clos et, après "audition" du bureau du Procureur Général (*Generalprokuratur*), rejeta également l'appel.

Le requérant se plaint d'avoir été condamné injustement. Il soutient que la disposition pénale appliquée était vague et que la décision du Tribunal régional, si elle se référat en termes généraux à sa participation à plusieurs organisations de jeunesse, ne faisait pas état d'actes déterminés ayant le caractère d'activités national-socialistes.

Le requérant allègue la violation de l'article 6, paragraphe 2 et 3 b), et des articles 9, 10 et 14 de la Convention.

Procédure suivie devant la Commission

Un groupe de trois membres, autorisé par la Commission à procéder conformément à l'article 45, paragraphe 3 b) du Règlement intérieur, a examiné la requête le ... 1963. Il a décidé d'inviter le Gouvernement défendeur à présenter ses observations sur la

submit its observations on the admissibility of the Application and, in particular, on the exact manner in which the Attorney-General participated in the proceedings on the appeal before the Supreme Court.

The Application was accordingly communicated to the Respondent Government which, under cover of a letter dated ... 1963, replied that the Attorney-General was not present at the session *in camera* where the appeal was deliberated upon by the judges of the Supreme Court; that he had merely expressed in writing the opinion that the appeal of the Public Prosecutor was well-founded.

On ... 1963, the Commission decided

(1) to declare inadmissible, as being manifestly ill-founded, that part of the Application which related to the question of "equality of arms" (*Waffengleichheit*) before the Supreme Court;
(2) to adjourn its consideration of the remainder of the Application and to invite the Respondent Government to submit further observations on its admissibility.

Under cover of a letter dated ... 1963, the Respondent Government submitted the following observations:

> "Before a Jury at the Regional Criminal Court (*Landesgericht für Strafsachen*) of B. on ... 1960 (20 Vr 565/60), X. was convicted under Section 3 g VG. (*Verbotsgesetz* – Interdiction Act) and sentenced to 9 months' severe imprisonment (*schwerer Kerker*), with the additional penalty of 3 nights "sleeping hard" (*hartes Lager*), for engaging in National Socialist activities, in that, from about 1952 onwards, he was training adviser (*Schulungsreferent*) of the "League of Young Patriots" (*Bund Heimattreuer Jugend*), leading member of the "Vienna League of Young Patriots" (*Bund Heimattreuer Jugend Wien*) and the "Vienna Storm Youth" (*Wiener Sturmjugend*), Federal Leader (*Bundesfflhrer*) of the "Federation of National Youth Leagues of Austria" (*Arbeitsgemeinschaft Nationaler Jugendbünde Österreichs*) and the "Federation of National Youth Associations of Austria" (*Arbeitsgemeinschaft Nationaler Jugendverbände Österreichs*) and First Spokesman (*Erster Sprecher*) of the "National Youth Associations' Fellowship Union" (*Kameradschaftsring Nationaler Jugendverbände*).

X.'s plea of nullity (*Nichtigkeitsbeschwerde*) and appeal (*Berufung*) against this judgment was dismissed on ... 1962 by decision of the Supreme Court (*Oberster Gerichtshof*) on the ground that the functions exercised by him had a National Socialist bias.

With regard to the Applicant's contention that the provision of Section 3 g VG is too vague and hence incompatible with Articles 9,

recevabilité de ladite requête et, notamment, sur la manière exacte dont le Procureur Général avait participé à la procédure d'appel devant la Cour Suprême.

La requête a été en conséquence portée à la connaissance du Gouvernement défendeur, qui, sous couvert d'une lettre datée du ... 1963, a répondu que le Procureur Général n'était pas présent à l'audience à huis clos où l'appel avait été examiné par les juges de la Cour Suprême; qu'il avait simplement exprimé par écrit l'opinion que l'appel du Ministère public était bien fondé.

Le ... 1963, la Commission a décidé:

(1) de déclarer irrecevable, pour défaut manifeste de fondement, la partie de la requête relative à la question de "l'égalité des armes" (*Waffengleichheit*) devant la Cour Suprême;
(2) d'ajourner l'examen du restant de la requête et d'inviter le Gouvernement défenseur à présenter des observations complémentaires quant à sa recevabilité.

Sous couvert d'une lettre datée du ... 1963, le Gouvernement défendeur a présenté les observations suivantes:

> "Devant le jury du Tribunal correctionnel régional de B. le ... 1960, X. a été reconnu coupable en vertu de l'article 3 g VG (*Verbotsgesetz* – Loi d'interdiction) et condamné à une peine de 9 mois de réclusion rigoureuse (*schwerer Kerker*), aggravée de trois nuits de "couche dure" (*hartes Lager*), pour s'être livré depuis 1952 à des activités national-socialistes en tant que conseiller à la formation (*Schulungsreferent*) de la "Ligue de la jeunesse patriote" (*Bund Heimattreuer Jugend*), dirigeant de la "Ligue de la jeunesse patriote de Vienne" (*Bund Heimattreuer Jugend Wien*) et des "Jeunesses d'assaut" de Vienne (*Wiener Sturmjugend*), chef fédéral (*Bundesführer*) de la "Fédération des Ligues nationales de jeunesse d'Autriche" (*Arbeitsgemeinschaft nationaler Jugendbünde Österreichs*) et de la "Fédération des Associations nationales de jeunesse d'Autriche" (*Arbeitsgemeinschaft Nationaler Jugendverbände Österreichs*) et premier porte-parole (*Erster Sprecher*) de l'"Amicale des Associations nationales de jeunesse" (*Kameradschaftsring Nationaler Jugendverbände*).

Le recours en annulation (*Nichtigkeitsbeschwerde*) de X. et son appel (*Berufung*) contre ce jugement ont été rejetés le ... 1962 par la décision de la Cour Suprême (*Oberster Gerichtshof*), pour le motif que les fonctions exercées par lui présentaient le caractère d'activités national-socialistes.

Pour autant que le requérant soutient que la disposition de l'article 3 g VG est trop vague et, partant, incompatible avec les

10 and 14 of the European Convention on Human Rights, we submit as follows:

According to Article 9 of the Convention, everyone has the right to freedom of thought, conscience and religion; freedom to manifest one's religion or beliefs is subject only to such limitations as are prescribed by law and "are necessary in a democratic society in the interests of public safety, for the protection of public order, health or morals, or for the protection of the rights and freedoms of others".

According to Article 10, of the Convention, everyone has the right to freedom of expression. "The exercise of these freedoms, since it carries with it duties and responsibilities, may be subject to such formalities, conditions, restrictions or penalties as are prescribed by law and are necessary in a democratic society, in the interests of national security ...".

The Applicant's allegation that the penal provision in Section 3 g VG is vague, is presumably to be understood as meaning that the offence defined therein, by its alleged lack of precision, admits of such broad interpretation that the limitations it imposes on the freedoms guaranteed by the Convention are severer than is necessary in a democratic society; in other words, the alleged vagueness of the provision enables it to be applied also to modes of conduct whose repression is not indispensible in a democratic society in the interests of national security etc.

There is no other sense in which the clause's alleged vagueness could constitute a breach of the Human Rights Convention, since precision in the definition of an offence is not required by the vention as an end in itself. The German text of Article 9 reads (in a literal translation): "limitations other than those prescribed by law", that is to say it does not refer to the precision of these limitations, whereas Article 10 (German version) reads: "... certain formalities prescribed by law ... which are necessary in a democratic society", but the word "certain" ("*bestimmte*") here could just as easily be replaced by the word "such" ("*solche*") as in the English text of Article 10, paragraph (2), which reads: "... may be subject to such (!) ... as are prescribed by law ...". The word "*certaines*" in the French text corresponds to the German word "*bestimmte*" in the sense of "*solche*".

As to the alleged vagueness of the provision itself and, in particular, the contention that it admits of a wider interpretation and application than is admissible under the Convention on Human Rights, we have the following observations to make:

In his "Manual on the Austrian Penal Code" (*Lehrbuch des*

articles 9, 10 et 14 de la Convention européenne des Droits de l'Homme, nous ferons valoir ce qui suit:

Aux termes de l'article 9 de la Convention, toute personne a droit à la liberté de pensée, de conscience et de religion; la liberté de manifester sa religion ou ses convictions ne peut faire l'objet d'autres restrictions que celles qui, prévues par la loi, "constituent des mesures nécessaires, dans une société démocratique, à la sécurité publique, à la protection de l'ordre, de la santé ou de la morale publics, ou à la protection des droits et libertés d'autrui".

Selon l'article 10 de la Convention, toute personne a droit à la liberté d'expression. "L'exercice de ces libertés, comportant des devoirs et des responsabilités, peut être soumis à certaines formalités, conditions, restrictions ou sanctions, prévues par la loi, qui constitue des mesures nécessaires, dans une société démocratique, à la sécurité nationale ...".

En alléguant que la disposition pénale de l'article 3 g VG est vague, le requérant entend vraisemblablement soutenir que la définition de l'infraction visée par cette disposition admet, du fait de son prétendu manque de précision, une interprétation tellement large que les restrictions qu'elle impose aux libertés garanties par la Convention sont plus sévères qu'il n'est nécessaire dans une société démocratique; en d'autres termes, que la prétendue imprécision de la disposition permet d'étendre son application à des modes de comportement dont la répression n'est pas, dans une société démocratique, indispensable à la sécurité nationale, etc.

On ne voit pas dans quel autre sens le caractère "vague" de cette clause pourrait constituer une violation de la Convention des Droits de l'Homme, car la précision dans la définition d'une infraction n'est pas exigée par la Convention comme une fin en soi. Le texte allemand de l'article 9 parle (en traduction littérale): de "restrictions autres que celles prévues par la loi", c'est-à-dire qu'il ne fait pas allusion à la précision de ces restrictions. Quant à l'article 10 (version allemande), il mentionne: "... certaines formalités prévues par la loi ... qui sont nécessaires dans une société démocratique", mais, dans ce membre de phrase, le mot "certaines" (*bestimmte*) pourrait être aisément remplacé par le mot "telles" (solche), comme dans le texte anglais du paragraphe 2 de l'article 10, qui est ainsi conçu: "... may be subject to such ... as are prescribed by law ...". Le mot "certaines", dans le texte français, correspond au mot allemand "*bestimmte*" au sens de *solche*.

Quant au caractère prétendûment vague de la disposition elle-même et, notamment, à l'affirmation selon laquelle elle admet une interprétation et une application plus larges que ne l'autorise la Convention des Droits de l'Homme, nous formulerons les observations suivantes:

Dans son "Manuel du Code pénal autrichien" (*Lehrbuch des öster-*

österr. Strafgesetzes), Vol. II, p. 355, RITTLER seems at first sight to endorse the Applicant's assertion when he refers to Section 3 g VG as a "penal provision of the utmost vagueness and limitless scope, a provision in which the nature of the offence is by no means clearly defined (*ohne Tatbild*) and which offers none of the guarantees of a constitutional state". But this appears to be an exaggeration. True, the conception of the offence is wide, but it is not limitless. Convinced of the danger of a revival of National Socialism, the legislator deemed it essential, in addition to specifying a number of offences, to insert a general clause providing for the punishment of any "activity" of a National Socialist nature. The punishment of "disloyal sentiments" under Section 3 g VG is thus precluded from the very start (cf. RITTLER, *op. cit.*, p. 344). Moreover, as is clear from the fact that Section 3 g VG provides for a severer penalty "in the case of special danger", the normal penalty is imposed only for dangerous activities, so that the provision does not cover petty offences. The scope of the clause is further defined by the fact that the expression "activities of a National Socialist nature" can be understood only in the sense of a pattern of behaviour (*komplexes Handeln*) and consequently does not cover individual acts (cf. Decision of the Supreme Court 9 Os 12/62). Furthermore, activities can properly be described as being of a National Socialist nature only when they are the manifestation of "typical National Socialist ideas" (cf. Section 1 *Rechts-Überleitungsgesetz*). RITTLER's question (Vol. II, p. 355), whether the organisation of winter relief work (*Winterhilfswerk*) or the creation of an institution such as "*Kraft durch Freude*" ("strength through joy") in an industrial undertaking fall under the terms of the provision, must consequently be answered in the negative; such institutions are not the outward manifestation of a typical National Socialist way of thinking. Hence actions which, though customary during the period of National Socialist domination, do not run counter to the spirit of a democratic social order – insofar as they are not characterised by some typical essential feature – must remain outside the scope of Section 3 g VG. Finally Section 3 g VG is limited by the exclusion of the actions defined in Sections 3 (a) to 3 (f) VG, since it includes the phrase: "in ways other than that mentioned in Sections 3 (a) to 3 (f)" (*auf andere als die in den §§ 3 a bis 3 f bezeichnete Weise*). Viewed in this light, the scope of Section 3 g VG, though wide, is nevertheless sufficiently delimited.

The question remains to be considered whether the repression of all modes of conduct covered by Section 3 g VG is necessary

reichischen Strafgesetzes) Vol. II, p. 355, RITTLER semble à première vue corroborer la thèse du requérant lorsqu'il voit dans l'article 3 g VG une "disposition pénale d'une extrême imprécision et d'une portée illimitée, une disposition dans laquelle la nature de l'infraction n'est pas du tout clairement définie (*ohne Tatbild*) et qui n'offre aucune des garanties d'un Etat constitutionnel". Cette opinion paraît, toutefois, exagérée. La conception de l'infraction est certes large, mais elle n'est nullement illimitée. Convaincu du danger d'une renaissance du National-socialisme, le législateur a jugé indispensable, après avoir spécifié un certain nombre d'infractions, d'insérer une clause d'ordre général prévoyant la répression de toute "activité" de caractère national-socialiste. Sanctionner des "sentiments déloyaux" en vertu de l'article 3 g VG est ainsi exclu d'emblée (cf. RITTLER, *op. cit.*, p. 344). De plus, comme l'atteste le passage de l'article 3 g VG qui prévoit une sanction plus grave "en cas de danger particulier", la sanction normale n'est infligée que pour des activités dangereuses, en sorte que la disposition ne vise pas les infractions mineures. La portée de cette clause est encore limitée par le fait que l'expression "activités de caractère national-socialiste" ne peut être entendue qu'au sens d'un comportement général (*komplexes Handeln*) et ne s'applique pas, par conséquent, à des actes isolés (cf. Arrêt de la Cour Suprême 9 Os 12/62). En outre, on ne peut proprement attribuer à des activités un caractère national-socialiste que si elles sont la manifestation d'"idées typiquement national-socialistes" (cf. article 1 *Rechtsüberleitungsgesetz*). Lorsque RITTLER se demande (Vol. II, p. 358) si l'organisation d'une oeuvre de secours d'hiver (*Winterhilfswerk*) ou la création d'une institution telle que *Kraft durch Freude* (La force par la joie) dans une entreprise industrielle tombent sous le coup de la disposition, il y a donc lieu de répondre à cette question par la négative: de telles institutions ne sont pas la manifestation extérieure d'une forme de pensée typiquement national-socialiste. Ainsi, les actions qui, bien que coutumières durant la période de domination national-socialiste, ne sont pas contraires à l'esprit d'un ordre social démocratique – pour autant qu'elles ne sont pas caractérisées par un élément essentiel typique – doivent rester en dehors du champ d'application de l'article 3 g VG. Enfin, la portée de l'aliéna g) de l'article 3 VG est limitée par l'exclusion des actes définis aux alinéas a) à f) dudit article, puisqu'on y trouve ce membre de phrase: "sous des formes autres que celles mentionnées aux alinéas 3 a) à 3 f)" (*auf andere als die in den §§ 3 a bis 3 f bezeichnete Weise*). Vu sous cet aspect, le champ d'application de l'article 3 g VG, bien que large, est néanmoins suffisamment délimité.

Il reste à considérer si la répression de tous les modes de comportement visés par l'article 3 g VG est nécessaire (indispensable)

(indispensible) in a democratic society in the interests of public safety and/or national security, etc. The Austrian legislature, convinced of the danger which National Socialism presents for the social order, answered this question in the affirmative and it is scarcely to be supposed that the European Commission of Human Rights, whose duty it is, after all, to preserve this democratic order in the European States, will disagree with him.

The Applicant finally alleges violation of Article 14 of the Convention, which states that the enjoyment of the rights and freedoms set forth in the Convention shall be secured without discrimination on any ground such as ... political or other opinion ....

This provision in no way precludes the limitation, in the ways enumerated in Articles 9 and 10, of the freedoms set forth therein in cases where the conduct affected by the limitation is the manifestation of particular political opinions; otherwise no State could forbid incitement to political murder. What Article 14 says is merely that the enjoyment of the rights and freedoms safeguarded in the Convention shall not be impaired on the subjective grounds listed in Article 14, but only on the grounds enumerated in the Convention, for instance in Articles 9 and 10.

We would also point out in this connexion that, by retaining the provision embodied in Section 3 g VG, Austria is fulfilling an obligation contracted under Article 10 of the State Treaty.

X., who was detained from ... 1960 to ... 1960 and from ... 1960 to ... 1960, appointed Dr. Y., barrister, as his defence counsel. On ... 1960 X. was served with a copy of the indictment against which he filed a protest, but withdrew it on ... 1960. On ... 1960 he was summoned to appear at the main hearing fixed for ... to ... 1960.

In view of these considerations and the fact that he was free at all times to confer with his counsel during visiting hours, his right to adequate time and facilities for the preparation of his defence was manifestly in no way prejudiced. Hence it is evident that the allegation of a violation of Article 6, paragraphs (2) and (3), subparagraph (b), of the Convention is also unfounded."

On ... 1963, on the instructions of the President of the Commission, the Government's observations of ... 1963 were sent to the Applicant who was invited to submit his reply before ... 1963.

Under cover of a letter dated ... 1963, the Applicant submitted the following reply:

"The Respondent Government confirms that I was convicted on account of my activity as a training adviser (*Schulungsreferent*) etc.

dans une société démocratique, à la sûreté publique et (ou) à la sécurité nationale, etc. Le législateur autrichien, convaincu du danger que représente le National-socialisme pour l'ordre social, a répondu à cette question par l'affirmative et il n'est guère probable que la Commission européenne des Droits de l'Homme, à qui, somme toute, il incombe de préserver cet ordre démocratique dans les Etats européens, exprime un avis divergent.

Le requérant allègue enfin la violation de l'article 14 de la Convention, qui dispose que la jouissance des droits et libertés reconnus dans la Convention doit être assurée sans distinction aucune, fondée notamment sur ... les opinions politiques ou toutes autres opinions ...

Cette disposition n'exclut nullement la limitation, selon les modalités énumérées aux articles 9 et 10, des libertés définies dans ces articles dans les cas où le comportement visé par cette limitation constitue la manifestation d'opinions politiques déterminées; sans cela, en effet, l'Etat ne pourrait interdire l'incitation à l'assassinat politique. L'article 14 dit simplement que la jouissance des droits et libertés garantis par la Convention ne sera pas limitée pour les raisons subjectives énoncées à l'article 14, mais seulement pour les raisons énumérées dans la Convention, par exemple aux articles 9 et 10.

Nous ferons également observer à ce propos qu'en maintenant la disposition de l'article 3 g VG, l'Autriche remplit une obligation contractée en vertu de l'article 10 du Traité d'Etat.

X., qui a été détenu du ... 1960 au ... 1960 et du ... 1960 au ... 1960, a choisi comme défenseur le Dr. Y., avocat. Copie de l'acte d'accusation lui a été notifiée le ... 1960; il a déposé une protestation écrite contre cet acte, mais l'a retirée le ... 1960. Le ... 1960, il a reçu une assignation à comparaître à l'audience principale, qui devait avoir lieu du ... au ... 1960.

Compte tenu de ce qui précède et du fait qu'il lui était loisible de conférer à tout moment avec son avocat pendant les heures de visite, son droit de disposer du temps et des facilités nécessaires à la préparation de sa défense n'a manifestement subi aucune atteinte. Il est, dès lors, évident que l'allégation faisant état d'une violation de l'article 6, paragraphes 2 et 3 b) de la Convention est également dénuée de fondement".

Le ... 1963, sur les instructions du Président de la Commission, les observations du Gouvernement en date du ... 1963 ont été adressées au requérant, qui a été invité à présenter sa réponse avant le ... 1963.

Sous couvert d'une lettre datée du ... 1963, le requérant a présenté la réponse suivante:

"Le Gouvernement défendeur confirme que j'ai été condamné pour mon activité de conseiller à la formation (*Schulungsreferendar*)

although it was explicitly stated both during the trial and in the judgment of the Supreme Court that the exercise of the function as such is not punishable (indeed, other co-accused performing the same function were acquitted). It is also asserted (just as before the Supreme Court) that this activity had a National Socialist bias. Once again, this is an empty allegation backed by no proof. Such proof was never sought nor was it furnished. I was arrested for publishing an article (see detention order of ... 1960) calling for a united front against the growing communist infiltration in Austria (title: "Unite"). I was also accused in the indictment of acting within the meaning of Section 3 g VG, because I "held club meetings" (*Heimabende abhielt*) and because the youth groups I belonged to had "flags and pennants" (*Fahnen und Wimpel*). All the other allegations were equally vague. In no case was I accused of a specific National Socialist action, nor was such action ever proved. I repeatedly pointed out, for example, that I never even held a number of the offices mentioned and that, for instance, First Spokesman of the National Youth Associations' Fellowship Union is an honorary office in a West German association, which does not exist in Austria at all, but is naturally permitted in West Germany.

The repression of certain modes of conduct (namely the free expression of opinion, orally and in writing), by application of Section 3 g VG, could be dispensed with in a democratic society. National Socialism and, in particular, any efforts aimed at destroying democratic institutions must naturally be resisted. I have never given any support to such efforts, nor has it ever been claimed or proven that I did. I have at all times – before my arrest, during my trial and subsequently – made it perfectly clear that I dislike National Socialism because I abhor any restriction of personal freedom and freedom of expression. I can truthfully say that I would have supported National Socialism, if I had held (or hold) such convictions, in the same unequivocal manner as I condemn the practices employed by the Austrian judicial authorities against persons who hold different political opinions.

It is not necessary, in my view, for the Convention on Human Rights to give any precise definition of an offence for the specific purpose of excluding the right to free expression of political opinions. For the moment a political movement is directed at destroying the safeguarded human rights, it cannot be protected by them. This does not in any way apply to my behaviour. Quite the contrary.

The quotations from RITTLER, which I did not know of, hit the

etc., et ..., bien qu'il ait été explicitement déclaré aussi bien pendant le procès que dans l'arrêt de la Cour suprême que l'exercice de ces fonctions, en tant que telles, n'était pas punissable (du reste d'autres co-accusés exerçant les mêmes fonctions ont été acquittés). Le Gouvernement affirme également (tout comme devant la Cour Suprême) que cette activité présentait un caractère national-socialiste. Il s'agit, là encore, d'une allégation gratuite et non prouvée. Les autorités n'ont jamais recherché ni fourni de preuves pour la corroborer. J'ai été arrêté pour avoir publié un article (voir le mandat d'arrêt du ... 1960) réclamant la constitution d'un front unique contre le noyautage communiste croissant en Autriche (titre: "Unissez-vous"). L'acte d'accusation retenait également contre moi des agissement tombant sous le coup de l'article 3 g VG parce que j'avais "organisé des réunions de clubs" (*Heimabende abhielt*) et parce que les groupes de jeunesse auxquels j'appartenais possédaient "des drapeaux et des fanions" (*Fahnen und Wimpel*). Toutes les autres allégations étaient aussi vagues. Je n'ai jamais été accusé d'une activité nationale-socialiste précise, pas plus qu'une telle activité n'a été prouvée. J'ai souligné à maintes reprises, par exemple, que je n'avais même jamais détenu certains des postes mentionnés et que, par exemple, celui de premier porte-parole de l'Amicale des Associations nationales de jeunesse est une fonction honoraire dans une association d'Allemagne occidentale, qui n'existe pas en Autriche mais qui est naturellement autorisée en Allemagne occidentale. La répression de certains modes de comportement (à savoir la libre expression d'opinions oralement et par écrit), par application de l'article 3 g VG, n'est pas indispensable dans une société démocratique. Il faut naturellement combattre le National-socialisme et, en particulier, tout effort tendant à détruire les institutions démocratiques. Je n'ai jamais soutenu de tels efforts et jamais l'on n'a prétendu ou prouvé que je l'avais fait. J'ai toujours – avant mon arrestation, pendant mon procès et par la suite – marqué très nettement que je suis hostile au National-socialisme parce que j'abhorre toute restriction de la liberté individuelle et de la liberté d'expression. Je puis dire en toute franchise que j'aurais soutenu le National-socialisme, si j'avais eu (ou si j'avais) de telles convictions, aussi ouvertement que je condamne les pratiques employées par les autorités judiciaires autrichiennes contre ceux qui professent des opinions politiques différentes des leurs.

Il n'est pas nécessaire, à mon sens, que la Convention des Droits de l'Homme donne une définition précise d'une infraction visant à exclure le droit à la libre expression des opinions politiques. En effet, dès lors qu'un mouvement politique tend à détruire les droits de l'homme sauvegardés, il ne peut bénéficier de la protection. Cela ne s'applique en aucune façon à ma conduite. Bien au contraire.

Les citations extraites de l'ouvrage de RITTLER, que je ne con-

"nail on the head." They are not an exaggeration. When "*Winterhilfswerk*" (winter relief work) is cited as an example and it is explained that this, of course, is not a National Socialist activity, I consider that statement a downright mockery, when I think that I was sentenced to 6 months' severe imprisonment at my first trial for the republication of an article previously published in Germany unopposed, containing the two slogans: "*Gemeinnutz geht vor Eigennutz*" (service not self) and "*Gesunder Bauer auf gesundem Acker*" (literally, healthy farmer on healthy land). Be that as it may, at least I knew then why I was convicted (namely, on account of the article), but to this day I still do not know why I was convicted at the last trial, since the exercise of my functions – which alone was mentioned in the questions put to the jury and in the judgment – is not punishable. Practically every subsequent sentence in the Austrian Government's statement is totally at variance with the facts. Apart from the fact that I am firmly convinced that anyone founding a "*Winterhilfswerk*" under that name would immediately be arrested under Section 3 g VG, I find the following sentence particularly noteworthy: "Moreover, ... that the normal penalty is imposed only for 'dangerous' activities, (so that) the provision does not cover petty offences".

The conception "dangerous" surely requires no explanation; I understand the word to apply – roughly – to any action which endangers a person, a State or a Society. It is a puzzle to me how I can be held to have acted dangerously simply by writing articles – containing, of course, no incitement to bloodshed, but merely asking for freedom to hold opinions – or by training youth groups, whose members patterned their lives on the boy-scout movement, but with a national bias – there was never any question of training or using them for acts of terror etc. etc.

But to continue: When someone, and particularly a youth, paints a swastika on a wall, surely that is a petty offence. Nevertheless (there were such cases), these scribblers were brought to trial under Section 3 g VG – within the meaning of Section 3 g possibly even rightly so, for, if 3 g is thus to be interpreted, they conducted their National-Socialist activities in ways "other than that mentioned in Section 3 a to 3 f VG." – But how can even the semblance of a reproach be levelled against me?

As to the phrase, "insofar as they are not characterised by some typical essential feature", at least one such "typical essential feature" ought to have come to light and been identified during my trial.

naissais pas, sont fort pertinentes. Elles n'ont rien d'exagéré. Lorsque le *Winterhilfswerk* (Oeuvre de secours d'hiver) est cité comme exemple et que l'on explique qu'il ne s'agit naturellement pas d'une activité national-socialiste, je considère cette déclaration comme une pure dérision quand je pense que j'ai été condamné à 6 mois de réclusion rigoureuse lors de mon premier procès pour la reproduction d'un article déjà publié en Allemagne sans opposition, article où figuraient deux slogans: "*Gemeinnutz geht vor Eigennutz*" (L'intérêt public passe avant l'intérêt particulier) et "*Gesunder Bauer auf gesundem Acker*" (littéralement: une paysannerie saine sur une terre saine). Quoi qu'il en soit, je savais du moins alors pourquoi j'étais condamné (à cause de cet article), mais, jusqu'à ce jour, j'ignore encore pourquoi j'ai été condamné lors de mon dernier procès, puisque l'exercice de mes fonctions – seul motif mentionné dans les questions posées au jury et dans le jugement – n'est pas punissable. Presque toutes les phrases qui figurent dans la suite de l'exposé du Gouvernement autrichien sont en totale contradiction avec les faits. Outre que je suis fermement convaincu que toute personne qui fonderait un "*Winterhilfswerk*" sous ce nom serait immédiatement mise en état d'arrestation en vertu de l'article 3 g VG, la phrase suivante me paraît particulièrement remarquable: "De plus, ... la sanction normale n'est infligée que pour des activités "dangereuses", en sorte que la disposition ne vise pas les infractions mineures".

Le terme "dangereuses" n'appelle certainement aucune explication; il me paraît s'appliquer – grosso modo – à toute action mettant en péril une personne, un Etat ou une société. Ce que je ne parviens pas à comprendre, c'est que l'on puisse considérer comme des activités dangereuses le simple fait d'avoir écrit des articles – qui ne contenaient, bien entendu aucune incitation à la violence mais revendiquaient simplement la liberté d'opinion – ou d'entrainer des groupes de jeunesse qui s'inspiraient du scoutisme, mais avec une tendance nationale – il n'a jamais été question de les entraîner ou de les utiliser pour des actes de terrorisme – etc. etc.

Mais continuons: lorsque quelqu'un, et notamment un adolescent, peint une croix gammée sur un mur, il ne s'agit certainement que d'une infraction mineure; et pourtant (des cas de ce genre se sont produits), ces gribouilleurs ont été traduits en justice en vertu de l'article 3 g VG. En admettant même qu'une telle mesure se justifie sur le terrain de l'article 3 g, car, si l'article 3 g doit être interprété de la sorte, ils ont exercé leurs activités national-socialistes "sous des formes autres que celles mentionnées aux alinéas 3 a) à 3 f) VG" – je ne vois pas comment on peut formuler à mon encontre ne fût-ce qu'un semblant de reproche.

Quant à l'expression "pour autant qu'elles ne sont pas caractérisées par un élément essentiel typique", on aurait dû dégager et dénoncer pendant mon procès au moins un de ces "éléments

Perhaps it will be argued that they were too numerous to identify, but I am certain it will not be, because this simply is not true, but supposing it were ...: Does not every Court in the world take trouble to convict a thief, for instance, for all the offences that come to light and give an exact account of them down to the last halfpenny?

I harbour no doubts about the danger of National Socialism; all the more reason, therefore, for not supporting it. It is perfectly understandable that the State should take steps to combat it in the event of "dangerous activities" (cf. the examples given in Sections 2 a to 3 f VG). But I have never engaged in any – let alone, dangerous – activities,nor was it ever alleged that I had, although that was the ground for my conviction.

The assertion that the State must limit human rights, otherwise it could nor forbid political murder, is, in my opinion, grotesque. No such finding is necessary, particularly since there is no act whatsoever, whose punishment is provided for in the Civil Code amd which can be camouflaged as "political". – But that is the whole point; I find no mention of even one reason, one activity or one act that I have committed that in contrary to the spirit or the letter of the Convention on Human Rights.

Austria states that it has an obligation under the State Treaty to resist National Socialism. This end can also be served by the clearly and precisely worded Sections 3 a to 3 f VG. But it also contracted the obligation to safeguard democracy in Austria and to a democracy belongs the right to express one's opinion's and convictions freely (a right also granted lawfully to communists who are hardly champions of these principles). Now, Section 3 g VG which – to quote Rittler, who up till now was unfortunately unknown to me – "offers none of the guarantees of a constitutional state", is in direct contradiction to this obligation.

I was detained from ... to ... 1960, till I received my indictment. Naturally I was so indignant at the content that I immediately filed a protest. So that my situation can be understood, I must explain that around this time my wife lost her home and gave birth to her second child (... 1960). I was anxious, therefore, that my trial should come up at least before Christmas. My counsel consequently advised me to withdraw my protest in order not to hold up the proceedings. The trial in fact took place on ... and I was released on the ..., that is to say ... days before Christmas. I have no

essentiels typiques". Peut-être prétendra-t-on qu'ils étaient trop nombreux pour être dénoncés, mais je suis certain qu'on ne pourra avancer cet argument tout simplement parce qu'il n'est pas exact, et à supposer même qu'il le soit . . . : est-ce que tous les tribunaux du monde ne prennent pas la peine de condamner un voleur, par exemple, pour toutes les infractions mises à jour et de donner le décompte exact des sommes volées jusqu'au dernier centime?

Je n'entretiens aucun doute quant au danger que représente le National-socialisme, ce qui me donne d'autant plus de raisons de ne pas le soutenir. Il est parfaitement compréhensible que l'Etat prenne des mesures pour le combattre dans le cas d'"activités dangereuses" (voir les exemples cités aux alinéas a) à f) de l'article 3 VG). Mais, n'ayant jamais exercé d'activité de cette nature, je n'ai pu à fortiori me livrer à des activités dangereuses et l'on n'a d'ailleurs jamais prétendu que je l'avais fait, bien que tel ait été le motif de ma condamnation.

Il est, à mon avis, grotesque d'affirmer que l'Etat doit limiter les droits de l'homme parce que, sans cela, il ne pourrait interdire l'incitation à l'assassinat politique. Cette assertion est parfaitement oiseuse, en particulier du fait qu'il n'existe aucun acte punissable en vertu du Code Pénal qui puisse être camouflé sous l'étiquette "politique". Mais c'est précisément là toute la question: je ne trouve pas la moindre mention ne fût-ce que d'une raison pour laquelle j'aurais exercé une activité ou commis un acte qui soit contraire à l'esprit ou à la lettre de la Convention des Droits de l'Homme.

Le Gouvernement déclare que le Traité d'Etat lui fait obligation de combattre le national-socialisme. Cette fin peut également être servie par les alinéas a) à f) de l'article 3 VG, au libellé clair et précis. Mais le Gouvernement a aussi contracté l'obligation de préserver la démocratie en Autriche, et une démocratie comporte le droit d'exprimer librement ses opinions et ses convictions (droit également reconnu par la loi aux communistes, qui ne se font guère les champions de ces principes). L'alinéa g) de l'article 3 VG, qui – pour citer RITTLER qui, jusqu'à présent m'était malheureusement inconnu – "n'offre aucune des garanties d'un Etat constitutionnel" –, est en contradiction directe avec cette obligation.

Placé en détention le ... 1960, c'est le ... suivant que j'ai eu communication de l'acte d'accusation. J'ai été naturellement si indigné de son contenu que j'ai déposé aussitôt une protestation. Pour permettre de comprendre ma situation, je dois expliquer que peu de temps auparavant ma femme avait perdu son domicile et donné naissance à son second enfant. (... 1960). Dans ces conditions je tenais beaucoup à ce que mon procès passe au moins avant Noël. Mon avocat m'a donc conseillé de retirer ma protestation pour ne pas retarder la procédure. Le procès a effectivement eu lieu

evidence, but I can quote at least 30 similar cases to show that persons detained under Section 3 g pending investigation are kept in custody a very long time, because in most cases they are later acquitted. I already mentioned in my first Application the case of a man who spent, in all, 36 months in prison pending investigation and was acquitted after three trials but did not receive a penny by way of compensation. Knowing this – after all, I was in prison for 11 months and was heard only 8 times – I was anxious to avoid delaying proceedings.

With regard to the impeding of my defence I have this to say: It is claimed that I was free to confer with my counsel at any time. That is true. Only, I could not afford a counsel for I had no money. I was glad, therefore, when two gentlemen put themselves at my disposal free of charge (one of them, incidentally, was a Socialist municipal councillor who interceded on my behalf out of indignation at my arrest), and so I could not make too great demands on them.

Furthermore, throughout the entire period of my detention, I was in a cell with criminals (my request to be moved to an individual cell was rejected) and I was refused stationery and writing materials, not to mention books or documents. That, in my view, was a very considerable impediment to my defence.

I should like to say, in conclusion, that what this Application is designed to achieve is not my rehabilitation, for the months I spent in prison and the suffering caused to my family cannot be undone and I have never considered myself a criminal. What I seek is the right to freedom of expression. For – it may be annoying – I have a mind of my own and would like to be able to say what I think. In the circumstances obtaining in Austria as a result of Section 3 g VG, this is, however, scarcely possible without running the risk of imprisonment. But, in addition, I should like to be accused of a specific crime, so that I can furnish evidence to disprove it and obtain a retrial of my case. I beg you to help me in this."

THE LAW

Whereas, in regard to the Applicant's complaint that the penal provision applied in his case was so vague as to constitute a violation of the Convention, the Commission finds that the terms of the charge drafted against him under Article 3 g of the Interdiction Act created a justiciable offence consistent with the Convention; whereas, although the Applicant himself has not specified the exact provisions of the Convention on which he relies in this respect, the

le ... et j'ai été libéré le ... c'est-à-dire ... jours avant Noël. Je n'ai pas de preuves à l'appui, mais je peux citer au moins une trentaine de cas semblables montrant que les personnes placées en détention préventive en vertu de l'article 3 g VG y restent très longtemps parce que, dans la plupart des cas, elles sont ensuite acquittées. J'ai déjà signalé dans ma première requête le cas d'un homme qui a passé en tout 36 mois de détention préventive et qui, bien qu'acquitté au bout de trois procès, n'a pas reçu un sou de compensation. Connaissant ces détails – après tout, j'étais en prison depuis 11 mois et on ne m'avait entendu que 8 fois – je souhaitais vivement éviter tout retard dans la procédure.

En ce qui concerne les entraves apportées à ma défense, je dirai ceci. On prétend que j'étais libre de conférer à tout moment avec mon avocat. C'est exact. Mais je ne pouvais pas me payer le luxe d'un avocat car je n'avais pas d'argent. J'ai donc été heureux que deux personnes se mettent à ma disposition gratuitement (l'une d'elles, soit dit en passant, était un conseiller municipal socialiste qui a intercédé en ma faveur parce qu'il était indigné par mon arrestation) et je ne pouvais, dans ces conditions, trop leur demander.

En outre, pendant toute la durée de ma détention, je partageais ma cellule avec des délinquants de droit commun (ma demande de transfert dans une cellule individuelle a été rejetée) et l'on me refusait de quoi écrire, sans parler des livres et des documents. Cela a constitué, à mon sens, un obstacle considérable à ma défense.

Je voudrais dire pour terminer que mon but, en présentant cette requête, n'est pas d'obtenir ma réhabilitation, car les mois que j'ai passés en prison et les souffrances causées à ma famille ne peuvent être effacés et je ne me suis jamais considéré comme un délinquant. Ce que je réclame, c'est le droit à la liberté d'expression, car – si gênant que cela puisse être – j'ai mes propres idées et je tiens à pouvoir dire ce que je pense. Dans la situation qui règne en Autriche par suite de l'article 3 g VG, ce n'est malheureusement guère possible si l'on ne veut pas courir le risque d'être jeté en prison. Je demande en outre que l'on m accuse d'une infraction précise, afin de pouvoir apporter des preuves qui me disculpent et d'obtenir que ma cause soit rejugée. Je vous prie de bien vouloir m'y aider."

EN DROIT

Considérant, que pour autant que le requérant se plaint de ce que la disposition pénale appliquée en l'espèce était vague au point de constituer une violation de la Convention, la Commission estime que les termes du chef d'accusation retenu contre lui en vertu de l'article 3 g de la Loi d'interdiction créaient une infraction compatible avec la Convention; que bien que le requérant lui-même n'ait pas spécifié les dispositions exactes de la Convention sur les-

Commission has had regard to Article 6, paragraph (1), guaranteeing generally a "fair hearing" to a person charged with a criminal offence, and to Article 6, paragraph (3), subparagraph (a), which guarantees to an accused person the right to be informed promptly and in detail of the nature and cause of the accusation against him; whereas the Commission has equally had regard to the provision of Article 7; whereas, however, there is no appearance of a violation of any of the rights and freedoms set forth in the Convention and in particular in these Articles; whereas it follows that this part of the Application is manifestly ill-founded and must be rejected in accordance with Article 27, paragraph (2), of the Convention;

Whereas the Applicant also complains that the findings of the Regional Court, while referring generally to his participation in several youth organisations, did not specify any particular acts as being National Socialist activities; whereas this complaint was also raised by the Applicant before the Supreme Court; and whereas the Supreme Court held that the findings of the Jury of the Regional Court were sufficiently precise and consistent with Article 345, paragraph (1), Nos. 6, 8 and 11 a, of the Code of Criminal Procedure (*Strafprozessordnung*) as they indicated the nature of the acts in question, the circumstances in which they were committed and the period during which the acts were perpetrated;

Whereas it further appears from the decision of the Supreme Court that the Presiding Judge of the Regional Court, when directing the Jury, explained that a necessary element under Article 3 g of the Interdiction Act was an intention to undermine the democratic government in Austria in order to revive National Socialism, as practised in Austria from 1938 to 1945; whereas, consequently, the Commission is satisfied that the Jury of the Regional Court, having been so directed and in convicting the Applicant under Article 3 g of the Interdiction Act, must have found that he had intended to introduce National Socialism in Austria; and whereas, furthermore, there is no reason to consider that the Jury, in arriving at this conclusion, was acting in bad faith or in any other way inconsistent with the provisions of Article 6, paragraph (1), of the Convention;

Whereas, in these circumstances, the Applicant's rights to freedom of thought and expression, as guaranteed in Articles 9 and 10 of the Convention, were not violated by his conviction and sentence; whereas, in particular, the Commission finds that the Applicant's conviction and sentence, which necessarily imposed restrictions upon him in his exercise of these freedoms, were in pursuance of provisions of penal law; whereas, further, having regard to the Applicant being

quelles il s'appuie à cet égard, la Commission a pris en considération le paragraphe 1 de l'article 6, qui garantit d'une façon générale à toute personne accusée d'une infraction le droit à ce que sa cause soit "entendue équitablement", et le paragraphe 3 a) de l'article 6, qui garantit à tout accusé le droit d'être informé dans le plus court délai et d'une manière détaillée de la nature et de la cause de l'accusation portée contre lui; que la Commission a également pris en considération les dispositions de l'article 7; que, toutefois, elle n'a relevé aucune trace de violation de l'un des droits ou libertés définis dans la Convention et en particulier dans ces articles; qu'il s'ensuit que cette partie de la requête est manifestement mal fondée; qu'il y a lieu, dès lors, de la rejeter de ce chef par application de l'article 27, paragraphe 2 de la Convention;

Considérant que le requérant se plaint également de ce que les conclusions du Tribunal régional, si elles se référaient en termes généraux à sa participation à plusieurs organisations de jeunesse, ne faisaient pas état d'actes déterminés ayant le caractère d'activités national-socialistes; que ce grief a également été soulevé par le requérant devant la Cour Suprême; que la Cour Suprême a jugé que les conclusions du jury du Tribunal régional étaient suffisamment précises et compatibles avec l'article 345, paragraphe 1, Nos. 6, 8 et 11 a) du Code de procédure pénale (*Strafprozessordnung*) étant donné qu'elles indiquaient la nature des actes en cause, les circonstances dans lesquelles ils avaient été commis et la période pendant laquelle ils avaient été perpétrés;

Considérant qu'il ressort en outre de la décision de la Cour Suprême que le Président du Tribunal régional a expliqué, dans son exposé au jury, qu'un élément indispensable aux termes de l'article 3 g de la Loi d'interdiction était l'intention de saper le régime démocratique d'Autriche en vue de restaurer le National-socialisme, tel que l'Autriche l'a connu de 1938 à 1945; que la Commission a, dès lors, la conviction que le jury du Tribunal régional, après avoir été ainsi éclairé, doit, pour avoir condamné le requérant en vertu de l'article 3 g de la Loi d'interdiction, être parvenu à la conclusion qu'il avait l'intention d'instaurer le National-socialisme en Autriche; qu'il n'y a par ailleurs aucune raison de considérer qu'en aboutissant à cette conclusion le jury a agi de mauvaise foi ou d'une autre manière incompatible avec les dispositions de l'article 6, paragraphe 1 de la Convention;

Considérant que, dans ces conditions, les droits du requérant à la liberté de pensée et d'expression, tels qu'ils sont garantis par les articles 9 et 10 de la Convention, n'ont pas été violés par sa condamnation; que, notamment, la Commission estime que la condamnation du requérant, qui lui imposait nécessairement des restrictions dans l'exercice de ces libertés, était conforme aux dispositions du droit pénal; qu'au surplus, compte tenu du fait que le requérant a été

duly convicted for activities aimed at the re-introduction into Austria of National Socialistic activities, the Commission finds that these restrictions were necessary in a democratic society in the interests of public safety and national security and for the protection of the rights and freedoms of others; whereas, therefore, the penal measures taken against the Applicant were justified under Article 9, paragraph (2), and Article 10, paragraph (2), respectively; whereas, consequently, it is not necessary to examine whether these measures were also justifiefd under Article 17 of the Convention; whereas it follows that this part of the Application, too, is manifestly ill-founded and must be rejected in accordance with Article 27, paragraph (2), of the Convention;

Whereas, in regard to the remaining complaints of the Applicant concerning the alleged violations of his right to defend himself, an examination of the case as it has been submitted, including an examination made *ex officio*, does not disclose any appearance of a violation of the rights and freedoms set forth in the Convention and in particular in Article 6; whereas it follows that the remainder of the Application also is manifestly ill-founded and must be rejected in accordance with Article 27, paragraph (2), of the Convention;

Now therefore the Commission

DECLARES THIS APPLICATION INADMISSIBLE.

Application No. 1769/62

X. AND OTHERS *against* BELGIUM

Decision of 26th July 1963 [1]

THE FACTS (Translation)

Whereas the facts of the case may be summarised as follows:

The Applicants, French-speaking Belgian citizens, reside in Ghent, Antwerp and various communes in the vicinity (St. Denis-Westrem, Heusden, Latem St. Martin, Waarschoot, Merelbeke, Destelbergen, Mariakerke, Edegen, etc.), that is to say in a "predominantly Flemish-speaking region". They claim to act on their own behalf as well as on behalf of their minor children (numbering some 240).

They complain of four Belgian Acts to wit:

– the Act of 14th July 1932 "on language regulations in primary

[1] On the same date Application No. 1691/62 (sixty-four inhabitants of Antwerp and surrounds) was declared admissible in part for similar reasons.

régulièrement condamné pour des agissements visant à réintroduire des activités national-socialistes en Autriche, la Commission estime que ces restrictions étaient nécessaires dans une société démocratique à la sûreté publique, à la sécurité nationale et à la protection des droits et libertés d'autrui; que, par conséquent, les mesures pénales prises contre le requérant étaient justifiées sur le terrain de l'article 9, paragraphe 2, et de l'article 10, paragraphe 2 respectivement; qu'il n'est donc pas nécessaire d'examiner si ces mesures étaient également conformes à l'article 17 de la Convention; qu'il s'ensuit que cette partie de la requête est elle aussi manifestement mal fondée; qu'il y a lieu, dès lors, de la rejeter de ce chef par application de l'article 27, paragraphe 2 de la Convention;

Considérant pour autant que le requérant se plaint par ailleurs de violations prétendues de son droit de défense, que l'examen du dossier ne permet pas en l'état de dégager, même *d'office*, la moindre apparence de violation des droits et libertés reconnus dans la Convention et notamment dans son article 6; qu'il s'ensuit que le restant de la requête est, de même, manifestement mal fondé; qu'il y a lieu, dès lors, de le rejeter de ce chef par application de l'article 27, paragraphe 2 de la Convention.

Par ces motifs, la Commission

DECLARE LA REQUETE IRRECEVABLE.

Requête No. 1769/62

X. ET CONSORTS *contre* LA BELGIQUE

Décision du 26 juillet 1963 [1]

EN FAIT

Considérant que les faits de la cause peuvent se résumer ainsi:

Les requérants, citoyens belges d'expression française, résident à Gand et Anvers ainsi que dans différentes communes des environs (St-Denis-Westrem, Heusden, Latem St. Martin, Waarschoot, Merelbeke, Destelbergen, Mariakerke, Edegem, etc. ...), c'est-à-dire dans une "région de prédominance de langue flamande"; ils déclarent agir à la fois en leur nom personnel et pour le compte de leurs enfants mineurs (au nombre de 240 environ).

Leur plainte se dirige contre quatre lois belges, à savoir:

- la loi du 14 juillet 1932 "concernant le régime linguistique de l'enseignement primaire et de l'enseignement moyen", et notam-

[1] A la même date, la Requête No. 1691/62 (soixante-quatre habitants d'Anvers et des environs) a été déclarée partiellement recevable pour des motifs analogues.

and intermediate education" and specifically sections 1, 4, 5, 8, 9, 14, 18, 20 and 28 of that Act;
- the Act of 15th July 1932 "on the conferment of academic titles" and specifically sections 1 to 3;
- the Acts of 27th July 1955 (Section 13 (4)) and 29th May 1959 (Section 24) fixing the conditions for grants to primary and intermediate schools and to teacher training and technical colleges, both public and private.

The Applicants state their case as follows;

"The Act of 14th July 1932 divides the national territory into four regions. In each of the first three regions it prescribes on the basis of *jus soli*, the exclusive use of the Flemish, French or German language as the medium for primary and intermediate education, whether public or private and subsidised; thus Flemish is prescribed in the case of the Applicants and their children ...; in the fourth region, the Brussels area, it adopts as a criterion the mother tongue or the accustomed tongue (Sections 5, 12 and 18) but denies further any freedom to opt for one of the other two national languages (Sections 7 and 20).

"The aim of Sections 2, 3, 15 and 17 is to effect the 'transmutation' in the second year of primary studies, of the child's personal and family culture into that of the majority of the inhabitants of the region concerned.

"... Under Sections 1, 8 and 14 any child who has been taught in French in a French-speaking region but goes to live in a Flemish-speaking region during his primary or intermediate studies can continue there, whatever stage he has reached, only in the language of his new place of residence, in the present case Flemish (and *vice versa*). Section 9 provides for three exceptions to this rule. The first two are already obsolete; the third is illusory and restrictive. Its application is subjected to the following conditions:

(i) There must be (a) in a single school (b) at least 8 pupils (c) in each year who are in the same position.

(ii) Such children 'must not have withdrawn voluntarily (sic) from the regional primary school system'.

"This final provision constitutes an explicit admission that the principle of freedom is violated by the Act. It applies *mutatis mutandis* to the other two linguistic regions.

"Infringement of the Act is punishable by:

- refusal to recognise any diploma certifying completion of intermediate studies issued by a school that does not conform to the Act (Act of 15th July 1932, Sections 1, 2 and 3);

ment contre les articles 1, 4, 5, 8, 9, 14, 18, 20 et 28 de cette loi;

- la loi du 15 juillet 1932 "sur la collation des grades académiques", et spécialement les articles 1 à 3;
- les lois des 27 juillet 1955 (article 13 § 4) et 29 mai 1959 (article 24), fixant les conditions d'octroi des subventions à l'enseignement primaire, moyen, normal et technique, tant public que privé.

Les requérants exposent ce qui suit:

"La loi du 14 juillet 1932 divise le territoire national en quatre régions. Dans chacune des trois premières de ces régions, elle impose, sur base du *jus soli*, l'usage exclusif du flamand ou du français ou de l'allemand, comme langue véhiculaire de l'enseignement primaire et moyen, public et privé subsidié, soit donc le flamand en ce qui concerne les requérants et leurs enfants ...; dans la quatrième région, l'agglomération bruxelloise, elle adopte comme critère la langue maternelle ou usuelle (art. 5, 12 et 18) tout en refusant au père de famille la libre option pour l'une des deux autres langues nationales (art. 7 et 20).

Ses articles 2, 3, 15 à 17 ont pour objet d'opérer la'transmutation' de l'individu, dès sa seconde année d'études primaires, de sa culture personnelle et familiale en celle de la majorité des habitants de la région considérée.

... Par application des articles 1, 8, 14, l'enfant instruit en français, en région francophone, venant habiter la région flamande au cours de ses études primaires ou moyennes, ne peut les continuer, quel que soit leur degré d'avancement, que dans la langue de sa nouvelle résidence, en l'occurrence le flamand (et vice-versa). A cette règle, l'article 9 prévoit trois dérogations. Les deux premières sont d'ores et déjà périmées. La troisième est illusoire et constitutive de contrainte. Elle subordonne son application aux conditions ci-après:

(i) qu'il se rencontre a) dans un même établissement d'enseignement, b) au moins 8 élèves, c) par année d'études, se trouvant dans la même situation;

(ii) que ces enfants 'ne se soient pas soustraits volontairement (sic) au régime primaire régional'.

Cette disposition finale est l'aveu explicite de la violation par la loi du principe de liberté. Elle s'applique *mutatis mutandis* aux deux autres régions linguistiques.

La loi est sanctionnée par:

- le refus d'homologation du diplôme de fin d'études moyennes que délivrerait un établissement d'enseignement qui ne se conformerait pas à la loi (loi du 15 juillet 1932, art. 1, 2 et 3);

- refusal to make any grant to a school which, while availing itself of a right recognised by the Constitution (Article 23), provides instruction in any language other than that of the region in which it is established (Section 13 (4) of the Act of 27th July 1955 and Section 24 of the Act of 29th May 1959)".

The Applicants allege violation of Articles 8, 9, 10 and 14 of the Convention and of Article 2 of the First Protocol.

With regard to Articles 8 and 14, read in conjunction, they consider "that it is their personal, absolute and inalienable right to ensure that (their) children should have the same intellectual and cultural background (as themselves)", and in particular that they should receive "an education appropriate to (their) own culture", "should think and express themselves in the same language (as they do)", etc. "As fathers of families", they consider themselves to be "the best judges of capacities of (their) children, and therefore of the linguistic preparation best suited to their abilities and to the career and settlement prospects which (they) have in mind for them". In short, they claim "priority in choosing the kind of education that they are to receive".

The Applicants also rely on Article 9 of the Convention, read in conjunction with Article 14. They emphasise that their children, "being obliged to receive ideas, and especially abstract ideas – such as those of mathematics, religion, ethics, physics and chemistry – – through the ear in a language that they understand only with difficulty, or even initially not at all, ... cannot fully exercise their intellectual function of reflection", and this – they urge – constitutes an infringement of "their natural right to the fullest possible development of their faculty of thinking. Insofar as they acquire something from this education, their thoughts are patterned according to a metaphysic and logic that are unsuited to their innate and ethnic psychological tendencies. By practising such education, the State – they argue – depersonalises the child and exploits him for the purpose of putting into practice a doctrine of standardisation and of regional linguistic homogeneity which cannot be reconciled with the individualist doctrine that the Applicants describe themselves as holding".

With regard to Articles 10 and 14, read in conjuction, the Applicants make the following comments:

> "... Our children are placed at a disadvantage in relation to their teachers as regards expressing themselves, and in relation to their fellow pupils in competitions and examinations.
>
> "Being deprived at an early age of the habit of using their mother tongue, they express themselves in a language that is incorrect, hybrid, inprecise and lacks fluency; this will be a serious handicap for them in their careers.

– le refus de tout subside à l'établissement enseignant qui, usant d'une faculté cependant reconnue par la Constitution (art. 23), dispenserait son instruction en une autre langue que celle de la région où il est établi (art. 13, § 4 de la loi du 27 juillet 1955 et art. 24 de la loi du 29 mai 1959)."

Les requérants allèguent la violation des articles 8, 9, 10 et 14 de la Convention ainsi que de l'article 2 du premier Protocole additionnel.

En ce qui concerne les articles 8 et 14 combinés, ils estiment "avoir un droit personnel, absolu et inaliénable, à ce que (leurs) enfants soient à (leur) ressemblance intellectuelle et culturelle", et notamment reçoivent "une instruction conforme à (leur) propre culture", "pensent et s'expriment dans la même langue (qu'eux)", etc. ... "Pères de famille", ils se considèrent comme "les meilleurs juges des aptitudes de (leurs) enfants et partant de la formation linguistique la plus adéquate à leurs moyens ainsi qu'aux probabilités de carrière et d'établissement (qu'ils) leur (ménagent)." Bref, ils entendent "choisir par priorité le genre d'éducation à leur donner".

Les requérants invoquent également, en combinaison avec l'article 14, l'article 9 de la Convention. Ils soulignent à ce propos que leurs enfants, "tenus de recevoir l'empreinte auditive des idées, et particulièrement d'idées abstraites – telles les mathématiques, la religion, la morale, la physique et la chimie – en une langue qu'ils ne comprennent que difficilement, et même aucunement au début – ... ne peuvent exercer avec pleine efficacité la fonction intellective de la réflexion", ce qui les léserait "dans leur droit naturel au développement le plus parfait de leur faculté de penser. Dans la mesure où ils retirent des fruits de cet enseignement, leurs pensées sont modelées selon une métaphysique et une logique inadéquates à leurs dispositions psychologiques innées et ethniques. Par la pratique de cet enseignement, l'Etat (dépersonnifierait) l'enfant et en (disposerait) aux fins de réalisation d'une doctrine unitariste et d'homogénéité linguistique régionale inconciliable avec la doctrine personnaliste que les requérants déclarent professer".

Pour ce qui est des articles 10 et 14 combinés, les requérants font observer:

> "... Nos enfants sont placés en état d'infériorité dans leurs moyens d'expression à l'égard de leurs maîtres et, dans les compétitions et concours, à l'égard de leurs condisciples de classe.
>
> "Privés dès leur jeune âge de l'accoutumance à l'usage de leur langue maternelle, ils en arrivent à s'exprimer dans un langage incorrect, métissé, imprécis et dépourvu de toute nuance, qui constituera pour eux un lourd handicap dans la carrière.

"The teachers themselves have no freedom of expression. Offences against the Act of 14th July 1932 are penalised by the denial of grants and the refusal to recognise any certificates issued by the school.

"The only course left open to the Applicants is to send their children to study in a French-speaking region, involving heavy expense for board and travel, although local education is free, and also at the cost of a separation that harms family life and at the risk, if they are obliged to bring child back home during his studies, that recognition of his certificate will be refused on the ground that he had voluntarily (*sic*) withdrawn from the regional linguistic system".

Finally, as regards Article 2 of the first Protocol, read in conjunction with Article 14 of the Convention, the Applicants concede that "the Act of 14th July 1932 does not explicitly deny education to anyone". In their view, however, "it establishes a discriminatory system, in addition to the coercion it involves *de facto*". "Although it ensures a full education in their mother tongue to Flemish children in the Flemish speaking region (and similarly to members of majority groups in the other regions) ... it denies the same right to (their) children...". They claim that it thus denies to these latter children "education dispensed without discrimination on any ground such as (...) race, (...) language, (...) property or other status." They say that it again violates "the same principle by allowing children in the Brussels area to be educated in their mother tongue or accustomed tongue".

"The most flagrant discrimination" is alleged to occur in the international field: "Although the State refuses to recognise certificates granted on completion of intermediate studies pursued in French in a Flemish-speaking region, (it) recognises the equivalence of diplomas certifying completion of studies issued in France (Royal Decree of 8th August 1960), in Italy (*id.* 5th November 1956), in Germany (*id.* 21st April 1961), in the Netherlands (*id.* 25th May 1949), and by the European Schools at Brussels, Mol, Varese and Luxembourg".

The Applicants request that the legal provisions complained of be modified to make them comply with the Convention.

PROCEEDINGS BEFORE THE COMMISSION

Whereas proceedings before the Commission to date may be summarised as follows:

On 27th March 1963 the Commission instructed the Secretariat to communicate the Application to the Respondent Government (Rule 45 (3) (b) of the Rules of Procedure), suggesting that it confirm that its written observations on the admissibility of Application No.

"Dans le chef des enseignants, la liberté d'expression est totalement vinculée. L'infraction à la loi du 14 juillet 1932 est sanctionnée par le refus de subsides et d'homologation des diplômes qu'ils délivreraient.

"La seule issue laissée aux requérants consiste à envoyer leurs enfants faire leurs études en région francophone au prix de frais élevés d'internat et de transport, alors que l'enseignement régional est gratuit, ainsi qu'au prix d'une séparation préjudiciable à la vie de famille et au risque, s'ils doivent ramener l'enfant au foyer au cours de ses études, de lui voir refuser l'homologation de son diplôme pour le motif qu'il se serait volontairement (*sic*) soustrait au régime linguistique régional."

Au sujet, enfin, de l'article 2 du premier Protocole additionnel, combiné avec l'article 14 de la Convention, les requérants concèdent que "la loi du 14 juillet 1932 ne refuse en termes exprès l'instruction à personne". A leurs yeux cependant, "elle établit un régime discriminatoire, qui s'ajoute à la contrainte qu'elle impose en fait": "alors qu'elle assure aux enfants flamands de la région flamande (et réciproquement aux autres majoritaires dans les autres régions) un enseignement intégral en leur langue maternelle ..., elle refuse le même droit à (leurs) enfants ...". Elle dénierait donc à ces derniers "un enseignement dispensé sans distinction aucune fondée sur (...) la race (...), la langue (...), la fortune ou toute autre situation". Elle violerait "le même principe en accordant aux enfants de l'agglomération bruxelloise le droit d'être instruits", eux, "dans leur langue maternelle ou usuelle".

"La discrimination la plus flagrante" se situerait "sur le plan international": "alors que l'Etat refuse l'homologation des diplômes qui seraient obtenus à l'issue d'études moyennes faites en langue française en région flamande, il reconnaît l'équivalence des diplômes de fin d'études délivrés en France (arrêté royal du 8 août 1960), en Italie (*id.* 5 novembre 1956), en Allemagne (*id.* 21 avril 1961), aux Pays-Bas (*id.* 25 mai 1949) et par les écoles européennes de Bruxelles, Mol, Varèse et Luxembourg."

Les requérants demandent l'adaptation des prescriptions légales litigieuses aux exigences de la Convention.

PROCEDURE SUIVIE DEVANT LA COMMISSION

Considérant que la procédure suivie à ce jour devant la Commission peut se résumer ainsi:

Le 27 mars 1963, la Commission a chargé le Secrétariat de communiquer la requête au Gouvernement défendeur (article 45, § 3 b) du Règlement Intérieur) et de lui suggérer de préciser que ses observations écrites sur la recevabilité de la requête N° 1691/62

1691/62 (by Marguet and others) were valid also for Application No. 1769/63, in view of the similarity between the two cases; the Secretariat did so on 5th April 1963.

By a letter dated 15th May 1963, the Permanent Representative of Belgium to the Council of Europe informed the Secretariat that his Government's written observations on the admissibility of Application No. 1474/62 (by 23 inhabitants of Alsemberg and Beersel), communicated to that Government on 19th December 1962, were applicable in the present case as well (Doc. A 78.899).

Pursuant to an order of the President made on 10th May 1963 (Rule 46 (1) and (2), the Secretariat on 10th May 1963 sent to the Applicants a copy of these written observations asking them to reply not later than 12th June 1963.

By a letter dated 29th May 1963 (Doc. DH/Misc (63) 8), Mr. Stany VERHELST stated on behalf of his clients that he fully endorsed "the arguments, grounds and conclusions set forth by the signatories of Application No. 1691/62" (64 inhabitants of Antwerp and environs) (Doc. DH/Misc (63) 11); the Respondent Government was informed of this letter on 13th June 1963.

On 22nd June 1963 the Commission:

- ordered the joinder of this case with three other cases that raised similar issues (Applications Nos. 1474/62 and 1691/62, already referred to; Application No. 1677/62, by five inhabitants of Kraainem) (Rule 39);
- thought fit to request the parties to give oral explanations on the admissibility of each of the four Applications in question (Rule 46 (1) *in fine*);
- left it to the President to arrange, after consulatiton with the parties, a date for the hearing in the presence of the parties.

By order made on 15th June 1963, the President decided that the hearing would be held at Strasbourg on Thursday 25th July and, if necessary, Friday 26th July 1963.

The following appeared before the Commission at the time and place fixed:

for the Belgian Government (Rule 36 (1)):

Mr. A. GOMREE, Magistrate attached to the Ministry of Justice, *Agent;*

Mr. A. BAYART, Barrister at the Belgian Court of Cassation, *Counsel;*

for the Applicants (Rule 36 (2));

MM. V. LALOUX and L. DEFOSSET, Barristers, representing the signatories to Applications Nos. 1474/62 and 1677/62;

MM. F. MARQUET, Honorary Barrister, and A. NYSSENS, formerly Leader of the Bar at the Brussels Court of Appeal, representing the signatories to Applications Nos. 1691/62 and 1769/63.

(Marquet et consorts) vaudraient également pour la requête N° 1769/63, vu la similitude des deux causes; le Secrétariat s'est acquitté de cette tâche le 5 avril 1963.

Par lettre du 15 mai 1963, le Représent Permanentant de Belgique auprès du Conseil de l'Europe a informé le Secrétariat que les observations écrites de son Gouvernement sur la recevabilité de la requête N° 1474/62 (vingt-trois habitants d'Alsemberg et de Beersel), communiquée audit Gouvernement le 19 décembre 1962, valaient également pour la présente affaire (Doc. A 78.899).

En exécution d'une ordonnance présidentielle du 10 mai 1963 (article 46, §§ 1 et 2 du Règlement intérieur), le Secrétariat a adressé aux requérants, le 10 mai 1963, une copie du mémoire en question en les priant d'y répondre avant le 12 juin 1963.

Par lettre du 29 mai 1963 (Doc. DH/Misc. (63) 8), Me Stany VERHELST a précisé, au nom de ses clients, qu'il faisait siens "les considérations, fins et moyens développés par les signataires de la requête N° 1691/62" (soixante-quatre habitants d'Anvers et des environs) (Doc. DH/Misc (63) 11); le Gouvernement défendeur a été informé de ladite lettre le 13 juin 1963.

Le 22 juin 1963, la Commission:

- a ordonné la jonction de la présente affaire avec trois autres causes soulevant des problèmes comparables (requêtes N° 1474/62 et 1691/62, déjà mentionnées; requêtes N° 1677/62, cinq habitants de Kraainem) (article 39 du Règlement Intérieur);
- a estimé utile de convier les parties à lui donner des explications orales sur la recevabilité de chacune des quatre requêtes dont il s'agit (article 46, § 1 *in fine* du Règlement Intérieur);
- a laissé à son Président le soin de fixer la date de l'audience contradictoire après consultation des parties.

Par ordonnance du 25 juin 1963, le Président a décidé que ladite audience se tiendrait à Strasbourg le jeudi 25 juillet et, le cas échéant, le vendredi 26 juillet 1963.

Ont comparu devant la Commission, au lieu et à la date prévus: *pour le Gouvernement belge* (article 36, § 1 du Règlement Intérieur);

M. A. GOMREE, magistrat délégué au Ministère de la Justice, *Agent*;

Me A. BAYART, avocat à la Cour de Cassation de Belgique, *Conseil*; *pour les requérants* (article 36, § 2 du Règlement Intérieur):

Mes. V. LALOUX et L. DEFOSSET, avocats, représentant les signataires des requêtes N° 1474/62 et N° 1677/62;

Mes. F. MARQUET, avocat honoraire, et A. NYSSENS, ancien Bâtonnier des Avocats à la Cour d'Appel de Bruxelles, représentant les signataires des requêtes N° 1691/62 et 1769/63.

The Commission heard the arguments and submissions of the parties and put certain questions to them (Rules 53 and 63 of the Rules of Procedure read in conjunction); the verbatim record of the hearing appears in Document A 83.177, to which reference may be made as required.

The hearing in the presence of the parties concluded at about 5.30 p.m. on Friday 26th July 1963; the Commission then retired and, after deliberating in private, adopted on the same day the present decision, the text of which was signed by the President on 24th September 1963.

THE LAW

Whereas the representatives of the Belgian Government contended in their written observations of April 1963 and their oral arguments on 25th and 26th July 1963 that the Application should be rejected as manifestly ill-founded.

I. WHEREAS AS REGARDS THE ALLEGED VIOLATION OF ARTICLES 9 AND 10 OF THE CONVENTION

Article 9 (1) of the Convention for the Protection of Human Rights and Fundamental Freedoms provides that "Everyone has the right to freedom of thought, conscience and religion; this right includes freedom to change his religion or belief and freedom, either alone or in community with others and in public or private, to manifest his religion or belief, in worship, teaching, practice and observance"; whereas Article 10 (1) of the said Convention provides that "Everyone has the right to freedom of expression. This right shall include freedom to hold opinions and to receive and impart information and ideas without interference by public authority and regardless of frontiers. This Article shall not prevent States from requiring the licensing of broadcasting, television or cinema enterprises";

Whereas it must be pointed out that neither the texts quoted or any other article of the Convention or First Protocol explicitly guarantee "linguistic freedom" as such; whereas the only clauses of the Convention that deal with the use of languages, namely Articles 5 (2) and 6 (3) (a) and (e), are limited in scope and are irrelevant to the case in point;

Whereas it remains to be determined whether the legislation complained of appears to disregard the freedoms set forth in Article 9 and 10;

Whereas freedom of religion is not in question; whereas this is also true of the freedoms of thought, conscience and expression of

La Commission a entendu les parties en leurs moyens et conclusions et leur a posé différentes questions (articles 53 et 63, combinés, du Règlement Intérieur); le compte rendu intégral de l'audience se trouve reproduit au Document A. 83.177, auquel il est renvoyé pour autant que de besoin.

L'audience contradictoire s'est terminée le vendredi 27 juillet 1963 vers 17 h. 30; la Commission s'est retirée alors en Chambre du Conseil. Après en avoir délibéré, elle a adopté, le même jour, la présente décision dont le Président a signé le texte le 24 septembre 1963.

EN DROIT

Considérant que les représentants du Gouvernement belge ont soutenu, dans leurs observations écrites d'avril 1963 et leurs plaidoiries des 25 et 26 juillet 1963, que la requête devait être rejetée pour défaut manifeste de fondement;

I. EN CE QUI CONCERNE LA VIOLATION ALLEGUEE DES ARTICLES 9 ET 10 DE LA CONVENTION

Considérant qu'aux termes de l'article 9 § 1 de la Convention de Sauvergarde des Droits de l'Homme et des Libertés fondamentales, "toute personne a droit à la liberté de pensée, de conscience et de religion; ce droit implique la liberté de changer de religion ou de conviction, ainsi que la liberté de manifester sa religion ou sa conviction individuellement ou collectivement, en public ou en privé, par le culte, l'enseignement, les pratiques et l'accomplissement des rites"; que l'article 10 § 1 de ladite Convention dispose, de son côté, que "toute personne a droit à la liberté d'expression. Ce droit comprend la liberté d'opinion et la liberté de recevoir ou de communiquer des informations ou des idées sans qu'il puisse y avoir ingérence d'autorités publiques et sans considération de frontière. Le présent article n'empêche pas les Etats de soumettre les entreprises de radiodiffusion, de cinéma ou de télévision à un régime d'autorisations.";

Qu'il échet de relever que ni les textes précités, ni aucun autre article de la Convention et du premier Protocole additionnel ne consacrent expressément la "liberté linguistique" en tant que telle; que les seules clauses de la Convention qui traitent de l'emploi des langues, à savoir les articles 5 § 2 et 6 §§ 3 a) et e), ont une portée restreinte et sont étrangères au cas d'espèce;

Qu'il reste à déterminer si la législation litigieuse semble ou non de nature à méconnaître les libertés que définissent les articles 9 et 10;

Que la liberté de religion n'est pas en cause; qu'il en va de même pour les libertés de pensée, de conscience et d'expression des requé-

the Applicants themselves, since nothing prevents them from expressing their thought freely in the language of their choice;

Whereas the problem presents a different aspect as regards the Applicants' children;

Whereas the Applicants argue, in substance, that although their children can freely use their mother tongue, at least out of school, they nevertheless risk permanent harm to the development and exercise of their intellectual faculties through being obliged to study in a language other than that of their family;

Whereas the Commission observes that the manner in which human thought is formed and expressed is perforce determined by a concatenation of circumstances over which the individual has virtually no control (time and place, social environment, diverse events and influences, etc.) without any threat to freedom of thought and expression as such *ipso facto* resulting therefrom;

Whereas, in the last analysis, the Applicants are claiming the right to have the imprint of their own personality and of the culture they acknowledge as their own take first place among the factors conditioning the education of their children, in order that their children's thinking should not become alien to their own;

Whereas, however, it appears that the guarantee of this right is outside the scope of Articles 9 and 10;

Whereas, examination of the files discloses no *prima facie* violation of Articles 9 or 10 of the Convention, so that the Application must be rejected on this count under Article 27 (2) as being manifestly ill-founded;

II. WHEREAS AS REGARDS THE ALLEGED VIOLATION OF ARTICLES 8 AND 14 OF THE CONVENTION AND ARTICLE 2 OF THE FIRST PROTOCOL

Article 27 (2) of the Convention obliges the Commission to declare "inadmissible" any individual application which it considers "manifestly ill-founded", but does not thereby empower it to reject, at the stage of examination for admissibility, an application which is not obviously ill-founded (see *inter alia* the decision on the admissibility of Application No. 214/56, De Becker against Belgium, Yearbook II, pp. 253/255);

Whereas the issues that arise in this case in connexion with Articles 8 and 14 of the Convention and Article 2 of the First Protocol have proved to be sufficiently complex to require for their solution an examination of the merits of the case;

Whereas the complaints in question cannot therefore be rejected as manifestly ill-founded;

Whereas no other grounds of incompetence or inadmissibility are apparent;

rants eux-mêmes, car rien n'empêche ceux-ci d'exprimer leur pensée librement et dans la langue de leur choix;

Que le problème se présente sous un jour différent en ce qui concerne les enfants des requérants;

Que ces derniers font valoir en substance que leurs enfants, s'ils peuvent utiliser librement leur langue maternelle, au moins en dehors de l'école, risquent cependant de pâtir durablement, dans le développement et l'exercice de leurs facultés intellectuelles, de devoir étudier en une langue autre que celle de leur famille;

Que la Commission fait observer à ce sujet que, par la force des choses, la manière dont se forme et s'exprime la pensée humaine se trouve conditionnée par une série d'éléments contingents sur lesquels l'individu n'a guère de prise (données de temps et de lieu, milieu social, événements et influences divers, etc. . . .), sans qu'il en résulte, *ipso facto*, une atteinte aux libertés de pensée et d'expression comme telles;

Qu'en dernière analyse, les requérants revendiquent le droit à ce que l'empreinte de leur propre personnalité, ainsi que celle de la culture dont ils se réclament, figurent au premier rang des éléments conditionnant l'éducation de leurs enfants, afin que la pensée de ceux-ci ne devienne pas étrangère à la leur;

Qu'il appert toutefois que la garantie de ce droit sort du cadre des articles 9 et 10;

Que l'examen du dossier ne permet donc pas de dégager l'apparence d'une violation des articles 9 et 10 de la Convention, de sorte qu'il y a lieu de rejeter la requête, à cet égard, en vertu de l'article 27 § 2, pour défaut manifeste de fondement.

II. EN CE QUI CONCERNE LA VIOLATION ALLEGUEE DES ARTICLES 8 ET 14 DE LA CONVENTION ET DE L'ARTICLE 2 DU PREMIER PROTOCOLE ADDITIONNEL

Considérant que l'article 27 § 2 de la Convention oblige la Commission à déclarer "irrecevables" les requêtes individuelles qu'elle estime "manifestement mal fondées", mais ne l'autorise pas pour autant à rejeter, dès le stade de l'examen de leur recevabilité, les recours dont le mal-fondé ne tombe pas sous le sens (cf., *entre autres*, la décision relative à la recevabilité de la requête n° 214/56, De Becker/Belgique, Annuaire II, pp. 253–255);

Que les problèmes qui surgissent en l'espèce sur le terrain des articles 8 et 14 de la Convention et de l'article 2 du premier Protocole additionnel se révèlent suffisamment complexes pour que leur solution doive relever de l'examen du fond de l'affaire;

Que les griefs en question ne sauraient, dès lors, être repoussés pour défaut manifeste de fondement;

Qu'ils ne se heurtent à aucun autre motif d'incompétence ou d'irrecevabilité;

Whereas it is true that the Respondent Government contended in its Memorial of April 1963 (Doc. A 78.899 pp. 4–5) that Application No. 1474/62 was inadmissible *ratione temporis* (Articles 26 and 27 (3)) in as much as it related to the Act of 24th July 1961 which was promulgated on 1st August, that is, more than six months before the submission of that Application; whereas this objection, if well-founded, would apply *a fortiori* to the present Application, which disputed the compatibility of the still earlier Acts of 14th July 1932, 15th July 1932, 27th July 1955 and 29th May 1959) with the requirements of the Convention; whereas, however, the Commission finds that the legislation complained of creates a continuing situation, and that there is no domestic remedy within the meaning of Article 26 of the Convention whereby it can be attacked; whereas the six months' time-limit is not applicable to a case of this kind; whereas the Commission refers in this connexion to its decision of 9th June 1958 on the admissibility of Application 214/56 lodged by Mr. De Becker (Yearbook II, pp. 243–247); whereas moreover, at the hearing in the presence of the parties on 25th July 1963 the representatives of the Belgian Government declared that they would not press the objection *ratione temporis* which they had entered during the written proceedings;

Now therefore the Commission

1. DECLARES THE APPLICATION INADMISSIBLE IN RESPECT OF THE ALLEGED VIOLATION OF ARTICLES 9 AND 10 OF THE CONVENTION;

2. DECLARES IT ADMISSIBLE AND ACCEPTS IT IN RESPECT OF THE ALLEGED VIOLATION OF ARTICLES 8 AND 14 OF THE CONVENTION AND ARTICLE 2 OF THE FIRST PROTOCOL, WITHOUT PREJUDICE TO THE MERITS OF THE CASE.

Application No. 1793/62

X. *against* AUSTRIA

Decision of 22nd July 1963

THE FACTS

Whereas the facts presented by the Applicant may be summarised as follows:

The Applicant is an Austrian citizen born in ... and at present detained in the prison of A. He has several previous convictions.

On ... 1962, the Applicant was convicted by the Regional Court

Que le Gouvernement défendeur a soutenu, il est vrai, dans son mémoire d'avril 1963 (Doc. A 78.899, pp. 4–5), que la requête N° 1474/62 était irrecevable pour cause de tardiveté (articles 26 et 27 § 3 de la Convention) dans la mesure où elle se dirige contre la loi du 24 juillet 1961, publiée le 1er août et, partant, plus de six mois avant l'introduction de cette requête; que cette objection, si elle était fondée, vaudrait *a fortiori* pour la présente requête, qui conteste la compatibilité de lois encore plus anciennes (lois des 14 juillet 1932, 15 juillet 1932, 27 juillet 1955 et 29 mai 1959) avec les exigences de la Convention; que la Commission constate cependant que la législation litigieuse engendre une situation continue et qu'il n'existe aucun recours interne, au sens de l'article 26 de la Convention, permettant de l'attaquer; que le délai de six mois ne s'applique pas à un cas de ce genre; que la Commission se réfère, à cet égard, à la décision qu'elle a rendue le 9 juin 1958 sur la recevabilité de la requête N° 214/56 de M. De Becker (Annuaire II, pp. 243 à 247); qu'à l'audience contradictoire du 25 juillet 1963, les représentants du Gouvernement belge ont d'ailleurs déclaré ne pas insister sur l'exception de tardiveté qu'ils avaient soulevée au cours de la procédure écrite.

Par ces motifs, la Commission

1. DECLARE LA REQUETE IRRECEVABLE QUANT A LA VIOLATION ALLEGUEE DES ARTICLES 9 ET 10 DE LA CONVENTION;

2. LA DECLARE RECEVABLE ET LA RETIENT QUANT A LA VIOLATION ALLEGUEE DES ARTICLES 8 ET 14 DE LA CONVENTION ET DE L'ARTICLE 2 DU PREMIER PROTOCOLE ADDITIONNEL, TOUT MOYEN DE FOND ETANT RESERVE.

Requête No. 1793/62

X. *contre* L'AUTRICHE

Décision du 22 juillet 1963

(*Traduction*)

EN FAIT

Considérant que les faits de la cause peuvent se résumer comme suit:

Le requérant, de nationalité autrichienne, est né en ...; il est actuellement détenu à la prison de A. Il a déjà été condamné à plusieurs reprises.

Le ... 1962, le requérant a été reconnu coupable par le Tribunal

(*Landesgericht*) of B. on two charges of theft, acquitted on three other charges, and sentenced to one year's imprisonment. The Court took into consideration as extenuating circumstances the fact that the Applicant had made a full confession and had returned the stolen goods to the rightful owners.

The Public Prosecutor appealed against the sentence and on ... 1962, the Court of Appeal (*Oberlandesgericht*) of B. decided in a closed session to increase the sentence to two and a half years' imprisonment. The Applicant states that neither he nor his lawyer was present at the session.

On ... 1962, the Regional Court of B. ordered, in pursuance of a decision of 1961, that the Applicant be committed to a labour institution subsequent to his serving the above sentence. On ... 1962, the Court of Appeal rejected his appeal against this order.

Whereas the Applicant alleges violation of Article 6, paragraphs (1) and (3), in that his appeal was heard in a non-public session and in the absence of his lawyer.

THE LAW

Whereas the Applicant's allegations are identical with those made by MM. Franz Pataki and Johann Dunshirn, whose Applications (No. 596/59 – Yearbook III, p. 356, and No. 789/60 – Yearbook IV, p. 186) were declared admissible by the Commission on 19th December 1960 and 15th March 1961 respectively;

Whereas, however, there is an essential difference between the decision of the Court of Appeal of B. in the present case, and the decisions rendered by the same court in the cases of Pataki and Dunshirn, in that the Court's decision in the present case does not contain the words „having heard the Superior Public Prosecutor" (*nach Anhörung des Oberstaatsanwaltschaft*);

Whereas it is clear that the appeal was decided in a session at which the Superior Public Prosecutor was not present;

Whereas it follows that, unlike the Applications of Pataki and Dunshirn, the problem of "equality of arms" during the proceedings before the Court of Appeal of B. does not arise in the present case; whereas an examination of the case as it has been submitted, including an examination *ex officio*, does not disclose any appearance of a violation of the Articles of the Convention and in particular of Article 6, paragraphs (1) and (3); whereas it follows that the Application is manifestly ill-founded and must be rejected in accordance with Article 27, paragraph (3) of the Convention.

Now therefore the Commission

DECLARES THIS APPLICATION INADMISSIBLE

régional (*Landesgericht*) de B. sur deux chefs d'accusation de vol, acquitté sur trois autres chefs et condamné à un an de prison. Le tribunal a retenu comme circonstances atténuantes le fait que le requérant avait passé des aveux complets et avait restitué le produit des vols aux légitimes propriétaires.

Le Ministère public a fait appel de la décision et le ... 1962, la Cour d'Appel (*Oberlandesgericht*) de B. a décidé, à huis clos d'aggraver la peine en la portant à 2 ans et 6 mois de prison. Le requérant affirme que ni lui ni son avocat n'étaient présents à l'audience.

Le ... 1962, le tribunal régional de B. a ordonné, en application d'une décision de 1961, qu'après avoir purgé sa peine, le requérant serait transferé dans un établissement de travail. Le ... 1962, la Cour d'Appel a rejeté l'appel interjeté par le requérant contre cette ordonnance.

Considérant que le requérant allègue la violation de l'article 6, paragraphe 1 et 3 de la Convention, du fait que son appel a été jugé au cours d'une audience non publique et en l'absence de son avocat.

EN DROIT

Considérant que les allégations du requérant sont identiques à celles formulées par MM. Franz Pataki et Johann Dinshirn, dont les requêtes (N° 596/59 Annuaire III page 357, et N° 789/60 Annuaire IV page 187) ont été déclarées recevables par la Commission, le 19 décembre 1960 et le 15 mars 1961 respectivement;

Considérant, toutefois, qu'il existe une différence essentielle entre la décision prise en l'espèce par la Cour d'Appel de B. et les décisions de la même Cour dans les cas Pataki et Dunshirn, en ce sens que dans le cas présent la décision de la Cour ne contient pas les mots "après avoir entendu le Procureur Supérieur" (*Nach Anhörung des Oberstaatsanwaltschaft*):

Considérant qu'il est évident que l'appel a été jugé au cours d'une audience où le Procureur Supérieur n'était pas présent;

Considérant qu'il s'ensuit que, à la différence des requêtes de Pataki et de Dunshirn, la question de "l'égalité des armes" pendant la procédure devant la Cour d'Appel de B. ne se pose pas en l'espèce; que l'examen du dossier tel qu'il se présente ne permet pas de dégager, même *d'office*, une apparence de violation des articles de la Convention et en particulier de l'article 6, paragraphe 1 et 3; qu'il appert donc que la requête est manifestement mal fondée et qu'il y a lieu, dès lors, de la rejeter par application de l'article 27, paragraphe 3 de la Convention;

Par ces motifs, la Commission

DECLARE LA REQUETE IRRECEVABLE.

Application No. 1802/62

X. *against* THE FEDERAL REPUBLIC OF GERMANY

Decision of 26th March 1963

...

THE FACTS

Whereas the facts of the case may be summarised as follows:

1. The Applicant is a Syrian citizen, formerly a citizen of Turkey, born in 1934 in Istanbul. He states that he is a nephew of the former Syrian President and Prime Minister who led the revolt in 1961 against the union of that country with Egypt. The Applicant's father, who apparently possesses a great fortune in Turkey, lives as a refugee in Damascus. The Applicant is represented by Dr. Y., a lawyer practising in Munich.

2. On ... 1961 the Applicant was arrested by the police in Munich and since that date detained in the prison of Munich-Stadelheim. His arrest was effected as result of a request for his extradition made by the Turkish Government through Interpol and based on an order of the 8th Peace Court of Istanbul of ... 1961. The Applicant was alleged to have been an accomplice to offences committed in ... 1961 and consisting of forgery, fraud and illegal currency transactions to an amount of five million Turkish lire.

The Applicant had arrived in Germany on ... 1961 by aeroplane. It was alleged by the Turkish Government that the pilot of this aeroplane, belonging to the Turkish airlines, smuggled 3 million Turkish lire out of Turkey and into Germany. The Applicant states himself that he arrived by a PAA aeroplane. He further alleges that he left Turkey in order to marry a German woman living in Munich and to settle in that city. He had prior to his arrest spent considerable sums of money, according to the Applicant, derived from private or family investments in Switzerland.

The Applicant also states that he was a supporter of the Menderes régime in Turkey and that, as from 1956, he worked for the Turkish secret service. The latter assertion is confirmed by the German Embassy in Ankara. After the putsch in 1960 he was arrested and detained until ... 1961, as is evidenced by a certificate produced by him. The Applicant adds that, due to his former activities, he possesses knowledge of many secrets of the Menderes régime and that a charge against him of acting as a spy for the USSR is still pending. This is also confirmed by the German Embassy in Ankara.

Requête No. 1802/62

X. *contre* REPUBLIQUE FEDERALE D'ALLEMAGNE

Décision du 26 mars 1963

... (*Traduction*)

EN FAIT

Considérant que les faits de la cause peuvent se résumer comme suit :

1. Le requérant, ressortissant syrien, qui avait antérieurement la nationalité turque, est né en 1934 à Istanbul. Il déclare être le neveu de l'ancien Président de la République et Président du Conseil de Syrie, qui, en 1961, avait conduit la révolte contre l'union de la Syrie à l'Egypte. Le père du requérant, qui possède apparemment une grande fortune en Turquie, vit comme réfugié à Damas. Le requérant est représenté par M. Y., avocat au Barreau de Münich.

2. Le ... 1961, le requérant a été arrêté par la police de Münich et il est détenu depuis cette date à la prison de Münich-Stadelheim. Son arrestation s'est effectuée à la suite d'une demande d'extradition présentée par le Gouvernement turc par l'intermédiaire d'Interpol et basée sur une ordonnance de la 8ème "Cour de la Paix" d'Istanbul en date du ... 1961. Le requérant a été considéré comme complice d'infractions commises en octobre 1961 et consistant en faux, fraude et opérations monétaires illégales portant sur une somme de cinq millions de livres turques.

Le requérant était arrivé en Allemagne le ... 1961 par avion. Le Gouvernement turc a allégué que le pilote de cet appareil, qui appartient aux Transports aériens turcs, a fait passer en contrebande 3 millions de livres turques de Turquie en Allemagne. Le requérant déclare, de son côté, qu'il est arrivé par un avion de la PAA. Il prétend, en outre, avoir quitté la Turquie pour épouser une femme allemande vivant à Münich et pour s'établir dans cette ville. Il avait dépensé avant son arrestation des sommes considérables qui, selon lui, provenaient d'investissements personnels ou familiaux effectués en Suisse.

Le requérant déclare également qu'il a été partisan du régime Menderes en Turquie et que, depuis 1956, il a travaillé pour les services d'espionnage turcs. Cette dernière assertion est confirmée par l'Ambassade d'Allemagne à Ankara. Après le putsch de 1960, il a été arrêté et détenu jusqu'au ... 1961, comme le prouve un certificat qu'il a produit. Le requérant ajoute qu'en raison de ses activités antérieures, il possède de nombreux renseignements secrets sur le régime Menderes, et qu'il fait encore l'objet d'une accusation selon laquelle il aurait agi comme espion pour le compte de l'USSR.

He denies that he is in any way connected with the crimes cited in the Turkish request for extradition and he alleges that the only purpose of this request is to seize him as being a political opponent with important family connections in a neighbouring country, and to bring him to trial for his political record and opinions.

3. On ... 1961 the Court of Appeal (*Oberlandesgericht*)of Munich confirmed the arrest order. On the following day the Applicant's lawyer requested his release from prison pending the final decision as to the justification of the request for extradition, and offered bail of 50,000 DM. This was refused on ... 1961 by the Court of Appeal of Munich.

On ... 1961, the Applicant's lawyer requested an oral hearing and offered evidence as to the alleged political background of the extradition request, *inter alia*, the testimony of the Syrian Ambassador to the Federal Republic and the Applicant's fiancée.

4. On ... 1962, the Court of Appeal of Munich rejected his request for an oral hearing on the grounds that the Applicant had already been interrogated by the judge investigating the case (*Ermittlungsrichter*) and the witnesses could not throw further light on the case. The Court held the request for extradition to be admissible in respect of the alleged offences of fraud and forgery but inadmissible in respect of the allegation of illegal currency transactions, as the latter offence was not covered by the German-Turkish Extradition Treaty of 3rd September 1930 (BGBl 1952, II, 608 and RGBl 1931, II, 197). The Court found that the risk of the Applicant being persecuted for political reasons on his return to Turkey had not been proved by any official investigation (*amtliche Ermittlungen*). It further added that the Applicant was protected against prosecution for alleged political crimes by Article 11 of that Treaty which states as follows:

> "The extradited persons may, without the consent of the requested Party, neither be proceeded against, punished, or handed over to a third State, in respect of any act committed prior to extradition other than that in respect of which extradition has been granted, nor may he be restricted in his personal freedom on other legal grounds occurring prior to his extradition, unless the extradited person does not leave the territory of the requesting Government within a month of his release or, having left the territory, returns to it again or is again extradited by a third Government".

5. On ... 1962 the Applicant's lawyer submitted to the Court a memorandum (*Gegenvorstellung*) in which he again requested an

Ce fait est également confirmé par l'Ambassade d'Allemagne à Ankara. Le requérant nie avoir pris une part quelconque aux infractions citées dans la demande d'extradition présentée par la Turquie et il allègue que le seul objet de cette demande est de s'emparer de sa personne comme adversaire politique ayant d'importantes relations familiales dans un pays voisin, et de le traduire en justice pour son passé et ses opinions politiques.

3. Le ... 1961, la Cour d'Appel (*Oberlandesgericht*) de Münich a confirmé le mandat d'arrêt. Le jour suivant, l'avocat du requérant a demandé sa mise en liberté en attendant une décision définitive sur le bien-fondé de la demande d'extradition et il a offert une caution de 50.000 DM. Cette requête a été rejetée le ... 1961 par la Cour d'Appel de Münich. Le ... 1961, l'avocat du requérant a demandé une audience contradictoire et offert de fournir des éléments de preuve, parmi lesquels le témoignage de l'Ambassadeur de Syrie en République fédérale et celui de la fiancée du requérant, à l'appui de l'allégation selon laquelle la demande d'extradition était fondée sur des motifs politiques.

4. Le ... 1962, la Cour d'Appel de Münich a rejeté la demande d'audience contradictoire pour le motif que le requérant avait été déjà interrogé par le juge d'instruction chargé de l'affaire (*Ermittlungsrichter*), et que les témoins ne pouvaient pas faire davantage la lumière sur celle-ci. La Cour a jugé que la demande d'extradition était recevable en ce qui concerne les infractions alléguées de fraude et de faux, mais irrecevable en ce qui concerne l'allégation d'opérations monétaires illégales, cette dernière infraction n'étant pas visée par le Traité d'extradition germano-turc du 3 septembre 1930 (BGBl 1952, II, 608 et RGBl 1931, II, 197). La Cour a estimé qu'aucune enquête officielle n'avait démontré que le requérant risquait d'être persécuté pour des motifs politiques à son retour en Turquie. Elle a ajouté que le requérant était protégé contre d'éventuelles poursuites pour délits politiques par l'article 11 du Traité qui stipule ce qui suit:

> "La personne extradée ne pourra, sans l'assentiment de la Partie requise, être poursuivie, punie ou réextradée à un Etat tiers pour un acte commis avant l'extradition et pour lequel l'extradition n'a pas été accordée, ni privée de sa liberté personnelle pour un autre motif juridique intervenu avant l'extradition, à moins que l'extradé n'ait pas quitté le territoire de la Partie requérante dans un délai d'un mois à partir du jour de sa remise en liberté ou qu'il n'y soit retourné après l'avoir quitté, ou qu'il n'ait été extradé à nouveau par un gouvernement tiers".

5. Le ... 1962, l'avocat du requérant a soumis à la Cour un mémoire (*Gegenvorstellung*) dans le quel il demandait à nouveau une

oral hearing and pointed out that the Appicant had not related all details of the case to the investigating judge as he was at that time not assisted by a lawyer. He further added that exact proof as to the persecution to which the Applicant would be exposed on his return to Turkey could not be given, in particular, as the Turkish authorities would obviously deny that the request for extradition had any political significance. The Applicant's lawyer requested, however, that the Court should hear as witness a Turkish citizen who had been detained together with the Applicant and who was now living as a refugee in the Saar. He submitted a press cutting from a Turkish newspaper and a statement from a Turkish lawyer, according to which the authors of the alleged fraud, who had been arrested, had been ill-treated and tortured by the Turkish police. He expressed, in general, his lack of confidence in the democratic nature of the military régime in Turkey. It was not the task of the Court to decide whether or not the Applicant was guilty of the crimes mentioned in the request for extradition, but it was its duty to ascertain the *bona fide* nature of that request. In this respect it was submitted that the *bona fides* of the Turkish Government were subject to grave doubts.

6. On ... 1962, the Applicant's lawyer lodged constitutional appeals at the Federal Constitutional Court as well as at the Bavarian Constitutional Court, and again requested an oral hearing and an examination of witnesses for the defence. He drew the attention of the Court to the above quotations concerning the way in which confessions were allegedly obtained and justice was, in general, administered in Turkey. He referred in particular, to a statement from a Professor of the University of Istanbul. He submitted that Article 11 of the Extradition Treaty could not justify the Applicant's extradition, as there was no guarantee that in political matters the Turkish Government would abide by its international obligations.

On ... 1962 and on ... 1962 respectively, the Bavarian Minister of Justice and the Federal Minister of Justice submitted their observations. The former submitted that there was no reason to suspect the Turkish Government of not being willing to respect the principle of "specialty" laid down in the above Article 11. The Federal Minister pointed out that the Applicant's detention in Turkey in 1961 was based on a charge of espionage and not on his membership of the secret service; further, that other members of the secret service had not been brought to trial and the Applicant, after his return, would also not be tried in this connexion as such action would be contrary to Article 11. Finally, it was possible that

audience contradictoire et signalait que le requérant n'avait pas relaté tous les détails de l'affaire devant le juge d'instruction du fait qu'à l'époque, il n'était pas assisté d'un avocat. Il ajoutait qu'il n'était pas possible de fournir des preuves exactes quant à la persécution à laquelle le requérant serait exposé à son retour en Turquie, étant donné notamment, que les autorités turques ne manqueraient pas de nier que la demande d'extradition ait une signification politique quelconque. L'avocat du requérant a cependant demandé que la Cour entende comme témoin un ressortissant turc qui avait été détenu avec le requérant et qui vivait maintenant comme réfugié en Sarre. Il a soumis à la Cour une coupure d'un journal turc ainsi qu'une déclaration émanant d'un juriste turc, selon lesquelles les auteurs de la fraude alléguée, qui avaient été arrêtés, auraient été maltraités et torturés par la police turque, L'avocat a exprimé, d'une façon générale, son manque de confiance dans le caractère démocratique du régime militaire existant en Turquie. Il n'appartenait pas à la Cour de décider si le requérant était ou non coupable des infractions mentionnées dans la demande d'extradition, mais elle avait le devoir de vérifier la *bonne foi* de cette demande. L'avocat a fait valoir que la *bonne foi* du Gouvernement turc pouvait être sérieusement mise en doute.

6. Le ... 1962, l'avocat du requérant a introduit des recours constitutionnels auprès de la Cour constitutionnelle fédérale et de la Cour constitutionnelle bavaroise, et il a réclamé à nouveau une audience contradictoire ainsi que l'interrogation de témoins à décharge. Il a appelé l'attention de la Cour sur les citations susmentionnées concernant la façon dont des aveux auraient été obtenus et dont la justice serait administrée en Turquie. L'avocat s'est référé, en particulier, à une déclaration d'un professeur de l'Université d'Istanbul. Il a fait valoir que l'article 11 du Traité d'extradition ne pouvait justifier l'extradition du requérant, du fait qu'il n'existait aucune garantie qu'en matière politique le Gouvernement turc respecterait ses engagements internationaux.

Les ... et ... 1962 respectivement, le Ministre de la Justice de Bavière et le Ministre fédéral de la Justice ont soumis leurs observations. Le premier a estimé qu'il n'y avait aucune raison de suspecter le Gouvernement turc de ne pas vouloir respecter le principe de la "spécialité" qui est énoncé dans l'article 11 précité. Le Ministre fédéral a fait observer que la détention subie par le requérant en Turquie en 1961 était fondée sur une accusation d'espionnage et non sur sa qualité de membre des services de renseignements; en outre, le Ministre a fait valoir que d'autres membres des services de renseignements n'avaient pas été traduits en justice et que le requérant, à son retour, ne serait pas non plus jugé pour cette appartenance, étant donné qu'une telle mesure serait contraire aux dispositions de l'article 11. Enfin, il était possible que les per-

arrested persons were subjected to a more severe treatment than is permitted in Germany but that did not amount to a violation of the rules of justice.

The Applicant's lawyer replied to these observations on ... 1962, when he recalled the Bayard-Menderes trial where, in his submission, political offences were disguised as ordinary crimes. He further indicated quotations by the present leaders of the Turkish Republic, *inter alia*, President Gursel, as to measures which were to be taken against the supporters of the former régime. On ... 1962 the Applicant himself submitted a memorandum, pointing out certain errors as to the facts contained in the decision of the Court of Appeal of Munich and in the pleadings of the Federal Government.

On ... 1963 the Applicant's second lawyer, Mr. Y., submitted a memorandum in which he summed up all the above arguments and concluded that the Applicant's request for political asylum was justified. He stressed the necessity of an oral hearing at which the Applicant should be heard by the Court.

7. On ... 1963 the Federal Constitutional Court rejected the Applicant's appeal without an oral hearing. The Court referred to the lack of proof as to the alleged possibility of the Applicant being subjected to political persecution on his return to Turkey and found that he was not entitled to political asylum. It also referred to Article 11 of the Extradition Treaty as a sufficient guarantee that sanctions other than those relating to the crimes covered by the request for extradition would not be taken against him. The Court stressed the fact that Turkey had ratified both the Convention on Human Rights and the European Convention on Extradition in Article 14 of which the principle of specialty was laid down. It also quoted from the Article of the new Turkish Constitution of 1961 which relates to human dignity (Article 10 and 14) and to freedom to leave the territory of the State (Article 132). As to the facts of the case, it was pointed out by the Court that, in addition to the sums spent by the Applicant prior to his arrest (*circa* 40,000 DM), he had been financially capable of offering to find bail of 50,000 DM and of proposing a settlement of a civil case (see below) by a payment of 50,000 DM although he had not given any satisfactory explanations as to the source of these considerable sums.

The constitutional appeal lodged with the Bavarian Constitutional Court is still pending but the Applicant's lawyer has expressed a doubt whether a decision of that Court will bind the federal authorities which are alone competent in extradition matters.

8. On ... 1963 the Applicant's lawyer sent petitions to the follow-

sonnes arrêtées fussent soumises à un traitement plus sévère que celui qui était autorisé en Allemagne, mais cela ne constituait pas une violation des règles de la Justice.

L'avocat du requérant a répondu à ces observations le ... 1962 en rappelant le procès Bayard-Menderes où, selon lui, des infractions politiques auraient été présentées comme des crimes ou délits de droit commun. Il a cité, en outre, des déclarations de dirigeants actuels de la République turque, parmi lesquels le Président Gursel, sur les mesures qui devaient être prises contre les partisans du régime précédent. Le ... 1962, le requérant lui-même a soumis un mémoire signalant certaines erreurs de fait contenues dans la décision de la Cour d'appel de Münich et dans les conclusions du Gouvernement fédéral.

Le ... 1963, le deuxième avocat du requérant, M. Y., a soumis un mémoire dans lequel il résumait tous les arguments ci-dessus et concluait que la demande d'asile politique formulée par le requérant était justifiée. Il soulignait la nécessité d'une audience contradictoire au cours de laquelle le requérant devrait être entendu par la Cour.

7. Le ... 1963, la Cour constitutionnelle fédérale a rejeté le recours du requérant sans audience contradictoire. La Cour a fait valoir le manque de preuves quant au risque que le requérant fasse l'objet de persécutions politiques à son retour en Turquie, et elle a jugé qu'il n'avait pas droit à l'asile politique. Elle s'est également référée à l'article 11 du Traité d'extradition comme fournissant une garantie suffisante que des sanctions autres que celles relatives aux infractions visées dans la demande d'extradition ne seraient pas prises contre le requérant. La Cour a souligné le fait que la Turquie avait ratifié aussi bien la Convention des Droits de l'Homme que la Convention européenne d'extradition qui énonce, en son article 14, la règle de la "spécialité". Elle a également cité les articles de la nouvelle Constitution turque de 1961 qui ont trait à la dignité humaine (articles 10 et 14) et à la liberté de quitter le territoire de l'Etat (article 132). Quant aux faits de la cause, la Cour a relevé qu'outre les sommes dépensées par le requérant avant son arrestation (environ 40.000 DM), celui-ci avait été financièrement en mesure d'offrir une caution de 50.000 DM et de proposer le règlement d'une affaire civile (voir ci-dessous) en versant une somme de 50.000 DM bien qu'il n'ait fourni aucune explication satisfaisante de la provenance de ces fonds importants.

Le recours introduit auprès de la Cour constitutionnelle bavaroise est encore pendant, mais l'avocat du requérant a exprimé son doute sur le fait qu'une décision de cette Cour puisse engager les autorité fédérales qui sont seules compétentes en matière d'extradition.

8. Le ... 1963, l'avocat du requérant a adressé des pétitions aux

ing persons requesting, *inter alia*, that his client's extradition, which was apparently imminent, should be postponed; the Federal President, the President of the Federal Parliament, the President of the Bavarian Parliament, the Federal Chancellor, the Federal Ministers of Justice and Foreign Affairs, the Bavarian Prime Minister and Minister of Justice, eight members of the Federal Parliament and seven members of the Bavarian Parliament. On the same date he informed the Federal Minister of Justice that he had lodged an application with the Commission.

9. In the meanwhile the bank allegedly defrauded by the Applicant, Türkiye IS Bankasi A.S., had, on ... 1962, instituted proceedings in order to obtain a court order that the Applicant's property in Germany should be seized (*Arrestklage*). On the same day, the Regional Court (*Landesgericht*) of Munich made an interim order of seizure and on ... 1962 it confirmed its order. The Applicant lodged an appeal at the Court of Appeal of Munich which, on ... 1962, decided that the Bank had not yet proved or shown it to be probable that it had a valid claim against the Applicant. The Court pointed out that the Applicant's offer to settle the case could not be interpreted as an admission of guilt but was to be explained as a tactical move resulting from the Applicant's fear of extradition. The Court found, on the other hand, that the Applicant's explanations had not been confirmed by evidence and it decided to postpone further action until the Turkish Bank had deposited security against possible damage suffered by the Applicant as a result, then or in the future, of a seizure of the property or of his detention pending extradition.

THE ALLEGATIONS MADE BY THE APPLICANT

10. The Applicant alleges violations of:

- Article 2, 3 and 4, in that refusal to give him political asylum in Germany and his extradition to Turkey will, for the reasons set out above, expose him to grave danger, to political persecution and ill-treatment;
- Article 5, in that, although entitled to political asylum, he is detained pending deportation;
- Article 6, in that, in violation of the principles of a fair trial, he was not heard in person by the two courts which decided upon his case and, when interrogated by the investigating judge, he did not benefit from legal assistance.

personnalités suivantes en demandant, notamment, que l'extradition de son client, qui semblait imminente, soit ajournée: le Président de la Fédération, le Président du Parlement fédéral, le Président du Parlement bavarois, le Chancelier fédéral, les Ministres fédéraux de la Justice et des Affaires étrangères, le Président du Conseil et le Ministre de Justice de Bavière, huit membres du Parlement fédéral et sept membres du Parlement bavarois. A la même date, il a informé le Ministre fédéral de la Justice qu'il avait introduit une requête devant la Commission.

9. Dans l'intervalle, la banque se prétendant victime des fraudes du requérant, la Türkiye IS Bankasi A.S., avait, le ... 1962, engagé des poursuites afin d'obtenir une ordonnance du Tribunal prescrivant la saisie (*Arrestklage*) des biens du requérant en Allemagne. Le même jour, le Tribunal régional (*Landgericht*) de Münich a rendu une ordonnance provisoire de saisie, qu'il a confirmée le ... 1962. Le requérant a introduit un recours auprès de la Cour d'appel de Münich qui, le ... 1962, a jugé que la Banque n'avait pas encore prouvé ou montré de façon convaincante le bien-fondé de ses griefs à l'encontre du requérant. La Cour a fait observer que l'offre de ce dernier de règler l'affaire ne pouvait être considérée comme un aveu de culpabilité, mais devait être interprétée comme une démarche tactique résultant de la crainte du requérant de se voir extradé. La Cour a constaté, d'autre part, que les explications du requérant n'avaient pas été confirmées par des preuves, et elle a décidé d'ajourner toute autre mesure jusqu'à ce que la banque turque ait déposé une garantie contre d'éventuels dommages causés au requérant par la saisie, présente ou future, de ses biens ou par sa détention en attendant l'extradition.

ALLEGATIONS DU REQUERANT

10. Le requérant allègue la violation:

- des articles 2, 3 et 4, du fait que le refus de lui accorder l'asile politique en Allemagne, et son extradition en Turquie, l'exposeront, pour les raisons indiquées ci-dessus, à un grave danger ainsi qu'à des persécutions politiques et des mauvais traitements;
- de l'article 5, du fait que, tout en ayant droit à l'asile politique, il est détenu en attendant son expulsion;
- de l'article 6, du fait que, contrairement au principe selon lequel la cause doit être entendue équitablement, il n'a pas été entendu en personne par les deux juridictions qui ont statué sur son cas, et que, lors de son interrogatoire par le juge d'instruction, il n'a pas bénéficié de l'assistance d'un défenseur.

COURSE OF PROCEEDINGS BEFORE THE COMMISSION

Whereas these proceedings may be summarised as follows:

11. On ... and ... 1963 the Application was examined by the Commission which decided:

(a) in pursuance of Rules 45, paragraph (3) (b) and 46, paragraph (1), to communicate the present Application to the Rsepondent Government;

(b) in regard to the question of the admissibility of the Application, to invite the parties to submit their oral observations on the following two points:

  (1) do the legal proceedings relating to the extradition of the Applicant from the Federal Republic of Germany to Turkey fall under Article 6 of the Convention?

  (2) if so, were those proceedings consistent with the provisions of Article 6?

(c) to order the oral hearing to be held in Paris on ... 1963 at 10.00 a.m.;

(d) to adjourn its examination of the present Application until after the said oral hearing.

THE ARGUMENTS OF THE PARTIES

Whereas the Applicant's submissions made orally and in writing may be summarised as follows:

12. The Applicant's counsel submitted in general that Article 6 was applicable to extradition proceedings. The German Act on Extradition (*Auslieferungsgesetz*) was characteristic of Acts dealing with rules of criminal procedure. The very purpose of proceedings held in accordance with the provisions of this Act was to decide whether or not a person should be handed over to another country to stand trial on charges such as had been specified in the request for extradition.

He submitted, in particular, that the provisions of Article 6 had not been complied with in the present case. The Applicant had been detained in prison for almost 18 months without receiving a proper hearing before a judge. Although the Extradition Act gives the Courts the possibility to order an oral hearing, the Court of Appeal of Munich and the Federal Constitutional Court rejected motions made on his behalf for a hearing at which the Applicant and certain witnesses should give evidence. These two Courts, having never heard the Applicant, based their judgments solely upon written pleadings, including a transcript of the proceedings before the investigating judge.

It was necessary to distinguish between two quite separate aspects of extradition proceedings. The Courts were called upon to

DEROULEMENT DE LA PROCEDURE DEVANT LA COMMISSION

Considérant que cette procédure peut se résumer comme suit:

11. Les ... et ... 1963, la requête a été examinée par la Commission qui a décidé:

(a) en vertu des articles 45, paragraphe 3 b) et 46, paragraphe 1 du Règlement intérieur, de communiquer la présente requête au gouvernement défendeur;
(b) en ce qui concerne la question de la recevabilité de la requête, d'inviter les parties à soumettre leurs observations orales sur les deux points suivants:
   1) la procédure légale relative à l'extradition du requérant de la République Fédérale d'Allemagne en Turquie relève-t-elle de l'article 6 de la Convention?
   2) Dans l'affirmative, cette procédure est-elle compatible avec les dispositions de l'article 6?
(c) d'ordonner que l'audience contradictoire ait lieu à Paris, le ... 1963, à 10 heures;
(d) d'ajourner l'examen de la présente requête jusqu'après cette audience contradictoire.

ARGUMENTS DES PARTIES

Considérant que les arguments du requérant formulés oralement et par écrit peuvent se résumer comme suit:

12. L'avocat du requérant a fait valoir, d'une façon générale, que l'article 6 était applicable à la procédure d'extradition. La Loi allemande d'extradition (*Auslieferungsgesetz*) est caractéristique des lois ayant trait aux règles de la procédure pénale. L'objet même d'une procédure conduite en vertu des dispositions de cette loi est de décider si une personne doit ou non être remise à un autre pays pour y être jugée sur la base d'accusations du genre de celles figurant dans la demande d'extradition.

Le défenseur a fait valoir, en particulier, que les dispositions de l'article 6 n'avaient pas été observées en l'espèce. Le requérant avait été détenu en prison pendant près de dix-huit mois sans avoir obtenu une véritable audience auprès d'un juge. Bien que la Loi d'extradition habilite les tribunaux à ordonner une audience contradictoire, la Cour d'appel de Münich et la Cour constitutionnelle fédérale ont rejeté les demandes faites au nom du requérant pour obtenir une audience à laquelle lui-même et certains témoins auraient pu fournir des éléments de preuve. Ces deux juridictions, n'ayant jamais entendu le requérant, ont fondé leurs jugements uniquement sur la procédure écrite, y compris un procès-verbal de celle qui s'est déroulée devant le juge d'instruction.

Il importait d'envisager la procédure d'extradition sous deux aspects tout à fait distincts. Les tribunaux étaient appelés à

decide, first, whether or not the deprivation of the Applicant's liberty was justified and, secondly, whether or not the request for extradition was justified. The former issue was decided exclusively by the investigating judge (*Ermittlungsrichter*) who was competent to deal with such questions as the legal form of arrest (*formellrechtlichen Haftvoraussetzungen*). These are proceedings held within 24 hours of the arrest and comparable to *habeas corpus* proceedings. He was, on the other hand, not competent to deal with questions as to the grounds of the arrest (*materielrechtliche Würdigung des Sachverhalts*).

It was true that the Applicant had been heard on three occasions by the investigating judge. Considering, however, that the proceedings for dealing with the justification of arrest were of a summary and automatic character, it was obvious that, although, in accordance with Article 12–15 of the Extradition Act, the investigating judge could hear the Applicant on the merits of the case, a hearing in such conditions was inadequate and did not permit the Applicant to state in detail his case or to support by evidence his objections to extradition. Furthermore, his counsel was not present at those hearings and the Applicant had, in fact, wished to consult his lawyer before giving detailed explanations as to issues which were political and rather delicate. The Applicant's counsel submitted in conclusion that the hearing before the investigating judge did not constitute a fair hearing within the meaning of Article 6 of the Convention and that the Courts competent to decide on the material aspects of the case never granted a hearing to the Applicant.

Counsel further submitted that the Applicant had requested political asylum in accordance with Article 16 of the Basic Law (*Grundgesetz*) and Article 3 of the Extradition Act. He stated that considerations of a political and diplomatic nature, i.e. the relations between the Respondent Government and Turkey, were of no importance; human rights were of an overriding importance when a person's fate was being decided. The Courts were not justified in refusing to grant the Applicant asylum and had done so as a result of their refusal to hear the Applicant and the witnesses whom he wished to call.

13. *Whereas* the submissions of the Respondent Government may be summarised as follows:

The representative of the Respondent Government submitted that the Application was manifestly ill-founded and should be rejected in accordance with Article 27, paragraph (2) of the Convention.

He stated that, in his opinion, the question of detention pending extradition fell under Article 5, paragraph (1) (f) and that legal proceedings relating to this question were not to be considered

décider, en premier lieu, si la privation de liberté subie par le requérant était justifiée ou non et, en second lieu, si la demande d'extradition était elle-même fondée. Le premier problème a été tranché exclusivement par le juge d'instruction (*Ermittlungsrichter*) qui était compétent pour traiter de questions telles que la forme légale de l'arrestation (*formellrechtlichen Haftvoraussetzungen*). Il s'agit là d'une procédure qui se déroule dans les 24 heures suivant l'arrestation et qui est comparable à la procédure d'*habeas corpus*. Par contre, le juge d'instruction n'était pas compétent pour traiter de questions concernant les motifs de l'arrestation (*materielrechtliche Würdigung des Sachverhalts*).

Il est vrai que le requérant avait été entendu à trois reprises par le juge d'instruction. Considérent, toutefois, que la procédure concernant la justification de l'arrestation avait un caractère sommaire et automatique, il était évident que bien que, conformément aux articles 12 à 15 de la Loi d'extradition, le juge d'instruction pouvait entendre le requérant sur le fond de l'affaire, une audience ayant lieu dans de telles conditions était insuffisante et ne permettait pas au requérant d'exposer sa cause en détail ou d'étayer par des preuves ses objections contre l'extradition. En outre, son défenseur n'était pas présent à ces audiences et le requérant avait en fait souhaité le consulter avant de donner des explications détaillées sur des questions ayant un caractère politique et assez délicat. L'avocat du requérant a conclu en faisant valoir que devant le juge d'instruction, la cause n'avait pas été entendue équitablement au sens de l'article 6 de la Convention, et que les tribunaux compétents pour statuer sur les aspects matériels de l'affaire n'avaient jamais accordé une audience au requérant.

Le défenseur a, en outre, fait valoir que le requérant avait demandé l'asile politique en vertu de l'article 16 de la Loi fondamentale (*Grundgesetz*) et de l'article 3 de la Loi d'extradition. Il a déclaré que des considérations d'ordre politique et diplomatique, à savoir les relations entre le Gouvernement défendeur et la Turquie, n'avaient aucune importance en l'espèce; que les droits de l'homme avaient une importance primordiale lorsque le sort d'une personne était en jeu. Les tribunaux n'étaient pas fondés à refuser d'accorder l'asile au requérant et ils l'avaient fait par suite de leur refus d'entendre celui-ci ainsi que les témoins qu'il désirait citer.

13. *Considérant* que les arguments du Gouvernement défendeur peuvent se résumer comme suit:

Le représentant du Gouvernement défendeur a fait valoir que la requête était manifestement mal fondée et devait être rejetée par application de l'article 27, paragraphe 2, de la Convention.

Il a déclaré qu'à son avis, la question de la détention en attendant l'extradition relevait de l'article 5, paragraphe 1 f), et que la procédure légale concernant cette question ne devait pas être examinée

under Article 6. In this connexion, he referred to the European Convention on Extradition which, in dealing with extradition proceedings, did not refer to the Convention on Human Rights, although the latter was in force at the time when the government experts drafted the Convention on Extradition. On the contrary, Article 22 of the Convention on Extradition made express reference to domestic law in respect of the procedural rules to be followed in dealing with a request for extradition. Article 5, paragraph (3), which contained certain procedural provisions, also did not apply as it made an express reference to paragraph (1) (c) and thus excluded paragraph (1) (f) dealing with detention pending extradition.

Extradition proceedings were dealt with, although not explicitly, in Article 5, paragraph (4), which, unlike Article 6, did not provide for an oral hearing of the person whose extradition was requested. Paragraph (4) provides, without mentioning any detailed regulations, that the detained person "shall be entitled to take proceedings", and it was obviously the intention that such proceedings should not be subject to the stricter requirements laid down in Article 6. Article 15 of the Act on Extradition provided for a hearing of the person in question by the investigating judge and German law was thus in conformity with the obligations laid down in the Convention.

The dispute between the Applicant and the Respondent Government concerned in reality the question of the Applicant's rights to political asylum which was not included among the rights and freedoms guaranteed by the Convention. According to international law, as evidenced by Article 3 of the Extradition Convention, the right of a State to grant or not to grant political asylum is a sovereign right of that State and is entirely in its discretion. In Germany, however, the individual's right to political asylum is guaranteed by Article 16 of the Basic Law, but the German Courts had found, however, that the Applicant had not submitted any valid arguments justifying the granting to him of political asylum and the Respondent Government was consequently bound by its international obligations to extradite him to Turkey.

The Courts of the requested Party were not called upon to decide on the merits of a criminal charge as such, but only to ascertain certain preliminary conditions for extradition, namely, whether or not the crime imputed to the person in question was penalised in the criminal codes of both the requesting Party and the requested Party and whether the crime fell under the particular bilateral extradition agreement. He referred, in this respect, to Oppenheim-Lauterpacht (8th edition, Vol I, page 701) and to an exchange of diplomatic notes in 1937 between the United States of America and

dans le cadre de l'article 6. A ce propos, il a mentionné la Convention européenne d'extradition qui, s'agissant de la procédure d'extradition, ne se réfère pas à la Convention des Droits de l'Homme, bien que cette dernière fût en vigueur au moment où les experts gouvernementaux ont rédigé la Convention européenne d'extradition. Au contraire, l'article 22 de cette convention se réfère expressément à la loi interne pour ce qui est de la procédure à suivre pour traiter d'une demande d'extradition. L'article 5, paragraphs 3, de la Convention des droits de l'homme, qui contient certaines dispositions de procédure n'est pas, lui non plus, applicable en l'espèce puisqu'il se réfère expressément au paragraphe 1 c) et exclut ainsi le paragraphe 1 f) qui vise la détention en attendant l'extradition.

La procédure d'extradition est traitée, quoique non explicitement, à l'article 5, paragraphe 4, qui, contrairement à l'article 6, ne prévoit pas que la personne dont l'extradition est demandée doit être entendue contradictoirement. Le paragraphe 4 prévoit, sans mentionner de réglementation précise, que la personne détenue "a le droit d'introduire un recours devant un tribunal" et les auteurs de la Convention entendaient manifestement que cette procédure ne soit pas soumise aux exigences plus strictes stipulées à l'article 6. L'article 15 de la Loi d'extradition prévoit que l'intéressé doit être entendu par le juge d'instruction et la loi allemands est donc conforme aux obligations stipulées dans la Convention.

Le différend entre le requérant et le gouvernement défendeur porte en réalité sur le droit du requérant à l'asile politique, lequel n'a pas été inclus parmi les droits et libertés garantis par la Convention. En droit international, comme en témoigne l'article 3 de la Convention d'extradition, le droit pour un Etat d'accorder ou non l'asile politique est un droit souverain laissé à son entière discrétion. En Allemagne, cependant, le droit pour un particulier d'obtenir l'asile politique est garanti par l'article 16 de la Loi fondamentale; mais les tribunaux allemands ont estimé que le requérant n'avait soumis aucun argument valable justifiant l'octroi en sa faveur de l'asile politique, et que le gouvernement défendeur était donc tenu par ses obligations internationales de l'extrader en Turquie.

Les tribunaux de la Partie requise n'étaient pas appelés à statuer sur le fond de l'accusation comme telle, mais seulement à vérifier certaines conditions préliminaires de l'extradition, à savoir si l'infraction imputée à la personne en question était passible de sanctions pénales en vertu des codes pénaux en vigueur tant dans la Partie requérante que dans la Partie requise, et si l'infraction relevait de l'accord bilatéral d'extradition applicable en l'espèce. Le représentant du gouvernement défendeur s'est référé à ce propos à l'ouvrage de Oppenheim-Lauterpacht (8ème édition, vol. I, page 701) et à un échange de notes diplomatiques qui a eu lieu en

Greece (Hackworth, Digest, Vol. IV, p. 117). These proceedings were such that Article 6 could not apply.

The "*rechtliches Gehör*" guaranteed by Article 103 of the Basic Law did not necessarily imply an oral hearing, but only meant that a person should have a full opportunity of stating his case *orally or* in writing. The Applicant had been heard on three occasions by the judge of the District Court of Munich who investigated the case. He had had ample opportunity to submit arguments concerning his alleged political persecution. In the proceedings before the Court of Appeal of Munich and the Federal Constitutional Court, the Applicant was represented by counsel who submitted written pleadings. The requirements of the Convention in regard to the conditions governing a fair hearing were thereby fully observed.

THE LAW

Whereas it should first be observed that the appeal proceedings before the Bavarian Constitutional Court could not provide the Applicant with an effective means of redress in regard to his present complaint; whereas these proceedings can not therefore be considered to constitute a "domestic remedy" within the meaning of Article 26 of the Convention; insofar as the Applicant's claim is to be regarded, as has been suggested by the Respondent Government, as a claim for the granting of political asylum, the Commission wishes to point out that the Convention, under the terms of Article 1, guarantees only the rights and freedoms set forth in Section I of the Convention; and whereas, under Article 25, paragraph (1), only the alleged violation of one of those rights and freedoms by a Contracting Party can be the subject of an application presented by a person, non-governmental organisation or group of individuals; whereas otherwise its examination is outside the competence of the Commission *ratione materiae;* whereas the right to political asylum is not as such included among the rights and freedoms guaranteed by the Convention; whereas, in this respect, the Commission refers to its previous decisions, Nos. 386/58 (W. *v.* the Fed. Rep. of Germany), 549/59 (L. *v.* Austria) and 826/60 (T. *v.* the Fed. Rep. of Germany); whereas it follows that the Commission could not, therefore, consider the Application from the angle of the right to political asylum, as a request to that effect would have to be rejected in accordance with Article 27, paragraph (2), of the Convention as being incompatible with the provisions of the Convention.

Whereas, in regard to the Applicant's allegation that his extra-

1937 entre les Etats-Unis d'Amérique et la Grèce (Hackworth, Digest, Volume IV, page 117). Cette procédure était telle que l'article 6 ne pouvait s'appliquer.

Le droit d'être entendu (*rechtliches Gehör*) garanti par l'article 103 de la Loi fondamentale, n'implique pas nécessairement une audience contradictoire, mais signifie seulement qu'un individu doit avoir la pleine possibilité d'exposer sa cause *oralement ou* par écrit. Le requérant avait été entendu à trois reprises par le juge du Tribunal de district de Münich qui avait instruit l'affaire. Toute possibilité lui avait été offerte de présenter des arguments au sujet des persécutions politiques qu'il avait alléguées. Devant la Cour d'appel de Münich et la Cour constitutionnelle fédérale, le requérant était représenté par un avocat qui avait soumis des conclusions écrites.

En conséquence, les exigences de la Convention quant aux conditions garantissant que la cause est entendue équitablement auraient donc été pleinement respectées.

EN DROIT

Considérant qu'il y a lieu d'observer tout d'abord que la procédure d'appel devant la Cour constitutionnelle bavaroise ne pouvait fournir au requérant un moyen efficace d'obtenir réparation de ses griefs actuels; que cette procédure ne peut donc être considérée comme constituant une "voie de recours interne" au sens de l'article 26 de la Convention; que dans la mesure où la réclamation du requérant peut être considérée, ainsi que l'a suggéré le Gouvernement défendeur, comme une demande d'octroi de l'asile politique, la Commission tient à faire observer que la Convention, aux termes de son article 1, garantit uniquement les droits et libertés définis en son Titre I; qu'en vertu de l'article 25, paragraphe 1, seule la violation alléguée de l'un de ces droits et libertés par une Partie Contractante, peut faire l'objet d'une requête présentée par une personne physique, une organisation non gouvernementale ou un groupe de particuliers; que, s'il en est autrement, son examen ne relève pas de la compétence *ratione materiae* de la Commission; que le droit à l'asile politique n'est pas inclus comme tel parmi les droits et libertés garantis par la Convention; qu'à ce propos, la Commission renvoie à ses décisions antérieures, Nos. 386/58 (W. *contre* République fédérale d'Allemagne), 549/59 (L. *contre* Autriche) et 826/60 (T. *contre* République fédérale d'Allemagne); qu'il s'ensuit que la Commission ne pouvait examiner la requête sous l'angle du droit à l'asile politique, étant donné qu'une demande portant sur ce droit devrait être rejetée par application de l'article 27, paragraphe 2 de la Convention, comme incompatible avec les dispositions de cette dernière;

Considérant, en ce qui concerne l'allégation du requérant selon

dition to Turkey implies a violation by the Respondent Government of Articles 2, 3 and 4 of the Convention, it is true that in its decisions on the admissibility of Applications Nos. 984/61 (P. *v.* Belgium – Collection of Decisions, Vol. 6, p. 39) and 1465/62 (S. *v.* the Fed. Rep. of Germany – Collection of Decisions, Vol. 9, p. 63) the Commission held that "the deportation of a foreigner to a particular country might in exceptional circumstances give rise to the question whether there had been 'inhuman treatment' within the meaning of Article 3 of the Convention; whereas similar considerations might apply to cases where a person is extradited to a particular country in which, due to the very nature of the régime of that country or to a particular situation in that country, basic human rights, such as are guaranteed by the Convention, might be either grossly violated or entirely suppressed; whereas, however, the Commission has no hesitation in stating that such considerations do not apply in the present case; whereas, therefore, this part of the Application is manifestly ill-founded and must be rejected in accordance with Article 27, paragraph (2), of the Convention;

Whereas, in respect of the Applicant's complaint that he is detained in prison although entitled to benefit of political asylum, it is to be observed that the Convention, under Article 5, paragraph (1) (f), provides that "no one shall be deprived of his liberty save in the following cases and in accordance with a procedure prescribed by law. ... the lawful arrest or detention ... of a person against whom action is being taken with a view to deportation or extradition"; whereas it is clear that the Applicant was, and is today, detained in those circumstances; whereas, consequently, an examination of the case, as it has been submitted, does not disclose any violation of Article 5, paragraph (1); whereas the Commission refers to its previous decisions on the admissibility of Applications Nos. 1211/61 (M. *v.* the Netherlands – Collection of Decisions, Vol. 9, p. 46) and 1465/62 (S. *v.* the Fed. Rep. of Germany – see above); whereas it follows that this part of the Application is manifestly ill-founded and must be rejected in accordance with Article 27, paragraph (2) of the Convention;

Whereas the Applicant has contended that the hearing of his case before the Court of Appeal of Munich and the Federal Constitutional Court did not constitute a "fair hearing" within the meaning of Article 6 of the Convention, which provides that "in the determination of his civil rights and obligations or of any criminal charge against him everyone is entitled to a fair ... hearing"; Whereas it is true that, as submitted by the Respondent Government, Article 5, paragraph (4), contains an express provision applicable to extradition proceedings, namely, that "everyone who is deprived of his liberty by arrest or detention shall be entitled to

laquelle son extradition en Turquie impliquerait une violation par le Gouvernement défendeur, des articles 2, 3 et 4 de la Convention, qu'il est exact que dans ses décisions relatives à la recevabilité des requêtes Nos. 984/61 (P. *contre* Belgique – Recueil de décisions, Volume 6, page 39) et 1465/62 (S. *contre* République Fédérale d'Allemagne – Recueil de décisions, Volume 9, page 63), la Commission a estimé que "l'expulsion d'un étranger vers un pays déterminé pouvait, dans des cas exceptionnels, poser la question de savoir s'il y avait eu "traitement inhumain" au sens de l'article 3 de la Convention"; que des considérations analogues pourraient s'appliquer au cas où une personne est extradée dans un pays déterminé où, en raison de la nature même du régime de ce pays ou de la situation particulière qui y règne, des droits humains fondamentaux, tels que ceux qui sont garantis par la Convention, pourraient être soit grossièrement violés, soit entièrement supprimés; que, cependant, la Commission n'hésite pas à déclarer que de telles considérations ne s'appliquent pas en l'espèce; qu'en conséquence, cette partie de la requête est manifestement mal fondée et doit être rejetée par application de l'article 27, paragraphe 2 de la Convention;

Considérant, qu'en ce qui concerne le grief du requérant selon lequel il est détenu en prison bien qu'ayant droit au bénéfice de l'asile politique, il y a lieu d'observer que la Convention stipule en son article 5, paragraphe 1 f), que "Nul ne peut être privé de sa liberté, sauf dans les cas suivants et selon les voies légales: ... s'il s'agit de l'arrestation ou de la détention régulière d'une personne ... contre laquelle une procédure d'expulsion ou d'extradition est en cours"; qu'il est clair que le requérant était et est aujourd'hui détenu dans de telles circonstances; qu'en conséquence, un examen du dossier tel qu'il se présente, ne permet pas de dégager une violation de l'article 5, paragraphe 1; que la Commission se réfère à ses décisions antérieures sur la recevabilité des requêtes Nos. 1211/61 (M. *contre* Pays-Bas – Recueil de décisions, Volume 9, page 46) et 1465/62 (S. *contre* République Fédérale d'Allemagne – voir ci-dessus); qu'il s'ensuit que cette partie de la requête est manifestement mal fondée et doit être rejetée par application de l'article 27, paragraphe 2, de la Convention;

Considérant que le requérant a soutenu que devant la Cour d'Appel de Munich et la Cour Constitutionnelle fédérale, sa cause n'a pas été "entendue équitablement" au sens de l'article 6 de la Convention qui prévoit que "toute personne a droit à ce que sa cause soit entendue équitablement ... par un tribunal ... qui décidera, soit des contestations sur ses droits et obligations de caractère civil, soit du bien-fondé de toute accusation en matière pénale dirigée contre elle"; qu'il est exact que, comme l'a fait valoir le gouvernement défendeur, l'article 5, paragraphe 4, contient une disposition expressément applicable à la procédure d'extradition,

take proceedings by which the lawfulness of his detention shall be decided speedily by a court ..."; whereas the purpose of this provision is apparently to provide a detained person with a remedy in law to protect him against unjustified detention; whereas the Commission finds that this provision does not give any indication as to the manner in which such proceedings shall be conducted and does not *eo ipso* exclude the application of Article 6 to extradition proceedings;

Whereas, however, the Applicant's basic claim, as was expressly stated by, or on behalf of, him during the proceedings before the Federal German courts, was a claim for political asylum in pursuance of Article 16, paragraph 2, of the Basic Law; whereas, consequently, the proceedings before the Court of Munich and the Federal Constitutional Court were not simply in respect of extradition as such but were in connexion with the wider constitutional issue of the right to political asylum; whereas the question of principle has arisen whether such legal proceedings relating to extradition or political asylum fall under Article 6 of the Convention; whereas, in any event, the Commission finds as set out below, that the conduct of the said proceedings did not violate the principle of fair trial contained in Article 6, paragraph (1), of the Convention; whereas, accordingly, the Commission does not feel called upon in the present case to examine in detail the above question of principle and to reach a decision whether the legal proceedings in question are proceedings which are to be considered under Article 6 of the Convention;

Whereas the Commission has considered whether or not the requirements of Article 6, paragraph (1), were in fact duly observed during the proceedings before the examining judge (*Ermittlungsrichter*) and the two courts which dealt with the merits of the Applicant's case; whereas in its decision on the admissibility of Application No. 1013/61 (V. and K. *v.* the Fed. Rep. of Germany – Collection of Decisions, Vol. 8, p. 106), the Commission held that the "principle (of fair trial) cannot be determined *in abstracto* but must be considered in the light of the special circumstances of each case";

Whereas it is pointed out that on ... 1961, ... 1961 and ... 1962, the Applicant was heard by three different judges (*Ermittlungsrichter*) of the District Court of Munich and that his statements were duly taken down in writing and subsequently transmitted to the Court of Appeal of Munich; whereas it appears from the transcripts of those hearings that the Applicant had full opportunity to state his case and to expound the grounds upon which he not only claimed that his extradition had been demanded for

aux termes de laquelle "Toute personne privée de sa liberté par arrestation ou détention a le droit d'introduire un recours devant un tribunal, afin qu'il statue à bref délai sur la légalité de sa détention ..."; que l'objet de cette disposition est apparemment de fournir à une personne détenue un moyen juridique de se protéger contre une détention injustifiée; que la Commission constate que cette disposition ne donne aucune indication sur la manière dont une telle procédure doit être conduite et n'exclut pas, de ce fait même, l'application de l'article 6 à la procédure d'extradition;

Considérant, toutefois, que le grief principal du requérant, tel qu'il a été expressément formulé par lui-même ou en son nom au cours de la procédure devant les cours fédérales allemandes, était une demande d'asile politique faite en vertu de l'article 16, paragraphe 2, de la loi fondamentale; qu'en conséquence, les procédures devant la Cour de Munich et la Cour Constitutionnelle fédérale ne concernaient pas seulement l'extradition comme telle, mais se rapportaient au problème constitutionnel plus large du droit à l'asile politique; que la question de principe s'est posée de savoir si une telle procédure légale concernant l'extradition ou l'asile politique relève de l'article 6 de la Convention; qu'en tout cas, la Commission constate, comme il est dit ci-après, que la conduite de ladite procédure n'a pas violé le principe selon lequel la cause doit être "entendue équitablement" aux termes de l'article 6, paragraphe 1, de la Convention; qu'en conséquence, la Commission ne s'estime pas appelée, en l'espèce, à examiner en détail la question de principe susmentionnée et à se prononcer sur le point de savoir si la procédure en cause doit être examinée dans le cadre de l'article 6 de la Convention;

Considérant que la Commission a examiné si les prescriptions de l'article 6, paragraphe 1, avaient été, en fait, dûment observées au cours de la procédure devant le juge d'instruction (*Ermittlungsrichter*) et devant les deux tribunaux qui ont eu à connaître de la cause du requérant; que dans sa décision sur la recevabilité de la requête N° 1013/61 (V. et K. *contre* la République Fédérale d'Allemagne – Recueil de décisions, Volume 8, page 106) la Commission a estimé que le principe (de la cause entendue équitablement) "ne saurait être défini *in abstracto*, mais doit être examiné selon les circonstances particulières de chaque cas";

Considérant, qu'il faut observer que les ... 1961, ... 1961 et ... 1962, le requérant a été entendu par trois juges différents (*Ermittlungsrichter*) du tribunal de district de Munich et que ses déclarations ont été dûment consignées par écrit et transmises par la suite à la Cour d'Appel de Munich; qu'il ressort des procès-verbaux de ces audiences que le requérant a eu toute possibilité d'exposer son cas et de développer les motifs sur la base desquels il a non seulement soutenu que son extradition avait été requise pour

reasons other than those mentioned in the extradition request, and consequently should be refused by the Respondent Government, but also invoked the right to political asylum; whereas, furthermore, from the outset of the proceedings, the Applicant was represented by competent legal counsel who in writing submitted to the courts in question relevant arguments on behalf of the Applicant; whereas, finally, it appears from the file that, on ... 1962, the Applicant submitted to the Federal Constitutional Court a memorandum as to the facts of the case; whereas in its decision on the admissiblity of Application No. 599/59 (B. *v.* the Fed. Rep. of Germany – Collection of Decisions, Vol. 8, p. 12) the Commission held that as the Applicant "had the possibility of presenting arguments in writing in support of his appeal", the conduct of proceedings during which an oral hearing of the Applicant was not ordered "was not inconsistent with the provisions contained in Article 6, paragraph (1) of the Convention which guarantees a fair hearing ...";

Whereas, in the present case, the Commission finds that the Applicant was given full opportunity of stating his case, be it in person before the examining judge (*Ermittlungsrichter*) or through submission of written pleadings; whereas, consequently, an examination of the case as it has been submitted, including an examination *ex officio,* does not disclose any appearance of a violation of Article 6, paragraph (1), of the Convention; whereas it follows that this part of the Application is manifestly ill-founded and must be rejected in accordance with Article 27, paragraph (2) of the Convention:

Now therefore the Commission

DECLARES THIS APPLICATION INADMISSIBLE.

Application No. 1918/63

X. *against* AUSTRIA

Decision of 18th December 1963

...

THE FACTS

Whereas the facts presented by the Applicant may be summarised as follows:

The Applicant is a German citizen born in ....

On ... 1961 the Applicant and a certain Y, were arrested on the suspicion that, acting in concert in A. and B., in 1961 they deceived

d'autres raisons que celles mentionnées dans la demande d'extradition, et devrait donc être refusée par le Gouvernement défendeur, mais également invoqué le droit à l'asile politique; qu'en outre, le requérant a été, dès le début de la procédure, représenté par un avocat compétent qui a soumis par écrit aux tribunaux en question des arguments pertinents au nom de son client; qu'enfin, il ressort du dossier que, le ... 1962, le requérant a soumis à la Cour Constitutionnelle fédérale un mémoire sur les faits de la cause; que dans sa décision sur la recevabilité de la requête N° 599/59 (B *contre* République Fédérale d'Allemagne – Recueil de décisions, Volume 8, page 12), la Commission a estimé que puisque le requérant "avait la possibilité de présenter des arguments par écrit à l'appui de son recours", la conduite de la procédure au cours de laquelle une audience contradictoire du requérant n'avait pas été ordonnée "n'était pas incompatible avec les dispositions de l'article 6, paragraphe 1, de la Convention qui garantit le droit à ce que la cause soit entendue équitablement ...";

Considérant qu'en l'espèce, la Commission constate que le requérant a eu toute possibilité d'exposer son cas, soit en personne devant le juge d'instruction (*Ermittlungsrichter*), soit en soumettant par écrit ses moyens de défense; qu'en conséquence, l'examen du dossier tel qu'il se présente, ne permet pas de dégager *d'office*, même l'apparence d'une violation de l'article 6, paragraphe 1, de la Convention; qu'il s'ensuit que cette partie de la requête est manifestement mal fondée et doit être rejetée par application de l'article 27, paragraphe 2, de la Convention;

Par ces motifs, la Commission

DECLARE LA REQUETE IRRECEVABLE.

Requête No. 1918/63

X. *contre* L'AUTRICHE

Décision du 18 décembre 1963

... (*Traduction*)

EN FAIT

Considérant que les faits de la cause peuvent se résumer ainsi:

Le requérant est un ressortissant allemand né en ....

Le ... 1961, le requérant et un certain Y. furent arrêtés, étant soupçonnés d'avoir, en agissant de concert à A. et B., en 1961,

hotel-keepers with regard to their solvency and defrauded them of specified sums of money, committed burglary in B. and a passport falsification offence in A. On ... 1961 the Regional Court of B. found both men guilty of these offences and sentenced the Applicant to 10 months' imprisonment. Since the time spent in custody pending investigation was deducted from the penalty, the Applicant completed his sentence on ... 1962. He was re-arrested pending extradition, however, on the same day, Austrian police enquiries and later information from the Interpol services of various States having revealed that, prior to their arrest in Austria, the Applicant and Y. had been accomplices in criminal offences committed in numerous countries, where they were consequently wanted by the judicial (and police) authorities.

Section 39 of the Penal Code provides that the State in which an offence regarded by Austrian law as a crime was committed shall be asked whether it wishes the extradition of the offender. Accordingly, the Federal Ministry of Justice, acting on a report by the Regional Court of B., asked the Minister of Justice of North Rhine-Westphalia and the Senator for Justice in Berlin (since suspicion first arose concerning criminal offences committed in the Federal Republic of Germany and in Berlin) on ... 1961 whether they wanted the extradition of the above persons. On ... 1961 the Senator for Justice in Berlin did, in fact, request the extradition of the Applicant for criminal proceedings, warrants for his arrest having been issued by the Court in Berlin on ... 1961 and ... 1961 on grounds of criminal offences committed by him in collaboration with Y. in the Federal Republic of Germany, the Netherlands, Belgium, France, Spain, Italy and Switzerland.

The Senator for Justice in Berlin made a request at the same time for the extradition of Y., but only on account of the criminal offences he had committed in Berlin. In accordance with Section 39 of the Penal Code, this entailed asking the Netherlands, French and Spanish Governments also, through diplomatic channels, whether they desired the extradition of Y. The French did, in fact, make a formal request on ... 1961 and ... 1962 for the extradition, not only of Y. but also of the Applicant. Finally, the Spanish Government, having first of all requested the extradition of Y., asked in ... 1962 that the Applicant be extradited first to France and not to Berlin, since he could not subsequently be extradited from there to France on account of his German nationality.

Despite the individual time-limits set for the submission by the Governments concerned of requests for extradition, delays occurred owing to the fact that a number of requests were received late while

trompé des hôteliers sur leur solvabilité et de leur avoir escroqué certaines sommes d'argent, d'avoir commis un cambriolage à B. et un délit de falsification de passeport à A. Le ... 1961, le tribunal régional de B. reconnut les deux hommes coupables de ces délits et condamna le requérant à dix mois d'emprisonnement. La durée de la détention préventive ayant été prise en considération, le requérant avait purgé sa peine le ... 1962. Il fit toutefois l'objet, le même jour, d'une nouvelle arrestation en attendant son extradition, des enquêtes de la police autrichienne, puis des renseignements provenant des services d'Interpol de divers Etats ayant révélé qu'avant leur arrestation en Aurtiche, le requérant et Y. avaient été complices de délits commis dans de nombreux pays, où ils étaient, de ce fait, recherchés par les autorités judiciaires (et policières).

L'article 39 du Code pénal dispose qu'il sera demandé à l'Etat dans lequel a été commise une infraction considérée en droit autrichien comme un délit, s'il souhaite l'extradition du délinquent. En conséquence, le Ministère Fédéral de la Justice, se fondant sur un rapport du tribunal régional de B., demanda, le ... 1961, au Ministre de la Justice de la Rhénanie – Nord-Westphalie et au Sénateur responsable de la justice à Berlin (étant donné que les premiers soupçons avaient pris naissance à propos de délits commis en République fédérale d'Allemagne et à Berlin) s'ils souhaitaient l'extradition des personnes mentionnées ci-dessus. Le ... 1961, le Sénateur responsable de la Justice à Berlin demanda effectivement l'extradition du requérant pour une procédure pénale, des mandats d'arrêt ayant été délivrés par le tribunal de Berlin le ... 1961 et le ... 1961 en raison de délits commis par lui en collaboration avec Y., en République fédérale d'Allemagne, aux Pays-Bas, en Belgique, en France, en Espagne, en Italie et en Suisse.

Le Sénateur responsable de la Justice de Berlin demanda en même temps l'extradition de Y., mais seulement pour les délits qu'il avait commis à Berlin. Selon l'article 39 du Code pénal, cela impliquait que l'on demande également aux gouvernements des Pays-Bas, de la France et de l'Espagne, par la voie diplomatique, s'ils souhaitaient l'extradition de Y. Effectivement, la France demanda officiellement le ... 1961 et le ... 1962, l'extradition, non seulement de Y., mais également du requérant. Enfin, le gouvernement espagnol, ayant tout d'abord demandé l'extradition de Y. demanda, en ... 1962, que le requérant fût estradé d'abord en France et non à Berlin, étant donné qu'autrement, il n'aurait pas pu être réextradé par la suite de Berlin en France du fait de sa nationalité allemande.

Malgré les délais imposés à chaque gouvernement intéressé pour la présentation de sa demande d'extradition, des retards se produisirent du fait qu'un certain nombre de demandes furent reçues

others were not at first presented in the proper form. Further delays were caused because the documents transmitted with the requests had first to be translated.

Finally, requests had been filed by three Governments for the Applicant's extradition, partly on grounds of the same offences. These requests could not be dealt with individually, but had to be examined conjointly so that it could be decided which request should be given priority – in other words to which Government the Applicant was to be handed over first – and whether and how far his subsequent extradition by that Government to the others was permissible. Furthermore the decisions regarding the Applicant's and Y.'s extradition had to be taken jointly, it being necessary, owing to their complicity, to secure a confrontation of the two accused. Finally, authorisation had to be obtained from the transit countries for the extradition of the accused to France and/or Spain through their territory.

Not until ... 1963 was it known definitely which of the Governments concerned desired the extradition of the Applicant. In order to facilitate extradition proceedings, the Federal Ministry of Justice on ... 1963 instructed the Regional Court of B. to draw up a report on the case, to be placed at the Court's disposal.

Since investigations conducted meanwhile had confirmed suspicion regarding further offences committed by the Applicant in other States, the Federal Ministry of Justice asked the Swiss and Belgian Governments through diplomatic channels on ... 1962 whether they wanted the extradition of the Applicant and Y.; these States, however, replied in the negative.

Consequently, it was not until ... 1963, after various questions concerning the said extradition requests had been cleared up and the Judge's Council (*Ratskammer*) of the Regional Court of B. had submitted its report on .. 1963 in accordance with Section 59 of the Code of Criminal Procedure, that the Court of Appeal of B. was able to take a joint decision concerning all the requests. The Court gave priority to the French Government's request and authorised the Applicant's and Y.'s extradition to France first, subject to that country's consent to their eventual extradition to Spain and Berlin. In its decision, the Court took account, in particular, of the French Government's statements and the advisability of the Applicant and Y. being jointly tried by – in succession – the competent French, Spanish and German Courts for the offences committed jointly by them. The Applicant and Y. were accordingly handed over to the Swiss authorities on ... 1963 for their transfer to France.

In November and December 1962 the Applicant complained to the Ministry of Justice and to Parliament alleging an undue delay

tardivement tandis que d'autres n'étaient pas de prime abord rédigées correctement. D'autres délais furent occasionnés par le fait que les documents accompagnant les demandes durent d'abord être traduits.

Enfin, les demandes d'extradition du requérant avaient été déposées par trois gouvernements, en partie pour les mêmes motifs. Ces demandes ne pouvaient pas être traitées individuellement, mais devaient être examinées conjointement de manière à pouvoir décider à quelle demande il y avait lieu de donner la priorité – en d'autres termes à quel Etat le requérant devait être remis en premier lieu – et dans quelle mesure sa réextradition par cet Etat vers les autres Etats était autorisée. Par ailleurs, les décisions concernant l'extradition du requérant et de Y. devaient être prises conjointement, leur complicité rendant nécessaire une confrontation des deux accusés. Enfin, il fallait obtenir l'autorisation des pays de transit pour le passage des accusés sur leur territoire lors de leur extradition en France et (ou) en Espagne.

Ce n'est qu'en ... 1963 que l'on sut exactement quels gouvernements intéressés souhaitaient l'extradition du requérant. Afin de faciliter la procédure d'extradition, le Ministère fédéral de la Justice chargea, le ... 1963, le tribunal régional de B. de rédiger un rapport sur l'affaire à l'intention du tribunal.

Les enquêtes effectuées dans l'intervalle ayant confirmé les soupçons concernant d'autres délits commis par le requérant dans d'autres Etats, le Ministère fédéral de la Justice demanda, le ... 1962, aux gouvernements suisse et belge, par la voie diplomatique, s'ils souhaitaient l'extradition du requérant et de Y.; toutefois, ces Etats répondirent par la négative.

En conséquence, ce n'est que le ... 1963, après que diverses questions concernant lesdites demandes d'extradition eurent été éclaircies et que la Chambre du Conseil (*Ratskammer*) du tribunal régional de B. eut soumis son rapport le ... 1963, conformément à l'article 59 du Code de procédure pénale, que la Cour d'Appel de B. fut en mesure de prendre une décision générale concernant toutes les demandes. La Cour accorda la priorité à la demande du Gouvernement français et autorisa l'extradition du requérant et de Y. d'abord en France, à condition que ce pays consente à leur réextradition éventuelle en Espagne et à Berlin. Dans sa décision, la Cour tint compte notamment des déclarations du Gouvernement français et du fait qu'il était opportun que le requérant et Y. fussent jugés ensemble, successivement par les tribunaux compétents français, espagnols et allemands pour les infractions qu'ils avaient commises ensemble. En conséquence, le requérant et Y. furent remis, le ... 1963, aux autorités suisses en vue de leur transfert en France.

En novembre et décembre 1962, le requérant adressa une plainte au Ministère de la Justice et au Parlement, alléguant des délais

in the extradition proceedings, but apparently never received a reply. On ... 1963 he lodged a formal complaint (*Dienstaufsichtsbeschwerde*) with the Court of Appeal (*Oberlandesgericht*) of B., which was rejected on ... 1963 in a non-public session at which the Chief Public Prosecutor (*Oberstaatsanwalt*) was heard but the Applicant was not represented.

In the beginning of ... 1963 he was orally informed of the above decision of ... 1963 by the Court of Appeal. He was, however, refused a copy of the decision.

Whereas the Applicant alleges violations of the following Articles of the Convention:

- Article 5, paragraph (1) (c) and (f), in that as from ... 1962 he is detained without a court decision to that effect;
- Article 5, paragraph (3), in that the question of his extradition was not decided within a reasonable time;
- Article 6, paragraph (3) (c), in that in spite of his request he was not given legal assistance during the extradition proceedings; consequently, he was not represented at the hearing of his case on ... 1936 by the Court of Appeal of B.;
- Article 6, paragraphs (2) and (3), in that under the pretext of "danger of escape" he is detained for a period which, in connexion with further convictions in Germany, France and Spain, will be out of proportion to the crimes committed, in particular, in view of his young age and his lack of a previous record;
- Article 13, in that his complaints were either ignored or rejected.

Whereas the Applicant demands that the period spent in detention pending extradition shall be taken into account for the purposes of the calculation of the sentence to be given by a French court.

THE LAW

Whereas, in regard to the alleged violation of Article 5, paragraphs (1) (c) and (f) and (3) of the Convention, it is to be observed that, under Article 26 of the Convention the Commission may only deal with a matter after all domestic remedies have been exhausted according to the generally recognised rules of international law; whereas, under Article 113 of the Code of Criminal Procedure, the Applicant could have appealed to the Judge's Council of the Regional Court of B. against any decision rejecting his request for a release; whereas, furthermore, under Article 114 of the same Code he could

exagérés dans la procédure d'extradition, mais il semble qu'il n'ait jamais reçu de réponse. Le ... 1963, il déposa auprès de la Cour d'Appel (*Oberlandesgericht*) de B. le recours disciplinaire (*Dienstaufsichtsbeschwerde*) qui fut rejeté le ... 1963, lors d'une séance non publique au cours de laquelle le représentant du Ministère public (*Oberstaatsanwalt*) fut entendu, mais à laquelle le requérant n'était pas représenté.

Au début de ... 1963, il fut informé oralement de la décision sus-mentionnée, prise le ... 1963 par la Cour d'Appel. Cependant, on refusa de lui communiquer un exemplaire de la décision.

Considérant que le requérant allègue la violation des articles suivants de la Convention:

- Article 5, paragraphe 1, c) et f), du fait qu'il est détenu depuis le ... 1962 sans avoir été jugé;
- Article 5, paragraphe 3, du fait que la question de son extradition n'a pas été tranchée dans un délai raisonnable;
- Article 6, paragraphe 3, c), du fait que, bien qu'il l'ait demandé, il n'a pas bénéficié de l'assistance d'un défenseur pendant la procédure d'extradition; en conséquence, il n'était pas représenté lorsque sa cause fut entendue, le ... 1963, par la Cour d'Appel de B.;
- Article 6, paragraphes 2 et 3, du fait que, sous prétexte d'un "risque d'évasion", il se trouve détenu depuis une période de temps qui, compte tenu d'autres condamnations en Allemagne, en France et en Espagne, sera hors de proportion avec les délits commis, eu égard notamment à son jeune âge et à l'absence de condamnations antérieures;
- Article 13, du fait que ses griefs ont été soit ignorés soit rejetés;

Considérant que le requérant demande que, pour la fixation de la peine qui doit lui être infligée par un tribunal français, il soit tenu compte du temps qu'il a passé en détention en attendant l'extradition;

EN DROIT

Considérant, quant à la violation alléguée de l'article 5, paragraphes 1, c) et f) et 3 de la Convention, qu'il y a lieu d'observer qu'aux termes de l'article 26 de la Convention, la Commission ne peut être saisie qu'après l'épuisement des voies de recours internes, tel qu'il est entendu selon les principes de droit international généralement reconnus; qu'aux termes de l'article 113 du Code de procédure pénale, le requérant aurait pu introduire un recours devant la Chambre du Conseil du tribunal régional de B. contre toute décision rejetant sa demande de libération; que, par ailleurs, aux

have lodged a further appeal with the Court of Appeal of B. against a decision of the Judge's Council; and whereas the Applicant failed to avail himself of any of these remedies; whereas the disciplinary complaint (*Dienstaufsichtsbeschwerde*) lodged by the Applicant on ... 1963 cannot be considered to constitute an appeal within the meaning of these provisions of the Code of Criminal Procedure; whereas, therefore, he has not exhausted the remedies available to him under Austrian law; whereas, moreover, an examination of the case as it has been submitted, including an examination made *ex officio*, does not disclose the existence of any special circumstances which might have absolved the Applicant, according to the generally recognised rules of international law, from exhausting the domestic remedies at his disposal; whereas, in particular, the Applicant's ignorance of the existence of these remedies does not constitute any such special circumstance; whereas, in this respect the Commission refers to its decision on the admissibility of Application No. 1121/61 (M. *v.* the Netherlands – Collection of Decisions, Vol. 9, p. 46); whereas, therefore, the condition as to the exhaustion of domestic remedies laid down in Article 26 has not been complied with by the Applicant; whereas it follows that this part of the Application must be rejected in accordance with Article 27, paragraph (3), of the Convention;

Whereas in regard to the alleged violations of Article 6, paragraphs (2) and (3) it is to be observed that these two paragraphs guarantee certain procedural rights to "everyone charged with a criminal offence"; whereas the Applicant, during the proceedings before the Regional Court of B. and the Court of Appeal of B. concerning his extradition, had already been convicted of the crimes which he committed on Austrian territory and had already served the sentence imposed upon him in respect of these crimes; whereas, in accordance with Article 59 of the Code of Criminal Procedure, the Courts were called upon to decide only the question whether or not the Applicant should be extradited to one or more foreign countries and, if so, to which of the countries which had requested his extradition; whereas, accordingly, during the proceedings before the Austrian Courts, the Applicant was not "charged with a criminal offence" within the meaning of the above two paragraphs;

Whereas it follows that the rights enlisted in paragraphs (2) and (3) are not applicable to the proceedings under Article 59 of the Code of Criminal Procedure; whereas, consequently, this part of the Application is incompatible with the provisions of the Convention and must be rejected in accordance with Article 27, paragraph (2) of the Convention;

Whereas, in respect of the alleged violation of Article 13 of the Convention, it is to be observed that this Article states that "an effective remedy before a national authority shall be given to every-

termes de l'article 114 du même Code, il aurait pu former un nouveau recours devant la Cour d'Appel de B. contre une décision de la Chambre du Conseil; que le requérant a négligé de se prévaloir de ces possibilités de recours; que le recours disciplinaire (*Dienstaufsichtsbeschwerde*) formulée par le requérant le ... 1963 ne peut être considérée comme constituant un recours au sens de ces dispositions du Code de procédure pénale; que le requérant n'a donc pas épuisé les voies de recours qui lui sont ouvertes selon le droit autrichien; qu'en outre, l'examen du dossier tel qu'il se présente, ne permet pas de dégager, même *d'office*, l'existence d'une circonstance particulière de nature à relever le requérant, selon les principes de droit international généralement reconnus, de l'obligation d'épuiser les voies de recours internes dont il disposait; que, notamment, le fait que le requérant ignorait l'existence de ces voies de recours ne constitue pas une telle circonstance particulière; que sur ce point, la Commission renvoie à sa décision sur la recevabilité de la requête N° 1211/61 (M. *contre* les Pays-Bas – Recueil de décisions, N° 9, p. 46): que dès lors, la disposition de l'article 26 concernant l'épuisement des voies de recours internes n'a pas été respectée par le requérant; qu'il s'ensuit que cette partie de la requête doit être rejetée par application de l'article 27, paragraphe 3 de la Convention;

Considérant, quant aux violations alléguées de l'article 6, paragraphes 2 et 3, qu'il y a lieu d'observer que ces deux paragraphes garantissent certains droits en matière procédurale à "toute personne accusée d'une infraction"; qu'au moment de la procédure d'extradition, qui s'est déroulée devant le tribunal régional et la Cour d'Appel de B., le requérant avait déjà été reconnu coupable des délits qu'il avait commis en territoire autrichien et avait déjà purgé la peine qui lui avait été infligée pour ces délits; qu'aux termes de l'article 59 du Code de procédure pénale, les tribunaux n'étaient appelés à se prononcer que sur la question de savoir si le requérant devait ou non être extradé dans un ou plusieurs pays étrangers et, dans l'affirmative, dans lequel des pays ayant demandé son extradition; qu'en conséquence, lors de la procédure devant les tribunaux autrichiens, le requérant n'était pas "accusé d'une infraction" au sens des deux paragraphes mentionnés ci-dessus;

Qu'il s'ensuit que les droits énoncés aux paragraphes 2 et 3 ne sont pas applicables à la procédure prévue à l'article 59 du Code de procédure pénale; que dès lors, cette partie de la requête est incompatible avec les dispositions de la Convention et doit être rejetée par application de l'article 27, paragraphe 2 de la Convention;

Considérant, quant à la violation alléguée de l'article 13 de la Convention, qu'il y a lieu d'observer que cet article stipule qu'"un recours effectif devant une instance nationale sera octroyé à toute

one whose rights and freedoms as set forth in the Convention are violated"; whereas the Commission has held above that none of the rights and freedoms set forth in the Convention have been violated in the Applicant's case; whereas, therefore, Article 13 has no application in the circumstances of the present case; whereas in this respect the Commission refers to its decisions on the admissibility of Applications Nos. 472/59 (W. *v.* the Federal Republic of Germany – Yearbook III, p. 206) and 912/60 (W. *v.* Sweden); whereas it follows that this part of the Application is manifestly ill-founded and must be rejected in accordance with Article 27, paragraph (2) of the Convention;

Now therefore the Commission

DECLARES THIS APPLICATION INADMISSIBLE

Application No. 1322/62

X. *against* THE FEDERAL REPUBLIC OF GERMANY

Decision of 14th December 1963

(*Translation*)

THE FACTS

Whereas the facts of the case, as initially presented by the Applicant, may be summarised as follows:

The Applicant, a German national born in ..., was in prison in the penitentiary of ... (Federal Republic of Germany) when his application was submitted.

On ... 1950, the Regional Court (*Landesgericht*) of A. (Soviet Zone of Germany) had sentenced him to 3 years and 6 months' imprisonment for several thefts and one case of receiving stolen goods. X. escaped almost immediately, but the "popular" police soon caught up with him and apprehended him by main force. He was then sentenced by the local court (*Amtsgericht*) of B. (Soviet Zone of Germany) on ... 1950 to four months' imprisonment for resisting arrest (*Widerstand gegen die Staatsgewalt*). On ... 1950, the same court combined the two sentences mentioned above in a single sentence of three years and nine months' imprisonment.

After ten months and six days in prison, the Applicant managed to escape to the Federal Republic of Germany. However, the Public Prosecutor's office of C. requested the corresponding authorities in D. to enforce the remainder of the sentence, of 1056 days.

On ... 1961, the Chief Public Prosecutor acceded to this request in a decision (*Bescheid*) based on Article 3 of the Federal Act of 2nd

personne dont les droits et libertés reconnue dans la Convention ont été violés"; que la Commission a estimé ci-dessus qu'aucun des droits et libertés reconnus dans la Convention n'a été violé en l'espèce; qu'il appert que l'article 13 n'est donc pas applicable; que, sur ce point, la Commission renvoie à ses décisions concernant la recevabilité des requêtes N° 472/59 (W. *contre* République fédérale d'Allemagne - Annuaire III, p. 207) et 912/60 (W. *contre* Suède); qu'il s'ensuit que cette partie de la requête est manifestement mal fondée et doit être rejetée par application de l'article 27, paragraphe 2 de la Convention;

Par ces motifs, la Commission

DECLARE LA REQUETE IRRECEVABLE.

Requête No. 1322/62

X. *contre* LA REPUBLIQUE FEDERALE D'ALLEMAGNE

Décision du 14 décembre 1964

EN FAIT

Considérant que les faits de la cause, tels que le requérant les présentait à l'origine, pouvaient se résumer ainsi:

Le requérant, ressortissant allemand né en ..., se trouvait, lors de l'introduction de sa plainte, détenu au pénitencier de ... (République Fédérale d'Allemagne).

Le ... 1950, le Tribunal régional (*Landesgericht*) de A. (Zone soviétique d'Allemagne) lui avait infligé trois ans et six mois d'emprisonnement pour plusieurs vols et un recel. X. s'évada presque aussitôt, mais la police "populaire" ne tarda pas à le rejoindre et à l'appréhender de vive force. Aussi se vit-il condamner par le Tribunal cantonal (*Amtsgericht*) de B. (Zone soviétique d'Allemagne), le ... 1950, à quatre mois d'emprisonnement pour rébellion (*Widerstand gegen die Staatsgewalt*). Le ... 1950, le même Tribunal prononça la confusion des deux peines susmentionnées en une peine unique de trois ans et neuf mois d'emprisonnement.

Après dix mois et six jours de privation de liberté, le requérant réussit à s'enfuir en République Fédérale d'Allemagne. Toutefois, le Parquet de C. invita celui de D. à provoquer l'exécution du restant de la peine, soit 1056 jours.

Le 1961, le Procureur Général a déféré à cette demande par une décision (*Bescheid*) fondée sur l'article 3 de la loi fédérale du 2 mai

May 1963 on "inter-German" judicial and administrative assistance in criminal matters (***Bundesgesetz über die innerdeutsche Rechts- und Amtshilfe in Strafsachen***). He considered that the decisions of ..., ... and ... 1950 were not open to criticism on the ground of respect for the rule of law (***keine rechtsstaatliche Bedenken***), and emphasised that the Applicant could not obtain a hearing on the facts of his case.

Invoking Article 5 of the above-mentioned Act, the Applicant challenged this decision on ... 1961; his detailed memorandum was filed on ... 1961.

On ... 1961 the first Chamber of the D. Oberlandesgericht rejected his appeal (*Antrag auf gerichtliche Entscheidung*) after consulting the Chief Public Prosecutor (*nach Anhörung des Generalstaatsanwaltes*). He alleges that it gave its ruling in the absence of both the Applicant and his counsel.

The Applicant, who invokes no specific article of the Convention, contests the D. Court's confirmation of the "arbitrary" sentences pronounced by the Landgericht at A. and the Amtsgericht at B. He denies having committed some of the offences of which he was convicted by those two courts; the others, he claims, were committed in revolt against the economic and political oppression of the Pankow regime. He offered the evidence of a number of persons in support of his assertions.

X. requests assistance from the Commission.

PROCEEDINGS BEFORE THE COMMISSION

Whereas the proceedings to date before the Commission may be summarised as follows:

1. On 28th March 1963, the Commission instructed its Secretariat to communicate the application to the Government of the Federal Republic of Germany, inviting it to submit, in addition to its observations in writing on the admissibility of this Application (rule 45, para, 3 (b)) of the Rules of Procedure, further information on the following points:

- the proceedings of 21st July 1961 before the D. Oberlandesgericht;
- the period, lasting several years, which appeared to have elapsed between the promulgation of the *Bundesgesetz über die innerdeutsche Rechts- und Amtshilfe in Strafsachen* (*1953*) and the date on which the office of the Public Prosecutor of C. had requested the office at D. to enforre the remainder of the sentence imposed upon the Applicant in 1950 by the courts of A. and B.

2. The written observations of the respondent Government reached the Secretariat on 12th June 1963. They read as follows:

1953, relative à l'entraide judiciaire et administrative "inter-allemande" en matière pénale (*Bundesgesetz über die innerdeutsche Rechts- und Amtshilfe in Strafsachen*). Il a estimé que les jugements des ..., ... et ... 1950 ne prêtaient pas à critique sous l'angle de la prééminence du droit (*keine rechtsstaatliche Bedenken*), et souligné que l'intéressé ne pouvait être entendu en ses moyens de fait.

Se prévalant de l'article 5 de la loi précitée, le requérant a attaqué cette décision le ... 1961; son mémoire détaillé a été déposé le ... 1961.

Le ... 1961, la première Chambre de l'Oberlandesgericht de D. a rejeté le recours (*Antrag auf gerichtliche Entscheidung*) après consultation du Procureur Général (*nach Anhörung des Generalstaatsanwaltes*). Elle aurait statué en l'absence tant du requérant que de son avocat.

Le requérant, qui n'invoque aucun article particulier de la Convention, reproche à la Cour de D. d'avoir entériné les sentences "arbitraires" du Landgericht de A. et de l'Amtsgericht de B. Il conteste en effet la matérialité de certaines des infractions retenues à sa charge par ces deux dernières juridictions; quant aux autres, elles auraient revêtu le caractère d'actes de résistance à l'oppression économique et politique du régime de Pankow. A l'appui de ses allégations, il offre le témoignage d'une série de personnes.

X. sollicite l'aide de la Commission.

PROCEDURE SUIVIE DEVANT LA COMMISSION

Considérant que la procédure qui s'est déroulée jusqu'à ce jour pevant la Commission peut se résumer ainsi:

1. Le 28 mars 1963, la Commission a chargé son Secrétariat de communiquer la requête au Gouvernement de la République Fédérale d'Allemagne et d'inviter celui-ci à lui présenter en sus de ses observations écrites sur la recevabilité des griefs de M. X. (article 45 § 3 b) du Règlement intérieur, des éclaircissements:

- sur la procédure suivie le 21 juillet 1961 devant l'Oberlandesgericht de D.;
- sur le délai, long de plusieurs années, qui semblait s'être écoulé entre la promulgation du *Bundesgesetz über die innerdeutsche Rechts- und Amtshife in Strafsachen* (*1953*) et la date à laquelle le Parquet de C. avait demandé à celui de D. de provoquer l'exécution du restant des peines infligées au requérant, en 1950, par les Tribunaux de A. et B.

2. Les observations écrites du Gouvernement défendeur sont parvenues au Secrétariat le 12 juin 1963. Elles étaient libellées en ces termes (Doc. DH/Misc (63) 21):

"...

I. The Applicant has been convicted on several occasions, most recently on ... 1960 by the Strasbourg Court of First Instance, for theft, when he was sentenced to six months' imprisonment under Articles 379 and 401 of the French Criminal Code. A photocopy of the Court Bulletin of convictions recorded under his name in the Federal Police Records in Berlin as at ... 1963, is appended.

On ... 1950, the Applicant was sentenced to a total of 3 years and 6 month's imprisonment by the Regional Court (*Landgericht*) of A., in the Soviet Occupied Zone of Germany, for three robberies, one of them a double offence, under Article 1, para. 1, no. 3, para. 2, of the Code of Economic Offences (*Wirtschaftsstrafverordnung*), as well as for habitual theft and, on one occasion, for receiving stolen goods.

On ... 1950 the Applicant was again sentenced by the District Court (*Amtsgericht*) of B. also in the Soviet Occupied Zone of Germany, – for resisting the public authorities, to 4 months imprisonment. By an order (*Beschluss* of the local Court of B., dated ... 1950, annulling the previous terms of sentence, the sentences of ... and ... 1950 were reduced, to a new total sentence of 3 years and 9 months' imprisonment. The Applicant, is now serving the remainder, 1056 days, of this sentence, ending on 25th May 1964.

On ... 1950, the Applicant escaped from the prison at E. and, after being re-apprehended, escaped once again, from the prison of the Court of B., both of which are located in the Soviet Zone of Germany. He then made his way to the Federal Republic of Germany where, as in other countries, he committed the further offences mentioned in the Court bulletin.

While he was remanded in custody at D. under suspicion of having committed murder and theft (the proceedings instituted by the Public Prosecutor of the Regional Court (*Landgericht*) of D. will probably be dropped on grounds of insufficient proofs), the Public Prosecutor of the District of C., in the Soviet Zone, requested on ... 1960 that the remainder of the sentences pronounced in the decisions of ... and ... 1950 be enforced in the Federal Republic of Germany. The chief Public Prosecutor (*Leitender Oberstaatsanwalt*) of the D. *Landgericht* examined the conditions required for the enforcement request, to determine, in particular, whether any time-limitation existed in respect of enforcement; then, acting in accordance with article 3, paragraph 2, of the Federal Act

"...

I. Le requérant a été condamné plusieurs fois. En dernier lieu, il a été condamné, le ... 1960, par le Tribunal de Grande Instance de Strasbourg, pour vol, à 6 mois d'emprisonnement en vertu des articles 379 et 401 du Code pénal français. Veuillez trouver ci-joint une photocopie du bulletin judiciaire concernant les condamnations enregistrées jusqu'au ... 1963 à son nom dans le Casier Judiciaire Fédéral à Berlin.

Le ... 1950, le requérant a été condamné par le Tribunal régional (*Landgericht*) de A., situé en zone d'occupation soviétique d'Allemagne, pour 3 vols qualifiés, dont une fois en concours formel avec le délit prévu à l'article 1, paragraphe 1, N° 3, paragraphe 2, du Décret pénal économique (*Wirtschaftsstrafverordnung*), ainsi que pour vol avec récidive et dans un autre cas pour recel, à une peine globale de 3 ans et 6 mois d'emprisonnement.

Le ... 1950, le requérant a été à nouveau condamné par le Tribunal cantonal (*Amtsgericht*) de B., également situé en zone d'occupation soviétique d'Allemagne, pour rébellion contre la force publique à 4 mois d'emprisonnement. Par décision (*Beschluss*) du Tribunal cantonal de B. en date du ... 1950, les condamnations des ... et ... 1950, en dissolvant les peines globales antérieures, ont été réduites à une nouvelle peine globale de 3 ans et 9 mois d'emprisonnement. De cette peine globale, le requérant subit actuellement un restant de 1056 jours jusqu'au 25 mai 1964.

Le ... 1950, le requérant s'est évadé de l'établissement pénitentiaire de E. et, après sa nouvelle arrestation, de la prison du Tribunal de B., tous deux situés dans la zone soviétique d'Allemagne. Il s'est rendu ensuite dans la République Fédérale d'Allemagne où il a, comme aussi à l'étranger, commis les autres infractions telles qu'elles ressortent du bulletin judiciaire.

Pendant qu'il se trouvait en détention préventive à D. pour s'être rendu suspect d'avoir commis un meurtre avec vol – la procédure du Ministère public près le Tribunal régional (*Landgericht*) de D. sera probablement classée faute de preuve –, le Procureur d'Etat du District de C., dans la zone soviétique, a demandé, le ... 1960, d'exécuter dans la République Fédérale d'Allemagne le restant des peines prononcées par les jugements des ... et ... 1950. Le Procureur Supérieur (*Leitender Oberstaatsanwalt*) près le Tribunal régional de D. a examiné les conditions préalables de la demande relative à l'exécution, en particulier sous l'angle d'une prescription éventuelle de l'exécution, et a ensuite, conformément à l'article 3, paragraphe 2, de la Loi fédérale du 2 mai 1953 sur l'entraide judiciaire et

of 2nd May 1963 on inter-German judicial and administrative assistance in criminal matters (*Gesetz über die innerdeutsche Rechts- und Amtshilfe in Strafsachen, Bundesgesetzblatt 1953, I*, page 161), he submitted the request to the Chief Public Prosecutor (*Generalstaatsanwalt*) of the D. Oberlandesgericht for authorisation to enforce the sentence.

On ... 1960, the latter transmitted the file to the D. District Court (*Amtsgericht*), in whose prison the Applicant was remanded in custody, for a hearing in accordance with Article 4, paragraph 1 of the Federal Act on inter-German judicial and administrative assistance in criminal matters. On ... 1960, the Applicant was brought before the competent judge of the local court, and the decisions of the Regional Court of A. and the local court of B., of ... and ... 1950, respectively, were discussed with him. He was then given an opportunity to comment upon those decisions. A photocopy concerning the hearing of ... 1960, by the D. District Court is appended. Thereupon, on ... 1961, the Chief Public Prosecutor of the D. Court of Appeal (*Oberlandesgericht*) authorised enforcement of the sentence.

The Applicant was notified on ... 1961 of the decision (*Bescheid*) of the office of the Public Prosecutor and, in a statement made the same day to the competent office of the clerk of the court, he requested a decision in court, as provided for by Article 5, paragraph 1 of the above-mentioned judicial assistance Act. The grounds for his request were stated in several lettres from his counsel, MM. S. and T. of D. The office of the Public Prosecutor and the Applicant's Counsel made several attempts to locate V. and S., witnesses named by the applicant, but without success. Early in July 1961, after the cancellation of the warrant for arrest issued against the Applicant in connexion with the case of murder with theft, his counsel requested, on ... 1961, that the remainder of the sentence be suspended in pursuance of Article 6, paragraph 2, of the above-mentioned Act of 2nd May 1953. At that point, the Chief Public Prosecutor at the D. Court of Appeal transmitted the file to the Court of Appeal. At the same time he submitted his written observations on the Applicant's request, asking that his decision of ... 1961 be upheld and that suspension of the enforcement of the sentence be refused.

Thereupon, the First Chamber of Correctional Appeal of the D. Court of Appeal (*Oberlandesgericht*) decided, in written proceedings dated ... 1961, to uphold the chief Public Prosecutor's decision and reject the request for suspension of the sentence. The Chamber of Correctional Appeal gave the reasons for its decision in a note added to the file. As this decision has

administrative inter-allemande en matière pénale (*Gesetz über die innerdeutsche Rechts- und Amtshilfe in Strafsachen, Bundesgesetzblatt* 1953, I, page 161), soumis la demande au Procureur Général (*Generalstaatsanwalt*) de D. pour autorisation de l'exécution.

Ce dernier a transmis, le ... 1960, le dossier au Tribunal cantonal (*Amtsgericht*) de D., dans la prison duquel le requérant se trouvait en détention préventive, afin que le requérant fût entendu conformément à l'article 4, paragraphe 1 de la Loi fédérale sur l'entraide judiciaire et administrative inter-allemande en matière pénale. Le ... 1960, le requérant fut amené devant le juge cantonal compétent. Les jugements du Tribunal régional de A. et du Tribunal cantonal de B., respectivement des ... et ... 1950, ont été discutés avec lui. Ensuite, l'occasion lui a été donnée de faire ses observations à l'égard de ces jugements. Veuillez trouver ci-joint une photocopie concernant cette audition par le Tribunal cantonal de D. en date du ... 1960. Là-dessus, le ... 1961, le Procureur Général près la Cour d'Appel (*Oberlandesgericht*) de D. a autorisé l'exécution. Après que la décision (*Bescheid*) du Parquet lui eut été signifiée le ... 1961, le requérant a demandé le même jour, par déclaration au greffe compétent, la décision judiciaire conformément à l'article 5, paragraphe 1 de la Loi susmentionnée sur l'entraide judiciaire. Sa demande a été motivée par plusieurs lettres de ses défenseurs, les avocats W. und S. de D. Les essais entrepris à plusieurs reprises par le Ministère public et par les défenseurs de repérer la résidence des témoins V. et S., que le requérant avait désignés, sont restés infructueux. Après que, vers le début de juillet 1961, le mandat d'arrêt décerné contre le requérant dans l'affaire pour meurtre avec vol eut été levé, les défenseurs du requérant demandèrent le ... 1961, de suspendre l'exécution du restant de la peine en vertu de l'article 6, paragraphe 2 de la Loi mentionnée sur l'entraide judiciaire. Là-dessus, le Procureur Général près la Cour d'Appel de D. a présenté le dossier à la Cour d'Appel de D. Il a présenté en même temps ses observations par écrit à l'égard des demandes du requérant et a demandé, dans sa lettre, de confirmer sa décision du ... 1961 et de refuser la suspension de l'exécution.

Là-dessus, la Première Chambre correctionnelle de la Cour d'Appel (*Oberlandesgericht*) de D. a décidé, par une procédure par écrit en date du ... 1961, de confirmer la décision du Procureur Général et de rejeter la demande en suspension de l'exécution. Dans une mention versée au dossier, la Chambre correctionnelle a motivé sa décision. Etant donné que la

already been put before the Commission, a photocopy of that note is attached hereto: the Application appears to concern this decision.

II. The Application lodged under Article 25 of the Convention on the Protection of Human Rights and Fundamental Freedoms is essentially based on the claim that, in its decision of ... 1961, the D. Court of Appeal confirmed the arbitrary decisions and unjust action of the Courts of A. and B., in the Soviet zone.

In the opinion of the Federal Government there has been no violation in the case of Article 5, paragraph (1), first sentence, of the Convention, because the Applicant was sentenced by a competent court and because he is at present being lawfully detained, within the meaning of Article 5, paragraph (1), second sentence, sub-paragraph (a) of the Convention. The Applicant, does not, of course, contest the competence *ratione materiae* and *ratione loci* of the Courts of A. and B. to pass judgment on offences committed by him. The transfer of enforcement of the sentence to the Chief Public Prosecutor (*Leitender Oberstaatsanwalt*) of the D. regional Court is justified by the relevant provisions of the Code of Criminal Procedure and the Courts Organisation Act. The authorisation procedure provided for under the inter-German judicial and administrative assistance Act requires, as the only additional condition for the transfer of enforcement, a special authorisation to ensure respect for the rule of law (*Wahrung rechtsstaatlicher Grundsätze*). The procedure followed in the Federal Republic of Germany by the D. Chief Public Prosecutor and of Court of Appeal in pursuance of Articles 3 to 8 of the inter-German judicial and administrative assistance Act does not constitute a criminal proceeding within the meaning of Article 6 of the Convention. The criminal proceedings had already been terminated when the authorisation procedure (carried out under the inter-German judicial and administrative assistance Act) began, as that is the very condition required for instituting the procedure.

The object of this procedure is not to determine whether the previous charge made against the accused was justified or not; the sole purpose of the action of the authorities and Courts of the Federal Republic was to decide whether it could be established in the Applicant's favour that the legal proceedings taken outside the field of application of the Convention and already terminated, had failed to respect the rule

décision est déjà soumise à la Commission, une photocopie de la mention est jointe à la présente. Il semble que la requête porte sur cette décision.

II. La requête, introduite en vertu de l'article 25 de la Convention de sauvegarde des Droits de l'Homme et des libertés fondamentales, est essentiellement basée sur l'allégation que la Cour d'Appel de D. aurait, par sa décision du ... 1961, confirmé des décisions arbitraires et des actes injustes des tribunaux de A. et de B., de la zone soviétique.

De l'avis du Gouvernement Fédéral, il n'y a pas en l'espèce violation de l'article 5, paragraphe 1, phrase 1 de la Convention, parce que le requérant a été condamné par un tribunal compétent et parce qu'il est actuellement détenu régulièrement au sens de l'article 5, paragraphe 1, phrase 2, litt. a) de la Convention. Le requérant ne conteste évidemment pas que les tribunaux de A. et de B. étaient compétents, '*ratione materiae*' et '*ratione loci*', pour statuer sur les infractions commises par lui. La prise en charge de l'exécution par le Procureur Supérieur (*Leitender Oberstaatsanwalt*) près le Tribunal régional de D. se fonde sur les dispositions pertinentes du Code de procédure pénale et de la Loi sur l'organisation judiciaire. La procédure d'autorisation prévue par la Loi sur l'entraide judiciaire et administrative inter-allemande en matière pénale prévoit seulement, comme condition additionnelle de la prise en charge de l'exécution, une autorisation spéciale afin de garantir les principes de la prééminence du droit (*Wahrung rechtsstaatlicher Grundsätze*). Le procédure suivie en République Fédérale d'Allemagne par le Procureur Général et devant la Cour d'Appel de D., conformément aux articles 3 à 8 de la Loi sur l'entraide judiciaire et administrative inter-allemande en matière pénale, ne constitue pas une procédure pénale tombant sous le coup de l'article 6 de la Convention. Une telle procédure pénale était déjà clôturée au début de la procédure d'autorisation conformément à la Loi sur l'entraide judiciaire et administrative inter-allemande en matière pénale, la clôture de cette procédure étant précisément la condition du commencement de la procédure d'autorisation. La procédure d'autorisation n'avait pas pour objet de statuer sur le bien-fondé de l'accusation dont l'accusé était frappé en son temps. La procédure suivie par les autorités et tribunaux dans la République Fédérale avait seulement pour but de décider s'il pouvait être établi en faveur du requérant que les procédures judiciaires suivies et déjà clôturées en dehors du champ d'application de la Convention étaient incompatibles avec les principes de la prééminence du droit. Jusqu'à ce point, cette procédure a

of law. Up to this point the procedure is incontestably a form of concession, and cannot be compared with criminal procedure. Unlike criminal proceedings, no further penalty devolves upon the Applicant if the outcome is *unfavourable*. If the outcome is *favourable*, however, his sentence will not be enforced in the Federal Republic. It is plain that the authorisation procedure, which is a form of *supplementary* legal protection, is not a criminal procedure within the meaning of Article 6 of the Convention.

III. The Applicant also received a fair hearing within the meaning of Article 103, paragraph 1, of the Basic Law of the Federal Republic of Germany. Prior to the decision of the chief Public Prosecutor of the D. Court of Appeal of ... 1961, he was questioned in detail, on ... 1960, as to the circumstances of his conviction by the local judge. He had every opportunity to state the facts and have them set down in writing. It is immaterial that he was not questioned again before the decision of the D. Court of Appeal. When he was notified of its decision, on ... 1961, the Applicant was entitled to ask for a court decision and to give reasons for his request. Furthermore, both he and his counsel could petition the court at any time. His counsel did in fact take full advantage of these possibilities. They also had access to the case file. The decision of the D. Court of Appeal was taken in Chambers. It was not pronounced publicly, but all concerned were notified of it. Neither the applicant nor a representative of the Departement of the Chief Public Prosecutor were present during the deliberations. The passage in the decision reading 'The Chief Public Prosecutor having been heard' merely means that the office of the Public Prosecutor had been given an opportunity to express an opinion in writing on the Applicant's request.

The Act of 2nd May 1953 does not require a hearing to be held nor the decision to be pronounced publicly: the legislature feared that the persons concerned and, above all, the population of the Soviet Occupied Zone of Germany might otherwise be endangered. If proceedings were public, there would be a risk that agents of the Soviet zone regime might attend hearings to obtain compromising information against persons living in that Zone. That is why the German legislature deliberately decided that proceedings under the inter-German

incontestablement le caractère d'un bénéfice et ne peut être comparée à une procédure pénale. Contrairement à une procédure pénale, elle n'entraîne, s'il y a un résultat *défavorable*, aucune nouvelle charge pour le requérant. En cas de résultat *favorable*, cependant, la procédure d'autorisation a comme conséquence que la condamnation ne sera pas exécutée dans la République Fédérale. Il ressort du caractère de la procédure d'autorisation, qui implique une protection légale *supplémentaire*, qu'il ne s'agit pas d'une procédure pénale au sens de l'article 6 de la Convention.

III. Le requérant a également bénéficié du droit d'être entendu équitablement, au sens de l'article 103, paragraphe 1, de la Loi fondamentale de la République Fédérale d'Allemagne. Avant la décision du Procureur Général près la Cour d'Appel de D. en date du ... 1961, il a été interrogé le ... 1960, d'une manière approfondie, par le juge cantonal compétent quant aux circonstances des condamnations. Il a largement eu l'occasion d'exposer les faits et de les faire fixer par écrit. Le fait qu'il n'a pas été interrogé à nouveau avant la décision de la Cour d'Appel de D. n'a aucune importance. Lors de la signification de la décision, le ... 1961, le requérant avait l'occasion de demander la décision judiciaire et de motiver cette demande. De plus lui-même et ses défenseurs avaient à tout moment l'occasion de saisir le tribunal d'une pétition. Ses défenseurs ont en réalité profité dans une large mesure de ces possibilités. Ils ont aussi pu prendre connaissance du dossier de la procédure. La décision de la Cour d'Appel de D. a été prise en chambre de conseil. La décision n'a pas été prononcée publiquement, mais fut signifiée aux intéressés. Lors de la délibération, ni le requérant ni un représentant du Ministère public n'étaient présents. Le passage de la décision 'ouï le Procureur Général' signifie soulement que l'occasion avait été donné au Ministère public de prendre position par écrit à l'égard de la demande du requérant.

La loi sur l'entraide judiciaire et administrative inter-allemande ne prévoit ni la tenue d'une audience ni le prononcé public de la décision, du fait que le législateur craignait que l'intéressé lui-même et, surtout, la population de la zone d'occupation soviétique d'Allemagne ne pussent être mis en péril. Si ces procédures étaient publiques, il serait à craindre que des agents du régime de la zone soviétique n'assistassent aux débats pour se procurer du matériel compromettant sur des personnes résidant dans la zone soviétique. C'est pourquoi le législateur allemand s'est décidé, à bon escient, à ne pas rendre publiques les procédures suivies en vertu de la Loi

judicial and administrative assistance Act would not be held in public.

IV. Nor can the rule of law be questioned as regards the length of the total prison sentence of 3 years and 6 months pronounced by the Regional Court at S., or the individual sentences for larceny committed, with the aggravating circumstances of being repeated offences, during the months of January-March 1949; they came at the lower end of the scale of penalties. The terms of the different penalties in the judgment are not open to criticism either, as regards respect for the rule of law. The fact that in one instance (the theft of piglets) the act was also considered to be a violation of Article 1, paragraph 1, No. 3, paragraph 2 of the Code of Economic Offences. (*Wirtschaftsstrafverordnung* of 23rd September 1948, Soviet Zone Official Bulletin, page 439), is of no importance since the penalty was established, in accordance with Article 73 of the Criminal Code, on the basis of Article 244, paragraph 2, of that Code. The text provides, in the case of aggravated theft when extenuating circumstances exist, for a minimum penalty of one year in prison, while Article 1, paragraph 1, No. 3 and paragraph 2 of the Code of Economic Offences combines, for less serious offences, imprisonment and a fine, or either of the two. Furthermore, the sentence of ... 1950 of the local Court of B. cannot be criticised from the standpoint of the rule of law: 4 months' imprisonment does not seem excessive.

Furthermore, the fact that the sentences were pronounced in 1950, while the request for enforcement was not made until 1960, is again not open to criticism; in German law any sentence which has become a *res judicata* can be enforced so long as enforcement is not subject to a time-limitation and there was none in this case.

V. It should be pointed out that the inter-German judicial and administrative assistance Act is not based on the principle, nor even the presumption, that the decisions of judges in the Soviet Zone are, on the whole, dictated by respect for the rule of law and, hence, adequate to establish guilt in every case. On the contrary, the chief purpose of this Act is to make allowance for the illegal nature of many decisions of the Courts in the Soviet Zone, to avoid their enforcement, and to eliminate, in the Federal Republic, any other effects of these sentences.

sur l'entraide judiciaire et administrative inter-allemande en matière pénale.

IV. Il n'y a pas, du point de vue de la prééminence du droit, de doute en ce qui concerne le taux de la peine globale de 3 ans et 6 mois d'emprisonnement infligée par le Tribunal régional de S. et le taux des peines particulières évaluées pour les vols avec effraction commis sous les conditions aggravantes de la récidive pendant les mois de janvier à mars 1949. Les peines particulières occupent en effet la partie inférieure de l'échelle des sanctions. Le mode selon lequel les différentes peines ont été fixées dans le jugement ne donne pas lieu à des critiques sous l'angle de la prééminence du droit. Le fait que dans un cas (vol de porcelets), les matérialités ont été appréciées en même temps comme contravention au sens de l'article 1, paragraphe 1, N° 3, paragraphe 2 du Décret pénal économique (*Wirtschaftsstrafverordnung* du 23 septembre 1948, Bull. Off. de la zone sov., p. 439), n'a pas d'importance étant donné que la peine, conformément à l'art. 73 du Code pénal, a été tirée de l'art 244, paragraphe 2, dudit code. Cette disposition prévoit, dans le cas de vol qualifié, lorsque des circonstances atténuantes sont à retenir, une peine minimale d'un an d'emprisonnement, tandis que l'article 1, paragraphe 1, N° 3 et paragraphe 2 du Décret pénal économique combine, dans des cas moins graves, des peines d'emprisonnement et des amendes ou l'une ou l'autre de ces peines. Le jugement du Tribunal cantonal de B. du ... 1950 ne prête pas non plus à critique sous l'angle de la prééminence du droit, d'autant que le taux de la peine de 4 mois d'emprisonnement ne paraît pas excessivement élevé.

De plus, le fait que les jugements datent de l'année 1950, tandis que la demande relative à l'exécution de la peine n'a été formée qu'en 1960, ne donne pas lieu à des critiques; d'après le droit allemand, tout jugement passé en force de chose jugée peut être exécuté tant que l'exécution n'est pas prescrite. Or, il n'y avait pas prescription en l'espèce.

V. Il y a lieu de souligner que la Loi sur l'entraide judiciaire et administrative inter-allemande en matière pénale n'est nullement fondée sur le principe, ni même sur la présomption, que les décisions des juges de la zone soviétique seraient en général prononcées dans le respect des principes de la prééminence du droit et seraient, de ce fait, suffisantes dans tous les cas pour établir la culpabilité des intéressés. Au contraire, cette loi a pour but essentiel de tenir compte du caractère illégal de beaucoup de décisions des tribunaux de la zone soviétique, d'éviter leur exécution et d'éliminer, dans la République Fédérale, les autres conséquences de ces condamnations.

VI. Lastly, attention should be drawn to the fact that the Applicant does not appear to have lodged a constitutional appeal under, for example, Article 103 of the Basic Law, combined with Article 90 of the Law on the Organisation of the Federal Constitutional Court.

...

...."

3. The memorandum quoted above was accompanied by several documents, and Mr. Bertram, a representative of the respondent Government, submitted additional papers when he came to see the Secretariat on 14th June 1963.

It emerges from these documents:

(a) that the request from the office of the Public Prosecutor of C., asking that of D. to enforce the remainder of the sentence imposed upon the applicant in Soviet zone of Germany, was dated ... 1960. However, file No. 1322/62 does not contain the text of the request.

(b) that the office of the Public Prosecutor of the D. *Landgericht* wrote to the authorities in C. on ... 1960, to determine:

- that the sentences have not lapsed (*verjährt*) under Articles 7, para. 1, sub-para. 4, and 72, para. 1 of the Criminal Code;
- that the reprieve order issued on ... 1960 by the *Staatsrat* of the Soviet Zone did not apply to the accused.

(c) On ... 1960, the office of the Public Prosecutor of C. replied:

- that the time-limitation of the applicant's sentences had been interrupted on several occasions, most recently on ... 1959 ("*Anordnung*" of the B. Public Prosecutor's office, according to which "*X. erneut zur Fahndung auszuschreiben ist*");
- that the reprieve order (*Beschluss*) of 1st October 1960 did not apply to the Applicant: to be eligible, the convicted person had to have served two-thirds of his sentence, when it was for more than three years.

(d) On ... 1960, the office of the Public Prosecutor of the D. Landgericht transmitted the file, for decision ("*mit der Bitte, über die Genehmigung zur Vollstrecking zu befinden*"), to the Chief Public Prosecutor of the *Oberlandesgericht* of that city.

(e) On ... 1960 Mr. H., the District Justice (*Amtsgerichtsrat*) at D., heard the Applicant's explanations. The respondent Government has produced a photocopy, three pages long, of the record of this hearing.

(f) The grounds for the decision of the D. Oberlandesgericht of ... 1961 ("*Vermerk zum Beschluss ... vom 21. July 1961*"), include the following passage (translated from the German by the Secretariat of the Commission):

VI. Enfin, il y a lieu d'attirer l'attention sur le fait que le requérant n'a apparemment pas formulé un recours constitutionnel basé p. ex. sur l'art. 103 de la Loi fondamentale en combinaison avec l'art. 90 de la Loi sur l'organisation de la Cour constitutionnelle fédérale.

...

...."

3. Le mémoire précité s'accompagnait de plusieurs pièces auxquelles un représentant du Gouvernement défendeur, M. Bertram, en a ajouté d'autres le 14 juin 1963, lors d'une visite au Secrétariat.

De ces pièces, il ressort notamment ce qui suit:

a) C'est le ... 1960 que le Parquet de C. a prié celui de D. de provoquer l'exécution du restant des peines infligées à X. dans la Zone soviétique Allemagne. Le texte de cette demande ne figure cependant pas au dossier N° 1322/62.

b) Le ... 1960, le Parquet près le Landgericht de D. a écrit au Parquet de C. afin de s'assurer:

- que lesdites peines n'étaient pas prescrites (*verjährt*) en vertu des articles 70 § 1 al. 4 et 72 § 1 du Code pénal;
- que l'intéressé ne bénéficiait pas de l'amnistie ordonnée, le ... 1960, par le "Staatsrat" de la zone orientale.

c) Le Parquet de C. à répondu, le ... 1960:

- que la prescription des peines prononcées contre X. avait été interrompue à plusieurs reprises, en dernier lieu le ... 1959 ("*Anordnung*" du Parquet de B., aux termes de laquelle "*X. erneut zur Fahndung auszuschreiben ist*");
- que le décret (*Beschluss*) d'amnistie du 1er octobre 1960 ne s'appliquait pas à X.: il ne jouait que si le condamné avait purgé les deux tiers de sa peine, lorsque celle-ci excédait trois ans.

d) Le ... 1960, le Parquet près le Landgericht de D. a transmis le dossier, pour décision ("*mit der Bitte, über die Genehmigung zur Vollstreckung zu befinden*"), au Procureur Général près l'*Oberlandesgericht* de la même ville.

e) Le ... 1960, M. H., juge cantonal (*Amtsgerichtsrat*) à D., a entendu X. en ses explications. Le Gouvernement défendeur a produit une photocopie du procès-verbal de cette audition. Il s'agit d'un document long de trois pages.

f) Les motifs retenus par l'Oberlandesgericht de D., le ... 1961 ("*Vermerk zum Beschluss ... vom 21. Juli 1961*"), comprenaient, entre autres, le passage ci-dessous (traduit de l'allemand par les soins du Secrétariat de la Commission):

"...

The Applicant denied having had any part in a whole series of criminal offences. With reference to his conviction for the theft of three automobile tyres and one rear axle, he maintained that the objects had been used to assist a number of persons to escape to the Federal Republic. Lastly, he complained of the length of the sentences pronounced by the A. *Landgericht*."

On this point the court apparently refers to the record mentioned in para. (e) above.

Further on:

"For the purposes of this procedure, which is designed solely to determine whether respect for the rule of law has been observed (*Prüfung der Rechtsstaatlichkeit*)' no account can be taken of the Applicant's claims with regard to the facts established by the court.

From the standpoint of the rule of law, the judgment in question offers no grounds for criticism, either as regards the proceedings, the application of the law to the facts established, or the nature and duration of the sentences. Although in one instance – the theft of three piglets – the offence was also considered to be a violation of Article 1, para. 1, No. 3 and para. 2 of the Code of Economic Offences, this circumstance is immaterial, for the penalty was based, in accordance with Article 73 of the Criminal Code, on Article 244, para, 2 of that Code.

Nor can the sentences pronounced by the A. Landgericht and B. Amtsgericht be criticised from the standpoint of the rule of law: both are at the lower end of the legal scale of penalties.

Lastly, the Applicant's claim that the theft of the tyres and axle was intended to enable some persons to escape from the Soviet Occupied Zone cannot justify a new interpretation of the facts. It conflicts with the findings of the B. Amtsgericht, i.e. that the stolen objects were sold on the 'black market' in C. The version of the facts given in the judgment is binding upon the court (*bindend*) within the framework of this procedure, which differs in this respect from an appeal for review (*Wiederaufnahme verfahren*) in which the findings may not be the same as those in the original judgment. Furthermore, the Applicant claimed at the hearing before the D. Amtsgericht (... 1960) that he had had no part in this theft. This claim is also contradictory (*widersprflchlich*) in this respect. ...."

"...

Le requérant a contesté sa participation à toute une série d'infractions pénales. Pour autant qu'il a été condamné pour vol de trois pneumatiques d'automobile et d'un essieu arrière, il a soutenu que ces objets avaient servi à aider plusieurs personnes à s'enfuir en République Fédérale. Enfin, il s'en est pris au taux des peines prononcées par le *Landgericht* de A."

La Cour se réfère apparamment, sur ce point, au procès-verbal mentionné à l'alinéa e) ci-dessus.

Et plus loin:

"Dans la présente procédure, qui sert uniquement à vérifier le respect du principe de la prééminence du droit (*Prüfung der Rechtsstaatlichkeit*), le requérant ne saurait être entendu dans ses allégations relatives aux faits établis par le Tribunal.

"Sous l'angle de la prééminence du droit, le jugement dont il s'agit ne prête pas à critique, pour ce qui a trait à la procédure, à l'application de la loi aux faits établis ni à la nature et au taux des peines. Pour autant que dans un cas – le vol de trois porcelets – les faits incriminés ont été qualifiés en même temps de contravention à l'article 1er, paragraphe 1, N° 3 et paragraphe 2 du décret pénal économique, cette circonstance est sans importance car la peine, conformément à l'article 73 du Code pénal, a été tirée de l'article 244 § 2 de ce Code.

Le taux des peines prononcées par le Landgericht de A. et par l'Amtsgericht de B. ne prête pas non plus à critique sous l'angle de la prééminence du droit: chacune de ces peines se situe à la limite inférieure de l'échelle légale des sanctions.

Enfin, l'affirmation du requérant selon laquelle le vol des pneumatiques et d'un essieu a eu lieu pour permettre à quelques personnes de s'enfuir hors de la zone d'occupation soviétique, ne saurait justifier une autre appréciation. Elle se trouve en contradiction avec les constatations de l'Amtsgericht de B., d'après lesquelles le produit du vol a été vendu au marché noir à C. Or, la version des faits contenue dans le jugement s'impose à la Cour (*bindend*) dans le cadre de la présente procédure, laquelle diffère à cet égard de l'instance en révision (*Wiederaufnahme verfahren*) qui peut aboutir à des constatations s'écartant de celles du jugement. D'ailleurs, le requérant a prétendu, lors de son audition par l'Amtsgericht de D. (... 1960), n'avoir nullement participé audit vol. Pareille allégation est elle aussi contradictoire (*widersprüchlich*) sous ce rapport.

...."

4. On 18th June 1963, the Secretariat, on instructions from the President of the Commisssion, invited the Applicant to reply to the memorandum of the respondent Government, setting a time-limit which expired on 4th August 1963.

5. In a letter of 6th August 1963, the Applicant informed the Secretariat that his counsel Mr. P., would reply to the Government's written observations in due course. He also produced a paper to the effect that the proceedings instituted against him for murder with theft (*Raubmord*) had finally been dropped. Although he was pleased that his innocence had been established in this affair, he claimed that he had been needlessly remanded in custody for fourteen months and apparently demanded reparations.

6. Mr. P. has never written to the Secretariat, despite a letter, preceded by a telephone call, sent to him on 9th September 1963. On 18th October 1963 the Secretariat informed the Applicant of the situation.

7. The Applicant was last heard from on 28th October 1963 to the following effect:

(a) Invoking Article 9 of the *Bundesgesetz über die innerdeutsche Rechts- und Amtshilfe in Strafsachen*, Mr. P. had requested the chief Public Prosecutor at the D. Oberlandesgericht, on ... 1963, to initiate a review of the "*Beschluss*" of ... 1961 ("*eine neue gerichtliche Entscheidung zu beantragen*"). He announced that he had discovered the whereabouts of Mr. S., one of the two persons whom, according to the Applicant, the theft of the three tyres and rear axle, for which he had been sentenced in 1950 by the Landgericht of A., had enabled to escape from the Eastern Zone. He accordingly proposed that Mr. S. be heard as a wittness.

(b) On ... 1963, the office of the Public Prosecutor of the D. Landesgericht wrote to Mr. P., informing him that the Applicant's file was then at the Federal Ministry of Justice, apparently in connexion with another request from the Applicant (*Straftilgungsgesuch*), which did not seem to refer to the sentences of the Courts of A. and B. The office of the Public Prosecutor added, however, that it would not fail to consider the possibility of a new court decision as soon as the file was returned.

(c) The Applicant considered that Mr. P.'s action was a fault (*Fehler*): he stated that he had no faith in German justice. In particular, he protested against the conditions of the hearing of ... 1960 by the District Justice of D., alleging that this judge had previously handled the proceedings against him for "*Raubmord*", which had since been dropped. He also criticised the D. Court for basing its "*Beschluss*" of ... 1961 on a version of the facts which he had categorically refuted on ... 1960; this was the same version appearing in the judgment of A. and B. He therefore asked the Commission to take up his Application without delay.

4. Sur les instructions du Président de la Commission, le Secrétariat a invité le requérant, le 18 juin 1963, à répliquer au mémoire du Gouvernement défendeur dans un délai qui a expiré le 4 août 1963.

5. Par une lettre du 6 août 1963, X. a indiqué au Secrétariat que son avocat, Me P., répondrait en son nom aux observations écrites du Gouvernement. En même temps, il a produit une pièce d'où il ressort que les poursuites ouvertes contre lui pour meurtre avec vol (*Raubmord*) ont finalement été classées. Tout en se félicitant de voir son innocence reconnue dans cette affaire, le requérant affirme avoir subi sans raison quatorze mois de détention préventive et paraît réclamer une indemnité.

6. En fait, Me P. n'a jamais écrit au Secrétariat malgré une lettre (précédée d'un coup de téléphone) que celui-ci lui a adressée le 9 septembre 1963. Le 18 octobre 1963, le Secrétariat a informé X. de cet état de choses.

7. Le dernier envoi du requérant remonte au 28 octobre 1963. Il y a lieu d'en retenir ce qui suit:

a) Le ... 1963, Me P. a invité le Procureur Général près l'Oberlandesgericht de D., en vertu de l'article 9 du *Bundesgesetz über die innerdeutsche Rechts- und Amtshilfe in Strafsachen*, à provoquer la révision du "*Beschluss*" du ... 1961 ("*eine neue gerichtliche Entscheidung zu beantragen*"). Il a signalé en effet qu'il avait découvert l'adresse actuelle de M. S., l'une des deux personnes qui, selon X., avaient pu s'enfuir de la zone orientale grâce au vol de trois pneumatiques et d'un essieu arrière, vol sanctionné par le Landgericht de A. en 1950. En conséquence, il a proposé l'audition de M. S. en qualité de témoin.

b) Le ... 1963, le Parquet près l'Oberlandesgericht de D. a répondu à Me P. que le dossier de X. se trouvait au Ministère Fédéral de la Justice, saisi apparemment d'une autre demande du requérant (*Straftilgungsgesuch*), demande qui ne semble pas avoir trait aux peines prononcées par les tribunaux de A. et de B. Le Parquet a ajouté cependant qu'il ne manquerait pas d'étudier, dès le retour des pièces, la possibilité d'une nouvelle décision judiciaire.

c) X. estime que la démarche de Me P. constitue une faute (*Fehler*): il déclare n'avoir aucune confiance en la Justice allemande. Spécialement, il proteste contre les conditions dans lesquelles le juge cantonal de D. l'a entendu le ... 1960: ce magistrat aurait déjà connu, auparavant, des poursuites intentées contre le requérant pour "*Raubmord*" et classées depuis lors. Il reproche en outre à la Cour de D. d'avoir appuyé son "*Beschluss*" du ... 1961 sur une version des faits qu'il avait pourtant catégoriquement repoussée le ... 1960, celle-là même qui figure dans les jugements de A. et de B. Aussi demande-t-il à la Commission d'examiner la requête sans désemparer.

8. On 12th November 1963, the Secretary of the Commission informed Mr. Prill, Permanent Representative of the Federal Republic of Germany to the Council of Europe, as follows:
- that the Application had been placed on the list for the Commission's 46th session;
- that the Applicant had still failed to reply to the memorandum of the respondent Government
- that the Applicant's latest letter had been dated 28th October 1963 (cf. para. 7 above) and was mainly concerned with the request for review introduced by Mr. P. under Article 9 of the *Bundesgesetz über die innerdeutsche Rechts- und Amtshilfe in Strafsachen.*

9. On 9th December 1963, Mr. Prill replied to the Secretariat as follows:

"...

According to a communication from the Minister of Justice for North Rhine-Westphalia to the Federal Minister for Justice, the Chief Public Prosecutor of D. ordered the Applicant's release for ... 1963, since he had already served more than two-thirds of his sentence and the prison governor considered that the purpose of the sentence had been fulfilled.

According to the Chief Public Prosecutor it was not possible at that time to give a ruling on the Applicant's request of ... 1963 for a new court decision, made under Article 9 of the inter-German judicial and administrative assistance Act, as it would entail further investigation.

...."

THE LAW

Whereas, first of all, in so far as the Applicant complains of the jndgments of the A. Landgericht (... 1950) and the B. Amtsgericht (... and ... 1950), and these Courts sit in the Soviet Zone of Germany, a territory to which the Convention on the Protection of Human Rights and Fundamental Freedoms does not apply, the Commission is not competent, *ratione loci,* to examine their decisions, but only to investigate whether, by agreeing to enforce them on its own territory, the Federal Republic of Germany did or did not act in accordance with the Convention (cf. *inter alia,* the decision of 2nd June 1960 on the admissibility of Application No. 448/59, Yearbook III, page 264);

Whereas, secondly, the Applicant criticises his counsel, Mr. P. for having requested the office of the Public Prosecutor of D. to initiate a review of the decision of ... 1961 (*Antrag auf neue gerichtliche Entscheidung,* Article 9 of the Act of 2nd May 1963);

8. Le 12 novembre 1963, le Secrétaire de la Commission a informé M. Prill, Représentant permanent de la République Fédérale d'Allemagne auprès du Conseil de l'Europe:

- que la requête figurait au rôle de la 46ème session plénière de la Commission;
- que le requérant n'avait toujours pas répliqué au mémoire du Gouvernement défendeur;
- que la dernière lettre de X. remontait au 28 octobre 1963 (cf. le § 7 supra) et concernait, notamment, une demande de révision que Me P. avait introduite en vertu de l'article 9 du *Bundesgesetz über die innerdeutsche Rechts- und Amtshilfe in Strafsachen.*

9. Le 9 décembre 1963, M. Prill a répondu à M. McNulty en ces termes (Doc. D. 197):

"...

Selon communication du Ministre de la Justice de Rhénanie-Nord-Westphalie au Ministre Fédéral de la Justice, le Procureur Général de D. a ordonné l'élargissement de X. pour le ... 1963, puisque le requérant a subi déjà plus de deux tiers de sa condamnation et que le Directeur de l'Etablissement pénitentiaire est d'avis que le but de la condamnation a été atteint.

Selon information du Procureur Général, il n'était pas encore possible de statuer sur la demande du requérant du ... 1963 concernant une nouvelle décision judiciaire selon l'article 9 de la loi sur l'entraide judiciaire et administrative inter-allemande en matière pénale, car de nouvelles enquêtes ont été rendues nécessaires par suite de cette demande.

...."

EN DROIT

Considérant tout d'abord, pour autant que le requérant se plaint des jugements du Landgericht de A. (... 1950) et de l'Amtsgericht de B. (... et ... 1950), que ces tribunaux ont leur siège en zone soviétique d'Allemagne, territoire auquel la Convention de sauvegarde des Droits de l'Homme et des Libertés fondamentales n'est point applicable; que la Commission n'a donc pas compétence, *ratione loci*, pour examiner lesdites décisions, mais seulement pour rechercher si la République Fédérale d'Allemagne, en acceptant de les exécuter sur son propre sol, a respecté ou non la Convention (comp., *entre autres*, la décision du 2.6.1960 sur la recevabilité de la requête N° 448/59, Annuaire III, p. 265);

Considérant en second lieu, pour autant que X. reproche à son avocat ,Me P., d'avoir demandé au Parquet de D. de provoquer la révision de l'arrêt du ... 1961 (*Antrag auf neue gerichtliche Entscheidung*, article 9 de la loi du 2 mai 1953), que la Commission, aux

whereas, under Article 19 of the Convention, the sole task of the Commission is to ensure the observance of the engagements undertaken by the High Contracting Parties in respect of the Convention – that is, the member States of the Council of Europe which have signed the Convention and deposited their instruments of ratification; whereas, moreover, Article 25, paragraph (1) stipulates that the Commission may only receive applications from persons, non-governmental organisations or groups of individuals who claim to be the victim of a violation by one of the High Contracting Parties of the rights set forth in the Convention, and provided that the State in question has recognised the competence of the Commission to receive such applications; from this it emerges clearly that the Commission is not competent *ratione personae* to examine violations of the Convention alleged to have been committed by individuals, including legal practitioners; whereas, moreover, it cannot be determined from the documents in the case, even *ex officio*, in what respect Mr. P.'s action could, on this occasion, have implicated the international responsibility of the Federal Republic of Germany in the context of the Convention; whereas, on this point, the Application is consequently incompatible with the provisions of the Convention (Article 27, paragraph (2));

Whereas, lastly, as to the remainder, the documents of the case do not show upon examination, even *ex officio*, any apparent violation of the rights and freedoms recognised by the Convention;

Whereas it should be pointed out that paragraph (1) (a) of Article 5 of the Convention authorises, subject to respect for "a procedure prescribed by law" (second sentence of paragraph (1), Article 5), the "lawful" detention of a person after conviction "by a competent court"; whereas it may be asked whether "competent court" must not be understood to mean a court in the Contracting Party on whose territory the accused person must serve his prison sentence of he is given such a sentence; whereas, however, the Commission observes that Article 5, paragraph (1) (e) makes no express distinction as to the location of the court which pronounces the sentence; it does not, therefore, specifically prohibit the enforcement by a Contracting Party of a sentence of imprisonment imposed upon an individual outside the territory of that State, nor is such prohibition implicit in the text mentioned; whereas the growth of international co-operation is increasingly reflected in the judicial field, and states are proving more willing than before to apply their own legal machinery to enforce decisions, including criminal sentences, pronounced elsewhere; whereas the Commission cannot believe that the Contracting Parties wished to oppose this trend when they drafted and approved Article 5, whereas this argument is valid *a fortiori* in the case of a State consenting, as here, to enforce judgments which it regards as having been pronounced,

termes de l'article 19 de la Convention, a pour seule tâche d'assurer le respect des engagements résultant de celle-ci pour les Hautes Parties Contractantes, c'est-à-dire pour les Etats membres du Conseil de l'Europe qui ont signé la Convention et déposé leur instrument de ratification; que l'article 25, § 1 stipule, de son côté, que la Commission ne peut être valablement saisie par une personne physique, une organisation non gouvernementale ou un groupe de particuliers que si le requérant se prétend victime d'une violation, par l'un des Etats contractants, des droits reconnus dans la Convention et que cet Etat ait accepté la compétence de la Commission en la matière; qu'il ressort clairement de ces prescriptions que la Commission n'a pas compétence, *ratione personae*, pour connaître des violations de la Convention imputées aux simples particuliers, y compris les avocats; qu'au demeurant, l'examen du dossier ne permet pas en l'état de déterminer, même *d'office*, en quoi l'initiative prise par Me P. aurait pu, exceptionnellement, entraîner la responsabilité internationale de la République Fédérale d'Allemagne sur le terrain de la Convention; que la requête est par conséquent, sur ce point, incompatible avec les dispositions de la Convention (article 27 § 2);

Considérant enfin, quant au surplus, que l'examen du dossier ne permet de dégager, même *d'office*, aucune apparence de violation des droits et libertés reconnus dans la Convention;

Qu'il échet de relever notamment, quant à l'article 5 de la Convention, que le paragraphe 1 a) de cet article autorise, sous réserve de l'observation des "voies légales" (paragraphe 1, deuxième phrase de l'article 5), la détention "régulière" d'une personne condamnée "par un tribunal compétent"; que l'on pourrait se demander si, par "tribunal compétent", il ne faut pas entendre un tribunal de l'Etat contractant sur le territoire duquel le prévenu ou l'accusé devra purger sa peine privative de liberté s'il se voit infliger une telle peine; que la Commission constate, cependant, que l'article 5 § 1 a) ne renferme aucune distinction fondée sur l'emplacement du tribunal qui a statué; qu'il ne prohibe donc pas expressément l'exécution, par un Etat contractant déterminé, d'une condamnation à l'emprisonnement dont un individu a été frappé en dehors du territoire de cet Etat; que pareille prohibition ne ressort pas non plus implicitement du texte précité; qu'en effet, les progrès de la coopération internationale se manifestant de plus en plus dans le domaine judiciaire, les Etats se montrent mieux disposés que jadis à assurer l'exécution, dans leur ordre juridique interne, des décisions rendues à l'étranger, y compris les sentences pénales; que la Commission se refuse à croire que les Etats contractants aient voulu contrecarrer cette tendance lorsqu'ils ont élaboré et approuvé l'article 5; que cette conclusion vaut *a fortiori* dans le cas où un Etat consent, comme en l'espèce, à exécuter des jugements qu'il estime

not abroad, but on a part of its national soil which the events of history alone have removed from its authority; whereas, furthermore, the Commission has no reason to believe that the Courts of A. and B. were not competent to judge the Applicant's case, in accordance with legislation of the Soviet Zone of Germany; whereas, moreover, Article 5 of the Convention contains measures to prevent Contracting States from enforcing without due consideration any judgments or decisions which are not consistent with democratic principles, as it stipulates that imprisonment must be "lawful" and result from "a procedure prescribed by law", and not merely that it be ordered by a "competent court"; whereas the express purpose of the Federal Act of 2nd May 1953 on inter-German judicial and administrative assistance in criminal matters is to verify the "lawfulness" of prison sentences and institutes for this purpose a specific procedure (cf. the words "procedure prescribed by law"); whereas, in this case, as the respondent Government emphasised and the Commission subsequently verified, the imprisonment was lawfully imposed; whereas this procedure, which was faithfully carried out by the office of the Public Prosecutor, the Amtsgericht and the Oberlandesgericht of D., also complies with the conditions laid down in paragrapn (4) of Article 5, namely that "everyone who is deprived of his liberty by arrest or detention shall be entitled to take proceedings by which the lawfulness of his detention shall be decided speedily by a court and his release ordered if the detention is not lawful";

Whereas the Commission also considered the question whether or not Article 6 of the Convention was relevant to this case; it has already dealt with a related problem, in another case involving the Act of 2nd May 1953, which it declared inadmissible on 19th January 1959 (Application No. 448/59, Yearbook III, pages 266–270); whereas Application No. 448/59 was concerned merely with the inscription of a sentence imposed in the Soviet Zone on the *Strafregister* of the person involved and not, as in Application No. 1322/62, with the enforcement of such a sentence on the territory of the Federal Republic of Germany; whereas the Commission observes, nevertheless, that the D. Oberlandesgericht was not called upon to establish the merits of the criminal charge against the Applicant, at least within the usual meaning of that expression (cf. in this connexion the above-mentioned memorandum of the respondent Government); whereas, in order to concede that this court had given a ruling on a conflict involving "civil rights and obligations" (Article 6, paragraph (1)), the right to liberty would have to be included among those rights; this concept is not automatically excluded by the Convention, but could not be adopted by the Commission without careful thought (compare the decision of 16th January 1963 on the admissibility of Application No. 1599/62, Collection, Vol. X, page 8);

avoir été rendus non à l'étranger, mais sur une portion du sol national que seules des circonstances historiques ont soustraites à son pouvoir; que la Commission, au surplus, n'a aucune raison de penser que les tribunaux de A. et de B. n'avaient point compétence pour juger le requérant, d'après la législation de la Zone soviétique d'Allemagne; que l'article 5 de la Convention contient d'ailleurs des garanties de nature à empêcher que les Etats contractants n'exécutent à la légère des jugements ou arrêts inconciliables avec les principes démocratiques, puisqu'il exige que la détention pénitentiaire soit "régulière" et conforme aux "voies légales", et non pas seulement qu'elle ait été ordonnée par un "tribunal compétent"; que la loi fédérale du 2 mai 1953, relative à l'entraide judiciaire et administrative inter-allemande en matière pénale, a précisément pour but d'établir un contrôle de la "régularité" de la détention et d'instaurer à cette fin une procédure particulière (cf. les mots "voies légales"); qu'elle a été respectée en l'espèce, ainsi que le Gouvernement défendeur l'a souligné et que la Commission l'a vérifié; que la procédure dont il s'agit, fidèlement suivie par le Parquet, l'Amtsgericht et l'Oberlandesgericht de D., répond également aux conditions du paragraphe 4 de l'article 5, selon lequel "toute personne privée de sa liberté par arrestation ou détention a le droit d'introduire un recours devant un tribunal, afin qu'il statue à bref délai sur la légalité de sa détention et ordonne sa libération si la détention est illégale";

Que la Commission s'est penchée, d'autre part, sur la question de savoir si l'article 6 de la Convention s'appliquait ou non en l'occurrence; qu'un problème assez voisin a déjà surgi devant elle dans une affaire qui, elle aussi, avait trait à la loi du 2 mai 1953 sur l'entraide judiciaire et administrative inter-allemande en matière pénale; que la Commission l'a résolu par la négative le 19 janvier 1959 (requête N° 448/59, Annuaire III, pp. 267 à 271); que la requête N° 448/59 concernait, toutefois, la simple inscription d'une condamnation infligée en zone orientale sur le casier judiciaire de l'intéressé et non pas, comme la requête N° 1322/62, l'exécution d'une telle condamnation sur le territoire de la République Fédérale d'Allemagne; que la Commission constate pourtant que l'Oberlandesgericht de D. n'a pas eu à décider du bien-fondé d'une accusation pénale dirigée contre X., du moins au sens habituel de cette expression (cf., à ce sujet, le mémoire précité du Gouvernement défendeur); que, pour admettre que cette même Cour a tranché une contestation relative à des "droits et obligations de caractère civil" (article 6 § 1), il faudrait ranger le droit à la liberté parmi les droits possédant ce caractère, conception que la Commission n'écarte point d'emblée mais qu'elle ne pourrait adopter sans mûre réflexion (comp. la décision du 16.1.1963 sur la recevabilité de la requête N° 1599/62, Recueil X p. 8);

Whereas the Commission considers it unnecessary, however, to give a decision as to the applicability of Article 6 to this case, as the documents of the case do not reveal any trace of a violation of this Article; whereas in this connexion, the Commission notes that the office of the Public Prosecutor in D. made certain, before submitting the case to the Oberlandesgericht of that city, that enforcement of the remainder of the sentence would not conflict with either the time-limitation regulation (Article 70, para. 1, sub-para. 4 and Article 72, para. 2 of the Criminal Code) or the reprieve Order of 1st October 1960 mentioned earlier; whereas, moreover, the Amtsgericht heard a full explanation by the Applicant, and the Oberlandesgericht apparently treated the written observations received from the Applicant and those from the Office of the Public Prosecutor on a basis of strict equality; nor did it neglect the question whether the decisions of ... 1950 (A. Landgericht), ... 1950 (B. Amtsgericht) and ... 1950 (B. Amtsgericht) could be criticised from the standpoint of "respect for the rule of law"; and the detailed reasons given in the decision of ... 1961 showed that the Oberlandesgericht performed its supervisory task in pursuance of the Act of 2nd May 1963 conscientiously and thoroughly before reaching a negative conclusion;

Whereas the Commission does not see any other indications conclusive enough to constitute grounds for believing that the Applicant has been a victim of a violation of the other Articles of the Convention, or of Article 3 in particular;

Whereas it follows that the remainder of the Application must be rejected as being manifestly ill-founded (Article 27, paragraph (2) of the Convention); there is no need, therefore, to determine whether, in order to have exhausted all domestic remedies the Applicant should have appealed to the Federal Constitutional Court (Articles 26 and 27, paragraph 3 of the Convention and para. VI of the memorandum of the respondent Government);

Now therefore the Commission

DECLARES THIS APPLICATION INADMISSIBLE.

Application No. 1169/61

X. *against* FEDERAL REPUBLIC OF GERMANY

Decision of 24th September 1963

(*Translation*)

THE FACTS

Whereas the facts of the case may be summarised as follows:

The Applicant, at present residing in Berlin-... is the owner of

Que la Commission estime cependant superflu de se prononcer sur l'applicabilité de l'article 6 à la présente affaire, car l'examen du dossier ne révèle, en tout état de cause, aucune trace d'infraction à cet article; que la Commission relève, à cet égard, que le Parquet de D. a pris soin, avant de saisir l'Oberlandesgericht de la même ville, de s'assurer que l'exécution du restant de la peine de X. ne se heurtait ni au jeu de la prescription (article 70 § 1, al. 4 et article 72 § 2 du Code pénal) ni au décret d'amnistie susmentionné du 1er octobre 1960; qu'en outre, l'Amtsgericht a longuement entendu le requérant en ses explications; que, de son côté, l'Oberlandesgericht a recueilli, apparemment sur un pied de stricte égalité, les observations écrites de X. aussi bien que du Ministère public; qu'il n'a pas non plus manqué de rechercher si les jugements des ... 1950 (Landgericht de A.), ... 1950 (Amtsgericht de B.) et ... 1950 (Amtsgericht de B.) prêtaient ou non à critique "sous l'angle de la prééminence du droit"; que la motivation détaillée contenue dans l'arrêt du ... 1961 démontre qu'avant d'arriver à sa conclusion négative, l'Oberlandesgericht a exercé d'une manière à la fois diligente et scrupuleuse les fonctions de contrôle qui lui incombaient en vertu de la loi du 2 mai 1953;

Que la Commission n'aperçoit pas davantage, en l'espèce, d'indices suffisamment probants pour lui donner à penser que le requérant ait pu être victime de la violation d'autres articles de la Convention, et en particulier de l'article 3;

Qu'il échet, dès lors, de rejeter le restant de la requête pour défaut manifeste de fondement (article 27 § 2 de la Convention); qu'il n'y a pas lieu, dans ces conditions, d'examiner la question de savoir si le requérant aurait dû, pour épuiser valablement les voies de recours internes, porter ses griefs devant la Cour Constitutionnelle Fédérale (articles 26 et 27 § 3 de la Convention et § VI du mémoire du Gouvernement défendeur);

Par ces motifs, la Commission,

DECLARE LA REQUETE IRRECEVABLE.

Requête No. 1169/61

X. *contre* REPUBLIQUE FEDERALF D'ALLEMAGNE

Décision du 24 septembre 1963

EN FAIT

Considérant que les faits de la cause peuvent se résumer ainsi:

Le requérant, qui demeure actuellement à Berlin-..., est pro-

a property situated in Berlin-.... In 1947 he divided a large apartment in the said property into a number of small flats. Originally fixed by the competent authority (*Preisüberwachungsstelle für Mieten*) on ... 1951, the maximum rent was raised on ... 1955 to 78.27 DM per month, heating charges included.

In 1959 X. let the flat in question to a new tenant, Mr. Y., as from 1st December. The agreed monthly rent was raised to 149.60 DM inclusive, "subject to the approval of the Rent Inspectorate".

This approval having been refused, the Senator for Housing in West Berlin (*Senator für Bau- und Wohnungswesen*) imposed a fine of 100 DM on the Applicant on ... 1960 and at the same time ordered the confiscation of the sums improperly collected by X., namely 226.40 DM.

The Applicant thereupon referred the matter to Berlin-... Magistrate's Court (*Amtsgericht*), which dismissed his claim on ... 1961. An appeal on the law (*Rechtsbeschwerde*), entered against this judgment, was rejected by the Berlin Court of Appeal (*Kammergericht*) on ... 1961 with a reference to its own precedents (judgments of ... 1956 and ... 1958).

The decision of ... 1960 and the judgments of ... 1961 and ... 1961 were based chiefly on a Price Freeze Order (*Preisstoppverordnung*) issued in 1936. In the view of the administrative and judicial authorities, this Order was still in force at the time of the acts reprehended; it had been only partially annulled by the 1953 Implementing Order (*Massnahme-Verordnung*). Far from authorizing rent increases, the Order, they contended, made it an offence, punishable by a fine, to exceed the maximum rents; it was not till 1961 that the 1936 Order was finally repealed (*Altbaumietenverordnung*).

X. maintains, on the other hand, that the act of demanding and collecting a higher rate than that authorised by the Rent Inspectorate was not punishable during the period under consideration ... 1959–... 1960): he holds that the 1936 Price Freeze Order was no longer operative.

According to the Applicant, rents in West Berlin have, since 1956, been governed by the Federal Rent Act (*Bundesmietengesetz*), which, he asserts, superseded the 1936 Order and contains no reference to the 1954 Economic Offences Act (*Wirtschaftsstrafgesetz*): the legislature had confined itself to providing for a civil sanction, the nullifying of illicit increases, judging a punitive sanction to be superfluous. Furthermore, the Rent Inspectorate (*Preisüberwachungsstelle für Mieten*) had made no reference to penalties in its decisions of ... 1951 and ... 1955, nor even mentioned the possibility of a fine. X. deduces therefrom – as from Section 2 (2) of the Economic Offences Act – that he was not liable to be fined.

priétaire d'un immeuble sis à Berlin- .... En 1947, il a divisé un grand appartement de cet immeuble en plusieurs petits logements. Fixé une première fois le ... 1951 par le service compétent (*Preisüberwachungsstelle für Mieten*), le loyer maximal a été porté, le ... 1955, à 78.27 DM par mois, frais de chauffage inclus.

En 1959, X. a loué l'appartement en question à un nouveau locataire, M. Y., à compter du 1er décembre. Le loyer mensuel convenu s'élevait, tout compris, à 149.60 DM, "sous réserve de son approbation par les autorité chargées du contrôle des prix".

Cette approbation ayant été refusée, le Ministre de la construction et du logement de Berlin-Ouest (*Senator für Bau- und Wohnungswesen*) a infligé au requérant, le ... 1960, une amende de 100 DM; il a ordonné en même temps la confiscation des sommes indûment perçues par X., soit 226.90 DM.

Le requérant a saisi alors le Tribunal cantonal (*Amtsgericht*) de Berlin-..., qui l'a débouté le ... 1961. Il a ensuite attaqué ce jugement au moyen d'un pourvoi (*Rechtsbeschwerde*) que la Cour (*Kammergericht*) de Berlin a rejeté le ... 1961 en se référant à sa jurisprudence constante (arrêts ... 1956 et ... 1958).

La décision du ... 1960, le jugement du ... 1961 et l'arrêt du ... 1961 se fondaient principalement sur une ordonnance de blocage des prix, promulguée en 1936 (*Preisstopverordnung*). Aux yeux de l'administration et de la justice berlinoises, cette ordonnance était encore en vigueur à l'époque des faits incriminés. En effet, l'ordonnance d'exécution de 1953 (*Massnahme-Verordnung*) ne l'aurait abrogée qu'en partie: loin d'autoriser l'augmentation du taux des loyers, elle aurait expressément érigé en infraction et frappé d'amende tout dépassement du montant maximal des loyers. L'ordonnance de 1936 n'aurait été définitivement abrogée qu'en 1961 (*Altbaumietenverordnung*).

X. estime, au contraire, que le fait d'avoir exigé et touché un loyer supérieur à celui qu'avait homologué le Service de contrôle, n'était pas punissable pendant la période considérée (... 1959–... 1960); d'après lui, la *Preisstopverordnung* de 1936 n'était plus en vigeur.

D'après le requérant, le prix des loyers se trouve régi à Berlin-Ouest, depuis 1956, par la loi fédérale sur les loyers (*Bundesmietengesetz*). Cette loi, qui primerait l'ordonnance de 1936, ne contiendrait aucune référence à la "loi pénale économique" de 1954 (*Wirtschaftsstrafgesetz*): le législateur se serait contenté d'une sanction civile, la nullité des majorations illicites, et aurait jugé superflu d'y ajouter une sanction pénale. Par ailleurs, la "*Preisüberwachungsstelle für Mieten*" n'avait pas prévu de peines dans ses décisions des ... 1951 et ... 1955, ni même mentionné la possibilité d'une amende. X. en déduit qu'il n'était passible d'aucune peine, ce qui résulterait également de l'article 2 § 2 de la "loi pénale économique".

In support of his argument, the Applicant invokes decisions of the Bavarian Supreme Court (*Bayerisches Oberstes Landesgericht*) (14th July 1954) and the Hamm Court of Appeal (*Oberlandesgericht*) (11th February 1956) as well as various legal studies (Doc. A 77.088 and *Neue Juristische Wochenschrift*, 1956, p. 641).

Whereas the Applicant's complaints may be summarised as follows:

X. complains in the first place that he was held guilty of a criminal offence on account of an act "which did not constitute a criminal offence under national or international law at the time when it was committed" (Article 7 of the Convention).

He further alleges a breach of Article 6 of the Convention: he reproaches the ... Court of Appeal (*Kammergericht*):

- with not having given him a hearing;
- with having, prior to reaching its decision, consulted the State Counsel-General and the Senator for Housing, without giving him (X.) an opportunity to reply to their statements;
- with not having referred the dispute to the Federal Court (*Bundesgerichtshof*) in pursuance of Section 121 (2) of the Judicature Act (*Gerichtsverfassungsgesetz*);
- with having based its judgment of 8th May 1961 in part on facts and penal provisions different from those mentioned in the earlier decisions (... 1960 and ... 1961) without giving him (X.) an opportunity to amplify his submissions accordingly.

Whereas the Applicant requests that the decision of ... 1960 and the judgments of ... 1961 and ... 1961 be quashed; whereas, moreover, he claims 326.90 DM damages in respect of the alleged loss incurred by him;

PROCEEDINGS BEFORE THE COMMISSION

Whereas the proceedings before the Commission to date may be summarised as follows:

On 16th January 1963, the Commission instructed the Secretariat to communicate the Application to the Government of the Federal Republic of Germany and invite them to submit their written observations on the admissibility of X.'s complaints (Rule 45 (3) (b) of the Rules of Procedure). It expressed a desire to have that Government's views on the following two questions in particular:

- Was the 1936 Price Freeze Order (*Preisstoppverordnung*) still in force at the time of the facts which led to X.'s conviction?
- Was the ... Court of Appeal (*Kammergericht*) under an obligation to refer the question stated in the preceding paragraph to the Federal Court (*Bundesgerichtshof*)?

A l'appui de sa thèse, le requérant invoque des arrêts de la Cour Suprême de Bavière (*Bayerisches Oberstes Landesgericht*) (14 juillet 1954) et de la Cour d'Appel (*Oberlandesgericht*) de Hamm (11 février 1956), ainsi que plusieurs études doctrinales (Doc. A. 77.088 et *Neue Juristische Wochenschrift*, 1956, p. 641).

Considérant que les griefs du requérant peuvent se résumer ainsi:

X. se plaint en premier lieu d'avoir été condamné "pour une action qui, au moment où elle a été commise, ne constituait pas une infraction d'après le droit national ou international" (article 7 de la Convention).

Il allègue aussi la violation de l'article 6 de la Convention. Sur ce point, il reproche à la Cour (*Kammergericht*) de ...:

- de ne pas l'avoir entendu;
- d'avoir, avant de statuer, consulté le Procureur Général et le Ministère de la Construction et du Logement, sans lui (X.) permettre de répliquer à leurs prises de position;
- de ne pas avoir porté le problème litigieux devant la Cour Fédérale de Justice (*Bundesgerichtshof*), en vertu de l'article 121 § 2 de la loi sur l'organisation judiciairef(*Gerichtsverfassungsgesetz*);
- d'avoir fondé son arrêt du ... 1961, pour une part, sur des faits et sur des dispositions pénales différents de ceux que mentionnaient les décisions antérieures (... 1960 et ... 1961), sans donner à X. l'occasion de compléter son argumentation en conséquence.

Considérant que l'intéressé réclame l'annulation de la décision du ... 1960, du jugement du ... 1961 et de l'arrêt du ... 1961; qu'il demande en outre la réparation du dommage prétendument subi, soit 326.90 DM;

PROCEDURE SUIVIE DEVANT LA COMMISSION

Considérant que la procédure suivie à ce jour devant la Commission peut se résumer ainsi:

Le 16 janvier 1963, la Commission a chargé le Secrétariat de communiquer la requête au Gouvernement de la République Fédérale d'Allemagne et d'inviter celui-ci à présenter ses observations écrites sur la recevabilité des griefs de M. X. (article 45 § 3 b) du Règlement Intérieur). Elle a exprimé le désir que ledit Gouvernement lui fît connaître, en particulier, son point de vue sur les deux questions suivantes:

- à l'époque des actes qui ont entraîné la condamnation de M. X., l'ordonnance de 1936 portant blocage des prix (*Preisstopverordnung*) était-elle ou non encore en vigueur?
- la Cour (*Kammergericht*) de ... avait-elle l'obligation de soumettre à la Cour fédérale de Justice (*Bundesgerichtshof*) le problème énoncé à l'alinéa précédent?

The written observations of the Respondent Government were received by the Secretariat on 1st April 1963. They were couched in the following terms (doc. DH/Misc (64) 6):

"In the grounds for his Application, the Applicant first of all alleges a breach of Article 7 of the Convention, under the terms of which no one shall be held guilty of any criminal offence on account of any act or omission which did not constitute a criminal offence under national or international law at the time when it was committed. The Applicant asserts that the administrative decision of 1st April 1960 imposing a fine on him (*Bussgeldbescheid*) was not based on any statutory penalty clause. He claims that the said decision of the ... Senator for Housing, which was upheld by judgments of the Berlin-... Magistrate's Court (*Amtsgericht*) and the ... Court of Appeal (*Kammergericht*), rendered on ... 1961 and ... 1961 respectively, was without legal foundation.

The Federal Government does not share this opinion.

1. It must be emphasised at the outset that the Senator for Housing expressly based his decision on a number of statutory provisions. The German courts to which the Applicant referred the matter also specified the legal provisions on which they had founded their decisions. Nor does the Applicant allege failure on the part of the courts or administrative authorities to state their legal basis. The difference of opinion between the Applicant, on the one hand, and the German courts and administrative authorities on the other, may be briefly summed up as follows: the Applicant holds that the legal provisions quoted by the ... judicial and administrative authorities as justifying the imposition of the fine had, owing to a new legal ruling, already ceased to be operative when the fine was pronounced. The Berlin courts and authorities, for their part, claim that the new regulations in question did not affect the relevant penalty clauses. Since the new statutory regulations invoked by the Applicant do not explicitly repeal the relevant penalty clauses, the divergence of opinion stems from a different interpretation of certain provisions of German municipal law applicable to Berlin.

In regard to this question of interpretation, the authorities which imposed the fine and the independent Berlin courts expressed the unanimous conviction that the penalty clause justifying the imposition of the fine was not annulled by subsequent legislation but remained operative. They advanced conclusive legal arguments in support of this view. Nor is there any indication that the Berlin authorities and courts were arbitrary in their legal appreciation of the case or that the decision is inconsistent with precedent or with

Les observations écrites du Gouvernement défendeur sont parvenues au Secrétariat le 1er avril 1963. Elles étaient libellées en ces termes (Doc. DH/Misc (64) 6);

"Dans les motifs de sa requête, le requérant allègue en premier lieu une violation de l'article 7 de la Convention.

En vertu de l'article 7, une personne ne peut être condamnée que pour une action ou une omission qui, au moment où elle a été commise, constituait une infraction d'après le droit national ou international. Le requérant estime que la décision administrative infligeant une amende (*Bussgeldbescheid*) du 1er avril 1960, dont il a été l'objet, n'était pas fondée sur une telle menace légale de sanction. Il soutient que cette décision du Ministre ... des Travaux Publics et du Logement (*Senator für Bau- und Wohnungswesen*), qui fut confirmée par décision du Tribunal Cantonal (*Amtsgericht*) de Berlin ... du ... 1961 et par décision de la Cour d'Appel de ... (*Kammergericht*) du ... 1961, a été prise sans fondement légal.

Cette opinion n'est pas partagée par le Gouvernement Fédéral.

1. Il y a lieu de souligner d'abord d'une façon générale que le Ministre des Travaux Publics et du Logement a fondé la décision administrative expressément sur nombre de dispositions légales. Les tribunaux allemands saisis par le requérant ont également indiqué, dans leurs décisions, les dispositions légales qui leur ont paru pertinentes. Le requérant ne prétend pas, lui non plus, que les tribunaux ou autorités administratives n'ont pas indiqué la base légale de leurs décisions. Les divergences d'opinions entre le requérant d'une part et les tribunaux allemands, ainsi que les autorités administratives d'autre part, consistent, en somme, en ceci: le requérant estime que les dispositions légales sur lesquelles se sont fondés les autorités et tribunaux ... pour justifier la décision administrative, avaient déjà cessé d'être en vigueur au moment du prononcé de la décision administrative, par suite d'un nouveau règlement légal. Les autorités et tribunaux berlinois, par contre, sont d'avis que les nouveaux règlements légaux en question n'ont pas affecté les lois de sanctions pertinentes. Etant donné que les nouveaux règlements légaux que le requérant invoque n'annulent pas expressément les lois de sanctions pertinentes, les divergences d'opinions consistent en une interprétation différente de certains règlements du droit interne allemand applicable à Berlin.

L'autorité qui a pris la décision administrative infligeant une amende et les tribunaux indépendants de Berlin sont unanimement convaincus, en ce qui concerne cette question d'interprétation, que la loi de sanction justifiant ladite décision administrative n'a pas été abrogée par les règlements légaux ultérieurs, mais qu'elle continuait d'être en vigueur. Ils ont motivé cette conviction par des exposés juridiques logiquement élaborés. Il n'y a pas non plus de raison de croire que les autorités et les tribunaux berlinois ont

normal administrative practice. Hence, in the Federal Government's opinion, the question of principle arises whether the European Commission of Human Rights, for its part, is competent to verify whether the statutory provisions concerned were correctly or wrongly interpreted. As the Commission has already emphasised on several occasions, the Convention does not set it up as an ultimate court of appeal over and above national courts, to ensure the correct *de jure* and *de facto* interpretation and application of municipal law in the same way as a higher national court. Its sole function, according to its own practice, is rather to safeguard the rights protected by the Convention. These rights include the guarantee, embodied in Article 7, that every criminal conviction must have a legal basis. This guarantee, which incidentally is also laid down in section 103 (2) of the Basic Law of the Federal Republic of Germany, is essentially designed – as is apparent from the '*travaux préparatoires*' – to prevent a conviction in the following cases: no one may be convicted under the terms of a penal provision introduced after the offence was committed or under a criminal law which is inapplicable to the offence ('*ex post facto*' conviction, and conviction by analogy). Both Article 7 of the Convention and section 103 (2) of the Basic Law of the Federal Republic are worded in sufficiently general terms, however, to preclude punishment also in a case where the original law had already ceased to be operative before the offence took place. Such an instance might occur if a court based a conviction on a penal provision which was *explicitly* abrogated by the *unambiguous* text of a subsequent law, e.g. because it had overlooked the repeal clause. However, leaving aside such cases, the Federal Government consider that it is for the domestic courts to ascertain whether or not a provision of municipal law is still operative, otherwise the Commission would be obliged to verify a domestic court's appreciation of a penal law each time a breach of Article 7 of the Convention was alleged.

Consequently, the Federal Government maintain that on this ground alone the Application must be considered inadmissible.

2. It is necessary, when considering whether the imposition of a fine was founded on an adequate legal basis, to take account of the following points:

(a) The fine (*Geldbuss*) was justified by sections 1 and 2 of

procédé arbitrairement lors de l'appréciation légale du cas ou que le résultat n'est pas conforme à la jurisprudence ou à la pratique administrative suivie par ailleurs par ces autorités. De l'avis du Gouvernement Fédéral, la question de principe qui se pose est de savoir si la Commission européenne de sauvegarde des droits de l'homme peut examiner de son côté si les dispositions légales en question ont été justement ou faussement appliquées. Comme la Commission l'a déjà souligné à plusieurs reprises, elle n'a pas, en vertu de la Convention, la fonction, par rapport aux tribunaux nationaux, d'une "quatrième instance" chargée, comme un tribunal national d'instance supérieure, d'examiner si les dispositions légales nationales ont été interprétées et appliquées sans erreur de fait ni de droit. Il lui incombe plutôt, selon sa propre jurisprudence, la seule tâche de sauvegarder les droits garantis par la Convention. Parmi ces droits figure aussi celui garanti par l'article 7 qui prévoit que toute condamnation pénale doit reposer sur une base légale. Cependant cette garantie, qui est d'ailleurs établie à l'art. 103, al. 2 de la Loi fondamentale de la République Fédérale d'Allemagne, a pour but essentiel d'éviter – comme le montre sa genèse – qu'une condamnation soit prononcée dans les cas suivants: Il doit être rendu impossible que quelqu'un soit condamné en vertu d'une disposition légale créée seulement après l'infraction ou en vertu de l'application analogue d'une loi pénale inapplicable à l'infraction (interdiction '*ex-post-facto*' et d'analogie). L'article 7 de la Convention ainsi que l'art. 103, al. 2 de la Loi fondamentale de la République Fédérale sont cependant tellement larges qu'une condamnation est exclue même si la loi pénale de base a déjà cessé d'être en vigueur avant l'infraction. Un tel exemple pourrait être donné, si un tribunal fondait une condamnation sur une disposition pénale qui, d'après le texte *incontestable* d'une loi ultérieure, aurait été *expressément* abrogée, p. ex. parce qe'il aurait négligé la norme abrogative. Cependant, abstraction faite de tels cas, le Gouvernement Fédéral estime que c'est aux tribunaux nationaux qu'il doit incomber de décider si une disposition légale nationale a cessé d'être en vigueur. L'opinion contraire aboutirait, en cas de prétendue violation de l'article 7 de la Convention, à faire examiner obligatoirement par la Commission toute interprétation ou application d'une loi pénale par un tribunal interne.

Par conséquent, le Gouvernement Fédéral estime que c'est là un point de vue selon lequel la requête doit déjà être considérée comme irrecevable.

2. En ce qui concerne la question de savoir si la décision administrative était fondée sur une base pénale suffisante, il y a lieu d'élucider en détail les points suivants:

a) L'amende administrative (*Geldbusse*) pouvait être fondée

the Price Freeze Order (*Preisstoppverordnung*) of 26th November 1936 (*Reichsgesetzblatt I*, p. 955) (...) read with sections 2, 3 (2), 4 (3) and 16 of the 1954 Economic Offences Act (*Wirtschaftsstrafgesetz*). The clauses in sections 1 and 2 of the Price Freeze Order prohibiting unauthorised rent increases were never rescinded in the Land of Berlin (as they were in federal territory, where they were superseded by section 45 (2) of the Rent (Old Houses) Order (*Altbaumietenverordnung*)). For Berlin, see section 46 of the said Order (...). It is true that authorised rents were raised also in Berlin later, a possibility provided for in section 3 of the Price Freeze Order. But the clause in the Price Freeze Order *prohibiting* rent increases beyond the authorised limits remained unaltered. Infringements of this clause were originally punished under section 4 of the Price Freeze Order, but this penal provision was replaced, first by section 1 of the Price Offences Order (*Preisstrafrechtsverordnung*) of 3rd June 1939 – *Reichsgesetzblatt I*, p. 999 (last amended on 26th October 1944 – *Reichsgesetzblatt I*, p. 264) (...) and later by section 18, read with section 103, of the Berlin Economic Offences Act of 28th April 1950 (VOBI. p. 153)(...) and by sections 2 and 4, read with section 16 (2), of the Berlin Economic Offences Act of 9th July 1954 (GVBl. p. 446) (...).

Liability to punishment under sections 1 and 2 of the Price Freeze Order in conjunction with sections 2–4 and 16 of the Economic Offences Act, 1954, was not eliminated, in Berlin, by the First Federal Rent Act (*Erstes Bundesmietengesetz*). According to the explicit terms of section 45 (19) of the version of the First Federal Rent Act of 27th July 1955 applicable to the federal territory – *Bundesgesetzblatt I*, p. 458 – (...), section 42 of the said version does *not* apply to Berlin. Furthermore, section 39 of the Rent (Old Houses, Berlin) Order of 21st March 1961 (*Bundesgesetzblatt I*, p. 230) (...) sets out from the principle that contraventions of the Price Freeze Order as regards rents are still subject to penal and pecuniary sanctions in Berlin.

(b) In addition to the still operative provisions of the Price Freeze Order, the following clauses also constitute a legal basis for an administrative fine: section 7 of the Prices

sur les articles 1 et 2 de l'ordonnance relative au blocage des prix (*Preisstopverordnung*) du 26 novembre 1936 (*Reichsgesetzblatt I* p. 955) (...) en "combinaison avec les articles 2 et 3, al. 2, art. 4, al. 3 et art. 16 de la Loi pénale économique de 1954 (*Wirtschaftsstrafgesetz*) L'interdiction, contenue dans les articles 1 et 2 de l'ordonnance relative au blocage des prix, de l'augmentation illicite des loyers n'a jamais été supprimée pour le Land de Berlin (à la différence du territoire de la République Fédérale où ces prescriptions ont été abrogées par l'art. 45, al. 2 de l'ordonnance sur les loyers des habitations anciennes (*Altbaumietenverordnung*). Quant à Berlin, cf. l'art. 46 de l'ordonnance sur les loyers des habitations anciennes (...). Il est vrai que plus tard le niveau des loyers licites a été relevé aussi à Berlin, possibilité prévue à l'article 3 de l'ordonnance relative au blocage des prix. Cela n'a pourtant rien changé à *l'interdiction*, résultant encore de l'ordonnance relative au blocage des prix, d'augmenter les loyers au délà des limites admises. Primitivement l'inobservation de l'interdiction d'augmenter les loyers était punie par l'article 4 de l'ordonnance relative au blocage des prix. Cette disposition pénale a été remplacée d'abord par l'article 1 de l'ordonnance portant punition en matière des prix (*Preisstrafrechtsverordnung*) du 3 juin 1939 – *Reichsgesetzblatt I*, p. 999 (amendée en dernier lieu le 26 octobre 1944 – *Reichsgesetzblatt I*, p. 264 –) (...) et plus tard par l'article 18 en combinaison avec l'article 103 de la Loi pénale économique de Berlin du 28 avril 1950 (VOBl. p. 153) (...) et par les articles 2 et 4 en combinaison avec l'article 16, al. 2, de la Loi pénale économique de Berlin du 9 juillet 1954 (GVBl. p. 446) (...).

L'incrimination des articles 1 et 2 de l'ordonnance relative au blocage des prix en combinaison avec les articles 2 à 4 et 16 de la Loi pénale économique de 1954 n'a pas non plus été abrogée, à Berlin, par la Première Loi fédérale sur les loyers (*Erstes Bundesmietengesetz*). L'article 42 du texte valable pour le territoire de la République Fédérale de la Première Loi fédérale sur les loyers du 27 juillet 1955 – *Bundesgesetzblatt* I, p. 458 – (...) ne s'applique pas à Berlin selon le texte exprès de l'article 45 N° 19. Egalement l'article 39 de l'ordonnance berlinoise sur les loyers des habitations anciennes du 21 mars 1961 (*Bundesgesetzblatt I*, p. 230) (...) part du principe que l'interdiction, renforcée par sanctions pénales et administratives (amendes), de l'ordonnance relative au blocage des prix continue d'être applicable aux loyers à Berlin.

b) A côté des prescriptions encore en vigueur de l'ordonnace relative au blocage des prix peuvent être cités aussi comme base de l'amende administrative: l'article 7 de la Loi

(Berlin) Act (*Berliner Preisgesetz*) of 22nd March 1950 (VOBl, p. 951) (...) section 15 of the Implementing Order (*Massnahmenverordnung*) relating to rents, of 8th June 1953 (GVBI, p. 386) (...) read with sections 2, 4 and 16 of the 1954 Economic Offences Act (...). Section 15 of the Implementing Order enacted under the Prices Act already contains a reference to the penal and administrative provisions of the Economic Offences (Berlin) Act, 1950, which, under the terms of section 103 of the Economic Offences Act, 1950, were substituted for the penal provisions of the Price Offences Order mentioned in the Prices Act. According to section 16 (2) of the Economic Offences Act, 1954, this reference is to be taken as an explicit reference to section 2 of the Economic Offences Act, 1954. The penal and pecuniary sanctions provided for in section 7 of the Prices Act and section 15 of the Implementing Order were not annulled either, certainly not by the First Federal Rent Act, the *Berlin* version of which does *not* contain any clause rescinding the penal and pecuniary sanctions in force up till than (...). It is true that the Rent (Old Houses, Berlin) Act does not expressly provide for the maintenance of this provision, but neither does it rescind it. It can also be argued that these punitive provisions were not rendered invalid by subsequent legislation authorising higher rents, in particular the First Federal Rent Act. This subsequent legislation merely determined the rent henceforth permissible; it in no way altered the prohibition to demand or accept rents in excess of the legal rent. Hence, it appears reasonable to maintain that these regulations exist as prohibitory and punitive provisions side by side with the new provisions authorising rent increases.

II.

The Applicant further complains that the Berlin Court of *Appeal* (*Kammergericht*) denies him a *fair hearing* and that only the Senator for Housing and the State Counsel-General (*Generalstaatsanwalt*) were heard by that Court.

In the Federal Government's opinion, this complaint is unjustified. It is clear from the records of the proceedings that the Applicant substantiated in detail the appeal he lodged in writing on

berlinoise sur les prix (*Berliner Preisgesetz*) du 22 mars 1950 (VOBl. p. 95) (...), l'article 15 de l'ordonnance relative aux mesures en matière du droit des loyers (*Massnahmenverordnung*) du 8 juin 1953 (GVBl. p. 386) (...) combinés avec les articles 2, 4 et 16 de la Loi pénale économique de 1954 (...). L'article 15 de l'ordonnance relative à des mesures édictées en vertu de la Loi sur les prix contient déjà un renvoi aux sanctions pénales et administratives prévues par la Loi pénale économique de Berlin de 1950, lesquelles, selon l'article 103 de la Loi pénale économique de 1950, se sont substituées aux dispositions pénales de l'ordonnance portant punition en matière de prix (*Preisstrafrechtsverordnung*) citée dans la Loi sur les prix (*Preisgesetz*). Selon l'article 16, alinéa 2, de la Loi pénale économique de 1954, cette référence constitue un renvoi exprès à l'article 2 de la Loi pénale économique de 1954 (...). Les sanctions pénales et administratives de l'article 7 de la Loi sur les prix et l'article 15 de l'ordonnance relative à des mesures d'exécution, n'ont pas non plus été abrogées, surtout pas par la Première Loi fédérale sur les loyers, qui, dans son texte valable pour *Berlin*, ne contient *aucune* abrogation des sanctions pénales et administratives valables jusque-là (...). L'ordonnance berlinoise sur les loyers des habitations anciennes ne prévoit pas expressément, il est vrai, le maintien de cette disposition, mais elle ne l'a pas non plus abrogée. Dans la mesure où il s'agit de ces dispositions répressives, on peut également soutenir l'opinion qu'elles n'ont pas cessé d'être applicables du fait de prescriptions ultérieures relatives à l'admission de loyers plus élevés, et, en particulier, du fait de la Première Loi fédérale sur les loyers. Ces dispositions ultérieures déterminaient seulement quels loyers devaient désormais être admis, mais elles ne changeaient rien à l'interdiction d'exiger ou d'accepter des loyers dépassant le loyer licite. Il semble donc défendable de soutenir que ces prescriptions existent en tant que dispositions prohibitives et répressives à côté des dispositions nouvelles sur l'admission d'une augmentation des loyers.

II.

Le requérant se plaint d'autre part que la Cour d'*Appel* (*Kammergericht*) de Berlin lui aurait refusé d'*être entendu équitablement*. Seuls le Ministre des Travaux Publics et du Logement et le Procureur Général près la Cour d'Appel auraient été entendus par la Cour d'Appel.

Ce grief est injustifié de l'avis du Gouvernement Fédéral. Il ressort du dossier de la procédure que le requérant a motivé à fond, par écrit, le ... 1961, son recours contre la décision du Tribunal

... 1961 against the decision of Berlin-... Magistrate's Court (*Amtsgericht*). In pursuance of section 56 (4) of the Contravention of Regulations Act (*Ordnungswidrigkeitengesetz*) in conjunction with paragraph 347 of the Code of Criminal Procedure (...), the opposing party was invited to submit its observations in writing. As regards the proceedings before Berlin-... Magistrate's Court, the latter fixed a date for the hearings and summoned the parties concerned (...). Thereupon, by letter of 12th January 1961, Applicant's counsel consented, on behalf of his client, to a decision without a hearing and requested that the hearing be cancelled (...). In compliance with the Applicant's request, the hearing was accordingly cancelled. No oral proceedings concerning administrative fines can take place before a Court of Appeal (*Oberlandesgericht* – called in Berlin, *Kammergericht*). Thus, both parties had an opportunity of putting their case before the Court at both levels. Unlike the Magistrate's Court, the Court of Appeal was not concerned with the merits of the case, but had merely to decide points of law. The submissions of the Senator for Housing and the State Counsel-General contained no new facts or evidence, but only legal arguments. No peremptory provision is made in German procedural law for a further opportunity to reply to the submissions of the opposing party, nor does the Convention provide for such a possibility.

III.

The Applicant further alleges that, by failing to submit the case for an opinion to the Federal Court (*Bundesgerichtshof*) before deciding the case, the Berlin Court of Appeal violated Article 6 of the Convention.

According to German law, when one Court of Appeal (*Oberlandesgericht*) wishes to render a different decision from that of another Court of Appeal or of the Federal Court, it is obliged, in certain circumstances, to submit the case to the Federal Court. The legal basis for this, as far as the present case is concerned, is section 56 (5) of the Contravention of Regulations Act (*Ordnungswidrigkeitengesetz*) (...) read with section 121 (2) of the Judicature Act (*Gerichtsverfassungsgesetz*) (...).

According to their wording, sense and '*travaux préparatoires*', however, these Acts are intended *exclusively* to ensure uniformity of judicial practice between the various Courts of Appeal and between these Courts and the Federal Court. They are not designed to prevent the miscarriage of justice in individual cases or to protect the accused or Appellant. Nor are they designed to enable the person concerned to obtain a decision on questions of principle

cantonal de Berlin-.... Au sujet de ce recours accompagné des motifs, l'occasion a été donnée à la partie adverse, selon l'article 56, al. 4 de la Loi sur les contraventions passibles d'une amende seulement (*Ordnungswidrigkeitengesetz* (...) en combinaison avec l'article 347 du Code de Procédure pénale (...), de formuler par écrit ses observations (...). En ce qui concerne la procédure devant le Tribunal cantonal de ..., ce tribunal avait fixé les débats oraux et cité les participants aux procès (...). Là-dessus, par lettre du 12 janvier 1961, l'avocat du requérant avait, au nom du requérant, donné son consentement à une décision sans débats oraux et demandé d'annuler l'audience (...). Eu égard à cette demande du requérant, l'audience a été annulée. Devant la Cour d'Appel (*Oberlandesgericht* appelé à Berlin *Kammergericht*), les débats oraux en matière d'amendes administratives sont exclus. Par conséquent, les deux parties au procès avaient la possibilité d'exposer leurs points de vue respectifs devant le tribunal. A la différence du Tribunal cantonal, la Cour (*Kammergericht*) n'avait d'ailleurs plus à statuer au fond, mais seulement sur des questions de droit. En effet, les prises de position du Ministre des Travaux Publics et du Logement ainsi que du Procureur Général ne contenaient pas non plus de faits ou moyens de preuves nouveaux, mais exclusivement des exposés de droit. Une occasion nouvelle de faire des observations à l'égard des exposés de droit de la partie adverse n'est pas obligatoirement prévue par la procédure allemande et n'est pas non plus prescrite par la Convention.

III.

De plus, le requérant se plaint de la violation de l'article 6 en alléguant que la Cour d'Appel, avant de statuer sur le recours, n'aurait pas soumis l'affaire à l'avis de la *Cour Suprême Fédérale*.

Selon le droit allemand, les Cours d'Appel (*Oberlandesgerichte*), si elles se proposent, lors d'une décision, de s'écarter de la décision d'une autre Cour d'Appel ou de la décision de la Cour Suprême Fédérale, sont obligées, dans certaines conditions, de soumettre l'affaire à la Cour Suprême Fédérale. La base juridique dans le cas présent est l'article 56, al. 5 de la Loi sur les contraventions passibles d'une amende seulement (*Ordnungswidrigkeitengesetz*) (...) en combinaison avec l'article 121, al. 2, de la Loi sur l'organisation judiciaire (...).

Ces prescriptions, cependant, en ce qui concerne le texte, le sens et la genèse, poursuivent *exclusivement* le but d'assurer l'uniformité de la jurisprudence entre les différentes Cours d'Appel (*Oberlandesgerichte*), d'une part, et entre elles et la Cour Suprême Fédérale, d'autre part. Ces prescriptions n'ont pas pour objet de garantir la juste décision dans chaque cas individuel ou encore la protection de l'accusé ou du requérant. Elles n'ont pas pour but de rendre

from the Federal Court (cf. BGHSt 14, p. 319) – decisions of the Federal Supreme Court in criminal cases) (...). The obligation to submit certain matters to the Federal Court does not imply any change in the jurisdiction of the courts. The courts of Appeal continue to be the lawful judges; they merely refer to the Federal Court for an opinion on a point of law. Consequently, non-fulfilment of the obligation to refer to the Federal Court constitutes a procedural fault which is, however, remedied by the decision becoming final and cannot constitute grounds for re-opening a case (*Wiederaufnahme*) (cf. Löwe-Rosenberg, *Die Strafprozessordnung und das Gerichtsverfassungsgesetz,* 20th edition, note 22 to section 121 GVG; Kleinknecht-Müller, *Kommentar zur Strafprozessordnung,* 4th edition, note 5 to section 121 GVG). The Federal Government consequently hold that non-fulfilment of the said obligation cannot constitute a breach of Article 6 of the Convention on Human Rights since the *personal* rights of the individual are not infringed thereby.

In no circumstances can the non-submission of a case mean that the accused has been denied access to the court established by law.

The Federal Government are of the opinion, however, that in the case in point the obligation to refer to the Federal Court probably never really existed. In a letter addressed to the Applicant, the Chamber of the Appeal Court which was dealing with the case denied such an obligation on the ground that the decisions of the Bavarian Supreme Court and the Hamm Court of Appeal, rendered on 14th July 1954 and 11th February 1956 respectively, were not concerned with the rent laws in force in the Land of Berlin. This is correct. The decision of the Hamm Court was based on the fact that section 42 of the First Federal Rent Act, which applies to federal territory but *not* to Berlin, annulled criminal legislation on rents in federal territory. The decision of the Bavarian Supreme Court related to a price directive. This directive was founded on the authorisation, embodied in section 4 (4) of Order PR 84/49, to fix, for certain shops and groups of shops, the maximum profit margins and retail prices which could be demanded, promised or paid for imported goods (section 3). In the case in question, however, the decisions of the Rent Inspectorate were not based on comparable authorisation to take *ex officio* measures to control rents. The decisions were taken upon application and concerned special authorisation; hence they contained, not a prohibition enforced by penal or pecuniary sanctions, but merely a concession for the Applicant. The prohibition derives directly from the legal provisions in force. Since the main purpose of the decisions is not to give

possible à l'intéressé de faire appel à la Cour Suprême Fédérale en matière de questions de principe (cf. BGHSt 14, p. 319 = décisions de la Cour Suprême Fédérale en matière pénale) (...). L'obligation de porter la question devant la Cour Suprême Fédérale n'entraîne pas non plus un changement de la compétence des tribunaux. Le juge légal reste, comme auparavant, la Cour d'Appel qui saisit seulement la Cour Suprême Fédérale d'une question de droit. Par conséquent, une violation de l'obligation de soumettre la question constitue une faute de procédure, à laquelle il est cependant porté remède par la décision passée en force de chose jugée et ne peut pas non plus motiver une révision (*Wiederaufnahme*) (cf. Löwe-Rosenberg, *Die Strafprozessordnung und das Gerichtsverfassungsgesetz*, 20° édition, note 22 ad art. 121 GVG (*Gerichtsverfassungsgesetz*); Kleinknecht-Müller, *Kommentar zur Strafprozessordnung*, 4° édition, note 5 ad art. 121 GVG). Le Gouvernement Fédéral estime donc qu'une violation éventuelle de l'obligation de soumettre la question ne peut enfreindre l'article 6 de la Convention de sauvegarde des droits de l'homme, l'intéressé n'ayant pas, du fait de cette infraction, subi de préjudice dans *ses propres* droits.

La non-soumission de la question ne peut signifier en aucun cas que l'accusé en question a été soustrait au tribunal établi par la loi.

De l'avis du Gouvernement Fédéral, une telle obligation de soumettre la question n'a même pas existé en réalité. La chambre statuante de la Cour d'Appel, par une lettre adressée au requérant, a dénié l'obligation de soumission et motivé ce refus en exposant que les arrêts de la Cour Suprême de Bavière du 14 juillet 1954 et de la Cour de Hamm du 11 février 1956 ne se référaient pas au droit des loyers en vigueur dans le Land de Berlin. Cette opinion est juste. La décision de la Cour de Hamm est fondée sur le fait que l'article 42 de la Première Loi fédérale sur les loyers, qui s'applique au territoire de la République Fédérale, *mais pas* à Berlin, a abrogé le droit pénal en matière de loyers sur le territoire de la République Fédérale. La décision de la Cour Suprême de Bavière concernait une ordonnance relative aux prix. Cette ordonnance était fondée sur l'autorisation de l'article 4, al. 4 du règlement PR 84/49 de fixer pour certains magasins et groupes de magasins des marges de bénéfice et des prix de vente maxima qui pour des marchandises importées pouvaient être exigés, promis ou accordés (art. 3). Cependant, en l'occurrence, les décisions du service de contrôle des loyers n'étaient pas fondées sur une autorisation comparable rendant possible des interventions *d'office* en vue de régler les prix dans le domaine du droit des loyers. Les décisions, au contraire, ont été prises sur demande et se référaient à des autorisations exceptionnelles, elles contenaient donc seulement une concession pour le requérant et non pas une interdiction renforcée par des sanctions pénales ou administratives. L'interdiction résulte directement des

concrete form to a prohibition, but to grant special limited authorisation, there may be a material difference between them and the price directives submitted for decision to the Bavarian Supreme Court; this might explain why the Court refrained from submitting the question to the Federal Supreme Court.

For the foregoing reasons, the Federal Government request that the Application be declared inadmissible."

By Order of 3rd April 1963, the President of the Commission instructed the Secretariat to communicate the above observations to the Applicant and invite him to reply thereto (Rule 46 (1) and (2) of the Rules of Procedure). Dated 24th May 1962, the Applicant's counter-memorial is worded as follows (doc. A 80.261):

"I.

As the Federal Government rightly point out, Article 7 of the Convention stipulates that no one may be held guilty of a criminal offence on account of any act or omission which, under the national law of the country signatory to the Convention, was not punishable at the time when it was committed. Under German and Berlin law (section 2 (1) of the Penal Code read with section 103 of the Bonn Basic Law and Article 66 of the Berlin Constitution) punishment may be inflicted only for an act or omission which was punishable before or at the time when it was committed. Moreover, the application of criminal laws, and hence of penalty clauses or provisions, by analogy is prohibited.

The argument advanced by the Federal Republic on page 4 of its memorial to the effect that a conviction is inadmissible only it founded on a penal provision which was *explicitly* abrogated by the unambiguous text of a subsequent law, is incompatible with the recognised principle 'lex posterior derogat priori' and the principle 'in dubio pro reo'. It is consequently incorrect to say that, in Berlin, criminal laws, and particularly economic laws, become inoperative and inapplicable only if they have been clearly and explicitly abrogated.

Since Article 7 of the Convention precludes conviction for an act or omission which is not punishable under national law, the Commission must also examine whether the offence with which the Applicant was charged, and for which he was convicted, was punishable under the criminal legislation in force in Berlin when it was committed. It must not confine itself therefore to considering whether the legislation on which the judgment was based, and

dispositions légales en vigueur. Etant donné que le but essentiel des décisions n'est pas de concrétiser une interdiction, mais de donner une autorisation exceptionnelle limitée, il peut y avoir une différence de fait par rapport aux ordonnances relatives aux prix soumises à la décision de la Cour Suprême de Bavière, ce qui peut motiver le fait que le tribunal s'est abstenu de soumettre la question à la Cour Suprême Fédérale.

C'est pour ces raisons que le Gouvernement Fédéral demande de déclarer la requête irrecevable."

Par une ordonnance du 3 avril 1963, le Président de la Commission a chargé le Secrétariat de communiquer les observations précitées au requérant et d'inviter celui-ci à y répondre (article 46 §§ 1 et 2 du Règlement Intérieur).

Daté du 24 mai 1963, le contre-mémoire du requérant était ainsi conçu (Doc. A. 80.261):

"I.

Comme le fait observer fort justement le Gouvernement fédéral, l'article 7 de la Convention stipule que nul ne peut être condamné pour une action ou une omission qui, au moment où elle a été commise, ne constituait pas une infraction d'après le droit national. En droit allemand et berlinois (art. 2, paragraphe 1, du Code pénal et art. 103 de la loi fondamentale de Bonn; art. 66 de la Constitution de Berlin), une condamnation ne peut intervenir que pour une action ou une omission qui constituait une infraction avant le moment ou au moment où elle a été commise. Par ailleurs, l'application de lois pénales (dispositions pénales ou menaces de sanctions) par analogie est inadmissible. La thèse soutenue par le Gouvernement fédéral à la page 2 de son mémoire, selon laquelle une condamnation pourrait seulement ne pas intervenir si elle était fondée sur une disposition pénale expressément abrogée d'après le texte incontestable d'une loi ultérieure, est incompatible avec le principe reconnu de 'lex posterior derogat priori' et avec le principe 'in dubio pro reo'. Il n'est donc nullement exact que des lois pénales, et notamment des lois pénales en matière économique, cessent uniquement d'être applicables et deviennent caduques à Berlin si elles ont été abrogées clairement et explicitement.

L'article 7 de la Convention stipulant que nul ne peut être condamné pour une action ou une omission qui ne constitue pas une infraction d'après le droit national, la Commission doit se prononcer également sur la question de savoir si les faits reprochés au requérant, pour lesquels il a été condamné, étaient passibles d'une peine suivant la législation pénale en vigueur à Berlin au moment où ils ont été commis. Cet examen ne saurait donc porter seulement sur

whose applicability was affirmed by the Court, justifies the punishment, but must also consider whether the acts of which the accused was held guilty constituted a punishable offence. In Berlin as elsewhere, every criminal law* comprises two essential elements: the penalty and a definition of the act or omission for which the penalty is prescribed. Hence, only when the legally defined characteristics of the offence are present and when a penalty is explicitly prescribed does an effective criminal law exist on the basis of which punishment may be inflicted. A description of the characteristics of an offence, even when it specifies that such and such an act or omission is prohibited or obligatory, does not in itself constitute a penal provision unless it provides for a penalty. Similarly, a penalty clause which does not give a clear legal definition of the offence for which the penalty may be imposed is invalid in criminal law. Hence, whenever a person is held guilty of an act which, under the relevant correctly interpreted criminal law (penalty clause + definition of the offence) is not subject to a penalty, Article 7 of the Convention is violated.

The Federal Government's statement that the Berlin Court specified, in its decision, the penal provisions which appeared pertinent and that the Applicant did not assert that the Court had failed to indicate a legal basis does not constitute sufficient ground for declaring the Application inadmissible. The Applicant's contention is that (a) the offence with which he was charged – namely that he accepted a monthly rent of 122.30 DM instead of 76.92 DM, which was lawful at the material time – is not punishable under the terms of section 2 (1) of the Penal Code read with section 2 of the Economic Offences Act, 1954, because the rent of 76.92 DM, charged at the material time, should not, during the period from December 1959 to April 1960, have been fixed in accordance with the provisions of the Price Freeze Order of 26.11.1936, as assumed in the notice of fine (*Bussgeldbescheid*) and in the judgment (*Beschwerdebeschluss*) of the Magistrate's Court, but in accordance with other provisions, above all those of sections 5 and 7 of the First Federal Rent Act, and that (b) infringements of those sections of the Federal Rent Act are not punishable under the terms of section 2 of the Economic Offences Act. Article 7 of the Convention will provide a really effective guarantee against a person's being punished for an act which was not punishable when it was committed only if it can be and is ascertained, following the filing of an individual application, whether the offence he was charged with was covered by a provision whose infringement was punishable at the material time. Hence, it must also be ascertained whether a

le point de savoir si la loi pénale à laquelle se réfère le jugement et que la Cour a déclarée applicable, justifie une condamnation; il doit porter également sur la question de savoir si les faits incriminés dans le jugement constituent une infraction passible d'une peine et peuvent donc être sanctionnés. Chaque loi pénale se compose, à Berlin comme ailleurs, de deux éléments essentiels: l'indication de la peine et la définition de l'action ou de l'omission passible de cette peine. C'est donc seulement quand les faits relevés répondent à la définition de l'infraction et quand l'auteur de celle-ci est menacé explicitement de poursuites que l'on se trouve en présence d'une loi pénale efficace, sur la base de laquelle une condamnation pourra intervenir. Un texte définissant une action ou une omission, même s'il spécifie qu'elle est interdite ou obligatoire, ne constitue pas, à lui seul, une loi pénale s'il ne prévoit aucune peine. De même, un avis comminatoire est nul en droit pénal si le texte de loi ne définit pas clairement l'action visée par cet avis. L'article 7 de la Convention sera ainsi violé toutes les fois qu'une personne est condamnée pour une action qui n'est passible d'aucune peine si la loi pénale appliquée ou à appliquer (donc: avis comminatoire plus définition de l'infraction) est interprétée valablement.

La conception du Gouvernement fédéral selon laquelle la Cour de Berlin aurait indiqué dans son arrêt les dispositions pénales jugées appropriées et selon laquelle le requérant n'aurait pas soutenu que la Cour n'avait indiqué aucune base juridique, ne saurait justifier que la requête individuelle soit déclarée irrecevable pour cette seule raison. Le requérant soutient plutôt que l'action qui lui est reprochée, à savoir le fait d'avoir accepté un loyer mensuel de 122,30 DM au lieu de 76,92 DM, ce qui aurait été licite au moment de l'action incriminée, n'est passible d'aucune peine aux termes de l'article 2, paragraphe 1, du Code pénal et de l'article 2 de la loi pénale économique de 1954. Le loyer de 76,92 DM, qui était en vigueur au moment des faits incriminés, ne devait en effet, comme l'affirmaient l'avis d'amende (*Bussgeldbescheid*) et la décision (*Beschwerdebeschluss*) du Tribunal cantonal, être fixé d'après les dispositions de l'Ordonnance du 26 novembre 1936 relative au blocage des prix, mais en application d'autres dispositions, notamment celles des articles 5 et 7 de la première loi fédérale sur les loyers, dont la non-observation n'entraîne pas de poursuites aux termes de l'article 2 de la loi pénale économique. Si l'on veut que l'article 7 de la Convention empêche effectivement qu'une peine soit infligée à une personne dont l'action n'était pas punissable au moment où elle a été commise, ce but ne pourra être atteint que si, à la suite d'un recours individuel, il peut être établi, et s'il est établi en fait, si l'action incriminée était visée, au moment où elle a été commise, par une disposition dont la violation entraînait des poursuites au moment où l'action a été commise. Il s'agit donc d'établir si les dispositions pénales en vigueur au

conviction was justified under the criminal law (penalty clause + definition of offence) – correctly interpreted and applied – in force at the time of the act.

The Applicant does not deny that he accepted a monthly rent of 122.30 DM although the maximum rent authorised by the First Federal Rent Act was only 76.90 DM. But he does deny that the regulations fixing this maximum rent embodied a penalty clause, within the meaning of section 2 of the Economic Offences Act, and claims that, in view of this, his action was not punishable under Berlin law (section 2 of the Economic Offences Act). In the Applicant's opinion, it must consequently also be ascertained whether the price-fixing regulations in force at the time of the alleged offence provided for a penalty and whether or not the application of the Price Freeze Order was justified at the material time.

An individual application can be founded on Article 7 of the Convention only if a person has been finally convicted of an act which was not punishable under municipal law. Hence the fact that the prosecuting authorities and the Berlin courts unanimously found that to accept a rent of 122.30 DM instead of 76.92 DM for the Y flat constituted an infringement of the Economic Offences Act, punishable under sections 2 and 16 (2) of the Economic Offences Act, 1954, is completely irrelevant. But for this conviction, there could have been no prosecution and no conviction (sections 336 and 334 of the Penal Code). Yet attention must be drawn at this point to the fact that the Senator for Housing, to whom the Rent Inspectorate is responsible, made the following statement before the Berlin Chamber of Deputies during the Sitting on 7th July 1950 (Shorthand report, Vol. II, p. 306):

> 'The First Federal Rent Act made no provision for penalties in cases where a landlord charged a higher rent than that authorised by law. Nor does the Second Federal Rent Act, which has now entered into force, prescribe penalties for increasing rents above tht authorised maximum.'

This statement is also valid for the rent charged for the Y. flat, which was increased under the terms of the First Federal Rent Act of 1st January 1957. We would refer the Commission to the documents already supplied, to which we add the following:

(a) *Berliner Anwaltsblatt*, No. 2/1962, for the article on p. 1,
(b) Counsel's opinion by Mr. Schäfer (15th March 1963);

moment de l'action incriminée (avis comminatorie et définition de l'infraction) pouvaient, après avoir été interprétées et appliquées valablement, justifier la condamnation.

Le requérant ne conteste pas avoir accepté un loyer mensuel de 122,30 DM alors que le maximum admis par la première loi fédérale sur les loyers n'était que de 76.92 DM. Mais il conteste que les dispositions fixant ce loyer maximum présentent un caractère comminatoire au sens de l'article 2 de la loi pénale économique; l'action incriminée ne serait donc pas punissable en droit berlinois (article 2 de la loi pénale économique). C'est à cet égard que, aux yeux du requérant, il convient de vérifier le bien fondé de la requête, en établissant notamment si les dispositions en matière de fixation de prix applicables au moment où l'action a été commise prévoyaient une peine en cas d'infraction et si l'ordonnance relative au blocage des prix a été appliquée à tort ou à raison au moment où l'action a été commise.

Un recours individuel ne peut être fondé valablement sur l'aticle 7 de la Convention que si une condamnation est intervenue irréfutablement du fait d'une action non punissable d'après le droit national. Il n'importe donc aucunement de savoir que l'instance chargée des poursuites et les tribunaux de Berlin ont été unanimes pour estimer que l'acceptation de 122.30 DM au lieu de 76.92 DM pour l'appartement Y. constituait une infraction aux dispositions de la loi pénale économique, infraction visée par les articles 2 et 16, paragraphe 2, de la loi pénale économique 54 et punissable de ce fait. Car le requérant n'aurait jamais pu être poursuivi et condamné si cette conviction n'avait pas existé (articles 336 et 344 du Code pénal). Mais il y a lieu de faire observer à ce propos que le Ministre berlinois des Travaux publics et du logement (*Senator für Bau- und Wohnungswesen*), dont relève le service de contrôle des prix, a déclaré ce qui suit devant la Chambre des députés berlinois au cours de la séance du 7 juillet 1960 (compte-rendu sténographique, Vol. II, p. 306):

> 'La première loi fédérale sur les loyers ne prévoyait déjà pas de peines pour les cas où le bailleur aurait exigé un loyer plus élevé qu'il n'était admis par la loi. La deuxième loi fédérale sur les loyers, qui est entrée en vigueur, ne prévoit pas non plus de sanctions pour les cas où les majorations dépasseraient le plafond admis'.

Cette déclaration vaut également pour le loyer de l'appartement Y., loyer qui a été majoré en application de la première loi fédérale sur les loyers du 1er janvier 1957. Nous renvoyons en outre aux documents déjà fournis, auxquels nous joignons les pièces suivantes:

a) *Berliner Anwaltsblatt*, N° 2/1962: Cf. exposé, page 1;
b) Avis de M. Schäfer (15 mars 1963),

these papers confirm that it is not a punishable offence under section 2 of the Economic Offences Act, 1954, to exceed the maximum rent fixed for old houses, a maximum increased as from 1st January 1957 by the First Federal Rent Act.

II.

The difference between the arguments advanced in the notice of fine in the court judgments and by the Federal Government, on the one hand, and those of the Applicant on the other, stems from the different interpretations given to sections 2 and 16 (2) of the Economic Offences Act, 1954. As already stated, every criminal law comprises two essential elements: the penalty clause and the definition of the offence – i.e. the act or omission referred to in the penalty clause. The penalty to be imposed on the Applicant must be determined in accordance with the Economic Offences Act, 1954, which has been applicable to Berlin since 25th July 1954. Section 2 of this Act contains the indispensable penalty clause and an outline of the criminal offence. The said section 2 repeats the penalty clause embodied in section 18 of the Economic Offences Acts, 1950 and 1952, and is consequently what is known as a "blanket law" (*Blankettstrafgesetz*).

The previous penalty clause contained in sections 4 and 5 of the Price Freeze Order of 26th November 1936 was explicitly repealed by section 38 (3) of the Price Offences Order of 3rd June 1939, and the penalty clause contained in the Price Offences Order was *explicitly* annulled by section 104 (1) of the Economic Offences Act, 1950. This made the penalty clause contained in sections 7 of the Prices Act, or rather the reference theerin to the Price Offences Order, purposeless and inapplicable (section 102 of the Economic Offences Act, 1950, first sentence), even if it was not explicitly repealed.

The transitional provision in section 16 (2) of the Economic Offences Act, 1954, must not be understood to mean that the annulled penalty clauses of the Price Freeze Order, the Price Offences Order and section 7 of the Prices (Berlin) Act remain in force notwithstanding that the price provisions contained in sections 18 and 2 of the Economic Offences Act were promulgated or notified before the publication of the Act and were still applicable at the material time; they remain in force only by virtue of section 2 of the Economic Offences Act if they come within the scope of section 2

textes qui déclarent, eux aussi, que le dépassement du plafond des loyers des habitations anciennes, plafond qui a été relevé depuis le 1er janvier 1957 par la première loi fédérale sur les loyers, n'est pas punissable en application de l'article 2 de la loi pénale économique de 1954.

II.

La différence entre la thèse soutenue dans l'avis d'amende, les conclusions des tribunaux et celles du gouvernement fédéral d'une part et la thèse du requérant d'autre part s'explique par l'interprétation des articles 2 et 16, paragraphe 2, de la loi pénale économique 54. Chaque loi pénale est, comme nous l'avons déjà souligné, composée de deux éléments essentiels: l'avis comminatoire et la définition du délit, c'est-à-dire de l'action ou de l'omission visée par l'avis comminatoire. La peine à infliger au requérant doit être déterminée sur la base de la loi pénale économique 54 qui est applicable à Berlin depuis le 25 juillet 1954 et dont l'article 2 contient l'indispensable avis comminatoire tout en définissant globalement les éléments constitutifs de l'infraction. Dans le cas de l'article 2 de la loi pénale économique, lequel réitère l'avis comminatoire contenu dans l'article 18 de la loi pénale économique 1950–52, il s'agit donc d'une 'loi pénale incomplète' (*Blankett-Strafgesetz*).

L'avis comminatoire antérieur contenu dans les articles 4 et 5 de l'Ordonnance du 26 novembre 1936 relative au blocage des prix est donc explicitement annulé par l'article 38, paragraphe 3, de l'Ordonnance du 3 juin 1939 portant répression des abus en matière de prix et l'avis comminatoire contenu dans l'Ordonnance portant répression des abus en matière de prix se trouve *explicitement* annulé par l'article 104, paragraphe 1, de la loi pénale économique 50. Mais de ce fait, l'avis comminatoire contenu dans l'article 7 de la loi sur les prix (ou la référence, dans ce texte, à l'Ordonnance portant répression des abus en matière de prix) est devenu sans objet et inapplicable (article 102 de la loi pénale économique de 1950, paragraphe 1), même si son annulation n'a pas été spécifiée explicitement.

Or, la disposition transitoire de l'article 16, paragraphe 2, de la loi pénale économique 54 ne signifie nullement que les avis comminatoires annulés qui figurent dans l'Ordonnance portant blocage des prix, l'Ordonnance portant répression des abus en matière de prix et l'article 7 de la loi berlinoise sur les prix demeurent en vigueur si les dispositions en matière de prix contenues dans l'article 18 ou l'article 2 de la loi pénale économique avaient été promulguées ou notifiées avant la publication de celles-ci et si elles étaient encore applicables au moment où l'action incriminée a été commise; ils demeurent seulement en vigueur par l'intermédiaire de l'article 2 de la loi pénale économique s'ils relèvent de l'article 2 et sont encore

and are still applicable at the material time although they contain no reference to the Act. In view of the terms of sections 2 (1) and (2) and 16 (2), the legal situation in Berlin is as follows:

Since, by reference to the Price Offences Order, section 7 of the Prices (Berlin) Act reinforced with penalties all then existing price-fixing regulations and all such regulations enacted under section 3 of the Prices Act, these regulations – except insofar as they had been annulled at the material time or had ceased to be applicable in accordance with the principle '*lex posterior derogat priori*' – carry penalties, by virtue of section 2 of the Economic Offences Act, although they do not contain the reference to the Act required under its sections 18 and 2 since the entry into force of the Economic Offences (Berlin) Act of 26th May 1950. All price-fixing regulations promulgated or notified following the entry into force of the Economic Offences (Berlin) Act, 1950, carry penalties only if they contain explicit reference to the Economic Offences Act which was in force when they were promulgated. It is a legal error to maintain that it is only when liability to punishment has been clearly and explicitly removed by subsequent legislation that infringements of the price-fixing regulations cease to be punishable.

The above-quoted statement made by the Senator for Housing on . . . 1950 is an accurate description of the legal situation obtaining at the time of the alleged offence (December 1959 to April 1960), since the controlled rent for the Y. flat was raised as from 1.7.57 in pursuance of sections 5 and 7 of the First Federal Rent Act and since infringements of these regulations authorising rent increases were not punishable under the Berlin version of the First Federal Rent Act.

III.

As a general rule, and particularly in the German Penal Code, the two essential elements of every criminal law (penalty clause – – definition of the offence for which the penalty is prescribed) are contained in one and the same text. For the sake of simplification, however, the legislature frequently defines the constituents of an offence in separate clauses. It states separately the penalty attaching

applicables au moment où l'action incriminée est commise, bien qu'ils ne contiennent pas de référence à la loi pénale économique. Étant donné les dispositions des paragraphes 1 et 2 de l'article 2 et du paragraphe 2 de l'article 16, la situation juridique à Berlin est la suivante:

L'article 7 de la loi berlinoise sur les prix ayant, en renvoyant à l'Ordonnance portant répression des abus en matière de prix, assorti de peines toutes les dispositions en matière de fixation de prix qui existaient alors et les dispositions en matière de fixation de prix arrêtées en application de l'article 3 de la loi sur les prix, ces dispositions se trouvent assorties de peines en cas d'infraction dans la mesure où elles n'ont pas été abrogées ou ont cessé d'être applicables suivant le principe *'lex posterior derogat priori'* au moment de l'action incriminée, bien qu'elles ne renvoient pas à la loi pénale économique comme l'exigeait l'article 18 ou l'article 2 de la loi pénale économique depuis l'entrée en vigueur de la loi pénale économique de Berlin du 26 mai 1950. Toutes les dispositions en matière de fixation de prix qui ont été promulguées ou notifiées après l'entrée en vigueur de la loi pénale économique 50 de Berlin ne sont assorties de peines en cas d'infraction que si leur texte mentionne explicitement la loi pénale économique qui était en vigueur au moment de leur promulgation. C'est donc commettre une erreur de droit que de soutenir que les infractions aux dispositions en matière de fixation de prix ne sont pas punissables dans les seuls cas où les peines prévues ont été abrogées clairement et explicitement par une loi ultérieure.

La déclaration que le Ministre ... des Travaux publics et du Logement (*Senator für Bau- und Wohnungswesen*) a faite le ... 1960 et dont le texte est reproduit ci-dessus est conforme à la situation juridique telle qu'elle existait au moment où l'action incriminée a été commise (décembre 1959 – avril 1960), étant donné que le loyer bloqué de l'appartement Y. a été majoré à partir du premier juillet 1957 en application des articles 5 et 7 de la première loi fédérale sur les loyers et que la non observation de ces dispositions majorant le loyer n'a pas été rendue punissable non plus par la première loi fédérale sur les loyers dans sa version berlinoise.

III.

Il est de règle, spécialement dans le Code pénal allemand, que les deux éléments essentiels de toute loi pénale, l'avis comminatoire et la définition du délit à laquelle se réfère l'avis comminatoire, soient contenus dans une même prescription. Pour des raisons de simplification, il arrive cependant que le législateur énonce également les éléments constitutifs du délit dans des prescriptions séparées. Il exprime donc séparément l'avis comminatoire qui doit

to these various constituents when it intends that they shall all be subject to the same penalty. These are then complete criminal laws. It frequently happens also, particularly in economic criminal law, that the legislature embodies the penalty clause in one regulation and, instead of also defining therein the offence for which the penalty is prescribed, refers to other legal sources for the various constituents thereof. These are the so-called "blanket laws" (cf. Cologne University Studies in Jurisprudence, Warda: *Tatbestands- und Verbotsirrtum bei Blankettstrafgesetzen,* 1955 (...).

The whole penal force of these 'blanket laws' is derived solely from the fact that the constituents of the offence, to which the penalty clause relates, are taken from other provisions which are not quoted in detail but are mentioned. It is not necessary for these provisions which complete a '*Blankettstrafgesetz*' to have already been in force when the law was promulgated; they may have been issued earlier or they may be issued later. But the supplementary provisions must always impose an obligation on the person concerned as regards an act or omission, and this obligation must also exist at the material time.

Section 2 of the Economic Offences Act, 1954, which is incontestably applicable to the case in point and whose penalty clause alone is decisive, is such a blanket law. This provision annulled the penalty provided for in sections 4 and 5 of the Price Freeze Order (*Preisstopverordnung*), section 1 of the Price Offences Order (*Preisstrafrechtsverordnung*) and section 7 of the Prices (Berlin) Act, so that these provisions can no longer be applied as penalty clauses. Section 2 of the Economic Offences Act also superseded section 18 of the Economic Offences Acts, 1950 and 1952. For the penalty provided for in section 2 of the Economic Offences Act, 1954, all supplementary regulations in force at the material time are applicable, as well as all regulations fixing all manner or prices and service charges, including rents for old houses, regardless of whether the prescribed price, which is binding on all, is a maximum, minimum or fixed price. Depending on whether the price in question is a maximum, minimum or fixed price, infringement of the price regulations may consist in charging more than the maximum price, less than the minimum price, or more or less than the fixed price. To exceed the controlled rent merely constitutes a contravention of the regulations fixing maximum rents but does not represent one of the constituents of the offence defined in the price regulations

se référer à ces divers éléments constitutifs du délit lorsqu'il veut assortir ces divers éléments de la même peine. Il s'agit alors de lois pénales complètes. Fréquemment, le législateur, surtout dans le droit pénal économique, procède également de telle sorte qu'il exprime l'avis comminatoire dans une prescription et ne mentionne pas dans celle-ci les éléments constitutifs de l'infraction, mais circonscrit les éléments auxquels doit se référer l'avis comminatoire exprimé en indiquant, seulement à titre de cadre, d'autres sources du droit comme éléments constitutifs de l'infraction. Ce sont les '*Blankettstrafgesetze*' (cf. l'exposé juridique de von Warda, de l'université de Cologne: *Tatbestands- und Verbotsirrtum bei Blankettstrafgesetzen*, 1955 (...).

Les '*Blankettstrafgesetze*' ne tirent leur valeur pénale que du fait que les éléments constitutifs de l'infraction auxquels se réfère l'avis comminatoire doivent être tirés d'autres prescriptions qui ne sont pas énoncées en détail, mais ne sont déterminées qu'à titre de cadre. Ces prescriptions qui complètent une '*Blankettstrafgesetz*' ne sont pas nécessairement déjà en vigueur lors de la promulgation de cette loi; elles peuvent avoir été promulgées précédemment, comme elles qeuvent l'être ultérieurement. Mais les prescriptions complémentaires doivent toujours lier immédiatement l'intéressé à l'égard d'un acte ou d'une omission et cette obligation doit également exister lors des faits.

C'est une loi incomplète de ce genre que représente l'article 2 de la loi pénale économique de 1954 qui s'applique incontestablement en l'espèce et dont l'avis comminatoire seul est déterminant. Cette prescription abroge l'avis comminatoire des articles 4 et 5 de l'ordonnance relative au blocage des prix (*Preisstop-Verordnung*), de l'article 1 de l'ordonnance portant répression des abus en matière de prix (*Preisstrafrechtsverordnung*) et de l'article 7 de la Loi de Berlin en matière de prix, de sorte que ces prescriptions ne peuvent plus être appliquées comme avis comminatoire. L'article 2 de la loi pénale économique a également abrogé l'article 18 de la loi pénale économique de 1950 ou de 1952. Pour l'avis comminatoire exprimé à l'article 2 de la loi pénale économique de 1954, s'appliquent toutes les prescriptions complémentaires en vigueur lors des faits et, en l'espèce, toutes les prescriptions qui fixent le niveau des prix, les prix et les compensations pour tous les services auxquels se rattachent également les loyers des anciennes habitations, que l'on ait établi un prix maximum, un prix minimum ou un prix bloqué, prix que le citoyen doit respecter. Selon qu'il s'agit d'un prix maximum, d'un prix minimum ou d'un prix bloqué, l'infraction aux prescriptions en matière de prix peut consister en ce que l'on dépasse le prix maximum, en ce que l'on soit au-dessous du prix minimum ou bien soit au-dessus soit au-dessous du prix bloqué. Le dépassement des loyers fixés par la loi ne représente donc que la

fixing maximum rents. It is therefore erroneous to interpret section 2 of the Economic Offences Act as making it a punishable offence to exceed maximum rent levels. This interpretation is contradicted by the penalty clause in section 2 of the Economic Offences Act, 1954, which makes contraventions of the price-fixing regulations subject to the penalty clause. Furthermore, since section 2 of the Economic Offences Act makes the effectiveness of the penalty clause dependent on the existence, in the relevent price-fixing regulations, of a reference to the Act, the specification of the offence can only be the particular price-fixing regulation and not the 'fact of exceeding a maximum price'.

The penalty clause in section 2 of the Economic Offences Act, 1954, relates to the regulations which have been or will be made by the executive under powers delegated by the legislature; they include not only those governing price policy in general but also those issued in the form of written directives fixing prices in individual cases, i.e. administrative decisions; observance of the latter becomes obligatory only after their notification. The written directive thus issued is, in substantive criminal law, the supplementary regulation for which section 2 of the Economic Offences Act provides the penalty clause. Under sections 2 (2) of the Act, a written directive cannot be contravened until it has been notified and unless it contains an explicit reference to the Economic Offences Act. Reference to the Act in the provision empowering the executive to issue written directives in particular instances cannot. in the case of contravention of a written directive, take the place of the prescribed penalty. Since the entry into force of the Economic Offences Act, 1954, contraventions of price-fixing regulations or written directives are punishable under section 2 of the Economic Offences Act only if the provision conferring power to make a price-fixing regulation or written directive contains a reference to the Economic Offences Act, 1954. Since specific regulations of the Berlin Senate imposing rent controls, promulgated following the entry into force of the Economic Offences Act, 1954, and written directives issued by the Price Control Office fixing rents in individual cases, normally contained no reference to the 1950, 1952 or

forme sous laquelle est commise une infraction à la prescription fixant le loyer maximum, mais ne fait pas partie des éléments constitutifs de l'infraction contenus dans les prescriptions en matière de prix qui fixent le loyer maximum. Il est également erroné d'interpréter l'article 2 de la loi pénale économique comme si le dépassement du loyer maximum y était présenté comme un élément constitutif d'infraction. Cela est contredit par l'avis comminatoire, dont le sens est clair, de l'article 2 de la loi pénale économique de 1954 qui soumet 'les infractions contre les ordonnances en matière de prix' à l'avis comminatoire. Comme, en outre, l'article 2 de la loi pénale économique fait dépendre l'efficacité de l'avis comminatoire exprimé par le législateur d'une référence à la loi pénale économique dans la prescription applicable en matière de prix (avis comminatoire), les éléments constitutifs de l'infraction ne peuvent être que la prescription particulière qui fixe les prix, et non le 'dépassement d'un loyer maximum'.

L'avis comminatoire de l'article 2 de la loi pénale économique de 1954 se réfère aux prescriptions en matière de prix qui ont été et qui seront encore promulguées par l'exécutif avec l'autorisation du législateur, et se réfère non seulement à celles qui règlementent les prix à titre nominatif, mais également à celles qui fixent le prix par une décision écrite dans un cas donné ainsi que par une décision administrative. Pour ces prix établis par une décision écrite l'obligation de les respecter n'intervient qu'avec la notification de la décision. La décision écrite ainsi notifiée est, en droit pénal réel, la prescription complémentaire qui est assortie d'un avis comminatoire par l'article 2 de la loi pénale économique. Conformément à l'article 2 paragraphe 2, de la loi pénale économique, l'infraction à une décision écrite n'est alors possible que lorsque cette décision est notifiée et lorsqu'il y est fait expressément allusion à la loi pénale économique. Le fait que dans la prescription qui habilite l'exécutif à promulguer une décision écrite dans un cas particulier il existe une référence à la loi pénale économique, ne peut, dans le cas d'une infraction à des décisions écrites, suppléer à l'avis comminatoire prescrit. Depuis l'entrée en vigueur de la loi pénale économique de 1954, la référence à la loi pénale économique de 1954 dans la prescription qui habilite à promulguer une disposition en matière de prix ou une décision écrite constitue la condition nécessaire pour que tombent sous le coup de l'avis comminatoire de l'article 2 de la loi pénale économique les infractions à la prescription ou à la décision écrite en matière de prix. Etant donné que dans les prescriptions particulières du Sénat de Berlin qui ont réglementé les prix des loyers à titre normatif au moyen d'une ordonnance et qui ont été promulguées après l'entrée en vigueur de la loi pénale économique de 1954 ainsi que dans les décisions écrites des autorités qui ont fixé le niveau des prix des loyers dans les cas particuliers,

1954 Economic Offences Act in force at the time, it is incontestable that there can be and are some fixed maximum prices in Berlin in respect of which penalties are provided for in the Economic Offences Act, and others for which no penalties are provided owing to the absence, in the price-fixing regulation or written directive, of the reference required by section 2 (2) of the Economic Offences Act.

The view that every case of exceeding the fixed price is punishable is incompatible with section 18 of the Economic Offences Acts, 1950 and 1952, and with section 2 (2) of the Economic Offences Act, 1954, and legally erroneous. Were it correct, then the provision of the Economic Offences Act which makes contravention of the price-fixing regulations punishable only if the latter contain a reference to the Act would be superfluous and pointless. The legal situation created by section 1 (1) and (2) of the Price Offences Order (*Preisstrafrechtsverordnung*), whereby every contravention of a price-fixing regulation issued by the executive was punishable, was deliberately and expressly abolished by the Economic Offences Act, 1950. Since then, contraventions of regulations and written directives fixing prices are punishable under the terms of a formal provision of section 2 of the Economic Offences Act only if the regulation or written directive issued following the entry into force of the Economic Offences Act, 1950, contains a reference to the said Act.

Prices were originally controlled under the Price Control Law (*Preisbildungsgesetz*) of 29.10.36 which did not, itself, contain any price-fixing provisions, but merely empowered the Reich Commissioner for price control (*Reichskommissar für Preisbildung*) to take the necessary steps to ensure economically justified prices. As a first measure, the official in charge of the four-year plan promulgated, on the advice of the RFPr and in pursuance of section 3 of the Price Control Law, the Price Freeze Order (*Preisstopverordnung*) of 26.11.36 which blocked the prices and rents actually paid at 17.10.36 (i.e. prohibited any increase thereof) and declared as the authorised maximum the rents being charged at that base date. The RFPr and its agencies subsequently issued innumerable regulations altering (i.e. raising or lowering) the base-date rent (*Stichtagsmiete*) and making subject to rent control houses which were not yet available or were not let at 17.10.36, that is to say

il n'y a eu normalement aucune référence aux lois pénales économiques de 1950, 1952 ou 1954 en vigueur au moment de la promulgation ou de la notification, il est incontestable qu'il peut exister et qu'il existe à Berlin des prix maximum imposées qui sont passibles de sanctions en vertu de la loi pénale économique et des prix maximum qui ne sont pas passibles de sanctions parce que la référence exigée par l'article 2, paragraphe 2 de la loi pénale économique dans la prescription ou la décision écrite qui fixe le maximum est absente.

L'interprétation selon laquelle tout dépassement de prix à Berlin est punissable est incompatible avec l'article 18 de la loi pénale économique de 1950, 1952 et l'article 2, paragraphe 2, de la loi pénale économique de 1954, est erronnée. Si elle était correcte, la prescription de la loi pénale économique qui ne soumet les infractions contre les prescriptions en matière de prix à l'avis comminatoire que dans le cas où ces prescriptions contiennent une référence à la loi pénale économique, serait superflue et sans objet. La situation juridique créée par l'article 1, paragraphes 1 et 2, de l'ordonnance de droit pénal en matière de prix (*Preisstrafrechtsverordnung*) à savoir que *toute* infraction à une prescription de l'exécutif en matière de prix serait assortie d'une punition, a été sciemment et intentionnellement éliminée par la loi pénale économique de 1950. Depuis lors les infractions aux prescriptions et aux décisions écrites en matière de prix ne sont assorties d'une peine que sur la base d'une disposition formelle de l'article 2 de la loi pénale économique, lorsque la prescription ou la décision écrite en matière de prix intervenue après l'entrée en vigueur de la loi pénale économique de 1950 se réfère à la loi pénale économique.

La fixation des prix se fondait à l'origine sur la loi de fixation des prix (*Preisbildungsgesetz*) du 29.10.36 qui ne contenait elle-même aucune prescription imposant des prix, mais qui se contentait d'habiliter le commissaire du Reich à la fixation des prix (*Reichskommissar für Preisbildung*) à prendre les mesures requises pour assurer des prix économiquement justifiés. Le responsable du plan quadriennal, comme première mesure, sur la proposition du RFPr, en vertu de l'article 3 de la loi de fixation des prix, promulgua l'ordonnance portant repression des abus en matière de prix (*PreisstopVO*) du 26.11.36, par laquelle les prix ou loyers payés effectivement à la date du 17.10.36 furent bloqués, c'est-à-dire que la majoration de ces prix fut interdite et que le prix de la date de référence fut déclaré loyer maximum autorisé. Par la suite le RFPr et les autorités désignées par lui édictèrent de nombreuses prescriptions fixant les prix qui modifiaient le loyer bloqué à la date de référence, qui l'abaissaient et l'élevaient donc tout aussi bien et qui soumettaient au blocage des prix les logements qui n'étaient pas encore disponibles le 17.10.36 ou qui n'étaient pas encore loués à

houses which were not in the market. The result was that maximum rents were not adjusted uniformly by all the price regulations but were frequently modified by many different regulations.

IV.

The Federal Government are making a legal error in seeking to justify the fine by saying that sections 1 and 2 of the Price Freeze Order (*Preisstopverordnung*) of 26.11.36 were applicable, even if, at the material time, those sections had not been explicitly declared inapplicable to rents for old houses. Jurists (Roquette *'Die kleine Mietreform'*, 2nd edition p. 88) and the case-law of the highest German courts (judgment of the *Bundesgerichtshof* of 5.7.54 in NJW 54, p. 1601, and judgment of the Federal Constitutional Court of 20.5.60 in ZMR 61, p. 230) are unanimous that the significance of the Price Freeze Order lies in that it fixed as the authorised maximum the rent being paid at 17.10.36 (base-date rent) and made it an offence to exceed it. Houses which were not let at 17.10.36 had no base-date rent and it was consequently impossible to apply the prohibition embodied in the Price Freeze Order to such houses when they were subsequently let for the first time. Moreover, the proviso in section 3 of the Price Freeze Order was applicable only when there was a base-date rent which had become the maximum authorised rent. But this base-date rent could – regardless of section 3 of the Price Freeze Order – also be altered (i.e. raised or lowered), first under the terms of section 2 of the Price Control Law (*Preisbildungsgesetz*) of 29.10.36 and later under the terms of section 3 of the Prices (Berlin) Act (*Berliner Preisgesetz*). Later, section 2 of the Price Control Law and section 3 of the Prices (Berlin) Act also made it possible to subject to control rents which were not blocked by the Price Freeze Order and also to make further adjustments to these controlled rents.

If a house which was not let at 17.10.36 was let for the first time subsequent to that date, the landlord was entitled, regardless of the Price Freeze Order, to fix the rent by agreement at the first letting, at the risk, it is true, of seeing that rent altered under section 2 of the Price Control Law of Section 3 of the Prices (Berlin) Act. The rent, thus altered, was then blocked, and landlord and tenant were legally prohibited from charging or paying a rent different from

cette date, qui ne se trouvaien donc pas en circulation. Le résultat fut que les loyers maximum n'ont pas été uniformément modifiés par toutes les prescriptions en matière de prix, mais que de très nombreuses prescriptions ont fréquement modifié le loyer maximum.

IV.

Le Gouvernement fédéral commet une erreur de droit lorsqu'il veut justifier l'amende par le fait que les articles 1 et 2 de l'ordonnance portant répression des abus en matière de prix du 26.11.1936 seraient applicables, même s'il se trouve que ces articles 1 et 2 n'avaient pas expressément été déclarées inapplicables dans le domaine des loyers des habitations anciennes. Selon la doctrine juridique unanime (Roquette *'Die kleine Mietreform'*, deuxième édition, page 88) et la jurisprudence des plus hautes instances allemandes (arrêt du *Bundesgerichtshof* du 5.7.54 in NJW 54, page 1601 et arrêt de la Cour fédérale Constitutionnelle du 20.5.60 ZMR 61, page 230) l'interprétation de l'ordonnance de blocage des prix réside en ce que le loyer d'un logement (le loyer à la date de référence) ainsi défini, convenu le 17.10.36, a été déclaré loyer maximum imposé et son dépassement interdit. Si un logement n'était pas loué le 17.10.36, il n'existe pas en l'espèce de loyer de la date de référence et on conçoit qu'il était impossible d'appliquer l'interdiction de l'ordonnance de blocage des prix à une première location de ce logement qui interviendrait ultérieurement. De même la réserve de l'article 3 de l'ordonnance de blocage des prix n'était applicable que s'il existait un loyer de la date de référence devenu loyer maximum. Mais, le loyer de la date de référence pouvait donc également, indépendamment de la prescription de l'article 3 de l'ordonnance de blocage des prix, être modifié, être abaissé ou relevé, d'abord sur la base de l'article 2 de la loi de fixation des prix (*Preisbildungsgesetz*) et ultérieurement sur la base de l'article 3 de la loi de Berlin sur les prix. Mais cet article 2 de la loi de fixation des prix ou l'article 3 de la loi de Berlin sur les prix habilitait également à soumettre ultérieurement le loyer qui n'était pas bloqué par l'ordonnance de blocage des prix au blocage des prix et à modifier de nouveau le loyer ainsi bloqué.

Si un logement qui n'était pas loué le 17.10.36 était loué pour la première fois après le 17.10.36, le bailleur était en droit, malgré l'ordonnance de blocage des prix, de convenir librement du loyer lors de la première location, en encourant le danger, il est vrai, que ce loyer convenu pour la première fois après le 17.10.36 fût modifié sur la base de l'article 2 de la loi de fixation des prix ou de l'article 3 de la loi de Berlin sur les prix. Ce loyer ainsi modifié était alors bloqué et les parties au bail se voyaient empêchées par cette prescription fixant les prix d'accepter ou de payer un loyer autre que

the controlled rent. Any contravention of the relevant provision would have constituted an infringement, not of the Price Freeze Order, but of the price-fixing regulation decreasing the rent originally freely agreed upon. The same applied in cases where a base-date (17.10.36) rent had existed but had subsequently been modified. This is confirmed in the official explanatory memorandum to the Berlin Implementing Order (*Massuchmenverordnung*) of 8.6.53 (Parliamentary paper of 3.1.53, p. 3) which reads as follows:

> 'Such price regulations as have not been expressly repealed or are not incompatible with the provisions of this Order shall remain in force. The Price Freeze Order consequently remains operative. Except where general authorisation is issued or special authorisation is granted by the price control authority (*Preisbehörde*) in individual cases, price increases shall contime to be forbidden'.

The Berlin Senate thus made it clear that the principle '*lex posterior derogat priori*' applies as between price-fixing regulations. This, in criminal law, means that:

Only where a house had been let at 17.10.36, and the rent first agreed upon had become the maximum authorised rent under the Price Freeze Order and remained unchanged up till the material time, was it a punishable offence against the Price Freeze Order to exceed the controlled rent. In this case, it would also be punishable under section 2 of the Economic Offences Act, read with section 16 (2) to exceed the controlled rent, because an offence against the Price Freeze Order was admissible under the terms of section 1 of the Criminal Law Order without a reference. However, if the base-date rent was subsequently modified, or if the rent first agreed upon was modified after 17.10.36, overcharges merely constituted offences against the regulations modifying the rent and hence merely contraventions of the latest price-fixing regulations. Until the entry into force (26.5.50) of the Economic Offences (Berlin) Act, such contraventions were punishable under the Price Offences Order and also remained punishable under section 16 of the Economic Offences Act, although they contained no reference to that Act. But if a statutory order issued after 26.5.50 or a written directive notified after that date altered an already controlled rent or blocked a rent for the first time, contravention of such an order or directive was

celui qui avait été modifié. S'ils avaient contrevenu à cette disposition, ils n'auraient pas commis une infraction contre l'ordonnance de blocage des prix, mais contre la prescription fixant les prix qui avait introduit la réduction du loyer convenu librement pour la première fois. Cela valait aussi s'il existait un loyer bloqué à compter du 17.10.36, mais celui-ci fut modifié par la suite. C'est ce que confirme l'exposé des motifs de l'ordonnance d'exécution (*Massnahme-Verordnung*) de Berlin en date du 8.6.53, document de la Chambre des Députés du 3.1.53, page 3. Ce texte déclare:

> 'Dans la mesure où les prescriptions précédentes en matière de prix ne sont pas expressément annulées ou ne sont pas contraires aux prescriptions de la présente ordonnance, elles restent en vigueur. L'ordonnance de blocage des prix reste donc en vigueur. De même, dans la mesure où aucune autorisation exceptionnelle n'est accordée à titre général ou dans un cas particulier par le service des prix, l'interdiction d'augmenter les prix reste également en vigueur à l'avenir.'

Le Sénat de Berlin a donc ainsi clairement établi qu'en ce qui concerne les relations entre les prescriptions fixant les prix s'applique le principe: '*lex posterior derogat priori*'. Ce qui signifie du point de vue du droit pénal:

C'est seulement dans le cas où un logement était loué à la date du 17.10.36 et où le loyer convenu pour la première fois s'était transformé en loyer maximum, conformément à l'ordonnance de blocage des prix, et n'avait pas été modifié jusqu'au moment des faits, qu'il y a infraction à l'ordonnance de blocage des prix, infraction qui était alors assortie d'une peine si le loyer bloqué était dépassé. Dans ce cas, le dépassement du loyer bloqué en vertu de l'article 2 de la loi pénale économique en combinaison avec l'article 16, paragraphe 2, de la loi pénale économique aurait été également punissable parce que l'infraction à l'ordonnance de blocage des prix sur la base de l'article 1 de l'ordonnance de droit pénal était permise sans renvoi. Cependant, comme loyer maximum était modifié ultérieurement ou si le loyer convenu pour la première fois après le 17.10.36 était modifié, les dépassements ne représentaient que des infractions aux prescriptions qui fixaient le loyer modifié et ne constituait donc que des infractions aux dernières prescriptions en matière de prix. Jusqu'à l'entrée en vigueur de la loi pénale économique pour Berlin de 1950 (26.5.50) ils étaient assortis d'une commination de peine par l'ordonnance portant répression des abus en matière de prix et ils restent donc également assortis d'une commination de peine sur la base de l'article 16 de la Loi pénale économique, bien qu'ils ne contiennent pas de référence à la loi pénale économique. Mais si une ordonnance promulguée après le 26.5.50 seulement ou une décision écrite notifiée après le 26.5.50

punishable under section 2 (2) only if the said order or directive contained specific reference to the *particular* Economic Offences Act operative at the time of their entry into force.

In the case in point, the Y. flat, as the notice of fine (*Bussgeld-bescheid*) and the Magistrate's Court (*Amtsgericht*) correctly affirmed, was not let on 17.10.36. It was let for the first time in October 1948 at a rent of 125 DM' This rent, agreed on for the first time, did not constitute a breach of the Price Freeze Order.

This lawful rent of 125 DM was, on 21st July 1951 and in pursuance of section 3 of the Prices (Berlin) Act, decreased to 78.27 DM by a written decision of the Rent Office, which made no reference to the Economic Offences Act, 1950. Contravention of this directive would have been punishable only if it had contained a reference to the Economic Offences Act, 1950, which was not the case.

The applicability of section 7 of RE 184/37 and the legal validity of the decision of 21st July 1951 are no longer contested in the present proceedings as the administrative instruction (*Verwaltungs-anordnung*) in section 7 was not annulled until the Berlin implementing order (*Massnahmenverordnung*) was introduced. What is contested is that the charge of rent is excess of 78.27 DM constituted a punishable offence, since there was no reference to the Economic Offences Act, 1950. The later decision of 17.1.1955, which sanctioned an increase of 0.80 DM, was enacted after the Economic Offences Act, 1954, had come into force, but again it contains no reference to this law. Contravention of this price-fixing directive is therefore *not* punishable under section 2 (2) of the Act. Nor was the increase as from 1st January 1957 of 10% on the authorised rent for December 1956 a punishable offence, since the First Federal Rent Act (*BMG*), in the Conveyance Act (*Übernahmegesetz*) version of 3rd March 1956, contained no reference whatever to the Economic Offences Act, 1954. The above-quoted statement by the Senator for Housing (*Senator für Bau- und Wohnungswesen*) on 7th July 1960 is therefore indisputably in keeping with the true legal position. The additional maintenance charge as from 1.1.1958 was authorised under the amending Order of 11th December 1957. The amended version does not however refer to the Economic Offences Act, 1954, which was

seulement modifiait un loyer existant et bloqué ou bloquait pour la première fois un loyer, une infraction à cette prescription entrée en vigueur après le 26.5.50 seulement n'est assortie d'une commination de peine, conformément à l'article 2, paragraphe 2, que si l'on renvoie expressément dans ces prescriptions en matière de prix à la loi pénale économique qui s'appliquait lors de l'entrée en vigueur de la prescription en matière de prix.

En l'espèce, le logement Y., comme la décision administrative infligeant une amende (*Bussgeldbescheid*) et le tribunal cantonal (*Amtsgericht*) l'ont pertinemment constaté, n'était pas loué à la date du 17.10.36. Il fut loué pour la première fois, après la division d'un grand appartement, en octobre 1948 au prix de 125 DM. Par ce loyer, convenu pour la première fois, le requérant ne contrevenait pas à l'ordonnance de blocage des prix.

Ce loyer licite de 125 DM a été abaissé par la décision écrite du service de contrôle des loyers du 31 juillet 1951 à 60,27 DM en se fondant sur l'article 3 de la Loi de Berlin sur les prix sans que cette décision se réfère à la Loi pénale économique 1950. Une infraction à cette décision écrite n'aurait été assortie d'une peine que si un renvoi à la loi pénale économique de 1950 y avait été contenu, ce qui n'est pas le cas.

"L'applicabilité du chiffre 7 du RE 184/37 et la validité juridique de la décision du 21 juillet 1951 ne sont plus contestées dans la présente procédure de recours, étant donné que le règlement administratif (*Verwaltungsanordnung*) de l'article 7 n'a été abrogé que par l'ordonnance d'exécution (*Massnahmenverordnung*). Mais on contestera que le dépassement du loyer de 78,27 DM soit punissable, étant donné qu'il manque le renvoi à la loi pénale économique de 1950. La décision du 17.1.55 qui accordait la majoration de 0,80 DM, est intervenue alors que la loi pénale économique de 1954 était en vigueur; elle ne contient pas non plus de renvoi à la loi pénale économique de 1954. Les infractions à cette décision fixant les prix ne sont donc pas assorties d'une commination de peine conformément à l'article 2, paragraphe 2, de la loi pénale économique. La majoration de 10% du loyer licite de décembre 1956 à compter du 1er janvier 1957 n'a pas non plus été assortie d'une commination de peine, étant donné que la première loi fédérale sur les loyers (BMG dans la rédaction de la loi de transfert (*Übernahmegesetz*) du 3 mars 1956 ne s'est incontestablement pas reférée à la loi pénale économique de 1954. La déclaration précitée du Ministre de la construction et du logement (*Senator für Bau- und Wohnungswesen*) du 7 juillet 1960 correspond donc incontestablement à la situation juridique. Le supplément pour surcroît de charge entré en vigueur le 1.1.58 a été autorisé sur la base de l'ordonnance du 11 décembre 1957, jour de la modification de l'ordonnance. Mais cette ordonnance modifiée ne renvoie pas à la loi pénale économique de 1954 en vigueur en

valid in 1957, so that to exceed this additional charge is again not actually punishable under section 2 of that Act. Reference may be made here to the arguments in the Application of 24th July 1961.

Section 39 of the Rent (Old Houses, Berlin) Order (*AMVOB*) contains only one proviso admitting the applicability of the 1954 Act to offences against the Price Freeze Order. As *AMVOB* was not introduced until 1.4.1961, that is after the action was committed, it is irrelevant in this case; furthermore it is unconstitutional and therefore void.

Section 7 of the Prices (Berlin) Act contains a sort of blanket (*blankettmässig*) penalty clause which refers to the Price Offences Order and has become nugatory with the repeal of that Order. How a contravention of the regulations contained in the Implementing Order of 8.6.1953, penalties being prescribed under section 15 of that Order by reference to the Economic Offences Act, 1954, can be punishable under section 7 of the Prices (Berlin) Act of 22.3.1950 is inconceivable.

The Applicant has already argued on pages 15 and 16 of his Application of 24.7.1961 that it is incorrect to interpret section 15 of the Implementing Order of 8.6.1953 as penalising *every* unauthorised rent increase regardless of which price-fixing regulations were violated. However, as the Federal Government maintain that section 15 of the Implementing Order is applicable to this case, it is necessary to go into the matter again. The terms of section 15 make it perfectly clear that it does not apply to every charge in excess of the maximum authorised rent nor to the infringement of all rent control regulations but, expressly, only to the acceptance and payment of a higher rent that that authorised by the Implementing Order itself – and even then not *ipso jure* but only in accordance with section 18 of the Economic Offences Act, 1952, which was in force at that time, and through reference to the said Act. It merely means therefore that infringement of the rent restrictions laid down in the Implementing Order which require a lessor or a lessee to act or to forbear is punishable under the Act of 1952. It is quite true that section 15 is also applicable in the context of the Act of 1954, and it has never been contended that section 15 of the Implementing Order was superseded by the First Federal Rent Act (*BMG*). However, it is legally erroneous to maintain that section 15

1957, de sorte que, également pour le dépassement de ce supplément, il n'existe pas d'avis comminatoire applicable conformément à l'article 2 de la loi pénale économique de 1954. On se référera à ce propos à l'exposé de la requête du 24 juillet 1961.

Le paragraphe 39 de l'ordonnance concernant les loyers des anciennes habitations, dans sa rédaction applicable à Berlin (*AMVOB*) ne contient qu'une réserve en faveur de l'applicabilité de la loi pénale économique de 1954 dans les cas d'infraction à l'ordonnance de blocage des prix. Etant donné que l'ordonnance concernant les loyers des anciennes habitations n'est intervenue que le 1/4/61, donc après l'accomplissement des faits, cette réserve est inapplicable, elle est également anticonstitutionnelle et elle est donc dépourvue de signification.

L'article 7 de la loi de Berlin sur les prix ne contient que l'avis comminatoire incomplet (*blankettmässig*) par référence à l'ordonnance portant punition en matière de prix et est devenu sans objet par l'abrogation de cette ordonnance. On ne peut concevoir comment une infraction aux prescriptions de l'ordonnance d'exécution (*Massnahmenverordnung*) du 8.6.53 qui, selon l'article 15 de l'ordonnance d'exécution, était assortie d'une peine par référence à la loi pénale économique de 1954, peut être sanctionnée sur la base de l'article 7 de la loi de Berlin sur les prix du 22.3.50.

Le requérant, aux pages 15 et 16 de la requête du 24.7.1961, a déjà exposé que l'interprétation selon laquelle l'article 15 de l'ordonnance d'exécution du 8.6.53 viserait *toute* majoration illicite de loyer, sans considérer sur quelle prescription en matière de prix se fonde le loyer inobservé, est erronée. Toutefois, étant donné que le gouvernement fédéral arguë que l'article 15 de l'ordonnance d'exécution serait applicable en l'espèce, il convient de revenir sur ce point. L'article 15 de l'ordonnance d'exécution, selon con contenu qui est dépourvu d'ambiguïté, ne vise pas le dépassement de chaque loyer maximum, non plus que les infractions à toutes les prescriptions en matière de loyer, mais seulement et expressément l'acceptation et le paiement d'un loyer supérieur au loyer autorisé conformément à cette ordonnance – ordonnance d'exécution, et ce non pas indépendamment, mais conformément à l'article 18 de la loi pénale économique de 1952 alors en vigueur par référence à cette loi. Sa signification ne réside donc qu'en ce que les infractions aux prescriptions en matière de prix de l'ordonnance d'exécution qui font à une partie au contrat de location obligation d'agir ou de s'abstenir, peuvent être sanctionnées en vertu de la loi économique de 1952. Il est exact que l'article 15 s'applique également dans le cadre de la loi pénale économique de 1954, et on n'a jamais prétendu que l'article 15 de l'ordonnance d'application ait été abrogé par la première loi fédérale sur les loyers (*BMG*). Mais c'est commettre une erreur de droit que de soutenir que l'ordonnance concernant les

of the Implementing Order was not superseded by the Rent (Old Houses, Berlin) Order (*AMVOB*); on the contrary, the whole of the Implementing Order of 8.6.1953, including therefore section 15, was annulled by the penultimate paragraph of section 38 (1) (1) of *AMVOB*. Since section 15 of the Implementing Order, read with section 2 (2), provides only penalties for contravention of the price-fixing regulations contained in the Order itself, and since the Applicant cannot be accused of contravening either the price-fixing regulation in section 3 of the Order or a written directive under sections 2 and 4, any further consideration of section 15 of the Implementing Order is superfluous.

It is bad law to suppose that the penalty clauses (*Strafandrohungen*) – the Federal Government speak of punitive provisions (*Ahndungsvorschriften*) – contained in the Price Freeze Order, the Price Offences Order and sections 18 or 2 of the Economic Offences Act can continue to exist alongside one another. A penalty clause within the meaning of paragraph 2 (1) of the Penal Code can be, and is, only the actual penalty clause in force at the material time, in this case section 2 of the Act of 1954. Since section 2 of the Act of 1954 constitutes a blanket law (*Blankettstrafgesetz*) which does not prescribe penalties for the infringement of specific price-fixing regulations, as in section 4 of the Price Freeze Order, but merely conveys their general scope it is true that alterations in price-fixing regulations do not render the penalty clause in section 2 of the Act of 1954 inoperative. However, the price-fixing regulations must always be such as come within the scope of section 2 of the Act and are binding on the person concerned at the material time. If a price-fixing regulation which comes under the blanket penalty clause (*Blankettstrafandrohung*) is amended, the penalty clause is only applicable to those regulations whereby the person concerned was required, at the material time, to observe the new price-fixing regulations. This follows from the nature of a blanket law, whose penalty clause cannot be amplified by means of a legal concept but only by the general regulation made thereunder and by the description it contains of an offence, where that regulation was applicable at the material time and was contravened.

In contrast to the blanket penalty clause in sections 1 and 2 of the Price Offences Order, 1939, the point about the blanket penalty clause in the Economic Offences Acts, 1950, 1952 and 1954, is

loyers des anciennes habitations (*AMVOB*) n'aurait pas abrogé l'article 15 de l'ordonnance d'exécution: au contraire, l'ensemble de l'ordonnance d'exécution (*Massnahmenverordnung*) du 8.6.53 a, dans son contenu, donc également en ce qui concerne l'article 15, été abrogé par l'article 38, paragraphe 1, chiffre 1 avant-dernier paragraphe de la première *AMVOB*. Etant donné que l'article 15 de l'ordonnance d'exécution en combinaison avec l'article 2, paragraphe 2, ne prévoit de peine que pour les infractions aux prescriptions en matière de prix de l'ordonnance d'exécution, aucune violation de la prescription en matière de prix de l'article 3 ou d'une décision écrite selon les articles 2 et 4 ne peut être imputée au requérant, il est inutile d'aller plus avant dans l'examen de l'article 15 de l'ordonnance d'exécution (*Massnahmenverordnung*).

C'est commettre une erreur de droit que d'affirmer que les avis comminatoires (*Strafandrohungen*) – le gouvernement fédéral parle de prescriptions répressives (*Ahndungsvorschriften*) – des articles de l'ordonnance de blocage des prix, de l'ordonnance portant répression des abus en matière de prix et des articles 18 ou 2 de la loi fédérale économique peuvent coexister. L'avis comminatoire au sens de l'article 2, paragraphe 1, du Code pénal ne peut être et n'est en fait que le seul avis comminatoire en vigueur lors des faits, en l'espèce, l'article 2 de la loi pénale économique de 1954. Etant donné que l'article 2 de la loi pénale économique de 1954 représente une loi pénale incomplète (*Blankettstrafgesetz*) dans laquelle ce sont non des prescriptions en matière de prix édictées avec précision, comme à l'article 4 de l'ordonnance de blocage des prix, qui sont assorties de peine, mais des prescriptions données à titre de cadre, il est exact que la modification des prescriptions en matière de prix n'entraîne pas l'abrogation de l'avis comminatoire de l'article 2 de la loi pénale économique de 1954. Mais il doit toujours s'agir de prescriptions en matière de prix qui s'inscrivent dans le cadre de l'article 2 de la loi pénale économique et l'intéressé doit, lors des faits, être soumis à l'obligation de respecter cette prescription. Si une prescription en matière de prix qui tombe sous le coup de l'avis comminatoire incomplet (*Blankettstrafandrohung*) est modifiée, l'avis comminatoire ne s'applique qu'aux prescriptions qui engageaient l'intéressé lors des faits au respect des nouvelles prescriptions en matière de prix. Cela résulte de la nature d'une loi pénale incomplète (*Blankettstrafgesetz*) dont l'avis comminatoire ne peut être complété par un concept juridique, mais seulement par la prescription édictée à titre de cadre et par les éléments constitutifs d'une infraction qu'elle contient, prescription qui était applicable lors des faits et qui a été violée.

A l'opposé de l'avis comminatoire incomplet (*Blankettstrafandrohung*) des articles 1 et 2 de l'ordonnance portant répression des abus en matière de prix (*Preisstrafrechtsverordnung*) 1939 qui, ainsi

precisely what it no longer made contravention of any price control regulation whatsoever punishable but only contravention of regulations which, together with written directives made thereunder, referred expressly to one of these Acts. As it was juridically impossible to import a reference to the Act into price regulations retrospectively, it was specified, as a transitional measure, that references contained in price-fixing regulations already applicable or in written directives already served at the time of entry into force of the Act would be deemed to be references to the Act. In the case of Berlin, this means that price regulations promulgated after the entry into force of the Act or written price-fixing directives served after 26.5.50 are sanctioned by penalties under the Act of 1954 only if they refer to whichever of the Acts – 1950, 1952 or 1954 – was valid at the time of promulgation or service. In the absence of such reference, there is no liability to a penalty under section 2 of the Act, and punitive action is forbidden by paragraph 2 (1) of the Penal Code and by Article 7 of the Convention. Price regulations promulgated before 26.5.50, or written directives served before that date, need not contain a reference. The penalty clause in the Act of 1954 is applicable exactly as though reference had been made to the Act in the price-fixing regulation. However, the regulation must have been fixed the price permissible at the material time: otherwise it could not be contravened at that time.

The Applicant has never contended, as the Federal Government suppose on pp. 2–3, that the statutory regulations by which the administrative authority and the courts justified the imposition of a fine had been annulled following fresh legislation by the time the imposition of the fine was *decreed*. The Applicant's view is, rather, that there can be no question of applying the Price Freeze Order to the ceiling of 76.92 DM allegedly valid for the dwelling under consideration at the material time, because it cannot be based on the Price Freeze Order, and that, moreover, the price-fixing regulations under which the rent valid at the material time was to be fixed contained no reference to the Economic Offences Act, although they were not promulgated or notified until after 26.5.50.

que selon l'article 7 de la loi de Berlin sur les prix, était applicable, la signification de l'avis comminatoire incomplet de la loi pénale économique de 1950, 1952, 1954, réside dans le fait que ce n'était plus toute prescription violée en matière de prix qui était assortie d'une peine, mais seulement les cas où, dans la prescription violée, y compris les décisions écrites, il était fait expressément référence à la loi pénale économique. Comme il ne serait pas juridiquement possible d'assortir à posteriori les prescriptions en matière de prix d'un renvoi à la loi pénale économique, il serait précisé à titre transitoire pour les prescriptions en matière de prix et les décisions par écrit notifiées déjà applicables lors de l'entrée en vigueur de la loi pénale économique, que les renvois antérieurs doivent être interprétés comme un renvoi à la loi pénale économique. Pour Berlin cela signifie que les prescriptions en matière de prix qui sont promulguées après l'entrée en vigueur de la loi pénale économique ou les décisions par écrit en matière de prix qui ont été notifiées après le 26.5.50, ne sont assorties d'un avis comminatoire en vertu de la loi pénale économique de 1954 que lorsqu'elles contiennent un renvoi à la loi pénale économique de 1950 ou de 1952 ou de 1954 en vigueur au moment de la promulgation ou de la notification. Sans ce renvoi, il n'y a pas d'avis comminatoire valable selon l'article 2 de la loi pénale économique et une punition est interdite par l'article 2, paragraphe 1, de la loi pénale ou l'article 7 de la Convention. Pour les prescriptions en matière de prix promulguées avant le 26.5.50 ou pour les décisions par écrit notifiées avant cette date, l'obligation de renvoi manque. L'avis comminatoire de la loi pénale économique de 1954 est applicable de la même manière, comme si la prescription fixant les prix contenait une référence à la loi pénale économique. Mais la prescription fixant les prix doit toujours avoir fixé le prix licite lors des faits, sans quoi on ne peut avoir contrevenu lors des faits.

Le requérant n'a jamais soutenu, comme le croit le gouvernement fédéral aux pages 2/3, que les prescriptions légales par lesquelles les autorités administratives et les tribunaux justifient la décision administrative infligeant une amende auraient été abrogées à la suite de la nouvelle règlementation légale au moment où la décision administrative infligeant une amende (*Bussgeldbescheid*) fut *édictée*. Ce n'est pas exact. Le requérant est bien plutôt d'avis que l'application de l'ordonnance de blocage des prix (*Preisstopverordnung*) au prix maximum en vigueur lors des faits, prétendument de 76,92 DM pour le logement en question, est exclue parce qu'il ne peut se fonder sur l'ordonnance de blocage des prix et que, en outre, les prescriptions en matière de prix sur lesquels devait être établi le loyer en vigueur lors des faits, ne contiennent aucun renvoi à la loi pénale économique bien qu'elles aient été promulguées ou notifiées après le 26.5.50 seulement.

V.

Under Berlin law, the notice of fine (*Bussgeldbescheid*) must specify the measures offended against; this means not only the provisions of sections 2, 3, 4 and 16 of the Economic Offences Act, which merely contain the penalty clause, but also the price-fixing regulations or written directives which the person concerned is stated to have contravened; these must be precisely described (section 52 of the Contravention of Regulations Act (*Ordnungswidrigkeitsgesetz*) and *obiter dicta* thereon by the Divisional Chairman in the Federal Court (BGH) – Rotberg, 2nd edition). This rule corresponds to the rules in the Code of Criminal Procedure relating to the bringing of charges (para. 200 StPO), committal for trial (para. 207 StPO) and judgment (para. 267 StPO). Now the notice of fine states that the rent demanded represented an offence against the Price Freeze Order (*PreisstopVO*) of 26.11.1936; and the Applicant was penalised for that alleged offence. Again, it is stated in the judgment of the Berlin ... Magistrate's Court (*Amtsgericht*) that the Applicant's action in accepting 122.30 DM a month constituted a contravention of the Order relating to the Prohibition of Price Increases (Price Freeze Order) of 26th November 1936 within the meaning of section 2, read with sections 15 and 16, of the Economic Offences Act. But the Berlin Court of Appeal (*Kammergericht*) founded its judgment dismissing the appeal on the following provisions as well: the Decontrol Instruction (*FreigabeAO*) of 14th April 1950; section 39 of the Rent (Old Houses, Berlin) Order (*AMVOB*); sections 1 (2) and 15 of the Berlin Implementing Order (*Massnahmen VO*) of 8th June 1953. Thus the Court of Appeal, in its judgment, relied on certain penal measures which had not been mentioned in the notice of fine or in the judgment of the Magistrate's Court. But under para. 265 (1) of the Code of Criminal Procedure, which is also applicable to pecuniary proceedings (Rotberg, *OwiG*, 2nd ed.), the Court of Appeal was entitled to adduce new penal provisions in support of its judgment only after having made specific reference to the shift of legal ground and after giving the appellant the opportunity to defend himself accordingly. However, the Court did not do so but founded its decision and dismissal of the appeal upon the penal measures newly adduced in its judgment. It thereby

V.

Selon le droit berlinois, les prescriptions violées doivent être indiquées dans la décision administrative infligeant une amende et non seulement les prescriptions des articles 2, 3, 4 et 16 de la loi pénale économique qui ne contiennent que l'avis comminatoire, mais également les prescriptions en matière de prix ou les décisions écrites qui complètent l'avis comminatoire, auxquelles l'intéressé aurait contrevenu, et ce dans une description précise (article 52 de loi sur les infractions passibles d'une amende seulement (*Ordnungswidrigkeitsgesetz*) et les commentaires à ce propos du président du Sénat auprès de la cour suprême fédérale (BGH) Rotberg 2ème édition). Cette prescription correspond aux prescriptions de la procédure pénale pour la mise en accusation (article 200 du code de procédure pénale allemand), pour la décision relative à l'ouverture de l'audience principale (article 207 du code de procédure pénale) et le jugement (article 267 du code de procédure pénale). De même, il est également indiqué dans la décision administrative infligeant une amende (*Bussgeldbescheid*) que le loyer demandé représente une infraction à l'ordonnance de blocage des prix du 26.11.1936 et le requérant a été puni à cause de cette prétendue infraction. Il est également indiqué dans la décision du tribunal cantonal de Berlin-... (*Amtsgericht*) que les agissements du requérant – acceptation de 122,30 DM mensuellement – représentent une infraction au sens de l'article 2 en combinaison avec les articles 15 et 16 de la loi pénale économique, aux dispositions de l'ordonnance relative à l'interdiction d'une majoration de prix (*Preisstopverordnung*) du 26 novembre 1936. La Cour d'appel de Berlin (*Kammergericht*) a fondé sa décision qui déclarait le recours irrecevable sur les prescriptions suivantes: règlement de libération des prix (*Freigabe AO*) du 14 avril 1950, article 39 de l'ordonnance concernant les loyers des anciennes habitations dans sa rédaction applicable à Berlin (*AMVOB*) et article 1, paragraphe 2, et article 15 de l'ordonnance d'exécution (*Massnahmenverordnung*) de Berlin du 8.6.53. La Cour d'appel a donc également fondé sa décision sur d'autres lois pénales que celles indiquées dans la décision administrative infligeant une amende et dans la décision du tribunal cantonal. Selon l'article 265, paragraphe 1, du code de procédure pénale qui s'applique également dans les procédures d'amende (Rotberg, *OwiG* 2ème édition). La Cour d'appel ne pouvait fonder sa décision sur les dispositions pénales nouvellement alléguées par elle qu'après s'être référée à la modification du point de vue juridique et avoir donné au requérent la possibilité de se défendre également dans ce sens. La Cour d'appel ne l'a pas fait, mais elle a fondé sa décision et son rejet de la requête sur les prescriptions pénales nouvellement alléguées dans son arrêt. Mais, ce faisant, elle a refusé

denied the appellant his right to a hearing under paral 265 (1). The individual Application based on this point is therefore admissible and well-founded by reason of the violation of Article 6.

VI.

It has never been – as contended by the Federal Government – a universally punishable offence to ask and receive rents higher than the legal rent, either under section 4 of the Price Freeze Order (*PreisstopVO*) or under section 7 of the Price Offences Order (*PreisstrafrechtsVO*) or under section 7 of the Prices (Berlin) Act (*Berliner Preisgesetz*), or yet under section 18 of the Economic Offences Act, 1950, (*WiStrG 50*) or section 2 of the Economic Offences Act, 1954, (*WiStrG 54*). The penalty clause in section 4 of the Economic Offences Act related only to the Price Freeze Order and the Instruction issued in execution thereof; it was founded upon the powers conferred by section 4 of the Price Control Law (*Preisbildungsgesetz*). All subsequent penalty clauses have been directed not against exceeding a ceiling price as such but against contraventions of the price-fixing regulations in force at the material time and binding upon all citizens. The only penalty clause now in force is that in section 2 of the Economic Offences Act, which serves as a blanket law (*Blankettstrafgesetz*) relating solely to contraventions of price-fixing regulations. The interpretation whereby all cases of exceeding a ceiling rent, irrespective of the price-fixing regulation on which that rent is based, are punishable under section 2 of the Act is excluded by the rule against conviction by analogy (*Analogieverbot*). That interpretation would likewise nullify the provision that the penalty clause applied only to those price-fixing regulations which contain a reference to the penal provisions of the Economic Offences Act.

The Berlin Court of Appeal likewise denied the appellant a fair hearing by basing their decision against him on facts mentioned neither in the notice of fine nor in the judgment of the ... Magistrate's Court. The judgment contains the following passage:

> 'Y.'s flat is one of those which were ready for occupation before 31.12.1949 and comes under the rule in section 1 (2) of the Implementing Order (*MassnahmenVO*). His actions violated that rule and contravened the prohibition of price increases.'

au requérant le droit à ce que sa cause soit entendue équitablement en vertu de l'article 265, paragraphe 1. La requête individuelle fondée sur ce point est donc recevable et fondée du fait de la violation de l'article 6.

VI.

Il n'a jamais existé une interdiction générale, assortie de peine, de demander et de recevoir des loyers qui dépassent le loyer licite, comme le prétend le gouvernement fédéral, ni à l'article 4 de l'ordonnance de blocage des prix (*Preisstopverordnung*), ni à l'article 7 de l'ordonnance portant répression des abus en matière de prix (*Preisstrafrechtsverordnung*) ni à l'article 7 de la loi de Berlin sur les prix (*Berliner Preisgesetz*) pas plus qu'à l'article 18 de la loi pénale économique de 1950 (WiStrG) ou à l'article 2 de la loi pénale économique de 1954. L'avis comminatoire de l'article 4 de la loi pénale économique était seulement dirigé contre l'ordonnance de blocage des prix (*Preisstopverordnung*) et le règlement édicté pour son application; il se fondait sur l'habilitation de l'article 4 de la loi de fixation des prix (*Preisbildungsgesetz*). Tous les avis comminatoires ultérieurs n'étaient pas dirigés contre le dépassement d'un prix maximum en soi, mais contre les infractions aux prescriptions en matière de prix en vigueur lors des faits que chaque citoyen devait respecter. Seul s'applique maintenant l'avis comminatoire de l'article 2 de la loi pénale économique, comme loi pénale incomplète (*Blankettstrafgesetz*) qui ne se rapporte qu'aux infractions aux prescriptions en matière de prix. L'interprétation de l'article 2 de la loi pénale économique dans le sens où il assortit de peine tout dépassement d'un loyer maximum, sans considération de la prescription en matière de prix sur laquelle on se fonde, n'est pas possible en raison de l'interdiction d'analogie (*Analogie-Verbot*). Elle abrogerait également la prescription selon laquelle l'avis comminatoire ne se réfère qu'aux prescriptions en matière de prix qui contiennent un renvoi aux prescriptions pénales de la loi pénale économique.

La Cour d'appel a également refusé d'entendre équitablement la cause en ce qu'elle a fondé sa décision défavorable au requérant sur des faits qui n'étaient l'objet ni de la décision administrative infligeant une amende ni de la décision du tribunal cantonal de .... Il est dit dans la décision:

> 'Le logement Y. appartient aux logements qui étaient occupables avant le 31.12.1949, il tombe sous le coup de la prescription de l'article 1, paragraphe 2, de l'ordonnance d'application (*Massnahmenverordnung*). Les agissements de Y. ont violé cette prescription et enfreint l'interdiction de majorer les prix.'

However, it is clear from the text of section 1 (2) that it is applicable only to dwellings which were ready for occupation from 18.10.36 to 31.12.49. But Y.'s flat was not ready for occupation on 18.10.36: it did not become ready until later, when the premises had been divided. Without giving the Applicant an opportunity to put forward his views as to when the flat became ready for occupation, the presumption that it had been ready as from 18.10.36 was used against him in order to confirm the conviction by the application – albeit juridically erroneous – of section 1 (2) of the Implementing Order."

A counsel's opinion (*Rechtsgutachten*) by Mr. S., former *Landgerichtsdirektor*, was annexed to the above counter-memorial.

The Commission adopted the present decision on 24th September 1963 and approved the final text on 29th June 1964.

THE LAW

As to the alleged violation of Article 6 of the Convention

Whereas the Applicant alleges violation of Article 6 of the Convention for the Protection of Human Rights and Fundamental Freedoms in that the Berlin *Kammergericht*:

(i) did not give him a hearing;

(ii) before deciding the case consulted the State Counsel-General and the Senator for Housing, without allowing him to reply to their depositions;

(iii) did not refer the matter in issue to the Bundesgerichtshof;

(iv) founded their judgment of 8th May 1961 in part on facts and penal provisions different from those mentioned in the administrative decision of 1st April 1960 and the judgment of ... 1961 (*Amtsgericht of Berlin-...*), without giving X. an opportunity to amplify his submissions accordingly;

Whereas, with respect to the first point, Article 6 (1) of the Convention provides that "in the determination of his civil rights and obligations or of any criminal charge against him, everyone is entitled to a fair and public hearing within a reasonable time by an independent and impartial tribunal established by law";

Whereas, in certain classes or in certain sets of circumstances, a "fair" hearing is scarcely conceivable without the presence in person of the party concerned; whereas this may be so in civil or commercial cases (cf. decisions as to admissibility of applications

Le paragraphe 1, alinéa 2, n'est cependant applicable, comme son libellé le prouve, que lorsqu' un logement est devenu occupable du 18.10.36 au 21.12.49. Cependant le logement Y. n'était pas occupable dès le 18.10.36, mais, en tant que logement résultant de la division d'un grand appartement, à une date ultérieure. Sans donner au requérant la possibilité de présenter des observations sur le point de savoir quand le logement est devenu occupable, on a supposé que l'appartement était devenu occupable à compter du 18.10.1936 et on a confirmé la condamnation par application de l'article 1, paragraphe 2 de l'ordonnance d'exécution (*Massnahme-Verordnung*) bien que cette application constitue une erreur de droit."

Au contre-mémoire reproduit ci-dessus se trouvait annexée une note (*Rechtsgutachten*) de M. S., *Landgerichtsdirektor a.D.*

Le 24 septembre 1963, la Commission a adopté la présente décision dont elle a approuvé le texte définitif le 29 juin 1964.

EN DROIT

Quant à la violation prétendue de l'article 6 de la Convention

Considérant que le requérant allègue la violation de l'article 6 de la Convention de Sauvegarde des Droits de l'Homme et des Libertés fondamentales en ce que le *Kammergericht* de Berlin:

(i) ne l'a pas entendu;

(ii) a consulté, avant de statuer, le Procureur Général et le Ministre de la Construction et du Logement sans lui permettre de répliquer à leurs prises de position;

(iii) n'a point porté le problème litigieux devant le Bundesgerichtshof;

(iv) aurait fondé son arrêt du 8 mai 1961, pour une part, sur des faits et sur des dispositions pénales différents de ceux que mentionnaient la décision administrative du 1er avril 1960 et le jugement du 27 janvier 1961 (*Amtsgericht de Berlin-...*), sans donner à X. l'occasion de compléter son argumentation en conséquence;

Considérant, quant au premier point, qu'aux termes de l'article 6 § 1 de la Convention, "toute personne a droit à ce que sa cause soit entendue équitablement, publiquement et dans un délai raisonnable, par un tribunal indépendant et impartial, établi par la loi, qui décidera, soit des contestations sur ses droits et obligations de caractère civil, soit du bien-fondé de toute accusation en matière pénale dirigée contre elle";

Que, dans certains types d'affaires ou dans certaines circonstances, l'examen "équitable" de la "cause" ne se conçoit guère sans la comparution personnelle de l'intéressé; que tel peut être le cas dans des procès civils ou commerciaux (cf. les décisions sur la recevabilité

No. 434/58, Yearbook II, pp. 370–374, No. 438/58 Collection 6, p. 61, and No. 696/60); whereas the same is true *a fortiori* of criminal matters;

Whereas, the Commission notes, however, that the Applicant had the right to appear in person on 16th January 1961 before a Magistrate's Court, to wit the *Amtsgericht* of Berlin-... (section 55 (3) of the *Ordnungswidrigkeitengesetz*); whereas he, of his own free will, did waive that right, as witness a letter of 12th January 1961 from his counsel, Mr. G., to the afore-said Court ("*erkläre ich namens des Betroffenen, dass dieser mit Entscheidung ohne mündliche Verhandlung einverstanden ist. Es wird daher gebeten, den Verhandlungstermin vom 16.1.1961 aufzuheben*");

Whereas, by this waiver, X. was implicitly agreeing that the subsequent procedure would be carried out in writing, for he must have known that the Berlin *Kammergericht* would not hold a hearing in the presence of the parties, since section 56 (4) of the *Ordnungswidrigkeitengesetz* (*OWG*) does not refer to paragraphs 350 and 351 of the German Code of Criminal Procedure (hearings before a court of cassation) (cf. the above-quoted written observations by the Respondent Government on the admissibility of the Application; see also O. Schwarz, *Strafprozessordnung mit Gerichtsverfassungsgesetz und Nebengesetzen*, Beck'sche Kurz-Kokkentare, 22nd edition p. 1036);

Whereas, in any event, the Commission has no reason to believe that the Berlin *Kammergericht* could have violated Article 6 (1) of the Convention by failing to hear the Applicant's oral explanations; whereas, indeed, it is apparent from section 56 (2) of the *OWG* that X.'s remedy ("*Rechtsbeschwerde*") amounted to an application for review in cassation and not an appeal, since the sole task of the *Kammergericht* in this case was to determine whether the judgment of the *Amtsgericht* was in accordance with the law; whereas the *Kammergericht* did not therefore have to decide the material facts, nor the degree of culpability or criminal liability of the party concerned; whereas, then, his "personal character and manner of life" would not have been directly relevant to the formation of the Court's opinion" (cf. the decision, referred to above, as to the admissibility of Application No. 434/58), so that a procedure wholly in writing met the requirements of Article 6 (1) of the Convention;

Whereas, with respect to the second point, the *Kammergericht* gave judgment on ... 1961 after consultation (*Anhörung*) with the State Counsel-General (*Generalstaatsanwalt bei dem Kammergericht*) and the Berlin Senator for Housing ("*Senator für Bau- und Wohnungswesen, Preisüberwachungsstelle für Mieten*"), this being in pursuance of section 56 (4) of the *Ordnungswidrigkeitengesetz;* whereas, more specifically, the text of X.'s "*Rechtsbeschwerde*" was transmitted to those two authorities on ... and ... 1961; whereas

des requêtes N° 434/58, Annuaire II, pp. 371–375, N° 438/58, Recueil VI, p. 61, et N° 696/60); qu'il en va de même, *a fortiori*, en matière pénale;

Que la Commission relève, néanmoins, que le requérant avait la faculté de comparaître en personne, le 16 janvier 1961, devant le Tribunal de Première Instance, à savoir l'*Amtsgericht* de Berlin-... (article 55 § 3 de l'*Ordnungswidrigkeitengesetz*); qu'il a, de son propre gré, renoncé à s'en prévaloir, ainsi qu'en témoigne la lettre que son avocat, Me. G., a adressée audit Tribunal le 12 janvier 1961 ("*erkläre ich namens des Betroffenen, dass dieser mit Entscheidung ohne mündliche Verhandlung einverstanden ist. Es wird daher gebeten, den Verhandlungstermin von 16.1.1961 aufzuheben*");

Que par cette renonciation, X. acceptait implicitement que la procédure ultérieure se déroulât par écrit, car il ne pouvait ignorer que le *Kammergericht* de Berlin ne tiendrait pas d'audience contradictoire, l'article 56 § 4 de l'*Ordnungswidrigkeitengesetz* (*OWG*) ne renvoyant point aux articles 350 et 351 du Code allemand de procédure pénale (débats de la juridiction de cassation) (cf. les observations écrites, citées *supra*, du Gouvernement défendeur sur la recevabilité de la requête; cf. également O. Schwarz, *Strafprozessordnung mit Gerichtsverfassungsgesetz und Nebengesetzen, Beck'sche Kurz-Kommentare, 22ème édition*, p. 1036);

Qu'au demeurant, la Commission n'a aucune raison de penser que le *Kammergericht* de Berlin ait pu violer l'article 6 § 1 de la Convention faute d'entendre les explications orales du requérant; qu'en effet, il ressort de l'article 56 § 2 de l'OWG que le recours de X. ("*Rechtsbeschwerde*") s'analysait en un pourvoi en cassation et non pas en un appel, puisque l'unique tâche du *Kammergericht* consistait, en l'espèce, à rechercher si le jugement de l'*Amtsgericht* avait ou non respecté la loi; que le *Kammergericht* n'avait donc pas à statuer sur la matérialité des faits, ni sur le degré de culpabilité ou de responsabilité pénale de l'intéressé; que, dès lors, "le caractère et le comportement personnels" de ce dernier n'étaient pas de nature à "contribuer directement à former l'opinion" de la Cour (cf. la décision, précitée, sur la recevabilité de la requête N° 434/58), de sorte qu'une procédure entièrement écrite répondait aux exigences de l'article 6 § 1 de la Convention;

Considérant, quant au second point, que le *Kammergericht* a rendu son arrêt du ... 1961 après consultation (*Anhörung*) du Procureur Général (*Generalstaatsanwalt bei dem Kammergericht*) et du Ministre berlinois de la Construction et du Logement ("*Senator für Bau- und Wohnungswesen, Preisüberwachungsstelle für Mieten*"), et ce par application de l'article 56 § 4 de l'*Ordnungswidrigkeitengesetz*; que, plus précisément, le texte de la "*Rechtsbeschwerde*" de X. a été communiqué à ces deux autorités les ... et ... 1961; qu'il a donné

it elicited from them memoranda dated 22nd and 18th April 1961 respectively, of which the Applicant did not have knowledge at the time;

Whereas in the circumstances it must be asked whether X. before the *Kammergericht*, enjoyed the "equality of arms" which, in the eyes of the Commission, is "an inherent element of a fair trial" within the meaning of Article 6 (1) of the Convention (see, for example, the Report of the Commission on the Ofner (No. 524/59) and Hopfinger (No. 617/59) cases, Doc. A 75.668, p. 78);

Whereas, in order to answer the question in the affirmative, it is not sufficient to show that the *Kammergericht*, at the time of giving judgment, was in possession of the Applicant's arguments – which ran to three pages in the "*Rechtsbeschwerde*" – as well as those of the State Counsel-General and the Ministry of Housing;

Whereas, on the contrary, it is of moment to determine the actual part played by the State Counsel-General and the Ministry at that point;

Whereas the former, in his memorandum of 22nd April 1961, merely inferred, in less than one page, that the "*Rechtsbeschwerde*" should be dismissed, not on grounds of inadmissibility ("*die Rechtsbeschwerde (ist) frist- und formgerecht erhoben und begründet worden*"), but for the reasons set out in the judgment *a quo* (*Amtsgericht of Berlin-...*, ... 1961) and in the memorandum of the Ministry of Housing (18th April 1961) ("*aus den zutreffenden Gründen des angefochtenen Beschlusses und der Stellunngahme der Preisüberwachungsstelle für Mieten*"); whereas, in particular, he expressed the opinion that the Ministry had been right in observing that section 2 (1) (11) of the "*Preisfreigabe-Anordnung*" of 14th April 1950 prescribed the continued application of the regulations previously in force in the matter of rents ("*mit Recht darauf hingewiesen, dass in para. 2 Abs. 1 Ziff. 11 des AO vom 14. April 1950 [VOBl. I, S. 135] ausdrücklich die weitere Anwendung der bis dahin geltenden Preisvorschriften für die Vermietung von Räumen bestimmt worden ist*");

Whereas the memorandum of the "*Preisüberwachungsstelle für Mieten*" (18th April 1961), also very short (barely two pages), contained scarcely any new material; whereas, indeed, it was submitted therein, for a start, that the interested party was merely repeating his original contention, which was characterised as unconvincing ("*wiederholt lediglich frühere Ausführungen, die nicht durchgreifen*"); whereas the "*Preisüberwachungsstelle für Mieten*" then sought to refute that contention by reviving the arguments it had employed at the trial before the *Amtsgericht* of Berlin-... (memoranda of 31st May and 4th August 1960), including its argument relating to section 2 (1) (11) of the "*Preisfreigabe-anordnung*" of 14th April 1950 (see p. 2 of the memorandum of 31st May

lieu, de leur part, à des mémoires datés respectivement des 22 et 18 avril 1961 et dont le requérant n'a pas eu connaissance à l'époque;

Que l'on doit se demander, dans ces conditions, si X. a bénéficié ou non, devant le *Kammergericht*, de cette "égalité des armes" qui constitue, aux yeux de la Commission, "un élément inhérent à tout procès équitable", au sens de l'article 6 § 1 de la Convention (cf., entre autres, le rapport de la Commission sur les affaires Ofner (N° 524/59) et Hopfinger (N° 617/59), Doc. A 78.827, p. 78);

Que pour trancher la question par l'affirmative, il ne suffit pas de constater que le *Kammergericht* se trouvait, au moment de se prononcer, en possession des arguments du requérant – dont la *Rechtsbeschwerde* comprenait trois pages – aussi bien que de ceux du Procureur Général et du Ministère de la Construction et du Logement;

Qu'il importe, en revanche, de déterminer *in concreto* le rôle que le Procureur Général et le Ministère ont joué en l'occurrence;

Que le premier, dans son mémoire du 22 avril 1961, se bornait à conclure, en moins d'une page, au rejet de la *Rechtsbeschwerde* non pour cause d'irrecevabilité ("*die Rechtsbeschwerde* (*ist*) *frist- und formgerecht erhoben und begründet worden*"), mais pour les motifs énoncés dans le jugement *a quo* (*Amtsgericht* de Berlin-..., ... 1961) et dans la note du Ministère de la Construction et du Logement (18 avril 1961) ("*aus den zutreffenden Gründen des angefochtenen Beschlusses und der Stellungnahme der Preisüberwachungsstelle für Mieten*"); qu'il exprimait, en particulier, l'opinion que le Ministère avait eu raison de souligner que l'article 2 § 1, alinéa 11 de la "*Preisfreigabe-Anordnung*" du 14 avril 1950 prescrivait l'application ultérieure des règles en vigueur jusque là en matière de taux des loyers ("*mit Recht darauf hingewiesen, dass in § 2 Abs. 1 Ziff. 11 des AO vom 14. April 1950* [*VOBl. I, S. 135*] *ausdrücklich die weitere Anwendung der bis dahin geltenden Preisvorschriften für die Vermietung von Räumen bestimmt worden ist*");

Que, de son côté, le mémoire de la "*Preisüberwachungsstelle für Mieten*" (18 avril 1961), lui aussi assez bref (à peine plus de deux pages), ne renfermait guère d'éléments inédits; qu'on y soutenait en effet, pour commencer, que l'intéressé ne faisait que réitérer sa thèse antérieure, qualifiée de peu convaincante ("*wiederholt lediglich frühere Ausführungen, die nicht durchgreifen*"); que la *Preisüberwachungsstelle für Mieten* s'attachait ensuite à réfuter cette thèse en reprenant les arguments qu'elle avait invoqués en première instance, devant l'*Amtsgericht* de Berlin-... (mémoires des 31 mai et 4 août 1960), notamment en ce qui concerne l'article 2 § 1, alinéa 11 de la "*Preisfreigabe Anordnung*" du 14 avril 1950 (cf. la p. 2 du mémoire du 31 mai 1960, lignes 15 à 20); qu'elle ajoutait

1960, lines 15 to 20); whereas the only addition it made to those arguments, in reply to a passage of X.'s "*Rechtsbeschwerde*" (p. 3, lines 7 to 10: "*Wie das Bundesverwaltungsgericht ausgeführt hat, werden Durchführungsbestimmungen eines Gesetzes gegenstandlos, wenn das ermächtigende Gesetz aufgehoben wird. Dieser Fall liegt hier vor.*"), was that "regulations made under powers conferred by a law do not become void with the abolition of those powers, unless expressly so provided in that law" ("*die Aufhebung einer durch ein Gesetz ausgesprochenen Ermächtigung setzt nicht auch die auf Grund der Ermächtigung erlassenen Vorschriften ausser Kraft, sofern dies nicht ausdrücklich in dem Gesetz bestimmt ist*");

Whereas the Applicant was fully acquainted with the judgment of ... 1961, which had been notified to him on ... 1961, and with the above-mentioned memoranda of ... and ... 1960, to the former of which his counsel had moreover replied on ... 1960; whereas, further, the above-quoted sentence from the memorandum of ... 1961, while introducing a comparatively new idea into the controversy, is in no way reflected in the Berlin *Kammergericht*'s judgment of ... 1961;

Whereas it is therefore apparent that the procedure followed by the *Kammergericht* was not injurious to the Applicant, although it might be thought that it would have been better to give him the opportunity of replying to the memoranda of the State Counsel-General and the Ministry of Housing;

Whereas the Commission, it is true, in its Report on the Pataki and Dunshirn cases (No. 596/59 and No. 789/60), expressed the following opinion:

> "It is not possible to establish with certainty whether the Public Prosecutor has taken an active part in the deliberations of the Court. No records of the deliberations were kept. Even on the assumption, however, that the Public Prosecutor did not play an active role at this stage of the proceedings, the very fact that he was present and thereby had an opportunity of influencing the members of the Court, without the accused or his counsel having any similar opportunity or any possibility of contesting any statements made by the Prosecutor, constitutes an inequality which, in the opinion of the Commission, is incompatible with the notion of a fair trial" (Doc. A 78.768, p. 50);

Whereas, in certain respects, the State Counsel-General at the Berlin *Kammergericht* occupied a position in the contentious proceedings analogous to that of his Austrian equivalent in the Pataki and Dunshirn cases;

Whereas it must be observed, however, that those cases related to a hearing, oral but not in the presence of both parties, by a court

simplement à ses arguments, en réponse à un passage de la "*Rechtsbeschwerde*" de X. (p. 3, lignes 7 à 10: "*Wie das Bundesverwaltungsgericht ausgeführt hat, werden Durchführungsbestimmungen eines Gesetzes gegenstandlos, wenn das ermächtigende Gesetz aufgehoben wird. Dieser Fall liegt hier vor.*"), que "le retrait de l'autorisation découlant d'une loi ne frappe point de caducité les prescriptions édictées sur la base de cette autorisation, pour autant que la loi n'en dispose pas ainsi" ("*die Aufhebung einer durch ein Gesetz ausgesprochenen Ermächtigung setzt nicht auch die auf Grund der Ermächtigung erlassenen Vorschriften ausser Kraft, sofern dies nicht ausdrücklich in dem Gesetz bestimmt ist*");

Que le requérant n'ignorait rien du jugement du ... 1961, qui lui avait été signifié le ... 1961, ni des mémoires susmentionnés des ... et ... 1960, au premier desquels son avocat avait d'ailleurs répliqué le ... 1960; qu'en outre, la phrase précitée du mémoire du ... 1961, si elle introduisait dans la controverse une idée relativement nouvelle, ne se reflète aucunement dans l'arrêt que le *Kammergericht* de Berlin a rendu le ... 1961;

Qu'il appert, dès lors, que la procédure appliquée par le *Kammergericht* n'a pas lésé le requérant, encore que l'on puisse penser qu'il eût mieux valu donner à ce dernier l'occasion de répondre aux mémoires du Procureur Général et du Ministère de la Construction et du Logement;

Que dans son rapport sur les affaires Pataki et Dunshirn (N° 596/59 et N° 789/60), il est vrai, la Commission a exprimé l'opinion que voici:

> "Il n'est pas possible d'établir avec certitude si le Ministère public a pris une part active aux délibérations de la Cour. Aucun compte rendu des délibérations n'a été conservé. Toutefois, même si le Ministère public n'a pas joué un rôle actif à ce stade de la procédure, le fait qu'il ait été présent et par conséquent qu'il ait eu la possibilité d'influencer les membres de la Cour, sans que l'accusé ou son conseil ait bénéficié de cette même opportunité ou ait eu la possibilité de contester l'une quelconque des déclarations faites par le Ministère public, constitue une inégalité qui, de l'avis de la Commission, est incompatible avec la notion de jugement équitable" (Doc. A 78.768, p. 50);

Qu'à certains égards, le Procureur Général près le *Kammergericht* de Berlin occupait, dans la procédure litigieuse, une position voisine de celle de son homologue autrichien dans les affaires Pataki et Dunshirn;

Qu'il échet cependant de constater que lesdites affaires avaient trait aux débats, oraux mais non contradictoires, d'une juridiction

of appeal and not, as in the present case, to a written procedure for review in cassation with pleadings by both parties;

Whereas the present case has much more in common with cases No. 599/59 and No. 1035/61, which were concerned with the special cassation procedure laid down in paragraph 349 (1) and (2) of the German Code of Criminal Procedure; whereas the Commission refers, in so far as relevant, to its decisions rejecting the two Applications in question as inadmissible (Collection 8, pp. 12 to 19, and Collection 10, pp. 12 to 19);

Whereas, with respect to the third point, section 121 (2) of the Federal Judicature Act (*Gerichtsverfassungsgesetz*) provides that a Court of Appeal which is about to pronounce on an application for the review in cassation (*Revision*) of a penal judgment by an *Amtsrichter* (para. 1 (1) (a) of the name section) must refer the case to the Federal Court if it intends to depart from a ruling by that Court or from a decision rendered after 1st April 1950 by another Court of Appeal ("*Will ein Oberlandesgericht bei seiner Entscheidung nach Abs. I Nr. 1 a) ... von einer nach dem 1. April 1950 ergangenen Entscheidung eines anderen Oberlandesgerichts oder von einer Entscheidung des Bundesgerichtshofes abweichen, so hat es die Sache diesem vorzulegen*");

Whereas the Applicant contends that the conclusion reached by the Berlin *Kammergericht* on ... 1961 is inconsistent with the judicial practice of the Bavarian Supreme Court (*Bayerisches Oberstes Landesgericht, Beschluss* of 14th July 1954) and of the *Hamm Oberlandesgericht* (*Beschluss* of 11th February 1956, *Neue juristische Wochenschrift 1956*, p. 641); whereas, by letter of ... 1961, that is after the judgment of ... 1961, Mr. G. drew the attention of the *Kammergericht* to these precedents; whereas he did not refer to section 121 (2) of the *Gerichtsverfassungsgesetz* but begged the Court to reconsider their judgment of ... 1961 ("*einer Nachprüfung zu unterziehen*"); whereas the Clerk of the *Kammergericht* appears to have replied on ... 1961, on the instructions of Counsellor Hoppe, that there was no basis in law for such reconsideration ("*zur Änderung des Beschlusses vom ... 1961 besteht für den Senat keine gesetzliche Grundlage*") and that, in any case, the aforesaid precedents did not refer to the law applicable to rents in West Berlin ("*beziehen sich ... nicht auf das im Land Berlin geltende Mietpreisrecht*");

Whereas X. complains to the Commission that the *Kammergericht* did not remove the matter in issue to the Federal Court;

Whereas, in their written observations on the admissibility of the Application, the Respondent Government maintained in substance that section 121 (2) of the *Gerichtsverfassungsgesetz* does not confer on individuals subjective rights the infringement of which might constitute a violation of Article 6 of the Convention but has the sole purpose of ensuring uniformity of judicial practice;

d'appel et non, comme en l'occurrence, à une instance écrite et contradictoire de cassation;

Que la présente espèce se rapproche bien plutôt des affaires N° 599/59 et N° 1035/61, qui concernaient la procédure particulière de cassation prévue à l'article 349 §§ 1 et 2 du Code allemand de procédure pénale; que la Commission se réfère, pour autant que de besoin, aux décisions par lesquelles elle a déclaré irrecevables les deux requêtes dont il s'agit (Recueil VIII, pp. 12 à 19, et Recueil X, pp. 12 à 19);

Considérant, quant au troisième point, qu'aux termes de l'article 121 § 2 de la loi fédérale sur l'organisation judiciaire (*Gerichtsverfassungsgesetz*), une Cour d'Appel qui s'apprête à statuer sur un pourvoi en cassation (*Revision*) dirigé contre la sentence pénale d'un *Amtsrichter* (paragraphe 1, alinéa 1 a) du même article, doit soumettre l'affaire à la Cour fédérale de Justice si elle entend s'écarter d'un arrêt de celle-ci ou d'une décision rendue après le 1er avril 1950 par une autre Cour d'Appel ("*Will ein Oberlandesgericht bei seiner Entscheidung nach Abs. I Nr. 1 a) ... von einer nach dem 1. April 1950 ergangenen Entscheidung eines anderen Oberlandesgerichts oder von einer Entscheidung des Bundesgerichtshofes abweichen, so hat es die Sache diesem vorzulegen*");

Qu'aux yeux du requérant, la solution adoptée par le *Kammergericht* de Berlin le ... 1961 ne cadre pas avec la jurisprudence de la Cour Suprême de Bavière (*Bayerisches Oberstes Landesgericht, Beschluss* du 14 juillet 1954) et de l'*Oberlandesgericht de Hamm* (*Beschluss* du 11 février 1956, *Neue juristische Wochenschrift 1956*, p. 641); que, par une lettre du ... 1961, postérieure par conséquent à l'arrêt du ... 1961, Me. G. a attiré l'attention du *Kammergericht* sur cette jurisprudence; qu'il n'a point invoqué l'article 121 § 2 du *Gerichtsverfassungsgesetz*, mais a prié la Cour de réexaminer son arrêt du ... 1961 ("*einer Nachprüfung zu unterziehen*"); que le Greffe du *Kammergericht* semble lui avoir répondu le ... 1961, sur les instructions du Conseiller Hoppe, qu'un tel réexamen manquerait de base légale ("*zur Änderung des Beschlusses vom ... 1961 besteht für den Senat keine gesetzliche Grundlage*") et qu'au demeurant ladite jurisprudence ne se rapportait pas au droit applicable à Berlin-Ouest en matière de loyers ("*beziehen sich ... nicht auf das im Land Berlin geltende Mietpreisrecht*");

Que X. reproche au *Kammergericht*, devant la Commission, de ne pas avoir déféré le problème litigieux à la Cour fédérale de Justice;

Que, dans ses observations écrites sur la recevabilité de la requête, le Gouvernement défendeur a soutenu en substance que l'article 121 § 2 du *Gerichtsverfassungsgesetz* n'attribue pas aux justiciables des droits subjectifs dont la méconnaissance éventuelle puisse violer l'article 6 de la Convention, mais a pour rôle exclusif d'assurer l'unité de la jurisprudence; qu'il s'est rallié en outre à l'opinion

whereas they also supported the view that the two decisions cited by Mr. G. (see *above*) had no bearing on the law applicable to rents in West Berlin; whereas they inferred that the system of transfer instituted by section 121 (2) of the *Gerichtsverfassungsgesetz* had no place in the present case;

Whereas the Applicant has not supplied the Commission with a single fact that would cast any serious doubt on the correctness of these arguments, which, moreover, he did not answer in his counter-memorial of 24th May 1963; whereas, therefore, he has not produced sufficient *prima facie* evidence in support of his own contention; whereas, then, the Commission does not need to enquire whether the Berlin Court would have violated Article 6 (1) of the Convention if, as X. alleges, they had improperly deprived him of a procedural guarantee to which he was entitled under the municipal law of the Respondent State;

Whereas, with respect to the fourth point, the Applicant alleges that the Berlin *Kammergericht* violated paragraph 265 (1) of the German Code of Criminal Procedure and Article 6 of the Convention by basing their judgment in part on criminal legislation not mentioned either in the administrative decision (*Bussgeldbescheid*) of 1st April 1960 or in the judgment of the *Amtsgericht* of Berlin-... without allowing him the possibility of defending himself on this new ground; whereas the legislative provisions in question are stated to be the *Preisfreigabe-Anordnung* of 14th April 1950, section 39 of the *Altbaumietenverordnung* (Berlin) and section 15 of the *Massnahmeverordnung* (Berlin) of 8th June 1953;

Whereas X. submits, further, that the judgment of ... 1961 accepts as established a fact which was not mentioned either in the decision of ... 1960 or in the judgment of ... 1961, namely that the Y. flat was ready for occupation on 18th October 1936 ("*schon vom 18.10.1936 ab bezugsfertig*"); that the flat, formed by the division of a large apartment (1947), actually became ready for occupation at a later date; that the *Kammergericht* did not give the Applicant an opportunity of presenting observations on this point and hence, in this matter too, "denied him a fair hearing' '("*das rechtliche Gehör auch dadurch versagt*");

Whereas this complaint seems to occur for the first time in the Applicant's rejoinder to the memorial of the Respondent Government, the said rejoinder having been sent to the Secretariat on 24th May 1963 – more than two years after the *Kammergericht* judgment (Doc. A 80.261, parts V and VI); whereas it might therefore be asked whether the Applicant, in this matter, has observed the time-limit laid down in Article 26 of the Convention; whereas, however, the Commission does not consider it necessary to dwell on this point, since it could have possessed itself *proprio motu* of the arguments set forth in the two preceding paragraphs, the party

selon laquelle les deux arrêts cités par Me. G. (cf. *supra*) ne se rapportaient pas au droit applicable à Berlin-Ouest en matière de loyers; qu'il en a déduit que le système de renvoi institué par l'article 121 § 2 du *Gerichtsverfassungsgesetz* n'avait pas à jouer en l'espèce;

Que le requérant, pour sa part, n'a fourni à la Commission aucun élément de nature à jeter un doute sérieux sur l'exactitude de cette argumentation, à laquelle il n'a d'ailleurs pas répondu dans son contre-mémoire précité du 24 mai 1963; qu'il n'a donc pas apporté de commencement de preuve suffisant à l'appui de sa propre thèse; que la Commission, dès lors, n'a pas à rechercher si la Cour de Berlin aurait violé l'article 6 § 1 de la Convention au cas où elle aurait arbitrairement privé X., ainsi que le prétend ce dernier, d'une garantie procédurale dont le droit interne de l'Etat défendeur lui accordait le bénéfice;

Considérant, quant au quatrième point, que le requérant allègue que le *Kammergericht* de Berlin a violé l'article 265 § 1 du Code allemand de procédure pénale et l'article 6 de la Convention en fondant son arrêt, à certains égards, sur des lois pénales que ne mentionnaient ni la décision administrative (*Bussgeldbescheid*) du 1er avril 1960 ni le jugement de l'*Amtsgericht* de Berlin-..., sans lui offir la possibilité de se défendre sur ce terrain nouveau; que les lois en question seraient la *Preisfreigabe-Anordnung* du 14 avril 1950, l'article 39 de l'*Altbaumietenverordnung* (Berlin) et l'article 15 de la *Massnahme-Verordnung* (Berlin) du 8 juin 1953;

Que X. soutient, en outre, que l'arrêt du ... 1961 admet comme avéré un fait dont ne parlaient ni la décision du ... 1960, ni le jugement du ... 1961, à savoir que le logement "Y." était occupable au 18 octobre 1936 ("*schon vom 18.10.1936 ab bezugsfertig*"); qu'en réalité ledit logement, résultant de la division d'un grand appartement (1947), sreait devenu occupable à une date ultérieure; que le *Kammergericht* n'aurait pas donné au requérant l'occasion de présenter des observations à ce sujet et, partant, aurait ici encore "refusé d'entendre équitablement la cause" ("*das rechtliche Gehör auch dadurch versagt*");

Que le grief dont il s'agit paraît figurer, pour la première fois, dans la réponse du requérant au mémoire du Gouvernement défendeur, réponse adressée au Secrétariat le 24 mai 1963, plus de deux ans après l'arrêt du *Kammergericht* (Doc. A 80.261, pp. 18–21); que l'on pourrait donc se demander si le requérant a respecté, à cet égard, le délai de six mois que prévoit l'article 26 *in fine* de la Convention; que la Commission ne croit cependant pas devoir approfondir ce problème; qu'en effet, elle aurait pu s'emparer d'office des moyens énoncés aux deux alinéas précédents, car l'intéressé a produit les pièces nécessaires (*Bussgeldbescheid* du ... 1960,

concerned having produced all the relevant documents (*Bussgeldbescheid of* ... 1960, *Beschluss* of ... 1961 and *Beschluss* of ... 1961) on 17th August 1961; whereas, moreover, the original application (24th July 1961) was directed expressly *inter alia*, against the *Kammergericht* judgment and invoked Article 6 of the Convention; whereas the counter-memorial of 24th May 1963 was consequently limited to amplification of previous arguments;

Whereas it must be recorded that the penalty inflicted on X. alike in the *Bussgeldbescheid* of ... 1960 and in the judgments of ... 1961 and ... 1961, was founded essentially upon the "*Preisstopverordnung*" of 26th November 1936;

Whereas it is true that the *Kammergericht*, relying on its consistent judicial practice, added that section 2 (1) (11) of the *Preisfreigabeanordnung* of 14th April 1950 provided for the continued application of the rent regulations in force up to that time, including the *Preisstopverordnung* of 1936 ("*mithin auch die Preisstopverordnung von 1936*"); whereas it presumably intended thereby to refute the argument, developed on behalf of the Applicant, that the *Preisstopverordnung* had been implicitly abrogated; whereas it also declared that section 15 of the *Massnahmenverordnung* made any unlawful increase in rents a punishable offence ("*bewehrt jede unzulässige Mieterhöhung mit Strafschutz*");

Whereas the Commission has satisfied itself, nevertheless, that the memorandum prepared by the Ministry of Housing (*Preisüberwachungsstelle für Mieten*) on 31st May 1960 for the purposes of the proceedings then pending before the *Amtsgericht* of Berlin-... of which the Applicant had knowledge and to which he put in a rejoinder on 29th June 1960, already referred to section 2 of the *Preisgabeanordnung* of 14th Aptil 1950 and to section 15 of the *Massnahmenverordnung* of 8th June 1953 (p. 2, lines 15, 20 and 37 to 44);

Whereas, furthermore, the *Kammergericht* did in fact observe that the *Altbaumietenverordnung* (Berlin), while terminating (section 38) the enforcement of a circular of 1937 ("*Runderlass*" No. 184/37), did not wipe out offences committed in the past ("*durch die Aufhebung wird ein Verstoss wegen ungenehmigter Erhöhung der preisgebundenen Mieten nicht beseitigt*"), as is specified in its section 39 which refers, *inter alia*, to the *Preisstopverordnung* of 1936;

Whereas, however, the *Altbaumietenverordnung* (Berlin), having been promulgated on 21st March 1961 and having entered into force on 1st April 1961 (see its section 41), is later than the *Bussgeldbescheid* of ... 1960 and the judgment of ... 1961, so that it obviously could not have been mentioned in those two decisions; whereas, above all, the passage relating to it shows that the Berlin *Kammergericht* took care to ascertain *proprio motu*, before passing

Beschluss du ... 1961 et *Beschluss* du ... 1961) des le 17 août 1961; que la requête introductive d'instance (24 juillet 1961) se dirigeait d'ailleurs expressément, *entre autres*, contre l'arrêt du *Kammergericht* et invoquait l'article 6 de la Convention; que le contre-mémoire du 24 mai 1963 s'est borné, par conséquent, à amplifier une argumentation antérieure;

Qu'il échet de constater, tout d'abord, que la condamnation infligée à X. reposait pour l'essentiel, tant dans le *Bugsgeldbescheid* du ... 1960 que dans le jugement du ... 1961 et l'arrêt du ... 1961, sur la "*Preisstopverordnung*" du 26 novembre 1936;

Que le *Kammergericht* a ajouté il est vrai, en s'appuyant sur sa jurisprudence constante, que l'article 2 § 1, alinéa 11 de la *Preisfreigabe-Anordnung* du 14 avril 1950 prescrivait l'application ultérieure des règles en vigueur jusque là en matière de taux des loyers, y compris la *Preisstopverordnung* de 1936 ("*mithin auch die Preisstopverordnung von 1936*"); qu'il a sans doute entendu réfuter ainsi la thèse, développée au nom du requérant, d'après laquelle la *Preisstopverordnung* avait été implicitement abrogée; qu'il a également souligné que l'article 15 de la *Massnahme-Verordnung* réprime toute augmentation illicite du prix des loyers ("*bewehrt jede unzulässige Mieterhöhung mit Strafschutz*");

Que la Commission a pu s'assurer, toutefois, que le mémoire établi par le Ministère de la Construction et du Logement (*Preisüberwachungsstelle für Mieten*), le 31 mai 1960, pour les besoins de la procédure alors pendante devant l'*Amtsgericht* de Berlin-..., mémoire dont le requérant a eu connaissance et auquel il a répliqué le 29 juin 1960, se référait déjà à l'article 2 de la *Preisfreigabe-Anordnung* du 14 avril 1950 et à l'article 15 de la *Massnahme-Verordnung* du 8 juin 1953 (p. 2, lignes 15 et 20 et 37 à 44);

Qu'il est exact, d'autre part, que le *Kammergericht* a relevé que l'*Altbaumietenverordnung* (Berlin), tout en mettant fin (article 38) à l'application d'une circulaire de 1937 ("*Runderlass*" N° 184/37), n'efface point les infractions commises par le passé ("*durch die Aufhebung wird ein Verstoss wegen ungenehmigter Erhöhung der preisgebundenen Mieten nicht beseitigt*"), ainsi que le spécifie son article 39 qui renvoie, notamment, à la *Preisstopverordnung* de 1936;

Qu'il appert, pourtant, que l'*Altbaumietenverordnung* (Berlin), promulguée le 21 mars 1961 et entrée en vigueur le 1er avril 1961 (cf. son article 41), est postérieure au *Bussgeldbescheid* du ... 1960 et au jugement du ... 1961, de sorte que ces deux décisions ne pouvaient évidemment pas la mentionner; qu'en outre et surtout le passage la concernant prouve que le *Kammergericht* de Berlin a pris soin de vérifier *d'office*, avant de statuer, qu'elle ne modifiait

judgment, that it did not alter the previous legal position to the Applicant's advantage rather than to his detriment;

Whereas an examination of the file shows, finally, that the *Kammergericht* knew that the Y. flat had been formed by division of a large apartment and the date on which it had become ready for occupation, since the *Bussgeldbescheid* of ... 1960 (p. 3, lines 6 to 10), the judgment of ... 1961 (p. 2, lines 24 to 26, and p. 5, *in fine*) and the memorandum presented on 31st May 1960 by the Ministry of Housing and communicated to the Applicant for rejoinder (p. 2, lines 15 to 17) provided, on this point, adequate information, which, moreover, the *Kammergericht* was bound to accept as established because, in that particular case, it was exercising the function of a court of cassation judging on the law and not on the facts (see above); whereas, in any event, section 1 (2) of the *Massnahmenverordnung* (Berlin) of 8th June 1953 evidently refers to premises which became ready for occupation at any time between 18th October 1936 and 31st December 1949 and not, as the Applicant appears to believe, only to those which ready throughout the whole of that period ("*Wohnraum, der in der Zeit vom 18. Oktober 1936 bis zum 31. Dezember 1949 bezugsfertig geworden*" – not "*gewesen*" – "*und nicht mit öffentlichen Mitteln gefördert worden ist*"); whereas it follows from X.'s own explanations that the Y. flat became ready for occupation after 18th October 1936 and before 31st December 1949; whereas the judgment of ... 1961 does not say otherwise (p. 2, lines 30 and 31: "*im vorliegende Falle (ist der Raum) bis zum 31. Dezember 1949 bezugsfertig geworden*" – not "*war am 18. Oktober 1936 bezugsfertig*"); whereas, then, it is difficult to see what additional observations the Applicant could have formulated on this point if the *Kammergericht* had granted him leave;

Whereas, in the light of the foregoing, the Commission comes to the conclusion that X. cannot justly claim to be the victim of a violation of Article 6 (3) (a) and (b) of the Convention, whereby everyone charged with a criminal offence has the right "to be informed promptly, in a language which he understands and in detail, of the nature and cause of the accusation against him" and "to have adequate time and facilities for the preparation of his defence" (cf. "The cases of Ofner and Hopfinger", Doc. A 78.827, paras. 41 and 42, pp. 71–74, para. 44, 1 (a), p. 74, and para. 45, p. 77); whereas these two texts afford no reasonable ground for deducing an obligation on the courts and tribunals of Contracting States to indicate to applicants in minute detail the factual and legal considerations on which they intend to base their decisions;

Whereas the Commission fails equally to discover a *prima facie* infringement of the right to a fair hearing guaranteed by paragraph (1) of Article 6, which is wider and more general in character than paragraph (3); whereas it recalls in this connection that:

pas la situation juridique préexistante en faveur du requérant et non à son détriment;

Que l'examen du dossier révèle, enfin, que le *Kammergericht* n'ignorait point que le logement "Y." résultait de la division d'un grand appartement, ni à quelle date il était devenu occupable; qu'en effet, le *Bussgeldbescheid* du ... 1960 (p. 3, lignes 6 à 10) et le jugement du ... 1961 (p. 2, lignes 24 à 26 et p. 5, *in fine*), de même que le mémoire présenté le 31 mai 1960 par le Ministère de la Construction et du Logement et communiqué au requérant pour réplique (p. 2, lignes 15 à 17), fournissaient à cet égard des précisions suffisantes que le *Kammergericht*, du reste, devait tenir pour acquises puisqu'il jouait, en l'espèce, le rôle d'une cour de cassation jugeant en droit et non en fait (cf. supra); qu'au demeurant, l'article 1 § 2 de la *Massnahme-Verordnung* (Berlin) du 8 juin 1953 vise apparement les locaux devenus occupables à un moment quelconque entre le 18 octobre 1936 et le 31 décembre 1949 et non pas seulement, comme semble le croire le requérant, ceux qui l'ont été durant toute cette période ("*Wohnraum, der in der Zeit vom 18. Oktober 1936 bis zum 31. Dezember 1949 bezugsfertig geworden*" – et non "*gewesen*" – "*und nicht mit öffentlichen Mitteln gefordert worden ist*"); qu'il ressort des propres explications de X. que le logement Y. était devenu occupable après le 18 octobre 1936 et avant le 31 décembre 1949; que l'arrêt du ... 1961 ne dit pas autre chose (p. 2, lignes 30 et 31: "*im vorliegenden Falle (ist der Raum) bis zum 31. Dezember 1949 bezugsfertig geworden*" et non "*war am 18. Oktober 1936 bezugsfertig*"); que l'on discerne mal, dès lors, quelles observations supplémentaires le requérant aurait pu formuler sur ce point si le *Kammergericht* lui en avait accordé la faculté;

Qu'à la lumière de ce qui précède, la Commission arrive à la conclusion que X. ne saurait valablement se prétendre victime d'une violation de l'article 6 § 3 a) et b) de la Convention, aux termes duquel tout accusé a droit à "être informé, dans le plus court délai, dans une langue qu'il comprend et d'une manière détaillée, de la nature et de la cause de l'accusation portée contre lui" et à "disposer du temps et des facilités nécessaires à la préparation de sa défense" (comp. "Les affaires Ofner et Hopfinger", Doc. A 78.827, §§ 41 et 42, pp. 71–74, § 44 – 1 a), p. 74, et § 45, p. 77); que l'on ne peut raisonnablement déduire de ces deux textes l'obligation, pour les cours et tribunaux des Etats contractants, d'indiquer par le menu aux requérants sur quels éléments de fait et de droit ils entendent fonder leurs décisions;

Que la Commission ne décèle pas davantage l'apparence d'une atteinte au droit à un procès équitable ("fair hearing"), garanti par le paragraphe 1er de l'article 6, de caractère plus vaste et plus général que le paragraphe 3; qu'elle rappelle à ce sujet que

"in a case where no violation of paragraph (3) is found to have taken place, the question whether the trial conforms to the standard laid down by paragraph (1) must be decided on the basis of a consideration of the trial as a whole, and not on the basis of an isolated consideration of one particular aspect of the trial or one particular incident. Admittedly, one particular incident or one particular aspect, even if not falling within the provisions of paragraphs (2) or (3), may have been so prominent as to be decisive for the general evaluation of the trial as a whole. Nevertheless, even in this contingency, it is on the basis of an evaluation of the trial in its entirety that the answer must be given to the question whether or not there has been a fair trial." "The 'Nielsen' case". Doc. A 67.185, p. 79; see also "Austria v. Italy", Doc. A 84.548, pp. 224–225);

Whereas, in the opinion of the Commission, the conditions in which the Berlin *Kammergericht* heard X.'s case were not incompatible with the notion of fairness enshrined in Article 6 (1);

Whereas it follows that the Application, in so far as it alleges violation of Article 6, is manifestly ill-founded and must be rejected in accordance with Article 27 (2) of the Convention;

As to the alleged violation of Article 7 of the Convention

Whereas the Applicant objects that, by the decisions complained of, he was held guilty of an offence on account of an act which, according to him, was no longer punishable at the time when it was performed;

Whereas the Respondent Government, while resisting this contention (Doc. DH/Misc. (63) 6, para. I – 2), consider that it is for the domestic courts to enquire whether or not a penal provision of municipal law is still in force; whereas, in their view, a conviction pronounced after the conclusion of such an enquiry will violate Article 7 of the Convention only if based on a penal provision which has been "explicitly abrogated by the unambiguous text of a subsequent law" (ibid., para. I – 1);

Whereas, by Article 7 (1) of the Convention, "no one shall be held guilty of any criminal offence on account of any act or omission which did not constitute a criminal offence under national or international law at the time when it was committed. Nor shall a heavier penalty be imposed than the one that was applicable at the time the criminal offence was committed";

Whereas that paragraph does not merely prohibit – except as provided in paragraph (2) – retroactive application of the criminal law to the detriment of the accused; whereas it confirms, in a more general way, the principle of the statutory nature of offences and their punishment ("*nullum crimen, nulla poena sine lege*"); whereas

"dans une affaire où il n'est relevé aucune violation du paragraphe 3, la conformité du procès avec les normes fixées au paragraphe 1er doit être examinée sur la base de l'ensemble du procès et non à partir d'un aspect particulier ou d'un incident particulier du procès. Certes, un incident ou un aspect particulier peut, sans rentrer dans le champ des dispositions des paragraphes 2 ou 3, avoir été si marquant ou avoir revêtu une telle importance qu'il constitue un élément décisif pour l'appréciation générale de l'ensemble du procès. Néanmoins, même en pareil cas, c'est sur la base de l'appréciation du procès dans son ensemble qu'il convient de décider si la cause a été entendue équitablement." ("L'affaire Nielsen", Doc. A 67.185, p. 81; cf. aussi "Autriche c/ Italie", Doc. A 84.548, pp. 224–225);

Que, de l'avis de la Commission, le *Kammergericht* de Berlin n'a pas entendu la cause de X. dans des conditions incompatibles avec la notion d'équité, telle que la consacre l'article 6 § 1;

Qu'il s'ensuit que la requête, pour autant qu'elle allègue la violation de l'article 6, est irrecevable pour défaut manifeste de fondement (article 27 § 2 de la Convention);

Quant à la violation prétendue de l'article 7 de la Convention

Considérant que le requérant reproche aux décisions litigieuses de l'avoir déclaré coupable d'un acte qui, selon lui, n'était plus punissable à l'époque où il a eu lieu;

Que le Gouvernement défendeur, tout en combattant cette thèse (Doc. DH/Misc (63) 6, § I – 2), estime qu'il incombe aux tribunaux nationaux de rechercher si une norme pénale de droit interne demeure ou non en vigueur; qu'à ses yeux, une condamnation prononcée à l'issue de cette recherche ne viole l'article 7 de la Convention que si elle se fonde sur une disposition pénale "expressément abrogée" par "le texte incontestable d'une loi ultérieure" (ibidem, § I – 1);

Considérant qu'aux termes de l'article 7 § 1 de la Convention, "nul ne peut être condamné pour une action ou une omission qui, au moment où elle a été commise, ne constituait pas une infraction d'après le droit national ou international. De même, il n'est infligé aucune peine plus forte que celle qui était applicable au moment où l'infraction a été commise";

Que ce paragraphe ne se borne pas à prohiber – sous réserve du paragraphe 2 – l'application rétroactive de la loi pénale "*in pejus*"; qu'il consacre, plus généralement, le principe de la légalité des délits et des peines ("*nullum crimen, nulla poena sine lege*"); qu'il interdit, en particulier, l'application extensive de la loi pénale "*in malam*

it prohibits, in particular, extension of the application of the criminal law "*in malam partem*" by analogy, as the Federal Government pointed out in their written observations on the admissibility of the present Application; whereas the Commission refers, on these various points, to its consistent practice [cf. decisions on the admissibility of Applications No. 217/56 (Yearbook I, p. 239), 223/56, 268/57 (Yearbook I, p. 240), 272/57, 309/57, 780/60, 1028/61 (Yearbook IV, p. 334), 1063/61, 1103/61 (Collection 8, p. 126), 1162/61, 1445/62 (Collection 12, p. 113), 1446/62 and 1599/62 (Collection 10. p. 11)];

Whereas, in the Commission's view, the principle of the statutory nature of offences and their punishment implies that a person cannot be held guilty under an obsolete law if the acts of which he is accused were performed after the abrogation of that law, because a conviction in these circumstances would relate to "an act or omission which did not constitute a criminal offence under national ... law at the time when it was committed", no distinction being made in Article 7 (1) between an act or omission which "no longer constituted" a criminal offence and an act or omission which "did not yet" constitute one;

Whereas the Commission, being charged to watch over the observance of the Convention by the Contracting States (Article 19), is empowered to satisfy itself, if need be *proprio motu*, that domestic courts are not continuing to apply criminal laws which are no longer in force; whereas, although it is not normally for the Commission to check on the proper administration of municipal law by such courts (see e.g. Yearbook III, p. 232. Application No. 458/59, and Collection 8, p. 57, Application No. 1140/61), the case is otherwise in matters where the Convention refers to municipal law, as it does in Article 7; whereas, in these matters, any violation of municipal law involves conflict with the Convention, so that the Commission can and must take cognisance thereof, without thereby assuming the status of a "supreme court";

Whereas it is immaterial whether the abrogation of a criminal law be express or implicit, provided that the latter form of abrogation is known to the municipal law of the State concerned;

Whereas the Commission stresses, however, that it is primarily for the domestic courts to interpret the legislation of Contracting States, even in fields where the Convention "takes over" the rules of such legislation; whereas in this respect the Commission exercises a purely supervisory function as is clearly apparent from the whole tenor of the Convention and, more especially, from Article 26; whereas it must carry out this task with caution because, by force of circumstances, it is sometimes ill placed to decide the delicate questions that frequently arise within the internal juridical order [cf. *mutatis mutandi*, the conception of a "margin of appreciation"

partem" par voie d'analogie, ainsi que le Gouvernement de la République Fédérale d'Allemagne l'a rappelé dans ses observations écrites sur la recevabilité de la présente requête; que la Commission se réfère, sur ces différents points, à sa jurisprudence constante [cf. les décisions sur la recevabilité des requêtes N° 217/56 (Annuaire I, p. 239), 223/56, 268/57 (Annuaire I, p. 240), 272/57, 309/57, 780/60, 1028/61 (Annuaire IV, p. 335), 1036/61, 1103/61 (Recueil VIII, p. 126), 1162/61, 1445/62, (Recueil XII, p. 113), 1446/62 et 1599/62 (Recueil X, p. 11)];

Que du principe de la légalité des délits et des peines découle également, de l'avis de la Commission, l'impossibilité de condamner une personne en vertu d'une loi pénale abrogée, lorsque les faits incriminés sont postérieurs à cette abrogation; qu'en effet, pareille condamnation aurait trait à "une action ou une omission qui, au moment où elle a été commise, ne constituait pas une infraction d'après le droit national", l'article 7 § 1 ne distinguant pas entre l'action ou omission qui "ne constituait plus" une infraction et celle qui n'en constituait "pas encore" une;

Que la Commission, chargée de veiller au respect de la Convention par les Etats Contractants (article 19), a compétence pour s'assurer, au besoin d'office, que les juridictions nationales ne continuent pas d'appliquer une loi pénale qui n'est plus en vigueur; que si, d'ordinaire, il ne lui appartient pas de contrôler la bonne observation du droit interne par ces juridictions (cf. p. ex. Annuaire III, p. 233, requête N° 458/59, et Recueil VIII, p. 57, requête N° 1140/61), il en va autrement dans les matières où la Convention renvoie au droit interne, ce qui est précisement le cas de l'article 7; qu'en ces matières, la violation éventuelle du droit interne entraîne la méconnaissance de la Convention, de sorte que la Commission peut et doit la constater sans s'ériger pour autant en une Cour de "quatrième instance";

Qu'il importe peu, d'autre part, que l'abrogation d'une loi pénale soit expresse ou implicite, pourvu que le droit interne de l'Etat intéressé n'ignore pas cette dernière forme d'abrogation;

Que la Commission souligne, cependant, qu'il incombe au premier chef au juge national d'interpréter la législation des Etats contractants, même dans les domaines où la Convention "s'approprie" les normes de cette législation; qu'à cet égard, la Commission ne joue qu'un rôle de supervision, ainsi qu'il ressort à l'évidence de toute l'économie de la Convention et, singulièrement, de l'article 26; qu'il lui faut s'acquitter de cette tâche avec prudence, d'autant qu'elle se trouve parfois mal placée, par la force des choses, pour trancher les questions délicates qui surgissent fréquemment dans l'ordre juridique interne [comp., *mutatis mutandis*, la notion de

found in the case-law of the Commission relating to Articles 8, 9, 10 and 15 of the Convention: decisions on the admissibility of Applications No. 735/60 (Yearbook III, p. 318), 911/60 (Yearbook IV, p. 218), 1068/61 (Yearbook V, p. 284), 1167/61 (Collection 12, pp. 77–78), 1329/62 (Collection 9, p. 32), 1449/62 (Collection 10, p. 3) and 1628/62 (Collection 12, p. 68); Report of the Commission on Application No. 332/57, Lawless v. Ireland, in "Publications of the European Court of Human Rights", Series B, 1960–1961, pp. 82, 114, 130, 135 and 154];

Whereas, in the present case, the problem brought up by the Applicant in reliance on Article 7 of the Convention proves to be of extreme complexity, having regard *inter-alia* to the differences between the legislation of West Berlin and that of the other *Länder* of the Federal Republic of Germany; whereas it is apparent, further, that the *Amtsgericht* of Berlin-... and the Berlin *Kammergericht* examined it with scrupulous care and in conditions which the Commission considers compatible with the requirements of Article 6 (see *above*);

Whereas the Commission, accordingly, could not accept the complaint in question unless the evidence supplied by X. sufficed to give *prima facie* plausibility to the allegation of a violation of Article 7; whereas the Applicant has not succeeded in producing such *prima facie* evidence since his arguments, though not without substance, collide with the no less cogent arguments of the Respondent party;

Whereas it follows that this part of the Application is manifestly ill-founded and must be rejected in accordance with Article 27 (2) of the Convention;

Now therefore the Commission

DECLARESTHIS APPLICATION INADMISSIBLE.

Applications Nos. 1420/62, 1477/62 and 1478/62

X. AND Y. *against* BELGIUM

Decision of 18th December 1963

(*Translation*)

THE FACTS

Whereas the facts in the three cases under consideration may be summarised as follows:

The first-named applicant, born in ..., is both proprietor and director of the "Editions de ..." and of the newspaper of the same

"marge d'appréciation" qui se dégage de la jurisprudence de la Commission en ce qui concerne les articles 8, 9, 10 et 15 de la Convention: décisions sur la recevabilité des requêtes N° 735/60 (Annuaire III, p. 319), 911/60 (Annuaire IV, p. 219), 1068/61 (Annuaire V, p. 285), 1167/61 (Recueil XII, pp. 77–78), 1329/62 (Recueil–IX, p. 32), 1449/62 (Recueil X, p. 3) et 1628/62 (Recueil XII, p. 68); rapport de la Commission sur la requête N° 332/57, Lawless c/Irlande, in "Publications de la Cour européenne des Droits de l'Homme", Série B, 1960–1961, pp. 82, 114, 130, 135 et 154];

Qu'en l'espèce, le problème soulevé par le requérant sur le terrain de l'article 7 de la Convention se révèle d'une extrême complexité, compte tenu notamment des différences existant entre la législation de Berlin-Ouest et celle des autres *Länder* de la République Fédérale d'Allemagne; qu'il appert, en outre, que l'*Amtsgericht* de Berlin-... et le *Kammergericht* de Berlin l'ont examiné avec une attention scrupuleuse et dans des conditions que la Commission estime compatibles avec les exigences de l'article 6 (cf. *supra*);

Que la Commission, dès lors, ne pourrait déclarer recevable le grief dont il s'agit que si les éléments fournis par X. suffisaient à rendre plausible, *prima facie*, l'hypothèse d'une violation de l'article 7; que le requérant n'a pas réussi à apporter un tel commencement de preuve car ses arguments, sans manquer de valeur, se heurtent à ceux, au moins aussi solides, de la Partie défenderesse;

Qu'il échet, par conséquent, de rejeter le restant de la requête pour défaut manifeste de fondement (article 27 § 2 de la Convention);

Par ces motifs, la Commission,

DECLARE LA REQUETE IRRECEVABLE.

Requêtes Nos. 1420/62, 1477/62 et 1478/62

X. ET Y. *contre* LA BELGIQUE

Décision du 18 décembre 1964

EN FAIT

Considérant que les faits des trois causes dont il s'agit peuvent se résumer ainsi:

Le premier requérant, né en ..., est à la fois propriétaire et directeur des "Editions de ..." et du journal de ce nom; il a

name; in 1958 he married the second-named applicant. Both are of Belgian nationality.

I. APPLICATION NO. 1420/62 (X. *against* Belgium)

X. begins by describing the circumstances that led to the situation in issue (see section A below – "History"); he explains that he did not include these in his complaint because the civil proceedings relating to them are still pending in the Belgian courts.

The applicant then sets forth the facts which had directly led him to bring the case before the Commission (see section B below – "The situation at issue").

A. *History*

1. On 1st January 1955, the E. *limited* company, established at ... in 1951 and registered in the trade register of that town under No. ..., concluded a contract with the "Editions de ..." entrusting to them for ten years the advertising for the ... *"Courrier"* and its weekly supplement *"Le Courrier de ..."*.

The only clause regarding earlier termination of contract was Article 5, reading as follows: "This contract will legally terminate if E. ceases to publish the paper or papers referred to".

2. On 28th April 1955, the "Editions de ..." received a letter, not from the E. *limited* company but from an E. partnership company, the establishment of which had not been notified to Mr. X. who had not noticed anything at the time. This letter, however, contained the words "the contract that binds *us*".

As from that date, all the E. correspondence was carried on by the partnership company, the limited company remaining completely silent. It also appeared that the former company had taken charge of the publication of the *"Courrier"* and the *"Courrier de* M." at least if we are to judge from the headed notepaper used.

Much later, the fact emerged that the establishment of the partnership company had been effected by a private contract dated 14th December 1954. The instrument constituting it appeared in the "Annexe du Moniteur belge" dated ... 1955, except for the article relating to the holdings in the new company. This article, which only appeared in the private contract, disclosed that A. Z., the Chairman of the Board of the *limited* company, and his brother B. Z. provided 490.000 FB each, and a third contribution came from the E. *limited* company.

The E. *partnership* company was dissolved on 20th November 1956. The two companies, however, working to the same ends and possessing common offices, co-existed for almost two years, and the second by its composition was closely linked with the first. According to X., such arrangements were likely to cause confusion

épousé en 1958 la seconde requérante. Tous deux possèdent la nationalité belge.

I. Requete No. 1420/62 (X. *contre* Belgique)

X. commence par retracer les circonstances qui ont engendré la situation litigieuse (cf. le § A infra "Historique"); il précise qu'il ne les inclut point dans sa plainte, car les procédures civiles les concernant demeurent pendantes devant les juridictions belges.

Le requérant expose ensuite les faits qui l'ont directement incité à saisir la Commission (cf. le § B infra, "La situation litigieuse").

A. *Historique*

1. Le 1er janvier 1955, la société *anonyme* E., fondée en 1951 à ... et inscrite au registre du commerce de cette ville sous le N° ..., conclut avec les "Editions de ..." un contrat qui leur confiait pour dix ans la régie publicitaire de "*Courrier*" de ... et son supplément hebdomadaire, "*Le Courrier de* ...".

La seule clause de cessation anticipée figurait à l'article 5, ainsi libellé: "Le présent contrat cessera de plein droit dans le cas où E. cesserait d'éditer le ou les journaux susdits."

2. Le 28 avril 1955, les "Editions de ..." reçurent une lettre émanant non pas de la société *anonyme* E., mais d'une société *en nom collectif* E. dont la constitution n'avait pas été notifiée à X., qui d'ailleurs ne remarqua rien à l'époque. Cette lettre contenait pourtant les mots "le contrat qui *nous* lie".

A partir de cette date, toute la correspondance d'E. fut assurée par la société en nom collectif, la société anonyme observant un mutisme complet. Il semble aussi que ladite société ait pris en charge l'édition du "*Courrier*" et du "*Courrier de* ...", du moins si l'on en juge d'après le papier à en-tête utilisé.

Beaucoup plus tard, il se révéla que la création de la société en nom collectif résultait d'un acte sous seing privé du 14 décembre 1954. L'acte de constitution parut à "l'Annexe du Moniteur belge" du ... 1955, à l'exception de l'article concernant les apports à la nouvelle société. Cet article, qui ne figurait que dans l'acte sous seing privé, indiquait que A. Z., Président du Conseil d'administration de la société *anonyme*, et son frère B. Z. apportaient chacun 490.000 FB, tandis qu'un troisième apport provenait de la société *anonyme* E.

La société *en nom collectif* E. fut dissoute le 20 novembre 1956. Il n'en reste pas moins que les deux sociétés, qui poursuivaient un but identique et possédaient des bureaux communs, coexistèrent pendant presque deux ans et que la seconde était étroitement liée à la première par sa composition. Selon X., de telles pratiques

in the mind of anyone entering into contracts with these companies.

3. After a long silence, the *limited* company suddenly reappeared on the scene. On 13th March 1956, it informed the "Editions de ..." that the "agency contract binding E." – without any details – "to the Editions de ... (would expire) on 31st March 1956" under the terms of its article 5 since E. "on that date would cease to publish the newspaper *Le Courrier* and its weekly *Le Courrier de ...*" which "as from 1st April would be printed on the presses of the newspaper ... at ...".

Shortly afterwards, X. was to find out that on 7th March 1956 the "*Courrier* limited company" had been founded to publish the "*Courrier*" and the "*Courrier de M.*" in the future. He maintained that the sole reason for the existence of this company, which shared the premises of the two E. companies, was to provide grounds for cancelling the contract under the terms of Article 5. Nevertheless, the instrument constituting it was not published in the "Annexe du Moniteur belge" until ... 1956. From this the applicant argued that on 13th March 1956 the formation of the new company could not be an argument against him; the E. limited company had thus apparently committed a wrongful breach of contract. On 15th March 1956 the "Editions de ..." notified the management of the *Courrier* that they regarded the letter of 13th March as null and void, so that the agency contract should still be effective.

Towards the middle of March 1956, the newspaper ... apparently asked the clients of the "Editions de ..." to send their advertising to it in future.

4. On 9th April 1956, the "Editions de ..." served a writ requiring the E. limited company to confirm which of the two companies had, in fact, been publishing the *Courrier* and the *Courrier de* ... at the time of the breach.

This demand, though repeated several times, produced no result until 1958. On 3rd November 1958, however, E.'s lawyer, Mr. H., produced two agreements which it was claimed, were concluded on 20th December 1954 and on 1st March 1956: by the first, the limited company ceded the same right to the *Courrier* limited company.

Counsel for the applicant then obtained expert advice on these two contracts from two attested experts, ... (Belgian) and ... (French), who both reached the conclusion that these documents were "almost certainly, if not completely, at least partly apocryphal" (the quotation is from one ... expert's report).

5. On 26th April 1956, the E. limited company called on the "Editions de ..." to settle forthwith the accounts for the three months preceding the rupture.

étaient de nature à semer le trouble dans l'esprit des cocontractants desdites sociétés.

3. Après une longue période de silence, la société *anonyme* resurgit soudain sur la scène. Le 13 mars 1956, elle avisa les "Editions de ..." que "le contrat de régie liant E." – sans précision – "aux Editions de ... (expirait) le 31 mars 1956", en vertu de son article 5, E. "cessant à cette date d'éditer le journal *Le Courrier* et son hebdomadaire *Le Courier de* ..." qui, "à partir du 1er avril, (seraient) imprimés sur les presses du journal ... à ...".

Peu après, X. devait apprendre que le 7 mars 1956, avait été fondée la "Société anonyme Le *Courrier*", censée éditer dorénavant "*Le Courrier*" et le "*Courrier de M.*". Il soutient que cette société qui partageait les locaux des deux sociétés E., avait pour seule raison d'être de fournir un motif de résiliation du contrat sur la base de l'article 5. Néanmoins, l'acte qui la constituait ne fut publié à l'Annexe du Moniteur belge que le ... 1956. Le requérant en déduit qu'au 13 mars 1956, la création de la nouvelle société ne lui était pas opposable; la société anonyme E. se serait donc rendue coupable d'une rupture abusive de contrat. Dès le 15 mars 1956, les "Editions de ... notifièrent à la direction du "*Courier*" qu'elles considéraient la lettre du 13 mars comme nulle, de sorte que le contrat de régie devait continuer à produire ses effets.

Vers le milieu du mois de mars 1956, le journal ... aurait invité les clients des "Editions de ..." à lui confier à l'avenir leurs rubriques de publicité.

4. Le 9 avril 1956, les "Editions de ..." enjoignirent à la société anonyme E., par exploit d'huissier, d'établir laquelle des deux sociétés éditait réellement Le *Courrier* et *Le Courrier de* ... à l'époque de la rupture.

Aucune suite ne devait être donnée à cette demande, plusieurs fois réitérée, jusqu'en 1958. Le 3 novembre 1958, cépendant, l'avocat d'E., Me H., produisit deux conventions prétendument passées le 20 décembre 1954 et le 1er mars 1956: par la première, la société anonyme cédait à la société en nom collectif le droit au nom et à l'édition des deux journaux; par la seconde, la société en nom collectif cédait à son tour ce même droit à la société anonyme "*Le Courrier*".

Le conseil du requérant fit alors expertiser ces deux contrats par deux experts assermentées,... (belge) et ... (français), qui arrivèrent l'un et l'autre à la conclusion qu'il s'agissait de pièces "presque sûrement sinon totalement, du moins partiellement apocryphes" (termes empruntés à l'expertise de ...).

5. Le 26 avril 1956, la société anonyme E. somma les "Editions de ..." de régler sans retard les décomptes des trois mois qui avaient précédé la rupture.

All attempts at a friendly settlement having failed, the lawyer consulted by the "Editions de ..." wrote to the limited company on 2nd June 1956, reiterating the accusation of wrongful breach of contract and saying that his client reserved the right to take appropriate action.

On 13th June 1956, the partnership company made a brief reappearance: it sent to the applicant, on paper with its own letter-head, a statement of the advertisements inserted in the *Courrier* since the breach. X. regarded this as confirmation of the fact that the partnership company considered itself to be due 178,125 FB asked for by the limited company. He had never disputed that he owed this amount – which corresponded to the share (60%) of the advertising profits due to the publishing company – but considered that it was due only to the partnership company, which was publishing the papers at the date of the breach.

On 16th June 1956, the disputed amount was demanded by the *limited* company, which added: "Your failure to pay obliges us to suspend the contract in accordance with Article 1184 of the Civil Code". The Applicant pointed out that this suspension was pointless since the limited company had already broken the contract on 13th March 1956. The letter of 16th June therefore amounted to an admission that the earlier breach of contract was wrongful.

6. On 9th July 1956, the E. limited company issued a summons against the "Editions de ..." for the payment of 178.125 FB.

The case was brought before the first Chamber of the Trade Court (*Tribunal de Commerce*) at ..., which was to hold a hearing on 19th July 1956. The lawyer for the "Editions de ..." however asked for an adjournment, since his case was not ready. The lawyer for the opposing party, Mr. H., agreed on one condition: that the amount in question should be paid into an account opened on 23rd July 1956, at the Banque de ..., restricted by a clause to the effect that it was for a special purpose; this account was to remain frozen until the counter-action that the "Editions de ..." proposed to bring against the E. limited company was decided (see para. 10 below).

7. On 1st October 1958, however, the Banque de ... informed X. that an attachment had been effected on that account; but, at that date, the counter-action, instituted on 23rd November 1956, had so far given rise only to a decision in the court of first instance (see para. 10 below).

From this the Applicant argued that the attachment infringed the special allotment clause which was included in the document opening the account. He therefore brought a case for breach of trust on 30th May 1959 against the lawyers, who were signatories to that document (apparently by direct summons).

On 22nd June 1960, the Second Chamber of the ... Court observed

Toute tentative d'arrangement amiable s'étant révélée vaine, l'avocat consulté par les "Editions de ..." écrivit à la société anonyme E. le 2 juin 1956, insistant sur le caractère abusif de la rupture intervenue et signalant que son client se réservait d'engager les actions appropriées.

Le 13 juin 1956, la société *en nom collectif* refit une brève apparition: elle envoya au requérant, sur du papier à son en-tête, un relevé des rubriques publicitaires insérées dans "*Le Courrier*" depuis la rupture. X. y voit la confirmation de ce que la société *en nom collectif* s'estimait créancière des 178.125 FB exigés par la société *anonyme*. Il n'a jamais contesté être débiteur de cette somme – qui correspond à la part (60%) des bénéfices publicitaires allouée à la sociéte éditrice – mais considère que seule la société en nom collectif, éditrice des journaux à la date de la rupture, en est la créancière.

Le 16 juin 1956, le montant litigieux fut réclamé par la société *anonyme* qui ajoutait: "Votre carence nous met dans l'obligation de suspendre le contrat conformément à l'article 1184 du Code Civil." Le requérant souligne que cette suspension n'avait pas d'objet, puisque la société anonyme avait rompu le contrat dès le 13 mars 1956. La lettre du 16 juin impliquerait donc la reconnaissance du caractère abusif de cette rupture.

6. Le 9 juillet 1956, la société anonyme E. lança contre les "Editions de ..." une sommation-assignation en paiement de 178.125 FB.

Le première Chambre du Tribunal de Commerce de ..., saisie de l'affaire, devait tenir audience le 19 juillet 1956. L'avocat des "Editions de ...". demanda toutefois une remise, ses conclusions n'étant pas prêtes. L'avocat de la partie adverse, Me H., y consentit à une condition: que la somme litigieuse fût versée à un compte ouvert le 23 juillet 1956, avec clause d'affectation spéciale, auprès de la Banque de ...; ce compte devait rester bloqué aussi longtemps qu'il n'aurait pas été statué sur l'action reconventionnelle que les "Editions de ..." se proposaient d'introduire contre la société anonyme E. (cf. le § 10 infra).

7. Le 1er octobre 1958, cependant, la Banque de ... informa X. qu'une saisie-arrêt avait été pratiquée sur ledit compte; or, à cette date l'action reconventionnelle, intentée le 23 novembre 1956, n'avait donné lieu qu'à un jugement de première instance (cf. le § 10 *infra*).

Le requérant en déduit que la saisie-arrêt violait la clause d'affectation spéciale qui figurait dans le document d'ouverture de compte. Aussi a-t-il porté plainte pour abus de confiance, le 30 mai 1959, contre les avocats, signataires de ce document (apparemment par voie de citation directe).

Le 22 juin 1960, la deuxième Chambre du Tribunal de ... a

that a private individual could not validly take action against Mr. ..., whose status was that of a deputy judge; it also dismissed the applicant's action against Mr. .... The fourth Chamber of the ... Appeal Court confirmed this decision on 28th March 1961, and the Court of Cassation dismissed X.'s appeal on 18th April 1963.

8. Meanwhile, on 8th December 1956, the Trade Court at ... (see para. 6 above) had ordered the "Editions de ..." to pay 178,125 FB to the E. limited company. The "Editions de ..." attacked this judgment – provisionally enforceable even in case of appeal – by an appeal which was declared admissible on 27th February 1958. On 14th November 1958, the ... Appeal Court apparently decided to postpone a decision because of the complaint lodged on the previous day by the applicant (see para. 11 (a) below). Subsequently, it would appear that the E. company attempted to obtain from the Court an order striking this case off the list, with the agreement of X.'s solicitor. A hearing was fixed for 16th October 1963; the Applicant does not say what the result was.

9. On 10th July 1957, the E. limited company summoned the "Editions de ..." with surety, in order to ensure enforcement of the judgment of 8th December 1956, which made provision for such surety.

The first Chamber of the ... Trade Court heard this summons on 11th July 1957. On the previous day, the lawyer for the "Editions de ..." had withdrawn from the case, so that X. was not able to present his case. The hearing was therefore adjourned for a fortnight.

The first Chamber of the Trade Court pronounced its judgment on 29th July 1957; it accepted surety from the E. company, and this subsequently made possible the attachment already referred to (para. 7 above). The Court accepted the hearing of 11th July as having been held in the presence of the parties, and in its considerations accepted the conclusions "read" by the defendant on that date. According to the latter, then, the decision of 29th July 1957 was based on false premises and should therefore be regarded as null and void.

10. On 23rd November 1956, the "Editions de ..." summoned the E. limited company to execute the clauses of the contract of 1st January 1955 (see para. 7 above). The applicant only succeeded in finding an advocate on 11th December 1957. Since the hearing was to take place the following day before the ... Trade Court, the advocate wrote to the President requesting an adjournment. The Court disregarded this; when the hearing on the main issue started, the applicant left the courtroom and a decision was pronounced against him by default on 12th December 1957.

The "Editions de ..." lodged an objection by writ served on 4th February 1958. On 28th February 1959, the sixth Chamber of the Trade Court decided to postpone a decision, in application

constaté qu'un simple particulier ne pouvait valablement déclencher l'action publique contre Me ..., qui possédait la qualité de juge suppléant; elle a en outre débouté le requérant de son action contre Me .... La quatrième Chambre de la Cour d'Appel de ... a confirmé cette décision le 28 mars 1961, et la Cour de Cassation a repoussé le pourvoi de X. le 18 avril 1963.

8. Entretemps, le Tribunal de Commerce de ... (cf. le § 6 supra) avait condamné les "Editions de ..." le 8 décembre 1956, à payer 178.125 FB à la société anonyme E. Les "Editions de ..." attaquèrent ce jugement – exécutoire par provision nonobstant appel – au moyen d'un appel qui fut déclaré recevable le 27 février 1958. Le 14 novembre 1958, la Cour d'Appel de ... aurait décidé de surseoir à statuer en raison de la plainte déposée la veille par le requérant (cf. le § 11 a) infra). Plus récemment, la société E. aurait cherché à obtenir de la Cour un arrêt de biffure, avec la complicité de l'avoué de X. Une audience était fixée pour le 16 octobre 1963; le requérant n'en indique pas le résultat.

9. Le 10 juillet 1957, la société anonyme E. avait assigné les "Editions de ..." en présentation de caution, afin d'assurer l'exécution du jugement du 8 décembre 1956 qui prévoyait pareille offre de caution.

La première Chambre du Tribunal de Commerce de ... tint audience à ce sujet le 11 juillet 1957. La veille, l'avocat des "Editions de ...", s'était déchargé de son mandat de sorte que X. ne fut pas en mesure de formuler de conclusions. En conséquence, l'audience fut remise à quinzaine.

La première Chambre du Tribunal de Commerce rendit son jugement le 29 juillet 1957: elle accepta l'offre de caution de la société E., ce qui devait permettre, ultérieurement, la saisie-arrêt susmentionnée (§ 7 supra). Le Tribunal considéra comme contradictoires les débats du 11 juillet: dans ses attendus, il fit état de conclusions "lues" par le défendeur à cette date. Le jugement du 29 juillet 1957 renfermerait donc une fausse affirmation qui, aux yeux du requérant, l'entache de nullité.

10. Le 23 nobembre 1956, les "Editions de ..." avaient assigné la société anonyme E. en exécution des clauses du contrat du 1er janvier 1955 (cf. le § 7 supra). Le requérant n'aurait réussi à trouver un avocat que le 11 décembre 1957. Comme une audience devait se dérouler le lendemain devant le Tribunal de Commerce de ..., Me ... écrivit au Président pour en solliciter la remise. Or, le Tribunal passa outre; quand le débat au fond s'engagea, le requérant quitta la salle et le jugement fut prononcé par défaut, à son encontre, le 12 décembre 1957.

Les "Editions de ..." firent opposition au moyen d'un exploit signifié le 4 février 1958. Le 28 février 1959, la sixième Chambre du Tribunal de Commerce décida de surseoir à statuer, par application

of Article 4 of the Code of Criminal Procedure (cf. the principle "criminal matters take priority over civil").

B. *The situation at issue*

11. Following the events described above, the applicant brought proceedings as civil claimant:

(a) On 13th November 1958 for fraud against A. Z., P. and Q., directors of the E. *limited* company;

(b) On 26th November 1958 for fraud, infringement of the law regarding the publication or distribution of printed matter without a correct indication of the name and address of the author or printer, and forgery against the same three people and against four directors of the E. partnership company, four directors of the "Courrier" limited company and against the deputy director of the limited company, which published the newspaper ....

(c) On 9th November 1959 against the three directors named above for fraud and forgery in connection with the establishment of companies.

12. As regards the proceedings of 13th November 1958, the Court of first instance at ... sitting in Chambers decided by order of 16th December 1958, that no prosecution could properly be instituted against A. Z., a member of the Senate, without the permission of the Senate, at least not during the parliamentary session.

As regards the other two accused, it considered that the alleged facts merely amounted to an attempted fraud not punishable by law, and that there were no grounds for prosecution

On appeal by X., the "Chambre des Mises en Accusation" at ... confirmed this decision on 12th May 1959; on 19th October 1959, the Court of Cassation dismissed an appeal throught by the applicant.

The case of A. Z. was brought up again during the period between parliamentary sessions; the Court of first instance, sitting in Chambers, quashed the proceedings on 21st October 1959; on appeal by the Applicant, the "Chambre des Mises en Accusation" decided, on 13th March 1960, to postpone a decision on the grounds that two other actions against the same person relating to the same facts were pending; on 20th June 1960, the Court of Cassation judged that this was a preliminary measure and declared X.'s appeal inadmissible.

13. Regarding the suit of 26th November 1958, the Court of first instance at ..., sitting in Chambers on 9th April 1960, quashed the proceedings, which decision was confirmed by the "Chambre des Mises en Accusation" on 17th January 1961.

de l'article 4 du Code d'instruction criminelle (cf. le principe "le criminel tient le civil en état.").

B. *La situation litigieuse*

11. A la suite des circonstances relatées plus haut, le requérant porta plainte, avec constitution de partie civile:

a) le 13 novembre 1958, pour escroquerie, contre A.Z., P. et Q., administrateurs de la société *anonyme* E.;

b) le 26 novembre 1958, pour tromperie, infraction à la législation sur la publication ou la distribution d'écrits sans indication vraie du nom et du domicile de l'auteur ou de l'imprimeur, faux et usage de faux, contre ces trois mêmes personnes et contre quatre administrateurs de la société *en nom collectif* E., quatre administrateurs de la société anonyme "Le Courrier" et contre l'administrateur délégué de la société anonyme, éditrice du journal "...";

c) le 9 novembre 1959, contre les trois administrateurs susnommés pour escroquerie, faux et usage de faux en matière de fondation de sociétés.

12. En ce qui concerne la plainte du 13 novembre 1958, la Chambre du Conseil du Tribunal de première instance de ... releva, dans une ordonnance du 16 décembre 1958, que l'action publique ne pouvait être valablement mise en mouvement contre A. Z., membre du Sénat, sans l'autorisation de ce dernier, du moins durant la session parlementaire.

Quant aux deux autres inculpés, elle estima que les faits allégués représentaient une simple tentative d'escroquerie, non punissable selon la loi, de sorte qu'il n'y avait pas lieu à poursuites.

Sur appel de X., la Chambre des Mises en Accusation de ... confirma cette ordonnance le 12 mai 1959; le 19 octobre 1959, la Cour de Cassation rejeta le pourvoi de l'intéressé.

Le cas de A. Z. fut repris pendant l'intersession du Parlement: la Chambre du Conseil du Tribunal de première instance rendit une ordonnance de non-lieu le 21 novembre 1959; sur appel du requérant, la Chambre des Mises en Accusation décida, le 13 mars 1960, de surseoir à statuer pour le motif que deux autres plaintes dirigées contre la même personne et se rapportant aux mêmes faits se trouvaient en cours d'instruction; le 20 juin 1960, la Cour de Cassation jugea qu'il s'agissait là d'une mesure préparatrice et d'instruction et, partant, déclara irrecevable le pourvoi de X.

13. Au sujet de la plainte du 26 novembre 1958, la Chambre du Conseil du Tribunal de première instance de ... rendit, le 9 avril 1960, une ordonnance de non-lieu que la Chambre des Mises en Accusation confirma le 17 janvier 1961.

14. On the same day, the "Chambre des Mises en Accusation" also confirmed the decision of 21st November 1959 (case of A. Z., para 12 *in fine* above) and decided that there were no grounds for proceedings in the third case (suit of 9th November 1959), which it had joined with the other two.

15. On 26th January 1961, X. brought an appeal in cassation against the decision of 17th January 1961 (paras. 13 and 14 above), and this was dismissed on 13th November 1961.

He complained, first of all, that the "Chambre des Mises en Accusation" had joined together cases of which only one had reached the stage of a preliminary investigation, dealing with facts that had nothing to do with the counts of the indictment, and the other had not been investigated at all. The Court of Cassation remarked that this circumstance "even if established would not exclude the existence of a link between the two cases which would justify their being joined".

The applicant put forward a second ground based on a violation of Article 7 of the Act of 20th April 1810. On this point, the Court of Cassation observed that the decision of 17th January 1961 was pronounced by magistrates who with one exception were different from those who had decided on 13th March 1960 to adjourn the case (end of para. 12 above); from this ir deduced that the decision "fell short in law".

X. also alleged violation:

- of Article 97 of the Constitution, "inasmuch as the decision did not meet the applicant's case which clearly set forth the points of fact and of law that constituted charges such as would be sufficient to have the accused sent for trial or at least to have the case adjourned until further investigations had been made";
- of Article 127 of the Code of Criminal Procedure, inasmuch as the "Chambre des Mises en Accusation" had pronounced a decision in spite of the lack of investigation or on the basis of incomplete proceedings;
- of Articles 228 and 462 of the same Code, inasmuch as the 'Chambre des Mises en Accusation" had failed to make further investigations (experts' opinion on handwriting etc.) and to order the seizure of the documents alleged to be forged and of the material used in forging them;
- of the Applicant's procedural rights as complainant, inasmuch as the opposing party had tabled, and at the hearing of 13th December 1960 had referred to, documents which had not been previously communicated to the applicant, so that he had had no opportunity of examining them and replying to them. This referred in particular to the statements of the amounts due by X. (178,125 FB), the statements sent by the applicant to the

14. Le même jour, le Chambre des Mises confirma également l'ordonnance du 21 novembre 1959 (cas de A.Z., § 12 *in fine* supra) et décida qu'il n'y avait pas lieu à poursuites dans la troisième affaire (plainte du 9 novembre 1959), qu'elle avait jointe aux deux autres.

15. Le 26 janvier 1961, X. a formé contre l'arrêt du 17 janvier 1961 (§§ 13 et 14 supra) un pourvoi en cassation qui a été rejeté le 13 novembre 1961.

Il reprochait à la Chambre des Mises, tout d'abord, d'avoir prononcé la jonction de causes dont l'une n'avait connu qu'un "semblant d'instruction", portant sur des faits étrangers aux chefs d'accusation, et l'autre n'avait pas été instruite du tout. La Cour de Cassation a relevé que cette circonstance, "fût-elle constante, n'exclurait pas l'existence entre les deux causes d'un lieu de connexité justifiant leur jonction".

Le requérant avançait un second moyen tiré de la violation de l'article 7 de la loi du 20 avril 1810. Sur ce point, la Cour de Cassation a noté que l'arrêt du 17 janvier 1961 émanait de magistrats différents à l'exception d'un seul, de ceux qui avaient sursis à statuer le 13 mars 1960 (§ 12 *in fine* supra); elle en a déduit que l'arrêt "manquait en droit".

X. alléguait aussi la violation:

- de l'article 97 de la Constitution, "en ce que l'arrêt n'avait pas répondu aux conclusions du demandeur relevant de manière précise les éléments de fait et de droit constituant des charges justifiant le renvoi des inculpés défendeurs devant la juridiction de jugement, ou tout au moins la surséance jusqu'à l'accomplissement d'actes d'instruction complémentaires";
- de l'article 127 du Code d'instruction criminelle, en ce que la Chambre des Mises avait statué malgré l'absence d'instruction ou sur la base d'une procédure incomplète;

- des articles 228 et 462 du même Code, en ce que la Chambre des Mises avait négligé de procéder à un complément d'information (expertise d'écritures, etc....) et de prescrire la saisie des pièces arguées de faux ainsi que du matériel ayant servi à les forger;
- des droits de la défense dans le chef du requérant (demandeur), en ce que la partie adverse avait déposé et invoqué, à l'audience du 13 décembre 1960, des documents qui n'avaient pas été préalablement communiqués au demandeur, lequel avait ainsi été empêché de les examiner et d'y répliquer. Il s'agissait notamment des relevés des sommes dues par X. (178.125 FB), les relevés adressés par le requérant au journal "Le Courrier", por-

newspaper "Le Courrier" bearing receipt stamps cancelled with a date stamp belonging to the creditor of the amount i.e. the E. partnership company. These, then, according to X. provided conclusive evidence that the true creditor of the amount in question was not the E. *limited* company.

The Court of Cassation considered that these various grounds concerning the decision to quash the proceeding, were not admissible.

The Applicant finally pointed out that the decision of 17th January 1961 did not refer to the alleged infraction of Article 229 of the Penal Code (publication of printed matter without a correct indication of the name and address of the author or the printer), on the grounds that this was not mentioned in any of X.'s civil actions and that the Public Prosecutor had not brought it up before the examining magistrate. X. considered that his action did indeed quite explicitly mention this offence.

The Court of Cassation dismissed this ground also, since "a plaintiff who has not brought a civil case before the examining magistrate in respect of one of the offences alleged by him is not entitled to make complaint to the "Chambre des Mises en Accusation", when it is deciding on the evidence brought before it, that it has failed to order proceedings on the ground of that offence".

16. On 17th April 1961, the Applicant brought a case before the examining magistrate at V., as civil plaintiff against A. Z., P., Q. and B. Z. for fraud and forgery and issuing forged documents; this case related to the documents brought before the "Chambre des Mises en Accusation" at ... on 13th December 1960 (see para. 15 above).

On 13th March 1962, the Court of first instance at V. sitting in chambers, declared this civil case inadmissible, considering that only the Public Prosecutor at the ... Court of Appeal was competent to ask for the re-opening of the enquiry closed by the decision of 17th January 1961 (see paras. 13 and 14 above).

On appeal by the applicant, the "Chambre des Mises en Accusation" at the ... Appeal Court confirmed this dedision on 7th December 1962.

On 10th December 1962, the advocate Mr. ... brought an appeal in cassation on behalf of X. In his supplementary memorandum, lodged on 19th December, the latter complained that the decision *a quo* was based on "vague" and insufficient reasoning, grounded on disputable jurisprudence; he relied on various articles of the Code of Criminal Procedure (especially Articles 22, 27, 29 and 63), read with Article 97 of the Constitution.

It would appear that the Court of Cassation had not yet given a ruling.

taient des timbres fiscaux annulés au moyen du cachet à date du bénéficiaire du décompte, à savoir la société *en nom collectif* E. Ils fournissaient donc, d'après X., la preuve décisive que le véritable créancier dudit montant n'était point la société *anonyme* E.

La Cour de Cassation a estimé que ces divers moyens, concernant la décision de non-lieu, n'étaient pas recevables.

Le requérant faisait valoir, enfin, que l'arrêt du 17 janvier 1961 n'avait pas statué sur l'infraction prétendue à l'article 229 du Code pénal (publication d'imprimés sans l'indication vraie du nom et du domicile de l'auteur ou de l'imprimeur), pour le motif qu'elle ne se trouvait mentionnée dans aucune des constitutions de partie civile de X. et que le Ministère public n'en avait pas saisi le juge d'instruction. Or, X. considère que sa plainte dénonçait bel et bien cette infraction de la manière la plus explicite.

La Cour de Cassation a également repoussé ce moyen, car "un plaignant qui ne s'est pas constitué partie civile devant le juge d'instruction du chef de l'une des infractions par lui dénoncées est sans qualité pour faire grief à la Chambre des Mises en Accusation, statuant sur les pièces du dossier qui lui était soumis, de n'avoir pas ordonné d'office des poursuites du chef de cette infraction".

16. Le 17 avril 1961, le requérant a porté plainte auprès du juge d'instruction de V., avec constitution de partie civile, contre MM. A.Z., P., Q., et B.Z., pour escroquerie, faux et usage de faux; cette plainte avait trait aux documents utilisés devant la Chambre des Mises en Accusation de ... le 13 décembre 1960 (cf. le § 15 supra).

Le 13 mars 1962, la Chambre du Conseil du Tribunal de Première instance de V. a déclaré irrecevable ladite constitution de partie civile, estimant que seul le Procureur Général près la Cour d'Appel de ... avait qualité pour demander la réouverture de l'instruction clôtureé par l'arrêt du 17 janvier 1961 (cf. les §§ 13 et 14 supra).

Sur appel du requérant, la "Chambre des Mises en Accusation" de la Cour d'Appel de ... a confirmé cette décision le 7 décembre 1962.

Le 10 décembre 1962, Me ..., avoué, a introduit un pourvoi en cassation pour le compte de X. Dans son mémoire ampliatif, déposé le 19 décembre, ce dernier a reproché à l'arrêt *a quo* de se fonder sur une motivation "vague" et insuffisante, inspirée par une jurisprudence contestable; il a invoqué différents articles du Code d'instruction criminelle (notamment les articles 22, 27, 29 et 63), combinés avec l'article 97 de la Constitution.

La Cour de Cassation paraît ne pas avoir encore statué.

17. The applicant on the other hand stressed that the E. limited company, without waiting for the results of the criminal cases brought against its directors, had proceeded to effect a series of seizures in execution: attachment of the account with the Banque de ... (see para. 7 above), distraint and sale of X.'s furniture on the public square at S. (22nd January 1959), attachment of the applicant's current postal account in Belgium (9th March 1959) and in the Grand-Duchy of Luxembourg (see decision on the admissibility of application No. 1482/62), attachment on the current postal account of the "Services ... de Publicité, ..." (January 1963).

In 1959, the E. *limited* company summoned X., his partner G. and the "Editions de ...", described as a "*de facto* partnership company", in order to justify two of these seizures, that of 30th Septembre 1958 (Banque de ...) and that of 9th March 1959 (current postal account, ...).

X. and G. pleaded in substance:

- that the latter was not the partner of the former, but the business manager of the "Editions de ...";
- that that firm, the exclusive property of X. along, had never been and never would be a partnership company, even *de facto*;
- that the demand to be valid, must be made by the E. *partnership* company;
- That X. and G. themselves had claims against E.

The Court of first instance at ... nevertheless decided the case in favour of E. on 11th May 1959. X. and G. contested this decision, and the Second Chamber of the ... Appeal Court confirmed it on 19th June 1963; it considered, *inter alia*:

- that the information in its possession disclosed the existence of a partnership *de facto* between X. and G.;
- that the two seizures in issue were based on the decision of 9th December 1956 (paea. 8 above), which, although the subject of an appeal which was still pending, was provisionally enforceable;
- that X. and G. had provided no evidence of the extinction of their obligations towards E. (by payment, etc.);
- that, in the limited scope of a dispute about the validity of an execution, the Court was not called upon to consider whether the debit in question was due to the E. *partnership* company or the *limited* company, nor whether the applicants on their side were creditors.

Furthermore, on 22nd August 1959, X. brought an action for damages against two law officers, whom he accused of various irregularities in connection with the sale of his furniture on 22nd

17. Le requérant souligne d'autre part que la société anonyme E., sans attendre le résultat des procédures pénales engagées contre ses administrateurs, a exécuté une série de saisies: saisie du compte établi auprès de la Banque de ... (cf. le § 7 supra), saisie et vente du mobilier de X. sur la place publique de S. (22 janvier 1959), saisie des comptes courants postaux du requérant en Belgique (9 mars 1959) et au Grand-Duché de Luxembourg (cf. la décision sur la recevabilité de la requête N° 1482/62), saisie du compte courant postal des "Services ... de Publicité, ..." (janvier 1963).

En 1959, la société *anonyme* E. a assigné X., son "associé" G. et "Les Editions de ...", qualifiées de "Société en nom collectif *de fait*", en validation de deux de ces saisies, à savoir celles des 30 septembre 1958 (Banque de ...) et 9 mars 1959 (compte postal, ...).

X. et G. ont plaidé, en substance:

- que le second n'était point l'associé du premier, mais le directeur commercial des "Editions de ...";
- que ces dernières, propriété exclusive du seul X. n'avaient jamais constitué et ne constitueraient jamais une société en nom collectif, même "*de fait*";
- que la demande, pour être valable, devait émaner de la société *en nom collectif* E.;
- que X. et G., avaient eux-mêmes des créances à faire valoir contre E.

Le Tribunal de Première instance de ... n'en a pas moins donné gain de cause à E. le 11 mai 1959. X. et G. ayant attaqué ce jugement, la Deuxième Chambre de la Cour d'Appel de ... l'a confirmé le 19 juin 1963; elle a estimé, *entre autres*:

- que les éléments en sa possession révélaient l'existence d'une société *de fait* enter X. et G.;
- que les deux saisies-arrêts litigieuses reposaient sur le jugement du 8 décembre 1956 (§ 8 supra) qui, bien que frappé le 29 mars 1957 d'un appel qui demeurait pendant, était exécutoire par provision;
- que X. et G. n'apportaient pas la preuve de l'extinction de leurs obligations envers E. (par voie de paiement, etc....);
- que, dans le cadre limité d'une instance en validation de saisie, la Cour n'avait pas à rechercher si la créance en question appartenait à la société *en nom collectif* E. plutôt qu'à la société *anonyme*, ni si les appelants avaient de leur côté des créances contre l'intimée.

Le 22 août 1959, par ailleurs, X. a intenté une action en dommages intérêts contre deux huissiers de justice, coupables selon lui d'avoir commis diverses irrégularités à l'occasion de la vente de ses meubles

January 1959 ("sabotage", "arbitrary action", "breach of domocile").

When his case was dismissed on 22nd June 1960 by the Second Chamber of the Court of first instance at ..., the applicant appealed; the Fifth Chamber of the ... Appeal Court confirmed that decision, by default, on 20th October 1961, and then, after an objection, on 23rd December 1961 (again by default). On 14th February 1963, the Court of Cassation rejected X's appeal against these two decisions (see application No. 1957/63, on which the Commission has not yet pronounced).

18. After the failure of his criminal proceedings instituted of him, the applicant was charged with malicious prosecution, and he was sentenced to six months' imprisonment; since then he had been in hiding (see section II below, the facts set forth in application No. 1477/62).

C. *The Applicant's Complaints*

19. The Applicant alleges, first, that his complaint of 13th November 1958 (para. 11 (a) *above*) led to no investigation. In the case that he brought before the "Chambre des Mises en Accusation", he asked that experts should examine the accounts of both of the E. companies; no heed was paid to this request. In this connection, X. quotes certain statements by the Counsellor who reported to the ... Appeal Court, at the hearing on 22nd March 1963, regarding his appeal against the conviction referred to above in the preceding paragraph. That magistrate was said to have declared "according to the records, it seems indeed that no enquiry was made"; and to have further pointed out a series of "anomalies" and "chances" in the earlier proceedings, saying nevertheless: "we can nowhere see that these anomalies had any effect on X.'s interests".

20. Regarding the complaint of 26th November 1958 (para. 11 (b) above), the same reporting Counsellor is said to have agreed that the photographer G., who was understood to have photographed the contracts regarded as apocryphal by the two experts (end of para. 4 *above*), "had given explanations that were perhaps not entirely convincing". The Applicant complains that Court sitting in Chambers and the "Chamber des Mises en Accusation" believed these "explanations", which according to him were contrary to all the laws of photography: on the "photograph" of the contract of 1st March 1956, it was impossible to find the surname of one of the signatories, which however was quite clear on the original. X. complains that he had quite simply showed, by photographing this document in the ill-lit registry of the ... Court, that the complete disappearance of a word from a photographie reproduction – which was otherwise excellent – was quite abnormal. He was therefore

le 22 janvier 1959 ("sabotage", "agissements arbitraires" et "violation de domicile").

Débouté le 22 juin 1960 par la Deuxième Chambre du Tribunal de Première instance de ..., le requérant a interjeté appel; la Cinquième Chambre de la Cour d'Appel de ... a confirmé ce jugement, par défaut, le 20 octobre 1961 puis, sur opposition, le 23 décembre 1961 (itératif défaut). Le 14 février 1963, la Cour de Cassation a repoussé le pourvoi formé par X. contre ces deux arrêts (cf. le requête N° 1957/63, sur laquelle la Commission n'a pas encore statué).

18. Après l'échec de ses plaintes pénales, l'intéressé fut poursuivi pour dénonciation calomnieuse et condamné à six mois de prison; il se cache depuis lors (cf. le § II infra, faits relatés dans la requête N° 1477/62).

C. *Les griefs du requérant*

19. Le requérant allègue, tout d'abord, que sa plainte du 13 novembre 1958 (§ 11 a) *supra*) n'a donné lieu à aucune instruction. Dans les conclusions qu'il présenta à la Chambre des Mises en Accusation, il demandait que fût expertisée la comptabilité de chacune des deux sociétés E.; il ne fut point tenu compte de cette demande. A ce propos, X. cite certaines affirmations du conseiller qui fit rapport à la Cour d'Appel de ..., à l'audience du 22 mars 1963, au sujet de son appel contre la condamnation visée au paragraphe précédent. Ce magistrat aurait déclaré: "d'après le dossier, il semble en effet qu'aucun devoir d'instruction n'ait été fait"; il aurait signalé en outre, dans la procédure antérieure, une série d'"anomalies" et de "hasards", tout en précisant: "on ne voit nulle part la répercussion possible de ces anomalies sur les intérêts de X.".

20. En ce qui concerne la plainte du 26 novembre 1958 (§ 11 b) supra), le même conseiller-rapporteur aurait retenu que le photographe G., censé avoir photographié les deux contrats dont deux experts avaient reconnu le caractère apocryphe (§ 4 *in fine supra*), "avait donné des explications qui n'étaient peut-être pas entièrement convaincantes". Le requérant reproche à la Chambre du Conseil et à la Chambre des Mises en Accusation d'avoir ajouté foi à ces "explications", contraires selon lui à toutes les lois de la photographie: sur la "photographie" du contrat du 1er mars 1956, on cherche en vain le nom de famille de l'un des signataires, qui pourtant figure très nettement sur l'original. X. estime avoir démontré sans peine, en photographiant ce document au greffe très mal éclairé du Tribunal de ..., que la complète disparition d'un mot sur une reproduction photographique – par ailleurs excellente –

surprised that neither the Court sitting in Chambers nor the "Chambre des Mises en Accusation" had thought it necessary to submit for further expert opinion the documents which he formally contended to be forgeries, on the basis of the opinion of the two experts already referred to.

21. The Applicant also complains that the Court sitting in Chambers and the "Chambre des Mises" did not realise the illegal and fraudulent nature of the simultaneous constitution of two homonymous companies, and were satisfied by the "justification provided by the lawyer for these companies, to the effect that the second company was created to obtain the grant of "credits" or "tax benefits". In the Applicant's opinion, this was no justification, but a half-admission which should have led the Court sitting in chambers and later the "Chambre de Mises en Accusation" to take a closer look at the activities of the two E. companies.

22. X. further claims that his lawyers, on visiting the examining magistrate, Judge ..., on 8th February 1960, to ask him to obtain an expert's opinion on the documents said to be forgeries, received the following reply: "What do you expect me to do, when the Public Prosecutor is ready with a non-suit?"

On 15th February 1960, one of the lawyers sent Judge a letter of ... protest on this subject, which contained the following passage: "During the interview that you granted me on 8th February, I expressed surprise that certain enquiries earlier asked for by the civil plaintiff had not *previously* been carried out. You replied that the examining magistrate was bound by the Public Prosecutor's non-suit. I informed you that I did not share your opinion on this point, and that there was copious doctrine and precedent to support me".

23. The Applicant also denounces the attitude adopted towards him by the Court sitting in chambers, at the hearing on 21st November 1959 (end of para. 12 above): he says he was told that he "was no longer a party to the case", although he had been duly notified.

X. nevertheless insisted on presenting his case, but the Public Prosecutor warned him that he would antagonise the President of the Chamber. The President in fact said to him: "Yes, you are antagonising me".

24. The Applicant further blames the Chambre des Mises en accusation" for permitting his opponents to add an important document to the records, of which he was not aware, and for taking it into consideration at the hearing of 13th December 1960 (para. 15 above).

25. X. finally alleges that the courts that dealt with his case allowed themselves to be swayed by the parliamentary status and high rank of A. Z. and his friends. Indeed, his opponents' lawyer,

était absolument anormale. Aussi s'étonne-t-il que ni la Chambre du Conseil, ni la "Chambre des Mises en Accusation" n'aient cru devoir soumettre à une contre-expertise les pièces qu'il arguait formellement de faux en s'appuyant sur l'opinion, déjà citée, de deux experts.

21. Le réquérant fait également grief à la Chambre du Conseil et à la "Chambre des Mises" de ne pas avoir relevé le caractère illégal et frauduleux de la constitution simultanée de deux sociétés homonymes, et de s'être contentées de la "justification" fournie par l'avocat de ces sociétés, d'après lequel la seconde société avait été créée en vue de l'octroi de "crédits" ou de "faveurs fiscales". De l'avis du requérant, il ne s'agit pas là d'une justification mais d'un demi-aveu qui aurait dû inciter la Chambre du Conseil, puis la Chambre des Mises, à s'intéresser de plus près aux entreprises des deux sociétés E.

22. X. prétend en outre que ses avocats, ayant rendu visite au juge d'instruction ..., le 8 février 1960, pour l'inviter à provoquer une expertise des pièces entachées de faux, s'attirèrent la réponse suivante: "Que voulez-vous que je fasse, quand le Procureur du Roi tient le non-lieu en mains?"

Le 15 février 1960, l'un de ses avocats adressa au juge P., à ce sujet, une lettre de protestation qui contenait un passage ainsi libellé: "Lors de l'entrevue que vous avez bien voulu m'accorder le 8 février dernier, je me suis permis de m'étonner que, précédemment, certains devoirs d'instruction demandés par la partie civile n'avaient pas été exécutés. Vous m'avez répondu que le juge d'instruction était lié par le non-lieu du Procureur du Roi. Je vous ai fait part que je ne partageais pas votre sentiment à ce sujet, m'appuyant sur une doctrine et une jurisprudence abondantes."

23. Le requérant dénonce, de surcroît, l'attitude que la Chambre du Conseil aurait adoptée envers lui à l'audience du 21 novembre 1959 (§ 12 *in fine supra*): on lui aurait indiqué qu'il "n'était plus partie litigante" bien qu'il eût été dûment convoqué.

X. n'en aurait pas moins insisté pour remettre ses conclusions, mais le Ministère Public l'aurait averti qu'il indisposerait le Président de la Chambre. Ce dernier lui aurait effectivement déclaré: "Oui, vous m'indisposez."

24. Le requérant reproche aussi à la Chambre des Mises d'avoir autorisé ses adversaires à verser au dossier une pièce décisive inconnue de lui, et d'en avoir fait état à l'audience du 13 décembre 1960 (§ 15 supra).

25. X. allègue enfin que les juridictions qui ont instruit ses plaintes se sont laissé abuser par les fonctions parlementaires et les titres de noblesse de A.Z. et de ses amis. L'avocat de ses ad-

even addressed the Court sitting in chambers as follows: "Do not forget, gentlemen, that you are dealing with an extremely powerful group"

26. The Applicant claims to be the victim of violation:

- of Articles 6 and 14 of the Convention, inasmuch as the Belgian courts dealt with him unfairly and partially and did not hesitate to take into consideration the social status and wealth of his opponents;
- of Article 8 of the Convention, inasmuch as the sentence pronounced on him (para. 18 *above*) forced him to flee and to live apart from his young wife (see *below*, in connection with application No. 1477/62;
- of Article 1 of the First Protocol, in relation to the disputed seizures.

D. *The Object of the Application*

27. X. claims 15,000,000 Belgian francs damages. He further claims that the Belgian State should return him the duplicates of his papers, which they have kept since the decision of the Court of Cassation on 13th November 1961, and should let him be in peace pending the Commission's decision.

II. Application No. 1477/62 (X. *against* Belgium)

A. *The situation at issue*

28. On 11th March 1959, A. Z., P. and Q., as well as Mr. ... and Mr. ... brought a civil action against X. for false accusation (see para. 11 et seq. above).

The Applicant wished to be defened by Mr. R. G., barrister. On 23rd March 1962, however, the Applicant received the following reply from Mr. R. G.:

> "Without having to consult anyone on this matter, I am quite certain that I cannot defend you for the line of attack you have adopted seems to me incompatible with the intervention of counsel who would have to share the responsibility for what has been done. There is no doubt that you have burnt all your bridges behind you, so much so, that I think no barrister could defend you without taking on a grave responsibility".

29. On 16 May 1962, the 21st Chamber of the ... Court of First Instance, sitting as a court of summary jurisdiction, sentenced X. to 6 months' imprisonment and to a fine of 10,000 FB as well as the payment of damages to each of the plaintiffs (totalling 350,000 FB). It rendered its judgment by default, as the defendant did

versaires, n'aurait du reste pas hésité à lancer à la Chambre du Conseil l'apostrophe que voici: "N'oubliez pas, Messieurs, que vous avez affaire à un groupe extrêmement puissant!"

26. Le requérant se prétend victime de la violation:

- des articles 6 et 14 de la Convention, en ce que la justice belge l'aurait traité de façon inique et partiale et n'aurait pas craint de prendre en considération l'origine sociale et la fortune de ses adversaires;
- de l'article 8 de la Convention, en ce que la condamnation prononcée contre lui (§ 18 *supra*) l'aurait obligé à s'enfuir et à vivre séparé de sa jeune femme (cf. *infra*, au sujet de la requête N° 1477/62);
- de l'article 1er du premier Protocole additionnel, en ce qui concerne les saisies litigieuses.

D. *L'objet de la demande*

27. X. réclame quinze millions de francs belges de dommages-intérêts. Il exige en outre que l'Etat belge lui restitue les doubles de ses dossiers, retenus depuis l'arrêt de la Cour de Cassation du 13 novembre 1961, et cesse de le poursuivre en attendant la décision de la Commission.

II. Requete N° 1477/62 (X. *contre* Belgique)

A. *La situation litigieuse*

28. Le 11 mars 1959, A.Z., P. et Q. ainsi que Me ... et M. ..., ont déclaré se constituer partie civile contre X. pour dénonciation calomnieuse (cf. supra, §§ 11 et suivants).

Le requérant désirait confier la défense de ses intérêts à Me R. G., avocat, mais celui-ci lui a répondu, le 23 mars 1962:

> "Sans que je doive consulter sur la matière, il m'apparaît d'une manière indiscutable qu'il m'est impossible de vous défendre, car le système d'attaque que vous avez choisi me paraît incompatible avec l'intervention d'un avocat qui devrait de solidariser avec ce qui a été fait. Il est certain que vous vous êtes coupé tous les ponts derrière vous; cela est si évident qu'il me semble qu'aucun avocat ne puisse être sans une grave responsabilité à vos côtés."

29. Le 16 mai 1962, la 21ème Chambre du Tribunal de Première instance de ..., jugeant en matière de police correctionnelle, a condamné X. à six mois de prison et à dix mille francs d'amende, ainsi qu'à des dommages-intérêts envers chacun des plaignants (350.000 FB au total). Elle a statué par défaut, l'intéressé n'ayant

not appear and did not succeed in securing the services of a barrister.

The Applicant contested this judgment but without success (judgment of 4th June 1962 repeated default). He then lodged an appeal. On 27th April 1963, the 14th Chamber of the ... Court confirmed the judgment *a quo*, also by default. On 30th May 1963, this Chamber declared X.'s opposition null and void, as the latter had, without a valid reason, failed to appear in court.

On 26th June 1963, the Applicant appealed to the Court of Cassation against the decisions of 27th April and 30th May 1963, the latter having been notified to him on 18th June 1963. In his supplementary memorandum submitted on 5th July 1963, he invoked the rights of the defence, the European Convention and Articles 6 (equality of Belgians before the law) and 18 (freedom of the press) of the Constitution.

The Court of Cassation does not as yet appear to have taken a decision.

B. *The Applicant's grounds for complaint*

30. The Applicant complains that the Belgian judicial authorities

- failed to respect "*lis pendens*" before the European Commission of Human Rights" by inflicting a penalty on him after he lodged his application.
- failed to return his files to him in spite of being summoned to do so, through a writ served by the Attorney-General.

X. alleges violation of:

- Article 3 of the Convention "since it is undeniable that the moral state to which the Applicant has been reduced is bound to affect his physical health";
- Article 5, paragraph 1, first sentence, on the ground that the Office of the Public Prosecutor threatened to have him interned in a "social defence" institution;
- Article 5, paragraph 1 (a) on the ground that the disputed decisions rendered before the Commission completed its examination of the present Application, were not the work of "competent" courts;
- Article 6, (1 and 3 (b) to (d)), on the ground that he (the Applicant) was not assisted by Counsel and was sentenced, without a fresh hearing, on the basis of the criminal hearing which culminated in the decision of 13th November 1961 (see para. 15 *above*);
- of Article 8, on the ground that owing to the "unjust" decision of 16th May 1972 he was obliged to flee and to separate from his wife, so that he could not live a normal family life;
- Article 13, on the ground that the Belgian magistrature deprived

pas comparu et n'ayant pas rèussi à s'assurer le concours d'un avocat.

Le requérant a formé opposition, mais en vain (jugement du 4 juin 1962, défaut itératif). Il a ensuite interjeté appel; la 14ème Chambre de la Cour de ... a confirmé le jugement *a quo*, elle aussi par défaut, le 27 avril 1963. Le 30 mai 1963, la même Chambre a déclaré non avenue l'opposition de X., ce dernier ayant, sans motif valable, omis de se présenter.

Le 26 juin 1963, le requérant a introduit un pourvoi en cassation contre les arrêts des 27 avril et 30 mai 1963, dont le second lui avait été signifié le 18 juin 1963. Dans son mémoire ampliatif, déposé le 5 juillet 1963, il a invoqué les droits de la défense, la Convention européenne et les articles 6 (égalité des Belges devant la loi) et 18 (liberté de la presse) de la Constitution.

La Cour de Cassation paraît ne pas s'être encore prononcée.

B. *Les griefs du requérant*

30. Le requérant fait grief à la justice belge:

- de n'avoir pas respecté "la *litispendance* devant la Commission européenne des Droits de l'Homme" en lui infligeant une peine en dépit de l'introduction de sa requête:
- de ne pas lui avoir restitué ses dossiers malgré une sommation adressée au Procureur Général par voie d'huissier.

X. allègue la violation:

- de l'article 3 de la Convention, "en ce qu'il est incontestable que la situation morale à laquelle est réduit le requérant, ne saurait manquer d'avoir sur son physique des répercussions inévitables";
- de l'article 5 § 1, première phrase, en ce que le Ministère Public l'aurait menacé de le faire interner dans un établissement de défense sociale;
- de l'article 5 § 1 a), en ce que les décisions litigieuses, prononcées avant que la Commission ait achevé de s'occuper de la présente requête, n'émaneraient pas de tribunaux "compétents";

- de l'article 6, §§ 1 et 3 b) à d), en ce que le requérant n'a pas bénéficié de l'assistance d'un avocat et a été condamné, sans nouvel examen, sur la base de l'instruction pénale qui s'est terminée par l'arrêt du 13 novembre 1961 (§ 15 *supra*);
- de l'article 8, en ce que le jugement "injuste" du 16 mai 1962 l'aurait obligé à prendre la fuite, le forçant ainsi à s'éloigner de sa femme et, partant, à ne pas mener une vie de famille normale;
- de l'article 13, en ce que la magistrature belge l'aurait privé du

him of an effective legal remedy which should have been open to him: as Belgium has no Higher Council of the Magistrature, X. could only appeal – in vain – to the Minister of Justice and to H. M. the King;

- Article 14, on the ground that his judges attached more importance to the social status of his opponents than to the truth of his accusations ("class justice");
- Article 17, on the ground that the Belgian State persistently infringed various articles of the Convention;
- Article 10 of the Convention and Article 1 of the First Protocol thereto, on the ground that the contested sentence deliberately created a situation which would prevent him, X. from being able freely to publish the "..." an impartial newspaper of which he was the proprietor and from which he derived his income.

C. *The Object of the Application*

31. The Applicant demands:

- the quashing of the disputed sentence;
- the cessation, on the ground of *lis pendens*, of the many vexatious measures to which he claims to be subjected;
- compensation for the material and moral damage which he claims to have suffered, amounting to an outright sum of 250,000 BF plus 2,000 BF per day of delayed payment as from 16th May 1962 (publicity given to the judgment of the court of summary jurisdiction, impossibility of exercising his profession, additional expenses incurred by the need, provisionally, to abandon his home, etc.)

III. Application No. 1478/62 (Y. *against* Belgium)

A. *The situation at issue*

32. The Applicant refers the Commission to Applications No. 1420/62 and No. 1477/62 lodged by her husband (see above).

B. *The Applicant's complaints*

33. The Applicant considers that the facts set forth by X. have caused her direct and personal damage of which she is entitled to complain. Y. claims, in particular, to be the victim of the violation of:

- Article 3 of the Convention on the ground that the judgment of 16th May 1962 discredited her husband and herself and touched off a slanderous and dishonouring press-campaign.

recours effectif dont il aurait dû disposer; la Belgique ne possédant pas de Conseil Supérieur de la Magistrature, X. n'a pu s'adresser qu'au Ministre de la Justice et à S.M. le Roi Baudouin, du reste sans résultat;
- de l'article 14, en ce que ses juges auraient attaché plus d'importance à la position sociale de ses adversaires qu'à l'exactitude de ses accusations ("justice de classe");
- de l'article 17, en ce que l'Etat belge aurait enfreint avec persistance divers articles de la Convention;
- de l'article 10 de la Convention et de l'article 1er du premier Protocole additionnel, en ce que la condamnation attaquée aurait, à dessein, créé une situation de fait qui empêcherait X. d'éditer librement "...", journal "impartial" dont il est propriétaire et dont il tirait ses ressources.

C. *L'objet de la demande*

31. Le requérant réclame:
- la "mise à néant" de la condamnation litigieuse;
- l'arrêt des multiples vexations auxquelles il serait en butte, et ce pour cause de *litispendance*;
- la réparation du préjudice matériel et moral prétendument subi, soit une somme forfaitaire de 250.000 FB plus 2.000 FB par jour de retard à compter du 16 mai 1962 (publicité donnée au jugement du Tribunal correctionnel, impossibilité d'exercer sa profession, dépenses supplémentaires dues à la nécessité d'abandonner provisoirement son foyer, etc.).

III. Requete N° 1478/62 (Y., épouse de X. *contre* Belgique)

A. *La situation litigieuse*

32. La requérante renvoie la Commission, à ce sujet, aux requêtes N° 1420/62 et N° 1477/62 de son mari (cf. supra).

B. *Les griefs de la requérante*

33. La requérante considère que les faits dénoncés par X. lui ont causé un préjudice direct et personnel dont elle est fondée à se plaindre. Elle se prétend, en particulier, victime de la violation:
- de l'article 3 de la Convention, en ce que le jugement du 16 mai 1962 aurait jeté le discrédit sur le ménage et déclenché une campagne de presse diffamatoire et déshonorante;

- Article 5, (1, first sentence), on the ground that the threat of internment made by the Office of the Public Prosecutor (see above) would affect Y.'s and not only X.'s safety;
- Article 5 (1 (a)) on the ground that the said judgment was rendered by an incompetent court (see above);
- Article 5, paragraph 5;
- Article 6, (1 and 3 (b) to (d)), on the ground that owing to the Belgian Courts' failure to observe this article Y. is now the wife of an outlaw;
- Article 8, on the ground that "following the arbitrary action of the Belgian judicial system" Y. no longer has a private family life or even a home and has lost all hope of having any children in the near future;
- Article 10, on the ground that since her husband's flight Y. has taken over the publication of "...", but the Belgian authorities have tried to stop her from doing so by asking her to pay court costs which, in many respects, are higher than should normally be the case;
- Articles 13, 14 and 17, on the grounds set forth in Application No. 1477/62 (see above).
- Article 1 of the first Protocol to the Human Rights Convention on the ground that because of the damage suffered by X. (impossibility to exercise his profession, seizures, etc.), she was obliged, having been married under the separate maintenance system to keep her home going out of her own pocket.

C. *Object of the Application*

34. The Applicant seeks:

- the quashing of the disputed sentence;
- the cessation, on the ground of *lis pendens* of the many vexatious measures to which she claims to have been subjected;
- compensation for the material and moral damage which Y. claims to have suffered, amounting to a lump sum of one million Belgian francs, plus one thousand Belgian francs per day of delayed payment as from 16th May 1962.

THE LAW

With regard to Application No. 1478/62 (Y. *against* Belgium).

Whereas according to Article 25 (1) of the Convention for the Protection of Human Rights and Fundamental Freedoms, "the Commission may receive petitions addressed to the Secretary-General of the Council of Europe from any person, non-governmental organisation or groups of individuals claiming to be the victim of

- de l'article 5 § 1, première phrase, en ce que la menace d'internement proférée par le Ministère Public (cf. supra) affecterait la sûreté de Y. et non point seulement de X.;
- de l'article 5 § 1 a), en ce que ledit jugement émanerait d'un tribunal incompétent (cf. supra);
- de l'article 5 § 5;
- de l'article 6, §§ 1 et 3 b) à d), dont l'inobservation par les tribunaux belges aurait fait d'elle la femme d'un proscrit;

- de l'article 8, car la requérante, "à la suite des agissements arbitraires de l'appareil judiciaire belge", n'aurait plus de vie privée et familiale, ni même de domicile conjugal, et aurait perdu l'espoir de mettre des enfants au monde à bref délai:
- de l'article 10: depuis la fuite de son mari, la requérante aurait assumé la charge de l'édition du journal "...", mais les autorités belges tenteraient de l'en empêcher en lui réclamant des frais judiciaires souvent supérieurs à la normale;

- des articles 13, 14 et 17, pour les raisons exposées dans la requête N° 1477/62 (cf. supra);
- de l'article 1er du premier Protocole additionnel, en ce que les atteintes portées au patrimoine de X. (impossibilité d'exercer sa profession, saisies, etc....) obligeraient la requérante, mariée sous le régime de la séparation de biens, à utiliser ses deniers propres pour assurer la subsistance du ménage.

C. *L'objet de la demande*

34. La requérante réclame:
- la "mise à néant" de la condamnation litigieuse;
- l'arrêt des multiples vexations auxquelles elle serait en butte, et ce pour cause de *litispendance*;
- la réparation du préjudice matériel et moral prétendument subi, soit une somme forfaitaire d'un million de francs belges, plus mille francs belges par jour de retard à compter du 16 mai 1962.

EN DROIT

Quant à la requête N° 1478/62 (*Y.* contre *Belgique*)

Considérant qu'aux termes de l'article 25 § 1 de la Convention de sauvegarde des Droits de l'Homme et des Libertés fondamentales, "la Commission peut être saisie d'une requête adressée au Secrétaire Général du Conseil de l'Europe par toute personne physique, toute organisation non gouvernementale ou tout groupe de par-

a violation by one of the High Contracting Parties of the rights set forth in this Convention, provided that the High Contracting Party against which the complaint has been lodged has declared that it recognises the competence of the Commission to receive such petitions";

Whereas the Commission has already established that, by "victim", the above-mentioned text means not only the direct victim or victims of the alleged violation but also any indirect victim who would suffer damage as a result of such violation or who would have a valid personal interest in securing the cessation of such violation (see, *inter alia,* the decision on the admissibility of Application No. 282/57, Yearbook I, page 166);

Whereas the Applicant, who is the wife of X., can reasonably claim that she is a direct or indirect victim, as the case may be, of the violations she complains of; whereas, at most, this might be doubted as regards the alleged failure to observe the first Protocol to the Convention, the Applicant having been married under the separate maintenance system; whereas the Commission notes, however, that while, according to Article 1536 of the Belgian Civil Code, a wife married under this system "remains in full possession of her movable and immovable property and enjoys free use of her income", Article 1537 specifies that "each of the spouses shall contribute to the family budget in accordance with the clauses of their married contract and, in the absence of such clauses, the wife shall contribute to these expenses up to one-third of her personal income"; whereas, any damage caused to the first Applicant's estate, affects, at least to some extent her own property and not only her standard of living;

Whereas, however, the present case seems closely linked with applications No. 1420/62 and 1477/62; whereas the Commission has decided that these three complaints should be joined together in accordance with Rule 39 of its Rules of Procedure; whereas Application No. 1478/62 therefore raises the same problems as to admissibility as Applications No. 1420/62 and No. 1477/62 and accordingly, calls for the same decision on the part of the Commission;

With regard to Applications No. 1420/62 and 1477/62

(X. *against* Belgium)

Whereas in the first place in so far as the Applicant attacks a number of private individuals, including MM. A. and B., P., Q. and several advocates and lawyers, whereas the Commission, under Article 19 of the Convention, has the sole task of ensuring the observance of the engagements undertaken by the High Contracting

ticuliers, qui se prétend victime d'une violation par l'une des Hautes Parties Contractantes des droits reconnus dans la ... Convention, dans le cas où la Haute Partie Contractante mise en cause a déclaré reconnaître la compétence de la Commission dans cette matière";

Que la Commission a déjà constaté que, par "victime", le texte précité vise non seulement la ou les victimes directes de la violation alléguée, mais encore toute victime indirecte à qui cette violation causerait un préjudice ou qui aurait un intérêt personnel valable à obtenir qu'il y soit mis fin (cf., *entre autres*, la décision sur la recevabilité de la requête N° 282/57, Annuaire I, p. 166);

Que la requérante, épouse de X., peut raisonnablement prétendre qu'elle est une victime, directe ou indirecte selon le cas, des violations qu'elle dénonce; que l'on pourrait tout au plus en douter pour ce qui est de la méconnaissance alléguée du premier Protocole additionnel, la requérante étant mariée sous le régime de la séparation de biens; que la Commission relève cependant que si, d'après l'article 1536 du Code civil belge, la femme séparée de biens "conserve l'entière administration de ses biens meubles et immeubles, et la jouissance libre de ses revenus", l'article 1537 précise que "chacun des époux contribue aux charges du mariage, suivant les conventions contenues en leur contrat et, s'il n'en existe point à cet égard, la femme contribue à ces charges jusqu'à concurrence du tiers de ses revenus"; que, dès lors, les atteintes éventuellement portées au patrimoine du requérant se répercutent, au moins dans une certaine mesure, sur les biens propres de la requérante et non pas seulement sur son niveau de vie;

Considérant toutefois que la présente affaire apparaît étroitement liée aux requêtes N° 1420/62 et N° 1477/62; que la Commission a, du reste, prononcé la jonction de ces trois plaintes en vertu de l'article 39 de son Règlement intérieur; que la requête N° 1478/62 pose donc les mêmes problèmes de recevabilité que les requêtes N° 1420/62 et N° 1477/62 et, partant, appelle la même décision de la part de la Commission;

Quant aux requêtes N° 1420/62 et N° 1477/62
(*X.* contre *Belgique*)

Considérant tout d'abord, pour autant que le requérant s'en prend à une série de particuliers, dont MM. A. et B. Z., P., Q. et plusieurs avocats et avoués, que la Commission, aux termes de l'article 19 de la Convention, a pour seule tâche d'assurer le respect des engagements résultant de celle-ci pour les Hautes Parties

Party, i.e. bij the member States of the Council of Europe which have signed the Convention and deposited their instrument of ratification; whereas Article 25 (1) stipulates that the Commission may only receive petitions from a person, non-governmental organisation or group of individuals if the Applicant in question claims to be the victim of a violation by one of the High Contracting Parties, of the rights set forth in the Convention and if this State has recognised the competence of the Commission to receive such applications; whereas it is clear from these provisions that the Commission in not competent *ratione personae* to examine violations of the Convention alleged to have been committed by individuals, including advocates and lawyers (see the well-established jurisprudence of the Commission); whereas, furthermore, it cannot be determined from an examination of the file, even *ex officio*, in what way the acts of the persons concerned may, exceptionally, have engaged Belgium's international responsibility under the Convention; whereas Applications No. 1420/62 and 1477/62 are therefore, on this count, incompatible with the provisions of the Convention (Article 27, paragraphe 2);

Whereas, secondly, in so far as the Applicant accuses the Belgian judicial authorities of having violated paragraph 1 and paragraphs 3 (b) to (d) of Article 6 of the Convention, when examining his various complaints, it should be emphasised at the start that under its Article 1 the Convention guarantees only "the rights and freedoms defined in Section I (of the Convention)"; whereas any complaint made by a person, a non-governmental organisation, or a group of individuals must concern, according to Article 25 (1) an alleged violation of these rights and freedoms, failing which the Commission is not competent to examine it *ratione materiae*; whereas the right of the competent authorities to institute legal proceedings against third parties is not, as such, included among the said rights and freedoms (see, amongst many others, the decision on the admissibility of Application No. 1599/62, Collection X, p. 9);

Whereas the Commission further points out that Article 6 (3) applies only to "everyone charged with a criminal offence" and not to anyone who, as in the present case, brings an action against another party as an "accuser" (see *inter alia* the decisions on the admissibility of Applications No. 858/60, No. 808/60) Human Rights Yearbook, Volume V, page 123) No. 1341/62, No. 1359/62 and No. 1405/62);

Whereas, likewise, the judgments of 16th December 1958, 21st November 1959, 9th April 1960 (. . . Court of First Instance sitting in chambers) and 13th March 1962 (V. Court of First Instance sitting in chambers) as well as the appeal decisions of 12th May 1959,

Contractantes, c'est-à-dire pour les Etats membres du Conseil de l'Europe qui ont signé la Convention et déposé leur instrument de ratification; que l'article 25 § 1 stipule, de son côté, que la Commission ne peut être valablement saisie par une personne physique, une organisation non gouvernementale ou un groupe de particuliers que si le requérant se prétend victime d'une violation, par l'un des Etats Contractants, des droits reconnus dans la Convention et que cet Etat ait accepté la compétence de la Commission en la matière; qu'il ressort clairement de ces prescriptions que la Commission n'a pas compétence, *ratione personae*, pour connaître des violations de la Convention imputées aux simples particuliers, y compris les avocats et les avouées (cf. la jurisprudence constante de la Commission); qu'au demeurant, l'examen du dossier ne permet pas en l'état de déterminer, même *d'office*, en quoi les agissements des personnes en question auraient pu, exceptionnellement, entraîner la responsabilité internationale de la Belgique sur le terrain de la Convention; que les requêtes N° 1420/62 et 1477/62 sont donc, sur ce point, incompatibles avec les dispositions de la Convention (article 27 § 2);

Considérant en second lieu, pour autant que le requérant reproche à la justice belge d'avoir violé le paragraphe 1 et le paragraphe 3, alinéas b) à d) de l'article 6 de la Convention à l'occasion de l'examen de ses différentes plaintes pénales, qu'il échet de souligner, pour commencer, qu'aux termes de son article 1er, la Convention garantit uniquement "les droits et libertés définis (en son) Titre I"; que tout grief formulé par l'une personne physique, une organisation non gouvernementale ou un groupe de particuliers doit avoir trait, selon l'article 25 § 1, à une atteinte alléguée à ces droits et libertés, faute de quoi son examen échappe à la compétence *ratione materiae* de la Commission; que le droit à l'ouverture, par les autorités qualifiées, de poursuites pénales contre des tiers, ne figure pas en tant que tel parmi lesdits droits et libertés (cf., parmi beaucoup d'autres, la décision sur la recevabilité de la requête N° 1599/62, Recueil X, p. 9);

Que la Commission relève, d'autre part, que le paragraphe 3 de l'article 6 ne vaut que pour "tout accusé", c'est-à-dire pour toute personne inculpée, prévenue ou accusée d'avoir commis une infraction pénale, et non point pour celui qui, comme en l'occurrence, porte plainte contre autrui et s'érige on "accusateur" (cf., *entre autres*, les décisions sur la recevabilité des requêtes N° 858/60, N° 808/60 (Annuaire V, p. 123), N° 1341/62, N° 1359/62 et N° 1405/62);

Que, de même, les ordonnances des 16 décembre 1958, 21 novembre 1959, 9 avril 1960 (Chambre du Conseil du Tribunal de Première instance de ...) et 13 mars 1962 (Chambre du Conseil du Tribunal de Première instance de V.), ainsi que les arrêts

13th March 1960, 17th January 1961 ("Chambre des Mises en Accusation" of the ... Court of Appeal), 7th December 1962 ("Chambre des Mises en Accusation" of the ... Court of Appeal) 19th October 1959, 20th June 1960 and 13th November 1961 (Court of Cassation) (see paragraphs 12–16 *above*), were not concerned with the merits of a criminal charge brought against X. within the meaning of Article 6 (1);

Whereas it is true that the Applicant's complaints were in every case bound up with claims for damages; whereas to this extent, the above-mentioned courts were dealing with "contestations of (the) civil rights" invoked by X. vis-à-vis his opponents (Article 6 (1));

Whereas the Commission notes, however, that these Courts have not taken any "decision" on these issues (Article 6 (1)); whereas, in fact, on 23rd November 1956, nearly two years before X. lodged his first complaint, the "Editions de ..." instituted an action for damage against the E. *limited* company: whereas this action mainly concerned the above-mentioned issues; whereas it is still pending before the ... Trade Court, whose Sixth Chamber granted on 28th February 1959 an adjournment based on Article 4 of the Code of Criminal Investigation (see para. 10 above): whereas the quashing of proceedings in respect of the different complaints of the Applicant does not prevent the latter from asking the Trade Court to set aside the adjournment and to take a decision since the quashing of these proceedings does not possess the authority of *res judicata* under civil or commercial law (see *inter alia*, DU PAGE, *Traité élémentaire de droit civil Belge*, 1936, Volume III, No. 1005 and the jurisprudence mentioned therein); whereas Article 6 (1) of the Convention would undoubtedly apply to the procedure of this Court and of any other higher courts;

Whereas it therefore appears that Application No. 1420/62 is, on this count, inadmissible, since all domestic remedies, have not been exhausted and it is both incompatible with the provisions of the Convention and manifestly ill-founded (Article 27 (2) and (3));

Whereas, moreover, as regards the violation of Article 1 of the First Protocol which, in the view of the Applicant, results from the seizures made by the E. company by virtue of the judgment of 8th December 1956 (see paras. 7, 8, 17 and 26 *in fine above*); whereas Article 1 is mainly concerned with the arbitrary confiscation of property; whereas it does not, in principle, affect the appropriate ways and means of enforcing judicial rulings on disputes between individuals; whereas this matter, in view of its importance would, no doubt, have been covered by some provision in the First Protocol if the Contracting States had wanted it to come under property law within the meaning of Article 1 of this Protocol; whereas

d'appel et de cassation des 12 mai 1959, 13 mars 1960, 17 janvier 1961 (Chambres des Mises en Accusation de la Cour d'Appel de ...), 7 décembre 1962 (Chambre des Mises en Accusation de la Cour d'Appel de ...), 19 octobre 1959, 20 juin 1960 et 13 novembre 1961 (Cour de Cassation) (cf. les §§ 12 à 16 *supra*), n'avaient pas à apprécier, et n'ont pas apprécié le "bien-fondé d'une accusation en matière pénale dirigée contre (X.)", au sens du paragraphe 1er de l'article 6;

Que les plaintes du requérant, il est vrai, allaient de pair avec autant de constitutions de partie civile; que, dans cette mesure, les juridictions énumérées ci-dessus se trouvaient saisies de "contestations sur (les) droits ... de caractère civil" que X. invoquait à l'encontre de ses adversaires (article 6 § 1);

Que la Commission constate, cependant que lesdites juridictions n'ont point "décidé" de ces contestations (article 6 § 1); qu'en effet, les "Editions de ..." avaient introduit le 23 novembre 1956, près de deux ans avant le dépôt de la première plainte pénale de X., une action civile contre la société *anonyme* E.; que cette action avait trait, pour l'essentiel, aux contestations susvisées; qu'elle demeure pendante devant le Tribunal de Commerce de ..., dont la Sixième Chambre a rendu, le 28 février 1959, un jugement de surséance fondé sur l'article 4 du Code d'instruction criminelle (cf. le § 10 *supra*); que les ordonnances de non-lieu prononcées au sujet des différentes plaintes du requérant n'empêchent point ce dernier d'inviter le Tribunal de Commerce à vider la surséance et à statuer, car elles ne possèdent pas l'autorité de la chose jugée sur le plan du droit civil ou commercial (cf., *entre autres*, DE PAGE, Traité élémentaire de droit civil belge, 1936, Tome III, N° 1005, et la jurisprudence qui s'y trouve citée); que l'article 6 § 1 de la Convention s'appliquerait sans nul doute à la procédure de ce tribunal et, le cas échéant, des juridictions supérieures;

Qu'il appert par conséquent que la requête N° 1420/62 est, à cet égard, irrecevable à la fois pour incompatibilité avec les dispositions de la Convention, défaut manifeste de fondement et non-épuisement des voies de recours internes (article 27 §§ 2 et 3);

Considérant par ailleurs, quant à la violation de l'article 1er du premier Protocole additionnel qui, aux yeux du requérant, résulte des saisies opérées par la société E. sur la base du jugement du 8 décembre 1956 (cf. les §§ 7, 8, 17 et 26 *in fine supra*), que ledit article 1er se dirige essentiellement contre la confiscation arbitraire de la propriété; qu'il n'affecte pas, en principe, les voies et moyens propres à assurer l'exécution forcée des décisions judiciaires qui tranchent les litiges opposant les particuliers entre eux; que cette matière, en raison de son importance, aurait certainement fait l'objet d'une réglementation quelconque dans le premier Protocole additionnel si les Etats Contractants avaient voulu la placer dans

the actual text of Article 1 and the "*travaux préparatoires*" show that such is not the intention of the Contracting States; whereas the Commission notes, likewise, that not one of these States has made any reservations (Article 64 of the Convention) in respect of the methods of enforcement provided for in the domestic law of each of them; whereas, by adopting another interpretation of Article 1, the Commission would reach the absurd conclusion that the Contracting States have achieved a real legal revolution in the field under consideration, and this without any discussion or restriction (see, *mutatis mutandis*, the decision of 19th December 1957 on the admissibility of Application No. 323/57, Yearbook I, pages 246–247); whereas it follows that Application No. 1420/62, is, in this respect, incompatible with the provisions of the Convention (Article 27 (2));

Whereas, lastly, with regard to the other complaints made by the Applicant, an examination of files 1420/62 and 1477/62, does not bring out the appearance of a violation of the rights and freedoms defined in the Convention, including the many articles referred to by X.;

Whereas, in particular, the 21st Chamber of the ... Court of First Instance (judgments of 16th May and 4th June 1962) and the 14th Chamber of the ... Court of Appeal (decisions of 27th April and 30th May 1963) were undoubtedly competent, within the meaning of Article 5 (1) (a)) of the Convention, to inflict a sentence of imprisonment on X., since the lodging of Application No. 1420/62 on 11th May 1962 did not create any *lis pendens* which could be invoked in these courts; whereas the fact that the Commission is dealing with a case does not have any suspensive effect and the Commission is not empowered to order protective measures (see the decision on the admissibility of Application No. 297/57, Volume II, page 213), but may only suggest such measures; whereas, far from obliging national courts to wait for the Commission to complete its work before they complete theirs, the Convention, in principle, provides for the opposite solution (Article 26) and assigns a mainly subsidiary role to the collective guarantee machinery set up by it;

Whereas the Commission cannot, likewise, see in the criminal proceedings that led to the sentencing of the Applicant (Application No. 1477/62), any trace of a failure to observe Article 6 (3) (c) of the Convention whereby everyone charged with a criminal offence has the right "to defend himself in person or through legal assistance of his own choosing or, if he has not sufficient means to pay for lega assistance, to be given it free when the interests of justice so require"; whereas although X. felt that he should not appear before the court and the ... court, he was quite free to appear in person in order to

le cadre de la protection du droit de propriété, telle que l'organise l'article 1er dudit Protocole; que le texte même de l'article 1er, ainsi que les travaux préparatoires, montrent que les Etats Contractants n'ont pas eu pareille intention; que la Commission constate, dans le même sens, que pas un seul de ces Etats n'a formulé de réserve (article 64 de la Convention) au sujet des voies d'exécution qui étaient et sont prévues par le droit interne de chacun d'eux; qu'en adoptant une autre interprétation de l'article 1er, la Commission aboutirait à la conclusion absurde que les Etats Contractants ont réalisé une véritable révolution juridique dans le domaine dont il s'agit, et ce sans discussion ni restriction aucune (cf., *mutatis mutandis*, la décision du 19 décembre 1957 sur la recevabilité de la requête N° 323/57, Annuaire I, pp. 246–247); qu'il s'ensuit que la requête N° 1420/62 est, à cet égard, incompatible avec les dispositions de la Convention (article 27 § 2);

Considérant enfin, quant aux autres griefs de l'intéressé, que l'examen des dossiers N° 1420/62 et N° 1477/62 ne permet pas de dégager l'apparence d'une violation des droits et libertés définis dans la Convention, y compris les nombreux articles auxquels se réfère X.;

Qu'en particulier, la 21ème Chambre du Tribunal de Première instance de ... (jugements des 16 mai et 4 juin 1962) et la 14ème Chambre de la Cour d'Appel de la même ville (arrêts des 27 avril et 30 mai 1963) avaient assurément compétence, au sens de l'article 5 § 1 a) de la Convention, pour frapper X. d'une peine privative de liberté, car l'introduction de la requête N° 1420/62, le 11 mai 1962, n'a créé aucune "*litispendance*" qui leur fût opposable; que la saisine de la Commission ne produit pas d'effet suspensif et que la Commission n'a pas le pouvoir de prescrire des mesures conservatoires (cf. la décision sur la recevabilité de la requête N° 297/57, Annuaire II, p. 213), mais seulement la faculté d'en suggérer; que loin d'obliger les juridictions nationales à attendre, pour s'acquitter de leur tâche, que la Commission ait accompli la sienne, la Convention consacre en principe la solution inverse (article 26) et assigne un rôle avant tout subsidiaire au mécanisme de garantie collective qu'elle instaure;

Que la Commission n'aperçoit pas non plus, dans la procédure pénale qui a conduit à la condamnation du requérant (requête N° 1477/62), la trace d'une méconnaissance de l'article 6 § 3 c) de la Convention, en vertu duquel tout accusé a droit à "se défendre lui-même ou avoir l'assistance d'un défenseur de son choix et, s'il n'a pas les moyens de rémunérer un défenseur, pouvoir être assisté gratuitement par un avocat d'office, lorsque les intérêts de la justice l'exigent"; que si X. a estimé ne pas devoir comparaître devant le Tribunal et la Cour de ..., il lui était entièrement loisible de se présenter en personne afin de "se défendre lui-même";

"defend himself"; whereas, in particular, the fact that he did not succeed in securing the assistance of an advocate cannot involve the international responsibility of Belgium under the Convention, unless the refusal of Mr. R. G. (Article 28 *above*) or any other lawyer, in other words a refusal by individuals (see *above*), is really due to pressure or manoeuvres by the public authority, which is neither alleged nor *a fortiori* proved by the Applicant; whereas the complaint concerning Article 8 of the Convention is likewise unjustified; whereas, in effect, the Applicant left his home on his own initiative; whereas if, moreover, he had not eluded the execution of his sentence, he would have undergone, during his imprisonment, limitations to the exercise of the rights set forth in Article 8 (1) which, except in the case of any abuse, would have been compatible with paragraph 2 of that Article;

Whereas the Commission further points out, in regard to the many judicial decisions complained of by X., that its sole task is to ensure the observance of the engagements undertaken by the Contracting Parties in the Convention (Article 19); whereas, in particular, it follows that it cannot accept an individual application (Article 25) concerning factual or legal errors allegedly committed by a domestic court, except if and in so far as these errors seem to it to have resulted in an infringement to the rights and freedoms guaranteed by the Convention (see the well-established jurisprudence of the Commission), which is not the case here;

Whereas, the rest of Applications No. 1420/62 and 1477/62 should therefore be rejected, being manifestly illfounded (Article 27 (2));

Whereas it is superfluous, under these circumstances, to determine whether the Applicant has actually exhausted all domestic remedies in respect of each of his complaints (Articles 26 and 27 (3) of the Convention); whereas this question might have arisen for several of these complaints; whereas, for example, two of the appeals lodged by X. are still pending (18th December 1963), namely his appeal against the judgment of th8 December 1956 ((Para 8 *above*) and his appeal in Cassation against the decision of 27th April and 30th May 1963 (Para. 29 *in fine above*); whereas, if these appeals were to succeed, this would be bound to affect the contested seizures and penal sentence;

Now therefore the Commission,

DECLARES INADMISSIBLE APPLICATIONS NO. 1420/62 AND 1477/62 AND, CONSEQUENTLY ALSO, APPLICATION No. 1478/62.

qu'en outre et surtout, le fait qu'il n'ait pas réussi à obtenir la concours d'un avocat ne saurait engager la responsabilité internationale de la Belgique sur le terrain de la Convention, à moins que le refus de Me ... (§ 28 *supra*) ou de tel autre homme de loi, refus qui émanait de simples particuliers (cf. *supra*), ne s'explique en réalité par des pressions ou manoeuvres de l'autorité publique, ce que le requérant n'a ni allégué ni *a fortiori* établi;

Que le grief concernant l'article 8 de la Convention ne se justifie pas davantage; qu'en effet, le requérant a quitté son foyer de sa propre initiative; que si, de surcroît, il ne s'était pas soustrait jusqu'ici ä l'exécution de sa peine, il aurait subi, durant son emprisonnement, des limitations à l'exercice des droits énoncés au paragraphe 1er de l'article 8, limitations qui, sauf abus éventuel, eussent été compatibles avec le paragraphe 2 du même article;

Que la Commission rappelle également, quant aux nombreuses décisions judiciaires dont se plaint X., qu'elle a pour seule tâche d'assurer le respect des engagements résultant de la Convention pour les Etats Contractants (article 19); qu'il en découle, notamment, qu'elle ne peut retenir une requête individuelle (article 25) relative à des erreurs de fait ou de droit prétendument commises par une juridiction interne, sauf si et dans la mesure où ces erreurs lui semblent susceptibles d'avoir entraîné une atteinte aux droits et libertés garantis par la Convention (cf. la jurisprudence constante de la Commission), ce qui n'est pas le cas en l'espèce;

Qu'il échet donc de rejeter le restant des requêtes N° 1420/62 et N° 1477/62, pour défaut manifeste de fondement (article 27 § 2 de la Convention);

Considérant qu'il se révèle superflu, dans ces conditions, de rechercher si le requérant a valablement épuisé les voies de recours internes pour chacun de ses griefs (articles 26 et 27 § 3 de la Convention); que la question aurait pu se poser pour plusieurs d'entre eux; que, par exemple, deux des recours exercés par X. restent pendants à ce jour (18 décembre 1963), semble-t-il à savoir son appel contre le jugement du 8 décembre 1956 (§ 8 *supra*) et son pourvoi en cassation contre les arrêts des 27 avril et 30 mai 1963 (§ 29 *in fine supra*); que leur succès éventuel ne manquerait pas de se répercuter sur les saisies et la condamnation pénale litigieuses;

Par ces motifs, la Commission

DECLARE IRRECEVABLE LES REQUETES N° 1420/62 ET N° 1477/62 ET, PAR VOIE DE CONSEQUENCE, LA REQUETE N° 1478/62.

D.

Summaries of the Decisions

Abuse of Right of Petition see Application abusive

Administration of Justice (Right to a proper ...)

1. The principle of "equality of arms" is embodied in the notion of a "fair hearing" as the Commission has held in Applications Nos. 524/59, 596/59, 617/59 and 789/60 (Ofner, Pataki, Hopfinger and Dunshirn v. Austria – Yearbook III, pp. 332, 356, 370 and Collection of Decisions, Vol. 5). In a case lodged against the Austrian Government, the Commission noted that the Attorney-General's intervention in the proceedings before the Court of Appeal merely consisted of forwarding the case-file with an indication that in his opinion, paragraph 2 of Article 349 of the Austrian Code of Criminal Procedure might be applied. The Attorney-General thus did no more than draw the attention of the Court to this provision of the Code of Criminal Procedure. The Commission found that this intervention did not add to the submissions of the Chief Public Prosecutor any legal arguments which might have called for further submissions from the defence. Accordingly, arguments unknown to the defence were not put to the Court of Appeal when it ruled on the Applicant's appeal. It follows that in these circumstances, the "hearing" of the Attorney-General cannot reasonably be considered to have violated the principle of equality between prosecution and defence which is inherent in the notion of a "fair hearing" within the meaning of Article 6, paragraph (1) of the Convention. In the present case, therefore, the conduct of the proceedings before the Court of Appeal of Z.... was in no way incompatible with the provisions of Article 6 of the Convention.
(VI, p. 180, No. 1035/61)

2. The denial to an accused of legal aid for proceedings on appeal or the exclusion of his lawyer from the hearing of the appeal raises the issue of "equality of arms" between prosecution and defence. The Commission had previously dealt with the issue in its decisions on Applications Nos. 596/59 and 789/60 (Pataki and Dunshirn v. Austria).

It follows, therefore, that a similar application which raises the same issue cannot be considered to be manifestly ill-founded and inadmissible under Article 27, paragraph (2), of the Convention.
(VI, p. 140, No. 834/60)

D.

Sommaires des décisions

Abusive (Requête ...), voir Requête abusive.

Administration de la justice (Droit à une bonne ...)

1. Le principe de "l'égalité des armes" est inhérent à la notion de "cause entendue équitablement", ainsi que la Commission l'a déjà jugé dans les requêtes Nos. 524/59, 596/59, 617/59 et 789/60 (Ofner, Pataki, Hopfinger et Dunshirn contre Autriche – Annuaire III, pp. 333, 357, 371 et Recueil de décisions, Vol. 5). Dans une affaire mettant en cause le Gouvernement autrichien, la Commission a constaté que l'intervention du Procureur général dans la procédure devant la Cour d'Appel n'a consisté qu'à transmettre le dossier avec la remarque qu'à son avis, le § 2 de l'article 349 du Code autrichien de Procédure Pénale pourrait être applicable. Le Procureur général s'est donc borné à attirer l'attention de la Cour sur cette disposition du Code de Procédure Pénale. La Commission a constaté que cette intervention n'a ajouté aux conclusions du Procureur principal aucun argument juridique susceptible d'exiger le dépôt de nouvelles conclusions de la défense. Par conséquent, des arguments inconnus de la défense n'ont pas été invoqués devant la Cour d'Appel lorsqu'elle s'est prononcée sur l'appel du requérant. Il s'ensuit que dans ces conditions, "l'audition" du Procureur général ne peut raisonnablement être considérée comme violant le principe de l'égalité entre l'accusation et la défense, qui est inhérent à la notion de "cause entendue équitablement", au sens de l'article 6 § 1 de la Convention. En l'espèce, donc, la conduite des débats devant la Cour d'Appel de Z., n'a été en aucune façon incompatible avec les prescriptions de l'article 6 de la Convention.

(VI, p. 181, N° 1035/61)

2. Le refus, à un inculpé, de l'assistance judiciaire pour la procédure d'appel ou l'exclusion de son avocat pendant cette procédure pose le problème de "l'égalité des armes" entre l'accusation et la défense. La Commission en avait déjà fait état dans ses décisions relatives aux requêtes N° 596/59 et 789/60 (Pataki et Dunshirn contre l'Autriche).

Il s'ensuit qu'une requête similaire qui contient le même grief ne peut pas être considérée comme manifestement mal fondée et ne peut donc être rejetée comme irrecevable par application de l'article 27 § 2 de la Convention.

(VI, p. 141, N° 834/60)

3. If an appeal is decided in a session at which the Superior Public Prosecutor was not present, the question of "equality of arms" does not arise, and the application must be declared inadmissible as being manifestly ill-founded.

(VI, p. 458, No. 1793/63)

4. An application which puts in issue appeal proceedings heard in Austria before the Supreme Court under (former) Article 296 of the Code of Criminal Procedure was declared inadmissible as manifestly ill-founded as the Commission held that, in this case, the representative of the Attorney-General, before a decision was taken by the Court, restricted himself to expressing his agreement with the proposal of the judge-rapporteur. In view of this, the Commission saw no reason, on the facts before it, to conclude that the Attorney-General took a more active part in the proceedings than he did in the cases of Ofner and Hopfinger where he simply expressed his agreement, by one written expression "*einverstanden*", with the draft decision prepared by the judge-rapporteur. The Commission could not, in the present case, arrive at the conclusion that the principle of "equality of arms" between the parties had been violated.

(VI, p. 194, No. 1135/61)

5. In its report of 23rd November 1962 on applications Nos. 524/59 and 617/59, the Commission expressed the opinion that Messrs. Ofner and Hopfinger had not been victims of any violation of the rights guaranteed by the Convention. The Committee of Ministers of the Council of Europe came to the same conclusion (Resolution of 5th April 1963, adopted in pursuance of Article 32 of the Convention).

There are, however, far-reaching differences between the cases referred to above and the application of Plischke v. Austria. In fact, the appeal and the plea of nullity were lodged in the case by the office of the Public Prosecutor and not by the person convicted as in the case of Messrs. Ofner and Hopfinger. The Supreme Court was consequently able to increase the sentence passed on Plischke by the Court of First Instance and, moreover, availed itself of this power whilst the applicants Ofner and Hopfinger did not run any risk of having their sentences increased in this way. Furthermore, the representative of the Attorney-General's office did not confine himself, as in the cases of Ofner and Hopfinger, to expressing in writing his agreement (*einverstanden*) with the proposal made by the judge-rapporteur, but was "heard by the court", in the true sense of the expression, in the absence not only of the Applicant, but also of any lawyer entitled to defend the Applicant.

Thus, the proceedings in question were concluded by a public

3. Par contre, si l'appel a été jugé au cours d'une audience où le Procureur Supérieur n'était pas présent, la question d'égalité des armes ne se pose plus et la requête doit dès lors être déclarée irrecevable comme manifestement mal fondée.

(VI, p. 459, N° 1793/62)

4. Une requête qui met en cause la procédure d'appel suivie en Autriche devant la Cour Suprême conformément à l'article 296 (ancien) du Code de Procédure Pénale est déclarée irrecevable comme manifestement mal fondée, la Commission ayant constaté qu'en l'espèce, le représentant du Procureur général s'est borné, avant que la décision ne soit prise par la Cour, à marquer son accord avec la proposition du juge-rapporteur. De ce fait, la Commission, en l'état actuel du dossier, n'aperçoit aucune raison de conclure que le Procureur général ait joué, en l'occurrence, un rôle plus actif que dans les affaires Ofner et Hopfinger, où il s'était borné à marquer, par le simple terme écrit "einverstanden", son accord sur le projet de décision élaboré par le juge-rapporteur. La Commission ne peut donc, en l'espèce, conclure que le principe de "l'égalité des armes" entre les parties a été violé.

(VI, p. 195, N° 1135/61)

5. Dans son rapport du 23 novembre 1962 sur les requêtes Nos. 524/59 et 617/59, la Commission a formulé l'opinion que MM. Ofner et Hopfinger n'avaient été victimes d'aucune violation des droits que garantit la Convention. Le Comité des Ministres du Conseil de l'Europe est arrivé à la même conclusion (Résolution du 5 avril 1963, adoptée en vertu de l'article 32 de la Convention).

Il existe toutefois de profondes différences entre les affaires précitées et la requête Plischke contre l'Autriche. En effet, l'appel et le pourvoi en cassation émanaient en l'occurrence du Ministère public et non pas du condamné comme dans le cas de MM. Ofner et Hopfinger. La Cour Suprême pouvait, par conséquent, augmenter la peine infligée à Plischke en première instance et elle a usé du reste de cette faculté, alors que les requérants Ofner et Hopfinger ne risquaient point pareille aggravation de leur sort. En outre, le représentant de la Procurature Générale, au lieu de se borner, comme dans les affaires Ofner et Hopfinger, à exprimer par écrit son accord "einverstanden" avec le projet du conseiller-rapporteur, a été "entendu en ses déclarations", au sens propre du terme, et ce en l'absence non seulement du requérant mais de tout homme de loi habilité à défendre celui-ci.

La procédure litigieuse s'est donc terminée par une audience

hearing held in the absence of the parties, and by a *reformatio in pejus*, whilst the proceedings of which Ofner and Hopfinger complained were written only and, as far as the main features were concerned, were conducted in the presence of the parties, and led to reduction of the sentence (Ofner case) or to confirmation of the sentence *a quo* (Hopfinger case).

The differences enumerated above relate to certain facts of which the Commission, and later the Committee of Ministers, took particular account in concluding, in applications Nos. 524/59 and 617/59, that there had been no violation of the Convention. The question of "equality of arms" (*Waffengleichheit*) is raised in the Plischke case in new and particularly complex terms which preclude ruling out forthwith the possibility of such a violation. The Commission is not entitled to reject, at this stage, the application of Plischke as being manifestly ill-founded.

(VI, p. 252, No. 1446/62)

6. After considering various elements of the system of the so-called "croquis" as it was in use in Austria, the Commission first noted that this system was not provided for by law but was an administrative practice which had been followed over a period of years. Further, the primary object of the "croquis" was apparently to prepare the case for submission by the Attorney-General's Office to the Supreme Court in open session. Nevertheless, the fact that a copy of the "croquis" was sent to the Court before the opening of the session resulted in the Court being aware of the Attorney-General's case before it was made known to the appellant. Indeed, it was possible that the full contents of the "croquis" might never be made known to the appellant.

The Commission, after appreciating these various aspects of the "croquis" system, is of the opinion that the system, as then in use, might have given rise to an abuse resulting in a prejudice to the principle of "equality of arms" and generally to the fair hearing of an appellant's case. Consequently, the system was on the whole undesirable.

The Commission has now been informed that, since the period of the proceedings in question, the "croquis" system has been modified to the extent that the whole "croquis" is made available to an appellant before the opening of the proceedings at which it is to be used.

Although the Commission considers that the "croquis" system was in general undesirable, the question before it is whether the application of the system to the present Applicant in the proceedings before the Supreme Court amounted to a violation of the Convention and, in particular, of the provisions in Article 6 in regard to the guarantee to an accused person of the right of a fair hearing in the proceedings brought against him.

publique, mais non contradictoire et par une *reformatio in pejus*, tandis que celle dont se plaignaient Ofner et Hopfinger, entièrement écrite et, pour l'essentiel au moins, contradictoire, avait abouti à une réduction de peine (affaire Ofner) ou à la confirmation pure et simple du jugement *a quo* (affaire Hopfinger).

Les différences énumérées ci-dessus affectent certaines des données dont la Commission, puis le Comité des Ministres, ont tenu précisément le plus grand compte en concluant, dans les causes Nos. 524/59 et 617/59, à l'absence de violation de la Convention. Le problème de l'"égalité des armes" (*Waffengleichheit*) se pose donc, en l'affaire Plischke, en des termes nouveaux et particulièrement complexes, qui ne permettent pas d'écarter d'emblée la possibilité d'une telle violation. La Commission ne saurait dès lors repousser le grief de Plischke pour défaut manifeste de fondement.

(VI, p. ..., N° 1446/62)

6. Après avoir examiné les divers éléments du système dit du "croquis" tel qu'il était pratiqué en Autriche, la Commission a d'abord noté que ce système n'est pas prévu par la loi, mais constitue une pratique administrative suivie depuis un certain nombre d'années. En outre, l'objet principal du croquis est apparemment de préparer l'exposé du Ministère public devant la Cour suprême en audience contradictoire. Néanmoins, le fait qu'un exemplaire du croquis était adressé à la Cour avant l'ouverture de l'audience a pour résultat que la Cour était informée de l'opinion du Ministère public avant le requérant. En fait, il se pouvait que la teneur intégrale du croquis ne soit jamais connue du requérant.

Après avoir apprécié les divers aspects du système du croquis, la Commission estime que ce système, tel qu'il était pratiqué, pouvait permettre un abus portant atteinte au principe de l'égalité des armes et, d'une manière générale, au principe selon lequel la cause du réquérant doit être entendue équitablement. En conséquence, ce système, dans l'ensemble, n'était pas satisfaisant.

Toutefois, la Commission a maintenant été informée que le système du croquis a été modifié en ce sens que l'ensemble du croquis est mis à la disposition du requérant avant l'ouverture du procès au cours duquel il doit être utilisé.

Bien que la Commission estime que le système du croquis d'une manière générale n'est pas satisfaisant, la question dont elle est saisie est de savoir si l'application de ce système à un requérant dans une procédure donnée devant la Cour Suprême constitue une violation de la Convention et, notamment, des dispositions de l'article 6 qui concernent le droit de l'accusé à ce que sa cause soit entendue équitablement dans la procédure intentée contre lui.

The question whether the trial conforms to the standard laid down by paragraph (1) of Article 6 must be decided on the basis of a consideration of the trial as a whole, and not necessarily on the basis of an isolated consideration of one particular aspect of the trial or one particular incident (The "Nielsen" Case, Doc. A 67.185, page 80).

(VI, p. 222, No. 1418/62)

7. In order to answer the question whether an applicant enjoyed "equality of arms" which, in the eyes of the Commission, is an inherent element of a fair trial within the meaning of Article 6, paragraph (1) of the Convention, one has to determine the actual part played by the Attorney-General or the administrative authorities in the particular case.

(VI, p. 520, No. 1169/61)

8. The principle of a fair trial cannot be determined *in abstracto* but must be considered in the light of the special circumstances of each case.

(VI, p. 462, No. 1802/63)

9. Where there is a possibility for a convicted applicant to appeal against his conviction, it has to be considered whether the notion of a "fair trial" within the meaning of Article 6, paragraph (1) of the Convention might not signify that a court must state in detail the reasons for its decision in order that, on appeal, the rights of the defence may be properly safeguarded.

(VI, p. 180, No. 1035/61)

10. In certain types of cases or in certain circumstances, a "fair" hearing within the meaning of Article 6 of the Convention is scarcely conceivable without the presence in person of the party concerned. This may be so in civil or commercial cases (cf. decisions on the admissibility of application No. 434/58, Yearbook II, pp. 370–374, No. 438/58, Collection of Decisions 6, p. 61 and No. 696/60 unreported). The same is true *a fortiori* of criminal matters.

(VI, p. 520, No. 1169/61)

11. When the character and mode of living of an applicant are not directly relevant to the formation of the Court's opinion, proceedings wholly in writing might meet the requirements of Article 6, paragraph (1) of the Convention.

(VI, p. 520, No. 1169/61)

12. In regard to the Applicant's petitions for a retrial and for clemency, the Commission refers to its constant jurisprudence that

A cet égard, la conformité du procès avec les normes fixées au § 1 de l'article 6 doit être jugée en fonction de l'ensemble du procès et pas nécessairement sur la base d'un aspect ou d'un incident particulier du procès (L'affaire "Nielsen", Doc. A 67.185, page 81).

(VI, p. 223, N° 1418/62)

7. Pour répondre à la question de savoir si un requérant a bénéficié de l'égalité des armes qui constitue, aux yeux de la Commission, un élément inhérent à tout procès équitable au sens de l'article 6 § 1 de la Convention, il importe de déterminer *in concreto* le rôle que le Procureur Général ou l'administration ont joué en l'espèce.

(VI, p. 521, N° 1169/61)

8. Le principe du jugement équitable ne saurait être défini in abstracto, mais doit être examiné selon les circonstances particulières de chaque cas.

(VI, p. 463, N° 1802/63)

9. Lorsqu'un requérant condamné dispose de la possibilité d'introduire un recours contre sa condamnation, la question se pose de savoir si la notion de "cause entendue équitablement" au sens de l'article 6 § 1 de la Convention ne pourrait pas signifier qu'un tribunal doit exposer en détail les motifs de sa décision, afin que, sur appel de celle-ci, les droits de la défense puissent être convenablement sauvegardés.

(VI, p. 181, N° 1035/61)

10. Dans certains types d'affaires ou dans certaines circonstances, l'examen "équitable" de la "cause" au sens de l'article 6 de la Convention ne se conçoit guère sans la comparution personnelle de l'intéressé. Tel peut être le cas dans des procès civils ou commerciaux (cf. les décisions sur la recevabilité des requêtes N° 434/58, Annuaire II, pp. 371–375, N° 438/58, Recueil VI, p. 61, et N° 696/60). Il en va de même, *a fortiori*, en matière pénale.

(VI, p. 521, N° 1169/61)

11. Lorsque le caractère et le comportement personnels d'un requérant ne sont pas de nature à contribuer directement à former l'opinion du tribunal, une procédure entièrement écrite peut répondre aux exigences de l'article 6 § 1 de la Convention.

(VI, p. 521, N° 1169/61)

12. En ce qui concerne le recours en révision et le recours en grâce introduits par le requérant, la Commission renvoie à sa jurisprudence

proceedings concerning such petitions fall outside the scope of Article 6 of the Convention (see Applications Nos. 864/60 and 1127/61, Collection of Decisions of the Commission, 9, pages 17 [21–22], and 8, pages 9 et seq. respectively).

(VI, p. 194, No. 1135/61)

13. The Commission does not automatically exclude the concept that the right to liberty is included among the "civil rights and obligations" defined in Article 6 of the Convention. The Commission could not, however, accept the concept without careful consideration.

(VI, p. 494, No. 1322/62)

14. One cannot reasonably deduce from Article 6, paragraph (3) (a) and (b) an obligation on the courts and tribunals of Contracting States to indicate to applicants in minute detail the grounds of fact and of law on which they intend to base their decisions.

(VI, p. 520, No. 1169/61)

15. In proceedings relating to a request for extradition, the applicant is not a person "charged with a criminal offence" within the meaning of Article 6 of the Convention, if the courts are only called upon to decide the question whether or not the applicant should be extradited to a foreign country. It follows that paragraphs (2) and (3) of Article 6 of the Convention are not applicable to such proceedings.

(VI. p. 484, No. 1918/63)

16. Article 6, paragraph (3) applies only to "everyone charged with a criminal offence" and not to anyone who brings an action against another party as an "accuser".

(VI, p. 590, Nos. 1420/62, 1477/62, 1478/62)

17. The right of an accused person to be assisted by a lawyer is not violated by reason of the fact that the accused is not allowed an opportunity to talk to his lawyer about his case when there is nothing to prevent him from corresponding with his lawyer before the case is heard.

(VI, p. 194, No. 1135/61)

18. The fact that an applicant has not succeeded in getting the assistance of a lawyer does not involve the international responsibility of a Contracting Party, unless the refusal of lawyers to act is due, in fact, to pressure by public authorities.

(VI, p. 590, Nos. 1420/62, 1477/62, 1478/62)

constante selon laquelle la procédure relative à ce genre de requêtes n'est pas régie par les dispositions de l'article 6 de la Convention (voir requêtes N° 864/60 et 1127/61, Recueil de décisions de la Commission N° 9, pp. 17 [21–22] et N° 8, pp. 9 ss., respectivement).

(VI, p. 195, N° 1135/61)

13. La Commission n'écarte point d'emblée que le droit à la liberté puisse être rangé parmi les "droits et obligations de caractère civil" au sens de l'article 6 de la Convention. Elle ne saurait toutefois adopter cette conception sans mûre réflexion.

(VI, p. 495, N° 1322/62)

14. L'on ne peut raisonnablement déduire de l'article 6 § 3 a) et b) l'obligation, pour les cours et tribunaux des Etats contractants, d'indiquer par le menu aux requérants sur quels éléments de fait et de droit ils entendent fonder leurs décisions.

(VI, p. 521, N° 1169/61)

15. Lors d'une procédure relative à une demande d'extradition, le requérant n'a pas la qualité d'"accusé d'une infraction" au sens de l'article 6 de la Convention, si les tribunaux ne sont appelés à se prononcer que sur la question de savoir si le requérant doit être ou non extradé dans un pays étranger. Les paragraphes 2 et 3 de l'article 6 de la Convention ne s'appliquent pas, par conséquent, à la procédure susmentionnée.

(VI, p. 485, N° 1918/63)

16. L'article 6 § 3 ne s'applique qu'à "tout accusé", c'est-à-dire à toute personne inculpée, prévenue ou accusée d'avoir commis une infraction pénale, et non point à celui qui porte plainte contre autrui et s'érige en "accusateur".

(VI, p. 591, Nos. 1420/62, 1477/62, 1478/62)

17. Le droit pour un accusé d'être assisté d'un avocat n'est pas violé du fait qu'il n'a pu s'entretenir oralement avec son avocat, alors que rien ne l'empêchait de prendre contact par écrit avec lui avant que sa cause n'ait été jugée.

(VI, p. 195, N° 1135/6)1

18. Le fait qu'un requérant n'a pas réussi à obtenir le concours d'un avocat ne saurait engager la responsabilité internationale de la Partie Contractante, à moins que le refus des avocats ne s'explique en réalité par des pressions de l'autorité publique.

(VI, p. 591, Nos. 1420/62, 1477/62, 1478/62)

19. Article 6, paragraph (3) (d) provides that "everyone charged with a criminal offence has the right ... to examine or have examined witnesses against him, and to obtain the attendance and examination of witnesses on his behalf under the same conditions as witnesses against him."

In its decision on the admissibility of Application No. 1290/61 (M. v. Austria) the Commission considered that "the calling of experts as witnesses is covered by the terms of Article 6, paragraph (3) (d) of the Convention".

The Commission has, however, held in several decisions (No. 617/59 – Hopfinger v. Austria – Yearbook III, p. 370 – and No. 753/60 – E. v. Austria – ibid. p. 310) that "this provision does not allow the accused to call everyone, and, in particular, persons who are not in a position to assist by their statements in elucidating the truth. In other words, paragraph (3) (d) does not prohibit the Court from refusing to summon persons who cannot be witnesses on his behalf' within the meaning of that same paragraph".

(VI, p. 204, No. 1167/61)

20. Neither Article 6 nor any other Article of the Convention guarantees expressly, or by implication, the principle of *non bis in idem.*

(VI, p. 346, No. 1519/62)

Aid, Legal ..., see Administration of Justice

Appearance of a violation, see Application manifestly ill-founded.

Application abusive

1. The fact that the application was inspired by motives of publicity and political propaganda, even if established, would not by itself necessarily have the consequence that the Application was an abuse of the right of petition. A case which raises issues which cause considerable political interest is not abusive provided it is not established that the Applicant has unduly emphasised the political aspect of his case.

(VI, p. 278, No. 1468/62)

2. Before declaring, on 8th March 1962, that Application No. 1270/62 lodged by Ilse Koch against the Federal Republic of Germany constituted a "clear and marked abuse of the right of individual application", the Commission had found that the Applicant was merely trying "to escape the consequence of her conviction". The Commission had not limited itself to this finding, however, noting that Ilse Koch, "imprisoned in pursuance of a

19. L'article 6 § 3 d) stipule que "tout accusé a droit à interroger ou faire interroger les témoins à charge et obtenir la convocation et l'interrogation de témoins à décharge dans les mêmes conditions que les témoins à charge."

Dans sa décision sur la recevabilité de la requête N° 1290/61 (M. c/l'Autriche), la Commission a estimé que "la convocation d'experts comme témoins est régie par les termes de l'article 6 § 3 d) de la Convention".

Toutefois, la Commission a dit dans plusieurs décisions (N° 617/59, Hopfinger c/Autriche – Annuaire III, p. 370 – et N° 753/60 – E., c/Autriche – ibid., p. 310) que "cette disposition ne permet pas à l'accusé d'obtenir la convocation de n'importe quelle personne et notamment de celle qui n'est pas en mesure, par ses déclarations, d'aider à la manifestation de la vérité. Il en résulte que le paragraphe 3 d) n'interdit pas au Tribunal de refuser de convoquer des personnes, et notamment un contre-expert, qui ne peuvent pas être "des témoins à décharge" au sens de ce paragraphe.

(VI, p. 205, N° 1167/61)

20. L'article 6, ni aucun autre article de la Convention, ne garantit soit expressément, soit implicitement, le principe *non bis in idem*. (VI, p. 347, N° 1519/62)

Apparence de violation, voir Requête manifestement mal fondée.

Assistance judiciaire, voir Administration de la justice.

Avocat, voir Administration de la justice.

Circonstances de nature à relever le requérant de l'obligation d'épuiser les voies de recours internes, voir Epuisement des voies de recours internes.

Compétence de la Commission

1. La Commission n'a pas compétence, ratione loci, pour examiner les décisions rendues par les tribunaux siégeant sur un territoire auquel la Convention n'est pas applicable (zone soviétique d'Allemagne). (VI, p. 495, N° 1322/62)

2. La Commission n'a pas compétence, ratione personae, pour connaître des violations de la Convention imputées aux simples particuliers, y compris les avocats.

(VI, p. 349, N° 1599/62)
(VI, p. 495, N° 1322/62)
VI, p. 591, Nos. 1420/62, 1477/62, 1478/62)

sentence passed upon her because of crimes committed in defiance of the most elementary rights of the individual", had put forward "a series of allegations and grievances for which there was not the slightest support in the Convention", as there was incompetence, and inadmissibility, on several grounds (incompetence *ratione temporis*, incompetence *ratione materiae* and inadmissibility as being manifestly illfounded) (Yearbook V, p. 126).

In the Commission's opinion, the same is not true of the case No. 1727 v. Belgium.

In a more general way and having regard to its jurisprudence in this respect (cf. in particular, Yearbook I, pp. 194–197; Yearbook II, p. 338; Yearbook III, p. 442; Collection 9, p. 57), the Commission sees no reason for rejecting this application as "an abuse of the right of petition" within the meaning of article 27, paragraph (2), of the Convention.

(VI, p. 370, No. 1727/62)

Applications by individuals

1. It is true that the Convention does not confer upon the Commission any competence to declare invalid an Act passed by a national parliament, or to declare invalid an administrative order issued by a competent national authority or to give a decision that a judgment of a national court cannot be enforced.

If, however, in his application form, the Applicant, in unequivocal terms, makes the allegation, clearly indicating the legal basis of his Application and leaving no doubt as to the issue of which he seized the Commission in pursuance of Article 25 of the Convention, the precise form in which he summarises his claims may be disregarded.

(VI, p. 278, No. 1468/62)

2. The Commission may think it right to depart, in the exceptional circumstances of a case, from its usual practice and to indicate the vote by which the decision upon the issue of admissibility has been taken.

(VI, p. 278, No. 1468/62)

3. The fact that the Commission is dealing with a case does not have any suspensive effect on proceedings before national courts. Far from obliging national courts to wait for the Commission to complete its work before they complete theirs, the Convention, in principle, provides for the opposite solution (Article 26) and assigns a mainly subsidiary role to the collective guarantee machinery set up by it.

(VI, p. 590, Nos. 1420/62, 1477/62, 1478-62)

3. La Commission a déjà constaté que, par "victime", l'article 25 de la Convention vise non seulement la ou les victimes directes de la violation alléguée, mais encore toute victime indirecte à qui cette violation causerait un préjudice ou qui aurait un intérêt personnel valable à obtenir qu'il y soit mis fin (cf. entre autres, la décision sur la recevabilité de la requête N° 282/57, Annuaire I, p. 166).
(VI, p. 591, Nos. 1420/62, 1477/62, 1478/62)

Décision définitive, voir Délai de six mois.

Défense (Droits de la ...), voir Administration de la justice.

Délai de six mois

1. Le délai de six mois ne s'applique pas à une requête incriminant une législation qui engendre une situation continue alors qu'il n'existe aucun recours interne, au sens de l'article 26 de la Convention, permettant de l'attaquer. (VI, p. 333, N° 1474/62)
(VI, p. 445, N° 1769/63)

2. Dans l'introduction d'une requête, il est nécessaire de distinguer entre son dépôt au Secrétariat Général et son enregistrement par la Commission. Si l'article 48, § 2 du Règlement Intérieur de la Commission est applicable à l'introduction d'une requête, il est clair, notamment dans le texte français, que la date de son dépôt est, au plus tard, la date à laquelle elle est parvenue au Secrétariat Général et où il en a été accusé réception. C'est de cette date qu'il convient de tenir compte pour la computation du délai de six mois prévu à l'article 26 de la Convention.
(VI, p. 279, N° 1468/62)

Discrimination, voir Non-discrimination.

Droits garantis par la Convention

1. Aux termes de son article 1er, la Convention garantit les seuls droits et libertés définis à son Titre 1er. Seule la violation d'un de ces droits et libertés peut, selon l'article 25 § 1, faire l'objet d'une requête recevable devant la Commission.

Aucun article de la Convention et du premier Protocole Additionnel ne consacre expressément la "liberté linguistique".
(VI, p. 333, N° 1474/62)

2. L'article 6, ni aucun autre article de la Convention, ne garantit soit expressément, soit implicitement, le principe *non bis in idem.*
(VI, p. 445, N° 1769/63)
(VI, p. 347, N° 1519/62)

Application manifestly ill-founded

1. Article 27, paragraph (2), of the Convention requires the Commission to declare inadmissible any Application lodged by an individual which it considers to be "manifestly ill-founded". The Commission has consistently acted on the principle that an Application should be declared inadmissible as being manifestly ill-founded only when a preliminary examination of the case does not disclose any appearance of a violation of the Convention. In its decisions on the admissibility of the Applications lodged by Pataki and Dunshirn, the Commission held that "the Applicant's complaint in regard to the procedure followed by the Court of Appeal when dealing with the appeal in his case cannot be regarded as manifestly ill-founded within the meaning of Article 27, paragraph (2) of the Convention and cannot be declared inadmissible on that ground".

It follows that, in a similar case, an Applicant's complaint in regard to the procedure followed by the Court of Appeal cannot be regarded as manifestly ill-founded within the meaning of Article 27, paragraph (2), of the Convention and cannot be declared inadmissible on that ground.

(VI, p. 140, No. 834/60)

2. Although Article 27, paragraph 2, of the Convention requires the Commission to declare "inadmissible" individual applications which it considers "manifestly ill-founded", it is not thereby entitled to reject, at the stage of its decision as to admissibility, an application which is not obviously ill-founded (cf. *inter alia*, 9.6.1958, No. 214/56, De Becker v. Belgium, Yearbook II, pp. 252–254).

(VI, p. 370, No. 1727/62)

3. The Commission, cannot accept a complaint unless the evidence supplied by the applicant suffices to give *prima facie* plausibility to the allegation of a violation of one of the rights guaranteed by the Convention. If the Applicant does not succeed in producing such *prima facie* evidence andh is arguments, though not without substance, collide with the no less cogent arguments of the respondent State, the application must be rejected as being manifestly ill-founded.

(VI, p. 520, No. 1169/61)

Circumstances such as would absolve an applicant from exhausting domestic remedies, see Exhaustion of Domestic Remedies.

3. Le droit à l'ouverture de poursuites pénales contre un tiers et le droit au bénéfice à une mesure de libération conditionnelle ne figurent pas, en tant que tels, parmi les droits et libertés protégés par la Convention.

(VI, p. 349, N° 1599/62)
(VI, p. 591, Nos. 1420/62, 1477/62, 1478/62)

4. Le droit à l'asile politique n'est pas inclus comme tel parmi les droits et libertés garantis par la Convention.

(VI, p. 463, N° 1802/63)

Education et enseignement (Droit des parents sur l'... et l'... de leurs enfants).

La législation belge en matière linguistique soulève sur le terrain de l'article 2 du Premier Protocole Additionnel des problèmes suffisamment complexes pour que leur solution doive relever de l'examen du fond de l'affaire et que la requête la visant ne puisse pas être rejetée pour défaut manifeste de fondement.

(VI, p. 333, N° 1474/62)
(VI, p. 445, N° 1769/63)

Effets des requêtes individuelles, voir Requête individuelle.

Enseignement, voir Education.

Epuisement des voies de recours internes

1. La Commission a déjà rappelé, à maintes reprises, qu'aux fins d'application de l'article 25 de la Convention, tout grief formulé devant elle à l'encontre d'une juridiction nationale inférieure doit avoir été articulé auparavant, au moins en substance, devant la juridiction supérieure compétente (cf. notamment Annuaire I, p. 147; Recueil VII, pp. 52 et s.; Recueil VIII, pp. 23–24 et 123–124). Une requête dirigée contre un Etat où la Convention forme partie intégrante de la législation interne, comme la Belgique (cf., entre autres, la jurisprudence de la Cour de Cassation et du Conseil d'Etat), peut donc se révéler irrecevable si la victime de la violation alléguée n'a point donné à ses juges l'occasion de redresser celle-ci, faute d'avoir invoqué la Convention ou d'avoir soulevé d'autres arguments d'un effet équivalent (cf., par exemple, les décisions relatives à la recevabilité des requêtes Nos. 1045/61, 1103/61 (Recueil VIII, p. 124) et 1273/61).

Il reste à rechercher, néanmoins, s'il existe une circonstance particulière de nature à dispenser un requérant, selon les principes de droit international généralement reconnus en la matière, de l'obligation d'épuiser une certaine voie de recours interne.

Competence of the Commission

1. The Commission is not competent, *ratione loci*, to examine decisions of courts sitting in a territory to which the Convention does not apply (Soviet occupied zone of Germany).

(VI, p. 494, No. 1322/62)

2. The Commission is not competent, *ratione personae*, to take account of violations of the Convention alleged against private individuals, including lawyers.

(VI, p. 348, No. 1599/62)
(VI, p. 494, No. 1322/62)
(VI, p. 590, Nos. 1420/62, 1477/62, 1478/62)

3. The Commission has already established that, by "victim", Article 25 of the Convention means not only the direct victim or victims of the alleged violation but also any indirect victim who would suffer damage as a result of such violation or who would have a valid personal interest in securing the cessation of such violation (see, *inter alia*, the decision on the admissibility of Application No. 282/57, Yearbook I, page 166).

(VI, p. 590, Nos. 1420/62, 1477/62, 1478/62)

Contracting Party, see Competence of the Commission.

Final Domestic Decision, see Six months rule

Defence (Right to ...) see Administration of Justice.

Discrimination, see Non-discrimination.

Education and Teaching (Rights of parents concerning the education and teaching of their children)

Belgian legislation on linguistic matters raises issues in connection with Article 2 of the First Protocol sufficiently complex to require for their solution an examination of the merits of the case and the application directed to this legislation cannot be rejected as manifestly ill-founded.

(VI, p. 332, No. 1474/62)
(VI, p. 444, No. 1769/63)

Effects of individual application, see Applications by individuals

Effective Remedy before a national authority (Right to be granted)

The effective remedy before a national authority is guaranteed, under Article 13 of the Convention, only to persons whose rights

Pour déterminer si un recours est ou non vraisemblablement inefficace ou insuffisant, la Commission, à ce stade de la procédure, doit accepter l'exactitude de l'argumentation du requérant, à titre strictement provisoire et comme une pure hypothèse de travail (cf. la sentence arbitrale rendue par M. A. Bagge, le 9 mai 1934, dans l'affaire des "navires finlandais", Recueil des sentences arbitrales de l'O.N.U., III, pp. 1503–1504).

Il faut souligner à cet égard qu'un simple doute sur l'existence et les chances de succès d'un recours interne ne constitue point une circonstance particulière autorisant le non exercice de ce recours, car il s'agit là de problèmes sur lesquels les juridictions nationales compétentes doivent avoir eu l'occasion de statuer elles-mêmes, avant tout appel à la Commission (cf. la décision du 16 décembre 1961 sur la recevabilité de la requête N° 712/60 de la Société Retimag contre la République Fédérale d'Allemagne, Recueil VIII, pp. 38–41; cf. également Cour Permanente de Justice Internationale, affaire du chemin de fer Panevezys-Saldutiskis, Série A/B N° 76).

(VI, p. 361, N° 1661/62)

2. Ni la Convention ni le Règlement Intérieur n'obligent les Etats intéressés, du moins expressément, à énoncer l'ensemble de leurs moyens d'incompétence et d'irrecevabilité dès le stade de la procédure écrite (articles 44, 45 §§ 2 et 3 b) et 46 § 1, première phrase, du Règlement Intérieur). Dans plusieurs affaires, la Commission a examiné et retenu l'exception de non-épuisement bien que la Partie mise en cause l'eût présentée, pour la première fois, dans le cadre des explications orales prévues à l'article 46 § 1 *in fine* du Règlement (cf. par exemple 11.1.1961, N° 788/60, Autriche c. Italie, Annuaire IV, pp. 161–165 et 167–171; 16.12.1961, N° 712/60, Retimag c. République Fédérale d'Allemagne, Annuaire IV, pp. 399–407; cf. également, en ce qui concerne l'exception d'incompétence *ratione temporis*, Annuaire IV, p. 135). En outre, l'avocat du requérant a eu l'occasion, dont il a pleinement profité, de répondre à l'argumentation adverse. Enfin et surtout, rien n'aurait empêché la Commission de s'assurer *d'office*, comme elle le fait très fréquemment, que les conditions de l'article 26 se trouvaient remplies en l'espèce, sauf peut-être si le Gouvernement défendeur avait clairement renoncé au bénéfice de cet article.

Selon les principes de droit international généralement reconnus, auxquels renvoie l'article 26, il incombe au Gouvernement qui soulève l'exception de non-épuisement de prouver l'existence, dans son système juridique interne, d'un recours qui n'ait pas été exercé (cf. notamment 12.10.1957, N° 299/57, Grèce c. Royaume-Uni, Annuaire II, pp. 191–193; 11.1.1961, N° 788/60, Autriche c. Italie, Annuaire IV, pp. 167–169).

La règle de l'épuisement exige en principe, d'après les conceptions

and freedoms as set forth in the Convention are violated. If an applicant fails to establish any violation of these rights and freedoms, there is no basis for the application of Article 13.

(VI, p. 204, No. 1167/61)
(VI, p. 484, No. 1918/63)

Exhaustion of domestic remedies

1. The Commission has recalled on many previous occasions that, for the purposes of applying Article 26 of the Convention, any complaint made to it in respect of a lower national court must first have been brought, at least in substance, before the appropriate higher court (cf. Yearbook I, p. 147 (French only); Collection, 7, pp. 52 and following (French only); Collection, 8, pp. 23–24 (English) and 123–124 (French only)). An application against a State where the Convention is an integral part of municipal law, as in Belgium (see *inter alia* the case law of the Court of Cassation and of the Council of State) may thus prove to be inadmissible if the victim of the alleged violation has not given his judges an opportunity to remedy that violation because the Convention was not invoked or no other arguments to the same effect were raised (cf. the decisions relating to the admissibility of Applications Nos. 1045/61, 1103/61, (Collection, 8, p. 124) and 1273/61).

It nevertheless remains to be established whether there was any special circumstance dispensing the Applicant, according to the relevant generally recognised principles of international law from exhausting any particular remedy.

In order to decide whether a remedy is, or is not, likely to be ineffective or inadequate in the circumstances, the Commission at this stage of the proceedings, is obliged to accept the validity of the arguments, on a strictly provisional basis and purely as a working hypothesis (cf. the arbitration award made by Mr. A. Bagge on 9th May 1934 in the matter of the "Finnish ships", United Nations Collection of Arbitration Awards, Vol. III, pp. 1503 and 1504).

It must be emphasised that mere doubt as to the existence and prospects of success of a domestic remedy does not constitute a special circumstance authorising non-exercise of that remedy since these are problems on which the competent national courts must have had an opportunity of giving a ruling themselves before any appeal to the Commission (cf. the decision of 16th December 1961 on the admissibility of Application No. 712/60 of the Retimag Company against the Federal Republic of Germany, Collection, 8, pp. 38 and 41; cf. also the Permanent International Court of Justice, case of the Panevezys-Saldutiskis railway, Series A/B No. 76).

(VI, p. 360, No. 1661/62)

dominant de nos jours en la matière, que soient employées toutes les ressources judiciaires offertes par la législation nationale, pourvu qu'elles apparaissent susceptibles de fournir un moyen vraisemblablement efficace et suffisant de redresser les griefs articulés, sur le plan international, contre l'Etat mis en cause (2.9.1959, N° 343/57, Nielsen c. Danemark, Annuaire II, pp. 437–439; 11.1.1961, N° 788/60, Autriche c. Italie, Annuaire IV, p. 169).

A priori, rien n'empêche la demande de renvoi pour suspicion légitime, nonobstant son caractère "extraordinaire", de constituer un "moyen" adéquat de ce genre dans des cas déterminés (comp. la décision du 11.1.1961 sur la recevabilité de la requête N° 788/60, Autriche c. Italie, Annuaire IV, pp. 167/171).

Toutefois, selon l'article 26 de la Convention, c'est à la lumière des "principes de droit international généralement reconnus" que l'on doit déterminer si les voies de recours internes ont ou non été valablement épuisées. L'on admet communément, à cet égard, que seule la non-utilisation d'un recours essentiel ("essential") pour établir le bien-fondé de la cause devant les tribunaux de l'Etat défendeur entraîne l'irrecevabilité de la réclamation internationale (11.1.1961, N° 788/60, Autriche c. Italie, Annuaire IV, p. 173; cf. également la sentence arbitrale rendue le 6 mars 1956 en l'affaire Ambatielos, Londres, H. M. Stationary Office, 1956; pp. 27–28).

(VI, p. 371, N° 1727/62)

3. Le fait que le requérant ignore l'existence d'une voie de recours ne constitue pas une circonstance de nature à le relever de l'obligation d'épuiser cette voie de recours.

(VI, p. 485, N° 1918/63)

Expression (Liberté d'...)

1. Selon l'article 4 de la loi belge du 30 juin 1961, les déchéances prévues aux litteras e), f) et g) de l'article 123 sexies du Code Pénal et qui s'appliquaient notamment au droit de participer, à quelque titre que ce soit, à l'exploitation, à l'administration, à la rédaction, à l'impression ou à la diffusion d'un journal ou de toute publication, ne sont maintenues que pour autant que la participation qui y est visée ait un caractère politique. Ledit article 4 prévoit d'autre part en son cinquième paragraphe que les personnes condamnées à vingt ans pourront demander aux tribunaux la restitution totale ou partielle des droits énumérés; toutefois cette demande obéit à des conditions assez strictes, ce qui a pour conséquence que la loi du 30 juin 1961 n'écarte pas complètement la possibilité d'une déchéance perpétuelle de la liberté d'expression politique.

Si dans l'arrêt qu'elle a rendu dans l'affaire "De Becker", la Cour n'a point expressément confirmé l'avis de la Commission sur la licéité d'une déchéance perpétuelle de la liberté d'expression

2. Neither the Convention nor the Rules of Procedure lay down, at any rate in a specific way, that States concerned must present, at the stage of written proceedings, all their submissions on lack of jurisdiction and on inadmissibility (Rules 44, 45, paragraphs 2 and 3 (b) and 46, paragraph 1, first sentence, of the Rules of Procedure). On several occasions the Commission has considered and allowed an objection of non-exhaustion even though the respondent Party made it for the first time during the oral explanations provided for in Rule 46, paragraph 1 *in fine*, of the Rules of Procedure (cf. 11.1.1961, No. 788/60, Austria/Italy, Yearbook IV, pp. 160–164 and 166–170; 16.12.1961, No. 712/60, Retimag/Federal Republic of Germany, Yearbook IV, pp. 398–406; cf. also, with respect to the objection of incompetence *ratione temporis*, Yearbook IV, p. 134). Moreover, the Applicant's counsel was given and took full advantage of the opportunity of replying to his opponent's arguments. Lastly, and above all, there was nothing to prevent the Commission from satisfying itself *ex officio*, as it very often does, that the conditions laid down in Article 26 had been met, except, perhaps, if the Belgian Government clearly waived the right to take advantage of that Article.

According to the generally recognised rules of international law, to which Article 26 refers, it is incumbent upon the respondent Government, if they raise the objection of non-exhaustion, to prove the existence in their municipal law of remedies which have not been exercised (cf. in particular 12.10.1957, No. 299/57, Greece/United Kingdom, Yearbook II, pp. 190–192; 11.1.1961, No. 788/60, Austria/Italy, Yearbook IV, pp. 166–168).

The rule concerning exhaustion in principle requires, according to the conceptions which prevail in the matter nowadays, that all judicial means offered by municipal legislation should be utilised, provided they are likely to prove an effective and adequate means of redressing the grievances set forth, on the international plane, against the respondent State (2.9.1959, No. 343/57, Nielsen/Denmark, Yearbook II, pp. 436–438; 11.1.1961, No. 788/60, Austria/Italy, Yearbook IV, page 168).

A priori, there was no reason why an application to have the case transferred to another court on the ground of legitimate suspicion, notwithstanding its "extraordinary" character, should not prove an adequate "means" of this kind in given cases (cf. the decision of 11.1.1961 as to the admissibility of Application No. 788/60, Austria/Italy, Yearbook IV, pp. 166–170).

According to Article 26 of the Convention, however, it is the "generally recognised rules of international law" that should govern the decision as to whether domestic remedies have or have not been properly exhausted. It is commonly admitted, in this respect, that only the non-utilisation of an essential recourse for

politique, elle ne l'a pas non plus infirmé. La Commission, de son côté, persiste à penser que les limitations maintenues par l'article 4 de la loi du 30 juin 1961 dans le domaine de la liberté d'expression, à l'encontre de personnes reconnues coupables de trahison en temps de guerre, ne sortent point du cadre tracé par l'article 10 § 2 de la Convention.

Il ressort de l'avis que la Commission a formulé dans son rapport du 8 janvier 1960 au sujet de la requête De Becker et qui est antérieur à la promulgation de la loi du 30 juin 1961, que si, aux yeux de la Commission, les déchéances litigieuses ne se justifiaient pas pleinement sur le terrain de la Convention, c'était en raison de leur caractère à la fois perpétuel et quasi absolu.

La loi du 30 juin 1961 a eu précisément pour but et pour résultat de mettre fin à ce double caractère; en effet, à une privation presque complète de la liberté d'expression, infligée à certains condamnés pour le restant de leur vie, se substitue désormais une incapacité aussi bien dans l'espace que dans le temps, puisqu'elle ne joue plus qu'en matière politique et que les intéressés disposent d'un recours en restitution totale ou partielle des droits dont ils demeurent déchus. La nouvelle législation, il est vrai, n'exclut pas entièrement la possibilité d'une privation perpétuelle de la liberté d'expression politique, mais pareille mesure se concilie avec l'article 10 § 2 de la Convention.

Dans le rapport qu'elle a adopté le 8 janvier 1960 au sujet de la requête De Becker, la Commission reprochait à l'article 123 sexies de ne pas "envisager d'assouplir" lesdites déchéances "si, avec le temps, le moral de la nation et l'ordre public sont restaurés et que le maintien en vigueur de cette incapacité particulière cesse d'être une mesure nécessaire dans une société démocratique, au sens de l'article 10 § 2 de la Convention". Elle soulignait que quinze années s'étaient écoulées depuis la fin de la guerre en Europe et "que la modification de l'article 123 sexies, en vue de le mettre en harmonie avec l'article 10, (était) une question qui (appelait) un examen urgent de la part du Gouvernement belge".

En revanche, la Commission ne se prononçait pas sur le point de savoir si, à la date du 8 janvier 1960, la restauration du moral de la nation et de l'ordre public était telle, en Belgique, que les déchéances litigieuses entraînaient d'ores et déjà une violation concrète de la Convention au détriment de M. De Becker; en d'autres termes, elle n'indiquait pas si ce dernier était ou non "victime" d'une telle violation et, dans l'affirmative, depuis quand. Cette question n'a pas non plus été tranchée par la Cour européenne des Droits de l'Homme.

Il appartient, au premier chef, aux autorités compétentes des Etats contractants d'apprécier à partir de quel moment certaines restrictions exceptionnelles aux droits et libertés fondamentaux,

establishing the merits of the case before the courts of the respondent Government leads to the inadmissibility of the international complaint (11.1.1961, No. 788/60, Austria/Italy, Yearbook IV, page 172; cf. also the arbitral award of 6th March 1956 in the Ambatielos Case, London, H. M. Stationery Office, 1956, pp. 27–28).

(VI, p. 370, No. 1727/62)

3. The fact that the Applicant does not know of the existence of a remedy does not constitute a special circumstance which might absolve him from exhausting that remedy.

(VI, p. 484, No. 1918/63)

Expression (Freedom of –)

1. Under the terms of Article 4 of the Belgian Law of 30th June 1961, the disabilities provided for under paragraphs (e), (f) and (g) of Article 123 *sexies* of the Penal Code which covered, in particular, the right to take part in any capacity in the management, administration, editing, printing or distribution of a newspaper or any other publication are maintained only in so far as the participation referred to therein is of a political nature.

The same Article 4 provides, it is true, in its fifth paragraph that persons sentenced "to more than twenty years imprisonment shall be able to apply to the courts for full or partial restitution of the rights set forth"; this application is nevertheless subject to fairly strict conditions; so the Law of 30th June 1961 does not wholly preclude loss for life of the right to freedom of political expression;

Although the Court, in its judgment in the "De Becker" case did not expressly confirm the Commission's view on the legality of deprivation for life of the freedom of political expression, nevertheless it did not invalidate that view. The Commission continues to hold the view that the limitations maintained by Article 4 of the Law of 30th June 1961 in the matter of freedom of expression, in respect of persons found guilty of treason in time of war, come within the scope of Article 10, paragraph 2, of the Convention.

It is apparent from the opinion the Commission expressed in its report of 8th January 1960 in the "De Becker" case, which was given before promulgation of the Law of 30th June 1961, that if, in the Commission's view, the disputed disabilities were not fully justified under the Convention, the reason for this was that they were for life and at the same time almost absolute.

It was precisely the purpose of the Law of 30th June 1961 to do away with this dual nature; moreover, the almost complete deprivation of freedom of expression inflicted on certain persons for the remainder of their lives has now become an incapacity limited both in space and in time, because it now applies only to political matters and the persons concerned may avail themselves of a reme-

introduites pour faire face à une crise nationale d'une ampleur et d'une acuité particulières, cessent de constituer "une mesure nécessaire dans une société démocratique", au sens de l'article 10 § 2 de la Convention. Les Etats contractants conservent, à cet égard, un pouvoir d'appréciation étendu. Si ce pouvoir, de toute évidence, doit s'exercer dans le cadre de la Convention et sous le contrôle des organes chargés de veiller au respect de celle-ci, il ne semble pas que le Gouvernement et le Parlement belges en aient abusé dans le cas d'espèce. En l'état actuel du dossier, du moins, la Commission ne discerne aucun élément tendant à établir que la Belgique a indûment tardé à modifier l'article 123 sexies de son Code pénal dans ce qu'il avait de critiquable.

(VI, p. 151, N° 924/60)

2. La Commission a fréquemment conclu que, dans les cas où il est établi qu'une autorité publique s'est ingérée dans l'exercice des droits et libertés garantis par la Convention, elle n'a pas seulement le droit mais aussi le devoir d'examiner la question de savoir si une telle ingérence, législative ou autre, est conforme aux termes des dispositions pertinentes de la Convention. Elle a en outre jugé, en étudiant cette question à la fois sur un plan général et en se référant particulièrement à l'article 10 § 2, qu'un Etat dispose d'une certaine marge d'appréciation pour fixer les limites qui peuvent être imposées à la liberté d'expression. La Commission se réfère à ce propos à sa décision sur la recevabilité de la requête N° 753/60.

Les articles 4, 6 et 21 de la loi allemande du 9 juillet 1953 sur la diffusion des publications de nature à corrompre la jeunesse n'outrepassent en aucune manière la marge d'appréciation susmentionnée et constituent des restrictions à la liberté d'expression autorisées par le § 2 de l'article 10 puisque, d'une part, elles sont prévues par la loi et, d'autre part, il s'agit de mesures nécessaires "à la protection de la moralité" des jeunes.

(VI, p. 205, N° 1167/61)

3. La législation belge en matière linguistique ne met pas en cause la liberté de religion. Il en va de même des libertés de pensée, de conscience et d'expression des requérants eux-mêmes, car rien n'empêche ceux-ci d'exprimer leur pensée librement et dans la langue de leur choix.

Le problème se présente sous un jour différent en ce qui concerne les enfants des requérants; ces derniers font valoir en substance que leurs enfants, s'ils peuvent utiliser librement leur langue maternelle, au moins en dehors de l'école, risquent cependant de pâtir durablement, dans le développement et l'exercice de leurs facultés intellectuelles, de devoir étudier en une langue autre que celle de leur famille.

dy to obtain total or partial restitution of the rights of which they are deprived. The new legislation does not, it is true, entirely exclude the possibility of deprivation for life of freedom of political expression, but such a measure is in accordance with Article 10, paragraph (2), of the Convention.

In its report of 8th January 1960 in the "De Becker" case, the Commission found fault with Article 123 *sexies* in that it did not make "provision for relaxation" of the said disabilities "when with the passage of time public morale and public order have been re-established and the continued imposition of that particular incapacity has ceased to be a measure necessary in a democratic society within the meaning of Article 10, paragraph (2), of the Convention". The Commission pointed out that fifteen years had elapsed since the end of the war in Europe and "that the modification of Article 123 *sexies*, in order to bring it into harmony with Article 10, (was) a question that (required) the early attention of the Belgian Government".

On the other hand, the Commission was not giving a decision as to whether, on 8th January 1960, the restoration of public morale and public order were such, in Belgium, that the disputed disabilities already constituted a specific violation of the Convention to the detriment of Mr. De Becker; in other words, it did not indicate whether or not the latter was "victim" of such violation and if so since when. This question, too, has not been settled by the European Court of Human Rights.

It is in the first place for the competent authorities in the Contracting States to judge from what date emergency restrictions placed upon fundamental rights and freedoms and introduced to meet a national crisis of particular scope and gravity, cease to constitute "a measure necessary in a democratic society" within the meaning of Article 10, paragraph (2), of the Convention. In this respect the Contracting States possess wide powers of appreciation. Although such powers must clearly be exercised within the scope of the Convention and under the control of the organs responsible for seeing that the Convention is respected, it does not appear that the Belgian Parliament and Government abused them in the case in point. According to the file as it stands at present, the Commission can discern no factor showing that Belgium unduly delayed modification of Article 123 *sexies* of its Penal Code in so far as it could be criticised.

(VI, p. 150, No. 924/60)

2. The Commission has frequently held in cases in which a public authority is shown to have interfered with the rights or freedoms guaranteed by the Convention that the Commission has not only the right but also the duty to examine the question whether such

La Commission fait observer à ce sujet que, par la force des choses, la manière dont se forme et s'exprime la pensée humaine se trouve conditionnée par une série d'éléments contingents sur lesquels l'individu n'a guère de prise (données de temps et de lieu, milieu social, événements et influences divers, etc....), sans qu'il en résulte, *ipso facto*, une atteinte aux libertés de pensée et d'expression comme telles.

En dernière analyse, les requérants revendiquent le droit à ce que l'empreinte de leur propre personnalité ainsi que celle de la culture dont ils se réclament, figurent au premier rang des éléments conditionnant l'éducation de leurs enfants, afin que la pensée de ceux-ci ne devienne pas étrangère à la leur. Il appert toutefois que la garantie de ce droit sort du cadre des articles 9 et 10 de la Convention.

(VI, p. 445, N° 1769/63;
VI, p. 333, N° 1474/62)

4. La condamnation d'un requérant en vertu de la loi autrichienne d'interdiction du N.S.D.A.P. lui impose nécessairement des restrictions dans l'exercice des libertés protégées par les articles 9 et 10 de la Convention. Toutefois, compte tenu du fait que ledit requérant a été régulièrement condamné pour des agissements visant à réintroduire des activités national-socialistes en Autriche, la Commission estime que ces restrictions étaient nécessaires dans une société démocratique à la sûreté publique, à la sécurité nationale et à la protection des droits et libertés d'autrui. Par conséquent, les mesures pénales prises contre le requérant étaient justifiées sur le terrain de l'article 9 § 2 et de l'article 10 § 2 respectivement. Il n'est donc pas nécessaire d'examiner si ces mesures sont également conformes à l'article 17 de la Convention.

(VI, p. 425, N° 1747/62)

Individuelle (Requête ...), voir Requête individuelle.

Inefficace (Recours ...), voir Epuisement des voies de recours internes.

Insuffisant (Recours ...), voir Epuisement des voies de recours internes.

Légalité des délits et des peines, voir Non-rétroactivité de la loi pénale.

Liberté (Droit à la ... et à la sûreté)

L'on pourrait se demander si, par "tribunal compétent", l'article 5 § 1 a) de la Convention n'entend pas un tribunal de l'Etat contractant sur le territoire duquel le prévenu ou l'accusé devra

interference either by legislation or otherwise complies with the terms of the relevant provisions of the Convention. It has further held in considering this question both generally and with particular reference to Article 10, paragraph (2), that a State is given a certain margin of appreciation in determining the limits that may be placed on freedom of expression; whereas in this respect the Commission refers to its decision on the admissibility of Application No. 753/60.

Sections 4, 6 and 21 of the Act of 9th July 1953 on the circulation of publications liable to corrupt the young, in no way exceed the above margin of appreciation and constitute restrictions on the freedom of expression such as are authorised under paragraph (2) of Article 10 since they are provided for by law and represent measures necessary "for the protection of morals" of young persons.

(VI, p. 204, No. 1167/61)

3. Belgian legislation on linguistic matters does not put freedom of religion in question. This is also true of the freedoms of thought, conscience and expression of the Applicants themselves, since nothing prevents them from expressing their thought freely in the language of their choice.

The problem presents a different aspect as regards the Applicant's children. The Applicants argue, in substance, that although their children can freely use their mother tongue, at least out of school, they nevertheless risk permanent harm to the development and exercise of their intellectual faculties through being obliged to study in a language other than that of their family.

The Commission observes that the manner in which human thought is formed and expressed is perforce determined by a concatenation of circumstances over which the individual has virtually no control (time and place, social environment, diverse events and influences, etc.) without any threat to freedom of thought and expression as such *ipso facto* resulting therefrom.

In the last analysis, the Applicants are claiming the right to have the imprint of their own personality and of the culture they acknowledge as their own take first place among the factors conditioning the education of their children, in order that their children's thinking should not become alien to their own.

It appears, however, that the guarantee of this right is outside the scope of Articles 9 and 10.

(VI, p. 444, No. 1769/63)
(VI, p. 332, No. 1474/62)

4. The conviction and sentencing of an Applicant under the Austrian Act concerning the interdiction of the NSDAP must necessarily impose restrictions upon his enjoyment of the freedoms protected by Articles 9 and 10. Furthermore, having regard to the

purger sa peine privative de liberté s'il se voit infliger une telle peine. La Commission constate, cependant, que l'article 5 § 1 a) ne renferme aucune distinction fondée sur l'emplacement du tribunal qui a statué. Cet article ne prohibe donc pas expressément l'exécution, par un Etat contractant déterminé, d'une condamnation à l'emprisonnement dont un individu a été frappé en dehors du territoire de cet Etat. Pareille prohibition ne ressort pas non plus implicitement du texte précité. En effet, les progrès de la coopération internationale se manifestant de plus en plus dans le domaine judiciaire, les Etats se montrent mieux disposés que jadis à assurer l'exécution, dans leur ordre juridique interne, des décisions rendues à l'étranger, y compris les sentences pénales. La Commission se refuse à croire que les Etats contractants aient voulu contrecarrer cette tendance lorsqu'ils ont élaboré et approuvé l'article 5. Cette conclusion vaut *a fortiori* dans le cas où un Etat consent à exécuter des jugements qu'il estime avoir été rendus non à l'étranger, mais sur une portion du sol national que seules des circonstances historiques ont soustraites à son pouvoir, comme il en est de la zone soviétique d'Allemagne. L'article 5 de la Convention contient des garanties de nature à empêcher que les Etats contractants n'exécutent à la légère des jugements ou arrêts inconciliables avec les principes démocratiques, puisqu'il exige que la détention pénitentiaire soit "régulière" et conforme aux "voies légales", et non pas seulement qu'elle ait été ordonnée par un "tribunal compétent". La loi fédérale de la République Fédérale d'Allemagne du 2 mai 1953, relative à l'entraide judiciaire et administrative inter-allemande en matière pénale, a précisément pour but d'établir un contrôle de la "régularité" de la détention et d'instaurer à cette fin une procédure particulière (cf. les mots "voies légales").

(VI, p. 495, N° 1322/62)

Libertés garanties par la Convention, voir Droits garantis par la Convention.

Manifestement mal fondée (Requête ...), voir Requête manifestement mal fondée.

Mesures provisoires

La Commission n'a pas le pouvoir de prescrire les mesures conservatoires. (VI, p. 591, Nos. 1420/62, 1477/62, 1478/62)

Non bis in idem, voir Administration de la justice.

Non-rétroactivité de la loi pénale

Aux termes de l'article 7 § 1 de la Convention, "nul ne peut être

Applicant being duly convicted for activities aimed at the re-introduction into Austria of National Socialistic activities, the Commission finds that these restrictions were necessary in a democratic society in the interests of public safety and national security and for the protection of the rights and freedoms of others. Therefore, the penal measures taken against the Applicant were justified under Article 9, paragraph (2), and Article 10, paragraph (2), respectively. Consequently, it is not necessary to examine whether these measures were also satisfied under Article 17 of the Convention. (VI, p. 424, No. 1747/62)

Forced or Compulsory Labour (prohibition of ...)

Although Article 4, paragraph (3), of the Convention delimits the scope of Article 4, paragraph (2), by declaring that four categories of work or service do not constitute forced or compulsory labour for the purpose of the Convention, the expression "forced or compulsory labour" is not defined in the Convention and no authoritative description of what it comprises is to be found elsewhere.

The concept of compulsory or forced labour cannot be understood solely in terms of the literal meaning of the words, and has in fact come to be regarded, in international law and practice, as evidenced in part by the provisions and application of ILO Conventions and Revolutions on Forced Labour, as having certain elements, and it is reasonable, in the interpretation of Article 4, paragraph (2) of the Convention, to have due regard to these elements.

These elements of forced or compulsory labour are, first, that the work or service is performed by the worker against his will and, secondly, that the requirement that the work or service be performed is unjust or oppressive or the work or service itself involves avoidable hardship.

The attribution of these elements to "forced and compulsory labour" in Article 4, paragraph (2), of the Convention is not inconsistent with the other provisions of that Article or of the Convention.

It is true that the Provisional Act of 1956 imposed obligatory service, but since such service was for a short period, provided favourable renumeration, did not involve any diversion from chosen professional work, was only applied in the case of posts not filled after being duly advertised, and did not involve any discriminatory, arbitrary or punitive application, the requirement was not unjust or oppressive and was manifestly not forced or compulsory labour under Article 4, paragraph (2) of the Convention.

(VI, p. 278, No. 1468/62 – opinion of four members of the majority)

condamné pour une action ou une omission qui, au moment où elle a été commise, ne constituait pas une infraction d'après le droit national ou international. De même, il n'est infligé aucune peine plus forte que celle qui était applicable au moment où l'infraction a été commise".

Ce paragraphe ne se borne pas à prohiber – sous réserve du paragraphe 2 – l'application rétroactive de la loi pénale "*in pejus*". Il consacre, plus généralement, le principe de la légalité des délits et des peines ("*nullum crimen, nulla poena sine lege*"). Il interdit, en particulier, l'application extensive de la loi pénale "*in malam partem*" par voie d'analogie. La Commission se réfère, sur ces différents points, à sa jurisprudence constante [cf. les décisions sur la recevabilité des requêtes N° 217/56 (Annuaire I, p. 239), 223/56, 268/57 (Annuaire I, p. 240), 272/57, 309/57, 780/60, 1028/61 (Annuaire IV, p. 335), 1063/61, 1103/61 (Recueil VIII, p. 126), 1162/61; 1445/62 (Recueil XII, p. 113), 1446/62 et 1599/62 (Recueil X, p. 11)].

Du principe de la légalité des délits et des peines découle également, de l'avis de la Commission, l'impossibilité de condamner une personne en vertu d'une loi pénale abrogée, lorsque les faits incriminés sont postérieurs à cette abrogation; qu'en effet, pareille condamnation aurait trait à "une action ou une omission qui, au moment où elle a été commise, ne constituait pas une infraction d'après le droit national", l'article 7 § 1 ne distinguant pas entre l'action ou omission qui "ne constituait plus" une infraction et celle qui n'en constituait "pas encore" une.

La Commission, chargée de veiller au respect de la Convention par les Etats contractants (article 19), a compétence pour s'assurer, au besoin d'office, que les juridictions nationales ne continuent pas d'appliquer une loi pénale qui n'est plus en vigueur. Si, d'ordinaire, il ne lui appartient pas de contrôler la bonne observation du droit interne par ces juridictions (cf. par exemple Annuaire III, p. 233, requête N° 458/59, et Recueil VIII, p. 57, requête N° 1140/61), il en va autrement dans les matières où la Convention renvoie au droit interne, ce qui est précisément le cas de l'article 7. En ces matières, la violation éventuelle du droit interne entraîne la méconnaissance de la Convention, de sorte que la Commission peut et doit la constater sans s'ériger pour autant en une Cour de "quatrième instance".

Il importe peu, d'autre part, que l'abrogation d'une loi pénale soit expresse ou implicite, pourvu que le droit interne de l'Etat intéressé n'ignore pas cette dernière forme d'abrogation.

La Commission souligne, cependant, qu'il incombe au premier chef au juge national d'interpréter la législation des Etats contractants, même dans les domaines où la Convention "s'approprie" les normes de cette législation. A cet égard, la Commission ne joue qu'un rôle de supervision, ainsi qu'il ressort à l'évidence de toute

2. Having regard to Article 4, paragraph (3), of the Convention, the service required of a dentist under the Norwegian Provisional Act of 1956 relating to Obligatory Public Service for Dentists was service reasonably required of him in an emergency threatening the well-being of the community and was not forced or compulsory labour.

(VI, p. 278, No. 1468/62 – opinion of two members of the majority)

Freedoms guaranteed by the Convention, see Rights guaranteed by the Convention.

Individual (application by ...), see Application.

Ineffective remedy, see Exhaustion of domestic remedies.

Inhuman or Degrading Treatment (prohibition of ...)

In its decisions on the admissibility of Applications Nos. 984/61 (P. v. Belgium – Collection of Decisions, Vol. 6, p. 39) and 1465/62 (S. v. the Fed. Rep. of Germany – Collection of Decisions, Vol. 9, p. 63) the Commission held that "the deportation of a foreigner to a particular country might in exceptional circumstances give rise to the question whether there had been 'inhuman treatment' within the meaning of Article 3 of the Convention. Similar considerations might apply to cases where a person is extradited to a particular country in which, due to the very nature of the régime of that country or to a particular situation in that country, basic human rights, such as are guaranteed by the Convention, might be either grossly violated or entirely suppressed.

(VI, p. 462, No. 1802/63)

Lawyer, see Administration of Justice.

Liberty (Right to ... and security of person)

It may be asked whether "competent court" must not be understood, under Article 5, paragraph (1) (a) of the Convention, to mean a court in the Contracting Party on whose territory the accused must serve his prison sentence if he is given such a sentence. The Commission, however, observes that Article 5, paragraph (1) (a) makes no express distinction as to the location of the court which pronounces the sentence; it does not, therefore, specifically prohibit the enforcement by a Contracting Party of a sentence of imprisonment imposed upon an individual outside the territory of that State, nor is such prohibition implicit in the text mentioned. The growth of international cooperation is increasingly reflected in the judicial

l'économie de la Convention et, singulièrement, de l'article 26. Il lui faut s'acquitter de cette tâche avec prudence, d'autant qu'elle se trouve parfois mal placée, par la force des choses, pour trancher les questions délicates qui surgissent fréquemment dans l'ordre juridique interne [comp., *mutatis mutandis*, la notion de "marge d'appréciation" qui se dégage de la jurisprudence de la Commission en ce qui concerne les articles 8, 9, 10 et 15 de la Convention: décisions sur la recevabilité des requêtes N° 735/60 (Annuaire III, p. 391), 911/60 (Annuaire IV, p. 219), 1068/61 (Annuaire V, p. 285), 1167/61 (Recueil XII, pp. 77–78), 1329/62 (Recueil IX, p. 32), 1449/62 (Recueil X, p. 3) et 1628/62 (Recueil XII, p. 68); rapport de la Commission sur la requête N° 332/57, Lawless c. Irlande, in "Publications de la Cour européenne des Droits de l'Homme", Série B, 1960–1961, pp. 82, 114, 130, 135 et 154].

(VI, p. 521, N° 1169/61)

Partie Contractante, voir Compétence de la Commission.

Propriété (Droit de ...)

L'article 1er du Premier Protocole Additionnel se dirige essentiellement contre la confiscation arbitraire de la propriété. Il n'affecte pas, en principe, les voies et moyens propres à assurer l'exécution forcée des décisions judiciaires qui tranchent les litiges opposant les particuliers entre eux. Cette matière, en raison de son importance, aurait certainement fait l'objet d'une réglementation quelconque dans le premier Protocole additionnel si les Etats contractants avaient voulu la placer dans le cadre de la protection du droit de propriété, telle que l'organise l'article 1er dudit Protocole. Le texte même de l'article 1er, ainsi que les travaux préparatoires, montrent que les Etats Contractants n'ont pas eu pareille intention. La Commission constate, dans le même sens, que pas un seul de ces Etats n'a formulé de réserve (article 64 de la Convention) au sujet des voies d'exécution qui étaient et sont prévues par le droit interne de chacun d'eux. En adoptant une autre interprétation de l'article 1er, la Commission aboutirait à la conclusion absurde que les Etats contractants ont réalisé une véritable révolution juridique dans le domaine dont il s'agit, et ce sans discussion ni restriction aucune (cf. *mutatis mutandis*, la décision du 19 décembre 1957 sur la recevabilité de la requête 323/57, Annuaire I, pp. 246–247).

(VI, p. 591, Nos. 1420/62, 1477/62, 1478/62)

Qualité pour saisir la Commission, voir Compétence de la Commission.

Ratione loci (Compétence ...), voir Compétence de la Commission.

field, and States are proving more willing than before to apply their own legal machinery to enforce decisions, including criminal sentences, pronounced elsewhere. The Commission cannot believe that the Contracting Parties wished to oppose this trend when they drafted and approved Article 5. This argument is valid *a fortiori* in the case of a State consenting, as here, to enforce judgments which it regards as having been pronounced, not abroad, but on a part of its national soil which the events of history alone have removed from its authority as in the case of the Soviet Zone of Germany. Moreover, Article 5 of the Convention contains measures to prevent Contracting States from enforcing without due consideration any judgments or decisions which are not consistent with democratic principles, as it stipulates that imprisonment must be "lawful" and result from "a procedure prescribed by law", and not merely that it be ordered by a "competent court". The express purpose of the Federal Act of 2nd May 1953 on inter-German judicial and administrative assistance in criminal matters is to verify the "lawfulness" of prison sentences and to this end, it institutes a specific procedure (cf. the words "procedure prescribed by law").

(VI, p. 494, No. 1322/62)

Manifestly ill-founded (Application ...), see Application manifestly ill-founded.

Measures, (provisional ...)

The Commission has no jurisdiction to order protective measures.

(VI, p. 590, Nos. 1420/62, 1477/62, 1478/62)

Non bis in idem, see Administration of Justice.

Non-retroactivity of criminal law

Article 7 (1) of the Convention provides that "no one shall be held guilty of any criminal offence on account of any act or omission which did not constitute a criminal offence under national or international law at the time when it was committed. Nor shall a heavier penalty be imposed than the one that was applicable at the time the criminal offence was committed";

This paragraph does not merely prohibit – except as provided in paragraph (2) – retroactive application of the criminal law to the detriment of the accused. It confirms, in a more general way, the principle of the statutory nature of offences and their punishment ("*nullum crimen, nulla poena sine lege*"). It prohibits, in particular, extension of the application of the criminal law "*in malam partem*" by analogy. The Commission refers, on these various points, to its consistent practice [cf. decisions on the admissibility of Appli-

Ratione personae (Compétence ...) voir Compétence de la Commission.

Recours effectif devant une instance nationale (Droit à l'octroi d'un ...)

Le recours effectif devant une instance nationale prévu par l'article 13 de la Convention n'est garanti à toute personne qu'en cas de violation de l'un des droits et libertés reconnus dans la Convention. Si le requérant n'établit aucune violation de ces droits et libertés, il n'existe aucune base permettant d'appliquer ledit article 13.

(VI, p. 205, N° 1167/61)
(VI, p. 485, N° 1918/63)

Requête abusive

1. Le fait pour une requête d'avoir été inspirée par des motifs de publicité et de propagande politique, même s'il est établi, n'a pas nécessairement pour conséquence de rendre la requête abusive. N'est pas abusive une requête soulevant des questions qui suscitent un intérêt politique considérable alors qu'il n'est pas établi que le requérant ait exagérément insisté sur l'aspect politique de la requête. (VI, p. 279, N° 1468/62)

2. Avant de déclarer, le 8 mars 1962, que l'introduction de la requête N° 1270/62 d'Ilse Koch c. la République Fédérale d'Allemagne constituait "un abus manifeste et caractérisé du droit de recours individuel", la Commission avait relevé que la requérante ne cherchait "qu'à échapper aux conséquences de sa condamnation". Elle ne s'était cependant pas bornée à cette constatation: elle avait également noté qu'Ilse Koch, "détenue en exécution d'une condamnation qui lui (avait) été infligée à raison de crimes perpétrés au mépris des droits les plus élémentaires de la personne humaine", avançait "une série d'allégations et de griefs auxquels la Convention ne (fournissait) pas le moindre appui", car ils se heurtaient à différents chefs d'incompétence et d'irrecevabilité (incompétence *ratione temporis*, incompétence *ratione materiae* et défaut manifeste de fondement) (Recueil VIII, pp. 96–97).

Tel n'est point, de l'avis de la Commission, le cas en ce qui concerne la requête No. 1727 contre la Belgique.

Plus généralement, et compte tenu de sa jurisprudence en la matière (cf. notamment Annuaire I, pp. 194–197; Annuaire II, p. 339; Annuaire III, p. 443; Recueil IX, p. 57), la Commission n'aperçoit aucun motif de rejeter cette requête comme "abusive" au sens de l'article 27 § 2 de la Convention.

(VI, p. 371, N° 1727/62)

cations No. 217/56 – Yearbook I, p. 239; 223/56, 268/57 – Yearbook I, p. 240; 272/57, 309/57; 780/60, 1028/61 – Yearbook IV, p. 334; 1063/61, 1103/61 – Collection 8, p. 126; 1162/61, 1445/62 – Collection 12, p. 113; 1446/62 and 1599/62 – Collection 10, p. 11].

In the Commission's view, the principle of the statutory nature of offences and their punishment implies that a person cannot be held guilty under an obsolete law if the acts of which he is accused were performed after the abrogation of that law, because a conviction in these circumstances would relate to "an act or omission which did not constitute a criminal offence under national ... law at the time when it was committed", no distinction being made in Article 7 (1) between an act or omission which "no longer constituted" a criminal offence and an act or omission which "did not yet" constitute one.

The Commission, charged with watching over the observance of the Convention by the Contracting States (Article 19), is empowered to satisfy itself, if need be *proprio motu*, that domestic courts are not continuing to apply criminal laws which are no longer in force; whereas, although it is not normally for the Commission to check on the proper administration of municipal law by such courts (see e.g. Yearbook III, p. 232, Application No. 458/59, and Collection 8, p. 57, Application No. 1140/61), the case is otherwise in matters where the Convention refers to municipal law, as it does in Article 7. In these matters, any violation of municipal law involves conflict with the Convention, so that the Commission can and must take cognisance thereof, without thereby assuming the status of a "superior court".

It is immaterial whether the abrogation of a criminal law be express or implicit, provided that the latter form of abrogation is known to the municipal law of the State concerned.

The Commission stresses, however, that it is primarily for the domestic courts to interpret the legislation of Contracting States, even in fields where the Convention "takes over" the rules of such legislation. In this respect the Commission exercises a purely supervisory function as is clearly apparent from the whole tenor of the Convention and, more especially, from Article 26. It must carry out this task with caution because, by force of circumstances, it is sometimes ill-placed to decide the delicate questions that frequently arise within the internal juridical order [cf. *mutatis mutandis*, the conception of a "margin of appreciation" found in the case-law of the Commission relating to Articles 8, 9, 10 and 15 of the Convention: decisions on the admissibility of Applications No. 735/60 – Yearbook III, p. 318; 911/60 – Yearbook IV, p. 218; 1068/61 – Yearbook V, p. 284; 1167/61 – Collection 12, pp. 77–78; 1329/62 – Collection 9, p. 32; 1449/62 – Collection 10, p. 3; and 1628/62 – Collection 12, p. 68; Report of the Commission on Appli-

Requête individuelle

1. Il est exact que la Convention ne confère pas à la Commission la compétence de déclarer nulle et sans effet une loi votée par un Parlement national, ou pour déclarer nulle et non avenue une décision administrative prise par une autorité nationale compétente, ou pour décider qu'un jugement d'un tribunal national ne peut être exécuté.

Toutefois, si dans sa requête, le requérant a formulé en termes non équivoques son allégation, en indiquant clairement la base juridique de sa requête et en ne laissant aucun doute quant à la question dont il veut saisir la Commission par application de l'article 25 de la Convention, l'on peut faire abstraction de la forme précise sous laquelle il a résumé ses prétentions.

(VI, p. 279, N° 1468/62)

2. Eu égard aux circonstances exceptionnelles d'une requête, la Commission peut juger bon de s'écarter de sa pratique habituelle et de faire connaître le vote par lequel a été prise sa décision relative à la recevabilité. (VI, p. 279, N° 1468/62)

3. La saisine de la Commission ne produit pas d'effet suspensif à l'égard des juridictions nationales. Loin d'obliger les juridictions nationales à attendre, pour s'acquitter de leur tâche, que la Commission ait accompli la sienne, la Convention consacre en principe la solution inverse (article 26) et assigne un rôle avant tout subsidiaire au mécanisme de garantie collective qu'elle instaure.

(VI, p. 591, Nos. 1420/62, 1477/62, 1478/62)

Requête manifestement mal fondée

1. Aux termes de l'article 27 § 2 de la Convention, la Commission déclare irrecevable toute requête individuelle qu'elle estime "manifestement mal fondée". La Commission a toujours estimé qu'une requête ne peut être déclarée irrecevable comme manifestement mal fondée que lorsqu'un premier examen de l'affaire ne permet pas de dégager l'apparence même d'une violation de la Convention. Dans ses décisions sur la recevabilité des requêtes introduites par Pataki et Dunshirn, la Commission a estimé que "le grief du requérant relatif à la procédure suivie par la Cour d'Appel pour examiner l'appel interjeté dans son cas ne peut être considéré comme manifestement mal fondé au sens de l'article 27 § 2, et ne peut être déclaré irrecevable pour ce motif". Il s'ensuit que, dans une affaire similaire, le grief du requérant relatif à la procédure suivie par la Cour d'Appel ne peut être considéré comme manifestement mal fondé au sens de l'article 27 § 2, et ne peut être déclaré irrecevable pour ce motif. (VI, p. 141, N° 834/60)

cation No. 332/57, Lawless v. Ireland, in "Publications of the European Court of Human Rights", Series B, 1960–1961, pp. 82, 114, 130, 135 and 154]. (VI, p. 520, No. 1169/61)

Private and Family Life (Right to respect for ...)

Article 8 of the Convention guarantees, generally, the right to respect for private and family life. In the event of a divorce, the question of the custody must necessarily be decided in favour of one of the parties. Article 8 cannot be invoked by either party in order to justify the giving of a preference to that party's claim for the custody of a particular child. In its decision on the admissibility of Application No. 172/56 (S. v. Sweden – Yearbook I, p. 211) the Commission held as follows: "It is plain that the right of one particular parent to the custody of an infant as against the other parent is not as such included among the rights and freedoms set forth in the Convention and that the appreciation of the question which parent should be given the custody of an infant is, in principle, governed by the law of the domestic courts".

It must further be pointed out that paragraph (2) of Article 8 provides that "there shall be no interference by a public authority with the exercise of this right except such as is in accordance with the law and is necessary in a democratic society ... for the prevention of disorder and crime, for the protection of health and morals ...". In its decision on the admissibility of Applications Nos. 911/60 (S. v. Sweden – Collection of Decisions, Vol. 7, p. 7) and 1329/62 (M. v. Denmark) concerning access to children of whom the Applicants did not have custody, the Commission stated that the terms of paragraph (2) left a considerable measure of discretion to the domestic courts in taking into account, when deciding on questions of access to the children, factors in the case which might appear to them to be critical for the protection of the health and morals of the child. The Commission nevertheless concluded that it was ultimately for the Commission to judge whether or not the measures taken were justifiable under the provisions of paragraph (2).

Such considerations, recognised by the Commission when deciding questions of access to children, apply with even greater force to the question of deciding upon the custody of the children of divorced parents. (VI, p. 262, No. 1449/62)

2. Belgian legislation on linguistic matters raises, in connection with Article 8 of the Convention, problems which are sufficiently complex to require for their solution an examination of the merits, and an application directed against this legislation cannot be rejected as manifestly ill-founded. (VI, p. 332, No. 1474/62)
(VI, p. 444, No. 1769/63)

2. L'article 27 § 2 de la Convention, s'il oblige la Commission à déclarer "irrecevables" les requêtes individuelles qu'elle estime "manifestement mal fondées", ne l'autorise pas pour autant à rejeter, dès le stade de l'examen de leur recevabilité, les recours dont le mal-fondé ne tombe pas sous le sens (cf., entre autres, 9.6.1958, N° 214/56, De Becker c. Belgique, Annuaire II, pp. 253–255). (VI, p. 371, N° 1727/62)

3. La Commission ne pourrait déclarer recevable un grief que si les éléments fournis par le requérant suffisent à rendre plausible, *prima facie*, l'hypothèse d'une violation d'un des droits garantis par la Convention. Si le requérant n'a pas réussi à apporter un tel commencement de preuve et que ses arguments, sans manquer de valeur, se heurtent à ceux, au moins aussi solides, de la Partie défenderesse, sa requête doit être rejetée pour défaut manifeste de fondement. (VI, p. 521, N° 1169/61)

Réserves

Pour déterminer la portée exacte et l'objet d'une réserve qui, dans le cas de la réserve de l'Autriche au sujet de l'article 5 de la Convention n'a été formulée qu'en langue allemande, il convient de tenir compte du texte original et non d'une traduction approximative.

La réserve de l'Autriche au sujet de l'article 5 précité s'étend, de l'avis de la Commission, à la loi sur la circulation routière de 1947 et à la loi sur les véhicules automobiles de 1955. La portée de cette réserve ne peut être déterminée qu'en tenant compte de l'intention du Gouvernement autrichien. (VI, p. 269, N° 1452/62)

Rétroactivité de la loi pénale, voir Non-rétroactivité de la loi pénale.

Sûreté (Droit à la liberté et à la ...), voir Liberté.

Traitement inhumain ou dégradant (Interdiction du ...)

Dans ses décisions relatives à la recevabilité des requêtes N° 984/61 (P. c. Belgique, Recueil de décisions, Volume 6, p. 39) et 1465/62 (S. c. République Fédérale d'Allemagne, Recueil 9, p. 63), la Commission a estimé que "l'expulsion d'un étranger vers un pays déterminé pouvait, dans des cas exceptionnels, poser la question de savoir s'il y avait eu "traitement inhumain" au sens de l'article 3 de la Convention. Des considérations analogues pourraient s'appliquer au cas où une personne est extradée dans un pays déterminé où, en raison de la nature même du régime de ce pays ou de la situation particulière qui y règne, des droits humains fondamentaux,

Property (Right to ...)

Article 1 of the First Protocol is mainly concerned with the arbitrary confiscation of property. It does not, in principle, affect the appropriate ways and means of enforcing judicial rulings on disputes between individuals. This matter, in view of its importance would, no doubt, have been covered by some provision in the First Protocol if the Contracting States had wanted it to come under property law within the meaning of Article 1 of this Protocol. The actual text of Article 1 and the "*travaux préparatoires*" show that such is not the intention of the Contracting States. The Commission notes, likewise, that not one of these States has made any reservations (Article 64 of the Convention) in respect of the methods of enforcement provided for in the domestic law of each of them. By adopting another interpretation of Article 1, the Commission would reach the absurd conclusion that the Contracting States have achieved a real legal revolution in the field under consideration, and this without any discussion or restriction (see, *mutatis mutandis*, the decision of 19th December 1957 on the admissibility of Application No. 323/57, Yearbook I, pp. 246–247).

(VI, p. 590, Nos. 1420/62, 1477/62, 1478/62)

Ratione loci (Competence ...), see Competence of the Commission.

Ratione personae, (Competence ...) see Competence of the Commission.

Reservations

In order to determine the exact scope and intention of a reservation which, like that made by Austria under Article 5 of the Convention, has been deposited in the German language only, regard should be had to the original text and not to an approximate translation.

The reservation made by Austria under Article 5 extends, in the opinion of the Commission, to the Road Traffic Act of 1947 and to the Motor Vehicles Act of 1955. The scope of the reservation may only be determined by taking into consideration the intention of the Austrian Government. (VI, p. 268, 1452/62)

(VI, p. 268, No. 1452/62)

Retroactivity, see Non-Retroactivity.

Rights guaranteed by the Convention

1. Under the terms of Article 1, the Convention guarantees only the rights and freedoms defined in Section 1. Only the violation

tels que ceux qui sont garantis par la Convention, pourraient être soit grossièrement violés, soit entièrement supprimés.

(VI, p. 462, N° 1802/63)

Travail forcé ou obligatoire (Interdiction du ...)

Si l'article 4 § 3 de la Convention délimite la portée de l'article 4 § 2 en déclarant que quatre catégories de travail ou de service ne constituent pas un travail forcé ou obligatoire aux fins de la Convention, l'expression "travail forcé ou obligatoire" n'est pas définie dans la Convention et il n'existe nulle part ailleurs de description autorisée de ce qu'il faut entendre par cette expression.

La notion de travail obligatoire ou forcé ne peut s'entendre uniquement au sens littéral du terme et elle en est venue en fait à être considérée, dans le droit international et la pratique, ainsi qu'en témoignent en partie les dispositions et l'application des conventions et résolutions de l'O.I.T. relatives au travail forcé, comme comportant certains éléments dont il est raisonnable de tenir dûment compte dans l'interprétation de l'article 4 § 2 de la Convention.

Ces éléments du travail forcé ou obligatoire sont, premièrement, que le travail ou le service soit accompli par le travailleur contre son gré et, deuxièmement, que l'obligation d'accomplir ce travail ou ce service soit injuste ou oppressive ou que le travail ou le service lui-même constitue une épreuve évitable.

L'attribution de ces éléments au "travail forcé ou obligatoire" envisagé à l'article 4 § 2 de la Convention n'est pas incompatible avec les autres dispositions de cet article ou de la Convention.

Il est vrai que la loi provisoire norvégienne de 1956, relative au service obligatoire pour les dentistes, impose un service obligatoire, mais comme ce service est de courte durée, assure une rémunération satisfaisante, ne s'écarte pas de l'activité professionnelle choisie, ne s'applique que dans le cas de postes non pourvus après que leur vacance a été dûment annoncée, et ne comporte pas d'application discriminatoire, arbitraire ou punitive, l'obligation d'accomplir ce service n'est ni injuste ni oppressive et ne constitue donc pas un travail forcé ou obligatoire au sens de l'article 4 § 2 de la Convention.

(VI, p. 279, N° 1468/62 – avis de quatre membres de la majorité)

Eu égard à l'article 4 § 3 de la Convention, le service exigé d'un dentiste en vertu de la loi provisoire norvégienne de 1956 relative au service public obligatoire des dentistes est un service raisonnablement exigé dans un cas de crise menaçant le bien-être de la communauté et ne constitue donc pas un travail forcé ou obligatoire.

(VI, p. 279, N° 1468/62 – avis de deux membres de la majorité)

of one of these rights and freedoms can, under Article 25, paragraph (1), be the object of an admissible application before the Commission No article of the Convention or the First Protocol explicitly guarantees "linguistic freedom". (VI, p. 332, No. 1474/62)

2. Neither Article 6, nor any other article of the Convention guarantees expressly, or by implication, the principle of *non bis in idem*. (VI, p. 444, No. 1769/63)
(VI, p. 346, No. 1519/62)

3. The right to have criminal proceedings instituted against another person and the right to be granted conditional release are not included, as such, among the rights and freedoms guaranteed by the Convention. (VI, p. 348, No. 1599/62)
(VI, p. 590, Nos. 1420/62, 1477/62, 1478/62)

4. The right to political asylum is not included as such among the rights and freedoms guaranteed by the Convention.
(VI, p. 462, No. 1802/63)

Security, (Right to liberty and ...), see Liberty.

Six Months' Rule

1. The six months' time-limit is not applicable to an application complaining of legislation which creates a continuing situation, when there is no domestic remedy within the meaning of Article 26 of the Convention whereby such legislation can be attacked.
(VI, p. 332, No. 1474/62)
(VI, p. 444, No. 1769/63)

2. It is necessary to distinguish in the introduction of an Application between its deposit with the Secretariat-General and its registration by the Commission. If Rule 48, paragraph (2) is applicable to the introduction of an Application, it is clear, particularly from the French text, that the date of its deposit is, at the latest, the date of its acknowledged arrival in the Secretariat-General. It is from this last date that one must calculate the six months' time-limit provided in Article 26 of the Convention.
(VI, p. 278, No. 1468/62)

Teaching, see Education.

Victim, see Competence of the Commission.

Victime, voir Compétence de la Commission.

Vie privée et familiale (Droit au respect de la ...)

1. L'article 8 de la Convention garantit, en règle générale, le droit au respect de la vie privée et familiale. En cas de divorce, la question de la garde des enfants doit nécessairement être tranchée en faveur de l'une des parties; toutefois, l'article 8 ne peut être invoqué par l'une ou l'autre des parties pour justifier que l'on donne la préférence à sa demande de garde d'un enfant. Dans sa décision sur la recevabilité de la requête N° 172/56 (S. v. Suède, Annuaire I, p. 211), la Commission a décidé ce qui suit: "Il est évident que le droit d'un des parents à obtenir la garde d'un enfant au détriment de l'autre parent ne figure pas comme tel parmi les droits et libertés énumérés dans la Convention et l'appréciation de la question de savoir à quel parent doit être confiée la garde de l'enfant est, en principe, régie par le droit des tribunaux nationaux".

Il y a lieu de souligner en outre que le paragraphe 2 de l'article 8 dispose que "il ne peut y avoir ingérence d'une autorité publique dans l'exercice de ce droit que pour autant que cette ingérence est prévue par la loi et qu'elle constitue une mesure qui, dans une société démocratique, est nécessaire ... à la prévention des infractions pénales, à la protection de la santé ou de la morale ...". Dans sa décision sur la recevabilité des requêtes N° 911/60 (S. c. Suède, Recueil VII, p. 7) et 1329/62 (M. c. Danemark) sur le droit de visite à des enfants dont les requérants n'avaient pas la garde, la Commission a déclaré que les termes du paragraphe 2 laissaient une marge considérable d'appréciation aux tribunaux nationaux, qui leur permettait de tenir compte, dans leurs décisions sur le droit de visite à des enfants, d'éléments du dossier qui pourraient leur sembler préjudiciables à la protection de la santé et de la morale de l'enfant. La Commission a néanmoins conclu qu'il lui appartenait de décider en dernier ressort si les mesures prises étaient ou non justifiées selon les dispositions du paragraphe 2.

Ces considérations admises par la Commission lorsqu'elle décide sur des questions relatives au droit de visite à des enfants s'appliquent davantage encore lorsqu'il s'agit de prendre une décision sur la garde d'enfants de parents divorcés.

(VI, p. 263, N° 1449/62)

2. La législation belge en matière linguistique soulève sur le terrain de l'article 8 de la Convention des problèmes suffisamment complexes pour que leur solution doive relever de l'examen du fond de l'affaire et que la requête la visant ne puisse pas être rejetée pour défaut manifeste de fondement.

(VI, p. 333, N° 1474/62)
(VI, p. 445, N° 1769/63)

Appendix

STATISTICAL CHARTS

Annexe

TABLEAUX STATISTIQUES

DECISIONS ON THE ADMISSIBILITY OF INDIVIDUAL APPLICATIONS / DECISIONS SUR LA RECEVABILITE DES REQUETES INDIVIDUELLES

	1955	1956	1957	1958	1959	1960	1961	1962	1963	Total
Applications filled / Requêtes enregistrées	138	104	101	96	233	291	344	442	346	2095
Decisions taken / Décisions rendues	84	93	96	47	130	265	222	280	370	1587
Applications rejected de plano / Requêtes rejetées de plano	84	92	94	43	128	261	216	279	318	1515
Applications rejected after communication to the Respondent Government Requêtes rejetées après communication au Gouvernement mis en cause	—	1	2	2	1	1	5	1	32	45
Applications declared admissible / Requêtes déclarées recevables	0	0	0	2	1	3	1	0	20	27
Applications struck off the list / Requêtes rayées du rôle	5	4	6	1	2	7	14	5	20	64

BREAKDOWN OF APPLICATIONS BY RESPONDENT GOVERNMENT / REQUETES PAR PAYS DEFENDEUR

State / Pays	*Date of inception of right of individual application / Date depuis laquelle s'exerce le droit de recours individuel*	Applications filed / Requêtes enregistrées 1955			1956			1957			1958			1959			1960			1961			1962			1963		
		N[1]	A[1]	T[1]	N	A	T	N	A	T	N	A	T	N	A	T	N	A	T	N	A	T	N	A	T	N	A	T
Austria / Autriche	3rd September 1958 / 3 septembre 1958	—	—	—	—	—	—	—	—	—	11	5	16	47	9	56	39	6	45	72	9	81	116	20	136	122	17	139
Belgium / Belgique	5th July 1955 / 5 juillet 1955	11	3	14	6	1	7	9	3	12	9	4	13	26	6	32	20	2	22	30	4	34	40	11	51	22	5	27
Denmark / Danemark	5th July 1955 / 5 juillet 1955	—	—	—	1	—	1	2	2	4	1	—	1	5	—	5	8	—	8	5	—	5	4	—	4	2	1	3
Fed. Rep. of Germany / R.F.A.	5th July 1955 / 5 juillet 1955	109	12	121	79	15	94	73	8	81	45	9	54	105	26	131	149	36	185	158	41	199	194	41	235	120	32	152
Iceland / Islande	5th july 1955 / 5 juillet 1955	—	—	—	—	—	—	—	—	—	—	—	—	1	—	1	—	—	—	—	—	—	—	—	—	—	—	—
Ireland / Irlande	5th July 1955 / 5 juillet 1955	1	—	1	1	—	1	3	—	3	1	—	1	3	—	3	3	—	3	1	1	2	—	—	—	1	—	1
Luxembourg / Luxembourg	28th April 1958 / 28 avril 1958	—	—	—	—	—	—	—	—	—	6	2	8	—	—	—	—	1	1	2	1	3	1	2	3	—	1	1
Netherlands / Pays-Bas	28th June 1960 / 28 juin 1960	—	—	—	—	—	—	—	—	—	—	—	—	—	—	—	13	8	21	12	5	17	8	—	8	13	6	19
Norway / Norvège	10th December 1955 / 10 décembre 1955	—	—	—	—	—	—	—	—	—	1	—	1	3	—	3	2	—	2	—	1	1	2	—	2	1	—	1
Sweden / Suède	5th July 1955 / 5 juillet 1955	2	—	2	—	1	1	1	—	1	1	—	1	1	1	2	2	2	4	—	2	2	—	3	3	2	1	3
Total		123	15	138	87	17	104	88	13	101	75	21	96	191	42	233	236	55	291	280	64	344	365	77	442	283	63	346

[1] N: Nationale of Respondent State/Ressortissants du pays défendeur
A: Aliens/Etrangers
T: Total.

NATIONALITY OF APPLICANTS
REQUERANTS PAR NATIONALITE

Applicants / Requérants	1955	1956	1957	1958	1959	1960	1961	1962	1963
Americans / Américains	—	—	—	—	—	—	—	2	3
Argentinians / Argentins	—	—	—	—	1	—	1	2	—
Austrians / Autrichiens	—	1	1	12	56	49	78	120	125
Belgians / Belges	12	6	9	10	25	21	34	42	24
British / Anglais	1	—	1	—	—	—	2	—	2
Bulgarians / Bulgares	—	—	—	—	—	—	—	—	1
Czechs / Tchèques	1	—	1	1	1	3	4	3	3
Danes / Danois	—	1	2	1	5	10	7	4	3
Dutch / Néerlandais	1	—	—	1	1	14	16	11	15
Egyptians / Egyptiens	—	—	—	—	—	—	—	1	—
Esthonians / Estoniens	—	—	—	—	1	—	—	—	—
French / Français	2	4	2	1	3	4	3	5	3
Germans / Allemands	112	80	75	50	108	148	163	204	133
Greeks / Grecs	—	—	—	1	2	1	1	—	—
Hungarians / Hongrois	1	—	—	—	4	4	3	4	3
Icelandics / Islandais	—	—	—	—	1	—	—	—	—
Iranians / Iraniens	—	—	—	—	—	—	—	1	—
Irish / Irlandais	1	1	3	1	3	3	1	1	1
Israelis / Israéliens	—	1	—	—	1	1	1	—	—
Italians / Italiens	1	—	2	—	1	—	1	1	1
Lithuanians / Lithuaniens	—	—	—	—	—	—	—	1	—
Luxemburgers / Luxembourgeois	—	—	—	7	—	2	2	2	—
Nigerians / Nigériens	—	—	—	—	1	—	—	—	—
Norwegians / Norvégiens	—	—	—	1	3	2	—	3	1
Poles / Polonais	2	8	1	2	4	12	10	8	7
Rumanians / Roumains	—	—	—	—	1	1	—	1	1
Russians / Russes	—	—	—	—	1	3	3	2	1
Spaniards / Espagnols	—	—	—	—	—	—	—	1	1
Swedes / Suédois	2	—	1	1	1	2	—	2	2
Swiss / Suisses	—	—	—	1	—	—	1	1	—
Turks / Turcs	—	—	—	—	—	—	1	2	—
Yougoslavs / Yougoslaves	—	—	—	2	1	3	2	2	2
Stateless / Apatrides	2	2	3	3	5	6	8	15	10
Uncertain / Indéterminée	—	—	—	1	3	2	2	4	3

APPLICANTS REPRESENTED BY COUNSEL / REQUETES INTRODUITES PAR LE MINISTERE D'UN AVOCAT

	1955	1956	1957	1958	1959	1960	1961	1962	1963
Number of applications / Nombre total des requêtes	138	104	101	96	233	291	344	442	346
Applicants represented by counsel / Requêtes introduites par le ministère d'un avocat	5	6	12	14	23	27	34	38	35

PERCENTAGE OF APPLICANTS DETAINED OR INTERNED/ POURCENTAGES DE REQUERANTS DETENUS OU INTERNES

	Number of applications/ Nombre de requêtes	*Applicants detained or interned/ Requérants détenus ou internés*	*Percentage of applicants detained or interned / Pourcentage de requérants détenus or internés*
1955	138	24	17%
1956	104	20	20%
1957	101	25	25%
1958	96	22	24%
1959	233	71	30%
1960	291	67	23%
1961	344	114	33%
1962	442	235	53%
1963	346	175	50%

CHAPTER II

CASES BEFORE THE COMMITTEE OF MINISTERS OF THE COUNCIL OF EUROPE

I.

OFNER *against* AUSTRIA (NO. 524/59) HOPFINGER *against* AUSTRIA (NO. 617/59)

A.

Summary

By letter dated 29th May 1959, Mr. Herbert Ofner lodged an application with the European Commission of Human Rights against the Austrian Government. Mr. Ofner was convicted in 1959 on six charges of misappropriation of property and sentenced to four years' imprisonment. He appealed against the decision, entering at the same time a plea of nullity. The Supreme Court reduced his sentence to three years' imprisonment. Mr. Ofner alleged that the proceedings in the Austrian courts did not conform with the provisions of the Convention. He complained that his case was not heard in public, that he was not present or represented at the hearing before the Supreme Court and that his defence was obstructed.

On 19th December 1960 the Commission declared the application admissible in part [1] and on 15th March 1961 it joined the case with that of Hopfinger against Austria (No. 617/59).

By letter dated 24th September 1959, Mr. Alois Hopfinger lodged an application with the Commission directed against the Austrian Government. He had been convicted in February 1959 on a charge of fraud and sentenced to seven years' imprisonment. Against the decision he brought an appeal, entering at the same time a plea of nullity. The Supreme Court dismissed both. Mr. Hopfinger complained that the Convention had been violated, in that his appeal was not heard in public, he was not present or represented at the hearing before the Supreme Court and his defence was obstructed.

On 19th December 1960, the Commission declared this application to be admissible in part [2] and joined it with that of Ofner v. Austria (No. 524/59).

A Sub-Commission was set up [3] to establish the facts of these

[1] For text of the decision on admissibility see Yearbook, Volume III, pp. 322–354.
[2] For text of the decision on admissibility see Yearbook, Volume III, pp. 370–392.
[3] For the composition of the Sub-Commission see Yearbook, Volume IV, p. 80.

CHAPITRE II

AFFAIRES DEVANT LE COMITE DES MINISTRES DU CONSEIL DE L'EUROPE

I.

OFNER *contre* AUTRICHE (NO. 524/59) HOPFINGER *contre* AUTRICHE (NO. 617/59)

A.

Résumé

Par lettre en date du 29 mai 1959, M. Herbert Ofner a introduit devant la Commission Européenne des Droits de l'Homme une requête dirigée contre le Gouvernement autrichien. En 1959, M. Ofner a été condamné pour abus de confiance dans six cas à une peine de quatre ans de prison. Il interjeta appel contre cet arrêt en même temps qu'il introduisit un recours en annulation. La Cour Suprême réduisit sa peine à trois années d'emprisonnement. M. Ofner a allégué que la procédure suivie devant les tribunaux autrichiens n'était pas conforme aux dispositions de la Convention. Sa cause n'aurait pas été entendue publiquement, il n'aurait pas été présent ni représenté au cours de la procédure devant la Cour Suprême et il n'aurait pas pu préparer sa défense.

Le 19 décembre 1960 la Commission a déclaré cette requête partiellement recevable,[1] et le 15 mars 1961 elle a ordonné la jonction de cette requête avec celle de Hopfinger contre l'Autriche (N° 617/59).

Par lettre en date du 24 septembre 1959, M. Alois Hopfinger a introduit devant la Commission une requête dirigée contre le Gouvernement autrichien. Il avait été condamné, en février 1959, pour escroquerie à une peine de sept ans de réclusion. Contre ce jugement il interjeta appel en même temps qu'il introduisit un recours en annulation, mais la Cour Suprême rejeta l'un et l'autre. M. Hopfinger a allégué que la Convention avait été violée parce que sa cause n'aurait pas été entendue publiquement, il n'aurait été présent ni représenté au cours de la procédure devant la Cour Suprême et on l'aurait empêché de préparer sa défense.

Le 19 décembre 1960 la Commission a déclaré cette requête partiellement recevable [2] et l'a jointe avec celle de Ofner contre l'Autriche (N° 524/59).

Une Sous-Commission fut alors constituée [3] qui devait établir

[1] Cf. le texte de la décision sur la recevabilité dans Annuaire, Volume III pp. 323–355.
[2] Cf. le texte de la décision sur la recevabilité dans Annuaire, Volume III, pp. 371–393.
[3] Cf. la composition de la Sous-Commission dans Annuaire Volume IV, p. 81.

cases and to try to reach a friendly settlement. No friendly settlement was reached and, on 23rd November 1962, the Commission adopted its report in which it expressed the unanimous opinion that in these cases the provisions of the Convention had not been violated.

The Commission's report was transmitted to the Committee of Ministers of the Council of Europe and the Austrian Government on 10th December 1962. Neither the Commission nor the Austrian Government brought these cases before the Court and, therefore, it was for the Committee of Ministers to decide, in accordance with Article 32 of the Convention, "whether there had been a violation of the Convention".

On 5th April 1963, the Committee of Ministers, by Resolution (63) DH 1 decided that in these cases there had been no violation of the Convention.

Extracts from the Report of the Commission and the text of the Resolution of the Committee of Ministers are published in this chapter.

les faits de ces causes et s'efforcer de parvenir à leur règlement amiable. Un règlement amiable n'étant pas intervenu, la Commission plénière adopta, le 23 novembre 1962, son rapport dans lequel elle formula à l'unanimité l'avis qu'il n'y a pas eu violation de la Convention.

Le rapport de la Commission a été transmis au Comité des Ministres et au Gouvernement autrichien le 10 décembre 1962. Ni la Commission, ni le Gouvernement autrichien n'ayant porté ces affaires devant la Cour, il appartenait au Comité des Ministres du Conseil de l'Europe de prendre, conformément à l'article 32 de la Convention, "une décision sur la question de savoir s'il y a eu ou non violation de la Convention".

Le 5 avril 1963, le Comité des Ministres a constaté par sa Résolution (63) DH 1 que dans ces affaires il n'y avait pas eu violation de la Convention.

Des extraits du rapport de la Commission ainsi que le texte de la Résolution du Comité des Ministres figurent ci-après dans ce chapitre.

B.

Extracts from the Report of the Commission [1]

PART IV

ESTABLISHMENT OF THE FACTS AND OPINION OF THE COMMISSION

A. Points at issue in the two Applications

32. In accordance with Article 28 of the Convention and in the light of the Commission's decisions of 19th December 1960 on admissibility, the task of the Sub-Commission was to establish the facts in regard to certain issues.

The issues were as follows:

Application No. 524/59, Herbert Ofner

(1) Whether or not the provisions of the Austrian Code of Criminal Procedure, as amended and supplemented by the Act of 31st December 1877 and applied by the Supreme Court in the present case, were compatible with Article 6, paragraphs (1) and (3), sub-paragraph (c) of the Convention;

(2) Whether or not the rights to which the Applicant was entitled under Article 6, paragraph (3), subparagraphs (a) and (b) of the Convention had been respected by the Regional Court (change in legal classification).

Application No. 617/59, Alois Hopfinger

Whether or not the provisions of the Austrian Code of Criminal Procedure, as amended and supplemented by the Act of 31st December 1877 and applied by the Supreme Court in the present case, were compatible with Article 6, paragraphs (1) and (3), subparagraph (c) of the Convention.

These two issues are dealt with in Chapters I and II below and the opinion of the Commission on both issues follows at Part IV B.

33. The relevant provisions of *Article 6 of the Convention* state as follows:

[1] The Commission's decisions on the admissibility of Applications No. 524/59 and No. 617/59 have been published in the Yearbook, Vol. III at pages 322–354, and pages 370–392 respectively.

B.

Extraits du Rapport de la Commission [1]

PARTIE IV

ETABLISSEMENT DES FAITS ET AVIS DE LA COMMISSION

A. Points en litige dans les deux requêtes

32. Conformément à l'article 28 de la Convention et compte tenu des décisions prises le 19 décembre 1960 par la Commission quant à la recevabilité, la Sous-Commission avait pour tâche d'établir les faits sur certains points.

Les points en cause étaient les suivants:

Requête N° 524/59, Herbert Ofner

(1) Les dispositions du Code autrichien de procédure pénale, tel qu'il a été modifié et complété par la loi du 31 décembre 1877 et appliqué en l'espèce par la Cour Suprême, sont-elles ou non compatibles avec l'article 6, paragraphes 1 et 3 (c) de la Convention?

(2) Les droits qui appartiennent au requérant en vertu de l'article 6, paragraphe 3 (a) et (b) de la Convention ont-ils ou non été respectés par le Tribunal régional (changement de qualification juridique)?

Requête N° 617/59, Aloïs Hopfinger

Les dispositions du Code autrichien de procédure pénale, tel qu'il a été modifié et complété par la loi du 31 décembre 1877, et appliqué en l'espèce par la Cour Suprême, sont-elles ou non compatibles avec l'article 6, paragraphe 1 et 3 (c) de la Convention?

Ces deux points sont traités aux chapitres I et II ci-dessous et l'avis de la Commission à leur sujet est exposé plus loin sous B.

33. Les dispositions pertinentes de *l'article 6 de la Convention* sont rédigées comme suit:

[1] Cf. les décisions de la Commission sur la recevabilité des requêtes N° 524/59 et N° 617/59 dans Annuaire, Volume III. pp. 323–355 et 371–393 respectivement.

"(1) In the determination ... of any criminal charge against him, everyone is entitled to a fair ... hearing ....

(3) Everyone charged with a criminal offence has the following minimum rights:

(a) to be informed promptly, in a language which he understands and in detail, of the nature and cause of the accusation against him;

(b) to have adequate time and facilities for the preparation of his defence;

(c) to defend himself in person or through legal assistance of his own choosing ...".

34. As to the *procedure before the Supreme Court* (Oberster Gerichtshof), the relevant provisions of the Austrian Code of Criminal Procedure (Strafprozessordnung) and of the Act of 31st December 1877, amending and supplementing the provisions of the Code of Criminal Procedure concerning pleas of nullity, state as follows:

(a) *Code of Criminal Procedure* (as promulgated on 24th July 1945) [1]

"*Article 280*

The only legal recourses available against judgments delivered by the Courts of first instance shall be the plea of nullity (Nichtigkeitsbeschwerde) to the Supreme Court and the appeal (Berufung) to the Court of second instance.

Article 281

(1) A plea of nullity may be filed only against the interest of the accused in the case of an acquittal and a plea either in or against his interest may be filed in the case of a conviction, and in any case only on the following grounds:

1. where the court was not properly constituted; where the whole proceedings were not attended by all the judges concerned, or where a disqualified judge (Articles 67, 68) took part in the decision, unless the facts on which the plea of nullity is based were already known to the complainant before or during the main proceedings

[1] The text quoted is that in force at the time of the proceedings in question. The Commission is aware that the Code has since been amended.

Paragraphe 1:

"Toute personne a droit à ce que sa cause soit entendue équitablement ... par un tribunal ... qui décidera ... du bien-fondé de toute accusation en matière pénale dirigée contre elle."

Paragraphe 3:

"Tout accusé a droit notamment à:

(a) être informé, dans le plus court délai, dans une langue qu'il comprend et d'une manière détaillée, de la nature et de la cause de l'accusation portée contre lui;

(b) disposer du temps et des facilités nécessaires à la préparation de sa défense;

(c) se défendre lui-même ou avoir l'assistance d'un défenseur de son choix ...".

34. En ce qui concerne la *procédure devant la Cour Suprême* (Oberster Gerichtshof), les dispositions pertinentes du Code autrichien de procédure pénale (Strafprozessordnung) et de la loi du 31 décembre 1877 modifiant et complétant les dispositions du Code de procédure pénale relatives aux recours en annulation, sont les suivantes:

(a) *Code de procédure pénale* (tel qu'il a été promulgué le 24 juillet 1945) [1]

"*Article 280*

Les jugements prononcés par un Tribunal de première instance ne peuvent être frappés que de recours en annulation (Nichtigkeitsbeschwerde) ou d'appel (Berufung). Le premier est introduit auprès de la Cour Suprême, le second devant le Tribunal de deuxième instance.

Article 281

(1) Un recours en annulation contre une sentence d'acquittement ne peut être introduit qu'au détriment de l'accusé; contre une sentence de condamnation, il peut être introduit soit à l'avantage soit au détriment de l'accusé, et toujours pour les seuls moyens suivants:

1. lorsque le tribunal n'est pas régulièrement constitué; lorsque tous les juges n'ont pas assisté à toute la procédure ou lorsqu'un juge légalement empêché (articles 67 et 68) a pris part à la décision; à moins que les faits sur lesquels se fonde le recours en annulation n'aient été connus du requérant avant ou pendant l'audience

[1] Nous citons ici le texte en vigueur au moment des procédures en cause. La Commission n'ignore pas que le Code a été modifié par la suite.

and were not invoked by him either at the very opening of the main proceedings or immediately after these facts came to his knowledge;

1a. where the main proceedings took place without the participation of counsel for the defence and the indictment concerned an offence punishable by a prison sentence of more than five years or by a more severe sentence;

2. where, notwithstanding a protest by the complainant, a written document concerning an act in the preliminary investigation, which was null and void in the eyes of the law, was invoked at the main proceedings;

3. where a provision, the observation of which is expressly stipulated by law on pain of nullity (Articles 120, 151, 152, 170, 221, 228, 240a, 244, 247, 250, 260, 271 and 427), has been violated or disregarded in the main proceedings;

4. where, during the main proceedings, no decision has been taken on an application by the complainant or where an interim decision, taken against his application or in spite of his objection, has disregarded or incorrectly applied laws or principles of procedure which should be observed in a procedure providing for the participation of both prosecution and defence;

5. where a ruling of the court on decisive facts (Article 270 Nos. 6 and 7) is not clear, is incomplete or self-contradictory; where no grounds or manifestly insufficient grounds are given for this ruling, or where there are considerable contradictions, on the one hand, between the details in the judgment given concerning the contents of a document in the case-file or a statement made in court and, on the other hand, this document or the record of the hearing or sitting;

6. where the court has wrongly declared itself incompetent (Article 261);

7. where the final judgment does not settle the case, or

8. where, in violation of the provisions of Articles 262, 263 and 267, it has gone beyond the indictment;

9. where a law has been violated or incorrectly applied by the ruling given on the question:

> (a) whether the act with which the accused has been charged constitutes a crime, an offence or another punishable act coming within the jurisdiction of the courts;
>
> (b) whether there are circumstances which exclude criminal liability from attaching to the act in question or where prosecution is in these circumstances excluded or, lastly,
>
> (c) whether the charge required under the law was not made, or whether a law was violated or incorrectly applied;

10. where the act which has given rise to the decision has, owing to an incorrect interpretation, been punished under a penal provision which is not applicable to it;

principale et n'aient pas été invoqués par lui dès l'ouverture de l'audience principale ou dès qu'il en a eu connaissance;

1.a lorsque l'audience principale s'est déroulée sans la participation d'un défenseur et que l'acte d'accusation concernait une infraction passible d'une peine privative de liberté de plus de cinq ans ou d'une peine plus lourde;

2. lorsque, malgré la protestation du requérant, un document écrit concernant un acte d'information ou d'instruction préparatoire, nul et non avenu selon la loi, a été lu à l'audience principale;

3. lorsqu'à l'audience principale, une prescription dont la loi requiert expressément l'observation à peine de nullité (articles 120, 151, 152, 170, 221, 228, 240a, 244, 247, 250, 260, 271 et 427), a été violée ou négligée;

4. lorsqu'à l'audience principale, il n'a pas été statué sur une demande du requérant ou lorsqu'une décision interlocutoire prise contre sa demande ou son opposition a négligé ou mal appliqué les lois ou les principes de procédure dont l'observation est imposée par la nature d'une procédure garantissant la poursuite et la défense;

5. lorsque le tribunal a statué sur des éléments d'une importance décisive (article 270, chiffres 6 et 7) de manière peu claire, incomplète ou contradictoire; lorsqu'aucune raison n'a été donnée ou lorsque les raisons données sont manifestement insuffisantes pour justifier cette sentence ou lorsqu'il existe une contradiction flagrante entre, d'une part, l'énoncé des motifs retenus dans la décision quant à la teneur d'un document figurant au dossier ou quant à une déposition en justice et, d'autre part, le document ou le procès-verbal d'interrogatoire ou d'audience eux-mêmes;

6. lorsque le tribunal s'est à tort déclaré incompétent (article 261);

7. lorsque le jugement final n'a pas entièrement répondu à l'accusation, ou

8. a excédé les limites de celle-ci, contrairement aux prescriptions des articles 262, 263 et 267;

9. lorsqu'une loi a été violée ou mal appliquée par la décision rendue sur la question de savoir:

a) si le fait mis à la charge de l'accusé constitue un crime, un délit ou une autre infraction relevant de la compétence du tribunal,

b) s'il existe des circonstances rendant l'acte non punissable ou excluant les poursuites; enfin,

c) si l'accusation requise par la loi fait défaut.

10. lorsque l'acte qui se trouve à l'origine de la décision a, en raison d'une interprétation inexacte de la loi, été puni aux termes d'une loi pénale qui ne lui est pas applicable;

11. where the court, when determining the sentence to be imposed, has exceeded its powers or passed a sentence beyond that provided for under the law, in so far as the aggravating or mitigating grounds for the said sentence are expressly set forth in the law, or where it has exceeded the limits of its powers in regard to the commutation or mitigation of a sentence or where it has violated or improperly applied the provisions of Article 293, paragraph (3), or Article 359, paragraph (4).

(2) The ground for the plea of nullity mentioned under No. 1a, cannot be invoked to the disadvantage of the accused .

(3) The grounds for a plea of nullity mentioned in Nos. 2, 3 and 4 cannot be invoked to the advantage of the accused if it is clear beyond doubt that such formal violation cannot have influenced the decision to the disadvantage of the accused. Such grounds can be invoked against the interest of the accused only if it is clear that the violation could have influenced the decision to the disadvantage of the prosecution and if, in addition, the prosecutor has objected to this formal violation, requested the court to render a decision and reserved the right to enter the plea of nullity immediately after the denial or rendering of this decision.

Article 282

...

Article 283

(1) An appeal may only be lodged against the sentence, provided the ground for nullity mentioned in Article 281, No. 11, does not arise, and against a decision on civil law claims ...

Article 296

Where, in addition to the appeal, a plea of nullity has been lodged by one or other of the parties, the relevant case-files submitted to the Supreme Court shall also include the documents concerning the appeal. In this case, the Supreme Court shall, either after or when ruling on the plea of nullity, also rule on the appeal, always at a non-public session and after hearing (nach Anhörung) the Attorney-General."

(b) *Act of 31st December 1877* (RGBl. No. 3 of 1878)

"*Article 3*

(1) The Supreme Court shall deliberate on a plea of nullity, submitted to it in accordance with Article 285, paragraph (2), of the Code of Criminal Procedure, first at a non-public session, after hearing (nach Anhörung) the Attorney-General, only where the

11. lorsque le tribunal, en fixant la peine, a outrepassé ses pouvoirs ou les limites du taux légal de la peine, dans la mesure où ce dernier découle de circonstances aggravantes ou atténuantes expressément prévues par la loi, ou lorsqu'il a outrepassé les limites qui lui sont assignées pour la commutation ou l'atténuation de la peine, ou lorsqu'il a violé ou mal appliqué les dispositions de l'article 293 § 3 et de l'article 359 § 4.

(2) Le moyen de nullité mentionné au chiffre 1.a ne peut être invoqué au détriment de l'accusé.

(3) Les moyens de nullité mentionnés aux chiffres 2, 3 et 4 ne peuvent être invoqués à l'avantage de l'accusé s'il ne fait aucun doute que le vice de forme n'a pu exercer sur la décision aucune influence au détriment de l'accusé. Ils ne peuvent être invoqués au détriment de l'accusê que s'il est à constater que le vice de forme aurait pu exercer sur la décision une influence préjudiciable pour l'accusation et si, en outre, le plaignant lui-même s'y est opposé, a demandé au tribunal de se prononcer et s'est réservé le droit d'introduire le recours en annulation immédiatement après le rejet ou le prononcé de cette décision.

Article 282

...

Article 283 (St. P.N. 1918)

(1) L'appel ne peut être interjeté que contre la décision relative à la peine, à condition que la cause de nullité mentionnée à l'article 281, chiffre 11 n'existe pas en l'espèce, et contre la décision statuant sur les demandes de la partie civile ...

Article 296

Si, en dehors de l'appel, un recours en annulation a été introduit par l'une ou l'autre partie, tous les actes judiciaires, y compris ceux relatifs à l'appel, doivent être transmis à la Cour Suprême. Dans ce cas, la Cour Suprême se prononce également sur l'appel après s'être prononcée ou en même temps qu'elle se prononce sur le recours en annulation, et ce dans tous les cas en séance non publique et après audition (nach Anhörung) du Procureur Général.

(b) *Loi du 31 décembre 1877* (RGBl. No. 3 de 1878)

"*Article 3.*

(1) La Cour Suprême ne commence par l'examen, en séance non publique et après audition (nach Anhörung) du Procureur Général, d'un recours en annulation introduit devant elle en vertu de l'article 285 § 2 du Code de procédure pénale, que si le Procureur

Attorney-General, or the Rapporteur selected by the President of the Supreme Court from among the members of that Court, proposes a decision under Articles 4, 5 or 6 ...

Article 4

(1) At the non-public deliberation, the plea of nullity may be dismissed immediately:

1. Where it should already have been dismissed by the Court of first instance in accordance with Article 1 of this Act or where the ground for nullity invoked has already been disposed of by a decision of the Supreme Court in that case;

2. Where the plea of nullity is based on the nullity grounds listed in Article 281, Nos. 1 to 8, ... of the Code of Criminal Procedure and the Supreme Court unanimously considers that it should be dismissed without further discussion as being manifestly ill-founded ..."

35. As to *changes in the legal classification* of acts which form the grounds for the indictment, Article 262 of the Austrian Code of Criminal Procedure (as promulgated on 24th July 1945) provides that:

> "Where the Court considers that the acts which form the grounds for the indictment in themselves call for, or necessitate in the light of circumstances arising in the course of the main hearing, a classification which is other than that given in the indictment and which does not necessitate the transfer of the proceedings to a higher Court, the Court shall hear the parties on the question of the change in the legal classification and give a ruling on any application that might be made for an adjournment of the case. The Court shall base its judgment on its legal convictions without being bound by the classification of the offence given in the indictment."

36. As mentioned in Part III, paragraphs 28 and 31, the Commission, in its decisions of 19th December 1960, found that the Applications of Ofner and Hopfinger respectively could not be regarded as manifestly ill-founded insofar as they concerned alleged violations of Article 6, paragraphs (1) and (3), subparagraph (c) and, in the Ofner case, also of Article 6, paragraph (3), subparagraphs (a) and (b), of the Convention.

B. Findings and Opinion of the Commission

I. *The Facts*

44. The Commission ascertained the facts to be as follows:

Général ou un juge-rapporteur désigné par le Président de la Cour Suprême parmi les membres de celle-ci demande le prononcé de l'une des décisions prévues aux articles 4, 5 et 6 ...

Article 4

(1) Au cours de la délibération à huis clos, le recours en annulation peut être rejeté immédiatement:

1. Lorsqu'il aurait déjà dû être rejeté par le Tribunal de première instance selon l'article 1er de la présente loi, ou que le moyen invoqué a déjà été repoussé par une décision de la Cour Suprême rendue dans la même affaire;

2. Lorsque le recours en annulation s'appuie sur l'un des moyens énumérés à l'article 281, chiffres 1 à 8 ou à l'article 345, chiffres 1 à 4 du Code de Procédure pénale et que la Cour Suprême estime, à l'unanimité, qu'il échet de le rejeter sans nouvel examen de l'affaire, pour défaut manifeste de fondement ..."

35. En ce qui concerne *le changement de qualification juridique* des faits qui sont à la base de l'accusation, l'article 262 du Code autrichien de procédure pénale (tel qu'il a été promulgué le 24 juillet 1945) stipule:

> "Si le Tribunal estime que les faits qui sont à la base de l'accusation méritent en eux-mêmes, ou nécessitent par suite des circonstances qui se sont révélées lors des débats devant le Tribunal, une qualification autre que celle retenue par l'acte d'accusation, sans faire rentrer pour autant l'acte délictueux dans la compétence d'un Tribunal supérieur, le Tribunal doit entendre les parties sur le changement de qualification juridique et décider sur une éventuelle demande de remise de l'affaire. Le Tribunal basera sa décision sur sa conviction juridique, sans être lié par la qualification des faits délictueux donnée par l'acte d'accusation."

36. Ainsi qu'il est mentionné aux paragraphes 28 et 31 de la troisième partie, la Commission a estimé, dans ses décisions du 19 décembre 1960, que les requêtes d'Ofner et de Hopfinger ne sauraient être considérées comme manifestement mal fondées, pour autant qu'elles concernent de prétendues violations de l'article 6, paragraphes 1 et 3 (c), ainsi que, dans le cas d'Ofner, de l'article 6, paragraphe 3 (a) et (b), de la Convention.

B. Conclusions et avis de la Commission

I. *En fait*

44. La Commission a constaté que les faits étaient les suivants:

1. *Application No. 524/59 – Herbert Ofner*

(a) *Proceedings before the Regional Court* (Question of change in legal classification)

The detailed information submitted by the Austrian Government in Section VIII of its Counter-Memorial, dated 16th November 1961 and referred to in paragraph 42 above, has not been contradicted by the Applicant. Having had the opportunity of examining the case-file, the Commission is satisfied that the account of the facts set forth in the Counter-Memorial is complete and correct. Consequently, the Applicant was well aware, at an early stage of the proceedings before the Regional Court, that he might have to defend himself against an alternative charge of misappropriation although the indictment charged him with fraud, and he actually did defend himself against misappropriation.

(b) *Proceedings before the Supreme Court*

On 22nd January 1959 the Applicant was convicted by the Regional Court (Landesgericht) of Vienna on six charges of misappropriation of property and sentenced to four years' imprisonment, with the additional penalty of "sleeping hard" (hartes Lager) once every three months.

According to the Procès-Verbal of the Proceedings before the Court, the Public Prosecutor waived his right to appeal, while the Applicant, on the same day, lodged an appeal (Berufung) and a plea of nullity (Nichtigkeitsbeschwerde) with the Regional Court.

On 18th March 1959, the Applicant's lawyer, Dr. Josef Stürzenbaum, submitted to the Regional Court a memorial stating the grounds of the appeal and of the plea of nullity. As to the appeal, he alleged, in particular, that the Regional Court had not sufficiently taken into consideration the extenuating circumstances of the case.

The memorial, together with the case-file, was immediately transmitted to the Public Prosecutor for his possible opinion ("allfällige Äusserung"). In a letter dated 20th March the Public Prosecutor informed the Regional Court that he waived his right to lodge a Counter-Memorial (Gegenäusserung), and returned the case-file to the Regional Court.

The case-file was transmitted, under cover of a letter dated 3rd April 1959, from the Regional Court to the Supreme Court (Oberster Gerichtshof).

On 23rd April 1959 the Judge Rapporteur (Berichterstatter) of the Supreme Court signed and transmitted to the Attorney-General (Generalprokurator) for his opinion ("Zur Stellung-

1. *Requête No. 524/59 – Herbert Ofner*

(a) *Procédure suivie devant le Tribunal régional* (Question du changement de qualification juridique)

Les renseignements détaillés fournis par le Gouvernement autrichien dans la huitième partie de son contre-mémoire du 16 novembre 1961, et repris au paragraphe 42 ci-dessus, n'ont pas été contestés par le requérant. Ayant eu la possibilité d'examiner le dossier, la Commission a acquis la conviction que l'exposé des faits contenu dans le contre-mémoire est complet et exact. En conséquence, le requérant savait parfaitement, dès les premiers stades de la procédure engagée devant le Tribunal régional, qu'il pourrait être appelé à répondre du délit d'abus de confiance, bien que l'acte d'accusation eût retenu contre lui le chef d'escroquerie, et c'est bien, en fait, contre l'accusation d'abus de confiance qu'il s'est défendu.

(b) *Procédure devant la Cour Suprême*

Le 22 janvier 1959, le requérant a été condamné par le Tribunal régional (Landesgericht) de Vienne, pour six délits d'abus de confiance et d'escroquerie, à une peine de quatre ans de prison, aggravée d'un régime de "couche dure" (hartes Lager) une fois par trimestre.

Selon le procès-verbal des débats qui ont eu lieu devant le Tribunal, le Ministère public a renoncé à son droit d'appel, tandis que, le même jour, le requérant a interjeté appel (Berufung) et a introduit un recours en annulation (Nichtigkeitsbeschwerde) devant le Tribunal régional.

Le 18 mars 1959, l'avocat du requérant, Maître Joseph Stürzenbaum, a soumis au Tribunal régional un mémoire motivant l'appel et le recours en annulation. Quant à l'appel, il soutenait, en particulier, que le Tribunal régional n'avait pas suffisamment tenu compte, en l'espèce, des circonstances atténuantes.

Le mémoire, accompagné du dossier, a été immédiatement transmis pour avis ("allfällige Äusserung") au Ministère public. Celui-ci, par lettre en date du 20 mars, a informé le Tribunal régional qu'il renonçait à son droit de présenter un contre-mémoire (Gegenäusserung) et lui a renvoyé le dossier.

Sous couvert d'une lettre datée du 3 avril 1959, le Tribunal régional a transmis le dossier à la Cour Suprême (Oberster Gerichtshof).

Le 23 avril 1959, le Juge rapporteur (Berichterstatter) de la Cour Suprême a signé et transmis au Procureur Général (Generalprokurator), pour avis ("zur Stellungnahme"), un

nahme"), a report by which he proposed to dismiss the Applicant's plea of nullity but, on the appeal, to reduce the sentence from four to three years' imprisonment. The Attorney-General, on 27th April 1959, stamped the report as "agreed" ("einverstanden") and returned it to the Supreme Court.

In a non-public session on 30th April 1959 the Supreme Court examined the appeal and the plea of nullity. Neither the Applicant nor his lawyer, nor the Attorney-General was present. The Court adopted the report of the Judge Rapporteur and dismissed the plea of nullity, but allowed the appeal and reduced the sentence from four to three years' imprisonment together with the additional penalty already mentioned.

Although the decision contains the words "nach Anhörung des Generalprokurators" (after hearing the Attorney-General), the Attorney-General did not address the Supreme Court orally. The Commission has ascertained that the words quoted refer to the opinion expressed in writing by the Attorney-General on the report submitted by the Judge-Rapporteur. It is common usage in Austria to include these words in a judgment simply to indicate that the Attorney-General has been given an opportunity to submit his observations, whether in writing or orally.

The Regional Court was informed of the decision by the Supreme Court immediately after its adoption. On 27th May 1959 the decision was communicated to the Applicant.

2. *Application No. 617/59 – Alois Hopfinger*

On 23rd February 1959 the Applicant, who had already been convicted on several occasions for theft, fraud and misappropriation of funds, received a further conviction by the Regional Court (Landesgericht) of Vienna on a charge of having defrauded his employers, Messrs. Böhler & Co. of Vienna, of the sum of 203,025 Austrian Schillings. He was sentenced to seven years' imprisonment with the additional penalty of "sleeping hard" once every three months.

According to the Procès-Verbal of the proceedings before the Court, the Applicant lodged an appeal (Berufung) and a plea of nullity (Nichtigkeitsbeschwerde). On 18th April 1959, the Applicant's lawyer, Dr. Herman Gaigg, submitted a memorial to the Regional Court stating the grounds of the appeal and the plea of nullity. He complained that the Regional Court had refused the Applicant's request to hear several essential witnesses and also his application to inspect the accounts of Messrs. Böhler & Co. He further alleged that in the circumstances of the case the sentence was excessive.

This memorial was immediately transmitted to the Public Prose-

rapport dans lequel il proposait de rejeter le recours en annulation du requérant, mais, quant à l'appel, de ramener la peine de quatre à trois ans de prison. Le Procureur Général a, le 27 avril 1959, apposé la mention "d'accord" ("einverstanden") sur le rapport, qu'il a renvoyé à la Cour Suprême.

Le 30 avril 1959, au cours d'une audience non publique, la Cour Suprême a examiné l'appel et le recours en annulation. Ni le requérant, ni son avocat, ni le Procureur Général n'assistaient à cette audience. La Cour a adopté le rapport du Juge rapporteur et rejeté le recours en annulation, mais elle a accueilli l'appel et réduit la peine de quatre à trois années de prison, aggravée de la sanction supplémentaire mentionnée ci-dessus.

Bien que la décision porte les termes "nach Anhörung des Generalsprokurators" ("après audition du Procureur Général"), celui-ci n'a pas pris la parole devant la Cour Suprême. La Commission a établi que les termes employés se réfèrent à l'avis donné par écrit par le Procureur Général sur le rapport du Juge rapporteur. Il est d'usage en Autriche d'insérer cette formule dans un arrêt pour indiquer simplement que l'occasion a été donnée au Procureur Général de présenter ses observations, soit par écrit, soit verbalement.

Le Tribunal régional a été informé de la décision prise par la Cour Suprême immédiatement après son prononcé. La décision a été signifiée au requérant le 27 mai 1959.

2. *Requête N° 617/59 – Aloïs Hopfinger*

Le requérant, qui avait déjà fait l'objet de plusieurs condamnations pour vol, escroquerie et détournement de fonds a été de nouveau condamné le 3 février 1959 par le Tribunal régional (Landesgericht) de Vienne pour avoir commis une escroquerie portant sur 203.025 schillings autrichiens au détriment de son employeur, la Société Böhler et C° de Vienne. Il a été condamné à une peine de sept ans de réclusion, aggravée d'un régime de "couche dure" une fois par trimestre.

Selon le procès-verbal des débats qui ont eu lieu devant le Tribunal, le requérant a interjeté appel (Berufung) en même temps qu'il a introduit un recours en annulation (Nichtigkeitsbeschwerde). Le 18 avril 1959, l'avocat du requérant, Maître Herman Gaigg, a soumis au Tribunal régional un mémoire motivant l'appel et le recours en annulation. Il se plaignait que le Tribunal régional eût rejeté les demandes du requérant tendant à l'audition de plusieurs témoins essentiels et à l'examen de la comptabilité de la Société Böhler et C°. Il faisait également valoir que, eu égard aux circonstances de la cause, la peine prononcée était excessive.

Ce mémoire a été immédiatement transmis pour avis (Gegen-

cutor for his observations (Gegenäusserung). In a letter of 22nd April to the Regional Court, however, the Public Prosecutor stated that he waived his rights to lodge a counter-memorial, and he returned the memorial of the Applicant's lawyer without further observations.

The case-file including these documents was then transmitted by the Regional Court to the Supreme Court (Oberster Gerichtshof), under cover of a letter dated 23rd April 1959.

On 22nd May 1959 the Judge Rapporteur (Berichterstatter) of the Supreme Court signed, and transmitted to the Attorney-General (Generalprokurator) for his opinion, a report by which he proposed to dismiss the appeal and the plea of nullity. The Attorney-General, on 26th May 1959, stamped the report as "agreed" ("einverstanden") and returned it to the Supreme Court.

In a non-public session on 30th May 1959 the Supreme Court examined the appeal and the plea of nullity. Neither the Applicant nor his lawyer, nor the Attorney-General was present. Although the decision by which the appeal and the plea of nullity was dismissed contains the words "nach Anhörung des Generalprokurators" (after hearing the Attorney-General), the Attorney-General did not address the Supreme Court orally. The Commission has ascertained that the words quoted refer to the opinion expressed in writing by the Attorney-General on the report submitted by the Judge Rapporteur. It is common usage in Austria to include this formula in a judgment simply to indicate that the Attorney-General has been given an opportunity to submit his observations, whether in writing or orally.

The Regional Court was immediately informed of the decision by the Supreme Court. On 4th June 1959 the decision was communicated to the Applicant.

II. *The Law*

(a) *Proceedings before the Regional Court in the case of Herbert Ofner, Application No. 524/59* (Question of change in legal classification)

45. On the basis of the findings concerning the facts as stated above, the Commission feels satisfied that the Applicant was duly informed of the nature and cause of the accusation against him, and that he had adequate time and facilities for the preparation of his defence. Consequently, the Commission is of the opinion that the requirements of Article 6. paragraph (3), sub-paragraphs (a) and (b) have been met in this case.

(b) *Proceedings before the Supreme Court in the cases of Herbert Ofner and Alois Hopfinger, Applications Nos. 524/59 and 617/59*

äusserung) au Ministère public. Toutefois, dans une lettre adressée le 22 avril au Tribunal régional, le Ministère public a déclaré qu'il renonçait à son droit de présenter un contre-mémoire et il a renvoyé le mémoire de l'avocat du requérant sans autres observations.

Le Tribunal régional a alors transmis à la Cour Suprême (Oberster Gerichtshof) le dossier contenant ces divers actes, sous couvert d'une lettre datée du 23 avril 1959.

Le 22 mai 1959, le Juge rapporteur (Berichterstatter) de la Cour Suprême a signé et transmis pour avis au Procureur Général (Generalprokurator) un rapport dans lequel il proposait de rejeter l'appel, ainsi que le recours en annulation. Le 26 mai 1959, le Procureur Général a apposé la mention "d'accord" ("einverstanden") sur le rapport et il l'a renvoyé à la Cour Suprême.

Le 30 mai 1959, au cours d'une audience non publique, la Cour Suprême a examiné l'appel et le recours en annulation. Ni le requérant, ni son avocat, ni le Procureur Général n'assistaient à cette audience. Bien que la décision rejetant l'appel et le recours en annulation porte les termes "nach Anhörung des Generalprokurators", ("après audition du Procureur Général"), le Procureur Général n'a pas pris la parole devant la Cour Suprême. La Commission a établi que les termes employés se réfèrent à l'avis donné par écrit par le Procureur Général sur le rapport du Juge rapporteur. Il est d'usage en Autriche d'insérer cette formule dans un arrêt pour indiquer simplement que l'occasion a été donnée au Procureur Général de présenter ses observations, soit par écrit, soit verbalement.

Le Tribunal régional a été immédiatement informé de la décision prise par la Cour Suprême. La décision a été signifiée au requérant le 4 juin 1959.

II. *En droit*

(a) *Procédure suivie devant le Tribunal régional dans l'affaire Herbert Ofner, requête N° 524/59* (Question du changement de qualification juridique)

45. Sur la base des constatations de fait exposées ci-dessus, la Commission estime que le requérant a été dûment informé de la nature et de la cause de l'accusation portée contre lui et qu'il a disposé du temps et des facilités nécessaires à la préparation de sa défense. En conséquence, la Commission est d'avis que les dispositions du paragraphe (3), alinéas a) et b) de l'article 6 ont été observées en l'espèce.

(b) *Procédure suivie devant la Cour Suprême dans les affaires Herbert Ofner et Aloïs Hopfinger, Requêtes N° 524/59 et 617/59*

46. The legal problem at issue relates to the right of defence which the Convention guarantees to anyone charged with a criminal offence. The Applicants have invoked Article 6, paragraph (3), sub-paragraph (c), according to which the right to defend himself is one of the minimum rights which every accused shall enjoy, and also the more general provision of Article 6, paragraph (1), which guarantees the right to a fair trial.

Concerning this principle of a fair trial and its relation to the minimum rights laid down in paragraph (3) of the Article, the Commission has expressed the following opinion in a previous case:

"Article 6 of the Convention does not define the notion of a 'fair trial' in a criminal case. Paragraph (3) of the Article enumerates certain specific rights which constitute essential elements of that general notion, and paragraph (2) may be considered to add another element. The words 'minimum rights', however, clearly indicate that the five rights specifically enumerated in paragraph (3) are not exhaustive, and that a trial may not conform to the general standard of a fair trial, even if the minimum rights guaranteed by paragraph (3) – and also the right set forth in paragraph (2) – have been respected" (Report of 15th March 1961 on Application No. 343/57 – Nielsen v. Denmark – paragraph 52).

In the present cases the problem is whether the notion of a "fair trial" embodies any right relating to the defence beyond and above the minimum rights laid down in paragraph (3). The Commission is of the opinion that what is generally called "the equality of arms", that is the procedural equality of the accused with the public prosecutor, is an inherent element of a "fair trial". Whether such equality has its legal basis in paragraph (3) depends upon the interpretation of sub-paragraphs (b) ("to have adequate time and facilities for the preparation of his defence") and (c) ("to defend himself in person or through legal assistance"). The Commission need not express a definite opinion on this point, since it is beyond doubt that in any case the wider and general provision for a fair trial, contained in paragraph (1) of Article 6, embodies the notion of "equality of arms".

It its examination of the present cases the Commission has the task to consider whether the specific circumstances in which the trial of the two Applicants took place amounted to a denial of their right to a fair trial. It is not the task of the Commission to examine in the abstract whether or not the provisions of the Austrian Code of Criminal Procedure are in conformity with the Convention. Nevertheless, it is inevitable that the particular circumstances are considered against the general background of Austrian legislation concerning criminal procedure. The particular circumstances of the present cases can only be fully understood if considered in the

46. Le problème juridique en cause a trait au droit de se défendre que la Convention garantit à toute personne accusée d'une infraction. Les requérants se sont fondés sur le paragraphe 3, alinéa c) de l'article 6, selon lequel le droit de se défendre est l'un des droits minima dont doit jouir tout accusé, ainsi que sur les dispositions plus générales du paragraphe 1 de l'article 6, qui garantit le droit à un procès équitable.

A propos de ce principe d'un procès équitable et de ses rapports avec les droits minima énoncés au paragraphe 3 de l'article 6, la Commission a exprimé, dans une affaire antérieure, l'avis suivant:

"L'article 6 de la Convention ne définit pas la notion de procès équitable en matière pénale. Le paragraphe 3 de cet article énumère certains droits particuliers qui constituent des éléments essentiels de cette notion générale et l'on peut considérer que le paragraphe 2 y ajoute un élément supplémentaire. Cependant, le terme 'notamment' indique clairement que les cinq droits énumérés au paragraphe 3 ne constituent pas une liste limitative et qu'un procès pourrait ne pas remplir les conditions générales d'un procès équitable alors même que les droits minima garantis par le paragraphe 3 – ainsi que le droit énoncé au paragraphe 2 – auraient été respectés" (Rapport adopté le 15 mars 1961 au sujet de l'affaire 343/57, paragraphe 52).

En l'espèce, il s'agit de savoir si la notion de "procès équitable" englobe un droit quelconque relatif à la défense autre que les droits minima énoncés au paragraphe 3. La Commission est d'avis que ce que l'on appelle généralement "l'égalité des armes", c'est-à-dire l'égalité dans la procédure entre l'accusé et le Ministère public, est un élément inhérent à tout procès équitable. Le point de savoir si cette égalité a son fondement juridique au paragraphe 3 dépend de l'interprétation que l'on donne des alinéas b) ("disposer du temps et des facilités nécessaires à la préparation de la défense") et c) ("se défendre soi-même ou avoir l'assistance d'un défenseur"). La Commission n'a pas à exprimer d'avis formel sur ce point, car il ne fait pas de doute qu'en tout cas la disposition générale de portée plus vaste qui a trait au procès équitable (paragraphe 1 de l'article 6) embrasse la notion de l'égalité des armes.

En l'espèce, la Commission a pour tâche de déterminer si les circonstances particulières dans lesquelles s'est déroulé le procès des deux requérants revenaient à leur refuser le droit à un procès équitable. Il n'appartient pas à la Commission d'examiner dans l'abstrait si les dispositions du Code de procédure pénale autrichien sont conformes ou non à la Convention. Il est néanmoins indispensable que les circonstances particulières soient examinées par rapport au contexte général de la législation autrichienne en matière de procédure pénale. On ne saurait comprendre parfaitement les circonstances particulières aux présentes affaires qu'en les ex-

general context of the Austrian system of criminal procedure. It is for this reason that the Commission considered that it should examine, in a general way, the relevant Austrian legislation and, in particular, the office and the functions of the Attorney-General (Generalprokurator).

47. As regards the general character of the office and the functions of the Attorney-General under Austrian legislation, the Commission, acting on the information it acquired during the examination of the cases, takes into account the following matters:

Under Chapter III of the Austrian Code of Criminal Procedure the Attorney-General (Generalprokurator) belongs to the prosecuting authorities ("Staatsanwaltschaft"). His position, however, is a special one. Although attached to the Supreme Court, he is not the highest official in the hierarchy of public prosecutors. The prosecutors attached to the courts of first and second instance are subordinated to the Ministry of Justice, but not to the Attorney-General. He, in turn, is also subordinated to the Ministry of Justice, but it is a general practice that the Ministry does not interfere with his activities through binding instructions or orders.

As to his functions, it is generally admitted in Austrian legal theory and practice that they are different from those of a public prosecutor. His task is in a more objective way to ensure respect of the law in criminal proceedings and he does not, like a prosecutor, have the additional task to see that reasonably suspected persons are convicted and adequately punished. For the purpose of a closer analysis of his functions, however, it is necessary to consider separately the two categories of criminal proceedings before the Supreme Court, namely proceedings on a plea of nullity (Nichtigkeitsbeschwerde) and proceedings on appeals (Berufung).

(1) The principles on which the proceedings on a plea of nullity are based, may be summarised as follows:

Under Article 282 of the Code of Criminal Procedure, the plea of nullity may be raised either by the accused (or certain relatives acting on his behalf) or the Public Prosecutor (Staatsanwalt). Article 282, paragraph (2), reads as follows:

"To the disadvantage of the accused the plea of nullity can be raised only by the Public Prosecutor or the civil party (Privatankläger)."

It makes no difference to the procedure, however, whether the

aminant dans le contexte général du système autrichien de procédure pénale. C'est ainsi que la Commission a cru devoir examiner, d'une manière générale, la législation autrichienne en la matière, surtout les dispositions relatives au statut et aux attributions du Procureur Général (Generalprokurator).

47. En ce qui concerne le caractère général du statut et des attributions conférés au Procureur Général (Generalprokurator) par la législation autrichienne, la Commission, se fondant sur les renseignements qu'elle a recueillis au cours de l'examen des affaires, fait état de ce qui suit:

Aux termes du Chapitre III du Code autrichien de procédure pénale, le Procureur Général (Generalprokurator) fait partie du Ministère public ("Staatsanwaltschaft"). Il a, toutefois, un statut particulier. Bien qu'attaché à la Cour Suprême, il n'occupe pas le rang le plus élevé dans la hiérarchie du Ministère public. Les procureurs nommés auprès des tribunaux de première et de deuxième instances sont soumis à l'autorité du Ministère de la Justice, mais ne dépendent pas du Procureur Général. Ce dernier est lui-même soumis à l'autorité du Ministère de la Justice, mais dans la pratique le Ministère s'abstient généralement d'intervenir dans ses activités au moyen d'instructions ou de directives impératives.

Quant à ses attributions, il est généralement admis par la science juridique et la pratique en Autriche qu'elles diffèrent de celles d'un représentant du Ministère public. Son rôle consiste à assurer de manière plus objective le respect de la loi dans les procès pénaux et il n'est pas chargé au surplus, comme les autres membres du Ministère public, de la tâche de veiller à ce que les individus sur qui pèsent des présomptions suffisantes soient condamnés et frappés d'une peine adéquate. Si, toutefois, l'on veut serrer de plus près ses attributions, il est nécessaire d'examiner séparément les deux catégories de procédures pénales qui se déroulent devant la Cour Suprême, à savoir les procédures en annulation (Nichtigkeitsbeschwerde) et les procédures d'appel (Berufung).

> (1) Les principes sur lesquels reposent les procédures en annulation peuvent se résumer comme suit:
>
> En vertu de l'article 282 du Code de procédure pénale, le recours en annulation peut être introduit soit par l'inculpé (ou certains de ses parents agissant en son nom) soit par le Ministère public (Staatsanwaltschaft). Le paragraphe 2 de cet article est ainsi libellé:
>
> "Le recours en annulation ne peut être introduit au détriment de l'inculpé que par le Ministère public ou le plaignant (Privatanklager)".

Toutefois, il est indifférent pour la procédure que le recours en

plea of nullity is raised by the accused or by the Public Prosecutor. In both groups of cases it follows from Article 285 that the written plea is communicated to the other party for his written counter-observations ("Gegenausführung"). After these observations have been made, the case-file is submitted to the Supreme Court.

Under Article 286 of the Code, as amended and supplemented by the Act of 31st December 1877, the plea of nullity, as a general rule, calls for an oral hearing before the Supreme Court and the accused or his counsel has a right to be heard. It is generally agreed that the right to a fair hearing is safeguarded whenever this procedure is followed.

In certain cases, however, which are enumerated in Article 3, paragraph (1), of the Act of 1877,[1] the Supreme Court may examine the plea of nullity in a closed session without the presence of the accused or his counsel. The cases in which this procedure applies are, generally speaking, those in which the complaint relates to procedural irregularities. Before the Supreme Court decides a case of this category, the case-file, generally including a draft decision by the Judge Rapporteur, is submitted to the Attorney-General for his observations.

In respect of cases where a plea of nullity has been raised by the accused, the Austrian Government states that the Attorney-General is not a party to the proceedings, but is required to examine the plea of nullity independently of the Judge Rapporteur. If the Judge Rapporteur has proposed the rejection of the plea, but the Attorney-General discovers a valid ground for annulling the sentence, he proposes that the sentence be quashed at a non-public session. If, on the other hand, the Judge Rapporteur has proposed the quashing of the sentence, but the Attorney-General disagrees and does not consider the plea of nullity well-founded, the case cannot be further considered and decided *in camera*, but must be taken up at a public hearing, at which the accused or his counsel is heard.

Commenting upon this procedure as it results from the legal provisions and established practice, the Respondent Government states as follows:

> "In other words, in the non-public procedure before the Supreme Court, the Attorney-General can in fact *only help the accused. He cannot harm him.* By his objective examination of the case-file he makes a decisive contribution towards ensuring that an incorrect judgment or a violation of procedural rules is immediately reviewed in the accused's favour and the incorrect sentence annulled, which is particularly important if the accused is in prison. In the case of a plea of nullity entered

[1] Since 1960: Articles 285 (d), (e) and (f) of the Code.

annulation soit introduit par l'inculpé ou par le Ministère public. Dans l'un et l'autre cas, il découle des dispositions de l'article 285 que le recours est communiqué à l'autre partie pour qu'elle formule sa réplique ("Gegenausführung"). Après que cette réplique a été présentée, le dossier est soumis à la Cour Suprême.

En vertu de l'article 286 du Code, tel qu'il a été modifié et complété par la loi du 31 décembre 1877, le recours en annulation exige, en règle générale, qu'une audience contradictoire ait lieu devant la Cour Suprême et l'inculpé ou son conseil a le droit d'être entendu. Il est généralement admis que le droit à un jugement équitable est sauvegardé toutes les fois que cette procédure est suivie.

Cependant, dans certains cas qui sont énumérés à l'article 3, paragraphe 1 de la loi de 1877,[1] la Cour Suprême peut examiner le recours en annulation à huis clos, hors de la présence de l'inculpé ou de son conseil. Les cas dans lesquels cette procédure est appliquée sont, d'une façon générale, ceux où les griefs formulés ont trait à des irrégularités de procédure. Avant que la Cour Suprême ne se prononce sur une affaire de cette catégorie, le dossier, dans lequel figure généralement un projet de décision du Juge rapporteur est soumis, pour observations, au Procureur Général.

En ce qui concerne les cas dans lesquels un recours en annulation a été introduit par l'inculpé, le Gouvernement autrichien fait valoir que le Procureur Général n'est pas partie à la procédure, mais qu'il est tenu d'examiner le recours en annulation indépendamment du Juge rapporteur. Si ce dernier a proposé le rejet du recours mais que le Procureur général découvre une raison valable d'annuler le jugement, il propose que celui-ci soit cassé lors d'une séance non publique. Si, en revanche, le Juge rapporteur a proposé l'annulation du jugement mais que le Procureur général ne soit pas d'accord et ne considère pas le recours en annulation comme bien fondé, l'affaire ne peut être examinée plus avant et tranchée à huis clos, mais doit venir à une audience publique au cours de laquelle l'inculpé ou son conseil est entendu.

Commentant cette procédure, telle qu'elle résulte des dispositions légales et de la pratique établie, le Gouvernement défendeur déclare ce qui suit:

> "En d'autres termes, lors de la procédure à huis clos devant la Cour Suprême, le Procureur général ne peut, en fait, que *servir l'inculpé. Il ne peut lui porter préjudice.* En procédant à l'examen objectif du dossier, il contribue de façon décisive à assurer qu'un jugement irrégulier ou une violation des règles de procédure soient immédiatement revisés au bénéfice de l'inculpé et que le jugement irrégulier soit annulé, ce qui est particulièrement important si l'inculpé est en prison. Dans le

[1] Depuis 1960: Article 285 d), e) et f) du Code.

by the Office of the Public Prosecutor, such a decision could not be taken *in camera*."

This statement has not been challenged by the Applicants in the course of the subsequent proceedings before the Commission.

Although it is not directly relevant to the present cases, it should be mentioned for the sake of completeness that the Attorney-General himself may enter a plea of nullity against a decision by a lower Court, namely the so-called "plea of nullity for upholding the law" ("Nichtigkeitsbeschwerde zur Wahrung des Gesetzes"), under Article 33, paragraph (2), of the Code of Criminal Procedure. Under Article 292, the Supreme Court examines such a plea without the accused or his counsel taking part in the proceedings. If the Supreme Court finds the plea well-founded, it passes a declaratory judgment pronouncing that the law has been violated. Article 292 further provides:

> "This pronouncement is, as a general rule, without any effect on the accused. If, however, punishment has been imposed upon the accused by such an invalid judgment, the Supreme Court is free in its discretion either to acquit the accused, or to apply a milder penal provision, or, according to the circimstances, to order a re-opening of the proceedings against him."

Finally, it is relevant to point out, that a *reformatio in peius* is always excluded when a plea of nullity has been raised in favour of the accused (Article 290, paragraph 2, and Article 293, paragraph 3) and also when proceedings are re-opened after a plea of nullity for upholding the law (Article 293, paragraph 3).

(2) In proceedings on appeal (Articles 283, 294 et seq. of the Code of Criminal Procedure), the functions of the Attorney-General are also different from those of a public prosecutor.

In the first place, the Attorney-General can never initiate appeal proceedings. An appeal may be lodged either by the accused or by the Public Prosecutor (Staatsanwalt) who is not a subordinate of the Attorney-General. Secondly, if an appeal is lodged, the Attorney-General never asks for a more severe penalty than the penalty demanded by the Public Prosecutor, or – in the case of appeal by the accused – the penalty imposed by the lower court. He only expresses an opinion on a request for a legal remedy transmitted from the lower court.

Furthermore, it has been stated by the Representative of the Austrian Government before the Sub-Commission, that the

cas d'un recours en annulation introduit par le Ministère public, une telle décision ne peut être prise à huis clos."

Cette déclaration n'a pas été contestée par les requérants au cours de la procédure qui s'est déroulée ultérieurement devant la Commission.

Bien que ce point ne soit pas directement en rapport avec les présentes affaires, il y a lieu de mentionner pour être complet que le Procureur général lui-même peut introduire un recours en annulation contre une décision prise par une juridiction inférieure, à savoir le "recours en annulation présenté dans l'intérêt de la loi" ("Nichtigkeitsbeschwerde zur Wahrung des Gesetzes"), en vertu de l'article 33, paragraphe 2 du Code de procédure pénale. Aux termes de l'article 292, la Cour Suprême examine un tel recours sans que l'inculpé ou son conseil prenne part aux délibérations. Si la Cour Suprême estime le recours bien fondé, elle prononce un jugement déclaratoire comme quoi la loi a été violée. L'article 292 stipule en outre:

"Ce jugement déclaratoire est, en règle générale, sans effet pour l'inculpé. Toutefois, si une peine lui a été infligée par une décision ainsi infirmée, la Cour Suprême peut à son gré soit acquitter l'inculpé ou lui appliquer une disposition pénale moins rigoureuse, soit, selon les circonstances, ordonner la réouverture du procès".

Enfin, il convient de signaler qu'une *reformatio in peius* est toujours exclue lorsqu'un recours en annulation a été introduit en faveur de l'inculpé (article 290, paragraphe 2, et Article 293, paragraphe 3), de même que lorsque la procédure est rouverte après un recours en annulation présenté dans l'intérêt de la loi (Article 293, paragraphe 3).

(2) Dans les procédures d'appel (articles 283, 294 et seq.), les attributions du Procureur Général diffèrent également de celles d'un représentant du Ministère public.

En premier lieu, le Procureur Général ne peut jamais prendre l'initiative d'une action en appel. L'appel doit être introduit soit par l'inculpé, soit par le Ministère public (Staatsanwalt) qui n'est pas soumis à l'autorité du Procureur Général. En deuxième lieu, lorsqu'il est fait appel, le Procureur Général ne demande jamais une sanction plus lourde que celle qui a été réclamée par le Ministère public ou – en cas d'appel interjeté par l'inculpé – que la peine prononcée par la juridiction inférieure. Il exprime uniquement un avis sur la proposition du Juge rapporteur relative au recours judiciaire transmise par la juridiction inférieure.

En outre, le Représentant du Gouvernement autrichien a fait valoir devant la Sous-Commission que le Procureur Général

Attorney-General would very rarely, if ever, disagree with the penalty suggested by the Judge Rapporteur. The Representative, who holds the office as a deputy to the Attorney-General, stated before the Sub-Commission that he recalled no case in which the Attorney-General had proposed a severer penalty than the penalty proposed by the Judge Rapporteur.

In the written and oral pleadings reference was made on behalf of the Applicants to the procedure which applies in cases where the Attorney-General disagrees with the report of the Judge Rapporteur. It follows from the information acquired from the Parties that whenever this occurs, the case is heard in open court and the Attorney-General, as well as counsel for the defence, address the Court on the plea of nullity. Under the legislation in force before 1st September 1962, the Court would then withdraw, together with the Attorney-General, in order to deliberate upon the appeal, without the accused being present. As this procedure was not followed in the present cases, and as, furthermore, it no longer applies after the revision of the Articles of the Code of Criminal Procedure concerning appeal, the Commission did not consider it necessary to examine it in detail.

48. Concerning the specific circumstances of the cases it follows from the findings of the facts that in each of the two cases the Applicant's memorial, stating the grounds of the appeal and the plea of nullity, was submitted to the public prosecutor, who refrained from filing a counter-memorial. In this state the case-file was submitted to the Supreme Court. So far, complete equality between the accused and the prosecutor was observed. On the basis of the documents of the case, the Judge Rapporteur wrote his report without hearing arguments from any side and without leaving room for any outside influence. Complete equality between the parties was maintained.

The report of the Judge Rapporteur was then submitted to the Attorney-General (Generalprokurator) for his observations. If now the Attorney-General had tried to influence the decision to the disadvantage of the accused without the latter being heard, it might have been doubtful whether the principle of equality would have been observed. But this did not happen. What happened was simply that the Attorney-General in one single word "einverstanden") expressed his agreement with the report. In these circumstances his intervention cannot reasonably be said to violate the principle of equality.

The adoption by the Supreme Court of the draft decision took place in a non-public sitting in which neither of the parties were represented. Thus the principle of equality was not infringed.

ne désapprouve pratiquement jamais la sanction proposée par le Juge rapporteur. Le représentant, qui fait fonction d'un adjoint du Procureur Général, a affirmé à la Sous-Commission qu'il n'avait souvenance d'aucune affaire où le Procureur Général eût suggéré une peine plus lourde que celle proposée par le Juge rapporteur.

L'argumentation développée aussi bien par écrit qu'oralement par les requérants mentionne la procédure applicable lorsque le Procureur Général exprime son désaccord sur le rapport du Juge rapporteur. Il ressort des renseignements fournis par les parties qu'en pareil cas, la cause est entendue en séance publique et que le Procureur Général, aussi bien que l'avocat de la défense, prend la parole devant la Cour sur le recours en annulation. D'après la législation en vigueur avant le 1er septembre 1962, la Cour se retire alors, avec le Procureur Général, pour délibérer sur l'appel en l'absence de l'inculpé. Etant donné que cette procédure n'a pas été suivie en l'espèce et que, de surcroît, elle n'est plus applicable après la révision des articles du Code de procédure pénale concernant l'appel, la Commission n'a pas jugé nécessaire de l'étudier en détail.

48. En ce qui concerne les circonstances particulières des présentes affaires, il ressort des faits établis que, dans l'un et l'autre cas, le mémoire du requérant exposant les motifs de l'appel et du recours en annulation a été soumis au Ministère public, qui s'est abstenu de déposer un contre-mémoire. C'est dans cet état que le dossier a été communiqué à la Cour Suprême. Jusqu'ici une parfaite égalité a été assurée entre l'inculpé et le Ministère public. Le Juge rapporteur a établi son rapport en se fondant sur le dossier sans entendre aucune des parties et en faisant abstraction de toute influence extérieure. Une parfaite égalité a donc été maintenue entre les deux parties.

Le rapport du Juge rapporteur a ensuite été soumis pour observations au Procureur Général (Generalprokurator). Si le Procureur Général avait tenté d'influer sur la décision au détriment de l'inculpé, sans que ce dernier fût entendu, on aurait pu éprouver des doutes quant au respect du principe de l'égalité. Mais il n'en a rien été. En fait, le Procureur Général s'est borné, en un seul mot ("einverstanden"), à se déclarer d'accord avec le rapport. Dès lors, on ne saurait raisonnablement prétendre qu'il soit intervenu en violant le principe d'égalité.

L'adoption du rapport par la Cour Suprême a eu lieu au cours d'une audience non publique à laquelle aucune des deux parties n'était représentée. Ainsi, le principe d'égalité n'a pas été violé.

49. *Opinion of the Commission*

The Commission states as its unanimous opinion that the provisions of the Convention were not violated in the cases under examination here.

50. *Mr. Castberg*, while expressing his agreement with the conclusions of the Commission, wishes to state his separate opinion as follows:

It is a point of decisive importance in interpreting Article 6 of the Convention that, insofar as proceedings in courts of appeal are concerned, the Convention imposes no obligation on Contracting States to provide a right of appeal where the decision given in the first instance has been taken in conformity which the Convention.

It goes without saying that an appeal, lodged by the prosecution in favour of a convicted person, may be considered by the Court of Appeal without hearing the convicted person or his defending counsel if the applicable legislation prevents, in such a case, any increase of the penalty imposed in the Court of first instance. The same is true where an appeal is brought by a convicted person, provided that the applicable legislation, in this case also, prevents any increase of the penalty imposed upon the convicted appellant in the Court of first instance. The position would, moreover, be the same in the case of a plea of nullity brought before the Supreme Court by a convicted person, provided always that the position of the convicted person cannot, under the legislation in force, be adversely affected by the decision of the Supreme Court.

The decisive argument against requiring, in such cases, an equality of arms before the Supreme Court, is always the fact that a convicted person has no right, under the Convention, to claim appeal proceedings. A convicted person has no grounds for complaint if the legislation provides him with an opportunity of improving his position in relation to the decision of the Court of first instance and if, at the same time, he is not exposed to the risk of making his position worse than it was under the decision of the Court of first instance.

In all cases where the applicable legislation lays a convicted person open to a danger, on appeal, of having his position made worse than it was under the decision of the Court of first instance, it must be admitted that the Convention requires an equality of arms as between the prosecution and the convicted person.

This last situation does not arise in the cases of Ofner and Hopfinger. In these cases the convicted persons did not receive – and according to Austrian legislation they could not receive – a more severe sentence under a decision of the Supreme Court than that which had been imposed by the decisions of the Court of first instance.

49. *Avis de la Commission*

Sur la base de ces considérations, *la Commission unanime estime que les dispositions de la Convention n'ont pas été violées dans les affaires en cause.*

50. *M. Castberg,* tout en se déclarant d'accord avec la conclusion de la Commission, désire exprimer l'opinion individuelle suivante:

Un point d'une importance décisive pour l'interprétation de l'article 6 de la Convention, quand il s'agit de la procédure aux instances d'appel, est que la Convention n'oblige pas les Etats contractants d'établir un droit d'appel quand la décision de première instance a été conforme à la Convention.

Il va sans dire qu'un recours en appel, interjeté par le parquet en faveur du condamné, peut être traité par la Cour d'Appel sans la participation du condamné ou de son défenseur, si la législation on question exclut, dans ce cas, une aggravation de la peine infligée en première instance. Il doit en être de même en cas d'un recours exercé par le condamné, si la législation en question, dans ce cas aussi, exclut l'aggravation du jugement qui a frappé le condamné en première instance. La situation serait aussi la même en cas d'un recours en nullité, entamé par le condamné devant la Cour Suprême, toujours sous condition que la position du condamné ne puisse pas, d'après la législation en vigueur, être aggravée par la décision de la Cour.

L'argument décisif pour ne pas exiger, dans ces cas, l'égalité des armes devant la Cour Suprême, est toujours que le condamné n'a pas, d'après la Convention, le droit à une procédure d'appel. Il n'a aucun sujet de plainte si la législation lui donne une chance d'obtenir une amélioration de son sort, sous rapport de la décision de première instance, et s'il n'est pas en même temps exposé au risque d'être frappé d'une aggravation de sa situation, telle qu'elle découle de la décision de première instance.

Dans chaque cas où la législation applicable expose le condamné à être frappé, en appel, par une décision aggravant sa situation découlant de la décision de première instance, il faut admettre que la Convention exige l'égalité des armes entre le parquet et le condamné.

Tel n'est pas le cas dans les affaires Ofner et Hopfinger. Dans ces cas les condamnés n'ont pas été frappés et ne pouvaient pas, d'après la législation autrichienne, être frappés – par une décision de la Cour Suprême, leur donnant une peine plus haute que celles qui leur avaient été infligées par les décisions de première instance.

C.

Decision of the Committee of Ministers

RESOLUTION

relating to the cases of Ofner (Application No. 524/59) and Hopfinger (Application No. 617/59) adopted by the Ministers' Deputies on 5th April 1963.

The Committee of Ministers,

Having regard to Article 32 of the European Convention for the Protection of Human Rights and Fundamental Freedoms (hereinafter called "the Convention");

Having regard to the Report drawn up by the European Commission of Human Rights, in accordance with Article 31 of the Convention, and relating to the Applications lodged respectively by Herbert Ofner (No. 524/59) and Alois Hopfinger (No. 617/59), Austrian nationals, against Austria.

Whereas the Commission transmitted the said Report to the Committee of Ministers on 10th December 1962, and whereas the period of three months provided for in Article 32, paragraph (1) of the Convention has elapsed without the case having been brought before the Court in pursuance of Article 48 of the Convention;

Whereas, in their Applications, the applicants complain of several violations of Article 6 of the Convention alleged to have taken place during judicial proceedings instituted against each of them separately in Austria, as a result of which they were convicted of certain criminal offences.

Whereas the Commission, having rejected part of each of the Applications as inadmissible, retained as admissible, with the purpose of establishing the facts and formulating an opinion regarding them, the following issues:

1. As regards the Application of Ofner

(i) Whether or not the provisions of the Austrian Code of Criminal Procedure (as amended and supplemented by the Act of 31st December 1877) applied by the Supreme Court of Austria in the case of Herbert Ofner were compatible with Article 6, paragraphs (1) and (3), sub-paragraph (c) of the Convention (both parties not represented in the proceedings before the Supreme Court)?

(ii) Whether or not the rights to which the Applicant was entitled under Article 6, paragraph (3), sub-paragraphs (a)

C.

Décision du Comité des Ministres

RESOLUTION

relative aux Affaires Ofner (Requête N° 524/59)
et Hopfinger (Requête N° 617/59)
adoptée par les Délégués des Ministres, le 5 avril 1963

Le Comité des Ministres,

Vu l'article 32 de la Convention de sauvegarde des Droits de l'homme et des libertés fondamentales (ci-après dénommée "la Convention);

Vu le rapport que la Commission européenne des Droits de l'Homme a établi conformément à l'article 31 de la Convention, au sujet des requêtes introduites respectivement par M. Herbert Ofner (N° 524/59) et M. Aloïs Hopfinger (N° 617/59), ressortissants autrichiens, contre l'Autriche;

Considérant que ledit rapport a été transmis au Comité des Ministres le 10 décembre 1962 et que le délai de trois mois prévu à l'article 32, paragraphe 1er, de la Convention s'est écoulé sans que l'affaire ait été déférée à la Cour par application de l'article 48 de la Convention;

Considérant que, dans leurs requêtes, les requérants se plaignent de plusieurs violations de l'article 6 de la Convention, survenues au cours des procédures judiciaires qui avaient été engagées séparément contre chacun d'entre eux en Autriche et à la suite desquelles ils ont été condamnés pour certaines infractions pénales;

Considérant que la Commission, après avoir rejeté une partie de chacune des deux requêtes comme étant irrecevable, a retenu comme recevable, afin d'établir les faits et de formuler un avis à leur sujet, les points suivants:

1. en ce qui concerne la requête Ofner

i) les dispositions du Code autrichien de procédure pénale (tel que modifié et complété par la loi du 31 décembre 1877) appliquées à l'égard de Herbert Ofner par la Cour Suprême d'Autriche sont-elles ou non compatibles avec l'article 6, paragraphes 1 et 3 (c) de la Convention (caractère non contradictoire de la procédure devant la Cour Suprême)?

ii) les droits qui appartiennent au requérant en vertu de l'article 6, paragraphe 3 (a) et (b) de la Convention ont-ils ou

and (b) of the Convention had been respected by the Regional Court (change in legal classification)?

2. *As regards the Application of Hopfinger*

Whether or not the provisions of the Austrian Code of Criminal Procedure (as amended and supplemented by the Act of 31st December 1877) applied by the Supreme Court of Austria in the case of Alois Hopfinger were compatible with Article 6, paragraphs (1) and (3), sub-paragraph (c) of the Convention (both parties not represented in the proceedings before the Supreme Court)?

Whereas the Commission, after ordering the joinder of these two cases in accordance with Rule 39 of its Rules of Procedure, in its Report expressed the opinion:

(a) *regarding the proceedings before the Regional Court in the case of Herbert Ofner, (question of change in legal classification)* that the Applicant was duly informed of the nature and cause of the accusation against him, and he had adequate time and facilities for the preparation of his defence;

(b) *regarding the proceedings before the Supreme Court in the cases of Herbert Ofner and Alois Hopfinger, (question of both parties not being represented in the proceedings).*

1. What is generally called "the equality of arms", that is the procedural equality of the accused with the public prosecutor, is an inherent element of a 'fair trial';

2. It follows from the findings of the facts that in each of the two cases the Applicant's memorial, stating the grounds of the appeal and the plea of nullity, was submitted to the public prosecutor, who refrained from filing a counter-memorial. In this state the case-file was submitted to the Supreme Court. So far, complete equality between the accused and the prosecutor was observed.

3. On the basis of the documents of the case, the Judge Rapporteur wrote his report without hearing arguments from any side and without leaving room for any outside influence. Complete equality between the parties was maintained.

4. The report of the Judge Rapporteur was then submitted to the Attorney-General (Generalprokurator) for his observations. If now the Attorney-General had tried to influence the decision to the disadvantage of the accused without the latter being heard, it might have been doubtful whether the principle of equality would have been observed. But this did not happen. What happened was simply that the Attorney-General in one single word ("einverstanden") expressed his agreement with

non été respectés par le Tribunal régional (changement de qualification juridique)?

2. *en ce qui concerne la requête Hopfinger*

les dispositions du Code autrichien de procédure pénale (tel que modifié et complété par la loi du 31 décembre 1877) appliquées à l'égard de Aloïs Hopfinger par la Cour Suprême d'Autriche sont-elles ou non compatibles avec l'article 6, paragraphes 1 et 3 (c) de la Convention (caractère non contradictoire de la procédure devant la Cour Suprême)?

Considérant que la Commission qui, en vertu de l'article 39 de son Règlement intérieur, avait ordonné la jonction de ces deux affaires, a exprimé dans son rapport, l'avis que:

(a) *En ce qui concerne la procédure suivie devant le Tribunal régional dans l'affaire Herbert Ofner (question du changement de qualification juridique)*,

le requérant a été dûment informé de la nature et de la cause de l'accusation portée contre lui et qu'il a disposé du temps et des facilités nécessaires à la préparation de sa défense;

(b) *En ce qui concerne la procédure suivie devant la Cour Suprême dans les affaires Herbert Ofner et Aloïs Hopfinger (question du caractère non contradictoire de la procédure)*,

1. Ce que l'on appelle généralement "l'égalité des armes", c'est-à-dire l'égalité dans la procédure entre l'accusé et le Ministère public, est un élément inhérent à tout procès équitable;

2. Il ressort des faits établis que, dans l'un et l'autre cas, le mémoire du requérant exposant les motifs de l'appel et du recours en annulation a été soumis au Ministère public, qui s'est abstenu de déposer un contre-mémoire. C'est dans cet état que le dossier a été communiqué à la Cour Suprême. Jusqu'ici une parfaite égalité a été assurée entre l'inculpé et le Ministère public.

3. Le Juge rapporteur a établi son rapport en se fondant sur le dossier sans entendre aucune des parties et en faisant abstraction de toute influence extérieure. Une parfaite égalité a donc été maintenue entre les deux parties.

4. Le rapport du Juge rapporteur a ensuite été soumis pour observations au Procureur Général (Generalprokurator). Si le Procureur Général avait tenté d'influer sur la décision au détriment de l'inculpé, sans que ce dernier fût entendu, on aurait pu éprouver des doutes quant au respect du principe de l'égalité. Mais il n'en a rien été. En fait, le Procureur Général s'est borné, en un seul mot ("einverstanden"), à se déclarer d'accord avec le rapport. Dès lors, on ne saurait

the report. In these circumstances his intervention cannot reasonably be said to violate the principle of equality.

5. The adoption by the Supreme Court of the draft decision took place at a non-public sitting in which neither of the parties were represented. Thus the principle of equality was not infringed.

Whereas the Commission, in conclusion, was of the unanimous opinion that the provisions of the Convention had not been violated in the cases under examination;

Whereas these two cases are analogous;

Agreeing with the reasoning of the Commission;

Voting in accordance with the provisions of Article 32 paragraph (1) of the Convention;

Joins the cases of Herbert Ofner (No. 524/59) and Alois Hopfinger (No. 617/59);

Decides that in these two cases there has been no violation of the Convention for the Protection of Human Rights and Fundamental Freedoms.

raisonnablement prétendre qu'il soit intervenu en violant le principe d'égalité.

5. L'adoption du rapport par la Cour Suprême a eu lieu au cours d'une audience non publique à laquelle aucune des deux parties n'était représentée. Ainsi, le principe d'égalité n'a pas éte violé.

Considérant que la Commission unanime a estimé, en conclusion, que les dispositions de la Convention n'avaient pas été violées dans les affaires en cause;

Considérant que ces deux affaires sont connexes;

Adoptant les motifs de la Commission;

Procédant au vote conformément aux prescriptions de l'article 32, paragraphe 1er de la Convention;

Joint les affaires Herbert Ofner (N° 524/59) et Aloïs Hopfinger (N° 617/59);

Décide que dans ces deux affaires, il n'y a pas eu violation de la Convention de sauvegarde des Droits de l'homme et des libertés fondamentales.

II.

PATAKI *against* AUSTRIA (NO. 596/59)
DUNSHIRN *against* AUSTRIA (NO. 789/60)

A.

Summary

By letter dated 30th August 1959, Mr. Franz Pataki lodged an application with the European Commission of Human Rights against the Austrian Government. Mr. Pataki was convicted in 1959 on charges of theft and sentenced to three years' imprisonment. The prosecution appealed against the decision and on appeal, the sentence was increased to six years' imprisonment. Mr. Pataki complained the Convention was violated because he was not given a fair hearing and in particular, only the representative of the Public Prosecutor was present at, and heard by, the Court of Appeal.

On 19th December 1960 the Commission declared the application admissible in part [1] and on 15th March 1961 it joined the case with that of Dunshirn against Austria (No. 789/60).

By letter dated 1st July 1960, Mr. Dunshirn lodged an application with the Commission directed against the Austrian Government. He had been convicted in February 1960 on several charges of larceny and sentenced to fourteen months' imprisonment. The prosecution appealed against the decision and, on appeal, the sentence was increased to thirty months' imprisonment. Mr. Dunshirn complained that the Convention had been violated – in particular, Article 6 guaranteeing a fair hearing – as only the representative of the Public Prosecutor had been present at, and heard by, the Court of Appeal.

On 15th March 1961, the Commission declared this application admissible [2] and joined it with that of Pataki v. Austria (No. 596/59).

A Sub-Commission was set up [3] to establish the facts of these cases and to try to reach a friendly settlement. No friendly settlement was reached and, on 28th March 1963, the Commission adopted its report in which it expressed the opinion that the proceedings conducted in the present cases on the basis of Section

[1] For the text of the decision on admissibility see Yearbook, Volume III, pp. 356–370

[2] For the text of the decision on admissibility see Yearbook, Volume IV, pp. 186–196.

[3] For the composition of the Sub-Commission see Yearbook, Volume IV, pp. 80–82.

II.

PATAKI *contre* L'AUTRICHE (NO. 596/59)
DUNSHIRN *contre* L'AUTRICHE (NO. 789/60)

A.

Résumé

Par lettre en date du 30 août 1959, M. Franz Pataki a introduit devant la Commission Européenne des Droits de l'Homme une requête dirigée contre le Gouvernement autrichien. En 1959, M. Pataki a été condamné pour plusieurs délits de vol à une peine de trois ans d'emprisonnement. Le Ministère Public interjeta appel devant la Cour d'Appel qui a porté la peine de trois à six ans d'emprisonnement. M. Pataki a allégué certaines violations de la Convention du fait que sa cause n'aurait pas été entendue équitablement et notamment, que seul le représentant du Ministère Public a été présent devant la Cour d'Appel et entendu par elle.

Le 19 décembre 1960 la Commission a déclaré cette requête partiellement recevable [1] et le 15 mars 1961 elle a ordonné la jonction de cette requête avec celle de Dunshirn contre l'Autriche (N° 789/60).

Par lettre en date du 1er juillet 1960, M. Dunshirn a introduit devant la Commission une requête dirigée contre le Gouvernement autrichien. Il avait été condamné en février 1960, pour divers délits de vol à une peine de quatorze mois d'emprisonnement. Contre ce jugement le Ministère Public interjeta appel et, en appel, la peine était portée de 14 mois à 30 mois d'emprisonnement.

M. Dunshirn a allégué que la Convention aurait été violée – notamment son Article 6 qui garantit le droit à ce qu'une cause soit entendue équitablement – du fait que seul le représentant du Ministère Public avait été présent devant la Cour d'Appel et avait été entendu par elle.

Le 15 mars 1961 la Commission a déclaré cette requête recevable [2] et l'a jointe avec celle de Pataki contre l'Autriche (N° 596/59).

Une Sous-Commission fut alors constituée [3] qui devait établir les faits de ces causes et s'efforcer de parvenir à leur règlement amiable. Un règlement amiable n'étant pas intervenu, la Commission plénière adopta, le 28 mars 1963, son rapport dans lequel elle formula l'avis que la procédure suivie dans les deux affaires sur la base de

[1] Cf. le texte de la décision sur la recevabilité dans Annuaire, Volume III, pp. 357–371.
[2] Cf. le texte de la décision sur la recevabilité dans Annuaire, Volume IV, pp. 187–197.
[3] Cf. la composition de la Sous-Commission dans Annuaire, Volume IV, p. 81.

294, paragraph (3), of the Austrian Code of Criminal Procedure were not in conformity with the Convention. [1]

In April 1963 a Federal Act on the reopening of appeal proceedings in criminal cases was promulgated in Austria. This Act provided a new remedy for persons whose applications had been declared admissible by the European Commission of Human Rights – including MM. Pataki and Dunshirn. They were given an opportunity to apply within a period of six months from the entry into force of the Act for the reopening of the proceedings before the Austrian Courts. After adopting its Report, the Commission took cognisance of the new Act and proposed that "no further action should be taken in the present cases".

The Commission's report was transmitted to the Committee of Ministers of the Council of Europe and the Austrian Government on 6th May 1963. Neither the Commission nor the Austrian Government brought these cases before the Court and, therefore, it was for the Committee of Ministers to decide, in accordance with Article 32 of the Convention, "whether there had been a violation of the Convention".

On 16th September 1963, the Committee of Ministers, by Resolution (63) DH 2, took account of the amendment made to Austrian legislation by the Federal Law of 27th March 1963, [2] expressed its satisfaction with the measures introduced to ensure the full application of the Convention and decided that no further action was required in the present cases.

Extracts from the Report of the Commission and the text of the Resolution of the Committee of Ministers are published in this Chapter.

[1] The relevant provisions of the Austrian Code of Criminal Procedure – including Section 294 – were amended by the Criminal Procedure Amendment Act (BGBl. No. 229) on 1st September 1962.

[2] See page 804.

l'article 294, paragraphe 3 du Code autrichien de procédure pénale n'était pas conforme à la Convention [1].

En avril 1963, une loi fédérale relative à la réouverture de la procédure d'appel en matière pénale a été promulguée en Autriche. Cette nouvelle loi a mis une nouvelle voie de recours à la disposition de ceux des requérants – y compris MM. Pataki et Dunshirn – dont les requêtes avaient été déclarées recevables par la Commission européenne des Droits de l'Homme. Ces requérants ont disposé d'un délai de six mois à partir de la date de l'entrée en vigueur de la nouvelle loi pour demander la réouverture de la procédure devant les tribunaux autrichiens.

En adoptant son rapport la Commission a pris connaissance de la nouvelle loi et a formulé en conséquence la proposition selon laquelle "il n'y avait pas lieu de donner suite aux affaires en cause". Le rapport de la Commission a été transmis au Comité des Ministres et au Gouvernement autrichien le 6 mai 1963. Ni la Commission, ni le Gouvernement autrichien n'ayant porté les affaires devant la Cour, il appartenait au Comité des Ministres du Conseil de l'Europe de prendre, conformément à l'article 32 de la Convention, "une décision sur la question de savoir s'il y a eu ou non violation de la Convention".

Le 16 septembre 1963, le Comité des Ministres a tenu compte, dans sa Résolution (63) DH 2, de la modification apportée à la législation autrichienne par la loi fédérale du 27 mars 1963, [2] a exprimé sa satisfaction des mesures adoptées par le Gouvernement autrichien afin d'assurer le pleine application de la Convention, et a décidé qu'il n'y avait pas lieu de donner suite aux affaires en cause.

Les extraits du rapport de la Commission ainsi que le texte de la Résolution du Comité des Ministres figurent ci-après.

[1] Les dispositions du Code autrichien de procédure pénale dont il était question – y inclus l'article 294 – ont été modifiées le 1er septembre 1962, par la Loi fédérale, portant modification du Code de procédure pénale (BGBl. No. 229).

[2] Cf. page 805

B.

Extracts from the Report of the Commission [1]

PART IV

ESTABLISHMENT OF THE FACTS AND OPINIONS OF THE COMMISSION

27. *Point at issue in the two Applications*
In the light of the Commission's decisions of 19th December 1960 and 15th March 1961 on admissibility, the task of the Sub-Commission was to establish the facts in regard to the following point:

> Whether or not the provisions of Section 294, paragraph 3 of the Austrian Code of Criminal Procedure and the procedure followed by the Regional Court of Appeal, as applied in the present cases, were compatible with Article 6, paragraphs (1) and (3) (c) of the Convention.

The opinion of the Commission is set out at the end of this part of the Report.

28. The relevant provisions of Article 6 of the Convention read as follows:

> *paragraph (1):*
> "In the determination ... of any criminal charge against him everyone is entitled to a fair ... hearing ...";
>
> *paragraph (3) (c):*
> "Everyone charged with a criminal offence has the following minimum rights:
> ... to defend himself in person or through legal assistance of his own choosing ..."

29. Section 294 of the Austrian Code of Criminal Procedure (as promulgated on 24th July 1945), states as follows:

> "1. The appeal shall be lodged with the court of first instance within the time-limit specified in Section 284. It shall have staying effect only if it is directed against the type of penalty or, where the accused is appealing against the

[1] The Commission's decision on the admissibility of Application No. 596/59 (Pataki) has been published in the Yearbook Vol. III pp. 356–370; the decision on the admissibility of Application No. 789/60 (Dunshirn) appeared in the Yearbook, Vol. IV, pp. 186–196.

B.

Extraits du Rapport de la Commission [1]

PARTIE IV

ETABLISSEMENT DES FAITS ET AVIS DE LA COMMISSION

27. *Questions soulevées par les deux requêtes*

D'après les décisions prises par la Commission sur la recevabilité le 19 décembre 1960 et le 15 mars 1961, la Sous-commission avait pour tâche d'établir la situation de fait sur le point suivant:

> Les dispositions de l'article 294, paragraphe 3 du Code autrichien de procédure pénale et la procédure suivie par la Cour régionale d'appel et appliquée en l'espèce, sont-elles ou non compatibles avec l'article 6, paragraphes 1 et 3 (c) de la Convention?

L'avis de la Commission est exposé à la fin de la présente partie du rapport.

28. Les dispositions pertinentes de l'article 6 de la Convention sont libellées comme suit:

> *Paragraphe 1:*
>
> "Toute personne a droit à ce que sa cause soit entendue équitablement ... par un tribunal ... qui décidera ... du bien-fondé de toute accusation en matière pénale dirigée contre elle ...";
>
> *Paragraphe 3 (c):*
>
> "Tout accusé a droit notamment à:
> ... se défendre lui-même ou avoir l'assistance d'un défenseur de son choix ...".

29. L'article 294 du Code autrichien de Procédure pénale (promulgué le 24 juillet 1945), prescrit ce qui suit:

> "1. L'appel est interjeté devant le Tribunal de première instance dans le délai spécifié à l'article 284. Il n'a effet suspensif que s'il est dirigé contre la nature de la peine prononcée ou, lorsque le prévenu fait appel du montant de la peine, s'il ne

[1] Cf. la décision de la Commission sur la recevabilité de la requête N° 596/59 (Pataki) dans Annuaire, Volume III pp. 357–371; la décision sur la recevabilité de la requête N° 789/60 (Dunshirn) figure dans Annuaire, Volume IV, pp. 187–197.

severity of the penalty, if he does not himself declare his readiness to begin serving the sentence in the meantime.

2. A copy of the judgment must be served upon the appellant if this has not already been done. The appellant shall have the right to submit in duplicate a memorial stating the grounds for his appeal to the Court within fourteen days after notice of appeal has been given or, if a copy of the judgment has not been served upon him until after the lodging of the appeal, within fourteen days after such service. Either in his memorial, or in the notice of appeal, he must clearly state the circumstances on which the appeal is founded, otherwise no consideration can be given to it by the Court of second instance. Notice of appeal, containing the grounds therefor, or the appellant's memorial lodged within the prescribed time-limit, shall be communicated to the other party with the intimitation that he may submit his rejoinder within fourteen days.

3. After the rejoinder has been submitted, or after expiry of the prescribed time-limit therefor, all the documents in the case shall be laid before the Court of second instance which, sitting in camera, shall give judgment on the appeal after hearing the Chief Public Prosecutor (Oberstaatsanwalt)."

30. The Commission, in its decisions of 19th December 1960 and 15th March 1961, found that the Applications of Pataki and Dunshirn respectively could not be regarded as manifestly ill-founded in so far as they concerned alleged violations of Article 6, paragraphs (1) and (3) (c) of the Convention.

Findings and Opinion of the Commission

A. *The facts*

34. In accordance with Article 28 of the Convention, the Sub-Commission undertook an examination of the cases with a view to ascertaining the facts. In the course of the written and oral proceedings, the parties made certain statements and the Austrian Government placed the complete files of the cases at the disposal of the Sub-Commission for the purpose of establishing the facts.

35. On the basis of this examination, the findings of the Sub-Commission were as follows:

1. *Application No. 596/59 Franz Pataki*

The Applicant is an Austrian citizen who was born in 1920 in Hungary and is an interpreter by profession.

déclare pas lui-même qu'il est disposé à commencer à la purger entre-temps.

2. Le jugement doit être signifié à l'appelant si cela n'a déjà été fait. L'appelant a le droit de soumettre au tribunal, en double exemplaire, un mémoire exposant ses moyens d'appel, dans les quatorze jours qui suivent la notification de l'appel ou, si le jugement ne lui a été signifié qu'après l'introduction de l'appel, dans les quatorze jours qui suivent cette signification. L'appelant doit, soit dans son mémoire, soit dans l'acte d'appel, exposer clairement les circonstances sur lesquelles se fondent l'appel, faute de quoi celui-ci ne peut être pris en considération par le Tribunal de deuxième instance. L'acte d'appel, contenant les moyens à l'appui, ou le mémoire de l'appelant déposé dans le délai prescrit, doit être communiqué à l'autre partie, à qui il est intimé qu'elle peut soumettre la réplique dans les quatorze jours;

3. Après la soumission de la réplique, ou après l'expiration du délai prescrit à ce sujet, toutes les pièces du dossier sont transmises au Tribunal de deuxième instance qui, siégeant à huis-clos, statue sur l'appel après avoir entendu le Procureur Général (Oberstaatsanwalt)".

30. La Commission dans ses décisions du 19 décembre 1960 et du 15 mars 1961, a décidé que les requêtes respectives de Pataki et de Dunshirn ne pouvaient être considérées comme manifestement mal fondées, pour autant qu'elles allégeaient des violations de l'article 6, paragraphes 1 et 3 (c) de la Convention.

Conclusions et avis de la Commission

A. *Situation de fait*

34. Conformément à l'article 28 de la Convention, la Sous-Commission a entrepris l'examen des requêtes, afin de déterminer la situation de fait. Au cours de la procédure écrite et des audiences orales, les Parties ont formulé certaines déclarations et le Gouvernement autrichien a mis les dossiers complets de ces affaires à la disposition de la Sous-Commission, pour qu'elle procède à cette détermination des faits.

35. Sur la base de cet examen, la Sous-Commission a abouti aux conclusions suivantes:

1. *Requête N° 596/59: Franz Pataki*

Le requérant, citoyen autrichien, né en Hongrie en 1920, est interprète de profession.

During the war he was interned in the concentration camp of Buchenwald as a habitual criminal and, prior to the facts set out below, he had several convictions on various criminal charges. On 9th December 1957 the Applicant was released on probation from the Labour Institution (Arbeitshaus) of Suben.

He states that after his release he went to France and Belgium, that he was accepted as an interpreter for the universal exhibition (EXPO) in Brussels for the Summer of 1958 but that owing to his criminal record he was notified that he could no longer be employed. He states further that he was not able to obtain any other regular employment. In Paris the Applicant received information that his mother, who lived in Israel, had recently suffered a stroke at the age of almost 80 and he consequently decided to go to Haifa to visit her, in particular, as he had not seen her since 1939. He states that, in order to pay for the voyage, he obtained money by committing various crimes. After a month in Israel (the duration of his visa) he returned to Turkey in 1958 where he was taken ill with meningitis and he further states that he committed theft to pay for the hospital bill.

In January 1958, the Vienna police received information from a french national that the Applicant had defrauded her of various objects, and, on 3rd February 1958, the District Court of Steyr decided to open a preliminary examination against the Applicant under Articles 197 and 200 of the Austrian Criminal Code. On 6th February 1958 the District Court issued an arrest order against the Applicant and in the following months the police received information from persons living in Switzerland, Germany, Austria and Turkey that they had been victims of various criminal acts for which the Applicant was responsible. On 24th October 1958 the Regional Court of Vienna, which has competence to deal with crimes committed by Austrian citizens abroad, renewed the arrest order against the Applicant and charged him with offences under Articles 171 and 173 (theft), 197, 200, 208 and 8 (fraud and attempted fraud) of the Austrian Criminal Code. The Applicant had, however, on 14th October 1958 been arrested by the Swiss police in Zurich and charged with frauds committed in Switzerland and in Greece against persons of Swiss nationality. On 3rd December 1958, the Public Prosecutor of Zurich drew up the indictment and, on 17th December 1958, the Applicant was convicted by the Court of Zurich and, at the request of the Public Prosecutor, sentenced to three months' imprisonment.

On 14th January 1958, having served this sentence in a Swiss prison, the Applicant was handed over to the Austrian police at Feldkirch and, on 17th February 1959, the Applicant was indicted by the Public Prosecutor of Vienna on seven charges of theft and

Au cours de la guerre, il a été interné comme récidiviste dans le camp de concentration de Buchenwald. Avant les faits mentionnés ci-dessous, il avait été plusieurs fois condamné pour divers délits. Le 9 décembre 1957, il avait été libéré en probation de l'établissement pénitentiaire (Arbeitshaus) de Suben.

Il déclare qu'après avoir été libéré, il s'est rendu en France, puis en Belgique, qu'il a été engagé comme interprète à l'Exposition Universelle de Bruxelles pour l'été 1958, mais qu'en raison de son casier judiciaire, il lui a été notifié qu'il ne pouvait être maintenu dans son emploi. Il affirme en outre avoir été dans l'impossibilité d'obtenir un autre emploi régulier. A Paris, le requérant a appris que sa mère, qui avait près de 80 ans et qui résidait en Israël, venait d'être frappée d'une attaque; il a donc décidé de se rendre à Haïfa pour lui rendre visite, notamment parce qu'il ne l'avait pas revue depuis 1939. Il déclare que pour s'acquitter des frais de voyage, il s'est procuré de l'argent en commettant divers délits. Après un séjour d'un mois en Israël (correspondant à la durée de son visa) il est reparti en 1958 pour la Turquie, où il a été atteint de méningite; il déclare en outre avoir commis un vol pour régler sa note d'hôpital.

En janvier 1958, la police de Vienne fut informée par une personne de nationalité française que le requérant lui avait soustrait divers objets et le 3 février 1958, le tribunal de district de Steyr ordonna une mesure d'instruction préliminaire à l'encontre du requérant, en vertu des articles 197 et 200 du Code Pénal autrichien. Le 6 février 1958, le Tribunal de district lança un mandat d'arrêt contre lui et, au cours des mois suivants, le tribunal fut informé par des personnes résident en Suisse, en Allemagne, en Autriche et en Turquie, qu'elles evaient été victimes de divers méfaits dont le requérant s'était rendu coupable. Le 24 octobre 1958, le tribunal régional de Vienne, qui est compétent pour connaître des délits commis par les ressortissants autrichiens en pays étrangers, renouvela le mandat d'arrêt prononcé contre le requérant, qu'il inculpa du chef de divers délits en vertu des articles 171 et 173 (vol), 197, 200, 298 et 8 (escroquerie et tentative d'escroquerie) du Code Pénal autrichien. Or, entre temps, le 14 octobre 1958, le requérant avait été arrêté à Zurich par la police helvétique et inculpé d'escroqueries commises en Suisse et en Grèce aux dépens de personnes de nationalité helvétique. Le Ministère public de Zurich prononçait son réquisitoire le 3 décembre 1958, et le tribunal de Zurich, à la demande du Procureur, prononçait le 17 décembre 1958, une condamnation à trois mois de prison.

Le 14 janvier 1958, après avoir purgé cette peine dans une prison suisse, le requérant fut remis entre les mains de la police autrichienne à Feldkirch et le 17 février 1959, il fut inculpé par le Ministère public de Vienne de plusieurs délits de vol et escroquerie commis

fraud committed in the period from December 1957 to June 1958. Dr. Dänemark was appointed lawyer for the defence.

On 24th March 1959 the Applicant was convicted by the Regional Court of Vienna and sentenced to three years' imprisonment.

The Applicant alleges that he asked to be allowed to call a medical expert during the proceedings to testify as to his recent illness but that the Court rejected his request. The Court recognised, however, that there were extenuating circumstances in the case and expressly took them into account when imposing a sentence of three years' imprisonment, the normal penalty for habitual criminals being between five and ten years.

According to the Proces-Verbal of the proceedings before the Court, the Applicant, upon his lawyers' advice, accepted this sentence whereas the Public Prosecutor announced that he intended to appeal and, in fact, two days later formally lodged an appeal with the Regional Court. On 3rd April 1959 the Public Prosecutor stated the grounds of his appeal in a document submitted to that Court and communicated to the Applicant. The Public Prosecutor asked the Court of Appeal (Oberlandesgericht) to increase the sentence so as to bring it within the limits provided for in the Criminal Code (5 to 10 years' imprisonment).

He submitted that the courts could only reduce sentences below the minimum term in "very important and persuasive conditions" which did not exist in the Applicant's case. On 13th April 1959, as provided for in Article 294 (2) of the Code of Criminal Procedure, the Applicant's lawyer filed a counter-memorial (Gegenäusserung) with the Regional Court in which he submitted to the Court of Appeal that the Prosecutor's appeal should be rejected and, in particular, he stressed the extenuating circumstances taken into consideration by the Regional Court.

The case-file was transmitted on 23rd April 1959 from the Regional Court to the Court of Appeal and, on the following day, 24th April 1959, the case-file and a mimeographed document were sent to the Chief Public Prosecutor (Oberstaatsanwalt) "for information and opinion". On 27th April 1959 the Chief Public Prosecutor returned the case-file to the Court of Appeal with an endorsement on the mimeographed document to the effect that he requested that the appeal should be accepted for the reasons stated by the Public Prosecutor in his document of 3rd April 1959.

The Applicant's case was heard by the Court of Appeal in a non-public session on 29th April 1959. The Chief Public Prosecutor was present and addressed the Court. Neither the Applicant himself nor his lawyer was allowed to be present and the Court only heard the arguments of the Chief Public Prosecutor. The Court of Appeal rejected the existence of extenuating circumstances and increased the Applicant's sentence to 6 years' imprisonment.

entre décembre 1957 et juin 1958. Me Dänemark lui fut désigné d'office comme défenseur.

Le 24 mars 1959, le requérant fut reconnu coupable par le tribunal correctionnel régional de Vienne, et condamné à trois ans d'emprisonnement.

Selon ses déclarations, le requérant a demandé l'autorisation de faire entendre un expert médical au cours de la procédure, pour que ce dernier témoignât sur ses récentes maladies, mais cette demande fut rejetée par le tribunal. Toutefois, celui-ci reconnut qu'il existait en l'espèce certaines circonstances atténuantes et les prit expressément en considération lorsqu'il fixa la peine à trois années d'emprisonnement, la peine normale s'élevant, pour les récidivistes, de 5 à 10 ans.

Il ressort des procès-verbaux d'audience du tribunal correctionnel régional que le requérant, sur les conseils de son avocat, accepta cette condamnation, mais que le Ministère public annonça de son côté qu'il avait l'intention d'interjeter appel; qu'en fait, deux jours plus tard, cet appel fut formellement introduit auprès du tribunal correctionnel régional. Le 3 avril 1959, le Ministère public exposait les motifs de son appel dans un document soumis à ce tribunal et communiqué au requérant. Le Ministère public demandait à la Cour d'Appel (Oberlandesgericht) une aggravation de la peine, pour que celle-ci fût comprise entre les limites prévues par le Code Pénal (de 5 à 10 ans d'emprisonnement).

Il affirmait que les tribunaux ne pouvaient ramener les peines au-dessous du minimum fixé que dans des circonstances particulièrement sérieuses et convaincantes, ce qui n'était pas le cas en l'espèce. Le 13 avril 1959, l'avocat du requérant soumettait au tribunal régional, conformément à l'article 294 (2) du Code de procédure pénale, un contre-mémoire (Gegenäusserung) par lequel il demandait à la Cour d'Appel de rejeter l'appel du Ministère public et soulignait en particulier les circonstances atténuantes prises en considération par le tribunal régional.

Le 23 avril 1959, le tribunal régional transmit le dossier à la Cour d'Appel et, le lendemain, 24 avril 1959, le dossier et un document ronéotypé furent adressés au Procureur Général (Oberstaatsanwalt) "pour information et avis". Le 27 avril 1959, le Procureur Général retournait le dossier à la Cour d'Appel avec une annotation au document ronéotypé, demandant que l'appel fût accepté pour les raisons exposées par le Ministère public dans son document du 3 avril 1959.

La cause du requérant fut jugée à huis clos par la Cour d'Appel, le 29 avril 1959. Le Procureur Général, présent, fut entendu. Ni le requérant lui-même ni son avocat ne furent admis et la Cour n'entendit que les arguments du Procureur Général. La Cour d'Appel rejeta les circonstances atténuantes et porta la condamnation du requérant à 6 années d'emprisonnement.

This decision was communicated to the Regional Court on 4th June 1959 and, on 23rd June 1959, the Applicant received a copy.

The Applicant states that in 1958 he was released on probation but that his probation was later cancelled and that he has now to serve three years and seven months of a previous sentence by which he was committed to a labour institution. This sentence was ordered to run as from the end of his previous sentence of six years.

The Applicant subsequently applied to the District Court (Kreisgericht) of Krems on 16th September 1959 for a reconsideration of his case but this application was rejected on 30th September 1959.

2. *Application No. 789/60 Johann Dunshirn*

The Applicant is an Austrian citizen who was born in 1931.

On 3rd September 1959 the Applicant was arrested in Vienna on suspicion of having committed theft. An investigation by the police was opened on 5th September 1959 and lasted until 17th December 1959 on which date the Applicant, together with six other persons, was charged with violations of Articles 171 (theft), 173 (theft of objects of a value higher than 1,500 Austrian schillings), 174 (theft of dangerous nature and conspiracy to commit theft) and 176 (aggravating circumstances) of the Criminal Code, Article 7 of the State Protection Act (Staatsschutzgesetz) and Article 26 of the Fire Arms Act (Waffengesetz). The offences mentioned in the indictment were alleged to have been committed on 17th, 24th and 28th August 1959 and the objects were assessed at approximately 7,000 Austrian schillings.

On 19th February 1960 the Applicant was convicted by the Regional Court (Landesgericht) of Vienna on all these charges except the charge under Article 7 of the State Protection Act. The Court considered that there were extenuating circumstances, in particular, the fact that the Applicant had made restitution to his victims of part of the money which he had stolen from them, and sentenced him to 14 months' imprisonment with the additional penalty of "sleeping hard" four times a year. The Applicant states that upon his lawyer's advice he accepted this sentence.

On 10th September 1954, the Applicant had been convicted on similar charges by the Regional Court of Vienna and sentenced to 18 months' imprisonment and subsequently to be bound over for a period of three years under the threat of a suspended sentence of detention in a labour institution. On 12th November 1956 and on 16th April 1957 he was, however, again convicted and sentenced

Cette décision fut communiquée au tribunal correctionnel régional le 4 juin 1959 et notifiée au requérant le 23 juin 1959.

Selon ses affirmations, le requérant fut libéré en probation en 1958, mais cette mesure fut par la suite annulée et il devra purger trois ans et sept mois d'une ancienne condamnation à résidence dans un établissement de travail forcé, lorsqu'il aura fini de purger une précédente peine de six ans d'emprisonnement.

Le requérant s'est depuis lors adressé au tribunal de district (Kreisgericht) de Krems, le 16 septembre 1959, en vue d'obtenir la révision de son procès, mais sa demande fut rejetée le 30 septembre 1959.

2. *Requête N° 789/60: Johann Dunshirn*

Le requérant, citoyen autrichien, est né en 1931.

Soupçonné d'avoir commis un vol, il a été arrêté à Vienne le 3 septembre 1959. L'enquête ouverte par la police le 5 septembre 1959 se prolongea jusqu'au 17 décembre 1959, date à laquelle le requérant et six autres personnes furent inculpés pour violation des articles 171 (vol), 173 (vol d'objets de valeur supérieure à 1500 schillings autrichiens), 174 (vol de nature dangereuse et conspiration en vue de commettre des vols) et 176 (circonstances aggravantes) du Code Pénal, ainsi que de l'article 7 de la loi sur la sécurité de l'Etat (Staatsschutzgesetz) et de l'article 26 de la loi relative aux armes à feu (Waffengesetz). Il était précisé dans l'acte d'accusation que les infractions mentionnées avaient été commises les 17, 24 et 28 août 1959; la valeur des objets sur lesquels elles portaient était estimée à environ 7000 schillings autrichiens.

Le 19 février 1960, le requérant a été condamné par la Cour correctionnelle régionale (Landesgericht) de Vienne pour tous ces chefs d'accusation, hormis la violation de l'article 7 de la loi sur la sécurité de l'Etat. Le tribunal, ayant estimé qu'il existait en l'espèce des circonstances atténuantes – en particulier, le fait que le requérant avait restitué à ses victimes une partie de l'argent qu'il leur avait volé – l'a condamné à 14 mois d'emprisonnement avec la sanction additionnelle de la "couche dure" quatre fois par an. Le requérant déclare avoir accepté cette condamnation sur la recommandation de son avocat.

Le 10 septembre 1954, le requérant avait été condamné pour des motifs analogues par le tribunal correctionnel régional de Vienne à 18 mois d'emprisonnement et à une surveillance pendant une période de trois ans, sous la menace d'une peine de détention dans un établissement pénitentiaire prononcé avec sursis. Cependant, le 12 novembre 1956 et le 16 avril 1957, le requérant a été inculpé et

to one year's imprisonment and six months' imprisonment respectively. He was subsequently committed to a labour institution from which he was released on probation on 4th June 1959, namely two years before the expiration of his sentence. His release on that occasion was subject to the condition that, in the event of his being convicted for any further offence, he would have to serve the full term of his sentence in a labour institution.

On 22nd February 1960, the Public Prosecutor announced that he would appeal against the sentence of 19th February 1960 and, on 3rd March 1960, he stated the grounds of his appeal in a document submitted to the Regional Court and communicated to the Applicant. The Public Prosecutor asked the Court of Appeal (Oberlandesgericht) to increase the sentence as being too lenient. He denied the existence of extenuating circumstances and pointed out that the crimes were committed only two months after the Applicant's release. On 16th March 1960 the Applicant's lawyer filed a counter-memorial (Gegenäusserung) with the Regional Court in which he submitted to the Court of Appeal that the Prosecutor's appeal should be rejected and, in particular, he stressed the extenuating circumstances taken into consideration by the Regional Court. He further pointed ou that, after serving his sentence of 14 months' imprisonment, the Applicant would then be committed for a period of two years to the labour institution from which he had been released in June 1959.

The case-file was transmitted on 4th April 1960 from the Regional Court to the Court of appeal, and on the following day, 5th April 1960, the case-file and a mimeographed document were sent to the Chief Public Prosecutor (Oberstaatsanwalt) "for information and opinion". Two days later, on 7th April 1960, the case-file was returned to the Court of Appeal with an endorsement on the mimeographed document to the effect that the Chief Public Prosecutor requested that the appeal should be accepted for the reasons stated by the Public Prosecutor in his document of 3rd March 1960.

On 13th April 1960 the Applicant's case was heard by the Court of Appeal in a non-public session and the Court's decision was endorsed to the effect that the Chief Public Prosecutor was present and addressed the Court. Neither the Applicant nor his lawyer was present and the Court only heard the arguments of the Chief Public Prosecutor. The Court of Appeal rejected the existence of extenuating circumstances and increased the Applicant's sentence to two and a half years' imprisonment.

This decision was communicated to the Regional Court on 15th April 1960 and, on 25th April 1960, the Applicant himself received a copy.

It is pointed out by the Applicant that the increase in his sentence has resulted in his having to serve two years in a labour

condamné de nouveau à un an, puis encore à six mois d'emprisonnement. Il a ensuite été envoyé dans un établissement pénitentiaire, d'où il a été libéré en probation le 4 juin 1959, c'est-à-dire deux ans avant l'expiration de sa peine. En l'occurrence, sa libération était conditionnelle en ce sens que, s'il était condamné pour toute nouvelle infraction, il devrait compléter sa peine de résidence dans un établissement pénitentiaire.

Le 22 février 1960, le Ministère public annonça qu'il interjeterait appel contre la condamnation du 19 février 1960 et, le 3 mars 1960, il exposa les motifs de son appel dans un document soumis au tribunal correctionnel régional et communiqué au requérant. Le Ministère public demandait à la Cour d'Appel (Oberlandesgericht) d'accroître la peine qu'il estimait trop légère. Il niait l'existence de circonstances atténuantes et soulignait que les délits avaient été commis deux mois seulement après la mise en liberté du requérant. Le 16 mars 1960, l'avocat du requérant soumit un contre-mémoire (Gegenäusserung) au tribunal correctionnel régional, demandant à la Cour d'Appel de rejeter l'appel du Ministère public et soulignant en particulier les circonstances atténuantes prises en considération par le tribunal correctionnel régional. Il faisait en outre valoir qu'après avoir purgé sa peine de 14 mois d'emprisonnement, le requérant serait alors envoyé pendant une période de deux ans dans l'établissement pénitentiaire d'où il avait été libéré en juin 1959.

Le 4 avril 1960, le tribunal régional transmit le dossier à la Cour d'Appel et, le lendemain, 5 avril 1960, le dossier et un document ronéotypé furent adressés au Procureur Général (Oberstaatsanwalt) "pour information et avis". Deux jours plus tard, le 7 avril 1960, le Procureur Général retournait le dossier à la Cour d'Appel en demandant, par une annotation inscrite sur le document ronéotypé, que l'appel fût accepté pour les raisons exposées par le Ministère public dans son document le 3 mars 1960.

La Cour d'Appel examina la cause du requérant à huis-clos le 13 avril 1960. Sa décision mentionne que le Procureur Général était présent et qu'il fut entendu. Ni le requérant lui-même ni son avocat n'étaient présents et la Cour n'entendit que les arguments du Procureur Général. Elle rejeta les circonstances atténuantes et porta la condamnation du requérant à deux ans et demi d'emprisonnement.

Cette décision fut communiquée au tribunal correctionnel régional le 15 avril 1960 et notifiée au requérant le 25 avril 1960.

Le requérant souligne que l'aggravation de sa peine lui valut de séjourner deux ans dans un établissement pénitentiaire et

institution and that the Court of Appeal has thus in effect increased his sentence from 14 months to 54 months.

The Applicant states that no further appeal is available to him either in respect of the original conviction or as to the increase of his sentence.

The Applicant's term of imprisonment expired on 3rd March 1962 and an application for pardon in respect of the subsequent committal to a labour institution appears to have been rejected in November 1961.

B. *The Law*

36. Although the facts of the present cases differ essentially from the facts of the Ofner and Hopfinger cases, the legal principles involved are the same in the two groups of cases. In the report adopted by the Commission on 23rd November 1962 concerning the Ofner and Hopfinger cases, the legal problem was defined in the following terms, which the Commission reproduces as relevant also to the present cases:

"The legal problem at issue relates to the right of defence which the Convention guarantees to anyone charged with a criminal offence. The Applicants have invoked Article 6, paragraph (3), subparagraph (c), according to which the right to defend himself is one of the minimum rights which every accused shall enjoy, and also the more general provision of Article 6, paragraph (1) which guarantees the right to a fair trial.

Concerning this principle of a fair trial, and its relation to the minimum rights laid down in paragraph (3) of the Article, the Commission has expressed the following opinion in a previous case:

'Article 6 of the Convention does not define the notion of a fair trial in a criminal case. Paragraph (3) of the Article enumerates certain specific rights which constitute essential elements of that general notion, and paragraph (2) may be considered to add another element. The words 'minimum rights', however, clearly indicate that the five rights specifically enumerated in paragraph (3) are not exhaustive, and that a trial may not conform to the general standard of a 'fair trial', even if the minimum rights guaranteed by paragraph (3) – and also the right set forth in paragraph (2) – have been respected'. (Report of 15th March 1961 in case 343/57, paragraph 52, Nielsen v. Denmark).

In the present cases the problem is whether the notion of a 'fair trial' embodies any right relating to the defence beyond and above the minimum rights laid down in paragraph (3). The Commission is of the opinion that what is generally called 'the equality

que la Cour d'Appel a ainsi porté sa condamnation de 14 à 54 mois.

Le requérant déclare qu'aucun nouveau recours ne lui est ouvert, ni pour sa première condamnation ni pour l'aggravation de peine.

La peine d'emprisonnement du requérant expirait le 3 mars 1962 et une demande d'amnistie concernant l'envoi dans un établissement pénitentiaire paraît avoir été rejetée en novembre 1961.

B. *En droit*

36. Bien que les faits concernant les deux affaires dont il s'agit soient tout à fait différents de ceux des affaires Ofner et Hopfinger, les problèmes juridiques qui se posent sont les mêmes pour ces deux groupes d'affaires. Le rapport adopté par la Commission le 23 novembre 1962 au sujet des affaires Ofner et Hopfinger définit le problème juridique dans les termes suivants, que la Commission reproduit ici comme étant applicables en l'espèce;

"Le problème juridique en question a trait au droit de se défendre, que la Convention garantit à toute personne accusée d'une infraction. Les requérants se sont fondés sur le paragraphe 3, alinéa c) de l'article 6, selon lequel le droit de se défendre est l'un des droits minima dont doit jouir tout accusé, ainsi que sur les dispositions plus générales du paragraphe 1 de l'article 6, qui garantit le droit à un procès équitable.

A propos de ce principe d'un procès équitable et de ses rapports avec les droits minima énoncés au paragraphe 3 de l'article 6, la Commission a exprimé, dans une affaire antérieure, l'avis suivant:

'L'article 6 de la Convention ne définit pas le notion de procès équitable en matière pénale. Le paragraphe 3 de cet article énumère certains droits particuliers qui constituent des éléments essentiels de cette notion générale et l'on peut considérer que le paragraphe 2 y ajoute un élément supplémentaire. Cependant, le terme 'notamment' indique clairement que les cinq droits énumérés au paragraphe 3 ne constituent pas une liste limitative et qu'un procès pourrait ne pas remplir les conditions générales d'un procès équitable, alors même que les droits minima garantis par le paragraphe 3 – ainsi que le droit énoncé au paragraphe 2 – auraient été respectés' (Rapport adopté le 15 mars 1961 au sujet de l'affaire 343/57, paragraphe 52 – Nielsen c. Danemark).

En l'espèce, il s'agit de savoir si la notion de 'procès équitable' englobe un droit quelconque relatif à la défense autre que les droits minima énoncés au paragraphe 3. La Commission est d'avis que ce que l'on appelle généralement 'l'égalité des armes', c'est-à-dire

of arms', that is the procedural equality of the accused with the public prosecutor, is an inherent element of a 'fair triai'. Whether such equality has its legal basis in paragraph (3) depends upon the interpretation of subparagraphs (b) ('to have adequate time and facilities for the preparation of his defence') and (c) ('to defend himself in person or through legal assistance'). The Commission need not express a definite opinion on this question, since in any case it is beyond doubt that the wider and general provision of a fair trial, contained in paragraph (1) of Article 6, embodies the notion 'equality of arms'."

In the present cases, the problem is whether the presence of the Public Prosecutor, without the presence of the accused or his counsel, at the session of the Court of Appeal when the case was heard and decided in conformity with Section 294, paragraph (3), of the Code of Criminal Procedure, constituted an inequality in the representation of the parties, which is incompatible with the provisions of the Convention.

It is not possible to establish with certainty whether the Public Prosecutor has taken an active part in the deliberations of the Court. No records of the deliberations were kept. Even on the assumption, however, that the Public Prosecutor did not play an active role at this stage of the proceedings, the very fact that he was present and thereby had an opportunity of influencing the members of the Court, without the accused or his counsel having any similar opportunity or any possibility of contesting any statements made by the Prosecutor, constitutes an inequality which, in the opinion of the Commission, is incompatible with the notion of a fair trial.

The Commission therefore reaches the conclusion that the proceedings conducted in the present cases on the basis of section 294, paragraph (3), of the Code of Criminal Procedure, as it was then worded, were not in conformity with the Convention.

PART V

REVISION OF THE AUSTRIAN LEGISLATION DURING THE EXAMINATION OF THE CASES BY THE COMMISSION

37. Following negotiations, ..., the Minister of Justice on 26th June 1962 submitted a Bill to the Austrian Parliament for the modification of certain sections of the Code of Criminal Procedure. ... [The text of the Law as enacted, has been published in this Yearbook, Vol. V. pp. 344–350].

The explanatory observations which accompany the text of the proposed new rules refer to the cases pending before the European Commission. They also state that the proposed detailed amendments

l'égalité dans la procédure entre l'accusé et le Ministère public, est un élément inhérent à tout procès équitable. Le point de savoir si cette égalité a son fondement juridique au paragraphe 3 dépend de l'interprétation que l'on donne des alinéas b) ('disposer du temps et des facilités nécessaires à la préparation de la défense') et c) ('se défendre soi-même ou avoir l'assistance d'un défenseur'). La Commission n'a pas à exprimer d'avis formel sur ce point, car il ne fait pas de doute qu'en tout cas la disposition générale de portée plus vaste qui a trait au procès équitable (paragraphe 1 de l'article 6) embrasse la notion de l'égalité des armes".

En l'espèce, le problème est de déterminer si la présence du Ministère public, en l'absence de l'accusé ou de son conseil, à l'audience de la Cour d'Appel lorsque l'affaire a été entendue et jugée conformément à l'article 294 paragraphe 3 du Code de procédure pénale, constituait, au point de vue de la représentation des parties, une inégalité incompatible avec les dispositions de la Convention.

Il n'est pas possible d'établir avec certitude si le Ministère public a pris une part active aux délibérations de la Cour. Aucun compte rendu des délibérations n'a été conservé. Toutefois, même si le Ministère public n'a pas joué un rôle actif à ce stade de la procédure, le fait qu'il ait été présent et par conséquent qu'il ait eu une possibilité d'influencer les membres de la Cour, sans que l'accusé ou son conseil ait bénéficié de cette même opportunité ou ait eu la possibilité de contester l'une quelconque des déclarations faites par le Ministère public, constitue une inégalité qui, de l'avis de la Commission, est incompatible avec la notion de jugement équitable.

La Commission conclut on conséquence que la procédure suivie dans les affaires présentes sur la base de l'article 294, paragraphe 3 du Code de procédure pénale, tel qu'il était on vigueur lors de la procédure d'appel en question, n'était pas conforme à la Convention.

PARTIE V.

MODIFICATION DE LA LEGISLATION AUTRICHIENNE PENDANT L'EXAMEN DES REQUETES

37. A la suite de négociations, le Ministre de la Justice a présenté le 26 juin 1962 un projet de loi au Parlement autrichien, en vue d'obtenir la modification de certains articles du Code de procédure pénale. [Le texte de la loi adoptée a été publié dans l'Annuaire, Volume V, pp. 345–451].

Les observations explicatives qui accompagnent le texte des nouvelles règles proposées visent les affaires en instance devant la Commission européenne. Elles déclarent aussi que les amendements

to the existing Code of Criminal Procedure are based on the principle that proceedings in appeal cases no longer shall be a unilateral, non-public procedure on the basis of documents, but a bilateral procedure taking place in a public session.

Article II of the Bill contained certain transitory provisions according to which *inter alia*, where the European Commission had declared an application admissible or where appeal proceedings had taken place in non-public session within a period of six months preceding the coming into force of the new law, appeal proceedings already concluded could be resumed according to the new rules at the request of the applicant, being the convicted person, or his legal representative.

On 20th July 1962 the Sub-Commission was informed, however, that Article II had not been adopted by the Austrian Parliament. Certain members of the Parliament had apparently taken the position that a provision of such an extraordinary character which introduced a certain retroactive effect, albeit in favour of the accused, required more careful consideration than could be given to it at this late stage of the parliamentary session. Consequently, only Article I of the Bill, containing the new rules applicable to future cases, was adopted, and this Article came into force as at 1st September 1962.

Article II of the Bill was adopted in a modified form by Parliament on 26th March 1963 [1].

By the adoption of this Law, a new remedy has been made available to the applicants, and they are now entitled to have their cases re-examined by the Austrian tribunals under a procedure which will not give rise to the objections which the Commission has expressed concerning the previous proceedings.

PART VI

PROPOSALS OF THE COMMISSION

38. In these circumstances the Commission wishes to avail itself of its right under Article 31, paragraph (3) of the Convention and to propose that the Committee of Ministers *take note* of this report, *express* its appreciation of the legislative measures adopted in Austria with a view to giving full effect to the Convention of Human Rights, and decide that no further action should be taken in the present cases.

[1] The Act was promulgated on 5th April 1963 and appears at page 804 of this Yearbook.

détaillés proposés au Code actuel de procédure pénale sont fondés sur le principe que la procédure d'appel ne doit plus être une procédure unilatérale non publique, se déroulant sur l'examen de simples documents, mais une procédure bilatérale et publique.

L'article 2 du projet de loi contenait certaines dispositions transitoires, selon lesquelles, chaque fois que la Commission européenne aurait déclaré une requête recevable ou qu'une procédure d'appel aurait eu lieu en audience non publique dans les six mois précédant l'entrée en vigueur de la nouvelle législation, les procédures d'appel déjà terminées pourraient être reprises, conformément aux nouvelles règles, à la demande du requérant, qu'il s'agisse de la personne condamnée ou de son représentant légal.

Cependant, le 20 juillet 1962, la Sous-commission a été informée que le Parlement autrichien n'avait pas adopté l'article 2. Certains membres du Parlement semblaient avoir estimé qu'une disposition d'un caractère aussi extraordinaire qui introduirait un certain effet rétroactif, bien que favorable à l'accusé, nécessitait un examen plus approfondi que celui qu'il serait possible d'y consacrer à ce stade tardif de la session parlementaire. En conséquence, seul l'article 1 du projet de loi exposant les nouvelles règles applicables aux affaires qui se présenteraient à l'avenir a été adopté. Cet article entra en vigueur le 1er septembre 1962.

L'article 2 du projet de loi fut adopté dans une forme modifiée par le Parlement autrichien le 26 mars 1963 [1].

L'adoption de ce projet de loi met une nouvelle voie de recours à la disposition des requérants, qui peuvent désormais faire réexaminer leur cause par les tribunaux autrichiens selon une procédure qui ne suscitera pas, de la part de la Commission, les objections que celle-ci avait formulées au sujet des procédures précédentes.

PARTIE VI

PROPOSITIONS DE LA COMMISSION

38. Dans ces conditions, la Commission souhaite se prévaloir du droit que lui confère le paragraphe 3 de l'article 31 de la Convention, et propose que le Comité des Ministres prenne acte du présent rapport, exprime sa satisfaction des mesures législatives adoptées par le Gouvernement autrichien pour assurer la pleine application de la Convention des Droits de l'homme et décide qu'il n'y a pas lieu de donner suite aux affaires en cause.

[1] La loi fut promulguée le 5 avril 1963 et figure à la page 805 du présent Annuaire.

C.

Decision of the Committee of Ministers

RESOLUTION (63) DH 2

relating to the cases Pataki (Application No. 596/59) and Dunshirn (Application No. 789/60) adopted by the Ministers' Deputies on 16th September 1963

The Committee of Ministers,

Having regard to Article 32 of the European Convention for the Protection of Human Rights and Fundamental Freedoms (hereinafter referred to as "the Convention");

Having regard to the Report drawn up by the European Commission of Human Rights, in accordance with Article 31 of the Convention, and relating to the Applications lodged respectively by Franz Pataki (No. 596/59) and Johann Dunshirn (No. 789/60), Austrian nationals, against Austria;

Whereas the Commission transmitted the said Report to the Committee of Ministers on 6th May 1963, and whereas the period of three months provided for in Article 32, paragraph (1) of the Convention has elapsed without the case having been brought before the Court in pursuance of Article 48 of the Convention;

Whereas, in their Applications, the applicants complain of several violations of Article 6 of the Convention alleged to have taken place during judicial proceedings instituted against each of them separately in Austria, as a result of which they were convicted of certain criminal offences;

Whereas the Commission, having rejected part of the Application of Mr. Pataki as inadmissible, retained as admissible, for the purpose of establishing the facts and formulating an opinion thereon, the following issues:

1. *as regards the Application of Pataki*

the compatibility of Section 294, paragraph 3, of the Austrian Code of Criminal Procedure and of the procedure followed by the Regional Court of Appeal in the present case with the provisions of Article 6, paragraph (1) and paragraph (3) sub-paragraph (c) of the Convention.

2. *as regards the Application of Dunshirn*

the entire application in which "the Applicant alleged that there had been a violation of Article 6, in that neither the

C.

Décision du Comité des Ministres

RESOLUTION (63) DH 2

relative aux Affaires Pataki (Requête N° 596/59)
et Dunshirn (Requête N° 789/60)
adoptée par les Délégués des Ministres le 16 septembre 1963

Le Comité des Ministres

Vu l'article 32 de la Convention de sauvegarde des Droits de l'Homme et des Libertés fondamentales (ci-après dénommée "la Convention");

Vu le rapport que la Commission européenne des Droits de l'Homme a établi conformément à l'article 31 de la Convention, au sujet des requêtes introduites respectivement par M. Franz Pataki (N° 596/59) et M. Johann Dunshirn (N° 789/60), ressortissants autrichiens, contre l'Autriche;

Considérant que ledit rapport a été transmis au Comité des Ministres le 6 mai 1963 et que le délai de trois mois prévu à l'article 32, paragraphe 1er, de la Convention s'est écoulé sans que l'affaire ait été déférée à la Cour par application de l'article 48 de la Convention;

Considérant que, dans leurs requêtes, les requérants se plaignent de plusieurs violations de l'article 6 de la Convention, survenues au cours des procédures judiciaires qui avaient été engagées séparément contre chacun d'entre eux en Autriche et à la suite desquelles ils ont été condamnés pour certaines infractions pénales;

Considérant que la Commission, après avoir rejeté une partie de la requête de M. Pataki, comme étant irrecevable, a retenu comme recevables, afin d'établir les faits et de formuler un avis à leur sujet, les points suivants:

1. *en ce qui concerne la requête Pataki*

la compatibilité de l'article 294, paragraphe 3, du *Code autrichien de Procédure pénale* et de la procédure suivie par la Cour d'Appel régionale dans la présente affaire avec les dispositions de l'article 6, paragraphes 1 et 3 (c) de la Convention.

2. *en ce qui concerne la requête Dunshirn*

l'ensemble de la requête dans laquelle "le requérant se plaint d'une violation de l'article 6, du fait que ni lui-même, ni son

Applicant nor his lawyer was allowed to be present during the proceedings before the Regional Court of Appeal and that only the arguments of the Public Prosecutor were heard".

Whereas the Commission, after ordering the joinder of these two cases in accordance with Rule 39 of its Rules of Procedure, expressed in its Report, adopted on 28th March 1963, the opinion:

"that the proceedings conducted in the present cases on the basis of section 294, paragraph (3), of the Code of Criminal Procedure, as it was then worded, were not in conformity with the Convention".

Whereas by an Act entitled "Federal Law of 27th March 1963 on the reopening of appeal proceedings in criminal cases" [Bundesgesetz vom 27 März 1963 über die Erneuerung von Berufungsverfahren in Strafsachen, BGBl, No. 66/1963], the Austrian legislation has been amended in such a way as to make available a new means of access to the courts, which will now permit the applicants, MM. Pataki and Dunshirn, to have their cases re-examined by the Austrian Courts;

Whereas the Commission considers that this new procedure which has been instituted will not give rise to the objections which it expressed concerning the previous procedure;

Whereas these two cases are analgous;

Agreeing with the reasoning of the Commission;

Voting in accordance with the provisions of Article 32 paragraph (1) of the Convention;

Maintains the joinder of the cases of Franz Pataki (No. 596/59) and Johann Dunshirn (No. 789/60);

Takes Note of the Report of the Commission;

Taking Account of the amendment made to the Austrian legislation by the said Federal Law of 27th March 1963;

Expressing its satisfaction at the legislative measures introduced by the Austrian Government to ensure the full application of the Convention on Human Rights,

Decides that no further action is required in the present cases.

défenseur n'ont été autorisés à être présents lors de la procédure qui s'est déroulée devant la Cour régionale d'Appel et que seuls les arguments du Ministrèe public ont été entendus".

Considérant que la Commission qui, en vertu de l'article 39 de son Règlement intérieur, avait ordonné la jonction de ces deux affaires, a exprimé dans son rapport, adopté le 28 mars 1963, l'avis que:

> "la procédure suivie dans les affaires présentes sur la base de l'article 294, paragraphe 3 du Code de procédure pénale, tel qu'il était en vigueur lors de la procédure d'appel en question, n'était pas conforme à la Convention";

Considérant que, par une Loi intitulée "Loi fédérale du 27 mars 1963 sur la réouverture de procédures d'appel en matière pénale" (Bundesgesetz vom 27. März 1963 über die Erneuerung vun Berufungsverfahren in Strafsachen, BGBl. Nr. 66/1963), la législation autrichienne a été modifiée de facon à ouvrir une nouvelle voie de recours judiciaire permettant désormais aux requérants MM. Pataki et Dunshirn de faire réexaminer leur cause par les tribunaux autrichiens;

Considérant que la Commission a estimé que la nouvelle procédure ainsi instituée ne suscitera pas, de sa part, les objections que celle-ci avait formulées au sujet des procédures précédentes;

Considérant que ces deux affaires sont connexes;

Adoptant les motifs de la Commission;

Procédant au vote conformément aux prescriptions de l'article 32, paragraphe 1er de la Convention;

Maintient la jonction des affaires Franz Pataki (N° 596/59) et Johann Dunshirn (N° 789/60);

Prend acte du rapport de la Commission;

Tenant compte de la modification apportée à la législation autrichienne par ladite Loi fédérale du 27 mars 1963;

Exprimant sa satisfaction des mesures législatives adoptées par le Gouvernement autrichien afin d'assurer la pleine application de la Convention des Droits de l'Homme;

Décide qu'il n'y a pas lieu de donner suite aux affaires en cause.

III

AUSTRIA *against* ITALY

A.

Summary

On 11th July 1960 the Austrian Government lodged with the Commission an application directed against the Government of Italy. The Applicant Government alleged that various violations of the Convention had occurred in the course of judicial proceedings taken in the Italian courts against six young men from the village of Fundres/Pfunders (Upper Adige) accused of having committed murder on the night of 15–16th August 1956 which resulted in the young men being sentenced to terms of imprisonment. In particular, the Austrian Government complained of the refusal to hear two witnesses for the defence, of the holding of an investigation at the scene of the crime in the absence of the accused, of non-observance of the principle of presumption of innocence, of disregard of the right to a fair trial and non-observance of the principle of non-discrimination.

On the basis of the Commission's report, the Committee of Ministers' Deputies considered this case at their meetings held in September and October 1963, and adopted Resolution (63) DH 3 which was transmitted to the Ministers for Foreign Affairs of Austria and Italy by a letter of the Secretary-General dated 23rd October 1963.

Extracts from the Report of the Commission, the texts of the Resolution of the Committee of Ministers and of the Secretary General's letter are published in this Chapter.

III

Autriche *contre* Italie

A.

Résumé

Le 11 juillet 1960, le Gouvernement autrichien avait introduit devant la Commission une requête dirigée contre le Gouvernement italien. Le Gouvernement demandeur alléguait que plusieurs violations de la Convention étaient survenues au cours des procédures judiciaires qui avaient été engagées devant les juridictions de la République Italienne contre six jeunes gens du village de Fundres-Pfunders (Haut-Adige), accusés d'avoir commis dans la nuit du 15 au 16 août 1956 le crime de meurtre, et à la suite desquelles ceux-ci avaient été condamnés à des peines de réclusion. Le Gouvernement autrichien se plaignait, en particulier, du refus d'entendre deux témoins à décharge, d'une descente sur les lieux en l'absence des accusés, de la non-observation du principe de la présomption d'innocence, de la méconnaissance du droit à un procès équitable et de la non-observation du principe de non-discrimination.

Sur rapport de la Commission, le Comité des Ministres a examiné cette affaire au cours de ses réunions de septembre et d'octobre 1963, et adopté la Résolution (63) DH 3, transmise aux ministres des Affaires Etrangères de l'Autriche et de l'Italie par lettre du Secrétaire Général en date du 23 octobre 1963.

Des extraits du rapport de la Commission, ainsi que la Résolution du Comité des Ministres et la lettre du Secrétaire Général sont publiés ci-après.

B.

Extracts from the Report of the European Commission of Human Rights

PART I

SUMMARY OF FACTS

The essential facts of the case, as they appear from a rapid perusal of the file, may be summarised as follows:

At about 4.30 a.m. on 16th August 1956 the Italian Customs Officer Calvia discovered the body of his colleague Falqui lying in the bed of the stream "Roaner" near Fundres/Pfunders (Upper Adige).

The previous evening Falqui and another Customs Officer, Lombardo, had consumed alcoholic beverages in the "ENAL" bar at Fundres/Pfunders, in the company of some village youths. The party, which had begun in a cordial atmosphere, degenerated into a brawl when the two Customs officers, shortly before midnight, wished to return to their barracks and ordered the bar to be closed. Finally Falqui and Lombardo left the bar, followed and later pursued by a band of youths hurling insults at them, striking them with sticks and throwing empty tins. Lombardo reached the barracks safe and sound but Falqui, having lost first one and then the other of his unlaced canvas shoes, was overtaken, it seems, near a bridge over the stream, where he met his death.

The next day, 16th August, the *Carabinieri* arrested fourteen youths in connection with the incident. They were:

Luigi/Alois Ebner;
Bernardo/Bernhard Ebner;
Isidore/Isidor Unterkircher;
Floriano/Florian Weissteiner;
Giorgio/Georg Knollseisen;
Paolo/Paul Unterkircher;
Giovanni/Johann Huber;
Luigi/Alois Bergmeister;
Giuseppe/Josef Weissteiner;
Severino/Severin Ebner;
Eduardo/Eduard Schiener;
Francesco/Franz Ranalter;
Martino/Martin Huber;
and Agostino/August Weissteiner.

B.

Extraits du Rapport de la Commission Européenne des Droits de l'Homme

PARTIE I

RESUME DES FAITS DE LA CAUSE

Les faits essentiels de la cause, tels qu'ils ressortent d'un examen rapide du dossier, peuvent se résumer ainsi:

Le 16 août 1956, vers 4 h. 30 du matin, le douanier italien Calvia découvrit le cadavre de son collègue Falqui gisant dans le lit du torrent "Roaner" près de Fundres/Pfunders (Haut-Audige).

La veille au soir, Falqui et un autre douanier, Lombardo, avaient consommé des boissons alcooligées à la cantine de l'"ENAL", à Fundres/Pfunders, en compagnie d'un groupe de jeunes gens du village. Commencée dans la bonne humeur, la réunion dégénéra en altercation lorsque les deux douaniers voulurent, peu avant minuit, regagner leur caserne et ordonnèrent la fermeture du local. Finalement, Falqui et Lombardo sortirent de ce dernier, suivis puis poursuivis par une partie des jeunes gens, qui se mirent à les injurier et à leur porter des coups à l'aide de bâtons et de boîtes vides. Lombardo réussit à rentrer sain et sauf à son cantonnement. En revanche, Falqui perdit l'une après l'autre ses espadrilles dépourvues de lacets. Rejoint, semble-t-il, à proximité d'un pont qui enjambe le torrent susmentionné, il y a trouva la mort.

Le lendemain 16 août, la Gendarmerie (Carabinieri) arrêta, à raison desdits faits, quatorze jeunes gens, à savoir:

Luigi/Alois Ebner;
Bernardo/Bernhard Ebner;
Isidoro/Isidor Unterkircher;
Floriano/Florian Weissteiner;
Giorgio/Georg Knollseisen;
Paolo/Paul Unterkircher;
Giovanni/Johann Huber;
Luigi/Alois Bergmeister;
Giuseppe/Joseph Weissteiner;
Severino/Severin Ebner;
Eduardo/Eduard Schiener;
Francesco/Franz Ranalter;
Martino/Martin Huber;
et Agostino/August Weissteiner.

The examining magistrate charged the first eight with murder (meurtre), insulting behaviour to a public official and affront to the nation. They were remanded in custody. The six others were not charged with murder but with the two latter offences only and were released on bail on 13th November 1956.

On 16th July 1957 the Bolzano/Bozen Assize Court, consisting of two professional magistrates and six "popular judges" (jurymen) – four Italian-speaking and two German-speaking – pronounced the following sentences:

Luigi/Alois Ebner: 24 years, 4 months, 10 days for murder (meurtre) and insulting behaviour to a public official;
Bernardo/Bernhard Ebner and Isidoro/Isidor Unterkircher: 16 years and 8 months imprisonment for murder and affront to the nation;
Floriano/Florian Weissteiner and Giorgio/George Knollseisen: 16 years imprisonment for murder;
Giovanni/Johann Huber: 13 years and 4 months for murder;
Paolo/Paul Unterkircher: 10 years for murder.

The other accused, including Luigi/Alois Bergmeister, were either acquitted or discharged for lack of evidence.

Following an appeal by certain of the accused and by the Public Prosecutor, the Trent Court of Appeal, again consisting of two professional magistrates and six jurymen – four Italian-speaking and two German-speaking – pronounced on 27th March 1958 the following sentences;

Luigi/Alois Ebner: imprisonment for life (with one year of day-time solitary confinement) for murder (meurtre), insulting behaviour to officials and affront to the nation;
Floriano/Florian Weissteiner, Isidoro/Isidor Unterkircher and Giorgio/Georg Knollseisen: 17 years and 10 months imprisonment on the same counts;
Bernardo/Bernhard Ebner: 17 years and 2 months imprisonment on the same counts;
Paolo/Paul Unterkircher: 12 years imprisonment on the same counts;
Giovanni/Johann Huber: 1 year and 2 months imprisonment for insulting behaviour to officials and affront to the nation.

In the case of the latter the Court dismissed the charge of murder for lack of sufficient evidence and, noting that he had served his term of imprisonment while awaiting trial, ordered his immediate release.

Le juge d'instruction accusa les huit premiers de meurtre, d'injures à fonctionnaires publics et d'outrage à la Nation; en conséquence, il les maintint en détention préventive. Quant aux six autres, ils se virent inculper des deux derniers délits seulement, à l'exclusion du crime de meurtre, et furent mis en liberté provisoire le 13 novembre 1956.

Le 16 juillet 1957, la Cour d'Assises de Bolzano/Bozen, composée de deux magistrats de carrière et de six "juges populaires" (jurés), dont quatre de langue italienne et deux de langue allemande, condamna:

Luigi/Alois Ebner, à 24 ans, 4 mois et 10 jours de réclusion pour meurtre et injures à fonctionnaires publics;
Bernardo/Bernhard Ebner et Isidoro/Isidor Unterkircher, à 16 ans et 8 mois de réclusion pour meurtre et outrage à la Nation;
Floriano/Florian Weissteiner et Giorgio/Georg Knollseisen, à 16 ans de réclusion pour meurtre;
Giovanni/Johann Huber, à 13 ans et 4 mois de réclusion pour ce même crime;
Paolo/Paul Unterkircher, à 10 ans de réclusion pour ce même crime.

Elle acquitta tous les autres accusés, y compris Luigi/Alois Bergmeister, des crimes ou délits relevés contre eux, tantôt pour ne les avoir point commis, tantôt pour insuffisance de preuves.

Sur appel de certains des intéressés ainsi que du Ministère Public, la Cour d'Assises d'Appel de Trente, composée elle aussi de deux magistrats de carrière et de six "juges populaires" (jurés), dont quatre de langue italienne et deux de langue allemande, infligea le 27 mars 1958:

à Luigi/Alois Ebner, la réclusion à perpétuité (avec un an d'isolement pendant la journée) pour meurtre, injures à fonctionnaires publics et outrage à la Nation;
à Floriano/Florian Weissteiner, Isidoro/Isidor Unterkircher et Giorgio/Georg Knollseisen, 17 ans et 10 mois de réclusion pour ces mêmes infractions;
à Bernardo/Bernhard Ebner, 17 ans et 2 mois de réclusion pour ces mêmes infractions;
à Paolo/Paul Unterkircher, 12 ans de réclusion pour ces mêmes infractions;
à Giovanni/Johann Huber, 1 an et 2 mois de réclusion pour injures à fonctionnaires publics et outrage à la Nation.

La Cour acquitta ce dernier du crime de meurtre, faute de preuves suffisantes; notant qu'il avait purgé sa peine en détention préventive, elle ordonna son élargissement immédiat.

At the hearing of 10th March 1958 the defence had asked the Court to visit the place where the body was found, as the Bolzano/Bozen Court had done, and to take the evidence of Giovanna/Johanna Ebner, who had crossed the bridge shortly after the discovery of Falqui's body, and of Dr. Kofler, local doctor of the neighbouring village of Vandoies, who had certified the death. The Court of Trent agreed to visit the scene of the incident, and did so on 20th March 1958, but refused to take the evidence of Giovanna/Johanna Ebner and Dr. Kofler on the grounds that the circumstances to which this evidence related (position of the body in the case of the former, and the nature of Falqui's injuries in the case of the latter) were irrelevant ("inconferenti"). The Court also decided, in response to the suggestion of the plaintiff in the civil action and of the prosecution, that the investigation on the spot should take place in the presence of the witnesses Lombardo and Calvia, aforementioned.

On 18th July 1958 the accused appealed to the Court of Cassation on the following grounds:

I: Violation of Articles 4, 26, 27 and 28 of Act No. 287 of 10th April 1951, read with Article 185 (1) of the Code of Criminal Procedure, Article 5 of Law No. 517 of 18th June 1955 and Article 524 (3) of the Code of Criminal Procedure:

Substitution of one juror for another during the proceedings, hence illegal composition of the jury.

II: Violation of Articles 427 and 443 of the Code of Criminal Procedure, Article 24 (2) of the Constitution of the Italian Republic, read with Articles 185 (3) (as amended by Article 5 of Law No. 517 of 18th June 1955) and 524 (1) and (3) of the Code of Criminal Procedure.

Absence of the accused during the investigation on the spot.

III: Violation of Articles 457, 520 and 415 of the Code of Criminal Procedure, read with Articles 524 (8) and 475 (3) of the Code of Criminal Procedure (Refusal to hear witnesses for the defence). This ground was worded as follows:

"The request of those defending the accused that the Court, partially reconsidering its judgment, should hear the witness Giovanna Ebner (a third party not related in any way to the accused) and the local doctor, Dr. Kofler, who should be interrogated regarding the position in which Falqui was found, and regarding traces of rock noticed by Dr. Kofler, who was the first to see the body of Falqui – was refused, as these witnesses were regarded as irrelevant (*inconferenti*):

A l'audience du 10 mars 1958, la défense avait demandé que la Cour opérât (comme l'avait fait la Cour de Bolzano/Bozen) une descente sur les lieux et entendît, à titre de témoins, Giovanna/Johanna Ebner, qui avait passé sur le pont peu après la découverte du cadavre de Falqui, et le Dr. Kofler, médecin du village voisin de Vandoies, qui avait constaté le décès.

Par une ordonnance du même jour, la Cour de Trente avait accueilli la demande en ce qui concerne la descente sur les lieux – qui eut lieu le 20 mars 1958 – mais avait écarté l'audition de Giovanna/Johanna Ebner et du Dr. Kofler, estimant irrelevantes ("inconferenti") les circonstances sur lesquelles ceux-ci devaient déposer (position du corps, pour la première; nature des blessures subies par Falqui, pour le second). En outre, elle avait décidé que la descente sur les lieux s'effectuerait en présence des témoins Lombardo et Calvia, déjà nommés, acceptant en cela une suggestion de la partie civile et du Ministère Public.

Dans un pourvoi introduit le 18 juillet 1958, les accusés soumirent à la Cour de Cassation les moyens suivants:

Ier moyen: Violation des articles 4, 26, 27, 28 de la Loi N° 287 du 10 avril 1951, en combinaison les articles 185, § 1 du Code de Procédure Pénale, 5 de la Loi N° 517 du 18 juin 1955, et 524 § 2 du Code de Procédure Pénale:

> Remplacement d'un juré par un autre en cours de procédure, d'où composition illégale du jury.

IIe moyen: violation des articles 427, 443 du Code de Procédure Pénale, article 24 2ème alinéa de la Constitution de la République Italienne, en combinaison avec les articles 158 § 3 (modifié par l'article 5 de la Loi N° 517 du 18 juin 1955) et 524 §§ 1 et 3 du Code de Procédure Pénale:

> Absence des accusés lors de la descente sur les lieux.

IIIe moyen: violation des articles 457, 520 et 415 du Code le Procédure Pénale, en combinaison avec les articles 524 § 8 et 475 § 3 du Code de Procédure Pénale (Refus d'entendre les témoins à décharge). Ce moyen était ainsi libellé:

> "La demande des défenseurs des accusés que la Cour, moyennant le renouvellement partiel du jugement, procède à l'audition du témoin Giovanna Ebner (personne tierce qui n'est liée par aucune parenté avec les accusés), ainsi que du médecin local, le Dr. Kofler – à interroger sur la position en laquelle Falqui avait été trouvé, ainsi que sur les traces de rocher, remarquées par le Dr. Kofler, qui visita le premier le corps de Falqui – fut repoussée parce que ces témoins étaient

this decision which is objected to as well as the judgment, is unjust and its reasoning is plainly contradictory; in fact, at the same time, the Court, at the request of the prosecution, admitted the evidence of a new witness for the prosecution, Calvia, on *exactly the same point* (i.e. the precise spot where Falqui's body was found); Giovanna Ebner, as was disclosed later in the trial, crossed the Roaner bridge at dawn on 16th August 1956, when a Customs officer was still lying in the streambed, and another was beside him, trying to lift him.

The hearing of this witness became of prime importance once Calvia, having given one version to the examining magistrate (verbatim report of 26.8.1956), gave a different version to the Court. But if only from the simple standpoint of the accused's right of defence, a judge cannot reject evidence proposed in regard to precise material circumstances of fundamental importance – as this obviously is and was recognised to in the judgment."

Grounds IV, V and VI are of secondary importance only for the purposes of the present proceedings.[1]

VII: Violation of Article 291, together with Articles 524 (1) and 475 (3) of the Code of Criminal Procedure, violation of Article 27 (1) of the Constitution of the Italian Republic (Presumption of innocence). This ground is worded as follows:

"The accused Luigi Ebner, Floriano Weissteiner, Paolo Unterkirchen and Isidoro Unterkircher were sentenced by the Court at Trent for affront to the nation, committed by their shouting at Fundres on 29th June 1956: '*Andate via, voi porci italiani*'; the first judges acquitted the accused because the investigation had not proved them to have committed this offence; in rescinding this decision and now finding the accused guilty, the Court at Trent resorted to arguments based on *subjective appreciations*, which the facts elicited by the investigation had by no means proved; it is merely supposed and *conjectured* that the accused uttered the words

[1] The fourth ground was concerned with the events of 29th June 1956 (cf. para. 8 below), the fifth with an alleged vice of form in the deposit of the Prosecution's grounds for appeal (cf. para 158 *in fine* and 159 below), the sixth with an alleged overstepping of its powers (*ultra petita*) by the Court of Trent in not allowing Luigi/Alois Ebner the benefit of "general extenuating circumstances". The last ground, unlike the two preceding ones, was upheld by the Court of Cassation (cf. paras 7, 168 *in fine* and 170 *in fine* below).

considérés comme irrelevants ('inconferenti'); cette ordonnance, à laquelle il est fait opposition en même temps qu'à l'arrêt, est inique et la motivation nettement *contradictoire;* en effet, par la même ordonnance, la Cour admettait, sur les instances de la partie civile, une nouvelle audition du témoin à charge Calvia, *sur la même* position précise (à savoir exactement l'endroit où avait été retrouvé le corps de Falqui); Giovanna Ebner, comme on l'apprit par la suite du procès, était passée sur le pont Roaner à l'aube du 16 août 1956, lorsqu'un 'Garde des Finances' gisait encore dans le lit du torrent, et un autre, auprès de lui, essayait de le relever.

L'audition de ce témoin prenait une importance capitale, du moment que Calvia, après avoir donné une première version au juge d'instruction (procès-verbal du 26.8.1956), en fournit une autre à la Cour. Mais ne fût-ce que du point de vue pur et simple du droit à la défense de l'accusé, le juge ne peut rejeter les preuves proposées sur des circonstances matérielles précises d'importance fondamentale – telle qu'elle ressort et qu'elle est reconnue dans l'arrêt –."

Les moyens IV, V et VI ne revêtent qu'une importance secondaire pour les besoins de la présente procédure.[1]

VIIe moyen: violation de l'article 291, en combinaison avec les articles 524 § 1 et 475 § 3 du Code de Procédure Pénale, violation de l'article 27, 1er alinéa de la Constitution de la République Italienne (présomption d'innocence). Ce moyen était ainsi libellé:

"Les accusés Luigi Ebner, Floriano Weissteiner, Paolo Unterkircher et Isidoro Unterkircher ont été condamnés par la Cour de Trente pour le délit d'outrage à la Nation, commis par l'exclamation prononcée à Fundres, le 29 juin 1956:[2] '*Andate via, voi porci italiani*'; les premiers juges avaient acquitté les accusés parce que l'instruction n'avait pas prouvé qu'ils étaient les auteurs de cet acte; en modifiant ce jugement et en affirmant, par contre, la responsabilité des accusés, la Cour de Trente a eu recours à une motivation reposant sur des *appréciations subjectives*, que les éléments de fait qui étaient ressortis de l'instruction n'avaient nullement prouvées;

[1] Le quatrième moyen avait trait aux événements du 29 juin 1956 (cf. le § 8 infra); le cinquième, à un vice de forme qui aurait entaché le dépôt des motifs d'appel du Ministère public (cf. les § 148 *in fine* et 159 infra); le sixième, à un excès de pouvoir ("*ultra petita*") que la Cour de Trente aurait commis en retirant à Luigi/Alois Ebner le bénéfice des "circonstances atténuantes générales". Ce dernier moyen, à la différence des deux autres, fut accueilli par la Cour de Cassation (cf. les §§ 7, 168 *in fine* et 170 *in fine* infra).

[2] Cf. le § 8 infra.

referred to, whereas according to the documents in the case at least 30 persons were present where the dispute took place! The statement that the accused intended to show 'hatred (*astio e livore*) against the Italians' and that the sentence as repeated by the prosecution preferred to all the Italian nation is absolutely arbitrary and unproven; in fact logically, let alone legally, the very wording of the sentence clearly and precisely indicates its meaning and intention, since it was uttered during a quarrel and clearly was addressed to the opponent or opponents in the quarrel. Similarly, the philological and linguistic reasoning regarding the expression '*welsche Focken*' is unacceptable, as it expresses a subjective opinion unsupported by any evidence; moreover, if literally translated, the dialect phrase means '*foreign pigs*' – which deprives it of any reference to the nation. In any case, since it is unknowm who uttered the words, a finding of 'guilty' in respect of the 5 accused cannot be admitted without running counter to the fundamental principles of criminal justice."

VIII: Violation of Article 341 and Article 291 of the Code of Criminal Procedure together with Articles 524 (1) and 475 (3) of the Code of Criminal Procedure – Impartiality of the judges).

"The objections to the decision attacked which are formulated in the previous ground (VII) must be repeated in respect of the other supposed affront to the nation, committed on 15th August 1956; the reason for which the Court at Trent maintained the accusation of guilt, contrary to the earlier judges, cannot be accepted; the decision attacked in this instance limited itself, in substance, to bald statements with no evidence to support them; as regards insults to a public official, on the other hand, the reasoning of the previous judges was in no way superseded by that in the appeal judgment as we shall explain in discussing this reasoning further."

Ist supplementary point:

"Violation of Article 475 of the Penal Code, in failing to motivate sufficiently its findings concerning the argument of the defence that homicide was beyond the intention of the perpetrators (*preterintenzionalità*); this argument being sup-

ce sont là des suppositions et des *conjectures*, d'après lesquelles les cinq accusés seraient les auteurs des mots en question, alors que, d'après les documents du procès, il ressort qu'au moins 30 personnes étaient présentes sur la place où la rixe avait eu lieu! L'affirmation selon laquelle les accusés auraient voulu manifester 'la haine (*astio e livore*) contre les Italiens' et la phrase, telle qu'elle est reproduite par l'accusation, se rapporterait en tous cas à la Nation italienne, est absolument arbitraire et dénuée de preuves; en effet, selon la logique, avant même que selon le droit, le texte même de la phrase démontre clairement et précisément et son sens et sa destination, ayant été prononcée au cours d'une rixe et clairement à l'adresse de l'adversaire ou des adversaires dans ladite rixe. De même, les raisonnements philologiques et linguistique inhérents à l'expression '*welsche Focken*' sont inacceptables, car ils expriment une opinion subjective, dénuée de toute preuve à l'appui; bien plus, la phrase dialectale, dans sa traduction exacte, dit textuellement: '*cochons d'étrangers*' – ce qui l'éloigne encore davantage de toute référence à la Nation. – En tout cas, les auteurs de la phrase étant restés inconnus, on ne saurait admettre une affirmation de responsabilité à l'égard des 5 accusés, sans se heurter aux principes fondamentaux de la justice pénale."

VIIIe moyen: violation de l'article 341 et de l'article 291 du Code de Procédure Pénale en combinaison avec les articles 524 § 1 et 475 § 3 du Code de Procédure pénale – (impartialité des juges).

"Les objections à l'arrêt attaqué, reproduites au motif précédent (VIIe), doivent être répétées à l'égard de l'autre prétendu outrage à la Nation, commis le 15 août 1956; on ne saurait retenir la motivation de l'accusation de responsabilité, soutenue par la Cour de Trente, en contraste avec les premiers juges; l'arrêt attaqué s'est borné, à cet égard, en substance, à des *affirmations apodictiques*, ne reposant sur aucune preuve à l'appui; en ce qui concerne les injures à un fonctionnaire public, au contraire, la motivation des premiers juges n'a été nullement dépassée par les raisonnements exposés dans ledit arrêt d'appel, comme nous l'expliquerons dans le courant de l'exposé ultérieur de ce motif."

Ier moyen supplémentaire:

"violation de l'article 475 du Code Pénal, pour n'avoir point suffisamment motivé sa thèse, en ce qui concernait l'argument de la défense d'après lequel l'homicide aurait eu lieu en dépassant les intentions des auteurs ('preterintenzionalità'),

ported by reference to an erroneous interpretation of Article 584 of the Penal Code ...". [1]

IInd supplementary point:

"Erroneous interpretation and application of Article 116 to the other appellants in respect of their role in the matter.

The Court in question declares that to establish joint responsibility, in the terms of Article 116 of the Penal Code, it is enough for there to be a link of causality between the criminal act intended by all and the more serious crime committed by one of the participants, without the crime in question having been necessarily intended. The Court here adopts the antiquated theory that it is sufficient for the connexion to be one of factual causality...."

The Court of Cassation, on 16th January 1960, delivered a judgment:

- striking out, by virtue of an amnesty, the offences of insulting behaviour to officials and affront to the nation charged against Bernardo/Bernhard Ebner, Isidoro/Isidor Unterkircher, Floriano/Florian Weissteiner, Giorgio/Georg Knollseisen, Paolo/Paul Unterkircher and Giovanni/Johann Huber;
- stating that the Court of Trent had deliberated "*ultra petita*" by disallowing the extenuating circumstances in respect of Luigi Alois Ebner which the Bolzano/Bozen Court had allowed;
- quashing the judgment absolutely on these two points;
- substituting the following sentences for those pronounced by the Court of appeal:

  25 years, 5 months and 10 days imprisonment for Luigi/Alois Ebner;

  16 years imprisonment for Bernardo/Bernhard Ebner, Isidoro/Isidor Unterkircher, Floriano/Florian Weissteiner and Giorgio/Georg Knollseisen;

  10 years and 8 months imprisonment for Paolo/Paul Unterkircher;
- dismissing the remainder of the appeal.

It should be noted that the three above-mentioned judgments concern not only the events of the night of 15th/16th August 1956, but also a minor incident which took place on 29th June 1956 between some of the youths in the case and workmen building a hydro-electric dam in the Fundres/Pfunders vicinity. In view of the fact, however, that Application No. 788/60 is not concerned with this incident or the proceedings in connexion with it, it is unnecessary to go further into this matter in this Report.

[1] This point apparently only refers to Luigi/Alois Ebner.

argument soutenu par rapport à une interprétation erronée de l'article 584 du Code Pénal ...." [1]

IIe moyen supplémentaire:

"Interprétation et application erronées de l'article 116 aux autres requérants pour leur rôle dans les faits.

La Cour en question affirme que, pour établir la responsabilité commune, aux termes de l'article 116 du Code Pénal, il suffit qu'il y ait un lien de causalité entre l'action criminelle voulue par tous et le délit plus grave commis par un des participants, sans qu'il soit nécessaire que le délit en question ait été prévu. La Cour adopte ici la théorie surannée selon laquelle il suffit que le lien présente un caractère de causalité matérielle ...."

La Cour de Cassation rendit, le 16 janvier 1960, un arrêt:

- déclarant éteints, en vertu de l'amnistie, les délits d'injures à fonctionnaires publics et d'outrage à la nation retenus à charge de Bernardo/Bernhard Ebner, Isidoro/Isidor Unterkircher, Floriano/Florian Weissteiner, Giorgio/Georg Knollseisen, Paolo/Paul Unterkircher et Giovanni/Johann Huber;
- disant que la Cour de Trente avait statué "ultra petita" en rétirant à Luigi/Alois Ebner le bénéfice des circonstances atténuantes générales, que lui avait accordé la Cour de Bolzano/Bozen;
- cassant sur ces deux points, sans renvoi, l'arrêt entrepris;
- substituant en conséquence les peines suivantes à celles prononcées en appel:

  25 ans, 5 mois et 10 jours de réclusion pour Luigi/Alois Ebner;
  16 ans de réclusion pour Bernardo/Bernhard Ebner, Isidoro/Isidor Unterkircher, Floriano/Florian Weissteiner et Giorgio/Georg Knollseisen;
  10 ans et 8 mois de réclusion pour Paolo/Paul Unterkircher;
- rejetant le pourvoi quant au surplus.

Il convient de relever que les trois sentences judiciaires précitées avaient trait non seulement aux événements de la nuit du 15 au 16 août 1956, mais également à un incident moins grave qui avait éclaté, le 29 juin 1956, entre certains des jeunes gens en cause et des ouvriers travaillant, dans la région de Fundres/Pfunders, à la construciton d'un barrage hydroélectrique. Cet incident et ses suites pénales spécifiques ne forment pas partie intégrante de l'objet de la requête, de sorte qu'il est superflu de s'y arrêter plus longuement dans le présent rapport.

[1] Ce moyen ne concernait apparemment que Luigi/Alois Ebner.

PART II

HISTORY OF PROCEEDINGS

Chapter 1: Proceedings before the Plenary Commission up to the Declaration of Admissibility

I. ...

The Austrian Government claim that the Italian legal authorities, in connexion with the facts set forth above (paragraphs 1–8), violated:

1°) Article 6 (3, d) of the Convention inasmuch as the accused are alleged not to have been granted the right to examine or have examined witnesses against them or to obtain the attendance of witnesses on their behalf under the same conditions as witnesses against them;

2°) Article 6 (2) of the Convention, according to which everyone charged with a criminal offence shall be presumed innocent until proved guilty according to law;

3°) Article 6 (1) of the Convention, according to which "in the determination of ... any criminal charge against him everyone is entitled to a fair ... hearing ... by an independent and impartial tribunal established by law";

4°) Article 14 of the Convention, which embodies the principle of non-discrimination.

II. *Consideration of the Admissibility of the Application*

(The text of the decision on admissibility has been published in the Yearbook, Volume IV, pp. 116–182.

A dissenting opinion was given by Mr. Sperduti and has been published as an appendix to the Commission's report which is available from the Directorate of Human Rights, Council of Europe, Strasbourg.)

Chapter 2: Proceedings before the Sub-Commission

For the composition of the Sub-Commission see Yearbook, Volume IV at page 78.

II. *Proceedings before the Sub-Commission*

By an order of 24th March 1961 the President, Mr. C. Th. Eustathiades, acting in accordance with Rule 47 (3), instructed the Secretary of the Commission to invite the Applicant Govern-

PARTIE II

HISTORIQUE DE LA PROCEDURE

Chapitre 1er: Procédure suivie devant la Commission Plénière jusqu'à la déclaration de recevabilité

I. ...

Le Gouvernement autrichien prétend que les autorités judiciaires italiennes ont, à propos des faits exposés ci-dessus (§§ 1 à 8), violé:

1°) l'article 6, § 3 d) de la Convention, en ce que les accusés n'auraient pas joui du droit d'interroger ou de faire interroger les témoins à charge et d'obtenir la convocation des témoins à décharge dans les mêmes conditions que les témoins à charge;

2°) l'article 6, § 2 de la Convention, qui veut que toute personne accusée d'une infraction soit présumée innocente jusqu'à ce que sa culpabilité ait été légalement établie;

3°) l'article 6 § 1 de la Convention, aux termes duquel "toute personne a droit à ce que sa cause soit entendue équitablement, ..., par un tribunal indépendant et impartial, établi par la loi, qui décidera ... du bien-fondé de toute accusation en matière pénale dirigée contre elle ...";

4°) l'article 14 de la Convention, qui consacre le principe de non-discrimination.

II. *Examen de la recevabilité de la requête*

(Le texte de la décision sur la recevabilité a été publié dans l'Annuaire, Volume IV, pp. 117–183.

Un avis dissident de M. Sperduti a été publié en annexe au rapport de la Commission dont le texte peut être demandé à la Direction des Droits de l'Homme, Conseil de l'Europe, Strasbourg).

Chapitre 2: Procédure suivie devant la Sous-Commission

(En ce qui concerne la constitution de la Sous-Commission, voir Annuaire, Volume IV, page 78.)

II. *Travaux de la Sous-Commission*

Par ordonnance du 24 mars 1961, le Président C. Th. Eustathiades, agissant en vertu de l'article 47 § 3 du Règlement Intérieur, a chargé le Secrétaire de la Commission d'inviter le Gouvernement demandeur

ment to submit to the Commission within six weeks, later extended to 31st May 1961, their claims, notification of evidence and submissions.

On 30th May 1961 the Agent for the Austrian Government deposited with the Secretariat a Memorial and Annexes. In this Memorial, the Austrian Government gave notification of the evidence they wished to adduce.

The Italian Government's observations in reply, reached the Secretariat on 21st August 1961. The Italian Government explained their objections to the evidence of which the Applicant Government had given notification.

The Sub-Commission sat in Paris on 29th and 30th August to consider what procedure to follow. At the end of that meeting it decided to hold a hearing in the presence of the parties at Strasbourg early in October 1961.

On 20th October 1961, the Office of the Italian Permanent Representative to the Council of Europe sent the Secretariat a memorial and other documents.

The hearing in the presence of the parties, due to be held in October 1961, was repeatedly postponed and finally fixed for 9th and 10th January 1962.

By letter dated 8th January 1962 the Agent for the Italian Government corrected some errors of translation which had occurred in the memorials of 17th August (paragraph 27 above) and 18th October 1961 (paragraph 29 above).

The hearing took place in Strasbourg on the date arranged

On 10th January 1962 the Austrian Government filed submissions summarising their earlier notification of evidence lodged on 30th May 1961 and referring to that evidence and to the oral proceedings of 9th January.

The Italian Government, on the same day, put in submissions for the rejection of the evidence proffered.

After the close of the hearing the Sub-Commissions sat in private to hold a preliminary discussion on the submissions of both parties. It met again in Paris from 20th to 22nd February 1962.

The Austrian Government lodged with the Secretariat on 16th April 1962 a supplementary note in which they again stressed certain points in the notice of evidence lodged on 30th May 1961 and amplified at the hearing on 9th and 10th January 1962.

The Sub-Commission sat again in Paris on 28th and 29th April 1962 and began to draft its report.

The Italian Government replied in writing on 11th May 1962 to the Austrian supplementary note of 16th April 1962.

On 6th June 1962 the Sub-Commission met in Paris, where it completed and adopted the report which rejected the evidence the Applicant Government had offered to adduce.

à présenter à la Sous-Commission, dans un délai de six semaines, étendu plus tard jusqu'au 31 mai 1961, ses moyens, offres de preuve et conclusions.

Le 30 mai 1961, l'Agent du Gouvernement autrichien a déposé au Secrétariat un mémoire et des annexes. Dans ce mémoire, le Gouvernement autrichien a formulé des offres de preuve:

Les observations en réponse du Gouvernement italien, sont parvenues au Secrétariat le 21 août 1961. Ledit Gouvernement y développait ses objections aux offres de preuve de la partie demanderesse.

La Sous-Commission a siégé à Paris les 29 et 30 août 1961 pour délibérer de la marche de la procédure. Au terme de cette réunion, elle a décidé de tenir à Strasbourg, au début du mois d'octobre 1961, une audience contradictoire.

Le 20 octobre 1961, la Représentation Permanente d'Italie auprès du Conseil de l'Europe a transmis au Secrétariat un mémoire et d'autres documents.

L'audience contradictoire qui devait se tenir en octobre 1961 a été renvoyée à plusieurs reprises, en dernier lieu aux 9 et 10 janvier 1962.

Par lettre du 8 janvier 1962, l'Agent du Gouvernement italien a rectifié quelques erreurs de traduction qui s'étaient glissées dans les mémoires des 17 août et 18 octobre 1961, de même que dans l'expertise médico-légale.

L'audience s'est déroulée à Strasbourg à la date prévue.

Le 10 janvier 1962, le Gouvernement autrichien a déposé des conclusions résumant son offre de preuve du 30 mai 1961 et renvoyant, pour le surplus, à cette offre de preuve et aux plaidoiries du 9 janvier.

De son côté le Gouvernement italien a présenté le même jour des conclusions tendant au rejet de l'offre de preuve.

Après la clôture de l'audience, la Sous-Commission a siégé en chambre du conseil pour procéder à un premier échange de vues sur les conclusions des deux parties. Elle s'est réunie à nouveau à Paris du 20 au 22 février 1962.

Le Gouvernement autrichien a déposé au Secrétariat, le 16 avril 1962, une note complémentaire dans laquelle il a insisté sur certains points de son offre de preuve du 30 mai 1961, développée à l'audience des 9 et 10 janvier 1962.

La Sous-Commission a siégé à nouveau les 28 et 29 avril 1962 à Paris et a commencé la rédaction de son rapport.

Le Gouvernement italian a répendu par écrit, le 11 mai 1962, à la note complémentaire autrichienne du 16 avril 1962.

Le 6 juin 1962, la Sous-Commission s'est réunie à Paris où elle a terminé et adopté son rapport, dans lequel elle concluait au rejet des offres de preuve du gouvernement demandeur.

Chapter 3: Proceedings before the Plenary Commission (Consideration of the merits)

The plenary Commission considered the Sub-Commission's report in Strasbourg from 18th to 20th July 1962.

It was found that additional information was needed on some of the facts of the case with a view to deciding eventually whether or not the Convention had been violated (Article 31 of the Convention).

By virtue of Rule 64 of its Rules of Procedure it decided to hear the following witnesses in Paris on 24th and 25th August 1962:

(i) Dr. Kofler and Mr. Donà, notary, as to the circumstances in which the first-named had offered to give evidence;

(ii) a lawyer representing the accused, to be chosen by the Austrian Government, as to the circumstances in which Dr. Kofler and Mrs. Giovanna/Johanna Ebner had offered to give evidence;

(iii) one or more counsel, to be chosen by the Austrian Government, who had assisted the accused in the Fundres/Pfunders case, on the question of respect for the principle of presumption of innocence during the hearing, including the preliminary investigation;

(iv) a barrister who had appeared for the accused before the Trent Court of Appeal, as to the steps taken by the defence to ensure the presence of the accused at the investigation on the spot.

The Commission stressed that in raising this last question it in no way prejudiced its future ruling on the admissibility of the Applicant Government's complaint on this point.

The Secretariat informed the parties of this decision by letters dated 23rd July 1962.

About 25th July 1962 the Agent for the Austrian Government, referring to points (ii), (iii) and (iv) above, informed the Secretariat orally that the counsel for the Fundres/Pfunders accused chosen by his Government were MM. Sand and Perego. However, the last-named informed the Secretariat (telegram of 1st August and letter of 2nd August 1962) that his advanced age and his state of health precluded him from appearing before the Commission.

On 31st July 1962 Mr. Monaco informed the Secretariat that his Government did not interpret Rule 64 of the Rules of Procedure of the Commission as authorising the Commission, "merely on the pretext of obtaining additional information, to reject the conclusions of the Sub-Commission's report, or to extend the scope of the dispute".

Chapitre 3: Procédure suivie devant la Commission plénière (Examen au fond)

La Commission plénière a examiné le rapport de la Sous-Commission du 18 au 20 juillet 1962 à Strasbourg.

Elle a estimé nécessaire de réunir des renseignements complémentaires au sujet de certains faits de la cause, pour pouvoir se prononcer ultérieurement sur l'existence ou l'absence d'une violation de la Convention (article 31 de la Convention).

Plus précisément, elle a décidé, en vertu de l'article 64 de son Règlement intérieur, d'entendre à Paris, les 24 et 25 août 1962, les témoins suivants:

(i) le Dr. Kofler et le notaire Donà, sur les circonstances dans lesquelles le témoignage du premier avait été offert;

(ii) un avocat des accusés, au choix du Gouvernement autrichien, sur les circonstances dans lesquelles le témoignage du Dr. Kofler et de Mme Giovanna/Johanna Ebner avait été offert;

(iii) un ou plusieurs avocats, au choix du Gouvernement autrichien, ayant assisté les accusés de Fundres/Pfunders, sur l'observation du principe de la présomption d'innocence au cours de la procédure, y compris l'instruction préparatoire;

(iv) un avocat ayant assisté les accusés devant la Cour d'Assises d'Appel de Trente, sur les mesures que la défense avait prises pour obtenir la présence des accusés lors de la descente sur les lieux.

La Commission a souligné qu'en posant cette dernière question, elle ne préjugeait nullement la décision qu'elle aurait éventuellement à rendre quant à la recevabilité du grief correspondant du Gouvernement démandeur.

Par lettres du 23 juillet 1962, le Secrétariat a communiqué cette décision aux parties.

Vers le 25 juillet 1962, l'Agent du Gouvernement autrichien, se référant aux points (ii), (iii) et (iv) ci-dessus, a indiqué verbalement au Secrétariat que les avocats de la défense choisis par son Gouvernement étaient Me Sand et Me Perego. Ce dernier a cependant fait savoir au Secrétariat (télégramme du 1er août et lettre du 2 août 1962) que son grand âge et son état de santé l'empêcheraient de comparaître devant la Commission.

Le 31 juillet 1962, M. Monaco a informé le Secrétariat que son Gouvernement n'interprétait pas l'article 64 du Règlement intérieur de la Commission comme autorisant celle-ci, "uniquement sous le prétexte de renseignements ultérieurs, (à) refuser les conclusions du Rapport de la Sous-Commission ou bien (à) élargir le champ du litige".

The Agent for the Italian Government added that, if the Commission upheld such an interpretation, his Government would be obliged first to raise "the question of the exact interpretation of Rule 64 and later, perhaps, the Commission to enquire into the compatibility of that Rule with Articles 28 *et seq.* of the Convention".

"Turning to the substance of the Commission's request" Mr. Monaco expressed the opinion that the Commission should hear, in addition to the persons mentioned in paragraph 41 above, "the lawyers and witnesses to be named by the Italian Government".

He finally stated that, in the circumstances, his Government could not agree to the dates 24th and 25th August 1962.

The President, Mr. Petren, decided that the Commission should meet in Paris on 24th and 25th August 1962 to discuss the questions raised in the above-mentioned letter from the Agent for the Italian Government. He also instructed the Secretariat – who did so on 7th August 1962 – to inform the parties that they might present any comments they wished on these questions, either in writing before the session or orally during the course of it.

The Agent for the Italian Government (telegram of 10th August 1962) and for the Austrian Government (letter of 16th August 1962) replied that they would appear before the Commission on 24th August 1962.[1]

On 6th August 1962 the Secretariat of the Commission, on instructions from the President, Mr. Petren, asked Mr. Monaco to supply the names of the witnesses the Italian Government proposed should be heard.

Mr. Monaco replied in a telegram on 17th August 1962 that his Government would request the appearance of two barristers representing the plaintiffs in the civil action, MM. Dadea and Mitolo, and of certain *carabinieri* and officials whose names he would supply later.

On 23rd August 1962, Mr. Monaco sent the Secretariat a document containing "Written Observations" by his Government on the decision of July 1962.

The hearing took place in Paris on 24th and 27th August 1962. As arranged, it was concerned only with the problems raised by the Agent for the Respondent Government in his letter of 31st July 1962.

The Commission adjourned the hearing on several occasions in order to discuss various questions in private as they arose.

Its ruling, given on 25th August 1962 and immediately communicated orally to the parties was notified to them in writing on 26th October 1962.

[1] On 3rd August 1962, the Secretariat had sent Mr. Reichmann a copy of Mr. Monaco's letter of 31st July 1962.

L'Agent italien a ajouté que si la Commission maintenait pareille interprétation, son Gouvernement devrait soulever, "à titre préalable, la question de l'interprétation exacte de l'article 64, sous réserve en outre d'inviter la Commission à vérifier la compatibilité dudit article 64 avec les articles 28 et suivants de la Convention".

"Passant à la substance de la demande de la Commission", M. Monaco a exprimé l'opinion qu'en sus des personnes énumérées au paragraphe 41 ci-dessus, la Commission devrait entendre "les avocats et les témoins ... que le Gouvernement italien se (réservait) d'indiquer".

Il a signalé enfin que, dans ces conditions, son Gouvernement ne pouvait accepter la date des 24 et 25 août 1962.

Le Président Petren a décidé que la Commission plénière se réunirait à Paris, les 24 et 25 août 1962, afin de délibérer sur les questions que posait la lettre précitée de l'Agent du Gouvernement italien. De plus, il a chargé le Secrétariat, qui s'est acquitté de cette tâche le 7 août 1962, d'informer les parties qu'elles avaient la faculté de présenter leurs observations éventuelles sur ces questions soit par écrit, avant ladite session, soit oralement au cours de celle-ci.

L'Agent du Gouvernement italien (télégramme du 10 août 1962) et celui du Gouvernement autrichien (lettre du 16 août 1962) ont répondu qu'ils comparaîtraient devant la Commission le 24 août 1962.[1]

Le 6 août 1962, le Secrétariat de la Commission, agissant sur les instructions du Président Petren, a prié M. Monaco de lui adresser la liste des témoins dont le Gouvernement italien envisageait de proposer l'audition.

M. Monaco a répondu, par un télégramme du 17 août 1962, que son Gouvernement demandait la comparution de deux avocats de la partie civile, Me Dadea et Me Mitolo, ainsi que des carabiniers et autorités dont il communiquerait ultérieurement le nom.

Le 23 août 1962, M. Monaco a remis au Secrétariat un mémoire contenant des "observations critiques" de son Gouvernement sur la décision de juillet 1962.

L'audience contradictoire s'est déroulée à Paris les 24 et 25 août 1962. Comme prévu, elle a porté exclusivement sur les problèmes soulevés par l'Agent du Gouvernement défendeur dans sa lettre du 31 juillet 1962.

A plusieurs reprises, la Commission a suspendu l'audience, afin de pouvoir délibérer en chambre du conseil, au fur et à mesure, sur les différentes questions qui se posaient à elle.

Sa décision, rendue le 25 août 1962 et communiquée aussitôt aux parties sous forme orale, leur a été signifiée par écrit le 26 octobre 1962.

[1] Le 3 août 1962, le Secrétariat avait communiqué à M. Reichmann la lettre de M. Monaco du 31 juillet 1962.

As appears from this ruling, the Commission:

- acknowledged that it had the power to revise its decision of July 1962 and agreed to reconsider it following the request of the Italian Government;
- held however that its decision of July 1962 was valid in law, in other words, that the plenary Commission was competent to order a further enquiry and to carry it out itself without reference back to the Sub-Commission;
- noted that there was no obstacle to its devoting the said additional investigation *inter alia* to the clarification of points which were already the subject of official records considered under municipal law to be authentic until formally challenged.

The Commission therefore maintained in principle its decision of July 1962 admitting some of the evidence proffered by the Applicant Government.

However, it amended point (iii) (paragraph 41 above) as follows:

> "one or more counsel, to be chosen by the Austrian Government, who had assisted the accused in the Fundres/Pfunders case *on the facts relating* to respect for the principle of the presumption of innocence ... (remainder unchanged)".

The Commission found moreover that the complaint regarding the absence of the accused from the investigation on the spot (point (iv) of the decision of July 1962 and paragraph 41 above) had not been lodged out of time and joined to the merits the question of exhaustion of domestic remedies raised by the Italian Government in connexion with the complaint.

The Commission finally decided: [1]

- to invite the Austrian Government to nominate at the earliest possible date, in the place of Mr. Perego, who was unable to attend (see paragraph 42 above), another barrister who had assisted the accused in the Fundres/Pfunders case before the Italian Courts;
- to accept the evidence put in by the Italian Government and to ask them to communicate to the Secretariat as soon as possible the names of the two representatives of the Director of Public Prosecutions (Bolzano/Bozen Assize Court and Trent Court of Appeal) who would be heard in addition to Mr. Dadea and Mr. Mitolo, Counsel for the plaintiffs in the civil action;
- to open the enquiry with the appearance of witnesses on 19th November 1962 before the plenary Commission in the presence of the parties.

[1] The full text of the decision is appended to the report of the Commission.

Ainsi qu'il ressort de ladite décision la Commission:

- a reconnu qu'elle avait le pouvoir de reconsidérer sa décision de juillet 1962, et accepté de la réexaminer sur la base de la demande du Gouvernement italien;
- a estimé cependant que la décision de juillet 1962 était valable en droit ou, en d'autres termes, que la Commission plénière avait compétence tant pour prescrire un complément d'instruction que pour y procéder elle-même sans renvoi à la Sous-Commission;
- a constaté que rien ne l'empêchait de consacrer le complément d'instruction, notamment, à l'éclaircissement de points au sujet desquels il existait déjà des procès-verbaux officiels faisant foi, en droit interne, jusqu'à inscription de faux;

En conséquence, la Commission a maintenu en principe sa décision de juillet 1962, par laquelle elle avait accueilli certaines offres de preuve du gouvernement demandeur.

Néanmoins, elle a amendé le point (iii) (§ 41 supra) de la façon suivante:

> "un ou plusieurs avocats, au choix du Gouvernement autrichien, ayant assisté les accusés de Fundres/Pfunders, sur les *faits relatifs* à l'observation du principe de la présomption d'innocence ... (le reste inchangé) ...."

D'autre part, la Commission a jugé que le grief relatif à l'absence des accusés lors de la descente sur les lieux (point (iv) de la décision de juillet 1962, et § 41 supra) n'était pas tardif, et a joint au fond la question de l'épuisement des voies de recours internes, soulevée par le Gouvernement italien à propos du même grief.

Enfin, la Commission a décidé: [1]

- d'inviter le Gouvernement autrichien à désigner dans les meilleurs délais, aux lieu et place de Me Perego, empêché (cf. le § 42 supra), un autre avocat ayant assisté les accusés de Fundres/Pfunders devant les juridictions italiennes;
- d'accueillir les offres de preuve du Gouvernement italien et de prier celui-ci de communiquer au Secrétariat, dans les meilleurs délais, le nom des deux représentants du Ministère Public (Cour d'Assises de Bolzano/Bozen et Cour d'Assises d'Appel de Trente) qui seraient entendus en sus de Me Dadea et de Me Mitole, avocats de la partie civile;
- d'ouvrir l'enquête par témoins le 19 novembre 1962, en session plénière et en présence des parties.

[1] Le texte intégral de cette décision se trouve annexé au rapport de la Commission.

Towards the end of September 1962 the Agent for the Austrian Government informed the Secretariat that Mr. Dander, barrister of Bressanone/Brixen, would replace Mr. Perego, who was unable to appear.

Mr. Monaco informed the Secretariat that the representatives of the Director of Public Prosecutions who would appear before the Commission at the request of the Italian Government were MM. Martin and Agostini (letter of 29th September 1962). A little later he announced that Mr. Dadea had died (letter of 16th October 1962), and with the agreement of the President Mr. Petren, he appointed another of the Counsel for the plaintiffs in the civil action, Mr. Bagedda.

On 25th October 1962 the Secretariat summoned the eight witnesses whom the Commission had decided to hear (Rule 54 (2)).

The hearing of witnesses, which the President had postponed for some hours for practical reasons, took place in Paris on 20th, 21st and 22nd November 1962.

After the close of the enquiry the Commission deliberated in private. It decided to hold a hearing in the presence of the parties in Paris on 10th, 11th and possibly 12th January 1963, at which the representatives of the parties would present their oral arguments and submissions in the light of the outcome of the enquiry.

This hearing duly took place in Paris on 10th and 11th January 1963.

Before terminating the sitting, the President of the Commission declared that the case was henceforth under private consideration.

After the close of the hearing the Commission deliberated in private on 12th, 14th and 15th January 1963. In the light of the Report of the Sub-Commission and of the information obtained by the Commission itself during subsequent proceedings, it began to draw up the report provided for in Article 31 of the Convention. This work was continued and completed in Paris on 22nd, 23rd, 29th and 30th March 1963 and adopted on the last-mentioned date.

PART III

ADMISSIBILITY OF THE APPLICATION

This part, setting out the problems of admissibility raised by the case and the solutions found to them by the Commission, has two chapters:

(a) Chapter 1 is concerned with the five complaints set out in the Austrian submissions of 9th January 1961:

. . .

Vers la fin de septembre 1962, l'Agent du Gouvernement autrichien a informé le Secrétariat que Me Dander, avocat à Bressanone/Brixen, remplacerait Me Perego, empêché.

De son côté, M. Monaco a indiqué au Secrétariat que les représentants du Ministère public qui comparaîtraient devant la Commission à la demande du Gouvernement italien seraient MM. Martin et Agostini (lettre du 29 septembre 1962). Peu après, il a fait savoir que Me Dadea était décédé (lettre du 16 octobre 1962) et, avec l'accord du Président Petren, a désigné un autre avocat de la partie civile, Me Bagedda.

Par lettres du 25 octobre 1962, le Secrétariat a convoqué les huit témoins dont la Commission avait décidé l'audition (article 54 § 2 du Règlement intérieur).

L'enquête par témoins, dont le Président avait retardé l'ouverture de quelques heures pour des raisons d'ordre pratique, s'est déroulée à Paris les 20, 21 et 22 novembre 1962.

Après la clôture de l'enquête, la Commission a délibéré en chambre du conseil. Elle a décidé de tenir à Paris, les 10, 11 et éventuellement 12 janvier 1963, une audience contradictoire au cours de laquelle les représentants des parties lui présenteraient oralement leurs moyens et conclusions, à la lumière des résultats de l'enquête.

L'audience contradictoire en question s'est effectivement déroulée à Paris les 10 et 11 janvier 1963.

Avant de lever la séance, le Président de la Commission a déclaré que l'affaire se trouvait dorénavant en délibéré.

Après la clôture de l'audience, la Commission a délibéré en chambre du conseil les 12, 14 et 15 janvier 1963. A la lumière du rapport de la Sous-Commission et des renseignements qu'elle avait elle-même recueillis au cours de la procédure subséquente, elle a entrepris l'élaboration du rapport prévu à l'article 31 de la Convention. Elle a poursuivi et achevé cette tâche à Paris les 22, 23, 29 et 30 mars 1963. C'est à cette dernière date qu'elle a adopté le présent rapport.

PARTIE III
RECEVABILITE DE LA REQUETE

Cette partie, qui expose les problèmes de recevabilité soulevés en l'espèce et la solution que leur a donnée la Commission, se divise en deux chapitres:

a) Le *Chapitre Ier* a trait à la recevabilité des cinq griefs énumérés dans les conclusions autrichiennes du 9 janvier 1961;

...

(b) Chapter 2 is concerned with questions of admissibility which arose after the above-mentioned decision of 11th January 1961 with regard to another complaint by the Austrian Government, namely the absence of the principal accused from the investigation on the spot carried out on 20th March 1958. The Commission settled some of these points in its decision of 24th and 25th August 1962 and the remainder are dealt with in this report.

Chapter 1: Admissibility of the Complaints Set Out in the Austrian Submissions of 9th January 1961

(The full text of the Commission's decision has been published in the Yearbook, Volume IV, at pp. 116–182.)

Chapter 2: Admissibility of the Complaint Regarding the Absence of the Accused from the Investigation on the Spot Carried Out on 20th March 1958

After the decision of 11th January 1961 two questions of admissibility arose in connexion with the complaint relating to the absence of the principal accused from the investigation on the spot of 20th March 1958:

- that of the observation of the six-months' time-limit provided for under Article 26 of the Convention;
- that of the exhaustion of domestic remedies.

The Commission settled the first of these on 24th and 25th August 1962 (1), and the second is dealt with in this report.

Section I. OBSERVATION OF SIX-MONTHS' TIME-LIMIT (Decision of 24th and 25th August 1962)

By its decision of 24th and 25th August 1962, the Commission stated that the complaint in question was not out of time; the question of the exhaustion of domestic remedies was joined to the merits.[1]

Section II. EXHAUSTION OF DOMESTIC REMEDIES

The Commission still has to rule, in this report, on the question as to whether domestic remedies were exhausted as regards the complaint under consideration.

[1] The text of this decision is given in full in Appendix 1 to the Commission's report which is available on request to the Directorate of Human Rights, Council of Europe.

b) Quant au *Chapitre II*, il concerne les questions de recevabilité qui ont surgi, après la décision susmentionnée du 11 janvier 1961, à propos d'un autre grief du Gouvernement autrichien, à savoir l'absence des principaux accusés lors de la descente sur les lieux du 20 mars 1958. La Commission a tranché lesdites questions, pour une part, dans sa décision des 24 et 25 août 1962 et, quant au surplus, dans son *présent rapport.*

Chapitre 1er: Recevabilité des griefs énumérés dans les conclusions autrichiennes du 9 janvier 1961

(Le texte intégral de la décision de la Commission a été publié dans l'Annuaire, Volume IV, p. 117–183.)

Chapitre 2: Recevabilité du grief relatif à l'absence des principaux accusés lors de la descente sur les lieux du 20 mars 1958

Après la décision du 11 janvier 1961, deux questions ont surgi à propos d'un autre grief, tiré par le Gouvernement autrichien de l'absence des principaux accusés lors de la descente sur les lieux du 20 mars 1958:

- celle de l'observation du délai de six mois prévu à l'article 26 de la Convention;
- celle de l'épuisement des voies de recours internes.

La Commission a tranché la première les 24 et 25 août 1962 (1), la seconde dans le présent rapport.

Section I. Observation du delai de six mois (Décision des 24 et 25 août 1962)

Par sa décision des 24 et 25 août 1962, la Commission a déclaré que le grief dont il s'agit n'était point tardif; quant au problème de l'épuisement des voies de recours internes, elle l'a joint au fond.[1]

Section II. Epuisement des voies de recours internes

Il incombe encore à la Commission de statuer, dans son présent rapport, sur le point de savoir si l'épuisement des voies de recours internes se trouve réalisé ou non quant au grief dont il s'agit.

[1] Le texte intégral de cette décision figure dans l'annexe 1 au rapport de la Commission qui peut être obtenu sur demande adressée à la Direction des Droits de l'Homme, Conseil de l'Europe Strasbourg.

The Commission accepts that the question of the presence of the accused on the spot during the investigation ordered by Trent Court of Appeal did not arise until after the reading of the decision of 10th March 1958 and the conclusion of the hearing on that date. At that time, one of the defence advocates, Mr. Sand, speaking to the President, said that he presumed the accused would be present at that investigation, but the President replied in the negative. Mr. Sand neither asked for confirmation of that reply, nor made a formal request to the Court that the accused should appear at Fundres/Pfunders.

The Italian Government made this an occasion for raising against the Austrian Government the objection of non-exhaustion of domestic remedies. It applied this also to what happened on 20th March 1958; it pointed out that when the Trent Court agreed to hear Luigi/Alois Bergmeister on the circumstances of the brawl, none of the defence advocates took advantage of this to request an adjournment, which would have made it possible to convey the prisoners to the spot.

The Italian Government further pointed out that after 20th March 1958, when the Trent hearings were resumed, the defence did not request a further investigation on the spot in the presence of Luigi/Alois Ebner, Bernardo/Bernhard Ebner, Isidoro/Isidor Unterkircher, Floriano/Florian Weissteiner, Giorgio/Georg Knollseisen, Giovanni/Johann Huber and Paolo/Paul Unterkircher.

The Commission notes, however, that the Trent Court could of its own accord have ordered the presence of the accused. Moreover, the defence had the right, of which it availed itself in connexion with the second ground for the appeal, of complaining in cassation that the Court had not exercised *ex officio* its powers in this matter. This is clear from the decision of the Court of Cassation; the second ground for appeal was not rejected because the defence had made no formal application to the Appeal Court in the matter, but for another reason, namely the discretionary power of the Bench.

The Commission concludes from this that domestic remedies have been exhausted on the point under consideration, and accordingly *declares the complaint in question to be admissible.*

PART IV

STATEMENT OF THE FACTS AND OPINION OF THE COMMISSION

Under Articles 28 (a) [1] and 31 (1) of the Convention, it is the duty of the Sub-Commission to "ascertain" the facts of the case and of the Plenary Commission to "state" them.

[1] Read with Article 29.

La Commission tient pour acquis que la question de la présence des accusés sur les lieux de l'inspection ordonnée par la Cour d'Assises d'Appel de Trente, n'a surgi qu'après la lecture de la décision du 10 mars 1958 et la levée de l'audience du même jour. A ce moment, l'un des avocats de la défense, Me Sand, s'adressant au Président, a déclaré qu'il présumait que les accusés assisteraient à l'inspection, mais le Président a répondu par la négative. Me Sand n'a ni demandé acte de cette réponse, ni saisi la Cour d'une requête formelle tendant à la comparution des accusés à Fundres/Pfunders.

Le Gouvernement italien en a tiré argument pour opposer au Gouvernement autrichien l'exception de non-épuisement des voies de recours internes. Il l'a également invoquée sous l'angle de ce qui s'est passé le 20 mars 1958: il a fait observer que quand la Cour de Trente eut accepté d'entendre Luigi/Alois Bergmeister au sujet des circonstances du "passage à tabac", aucun avocat de la défense n'en a profité pour réclamer un ajournement qui eût permis d'amener sur place les accusés détenus.

Ledit Gouvernement a souligné en outre qu'après le 20 mars 1958, lors de la reprise des débats à Trente, la défense n'a pas demandé une nouvelle descente sur les lieux qui se fût, elle, déroulée en présence de Luigi/Alois Ebner, Bernardo/Bernhard Ebner, Isidoro/Isidor Unterkircher, Floriano/Florian Weissteiner, Giorgio/Georg Knollseisen, Giovanni/Johann Huber et Paolo/Paul Unterkircher.

La Commission relève, cependant, que la Cour de Trente aurait pu prescrire la présence des accusés de sa propre initiative. Partant, la défense avait la faculté, dont elle a usé dans le deuxième moyen de son pourvoi, de se plaindre en cassation de ce que ladite Cour n'avait pas exercé *d'office* le pouvoir qu'elle possédait en la matière. Ceci ressort, d'ailleurs, de l'arrêt de la Cour de Cassation: le deuxième moyen du pourvoi n'a pas été rejeté pour la raison que la défense n'avait jamais introduit devant la Cour d'Appel une requête formelle à cet égard, mais pour un autre motif, à savoir le pouvoir discrétionnaire des juges du fond.

La Commission en conclut que les voies de recours internes ont été épuisées sur le point considéré; en conséquence, elle *déclare recevable le grief en question.*

PARTIE IV

CONSTATATION DES FAITS ET AVIS DE LA COMMISSION

Aux termes des articles 28 a) [1] et 31 § 1 de la Convention, il incombe à la Sous-Commission d'"établir" les faits de la cause et à la Commission plénière de les "constater".

[1] Combiné avec l'article 29.

Following established practice in this matter, the Sub-Commission considered that the ascertaining of the facts within the meaning of Article 28 (a) should cover both the facts *stricto sensu* and the legal arguments of the Austrian and Italian Governments; the Plenary Commission adopted a similar view as regards the statement of the facts.

For the facts *stricto sensu*, see paragraphs 1–8 of the Report: the summary found there would appear to meet in part the procedural requirements; it has only been completed where necessary for the settlement of the legal points at issue. In this connexion, the Commission points out particularly that it does not feel bound to investigate the exact circumstances of the death of the Customs Officer Falqui: the Austrian Government did not request it to do so; moreover, it could not undertake such a task, which in any case would probably now be impossible, without setting itself up as a "court of fourth instance". The Commission's only obligation is to ensure observance of the undertakings given by the contracting States in the Convention (Article 19); it is therefore not competent to consider errors of fact or of law imputed (rightly or wrongly) to domestic courts, unless some infringement of the rights and freedoms guaranteed could result from such errors.[1]

The Commission was also called upon to give a reasoned opinion as to whether the facts found disclosed any violation by Italy of the undertakings given in the Convention (Article 31 (1) of the Convention and Rule 66 of the Rules of Procedure).

The questions put by the Applicant Government to the Commission were five in all: –

(i) Did the Trent Assize Court of Appeal violate Article 6 (3) (d) of the Convention by refusing to hear Mrs. Giovanna/Johanna Ebner and Dr. Kofler as witnesses?

(ii) Did that Court violate the same provision when on 20th March 1958 it held an investigation on the spot in the absence of the accused who were then in prison?

(iii) Was the rule regarding presumption of innocence (Article 6 (2) of the Convention) observed in this case?

(iv) Did the alleged violation of paragraphe (3) (d) and (2) of Article 6 involve disregard of the right to a fair trial as guaranteed by paragraph 1 of that Article, and

(v) disregard of the principle of non-discrimination established by Article 14?

[1] At the cross-examination of witnesses on 20th, 21st and 22nd November 1962, the President of the Commission several times stressed this basic principle.

Suivant en cela une pratique désormais constante, la Sous-Commission a considéré que l'établissement des faits, au sens de l'article 28 a), devait porter à la fois sur les faits *stricto sensu* et sur l'argumentation juridique des Gouvernements autrichien et italien; la Commission plénière a épousé une conception analogue en matière de constatation des faits.

Pour ce qui est des faits *stricto sensu*, il est renvoyé avant tout aux paragraphes 1 à 8 *supra*: le résumé que l'on y trouve paraissant couvrir, en grande partie, les besoins de ce rapport, la Commission ne l'a complété que dans la mesure où elle l'a jugé utile pour la solution des problèmes juridiques en litige. La Commission souligne à ce sujet, spécialement, qu'elle ne croit pas qu'il lui incombe de démêler les circonstances exactes de la mort du douanier Falqui: le Gouvernement autrichien ne l'y a pas invitée; en outre, elle ne saurait assumer pareille tâche, probablement irréalisable du reste à l'heure actuelle, sans s'ériger en "quatrième instance". Or, la Commission a pour seul rôle de veiller au respect des engagements découlant de la Convention pour les Etats contractants (article 19); aussi n'a-t-elle pas compétence pour examiner les erreurs de fait ou de droit imputées (à tort ou à raison) aux juridictions internes, sauf pour autant qu'une atteinte aux droits et libertés garantis a pu résulter de ces erreurs.[1]

La Commission était appelée, par ailleurs, à formuler un avis motivé sur le point de savoir si les faits ainsi constatés révèlent ou non une violation, par l'Italie, des engagements incombant à celle-ci aux termes de la Convention (article 31 paragraphe 1 de la Convention et article 66 du Règlement intérieur).

En définitive, le Gouvernement demandeur a saisi la Commission de cinq problèmes:

(i) La Cour d'Assises d'Appel de Trente a-t-elle violé ou non l'article 6 § 3 d) de la Convention en refusant d'entendre Mme Giovanna/Johanna Ebner et le Dr. Kofler en qualité de témoins?

(ii) Ladite Cour a-t-elle ou non enfreint la même disposition en procédant, le 20 mars 1958, à une descente sur les lieux en l'absence des accusés détenus?

(iii) La présomption d'innocence (article 6 § 2 de la Convention) a-t-elle ou non été respectée en l'espèce?

(iv) La violation alléguée des paragraphes 3 d) et 2 de l'article 6 a-t-elle entraîné ou non la méconnaissance du droit à un procès équitable (fair trial), tel que le garantit le paragraphe 1er de cet article, et

(v) celle du principe de non discrimination, consacré à l'article 14?

[1] Lors de l'enquête par témoins des 20, 21 et 22 novembre 1962, le Président de la Commission a insisté à plusieurs reprises sur ce principe fondamental.

Each of these five questions is dealt with in a separate chapter of Part IV of this Report.

Chapter 1: Failure to hear Mrs. Giovanna/Johanna Ebner and Dr. Kofler) (Article 6 (3) (d) of the Convention)

In their submissions of 9th January 1961 (para. I – 1) the Austrian Government expressed this complaint as follows:

> "Violation of the rights safeguarded by Article 6, paragraph 3 (d) of the Convention, in that the testimony of the witnesses Johanna Ebner and Dr. Kofler was rejected as not pertinent to a matter which the Courts declared to be essential and relevant in respect of the witnesses called by the prosecution and irrelevant in respect of the above witnesses called by the defence in connexion with the same points."

Section II. OPINION OF THE COMMISSION

The Commission's opinion is as follows: [1]

Article 6 (3) (d) of the Convention, in guaranteeing to everyone charged with a criminal offence the right to obtain the attendance and examination of witnesses on his behalf under the same conditions as witnesses against him, aims at ensuring for the defence complete equality of treatment in this respect with the prosecution and the civil plaintiff. On the other hand, it does not imply the right to have witnesses called without restriction. Thus, this provision does not mean that municipal law cannot lay down conditions for the admission and examination of witnesses, provided that such conditions are identical for witnesses on both sides. Similarly, the competent judicial authorities in Contracting States are free, subject to respect for the terms of the Convention and in particular the principle of equality established by Article 6 (3) (d), to decide whether the hearing of a witness for the defence is likely to assist in ascertaining the truth, and if not, to refuse to call that witness.[2]

On this subject, the Commission begins by pointing out that, according to Article 420 of the Italian Code of Penal Procedure, the presiding judge must, among other things, "eliminate any evidence . . . that is not directly relevant". Article 457 of that Code provides in its second paragraph that "if, during the hearing, it is learned

[1] With regard to the failure to hear Dr. Kofler, Mr. Ermacora expressed a dissenting opinion.

[2] On this subject, see the Commission's decisions on the admissibility of Applications Nos. 788/60 (Austria v. Italy) 617/59 (Hopfinger v. Austria) 753/60, 768/60 and 1134/61.

A chacun de ces problèmes correspond un chapitre distinct de la Quatrième Partie du présent rapport.

Chapitre 1er: Non-Audition de Mme Giovanna/Johanna Ebner et du Dr. Kofler (article 6 § 3 d) de la Convention)

Dans ses conclusions du 9 janvier 1961 (§ I–1) le Gouvernement autrichien formulait le grief en question de la façon suivante:

> "Violation des droits protégés par l'article 6, alinéa 3, litt. d) de la Convention, commise par non-admission des témoins Johanna Ebner et Dr. Kofler comme négligeables sur un sujet que les tribunaux ont déclaré comme essentiel et relevant à l'égard des témoins cités par l'accusation et irrelevants à l'égard de ces témoins cités par la défense sur les mêmes points".

Section II. AVIS DE LA COMMISSION

La Commission exprime l'avis suivant: [1]

L'article 6 § 3 d) de la Convention, en garantissant à tout accusé le droit à obtenir la convocation et l'interrogation des témoins à décharge dans les mêmes conditions que les témoins à charge, a pour but d'assurer à la défense, en ce domaine, une entière égalité de traitement par rapport à l'accusation et à la partie civile. En revanche, il n'implique pas le droit à faire citer des témoins sans aucune restriction. Cette disposition n'enlève donc pas aux législations internes la faculté de définir les conditions régissant l'admission et l'interrogation des témoins, pourvu que ces conditions soient identiques pour les deux catégories de témoins. De même, les autorités judiciaires compétentes des Etats contractants demeurent libres, sous réserve du respect de la Convention et, notamment, du principe d'égalité consacré par l'article 6 § 3 d), d'apprécier si l'audition d'un témoin de la défense peut ou non aider à la manifestation de la vérité et, dans la négative, de ne pas convoquer ce témoin.[2]

A ce sujet, la Commission commence par relever que, d'après l'article 420 du Code italien de procédure pénale, le Président doit, entre autres, "éliminer les témoignages ... qui n'ont pas une pertinence directe". De son côté, l'article 457 dudit code prévoit, en son deuxième alinéa, que "si, au cours du débat, on apprend qu'il existe de nouveaux moyens de preuve dont l'existence est

[1] En ce qui concerne la non-audition du Dr. Kofler, M. Ermacora a formulé une opinion dissidente.

[2] A ce sujet, cf. les décisions de la Commission sur la recevabilité des requêtes N° 788/60 (Autriche c/Italie), 617/59 (Hopfinger c/Autriche), 753/60, 768/60 et 1134/61.

with certainty that further evidence exists which it is thought necessary to take into consideration, the Court ... may arrange, even *ex officio* ... for witnesses to be called ...."

The Italian Code of Penal Procedure thus makes the acceptance of witnesses in general dependent upon the relevance of their evidence, and that of new witnesses upon its necessity as well. These restrictions apply to witnesses for the prosecution and for the civil plaintiff as well as to witnesses for the defence. Italian legislation on this point thus conforms to the terms of Article 6 (3) (d) of the Convention.[1]

In the Commission's opinion, however, the words "under the same conditions" in Article 6 (3) (d) do not refer to legal conditions only. In other words, it is not enough to verify that legal conditions were identical for witnesses for the defence and witnesses for the prosecution and the civil plaintiff; it must also be ascertained whether the Trent Court created any inequality of treatment in its application of the law.[2]

Before the Trent Court of Appeal, the defence, after requesting on 8th March 1958 a fresh investigation at the scene of death, asked the Court two days later to hear as witnesses on that occasion Dr. Kofler and Mrs. Giovanna/Johanna Ebner. Mrs. Ebner's evidence, and also, apparently that of Dr. Kofler, would relate to the position of Falqui's body when discovered; [3] Dr. Kofler would speak in particular of the "traces of rock", or, more correctly, "traces of rock fragments",[4] which he was said to have noticed on first examining the body of the victim.

On 10th March 1958, the Court ordered an investigation on the spot, but refused to call Dr. Kofler and Mrs. Ebner, because "the points on which (these two witnesses) were to give evidence were regarded as irrelevant ("*inconferenti*") "for the purposes of the judgment". On the other hand, it agreed, at the request of the civil plaintiff, to hear once more the witnesses Calvia and Lombardo regarding the position of the body.

The question is, therefore, whether, by this decision, the Appeal Court disregarded the equality of treatment guaranteed by the Convention in respect of the calling of witnesses. To answer this,

[1] In support of this cf. also Article 415, paras. 1 and 4 which place "the Prosecution and the individual parties" (i.e. defence and civil plaintiff) on an equal footing as regards the drawing up of the list of proposed witnesses.

[2] On several occasions the Commission has declared itself competent to ascertain whether a law which in itself was consonant with the Convention had been applied in a way compatible with that instrument (see e.g. the decisions on the admissibility of Applications Nos. 458/59, 899/60 and 1140/61).

[3] Although the record of the hearing on 10th March 1958 is not definite on this point, the defence appears to have thought that Dr. Kofler's statements would help in determining the original position of the body.

[4] "*Tracce di frammenti di roccia*".

démontrée de façon certaine, et si l'on reconnaît la nécessité de les prendre en considération, la Cour ... peut disposer, même *d'office* ..., que l'on cite des témoins ...".

Le Code italien de procédure pénale subordonne ainsi l'admission des témoins en général à la condition de la pertinence, et celle des témoins nouveaux, en plus, à la condition de la nécessité. Ces conditions restrictives valent tant pour les témoins de l'accusation et de la partie civile que pour ceux de la défense. La loi italienne est donc, sous ce rapport, conforme à l'article 6 § 3 d) de la Convention.[1]

De l'avis de la Commission, cependant, les mots "dans les mêmes conditions", qui figurent à l'article 6 § 3 d), ne visent pas seulement les conditions légales. En d'autres termes, il ne suffit pas de vérifier que ces dernières étaient identiques pour les témoins de la défense et pour ceux de l'accusation et de la partie civile; encore faut-il rechercher si la Cour de Trente a créé ou non une inégalité de traitement dans l'application de la loi.[2]

Devant la Cour d'Assises d'Appel de Trente, les défenseurs des accusés, après avoir demandé le 8 mars 1958 une nouvelle inspection des lieux, ont invité la Cour, deux jours plus tard, à entendre en qualité de témoins, à l'occasion de cette inspection, le Dr. Kofler et Mme. Giovanna/Johanna Ebner. Le témoignage de Mme. Ebner et, semble-t-il, celui du Dr. Kofler, devaient porter sur la position du cadavre de Falqui lors de sa découverte [3]; le Dr. Kofler devait parler, en particulier, de "traces de rocher" ou, plus précisément, de "traces de fragments de rocher"[4], qu'il aurait remarquées lorsqu'il examina le premier le corps de la victime.

Le 10 mars 1958, la Cour d'Appel ordonna une enquête sur place, mais refusa de convoquer le Dr. Kofler et Mme. Ebner, pour le motif que" les circonstances sur lesquelles devraient déposer" ces deux témoins se révélaient dénuées de pertinence ("inconferenti") "aux fins de la décision". Au contraire, elle accepta, à la demande de la partie civile, la réaudition des témoins Calvia et Lombardo au sujet de la position du cadavre.

La question, dès lors, se pose de savoir si par cette décision, la Cour d'Appel a méconnu l'égalité de traitement que la Convention garantit à la défense en matière d'admission de témoins. Pour y

[1] Dans le même sens, on peut également citer l'article 415, 1er et 4ème alinéas, qui place "le Ministère public et les parties privées" (défense et partie civile) sur un pied d'égalité quant à l'établissement de la liste des témoins proposés.

[2] A plusieurs reprises, la Commission s'est reconnue compétente pour vérifier si une loi, conforme par elle-même à la Convention, avait été appliquée ou non d'une façon compatible avec cette dernière (cf. p. ex., les décisions relatives à la recevabilité des requêtes N° 458/59, 899/60 et 1140/61).

[3] Bien que le procès-verbal de l'audience du 10 mars 1958 ne soit pas très net sur ce point, la défense paraît avoir pensé que les déclarations du Dr. Kofler aideraient à déterminer la position initiale du corps de la victime.

[4] "*Trace di frammenti di roccia*".

it is necessary to refer to the information available to the Court when it reached its decision regarding the relevance and necessity of the evidence of Dr. Kofler and Mrs. Ebner on the one hand and Calvia and Lombardo on the other.

Regarding Dr. Kofler, the Commission notes that it was already clear from the records at that time that Dr. Kofler was the doctor to whom Falqui's body had been taken by car on the morning of 16th August 1956, and who certified death. Nothing, however, indicated that Dr. Kofler had been present at the autopsy carried out in the afternoon of 16th August by Professor Franchini. Moreover, Kofler himself, in offering to give evidence, had addressed himself not to the Appeals Court, but to the notary, Mr. Donà. The latter had refused to accept Dr. Kofler's statement, considering himself incompetent to do so. Thus the Court was not informed of the contents of that statement. The defence, also, in asking for Dr. Kofler to be heard, apparently failed to mention his presence at the autopsy. Further, despite their reference to the "traces of rock fragments", the value of which as evidence had to be assessed by the Court, they failed to explain how the doctor's evidence could either help in establishing the original position of Falqui's body – a position which Kofler had never personally seen – or add any new facts that would affect the medico-legal findings of Professor Franchini. That expert's report, moreover, had been countered, at the request of the defence, by another expert report, based on the documentary evidence, by Professor Pellegrini. In the Commission's opinion, moreover, the Customs Officers Lombardo and Calvia, unlike Dr. Kofler, were in a position to give direct evidence regarding the position of the body in the bed of the Roaner. The former, in fact, after fleeing towards the barracks, had returned to the scene of the tragedy, at first alone and later accompanied by his comrade Di Benedetto; he had found and brought back the victim's shirt and shoes, but had not seen Falqui, although he had searched with an electric torch in the immediate vicinity of the bridge over the stream. Calvia, for his part, found Falqui's body at dawn on 16th August 1956, about 4.30 a.m.

The Commission therefore cannot conclude that the Assize Court of Appeal at Trent violated Article 6 (3) (d) in ordering that Calvia and Lombardo be heard again, without thinking it necessary to call Dr. Kofler.

As for *Mrs. Ebner*, her evidence, as requested by the defence, was to have been concerned only with what she had been able to observe as to the original position of Falqui's body in the bed of the Roaner. Now, it was established that Mrs. Ebner crossed the bridge after the body had been moved from its original position and brought to the bank.

répondre, il faut se reporter aux données dont la Cour disposait au moment où elle a apprécié la pertinence et la nécessité des témoignages respectifs du Dr. Kofler et de Mme. Ebner d'une part et, d'autre part, de Calvia et Lombardo.

La Commission constate à ce sujet, en ce qui concerne le Dr. Kofler, qu'il ressortait déjà du dossier, à l'époque, que Kofler était le médecin chez qui le corps de Falqui avait été transporté en voiture le 16 août 1956 au matin et qui avait constaté le décès. En revanche, rien n'indiquait alors que Kofler avait assisté à l'autopsie pratiquée, dans l'après-midi du 16 août, par le professeur Franchini. De plus, Kofler lui-même, pour offrir son témoignage, s'était adressé non pas à la Cour d'Appel, mais au notaire Donà. Or, celui-ci avait refusé de prendre acte des déclarations de Kofler, s'estimant incompétent pour les recueillir. Partant, le contenu de ces déclarations n'a pas été porté à la connaissance de la Cour. Par ailleurs, les avocats de la défense, en demandant l'audition du Dr. Kofler, paraissent avoir omis de mentionner sa présence à l'autopsie. D'autre part, malgré leur référence aux "traces de fragments de rocher", dont il appartenait à la Cour d'apprécier la valeur probante, ils n'ont pas réussi à expliquer en quoi le témoignage du médecin aurait pu soit aider à déterminer la position initiale du corps de Falqui, position que Kofler n'avait jamais observée de ses propres yeux, soit apporter de nouveaux éléments de fait de nature à affecter les constatations médico-légales du professeur Franchini. Du reste, l'expertise de celui-ci avait fait l'objet, à la demande de la défense, d'une contre-expertise sur pièces de la part du professeur Pellegrini. De l'avis de la Commission, enfin, les douaniers Lombardo et Calvia, à la différence du Dr. Kofler, étaient susceptibles de témoigner directement sur la position du cadavre dans le lit du Roaner. Le premier, en effet, après s'être enfui en direction de la caserne, était retourné sur les lieux du drame, seul puis accompagné de son collègue Di Benedetto; il avait trouvé et ramassé la chemise et les espadrilles de la victime, mais n'avait point aperçu Falqui lui-même, bien qu'il eût scruté à l'aide d'une torche électrique les abords immédiats du pont qui franchit le torrent. De son coté, Calvia avait découvert le corps de Falqui à l'aube du 16 août 1956, vers 4 h 30.

Aussi la Commission ne saurait-elle arriver à la conclusion que la Cour d'Assises d'Appel de Trente ait violé l'article 6 § 3 d) en ordonnant la réaudition de Clavia et Lombardo sans juger nécessaire de convoquer le Dr. Kofler.

Quant à *Mme Ebner*, son témoignage devait porter uniquement, selon la demande des défenseurs des accusés, sur les observations qu'elle avait pu faire au sujet de la position initiale du corps de Falqui dans le lit du Roaner. Or, il était établi que Mme Ebner avait traversé le pont après que le cadavre de la victime eut été retiré de son emplacement original et transporté sur la berge.

In the Commission's opinion, therefore, it was with good reason that the Court of Trent had decided that the hearing of Mrs. Ebner as a witness was "irrelevant" ("*inconferente*"), hence it committed no breach on this point of Article 6 (3) (d) of the Convention.

The Commission, having thus satisfied itself that the same legal provisions applied to all categories of witnesses, and that no inequality in the application of the law was apparent in the judicial decision of 10th March 1958, concludes that there was no violation of Article 6 (3) (d) on the point at issue.

Section III. DISSENTING OPINION OF MR. ERMACORA

Regarding the failure to hear Dr. Kofler,[1], Mr. Ermacora expressed a dissenting opinion ...

Chapter 2: Absence of the Principal Accused from the Visit to the Scene of the Tragedy on 20th March 1958

In their submissions of 10th January 1962 the Austrian Government worded this complaint as follows:

> "*Violation of Article 6, paragraph 3 (d)*
>
> ...
>
> 1. ... the place where the body was found was inspected by the Court in the absence of the accused ... witnesses were questioned on the spot without the accused being able to question them "under the same conditions";
>
> 2. ... counsel for the defence made formal application for the accused to be present when the place where the body was found was visited and ... they objected to the visit taking place in the absence of the accused;
>
> ...."

Section I. STATEMENT OF THE FACTS

...

Section II. OPINION OF THE COMMISSION

The Commission's opinion is as follows: [2]

According to the Austrian Government, the Trent Court of Appeal committed a breach of Article 6 (3) (d) of the Convention

[1] Mr. Ermacora, however, agreed with the majority conclusion regarding the failure to hear Mrs. Ebner.

[1] MM. Beaufort and Ermacora expressed dissenting opinions on this point.

De l'avis de la Commission, la Cour de Trente pouvait donc s'appuyer sur des motifs sérieux en estimant "*inconferente*" l'audition de Mme Ebner en qualité de témoin, de sorte qu'elle n'a commis à cet égard aucun abus contraire à l'article 6 § 3 d) de la Convention.

La Commission, s'étant ainsi assurée que les mêmes conditions légales valaient pour les différentes catégories de témoins, et que nulle inégalité d'application ne se dégage de l'ordonnance litigieuse du 10 mars 1958, conclut à l'absence de violation de l'article 6 § 3d) sur le point considéré.

Section III. OPINION DISSIDENTE DE M. ERMACORA

Au sujet de la *non-audition du Dr. Kofler*,[1] M. Ermacora a exprimé l'opinion dissidente ...

Chapitre 2: Absence des principaux accusés lors de la descente sur les lieux du 20 mars 1958

Dans ses conclusions du 10 janvier 1962, le Gouvernement autrichien formulait le grief en question de la façon suivante:

> "*Violation de l'article 6 § 3 d*
>
> ...
>
> 1) ... la descente sur les lieux a été effectuée en l'absence des accusés, ... les témoins y ont été interrogés, sans que les accusés aient été à même de les interroger dans 'les mêmes conditions'.
>
> 2) ... les avocats de la défense avaient demandé formellement à ce que les accusés soient présents à la descente sur les lieux, et ... ils se sont opposés à ce que cette descente se fasse sans les accusés.
>
> ..."

Section I. CONSTATATION DES FAITS

...

Section II. AVIS DE LA COMMISSION

La Commission exprime l'avis suivant: [2]

Selon le Gouvernement autrichien, la Cour d'Appel de Trente a enfreint l'article 6 § 3 d) de la Convention faute d'avoir ordonné

[1] M. Ermacora, en revanche, arrive à la même conclusion que la Commission quant à la non-audition de Mme Ebner.

[2] MM. Beaufort et Ermacora ont exprimé, sur le point considéré, des opinions dissidentes.

by failing to order the presence of the accused during the visit of inspection, thus preventing them from examining or having examined the witnesses for the prosecution, Lombardo and Calvia, in the conditions required by this provision.

Now, it should be noted that the main purpose of the Court of Trent in deciding to visit Fundres/Pfunders and in summoning Calvia and Lombardo, appears to have been to ascertain the original position of the body in the stream bed. Calvia and Lombardo were likely to be able to supply information on this point. The accused on the contrary, according to their statements during the trial, had not seen how Falqui's body had come to be in the Roaner and remained lying there. In these circumstances, the interests of the defence during the examination of Lombardo and Calvia could be safeguarded by counsel just as well as by the accused themselves and, as is known, Mr. Dander and Mr. Sand were actually present at the inspection.[1] The Commission infers from this that the order in dispute of 10th March 1958 did not infringe Article 6. (3) (d) in this respect.

Once at the scene of the crime, the Court of Appeal agreed to extend the scope of the inquiry; at Mr. Dander's request, it allowed the accused Luigi/Alois Bergmeister, who was present, to be questioned on the circumstances of the brawl which had preceded Falqui's death. Bergmeister's statements related, among other things, to the exact spot where Falqui had been struck and had fallen before running off towards the bridge; they contained, with regard to the place, certain particulars on which it would have been easier for Bergmeister's co-accused to express an opinion than for their counsel. It would therefore have been better if Bergmeister had not been heard in the absence of the seven prisoners.

The Commission notes, however, that the hearing took place at Mr. Dander's express request, made on the spot, and that neither the latter nor his colleague, Mr. Sand, asked for an adjournment of the hearing to enable the other accused to be present.

It was natural for the Court of Appeal to infer from this attitude that, in the eyes of the defence, there was no great advantage for Luigi/Alois Ebner, Bernardo/Bernhard Ebner, Isidoro/Isidor Unterkircher, Floriano/Florian Weissteiner, Giorgio/Georg Knollseisen, Giovanni/Johann Huber and Paolo/Paul Unterkircher in hearing Bergmeister's evidence in person.

The Commission concludes therefrom that the Trent Court of Appeal did not commit a breach of Article 6 (3) (d) of the Convention by not ordering, of its own accord, the adjournment of the hearing of Bergmeister to enable the said seven accused to be present.

---

[1] Mr. Perego, on the other hand, does not seem to have been present.

la présence des accusés sur les lieux de l'inspection: elle les aurait ainsi empêchés d'interroger ou de faire interroger les témoins à charge Lombardo et Calvia dans les conditions exigées par cette disposition.

Or, il échet de constater que la Cour de Trente, en décidant de se transporter à Fundres/Pfunders et de convoquer Calvia et Lombardo, paraît avoir eu pour but principal de déterminer la position initiale du cadavre dans le lit du torrent. Calvia et Lombardo étaient susceptibles de fournir des renseignements à cet égard. Au contraire, les accusés, d'après leurs propres dires au cours du procès, n'avaient par observé comment le corps de Falqui était arrivé dans le Roaner et y était demeuré étendu. Dans ces conditions, les intérêts de la défense pendant l'audition de Lombardo et de Calvia pouvaient être sauvegardés par les avocats des accusés tout aussi bien que par ceux-ci eux-mêmes, et l'on sait que Me Dander et Me Sand assistèrent effectivement à l'inspection.[1] La Commission en infère que l'ordonnance litigieuse du 10 mars 1958 n'a pas violé l'article 6 § 3 d) sur le point considéré.

Une fois sur les lieux, la Cour d'Appel consentit à un élargissement de l'enquête: à la demande de Me Dander, elle admit que l'accusé Luigi/Alois Bergmeister, qui se tenait là, fût entendu sur les circonstances du "passage à tabac" qui avait précédé la mort de Falqui. Les déclarations de Bergmeister portèrent, entre autres, sur l'endroit précis où Falqui avait été frappé et était tombé au sol avant de s'enfuir vers le pont; elles contenaient, au sujet du terrain, certains détails sur lesquels les co-accusés de Bergmeister pouvaient plus aisément se prononcer que leurs avocats. Il eût donc mieux valu que l'audition de Bergmeister ne se déroulât pas en l'absence des sept détenus.

La Commission relève, néanmoins, que cette audition se produisit à la requête expresse de Me Dander, formulée sur place, et sans que cet avocat ni son collègue Sand aient réclamé l'ajournement du débat pour permettre la présence des autres accusés.

La Cour d'Appel a pu raisonnablement déduire de cette attitude qu'aux yeux de la défense, Luigi/Alois Ebner, Bernardo/Bernhard Ebner, Isidoro/Isidor Unterkircher, Floriano/Florian Weissteiner, Giorgio/Georg Knollseisen, Giovanni/Johann Huber et Paolo/Paul Unterkircher n'avaient pas un intérêt majeur à suivre personnellement la déposition de Bergmeister.

La Commission en conclut que la Cour d'Assises d'Appel de Trente n'a pas transgressé l'article 6 § 3 d) de la Convention en n'ordonnant pas, de sa propre initiative, le renvoi de l'audition de Bergmeister, afin de permettre la présence des sept accusés susnommés.

---

[1] Il semble, en revanche, que Me Perego n'ait pas participé à celle-ci.

Section III. DISSENTING OPINIONS

I. *Opinion of Mr. Beaufort*

...

II. *Opinion of Mr. Ermacora*

...

Chapter 3: Presumption of Innocence
(Article 6 (2) of the Convention)

In the Austrian Government's submissions of 9th January 1961 (paras. 1–2, para. 19 above) the complaint in question was worded as follows:

> "Violation of the rights safeguarded by Article 6, paragraph 2, of the Convention, in that prior to being sentenced the accused were treated as political murderers and were so designated on the ground that they had committed murder as a result of their anti-Italian feelings."

Section I. STATEMENT OF THE FACTS

...

Section II. OPINION OF THE COMMISSION

The opinion of the Commission is as follows:

Before pronouncing on the complaint that the presumption of innocence was not observed in respect of the accused, the Commission feels called upon to explain its interpretation of Article 6 (2) of the Convention.

This text, according to which everyone charged with a criminal offence shall be presumed innocent until proved guilty according to law, requires firstly that court judges in fulfilling their duties should not start with the conviction or assumption that the accused committed the act with which he is charged. In other words, the onus to prove guilt falls upon the Prosecution, and any doubt is to the benefit of the accused. Moreover, the judges must permit

Section III. OPINIONS DISSIDENTES EXPRIMEES

I. *Opinion de M. Beaufort*

...

II. *Opinion de M. Ermacora*

...

Chapitre 3: Présomption d'innocence
(article 6 § 2 de la Convention)

Dans ses conclusions du 9 janvier 1961 (§ 1–2, § 19 supra), le Gouvernement autrichien formulait le grief en question de la façon suivante:

> "Violation des droits protégés par l'article 6 al. 2 de la Convention résultant du fait que les accusés ont été traités avant leur condamnation comme meurtriers politiques et qualifiés comme tels ayant commis un meurtre poussés par leur haine anti-italienne".

Section I. CONSTATATION DES FAITS

......

Section II. AVIS DE LA COMMISSION

La Commission exprime l'avis suivant:

Avant de se prononcer sur le grief selon lequel la présomption d'innocence n'a pas été observée à l'égard des accusés, la Commission estime indispensable d'indiquer comment elle interprète l'article 6 § 2 de la Convention.

Ce texte, aux termes duquel toute personne accusée d'une infraction est présumée innocente jusqu'à ce que sa culpabilité ait été légalement établie, exige en premier lieu que les membres du tribunal, en remplissant leur fonction, ne partent pas de la conviction ou de la supposition que le prévenu a commis l'acte incriminé. Autrement dit, la charge de la preuve de la culpabilité incombe au Ministère public, et le doute profite à l'inculpé. De plus, les juges doivent permettre à ce dernier de leur fournir ses contre-preuves. Puis, au moment de prendre leur décision, ils ne doivent arriver à

the latter to produce evidence in rebuttal. In their judgment they can find him guilty only on the basis of direct or indirect evidence sufficiently strong in the eyes of the law to establish his guilt.

Since Article 6 (2) is thus primarily concerned with the spirit in which the judges must carry out their task, it may be asked whether it does not also apply to the attitude of other persons taking part in the proceedings, such as counsel for the Prosecution and for the civil plaintiff, experts and witnesses. If such persons express themselves towards the accused in flights of language such as might disturb the calm of the Court by their violence or insulting nature, such behaviour would nevertheless bring no blame upon the Court from the point of view of Article 6 (2), except inasmuch as the presiding judge by failing to react against such behaviour, might give the impression that the Court shared the obvious animosity to the accused and regarded him from the outset as guilty.

The same applies if the accused, during the preliminary investigation, has been subjected to any maltreatment with the aim of extracting a confession from him; Article 6 (2) [1] could only be regarded as being violated if the Court subsequently accepted as evidence any admissions extorted in this manner.[2]

A similar problem arises for cases that are brought before several courts. If the lower court has not respected the principle of presumption of innocence, but the higher court in its decision has eliminated the consequences of this vice in the previous proceedings, there has been no breach of Article 6 (2). On the other hand, such a breach may be found to exist if the failure of the lower court to observe the principle of presumption of innocence has so distorted the general course of proceedings that the higher court has failed to give redress although it has not itself committed any breach of the article in question.

As regards the facts relating to the proceedings before the Bolzano/Bozen Assize Court denounced by the Austrian Government as contrary to Article 6 (2), it appears that some of the accused complained to the Court that they suffered maltreatment or threats during the preliminary police investigation, but that the Court ordered enquiries into the matter which produced no results. On this point, the Commission can find no breach of Article 6 (2).

It is further asserted that before that Court counsel for the civil plaintiff, and possibly even for the Prosecution, indulged in violent and passionate language towards the accused, which the presiding

[1] Without prejudice of course to any problems arising under Article 3.

[2] Cf. in particular the words "proved ... according to law".

une condamnation que sur la base de preuves directes ou indirectes mais suffisamment fortes, aux yeux de la loi, pour établir la culpabilité de l'intéressé.

Si donc l'article 6 § 2 concerne au premier chef l'état d'esprit dans lequel les juges s'acquittent de leur tâche, on peut se demander s'il ne se réfère pas également à l'attitude d'autres personnes qui participent à la procédure, par exemple les représentants du Ministère public et de la partie civile, les experts et les témoins. Si de telles personnes se laissent aller, envers le prévenu, à des écarts de langage de nature à troubler la sérénité de l'audience par leur violence ou leur caractère injurieux, pareil comportement ne saurait toutefois attirer au tribunal aucun reproche sous l'angle de l'article 6 § 2, sauf dans la mesure où le Président, faute de réagir contre ces manifestations, créerait l'impression que le tribunal partage l'animosité qui se fait jour à l'endroit de l'accusé et considère celui-ci comme condamné d'avance.

Il en va de même au cas où l'accusé a été victime, au cours de l'instruction préparatoire, de sévices destinés à lui arracher des aveux; il ne pourrait être question d'une infraction à l'article 6 § 2 [1] que pour autant que le tribunal, par la suite, aurait accordé une force probante quelconque à des aveux extorqués de la sorte.[2]

Un problème analogue se pose pour les procès qui se déroulent en plusieurs instances. Si la juridiction inférieure n'a pas respecté la présomption d'innocence mais que la juridiction supérieure ait éliminé, par son arrêt, les effets de ce vice inhérent à la procédure antérieure, il n'y a pas de violation de l'article 6 § 2. En revanche, on se trouverait en face d'une telle violation dans l'hypothèse où l'atteinte portée à la présomption d'innocence par la juridiction inférieure aurait à ce point faussé l'orientation générale du procès que la juridiction supérieure n'aurait pas réussi à redresser la situation, quand bien même ladite juridiction n'aurait, elle, commis aucun manquement.

En ce qui concerne les faits relatifs à la procédure devant la Cour d'Assises de Bolzano/Bozen et dénoncés par le Gouvernement autrichien comme contraires à l'article 6 § 2, il appert que certains accusés se sont plaints à la Cour d'avoir fait l'objet de sévices ou de menaces pendant la première phase de l'instruction préparatoire (carabiniers), mais que la Cour a ordonné des enquêtes qui n'ont produit aucun résultat. A cet égard, la Commission ne discerne aucune méconnaissance de l'article 6 § 2.

Il est avéré, d'autre part, que devant ladite Cour des représentants de la partie civile, et peut-être même du Ministère public, ont tenu envers les accusés un langage violent et passionné que le

[1] Sans préjudice, bien entendu, des problèmes qui pourraient se poser sur le terrain de l'article 3.

[2] Cf. en particulier les mots "légalement établie".

judge did not check. What conclusions must be drawn as regards Article 6 (2)? While it agrees that such conclusions might vary according to the national temperament and legal tradition of different countries, the Commission feels that the Court of Bolzano/Bozen did not violate Article 6 (2) of the Convention in this respect. It further points out that nothing of the kind occurred before the Trent Court. Since the atmosphere of the hearings before the Bolzano/Bozen Court could not have influenced the result of the appeal, the Commission considers that here too there was no breach of Article 6 (2).

It remains to be considered whether the Courts in question, in the grounds for their judgments, respected the principle of presumption of innocence or not.

The judgment of the Trent Court of Appeal appears to contain certain disturbing references to the personality of the accused. For example, regarding the youth of Luigi/Alois Ebner (pp. 58–59 of the French translation of the Decision):

> "There is really no occasion to speak of general extenuating circumstances in the case of the latter, who has displayed so much malevolence, perversity and ferocity and has shown himself to be a very dangerous member of society and the instigator and ringleader in this affair. In view of this, no importance should be attached to the fact that he has no previous convictions and has a good record; this is only because his youth has not given him an opportunity to display sooner his moral perversity and the danger he represents to society."

In the Commission's view such expressions are surprising in this context, because the youth of a delinquent is usually regarded as an extenuating circumstance. The Court of Cassation, however, censured the judgment of the Court of Trent on this point, and allowed Luigi/Alois Ebner once more the benefit of general extenuating circumstances. Moreover, expressions of this kind, while they might be interpreted as indicating animosity towards the accused, do not suffice to prove failure to observe the rule regarding the presumption of innocence: such failure would need to be confirmed by the attitude of the Court to the evidence submitted on both sides and the manner in which it was weighed up.

This is not the impression gained on reading the judgments in question, particularly that of the Appeal Court whose wording nowhere justifies the opinion that the judges did not conscientiously weigh up all the evidence at their disposal. The Trent Court, in particular, considered at length, among other theories,

Président n'a pas réprimé. Quelles conséquences faut-il en tirer sur le terrain de l'article 6 § 2? Tout en soulignant que ces conséquences pourraient varier en fonction du tempérament national et des traditions juridiques des différents pays, la Commission estime que la Cour de Bolzano/Bozen n'a pas violé, à cet égard, l'article 6 § 2 de la Convention. Elle relève en outre que rien de semblable ne s'est passé devant la Cour de Trente. Comme l'atmosphère des débats de la Cour de Bolzano/Bozen n'est pas susceptible d'avoir influencé l'issue du procès en appel, la Commission considère qu'ici encore, il n'y a pas eu d'infraction à l'article 6 § 2.

Reste à rechercher si les juridictions en cause, dans les motifs de leurs décisions, ont respecté ou non la présomption d'innocence.

Il appert que l'arrêt de la Cour d'Appel de Trente renferme certaines expressions troublantes concernant la personnalité des accusés. C'est ainsi que cette Cour a émis, au sujet du jeune âge de Luigi/Alois Ebner, l'avis suivant (pp. 58–59 de la traduction française de l'arrêt):

> "Ce n'est vraiment pas le cas de parler de circonstances atténuantes générales en ce qui concerne celui-ci, qui a fait preuve de tant de méchanceté, de tant de perversité, qui s'est montré un très dangereux élément social, qui s'est révélé comme l'animateur et le chef des accusés, dans ces circonstances. Devant cela, on ne saurait accorder d'importance au fait qu'il n'ait jamais subi de condamnation précédente, qu'il ait de bons précédents, car ceux-ci n'apparaissent comme tels que parce que son jeune âge ne lui a pas donné l'occasion de manifester (plus tôt) ses tares morales, et le danger qu'il constitue pour la société."

Aux yeux de la Commission, de pareilles expressions sont de nature à étonner dans ce contexte, car il est d'usage de voir dans la jeunesse d'un délinquant une circonstance atténuante. Toutefois, la Cour de Cassation a censuré l'arrêt de la Cour de Trente à cet égard, de sorte que Luigi/Alois Ebner a recouvré le bénéfice des circonstances atténuantes générales. De plus, des expressions de ce genre, même si elles pouvaient s'interpréter comme reflétant une certaine animosité envers les accusés, ne suffiraient pas pour établir un manquement à la présomption d'innocence: encore faudrait-il que l'existence de celui-ci se trouve confirmée par la manière dont le tribunal a admis et apprécié les preuves présentées par les diverses parties à l'appui de leurs thèses respectives.

Or, telle n'est pas l'impression qui se dégage de la lecture des arrêts en question, et surtout de celui de la Cour d'Appel. Le libellé de cet arrêt n'accrédite nullement l'opinion que les juges n'aient pas pesé consciencieusement les différents éléments de preuve à leur disposition. En particulier, la Cour de Trente a longuement

the possibility that Falqui had been killed by falling accidentally into the stream (pp. 41–50 of the French translation of the Decision). Although like the Bolzano/Bozen Court, (pp. 14 *et seq.* of the French translation of the judgment of the Court of First instance), it discarded this theory, it did not do so lightly.

The Austrian Government made much of the fact that Luigi/Alois Ebner was found to have had homicidal intent, a conclusion insufficiently supported by the evidence. The Commission, however, is not competent to substitute its own assessment of the evidence for that of the national courts but can only pronounce as to whether the domestic courts have committed any abuse or procedural irregularity. It is clear from the foregoing paragraph that the Commission found no infraction of this kind.

The Applicant Government also maintained that the chain of causality between the intended actions of each of the accused taken individually and Falqui's death had not been established. In fact, this point does not relate to the way in which the Italian courts weighed up the evidence, but to the text of Article 116 of the Italian Penal Code, which reads:

> "If the offence committed is other than that which was intended by any one of the offenders, the said person shall also be held responsible if the outcome is a consequence of any act or omission on his part. If the offence committed is more serious than intended, a less severe penalty shall be imposed on the person who intended the offence to be less serious."

This provision, the equivalent of which is found in other legal systems besides the Italian, while perhaps debatable in some ways, does not conflict with the terms of the European Convention on Human Rights.

Among the evidence submitted to the Sub-Commission, was a series of newspaper cuttings; the Austrian Government sought to prove from these and from the record of the case and the statements of several witnesses that the "failure of the examining judicial authorities and the judges" together with the "general atmosphere" of the trial showed disregard of the principle of presumption of innocence.

As regards this alleged failure, the Commission has already pointed out that the Trent Court at all events exercised all possible care in ascertaining the truth.

As for the general atmosphere of the trial, this complaint was found inadmissible on 11th January 1961: if, owing to the attitude of the Italian Press, the atmosphere was such that the Courts of Bolzano/Bozen and Trent did not give sufficient guarantee for

examiné, parmi d'autres hypothèses, la possibilité que Falqui se soit tué en tombant accidentellement dans le torrent (pp. 41–50 de la traduction française de l'arrêt) ; si elle l'a écartée, ainsi que la Cour de Bolzano/Bozen l'avait déjà fait avant elle (pp. 14 et s. de la traduction française de l'arrêt de première instance), ce n'est point à la légère.

Le Gouvernement autrichien a beaucoup insisté sur le fait que Luigi/Alois Ebner avait été convaincu d'intention homicide, conclusion qui ne reposerait pas sur des preuves suffisantes. Cependant la Commission n'a pas compétence pour substituer son appréciation des faits à celle des tribunaux nationaux: en ce domaine, elle ne saurait se prononcer que sur le point de savoir si les juridictions internes ont agi de manière abusive ou selon une procédure irrégulière, et il ressort du paragraphe précédent que la Commission n'a décelé aucune infraction de ce genre.

Le Gouvernement demandeur a soutenu également que le lien de causalité entre les actes intentionnels de chacun des accusés, pris individuellement, et la mort de Falqui n'avait pas été établi. En réalité, cette question ne concerne pas la manière dont les juridictions italiennes ont apprécié les preuves, mais bien le texte de l'article 116 du Code pénal italien, ainsi conçu:

> "Si l'infraction commise est différente de celle qui a été voulue par l'un des participants, il en répond aussi, si l'événement est la conséquence de son action ou omission. Si l'infraction commise est plus grave que celle qui était voulue, la peine est diminuée pour celui qui a voulu l'infraction moins grave."

Cette disposition, dont on trouve l'équivalent dans d'autres systèmes de droit que celui de l'Italie, peut se discuter sous différents aspects, mais ne se heurte pas aux exigences de la Convention européenne des Droits de l'Homme.

Parmi les éléments de preuve présentés à la Sous-Commission figuraient une série d'extraits de journaux; le Gouvernement autrichien offrait de démontrer par ce moyen, ainsi que par la production du dossier pénal et la déposition de plusieurs témoins, que les "négligences des organes judiciaires d'instruction et de jugement", de même que "l'ambiance générale" du procès, avaient entraîné une atteinte à la présomption d'innocence.

Pour ce qui est des négligences alléguées, la Commission a déjà relevé que la Cour de Trente, tout au moins, avait recherché la vérité avec toute la diligence nécessaire.

Quant à l'ambiance générale du procès, il s'agit là d'un grief déclaré irrecevable le 11 janvier 1961: si, eu égard notamment à l'attitude de la presse italienne, cette ambiance était telle que les Cours de Bolzano/Bozen et de Trente ne donnaient pas de garanties

the liking of the defence, the defence should have resorted to the remedy provided in Article 55 of the Italian Code of Penal Procedure (application for the case to be referred to another court on grounds of legitimate suspicion); this, however, they did not do.

Accordingly, the Commission considers that it is not established that the Italian Court in question committed a breach of Article 6 (2) of the Convention.

Chapter 4: Right to a Fair Hearing

(Paragraph (1) of Article 6 of the Convention read with paragraphs (3) (d) and (2))

Section I. SUMMARY OF ARGUMENTS OF THE PARTIES

.....

Section II. OPINION OF THE COMMISSION

The Commission's opinion is as follows: [1]

In the pleadings of the Austrian Government, the complaint that the case for the accused did not receive a fair hearing within the meaning of Article 6 (1) of the Convention appears to be closely bound up with the preceding complaints of violation of the rule of presumption of innocence (Article 6 (2)) and of the rights safeguarded by Article 6 (3) (d) (Right to obtain the attendance and examination of witnesses for the defence under the same conditions as witnesses for the prosecution; right to have witnesses for the prosecution examined).

The Commission in this connexion recalls that:

> "Article 6 of the Convention does not define the notion of fair trial in a criminal case. Paragraph 3 of the Article enumerates certain specific rights which constitute essential elements of that general notion and Paragraph 2 may be considered to add another element. The words 'minimum rights', however, clearly indicate that the six rights specifically enumerated in Paragraph 3 are not exhaustive, and that a trial may not conform to the general standard of a 'fair trial' even if the minimum rights guaranteed by Paragraph 3 – and also the right set forth in Paragraph 2 – have been respected. The relationship between the general provision of Paragraph 1 and the specific provisions of Paragraph 3 seems to be as follows:

[1] Mr. Ermacora expressed a dissenting opinion.

suffisantes au gré de la défense, celle-ci aurait dû exercer le recours prévu à l'article 55 du Code italien de procédure pénale (demande de renvoi pour cause de suspicion légitime); or, elle n'a pas usé de cette faculté.

Pour ces motifs, la Commission ne tient pas pour établi que les juridictions italiennes en cause aient enfreint l'article 6 § 2 de la Convention.

Chapitre 4: Droit à un procès équitable

(§ 1er de l'article 6 de la Convention, combiné avec les §§ 3 d) et 2)

Section I. RESUME DE L'ARGUMENTATION DES PARTIES

......

Section II. AVIS DE LA COMMISSION

La Commission exprime l'avis suivant: [1]

Dans l'argumentation du Gouvernement autrichien, le grief d'après lequel la cause des accusés n'aurait pas été entendue équitablement, au sens de l'article 6 § 1er de la Convention, apparaît étroitement lié aux griefs précédents, selon lesquels il y aurait eu violation de la présomption d'innocence (article 6 § 2) et des droits garantis par l'article 6 § 3 d) (droit à la convocation et à l'interrogation des témoins à décharge dans les mêmes conditions que les témoins à charge; droit à l'interrogation des témoins à charge).

La Commission rappelle à ce sujet que:

> "L'article 6 de la Convention ne définit pas la notion de procès équitable en matière pénale. Le paragraphe 3 de cet article énumère certains droits particuliers qui constituent des éléments essentiels de cette notion générale et l'on peut considérer que le paragraphe 2 y ajoute un élément supplémentaire. Cependant, le terme 'notamment' indique clairement que les six droits énumérés au paragraphe 3 ne constituent pas une liste limitative et qu'un procès pourrait ne pas remplir les conditions générales d'un procès équitable alors même que les droits minimaux garantis par le paragraphe 3 – ainsi que le droit énoncé au paragraphe 2 – auraient été respectés. La relation entre la disposition générale du paragraphe 1 et les dispositions particulières du paragraphe 3 semble être la suivante:

[1] M. Ermacora a formulé une opinion dissidente.

In a case where no violation of Paragraph 3 is found to have taken place, the question whether the trial conforms to the standard laid down by Paragraph 1 must be decided on the basis of a consideration of the trial as a whole, and not on the basis of an isolated consideration of one particular aspect of the trial or one particular incident. Admittedly, one particular incident or one particular aspect, even if not falling within the provisions of Paragraphs 2 or 3, may have been so prominent or have been of such importance as to be decisive for the general evaluation of the trial as a whole. Nevertheless, even in this contingency it is on the basis of an evaluation of the trial in its entirety that the answer must be given to the question whether or not there has been a fair trial." [1]

All the points raised in this case have already been considered from the special angle of paragraph 3 (d) or paragraph 2 of Article 6, as appropriate. The Commission, (see the relevant passages of this report) found that there had been no breach of the terms of these two paragraphs; it then reconsidered every aspect of the case in the general context of Article 6 (1), but still could find no breach of the right of the accused to a fair hearing.

The Commission therefore does not consider it established that the Italian courts in this case failed to comply with the terms of Article 6 (1) of the Convention.

Section III. DISSENTING OPINION OF MR. ERMACORA

...

Chapter 5: Principle of Non-Discrimination (Article 14 of the Convention)

In paragraph I–4 of its conclusions of 9th January 1961, the Austrian Government set forth this complaint as follows:

"Violation of the rights safeguarded by Article 14 in that the violations of human rights set forth above [2] undoubtedly

[1] Report of the Commission on the case of B. S. Nielsen against Denmark (343/57, Doc. A 61.198, para. 52, pages 79–80) – see also the Report on the cases of Ofner and Hopfinger against Austria (Nos. 524/59 and 617/59).

[2] At that time these referred only to the failure to hear Dr. Kofler and Mrs. Ebner, the alleged failure to observe the role of presumption of innocence, and the alleged breach of Article 6 (1), excluding the absence of the accused from the investigation on the spot on 20th March 1958.

> Dans une affaire où il n'est relevé aucune violation du paragraphe 3, la conformité du procès avec les normes fixées au paragraphe 1 doit être examinée sur la base de l'ensemble du procès et non à partir d'un aspect particulier ou d'un incident particulier du procès. Certes, un incident ou un aspect particulier peut, sans rentrer dans le champ des dispositions des paragraphes 2 et 3, avoir été si marquant ou avoir revêtu une telle importance qu'il constitue un élément décisif pour l'appréciation de l'ensemble du procès. Néanmoins, même en pareil cas, c'est sur la base du procès dans son ensemble qu'il convient de décider si la cause a été entendue équitablement".[1]

Tous les éléments de la présente affaire ont déjà été examinés dans l'optique particulière du paragraphe 3 d) ou du paragraphe 2 de l'article 6, selon le cas. La Commission, qui renvoie aux passages pertinents de son rapport, a conclu à l'absence de violation de ces deux alinéas; elle a replacé ensuite chacun des aspects de la cause dans le contexte général de l'article 6 § 1, mais sans parvenir à dégager non plus une atteinte au droit des accusés à un procès équitable.

La Commission ne tient donc pas pour établi que les juridictions italiennes aient méconnu, en l'espèce, l'article 6 § 1 de la Convention.

Section III. OPINION DISSIDENTE DE M. ERMACORA

...

Chapitre 5: Principe de non-discrimination (article 14 de la Convention)

Au paragraphe I-4 de ses conclusions du 9 janvier 1961, le Gouvernement autrichien formulait le grief en question de la façon suivante:

> "Violation des droits garantis dans l'article 14 parce que les violations des Droits de l'Homme exposées plus haut [2] naissaient sans doute du fait que les jeunes gens de Pfunders

[1] Rapport de la Commission sur l'affaire B.S. Nielsen c/ Danemark N° 343/57, Doc. A 61.198, § 52, p. 81) – Cf. également le rapport relatif aux affaires Ofner et Hopfinger c/Autriche (Nos. 524/59 et 617/59).

[2] Il ne s'agissait, à l'époque, que de la non-audition du Dr. Kofler et de Mme Ebner, de l'inobservation prétendue de la présomption d'innocence et de la violation alléguée de l'article 6 § 1, à l'exclusion de l'absence des accusés lors de la descente sur les lieux du 20 mars 1958.

resulted from the fact that the young men of Pfunders were of a different ethnic and linguistic (national) origin from the majority of citizens of the Italian Republic..."

In ruling in regard to the admissibility of the Application the Commission decided that this complaint "(was) closely linked to the previous complaints and, therefore, (did) not call for a separate decision by reference to Article 26 and 27 para. (3) of the Convention".

Section I. SUMMARY OF THE ARGUMENTS OF THE PARTIES

...

Section II. OPINION OF THE COMMISSION

The Commission's opinion is as follows:

According to the Austrian Government, the accused were victims of a breach of Article 14 of the Convention. To be more precise, the other breaches claimed by that Government are said to have arisen from the fact that the accused belonged to a different ethnic and linguistic group from the majority of the citizens of the Italian Republic.

Put in this way, this complaint thus depends on the preceding ones.

An examination of the case-record does not enable the Commission to find any discrimination contrary to Article 14. In this connexion, the Commission points out that two of the provisions invoked by the Applicant Government, Article 6 (1) ("a fair hearing") and Article 6 (3) (d) *in fine* ("under the same conditions"), convey to some extent in their special field an idea of equality [2] very similar to the principle of non-discrimination laid down in Article 14. The Commission has already expressed the opinion that these provisions were complied with.

On the other hand, as regards the Cà de Quinzani case referred to by the Austrian Government as similar to that of Fundres/Pfunders, but in which the sentences were considerably less severe, the Commission stresses that any such comparisons must be made with caution. The two cases differ to such an extent indeed that no comparison could validly be made.

Accordingly, the Commission concludes that the complaint based on the alleged violation of Article 14 must be rejected.

PART V

ATTEMPT TO REACH A FRIENDLY SETTLEMENT ... deleted.

[2] See report on the cases of Ofner and Hopfinger against Austria (Nos. 524/59 and 617/59), (notion of "equality of arms", Article 6 (1))

étaient d'origine ethnique et linguistique (origine nationale) différente de la majorité des citoyens de la République Italienne ...."

En statuant sur la recevabilité de la requête, la Commission en a déduit que ledit grief "se (rattachait) très étroitement aux griefs antérieurs et, partant, (n'appelait) pas de décision distincte relativement aux articles 26 et 27 § 3 de la Convention."

Section I. RESUME DE L'ARGUMENTATION DES PARTIES

......

Section II. AVIS DE LA COMMISSION

La Commission exprime l'avis suivant:

Selon le Gouvernement autrichien, les accusés ont été victimes d'une infraction à l'article 14 de la Convention. Plus précisément, les autres violations dénoncées par ce gouvernement seraient nées du fait que les accusés appartenaient à une communauté ethnique et linguistique distincte de la majorité des citoyens de la République italienne.

Ainsi formulé, ce grief ne revêt donc pas un caractère indépendant par rapport aux griefs précédents.

L'examen du dossier n'a pas permis à la Commission de dégager, en l'espèce, l'existence d'une discrimination contraire à l'article 14. La Commission relève à cet égard, notamment, que deux des dispositions invoquées par le Gouvernement demandeur, l'article 6 § 1 ("équitablement"), et l'article 6 § 3 d) in fine ("dans les mêmes conditions"), consacrent en quelque sorte, dans le domaine particulier qu'elles régissent, une idée d'égalité [1] assez voisine du principe de non-discrimination défini à l'article 14. Or, la Commission a déjà exprimé l'avis que ces dispositions avaient été respectées.

En ce qui concerne, d'autre part, l'affaire de Cà de Quinzani, citée par le Gouvernement autrichien comme analogue à celle de Fundres/Pfunders mais où les peines prononcées auraient été sensiblement moins sévères, la Commission souligne que toute comparaison de cet ordre est sujette à caution. En outre, les deux causes diffèrent à tel point que l'on ne saurait valablement se livrer à pareille comparaison.

Pour ces motifs, la Commission conclut au rejet du grief relatif à la violation alléguée de l'article 14.

PARTIE V

DE LA TENTATIVE DE REGLEMENT AMIABLE ... *supprimée.*

[1] Cf. le rapport relatif aux affaires Ofner et Hopfinger c/Autriche (Nos. 524/59 et 617/59), (notion d'"égalité des armes", article 6 § 1).

C.

Decision of the Committee of Ministers

RESOLUTION (63) DH 3

relating to the case of Austria v. Italy
(Application No. 788/60)
Adopted on 23rd October 1963

The Committee of Ministers

Having regard to Article 32 of the European Convention for the Protection of Human Rights and Fundamental Freedoms (hereinafter called "the Convention");

Having regard to the Report drawn up by the European Commission of Human Rights (hereinafter called "the Commission") in accordance with Article 31 of the Convention, and relating to the Application lodged on 11th July 1960 by the Government of the Federal Republic of Austria against the Government of the Italian Republic;

Whereas the said Report, adopted by the Commission on 30th March 1963, was transmitted to the Committee of Ministers on 24th May 1963, and the period of three months provided for in Article 32, paragraph (1) of the Convention has elapsed without the case having been brought before the European Court of Human Rights in pursuance of Article 48 of the Convention;

Whereas, in its Application, the Government of the Federal Republic of Austria alleged that several breaches of Article 6 and Article 14 of the Convention had occurred during the proceedings taken in the Italian Courts against six young men from the village of Fundres/Pfunders (Upper Adige) accused of having committed a murder on the night of 15th/16th August 1956, following which the said young men had been sentenced to terms of imprisonment;

Whereas the Commission, having rejected part of the Application of the Government of the Federal Republic of Austria as inadmissible, retained as admissible, for the purpose of establishing the facts and formulating an opinion regarding them, the following issues:

(i) Did the Trent Assize Court of Appeal violate Article 6 (3) (d) of the Convention by refusing to hear Mrs. Giovanna/Johanna Ebner and Dr. Kofler as witnesses?

(ii) Did that Court violate the same provision when on

C.

Décision du Comité des Ministres

RESOLUTION (63) DH 3

relative à l'affaire Autriche contre Italie
(Requête N° 788/60)
adoptée le 23 octobre 1963

Le Comité des Ministres,

Vu l'article 32 de la Convention de sauvegarde des Droits de l'Homme et des libertés fondamentales (ci-après dénommée "la Convention");

Vu le rapport que la Commission européenne des Droits de l'Homme (ci-après dénommée "la Commission") a établi conformément à l'article 31 de la Convention, au sujet de la requête introduite le 11 juillet 1960 par le Gouvernement de la République Fédérale d'Autriche contre le Gouvernement de la République italienne;

Considérant que ledit rapport, adopté par la Commission le 30 mars 1963, a été transmis au Comité des Ministres le 24 mai 1963 et que le délai de trois mois prévu à l'article 32, paragraphe 1er de la Convention, s'est écoulé sans que l'affaire ait été déférée à la Cour européenne des Droits de l'Homme par application de l'article 48 de la Convention;

Considérant que, dans sa requête, le Gouvernement de la République fédérale d'Autriche se plaint de plusieurs violations de l'article 6 et de l'article 14 de la Convention survenues au cours des procédures judiciaires qui avaient été engagées devant les juridictions de la République italienne contre six jeunes gens du village de Fundres/Pfunders (Haut-Adige) accusés d'avoir commis dans la nuit du 15 au 16 août 1956 le crime de meurtre, et à la suite desquelles ceux-ci ont été condamnés à des peines de réclusion;

Considérant que la Commission, après avoir rejeté une partie de la requête du Gouvernement de la République fédérale d'Autriche comme étant irrecevable, a retenu comme recevable, afin d'établir les faits et de formuler un avis à leur sujet, les points suivants:

(i) La Cour d'Assises d'Appel de Trente a-t-elle violé ou non l'article 6 par. 3 d) de la Convention en refusant d'entendre Mme Giovanna/Johanna Ebner et le Dr. Kofler en qualité de témoins?

(ii) Ladite Cour a-t-elle ou non enfreint la même disposition

20th March 1958 it held an investigation on the spot in the absence of the accused who were then in prison?

(iii) Was the rule regarding presumption of innocence (Article 6 (2) of the Convention) observed in this case?

(iv) Did the alleged violation of paragraphs (3) (d) and (2) of Article 6 involve disregard of the right to a fair trial as guaranteed by paragraph (1) of that Article?

(v) Did the alleged violation of paragraphs (3) (d) and (2) of Article 6 involve disregard of the principle of non-discrimination set out in Article 14 of the Convention?

Whereas the Commission, in its Report, expressed its opinion on each of the above points as follows:

(i) Since the same legal provisions applied to all categories of witnesses and there was no inequality in their application, there was no violation of Article 6 (3) (d) of the Convention.

(ii) The Trent Assize Court of Appeal did not violate Article 6 (3) (d) of the Convention by holding an investigation on the spot in the absence of the accused who were then in prison.

(iii) It is not established that the Italian Courts, either during the various hearings or in the grounds for their judgments, failed to accord to the accused the benefit of the presumption of innocence.

(iv) When considered in the general context of Article 6 (1) of the Convention, the alleged breach of paragraphs (3) (d) and (2) of Article 6 did not involve disregard of the right of the accused to a fair trial.

(v) An examination of the case-files does not disclose the existence of any discrimination contrary to Article 14.

Whereas the Commission, in conclusion, was of the opinion that the provisions of the Convention had not been violated in the case under examination;

Agreeing with the reasoning of the Commission;

Voting in accordance with the provisions of Article 32 paragraph (1) of the Convention;

Decides that in the present case there has been no violation of the Convention for the Protection of Human Rights and Fundamental Freedoms.

en procédant, le 20 mars 1958, à une descente sur les lieux en l'absence des accusés détenus?

(iii) La présomption d'innocence, consacrée par l'article 6 par. 2 de la Convention, a-t-elle été ou non respectée en l'espèce?

(iv) La violation alléguée des paragraphes 3 d) et 2 de l'article 6 a-t-elle entraîné ou non la méconnaissance du droit à un procès équitable ("fair trial") tel que le garantit le paragraphe 1er de l'article 6?

(v) La violation alléguée des paragraphes 3 d) et 2 de l'article 6 a-t-elle entraîné ou non la méconnaissance du principe de non-discrimination protégé par l'article 14 de la Convention?

Considérant que la Commission a exprimé dans son rapport sur chacun des points qui précèdent l'avis suivant:

(i) Les mêmes conditions légales relatives à l'audition des témoins valant pour les différentes catégories de ceux-ci et leur application n'ayant donné lieu à nulle inégalité, l'article 6 par. 3 d) de la Convention n'a pas été violé.

(ii) La Cour d'Appel de Trente n'a pas enfreint l'article 6 par. 3 d) de la Convention en procédant, le 20 mars 1958, à une descente sur les lieux en l'absence des accusés détenus.

(iii) Il n'a pas été établi que les juridictions italiennes, au cours des débats ou dans les motifs de leurs décisions, n'ont pas respecté la présomption d'innocence dont devaient bénéficier les accusés.

(iv) Replacé dans le contexte général de l'article 6 par. 1, la violation alléguée des paragraphes 3 d) et 2 de l'article 6 n'a pas entraîné la méconnaissance du droit des accusés à un procès équitable.

(v) L'examen du dossier n'a pas permis de dégager l'existence d'une discrimination contraire à l'article 14.

Considérant que la Commission a estimé, en conclusion, que les dispositions de la Convention n'avaient pas été violées dans l'affaire en cause;

Adoptant les motifs de la Commission;

Procédant au vote conformément aux prescriptions de l'article 32, paragraphe 1er de la Convention;

Décide que dans le cas qui lui est soumis, il n'y a pas eu violation de la Convention de sauvegarde des Droits de l'Homme et des libertés fondamentales.

APPENDIX

Text of the letter sent by the Secretary-General of the Council of Europe to the Foreign Ministers of Austria and Italy

Sir,

In accordance with the instructions of the Committee of Ministers, I have the honour to transmit to Your Excellency herewith the text of Resolution (63) DH 3 in which the Committee of Ministers decided, during its 124th Meeting on 23rd October 1963, that in the case No. 788/1960 there was no violation on the part of Italy of the European Convention on Human Rights and Fundamental Freedoms.

This decision was taken by the Committee of Ministers acting in accordance with the provisions of Article 32, paragraph 1, of the Convention.

During the course of the same meeting the Committee of Ministers also took note of the fact that the Commission considered it desirable for humanitarian reasons, among which may be counted the youth of the prisoners, that measures of clemency be taken in their favour.[1]

I am, Sir,

Your obedient Servant,

Lodovico BENVENUTI
Secretary-General

[1] Editor: The Commission's view was expressed in the part of its Report dealing with the attempt to reach a friendly settlement and that part of the Report has not been published.

ANNEXE

Texte de la lettre
envoyée par le Secrétaire Général du Conseil de l'Europe au Ministre des Affaires Etrangères de l'Autriche et au Ministre des Affaires Etrangères de l'Italie:

Monsieur le Ministre,

Conformément aux instructions du Comité des Ministres j'ai l'honneur de transmettre ci-joint à Votre Excellence le texte de la Résolution (63) DH 3 par laquelle le Comité des Ministres a décidé, au cours de sa 124ème réunion, le 23 octobre 1963, que dans l'affaire N° 788/1960 il n'y a pas eu de la part de l'Italie violation de la Convention européenne des Droits de l'Homme et des libertés fondamentales.

Cette décision a été prise par le Comité des Ministres agissant conformément aux prescriptions de l'article 32, paragraphe 1er de ladite Convention.

Au cours de cette même réunion le Comité des Ministres a également pris connaissance du fait que la Commission a estimé souhaitable que, pour des raisons essentiellement humanitaires, dont le jeune âge des condamnés, des mesures de clémence soient prises en leur faveur.[1]

Veuillez agréer, Monsieur le Ministre, l'assurance de ma très haute considération.

Lodovico Benvenuti
Sécrétaire Général

[1] **Note de l'éditeur: Le voeu de la Commission a été exprimé dans la partie de son rapport qui traite de la tentative de règlement amiable. Cette partie du rapport n'a pas été publiée.**

PART THREE

The Convention within the Member States of the Council of Europe

TROISIEME PARTIE

La Convention dans l'ordre interne des Etats Membres du Conseil de l'Europe

CHAPTER I

THE CONVENTION IN THE PARLIAMENTS OF THE MEMBER STATES

(*translation*)

AUSTRIA

Federal Act of 26th March 1963 on the reopening of appeal proceedings in criminal cases – 18/63

(*promulgated on 5th April 1963*)

The National Assembly decides as follows:

1. (1) In respect of an appeal against a sentence lodged in accordance with the law, new proceedings may be instituted at the request of the person sentenced or of his legal representative within the meaning of the provisions of the 1960 Code of Criminal Procedure as amended by the Criminal Proceedings Amendment Act of 1962 (BGBl. No. 229) when, at the time of lodging the said request, the European Commission of Human Rights has already accepted in accordance with Article 28 of the Human Rights Convention (BGBl. No. 210, 1958) a petition against appeal proceedings in an Austrian court conducted under the law previously in force.

(2) The application for the reopening of appeal proceedings shall be inadmissible, even in the circumstances set out in Article 1 above, when:

1. the Court of Appeal has heard an appeal by the prosecution only and that appeal has failed;

2. the European Commission of Human Rights in its report pursuant to Article 31 of the Human Rights Convention has already ruled that the appeal proceedings did not constitute a violation of the Human Rights Convention;

3. a reduction of the legally imposed sentence is impossible in law.

2. (1) The application for the reopening of proceedings shall be lodged, in writing or verbally, within six months of the entry into force of this Federal Act, with the court which tried the case in the first instance or verbally with the Governor of the prison or head of the institution where the person concerned is detained.

CHAPITRE I

LA CONVENTION DEVANT LES PARLEMENTS DES ETATS MEMBRES

AUTRICHE

Loi fédérale du 26 mars 1963 sur la réouverture de procédures d'appel en matière pénale

(promulguée le 5 avril 1963)

Le Conseil National décide ce qui suit:

§ 1. (1) La procédure relative à un appel légalement interjeté contre le prononcé d'une sentence doit être rouverte à la demande de la personne condamnée ou de son représentant légal au sens des dispositions du Code de procédure pénale de 1960, modifié par la loi d'amendement de 1962, BGBl. N° 229, lorsque, au moment du dépôt de la demande, la Commission européenne des Droits de l'Homme a déjà retenu, conformément à l'article 28 de la Convention des Droits de l'Homme, la requête dans laquelle la personne condamnée s'est plainte de la procédure appliquée lors de cet appel, par un tribunal autrichien en vertu de dispositions légales antérieures.

(2) Nonobstant les conditions énoncées au paragraphe 1, la demande tendant à la réouverture de la procédure d'appel est irrecevable:

1. lorsque le tribunal d'appel n'a été saisi précédemment que d'un recours du Ministère public et que ce recours n'a été suivi d'aucun effet;
2. lorsque, dans son rapport établi conformément à l'article 31 de la Convention des Droits de l'Homme, la Commission européenne des Droits de l'Homme a déjà déclaré qu'il n'y avait pas eu violation de la Convention par la procédure d'appel, ou
3. lorsqu'une atténuation de la peine prononcée à titre définitif était légalement exclue.

§ 2. (1) La demande doit être soumise, verbalement ou par écrit, dans les six mois qui suivent l'entrée en vigueur de la présente loi au tribunal qui a eu à connaître de l'affaire en première instance. En outre, la personne condamnée peut présenter sa demande verbalement au Directeur de la maison d'arrêt ou de l'établissement pénitentiaire où elle se trouve.

(2) When the application is not lodged with the court of first instance, the record of the verbal application shall be remitted to that court forthwith. The latter shall then submit to the court of appeal (Article 3), without unnecessary delay, any application transmitted to or lodged with it, together with the documents in the case.

3. (1) The court which rendered the decision on the appeal shall be competent to render a decision on the application referred to in Article 1.

(2) All judges who took part in the previous appeal proceedings shall be excluded from the reopened proceedings (Article 69 of the 1962 Code of Criminal Procedure).

4. (1) Inadmissible and belated applications shall be dismissed at sittings *in camera*.

(2) All other applications shall be dealt with at public court sittings (Articles 294 (5), 296 (3), and 471 of the 1960 Code of Criminal Procedure as amended by the 1962 Criminal Procedure Amendment Act, BGBl. No. 229). If the Court of Appeal deems it desirable to impose a milder sentence than that pronounced at the previous proceedings, it shall amend the sentence accordingly. In all other cases, it shall rule that no grounds exist for altering the previous appeal decision.

(3) When the Court of Appeal reduces the sentence in favour of one of a group of accused on grounds that would apply equally to his accomplices, it shall *ex officio* act as though such accomplices likewise had lodged an appeal admissible in accordance with Articles 1 and 2.

5. When the Court of Appeal reduces a sentence that is still running to such an extent that no time remains to be served, it shall ensure that execution is suspended without delay. If the Court of Appeal reduces a sentence that is still running to an extent such that the conditional release of the prisoner can be envisaged, the Court of Appeal shall transmit the documents in the case to the Court competent to render a decision in the matter of conditional release.

6. The new appeal decision shall take effect from the day on which the previous judgment acquired force of law. The new sentence shall be regarded as having been completed at the latest on the day on which a portion of the original sentence equivalent to the new one has been served.

7. The costs of the reopened appeal proceedings, except for the fees of the appellant's counsel and of other representatives of the parties (Article 381, para. 1, line 4 of the 1960 Code of Criminal Procedure), shall be borne by the State irrespective of the outcome of the case.

8. The implementation of this Act shall be entrusted to the Federal Ministry of Justice.

(2) Lorsque la demande n'est pas soumise au Tribunal qui a eu à connaître de l'affaire en première instance, le procès-verbal de la demande verbale doit être transmis sans délai audit tribunal. Ce dernier doit soumettre sans tarder au tribunal d'appel (par. 3) les demandes qui lui ont été transmises et celles qui lui ont été présentées directement, accompagnées du dossier de l'affaire.

§ 3. (1) Le tribunal qui a statué sur l'appel est compétent pour statuer sur la demande visée au par. 1.

(2) Les juges qui ont participé à la procédure d'appel antérieure ne peuvent participer à la nouvelle procédure (article 69 du Code de procédure pénale de 1960).

§ 4. (1) Les demandes irrecevables ou tardives sont à rejeter au cours de séances à *huis clos*.

(2) La décision d'appel concernant toutes les autres demandes doit être prise en audience publique (§§ 294 al. 5, 296 al. 3 et 471 du Code de procédure pénale de 1960, modifié par la loi pénale dérogatoire de 1962, BGBl. N° 229). Lorsque le tribunal d'appel considère qu'il est souhaitable d'atténuer la peine prononcée au cours de la procédure précédente, il modifie la décision prise. Dans tous les autres cas, le tribunal d'appel décide qu'il n'y a pas lieu de modifier la décision d'appel précédente.

(3) Lorsque le tribunal d'appel atténue la peine en faveur d'un complice, pour des motifs applicables également à d'autres complices, il doit agir *d'office* comme si une demande recevable aux termes des §§ 1 et 2 avait aussi été présentée en faveur de ces derniers.

§ 5. Lorsque le tribunal d'appel atténue une peine encore en cours d'exécution, de telle manière qu'elle ne doit pas être purgée plus longtemps, il doit faire en sorte que l'exécution de la peine prenne fin sans délai. Lorsque le tribunal d'appel atténue une peine encore en cours d'exécution et que, de ce fait, une libération conditionnelle de la personne condamnée peut être envisagée, il doit transmettre le dossier au tribunal compétent pour statuer sur la libération conditionnelle.

§ 6. La nouvelle décision d'appel est considérée comme ayant été rendue le jour où la décision précédente a acquis l'autorité de la chose jugée. La nouvelle peine est considérée comme purgée au plus tard le jour où est purgée la partie de la peine précédente dont la durée équivaut à celle de la nouvelle peine.

§ 7. Les frais de la nouvelle procédure d'appel, hormis les honoraires des défenseurs et autres représentants des parties (§ 381 al. 1, ligne 4 du Code de procédure pénale de 1960) incombent à la Fédération, quelle que soit l'issue de l'affaire.

§ 8. Le Ministère fédéral de la Justice est chargé de l'application de la présente loi.

REPUBLIC OF AUSTRIA
FEDERAL MINISTRY OF JUSTICE
JMZl. 18.170–9b/63 *(translation)*

EXPLANATORY NOTES

on the draft Bill on the reopening of appeals in criminal cases

I

General

When Austria ratified the Convention for the Protection of Human Rights and Fundamental Freedoms in 1958, it availed itself at the same time of the possibility of recognising the right of individual appeal. This means that individuals, non-government bodies and groups of persons are entitled to apply to the European Commission of Human Rights claiming that Austria has infringed their rights as safeguarded by the Convention. Many applications have since been submitted by persons convicted in Austrian courts. Most of them have been rejected by the Commission after a preliminary investigation. Four were accepted, however, and all other similar applications – sixteen at the time, to which others have since been added – were left pending, awaiting the decision on the first four.

Of the four first-mentioned applications, two, concerning appeal procedure before the Supreme Court (Oberster Gerichtshof) in connection with decisions on pleas of nullity under Article 285 c, para. 1 of the Code of Criminal Procedure, were rejected by the Commission which, in its report to the Committee of Ministers, found that Austria had committed no breach of the Convention on Human Rights. The other similar cases will follow the same course.

The situation as regards the applications relating to appeal procedure in the Courts of Appeal of the *Länder* (Oberlandesgerichte) and possibly also as regards those relating to appeal procedure in the Supreme Court in connection with decisions on pleas of nullity under Article 285, para. 2 of the Code of Criminal Procedure, is quite different. In the case of the former, it was becoming increasingly clear as time went on that the Commission of Human Rights might decide against Austria that the terms of the Convention on Human Rights were being infringed. At present there is no doubt at all that the decision will go against Austria and it is still possible that the applications relating to procedure in the Supreme Court may have a similarly unfavourable outcome.

REPUBLIQUE D'AUTRICHE
MINISTERE FEDERAL DE LA JUSTICE
JMZl. 18.170.9b/63

NOTES EXPLICATIVES

concernant le projet d'une loi fédérale sur la réouverture de procédures d'appel en matière pénale

I

Généralités

Lorsqu'en 1958, l'Autriche ratifia la Convention de Sauvegarde des Droits de l'Homme et des Libertés fondamentales, elle usa en même temps de la faculté de reconnaître le droit de recours individuel. Cela signifie que toute personne physique, toute organisation non gouvernementale ou tout groupe de particuliers peut saisir la Commission européenne des Droits de l'Homme d'une requête, en se prétendant victime d'une violation par l'Autriche des droits reconnus dans la Convention. Depuis lors, de nombreuses requêtes ont été introduites par des personnes condamnées par des tribunaux autrichiens. La plupart de ces requêtes ont été rejetées par la Commission dès le stade d'un examen préliminaire. Cependant, quatre ont été déclarées recevables et toutes les requêtes du même ordre – d'abord au nombre de seize et auxquelles sont venues s'en ajouter quelques autres – ont été laissées en suspens en attendant une décision sur les quatre premières requêtes.

Parmi les quatre premières nommées, deux requêtes qui concernaient l'appel devant la Cour Suprême (Oberster Gerichtshof) joint au recours en annulation conformément au § 285 c, al. 1 StPO, ont été rejetées par la Commission des Droits de l'Homme qui, dans son rapport au Comité des Ministres du Conseil de l'Europe a déclaré qu'il n'y avait pas eu violation de la Convention des Droits de l'Homme par l'Autriche. Les autres requêtes analogues suivront le même cours.

Il en va autrement, toutefois, des requêtes concernant la procédure devant les cours d'appel (Oberlandesgerichte), peut-être aussi des requêtes concernant l'appel devant la Cour suprême, joint au recours en annulation conformément au § 285 c al. 2 StPO. Pour les requêtes concernant les cours d'appel, il s'est avéré de plus en plus clairement avec le temps, que la Commission des Droits de l'Homme affirmerait, contrairement au point de vue autrichien, qu'il y a eu violation de la Convention. Actuellement, on ne peut plus douter d'une issue défavorable pour l'Autriche. Pour les requêtes concernant la procédure mentionnée ci-dessus devant la Cour Suprême, une telle issue est toujours possible.

The Commission's formal decision in both groups of cases is to be expected shortly. It has been deferred until now only pending the results of Austrian efforts to settle the matter by legislation.

In fact, at the present time there is only one way of preventing an unfavourable decision by the Commission of Human Rights, namely the passing of a law authorising the reopening of all appeal proceedings that took place before the amendment of Austrian appeal procedure on 1st September 1962 and on which doubt has been cast by the fact that the Commission of Human Rights has "accepted" applications in respect of them in accordance with Article 28 of the Convention on Human Rights.

The Government suggested this way of settling the matter at the time of the 1962 Criminal Procedure Amendment Act, but as the solution proposed then would have called for the reopening of a very large number of appeal cases, the transitional measures were omitted in response to the objections of the Legal Committee. The subsequent efforts on the part of the Ministry of Justice to find an administrative means of removing the appellants' cause for complaint, chiefly by the granting of pardons, produced positive results in a small number of cases only, because no action could be taken except in accordance with existing legislation.

The failure of the attempt to remove the appellants' cause for complaint by administrative means brings the question of legislating to introduce transitional measures once again to the fore. However, the provisions of the present draft differ essentially from those of the relevant Article II of the Government's Criminal Procedure Bill of 1962, inasmuch as that text contained a provision which would have authorised the reopening of numerous cases which have become *res judicata*, whereas the new draft affects only those cases still pending before the Commission of Human Rights, which in any event will not amount to more than 40. The legal provisions to which the Commission of Human Rights objected were amended on 1st September 1962 by the Criminal Procedure Amendment Act (BGBl. No. 229), so that no new applications can be submitted on those grounds and, in addition, since that date, the six-months' time-limit allowed by the Commission for the submission of applications has almost elapsed. Any person who considered himself unjustly treated under the former procedure had to apply to the Commission of Human Rights within six months and, since the last cases conducted in accordance with that procedure were heard in August 1962, any applications would have to be submitted by the corresponding date in February 1963. By the beginning of February, in addition to the applications already mentioned, another 23 had

La décision formelle de la Commission des Droits de l'Homme est imminente dans ces deux catégories de cas; si elle a été différée jusqu'à présent, c'est parce que la Commission des Droits de l'Homme veut attendre le résultat des efforts accomplis par l'Autriche en vue de régler la question par voie législative.

En fait, il n'y a actuellement qu'un seul moyen de prévenir une décision défavorable de la Commission des Droits de l'Homme: instituer une loi sur la réouverture de toutes les procédures d'appel antérieures à l'amendement du 1er septembre 1962, procédures qui sont apparues comme critiquables du fait que la Commission des Droits de l'Homme a "retenu" une requête conformément à l'article 28 de la Convention des Droits de l'Homme.

Le Gouvernement fédéral a déjà proposé une telle solution à l'occasion de la loi d'amendement de 1962. Mais comme cette solution aurait entraîné la réouverture d'un très grand nombre de procédures pénales, les mesures transitoires n'ont pas été adoptées eu égard aux objections exprimées par la Commission de la Justice. Les enquêtes menées par le Ministère fédéral de la Justice pour déterminer s'il existait un moyen administratif d'ôter aux requérants tout motif de plainte – ce moyen étant essentiellement l'application d'une mesure de grâce – n'ont abouti que dans un assez petit nombre de cas parce que seules entraient en ligne de compte des mesures fondées sur les lois en vigueur.

L'échec des efforts tendant à ôter aux requérants par des moyens administratifs, tout motif de plainte, remet à l'ordre du jour la question d'un règlement transitoire par voie législative. Le règlement proposé par le présent document se distingue de l'article II du projet de loi gouvernemental de 1962 portant amendement du Code de procédure pénale, essentiellement par le fait que ce projet prévoyait une disposition qui aurait permis la réouverture de nombreuses procédures ayant donné lieu à des décisions passées en force de chose jugée, tandis que maintenant, seuls sont compris les cas qui sont en instance devant la Commission des Droits de l'Homme et dont le nombre ne peut être supérieur à 40. En effet, les dispositions juridiques critiquées par la Commission des Droits de l'Homme ont été abolies le 1er septembre 1962 par la loi portant amendement du Code de Procédure pénale, BGBl. N° 229, de telle sorte que de nouveaux cas de requêtes ne peuvent pas se présenter; d'autre part, depuis le 1er septembre 1962, le délai de six mois prévu par la Convention des Droits de l'Homme pour le dépôt des requêtes, est presque écoulé. Les personnes se considérant comme lésées par la procédure antérieure devaient saisir la Commission des Droits de l'Homme dans un délai de six mois et comme les dernières de ces procédures se sont déroulées en août 1962, les requêtes devaient être introduites avant la date correspondante du mois de février 1963. Au début de février 1963, 23 requêtes étaient

been received and that figure might increase slightly by the end of the month.

II.

Notes on individual clauses of the Bill

1. The reopening of appeal proceedings which have already become *res judicata* is not to be authorised in every case but only when the person convicted or his legal representative so requests. Other requirements justifying reopening are that the Commission of Human Rights shall already have accepted an application relating to an earlier hearing of a legally admissible appeal and shall not yet have ruled that no breach of the Convention has been committed, that, moreover, an appeal shall not have been lodged by the prosecution only and have been unsuccessful, and, lastly, that it shall be legally possible to reduce the sentence because the Court has not imposed the mildest form of penalty or the mildest sentence prescribed by law or has imposed an optional accessory penalty.

An application for the reopening of appeal proceedings may be lodged by the person concerned or his legal representative, but not by the prosecution. This provision in no way prevents the appellant from being represented by counsel (Article 39 of the Code of Criminal Procedure).

2. A time-limit of six months is prescribed for lodging the application. On the one hand it may be supposed that this time is adequate for the lodging of applications and on the other hand, it is important, for the protection of the judicial system, that the period during which court decisions having force of law can be modified should not be too long.

The intention is to facilitate the lodging of applications by allowing them to be recorded verbatim, not only by the Court but also at the penal institution where the prisoner is serving his sentence. The Bill does not require applications to comply with any special conditions as to form, such as bearing the signature of the appellant, etc.

2. Para. (2): This paragraph seeks to ensure that the Court of Appeal is in a position to reopen the appeal proceedings without delay.

3. For reasons of convenience, the court competent to render a decision on the application lodged in accordance with Article 1 is the court that heard the original appeal.

4. The Court of Appeal shall then decide whether the application lodged is admissible and has been lodged in due time, and applications which are inadmissible or out of time shall be rejected at

en instance – y compris les requêtes ci-dessus mentionnées – et ce nombre pourrait s'accroître légèrement d'ici la fin du mois de février.

II

Notes relatives aux diverses clauses du projet de loi

§ 1: La réouverture de procédures d'appel ayant donné lieu à une décision passée en force de chose jugée ne doit pas être autorisée dans tous les cas, mais seulement lorsque la personne condamnée ou son représentant légal le demande. En outre une telle demande ne peut être présentée que si la Commission des Droits de l'Homme a retenu une requête contre la procédure d'appel antérieure concernant un recours recevable, et n'a pas encore déclaré qu'il n'y avait pas eu violation de la Convention des Droits de l'Homme: si l'on n'est pas simplement en présence d'un appel du Ministère public, resté sans effet; enfin, si une atténuation de peine est encore possible parce que le tribunal n'a pas infligé la forme de peine la plus légère et la peine minimum, ou infligé une peine accessoire purement facultative.

La demande tendant à rouvrir la procédure d'appel ne peut être présentée que par la personne condamnée ou son représentant légal, et non par le Ministère public. La représentation du requérant par son défenseur (§ 39 StPO) n'est nullement exclue par cette disposition.

§ 2: Il est prévu un délai de six mois pour le dépôt de la demande. D'une part, ce délai peut être considéré comme suffisant et, d'autre part, le temps pendant lequel des décisions judiciaires ayant acquis l'autorité de la chose jugée peuvent être modifiées, ne doit pas être trop long, dans l'intérêt du système juridique.

Le dépôt de la demande sera facilité par le fait que celle-ci peut aussi être consignée par écrit, non seulement au tribunal, mais également à l'établissement pénitentiaire où la personne condamnée est détenue. Le projet ne prévoit aucune condition de forme, telle que la signature d'un défenseur, etc....

Le § 2 al. 2 vise à garantir que le tribunal d'appel sera en mesure de rouvrir sans tarder la procédure d'appel.

§ 3: Pour des raisons d'ordre pratique, le tribunal ayant déjà eu à connaître de l'appel sera compétent pour statuer sur les demandes visées au § 1.

§ 4: Le tribunal d'appel examinera d'abord si les demandes déposées sont recevables et ont été présentées en temps utile; il rejettera, à *huis clos*, les demandes irrecevables et tardives. Pour

a sitting *in camera*. When an application is admissible and has been lodged in due time, the Court of Appeal has to decide, at a public hearing to be arranged and conducted in accordance with the amended appeal procedure, whether, on the basis of the previous appeal, a reduction of the sentence is called for. If so, the Court of Appeal must allow the appellant's earlier appeal, or allow it to a greater extent than in the previous judgment, or else it must disallow the earlier appeal by the prosecution or allow it to a lesser extent than on the previous occasion.

In all other cases, that is to say even if it considers that a severer sentence is called for, the Court of Appeal must rule that there is no cause to modify the previous judgment.

In accordance with the provisions of Articles 295, para. 1 and 477, para. 1 of the Code of Criminal Procedure, Article 4 (3) of the Bill provides that in the case of a group of accused, all shall be treated with equal justice, so that no unjustified discrepancies can arise out of the fact that one has lodged an application under Articles 1 and 2 whereas another has not.

5. This clause seeks to ensure that in the event of a reduction of the sentence the prisoner shall be discharged or released conditionally, as circumstances demand, without delay.

6. From the point of view of the law on the enforcement of sentences, the two important factors are the date on which the judgment acquires force of law and the date on which the sentence is to be regarded as fully executed, since they determine the period of enforcement. Since, in a sense, the judgment acquires force of law only through the judgment rendered in the reopened proceedings, the convicted person must be treated as though the new judgment had been pronounced on the previous occasion. Furthermore, it has to be specified that it is the new sentence which determines the date on which execution comes to an end. The express exclusion from the reopened appeal proceedings of judges who took part in the original appeal proceedings is in conformity with Article 69 of the Code of Criminal Procedure on the exclusion of judges.

7. The costs of the reopened proceedings – except for the fees of the representatives of the parties – are always to be borne by the State, even when an application has been rejected under Articles 1 and 2. It is of course conceivable that applications may be lodged wilfully by persons who know that they must fail, and that the refund of the costs entailed by the application would be called for, but it is important to avoid any appearance of discouraging the lodging of applications by the prospect of the costs that might be entailed.

8. This clause designates the Ministry of Justice as the authority competent to implement the Act.

les demandes recevables et présentées en temps utile, le tribunal d'appel décidera, au cours d'une audience publique – qui se déroulera conformément aux nouvelles dispositions légales – si, sur la base de l'appel précédent, une atténuation de la sentence est opportune. Dans l'affirmative, le tribunal d'appel doit, selon le recours dont il est saisi, soit donner suite à l'appel de l'accusé, ou lui donner suite dans une plus large mesure que précédemment, soit rejeter l'appel du Ministère public ou lui donner suite dans une moindre mesure qu'auparavant.

Dans tous les autres cas, et par conséquent, même si le tribunal d'appel considérait qu'une peine plus sévère serait appropriée, il doit décider qu'il n'y a pas lieu de modifier le jugement précédent.

Conformément aux dispositions des §§ 295 al. 1 et 477 al. 1 StPO, le § 4 al. 3 du projet prévoit que, lorsqu'il y a plusieurs complices, tous bénéficient d'un traitement également juste, et qu'aucune différence injustifiée ne se produira du fait qu'un complice a présenté une demande conformément aux §§ 1 et 2, et qu'un autre ne l'a pas fait.

§ 5: Le § 5 vise à garantir que, en cas d'atténuation de la peine, la mise en liberté ou la décision sur une libération conditionnelle interviendra sans délai.

§ 6: Du point de vue juridique de l'accomplissement de la peine, les deux facteurs importants, parce qu'ils déterminent la période d'accomplissement, sont d'une part, le moment où la décision passe en force de chose jugée et d'autres part, le moment où l'accomplissement de la peine prend fin. Comme l'autorité de la chose jugée ne s'attache, en quelque sorte, qu'au jugement rendu lors de la nouvelle procédure, la personne condamnée sera traitée comme si ce jugement avait été rendu précédemment. En outre, c'est la nouvelle peine qui sera déclarée déterminante pour fixer le terme de l'accomplissement. Il est conforme à l'esprit du § 69 StPO. relatif à l'exclusion des juges que, ceux qui ont pris part à la procédure d'appel précédente ne puissent participer à la nouvelle procédure.

§ 7: Les frais de la nouvelle procédure d'appel, hormis les honoraires des représentants des parties, seront toujours supportés par la Fédération, même lorsqu'une demande conforme aux § 1 et § 2 n'aura pas été suivie d'effet. On peut concevoir qu'une telle demande soit présentée, peut-être par malice, par une personne qui sait qu'elle n'a aucune chance d'aboutir, et considère que le remboursement obligatoire des frais entraînés par ladite demande serait opportun; mais il faut éviter de donner l'impression de vouloir décourager les demandeurs éventuels par la perspective de frais de justice.

§ 8: Cette disposition charge le Ministère fédéral de la Justice, compétent en la matière, de faire appliquer la loi.

III

Financial implications

The appeal proceedings that will have to be reopened because of applications relating to them now pending before the European Commission of Human Rights can have only negligible financial repercussions since, for the small number of cases to be heard, which, besides, will all be concluded within quite a short time, no extra staff can be appointed and no additional administrative expenditure will be necessary.

Article 7 may be mentioned in this connection. It means only that the Court will not call the appellants to pay the costs of the reopened proceedings, but it does not mean that the State will pay the parties' own costs. Such a provision would be contrary to the principles of Austrian criminal procedure. Nor does the Convention on Human Rights provide that a State against whom an application is lodged with the Commission of Human Rights shall refund the costs.

III

Les incidences financières de l'application de la loi

Les procédures d'appel qui devront être rouvertes en raison des requêtes contre l'Autriche, en instance devant la Commission européenne des Droits de l'Homme, ne pourront avoir que des incidences financières négligeables car, pour les quelques affaires restant à examiner et qui, d'ailleurs, seront rapidement réglées, il n'est pas possible d'accroître le personnel ni nécessaire d'augmenter les dépenses.

Il est utile, à ce propos, de mentionner la clause du § 7. Elle signifie seulement que, dans les cas transitoires, les tribunaux ne réclameront pas les frais de procédure, et non pas que la Fédération sera tenue de rembourser les frais des parties aux procès. Une telle clause serait contraire aux principes de la procédure pénale autrichienne. La Convention européenne des Droits de l'Homme ne prévoit pas non plus que l'Etat contre qui une requête a été introduite devant la Commission des Droits de l'Homme sera dans l'obligation de rembourser les frais.

CHAPTER II / CHAPITRE II

THE CONVENTION IN THE DOMESTIC COURTS OF THE CONTRACTING PARTIES

LA CONVENTION DEVANT LES JURIDICTIONS INTERNES DES ETATS CONTRACTANTS

A.

Decisions of domestic Courts referring to the European Convention on Human Rights

Décisions des tribunaux internes se référant à la Convention européenne des Droits de l'Homme

COURT / TRIBUNAL	DATE OF THE DECISION / DATE DE LA DECISION	SOURCE / SOURCE OU REFERENCE
1. Austria/Autriche		
Oberlandesgericht, Linz (Court of Appeal / Cour d'Appel)	20.12.1961	6 Bs 590/61
Verfassungsgerichtshof (Constitutional Court / Cour Constitutionnelle)	21. 3.1962	B 53/62
Oberster Gerichtshof (Supreme Court / Cour Suprême)	16. 1.1963	7 Ob 354/62
Oberster Gerichtshof (Supreme Court / Cour Suprême)	29. 1.1963	8 Ob 15/63
Oberster Gerichtshof (Supreme Court/Cour Suprême)	24. 7.1963	affaire I. Prosser

2. Federal Republic of Germany/ République Fédérale d'Allemagne

Bayer. Verfassungsgerichtshof (Bavarian Constitutional Court / Cour Constitutionnelle Bavaroise)	12. 7.1962	Verwaltungs-rechtsprechung in Deutschland, 16. Band, 1964, p. 1.
Oberlandesgericht, Köln (Court of Appeal / Cour d'Appel)	11. 6.1963	Neue Juristische Wochenschrift, 1963, p. 1748
Oberlandesgericht, Hamburg (Court of Appeal / Cour d'Appel)	13. 6.1963	2 Ws 37/63

3. Turkey/Turquie

Constitutional Court / Cour Constitutionnelle	1. 7.1963	No. 1963/207 E., 1963/175 R.

B.

Extracts from decisions

TURKEY

Constitutional Court

(*Translation*)

No. 1963/207 E., 1963/175 R.
Date of judgment: 1st July 1963.
Applicant: The Turkish Labour Party.

Purpose of application: To secure a ruling that the death penalty provided for in Article 11 (1) of the Turkish Penal Code, No. 765, is incompatible with the provisions of Article 11 (second paragraph) and Article 14 of the Constitution.

Recitals: ....
....

The application is based on Articles 11 and 14 of the Constitution. The first of these provides that no restrictions shall be placed on fundamental rights and freedoms except by law, while the law itself shall not infringe upon the essence of any right or freedom, not even for such reasons as public interest, morals and order, social justice or national security. Article 14 states that every individual enjoys the right to life and to seek to improve himself materially and spiritually. The applicant submits that the effect of these provisions should be to prevent the law from infringing in any way upon the essence of the right to life, and that the principles laid down in the above-mentioned articles would imply the abolition of the death penalty, the legality of which has for many years been a subject of discussion. In the applicant's submission, the death penalty infringes upon the very essence of the right to life and cannot be reconciled with the Constitution. The applicant therefore seeks the deletion of the first heading of Article 11 of the Turkish Penal Code which lays down penalties for offences, and the application of Article 18 of Act No. 44 on the Constitution and the procedure of the Constitutional Court.

The terms of Article 11 of the Turkish Penal Code are as follows:

Article 11 – The sentences applicable to crimes shall be:

1. Death

....

......

B.

Extraits de décisions

TURQUIE

Cour Constitutionnelle
Arrêt du 1er juillet 1963

(*Traduction*)

N° 1963/207 E., 1963/175 R
Date du prononcé de l'arrêt: 1er juillet 1963
Requérant: le Parti Travailliste Turc.

Objet de la requête: L'objet de la requête consiste à faire prononcer la non-conformité de la peine de mort prévue par le chiffre premier de l'article 11 du Code pénal turc, portant le N° 765, avec les dispositions du deuxième paragraphe de l'article 11 et celles de l'article 14 de la Constitution.

Considérants: ....
....

La requête se base sur les articles 11 et 14 de la Constitution. La première de ces dispositions prévoit que l'on ne peut apporter des restrictions aux droits et libertés fondamentaux que par la loi qui ne peut pourtant porter atteinte à l'essence d'un droit ou d'une liberté, ne fût-ce que pour les raisons telles que celles d'intérêt public, de morale publique, d'ordre public, de justice sociale ou de sécurité nationale. L'article 14 proclame que toute personne a droit à la vie et à développer son existence matérielle et morale. Le requérant prétend donc que par suite de ces dispositions, la loi ne pourrait porter atteinte de quelque manière que ce soit, à l'essence du droit à la vie et que les principes contenus dans les articles mentionnés impliqueraient la suppression de la peine de mort dont la légitimité avait été l'objet de discussions depuis de longues années. Selon le requérant la peine de mort qui atteint l'essence même du droit à la vie serait contraire à la Constitution. Il demande par conséquent que le chiffre 1 de l'article 11 du Code pénal turc qui énumère les peines prévues pour les crimes soit annulé et que l'on fasse application de l'article 18 de la loi N° 44 sur la Constitution et la procédure de la Cour constitutionnelle.

La teneur de l'article 11 du Code pénal turc est comme suit:
Article 11 – les peines applicables aux crimes sont:
1. la mort

....
....

The provisions of the Constitution relevant to the purpose of the application are as follows:

Article 11 – The fundamental rights and freedoms shall be restricted by law only in conformity with the letter and spirit of the Constitution.

The law shall not infringe upon the essence of any right or liberty not even when it is applied for the purpose of upholding public interest, morals and order, social justice as well as national security.

Article 14 – Every individual shall enjoy the right to life and to seek to improve himself materially and spiritually and have the benefit of personal freedom.

The immunities and freedoms enjoyed by the individual shall not be restricted except in cases explicitly prescribed by law and in conformance with judgments duly passed by a court.

No individual shall be subjected to ill-treatment or torture.

No punishment incompatible with human dignity shall be imposed.

Article 33 – No person shall be punishable for an act which is not considered an offence under the law in force at the time the act was committed.

Punishments and penal measures shall be established only by law.

No person shall be punishable with a heavier penalty than that provided in the law for that offence at the time the offence was committed.

. . . .

Criminal responsibility is personal.

No penalty involving general confiscation shall be imposed.

Article 64 – . . . . The Grand National Assembly is empowered . . . to pass resolutions in regard . . . to the carrying out of definitive death sentences passed by courts.

The applicant, without referring to Article 33 and 64 of the Constitution, which are nevertheless relevant to the purpose of the application, infers from Article 14 (first paragraph) and Article 11 that the death penalty is incompatible with the Constitution. If this interpretation were accepted, it would have to be concluded that not only the death penalty but also life imprisonment and even imprisonment or deportation for a long term were incompatible with the Constitution since they too infringe upon the essence of individual freedom.

Furthermore, the need to punish a person who undermines the foundations of society, i.e. in legal terms, a person who commits an offence, cannot be challenged. It is also obvious that the punishment meted out to the criminal should be in keeping with the seriousness of the offence he has committed. It follows that it is

Les dispositions de la Constitution qui concernent l'objet de la requête sont reproduites ci-dessous:

Article 11 – Les droits et les libertés fondamentaux ne peuvent être limités que par la loi et conformément à la lettre et l'esprit de la Constitution.

La loi ne peut pas porter atteinte à l'essence d'un droit ou d'une liberté, même pour les raisons telles que celles d'intérêt public, de morale publique, d'ordre public, de justice sociale et de sécurité nationale.

Article 14 – Toute personne a droit à la vie et à développer son existence matérielle et morale. Toute personne jouit de la liberté individuelle.

On ne peut apporter des restrictions à l'inviolabilité et à la liberté individuelle que dans les cas bien précisés par la loi et qu'en vertu d'une décision régulière d'un tribunal.

Nul ne peut être soumis à la torture.

Nulle peine ne sera incompatible avec la dignité humaine.

Article 33 – Nul ne peut être condamné pour une action qui, au moment où elle a été commise, ne constituait pas une infraction d'après la loi alors en vigueur.

Les peines et les mesures d'ordre pénal ne peuvent être prévues que par la loi.

Il ne peut être infligé aucune peine plus forte que celle qui est prévue par la loi au moment où l'infraction a été commise.

. . . .

La responsabilité pénale est personnelle.

La peine de confiscation générale est interdite.

Article 64 – . . . Il est du ressort de la Grande Assemblée Nationale de décider si les peines de mort prononcées par les tribunaux et devenues définitives seront exécutées ou non.

Le requérant, sans mentionner les articles 33 et 64 de la Constitution qui sont pourtant pertinentes pour l'objet de la requête, déduit du paragraphe premier de l'article 14 et de l'article 11 que la peine de mort serait contraire à la Constitution. Si l'on admettait ce point de vue, on devrait en arriver à la conclusion que non seulement la peine de mort, mais aussi la détention à perpétuité et même la détention ou la déportation pour une longue durée seraient contraires à la Constitution du fait qu'elles aussi portent atteinte à l'essence de la liberté individuelle.

Par ailleurs, la nécessité de punir une personne qui perturbe les conditions fondamentales de la vie en société, c'est-à-dire qui, en termes juridiques, commet un crime, ne prête à aucune discussion. Il est évident d'autre part que le délinquant doit encourir une peine proportionnée à la gravité du délit qu'il a commis. Il s'ensuit qu'il

not logically or juridically possible to invoke Article 11 of the Constitution in connexion with offences and penalties. For this very reason, the Constituent Assembly decided to deal with this matter in a separate article which appears in the second part of the Constitution with fundamental rights and freedom. The principles of the legality and individuality of penalties, the nature and scope of which have become sufficiently clear after a long period of evolution in criminal law, are embodied in the form of guarantees of individual freedom in Article 33 of the Constitution, which prescribes that "punishments and penal measures shall be established only by law" and that "criminal liability is personal". It should be observed that whereas the penalty of general confiscation is specifically prohibited in the last paragraph of this article, there is no mention of a prohibition in regard to the death penalty.

Although the first paragraph of Article 14 of the Constitution lays down as fundamental rights and freedoms the right to life, the right to improve oneself materially and spiritually, and the right to personal freedom, the subsequent paragraph states as a general principle regarding these rights and freedoms that the right implied by the terms immunities and freedoms enjoyed by the individual is not absolute but may be restricted where the requirements of society so demand, on condition that the restriction is prescribed by law and imposed by a court. Moreover, while the same article prohibits torture and punishments incompatible with human dignity, it is silent on the death penalty. In the light of these constitutional provisions, therefore, it must be concluded that criminal sentences – including the death penalty – which do not come under the prohibitions set out in Articles 33 and 14 are not incompatible with the Constitution. Furthermore, the fact that Article 64 of the Constitution, quoted above, specifically provides that the Grand National Assembly is "empowered ... to pass resolutions in regard ... to the carrying out of definitive death sentences passed by courts" shows incontrovertibly that the makers of the Constitution accepted and wished to retain the death penalty as provided in Article 11 of the Turkish Penal Code.

The question can be further clarified by referring to the relevant provisions of an international convention which, as is evident from the report of the Constitutional Committee and the proceedings of the Constituent Assembly, was taken into consideration during the drafting of the Constitution. Article 2 (1) of the Convention for the Protection of Human Rights and Fundamental Freedoms, to

n'est pas logiquement et juridiquement possible de se prévaloir de l'article 11 de la Constitution au sujet des délits et peines. C'est précisément pour cette raison que l'Assemblée Constituante a jugé approprié de réglementer cette matière dans un article indépendant qui prend place dans la deuxième partie de la Constitution consacrée aux droits et libertés fondamentaux. Les principes de la légalité et de la personnalité des peines, dont la nature et la portée sont devenues suffisamment claires au terme d'une longue évolution dans le domaine du droit pénal, prennent place, en tant que garanties de la liberté individuelle, dans l'article 33 de la Constitution qui stipule à cet effet que "les peines et les mesures d'ordre pénal ne peuvent être prévues que par la loi" et que „la responsabilité pénale est personnelle". Il est à remarquer que tandis que la peine de confiscation générale est explicitement prohibée par le dernier paragraphe de l'article en question, il n'y a aucune indication relative à l'interdiction de la peine de mort.

D'autre part, la Constitution qui garantit le droit à la vie et le droit pour une personne de développer son existence morale et matérielle ainsi que la liberté individuelle, comme des droits et libertés fondamentaux, par le premier paragraphe de l'article 14, pose cependant au paragraphe suivant le principe général relatif à ces droits et libertés, à savoir que ce droit exprimé par les termes de l'inviolabilité et de la liberté individuelles n'est pas absolu, qu'il peut être limité dans les cas où les exigences de la vie en société le rend nécessaire et ceci à la condition que cette limitation soit prévue par la loi et prononcée par un tribunal. De plus, la Constitution qui, dans le même article, interdit la torture et les peines imcompatibles avec la dignité humaine, n'y fait pas mention de la peine de mort. Donc, vu les dispositions constitutionnelles que l'on vient d'analyser, il convient d'affirmer que les sanctions pénales – y compris la peine de mort – qui échappent aux interdictions énumérées dans les articles 33 et 14 ne sont pas contraires à la Constitution. Du reste le fait que dans l'article 64 de la Constitution, dont le texte est reproduit plus haut, il est explicitement prévu qu'il est de la compétence de la Grande Assemblée Nationale de "décider si les peines de mort prononcées par les tribunaux et devenues définitives doivent être exécutées ou non", fournit la preuve irréfutable du fait que le législateur constitutionnel a accepté et voulu maintenir la peine de mort prévu par l'article 11 du Code pénal turc.

Pour mieux éclairer le sujet, il conviendrait de se référer également aux dispositions pertinentes d'une convention internationale qui, comme il ressort du rapport de la Commission Constitutionnelle et des débats de l'Assemblée Constituante, a été prise en considération lors de la préparation de la Constitution. Le premier paragraphe de l'article 2 de la Convention de Sauvegarde des Droits de l'Homme

which Turkey acceded in 1954, stipulates that "everyone's right to life shall be protected by law" and that "no-one shall be deprived of his life intentionally save in the execution of a sentence of a court following his conviction of a crime for which this penalty is provided by law". This also shows clearly that the death penalty is not incompatible with fundamental rights and freedoms.

While it is true that the expediency of retaining the death penalty is a subject of doctrinal discussion, it has not been considered necessary to study these arguments, as in view of the aforesaid provisions of the Constitution, they can have no bearing on the application.

For the reasons given above, this application is dismissed.

Conclusion: It has been unanimously decided on this first day of July 1963 that Article 11 (1) of the Turkish Penal Code, No. 765, dealing with the death penalty is not incompatible with the Constitution and that the application must therefore be dismissed.

et des Libertés Fondamentales, à laquelle notre pays a adhéré en 1954, en stipulant que "le droit de toute personne à la vie est protégé par la loi" et que "la mort ne peut être infligée à quiconque intentionnellement, sauf en exécution d'une sentence capitale prononcée par un tribunal au cas où le délit est puni de cette peine par la loi", démontre clairement que la peine de mort n'est pas contraire non plus aux droits et libertés fondamentaux de l'homme.

Bien qu'il soit vrai que l'opportunité de la conservation de la peine de mort dans les législations est un sujet de discussions doctrinales, il n'a pas été jugé nécessaire d'étudier ces points de vue qui ne peuvent avoir aucune influence sur l'objet de la requête en présence des dispositions de la Constitution analysées plus haut.

Par suite des motifs ci-dessus développés, la requête doit être rejetée.

Conclusion: Il a été décidé à l'unanimité, le 1er juillet 1963, que la disposition du chiffre 1 de l'article 11 du Code pénal turc portant le numéro 765, relative à la peine de mort n'était pas contraire à la Constitution, et que par conséquent la requête devait être rejetée.

APPENDIX

DOCUMENTATION AND BIBLIOGRAPHY

ANNEXE

DOCUMENTATION ET BIBLIOGRAPHIE

A.

Council of Europe Documents [1]

Documents du Conseil de l'Europe [1]

1. Working papers of the Consultative Assembly / Documents de séance de l'Assemblée Consultative

Doc. 1538. Report on perjury before international judicial organs.

Rapport sur les fausses déclarations devant les instances judiciaires internationales.

(Report presented on behalf of the Legal Committee by Mr. Lannung)
(Rapport présenté par M. Lannung au nom de la Commission Juridique)

Doc. 1543. Report on the ratification of Council of Europe Conventions.

Rapport sur la ratification des Conventions du Conseil de l'Europe.

(Report presented on behalf of the Legal Committee by Mrs. Stoffels-van Haaften)
(Rapport présenté par Mme Stoffels-van Haaften au nom de la Commission Juridique)

Doc. 1557. Request for an Opinion from the Committee of Ministers to the Assembly on the Proposal for establishing an International Institute of Human Rights.

Demande d'avis du Comité des Ministres à l'Assemblée sur le projet de création d'un Institut International des Droits de l'Homme.

(Letter from the Secretary-General to the President of the Consultative Assembly)
(Lettre du Secrétaire Général au Président de l'Assemblée Consultative)

Recommendation 286 (1961) on the creation of an International Institute of Human Rights.

Recommandation 286 (1961) relative à la création d'un Institut International des Droits de l'Homme.

(Proposal for establishing an International Institute of Human Rights. Report of the Committee of Experts to the Committee of Ministers)
(Projet de création d'un Institut International des Droits de l'Homme. Rapport du Comité d'Experts au Comité des Ministres)

Doc. 1577. Communication from the Committee of Ministers on the election of members of the European Commission of Human Rights.

[1] The documents set out below refer only to documents available to the public. The numerous documents of a confidential nature are not mentioned.

[1] Seuls les documents accessibles au public sont mentionnés, à l'exclusion des nombreux documents de caractère confidentiel.

Communication du Comité des Ministres relative à l'élection de membres de la Commission européenne des Droits de l'Homme.

(Letter from the Chairman of the Ministers' Deputies to the President of the Consultative Assembly, dated 8th May 1963)

(Lettre du Président des Délégués des Ministres au Président de l'Assemblée, en date du 8 mai 1963)

(Resolution (63) 4 adopted by the Ministers' Deputies on 3rd May 1963. Election of six members of the European Commission on Human Rights)

(Résolution (63) 4 adoptée par les Délégués des Ministres le 3 mai 1963. Election de six membres de la Commission européenne des Droits de l'Homme)

(Resolution (63) 7 adopted by the Committee of Ministers on 6th May 1963. Election of a member of the European Commission of Human Rights in respect of Cyprus)

(Résolution (63) 7 adoptée par le Comité des Ministres le 6 mai 1963. Election d'un membre de la Commission européenne des Droits de l'Homme au titre de Chypre)

Progress Report of the Bureau and the Standing Committee (15th January –6th May 1963) Rapporteur: Mr. Pinton.

Rapport d'activité du Bureau et de la Commission Permanente (15 janvier –6 mai 1963) Rapporteur: M. Pinton.

V. Elections to the European Commission of Human Rights

V. Renouvellement partiel de la Commission européenne des Droits de l'Homme

VII. Application of the European Convention on Human Rights – Zanzibar

VII. Application de la Convention européenne des Droits de l'Homme – Zanzibar

Doc. 1620. Report on teaching and research in the field of human rights. (Rapporteur: Mr. Hermod Lannung)

Rapport sur l'enseignement et la recherche dans le domaine des droits de l'homme. (Rapporteur: M. Hermod Lannung)

Doc. 1633. Note from the Committee of Ministers transmitting to the Consultative Assembly information received from Governments of member States on the state of signatures to or ratifications of Council of Europe Conventions, Agreements or Protocols at the end of 1962, in pursuance of Resolution (61) 6.

Communication du Comité des Ministres transmettant à l'Assemblée Consultative les renseignements fournis par les gouvernements des pays membres conformément à la Résolution (61) 6, relative à l'état des signatures ou ratifications de conventions, accords ou protocoles du Conseil de l'Europe à la fin de 1962.

Federal Republic of Germany / République Fédérale d'Allemagne
Greece / Grèce
Sweden / Suède
Turkey / Turquie
United Kingdom / Royaume-Uni

Doc. 1652. Letter from the Secretary-General transmitting the list of candidates for election to the European Court of Human Rights in respect of Switzerland, which recently acceded to the Council of Europe.

Letter from the Secretary-General of the Council of Europe to the President of the Assembly. Appendix. Biographical Notes of the candidates.

Communication par le Secrétaire Général de la liste des candidats pour l'élection d'un juge à la Cour européenne des Droits de l'Homme au siège créé du fait de l'adhésion de la Suisse au Conseil de l'Europe.
Lettre du Secrétaire Général du Conseil de l'Europe au Président de l'Assemblée Consultative. Annexe. Curriculum vitae des candidats.

Doc. 1653. Progress Report of the Bureau, the Standing Committee and the Permanent Working Party on Parliamentary and Public Relations (6th May–18th September 1963)

XI. Election of a judge to the European Court of Human Rights to fill the vacancy created by the accession of Switzerland to the Council of Europe.
XII. Application of the European Convention on Human Rights – Note Verbale from the Permanent Representative of Turkey.

Rapport d'activité du Bureau, de la Commission Permanente et du Groupe de travail permanent chargé des relations avec les parlements nationaux et le public (6 mai–18 septembre 1963)

XI. Election d'un juge à la Cour européenne des Droits de l'Homme au siège créé du fait de l'adhésion de la Suisse au Conseil de l'Europe.
XII. Application de la Convention européenne des Droits de l'Homme – Communication du Représentant Permanent de la Turquie.

2. *Reports of the debates of the Consultative Assembly / Comptes rendus des débats de l'Assemblée Consultative*

Sitting of 18th January morning) / Séance du 18 janvier (matin)

p. 854	M. Colley	Ratification of Council of Europe Conventions / Ratification des Conventions du Conseil de l'Europe (Doc. 1543)
p. 856	M. Lannung	Perjury before international judicial organs / Fausses déclarations devant les instances judiciaires internationales. (Doc. 1538)

Sitting of 7th May (morning) / Séance du 7 mai (matin)

p. 35	M. Schaus	Fourteenth Report of the Committee of Ministers to the Consultative Assembly under Article 19 of the Statute for 1962 / Quatorzième Rapport adressé par le Comité des Ministres à l'Assemblée Consultative en application de l'article 19 du Statut, pour l'année 1962. (Doc. 1564)

Sitting of 18th September (afternoon) / Séance du 18 septembre (après-midi)

p. 305	M. Czernetz	Progress Report of the Bureau, the Standing Committee and the Permanent Work ing Party on Par-

		liamentary and Public Relations / Rapport d'activité du Bureau, de la Commission Permanente et du Groupe de travail permanent chargé des relations avec les parlements nationaux et le public. (Doc. 1653)
pp. 306–508	M. PFLIMLIN	Election of a judge to the European Court of Human Rights / Élection d'un juge à la Cour européenne des Droits de l'Homme. (Doc. 1652)

Sitting of 20th September (afternoon) / Séance du 20 septembre (après-midi)

pp. 423–425	M. LANNUNG	Teaching and research in the field of human rights / Enseignement et recherche dans le domaine des droits de l'homme. (Doc. 1620)

3. *Texts adopted by the Consultative Assembly / Textes adoptés par l'Assemblée Consultative*

18th January / 18 janvier	Recommendation 350 / Recommandation 350	Perjury before international judicial organs / Fausses déclarations devant les instances judiciaires internationales.
20th September / 20 septembre	Opinion No. 40 / Avis N° 40	Teaching and research in the field of Human Rights / Enseignement et recherche dans le domaine des droits de l'homme.

B.

Selective bibliography of publications concerning the European Convention on Human Rights

Liste des principales publications concernant la Convention Européenne des Droits de l'Homme

ALBERS, H., *Het Woord is aan het Individu,* Rede uitgesproken door H. Albers op de plechtige openingszitting van de Vlaamse conferentie bij de Balie van Antwerpen, 19 oktober 1963.

ANTONOPOULOS, N., *L'influence de la Déclaration Universelle des Droits de l'Homme sur les Constitutions Contemporaines,* (1963), 33 pages.

BELLAVITE, V., *L'individuo davanti alle corti internationali die Giustizia, con particolare riferimento all'articolo 25 della Convensione Europea dei diritti dell'uomo e delle libertà fondamentali,* Thèse (1962/63).

BOCKSTIEGEL, K. H., *Die allgemeinen Grundsätze des Völkerrechts über Eigentumsentziehung. Eine Untersuchung zu Art. 1 des Zusatzprotokolls der Europäischen Menschenrechtskonvention,* Berlin, Walter de Gruyter u. Co. (1963), 158 pages.

GERBINO, MARIO, Considerazioni sugli effetti delle sentenze della Corte Europea dei diritti dell'uomo, in: *Rivista di Diritto Europeo* (Gennaio-Marzo 1963), pp. 14 et suiv.

GOLSONG, H., The European Convention on Human Rights before domestic Courts, in: *The British Yearbook of International Law* (1962), pp. 445 et suiv.

GORMLEY, W. P. and KING, D. B., Toward International Human Rights, in: *Wayne Law Review,* Winter 1963, Vol. 9, N° 2, pp. 294 et suiv.

GREENBERG, J. and SHALIT, A. R., New Horizons for Human Rights: the European Convention, Court, and Commission of Human Rights, in: *Columbia Law Review,* Vol. 63 (1963), pp. 1384 et suiv.

KELLNER, H., Die Abweisung der Individualbeschwerden aus Art. 27 der Menschenrechtskonvention, in: *Neue Juristische Wochenschrift,* Jg. 16 (1963), pp. 2207 et suiv.

KING, DONALD B. and GORMLEY, W. PAUL, Toward International Human Rights, in: *Wayne Law Review,* Winter 1963, Vol. 9, N° 2, pp. 294 et suiv.

LIEBSCHER, VIKTOR, Bedarf die österreichische Rechtssprechung der ausländischen Kontrolle? Die Menschenrechtskonvention und die Strafprozessnovelle 1962, in: *Juristischer Blätter,* Heft 5/6, 16. März 1963, pp. 117 et suiv.

LIEBSCHER, VIKTOR, Austria and the European Convention for the Protection of Human Rights and Fundamental Freedoms, in: *Journal of the International Commission of Jurists,* Vol. IV, No. 2, Summer 1963.

MENEU MONLEON, P., La sentencia del tribunal europeo de derechos del hombre en el "asunto De Becker". in: *Boletin del Illustre Colegio de Abodagos de Madrid,* octobre à décembre 1962, pp. 448 et suiv.

MODINOS, P., *Introduction à l'étude des Droits de l'Homme,* Strasbourg 1963, 17 pages.

PARDOS PEREZ, J. L., Convention europea de Derechos del Hombre y Libertades fundamentales, in: *Proteccion internacional del Individuo,* Madrid 1963.

PETREN, STURE, La Convention européenne des Droits de l'Homme a dix ans: un rempart contre les atteintes à l'ordre démocratique dans les Etats, in: *Le Monde Diplomatique*, N° 113, septembre 1963, p. 5.

PFUEL, C. C. VON, 10 Jahre Menschenrechtskonvention, 3. September 1953 – 3. September 1963, in: *Europäisches Recht*, Nr. 27.

ROBERTSON, A. H., *Human Rights in Europe*, Manchester University Press (1963), 280 pages.

RUNGE, C., Die Stellung des Verletzten im Verfahren vor dem Europäischen Gerichtshof für Menschenrechte – "Fall Lawless", in: *Juristische Schulung*, Heft 8, München 1963, pp. 308 et suiv.

SCHERMERS, H. G., Twee amendementen op het Europese Verdrag tot bescherming van de rechten van de mens, in: *Nederlands Juristenblad*, 10 août 1963, pp. 604 et suiv.

SCHEUNER, U., Der Schutz der Menschenrechte in der internationalen Gemeinschaft, in: *Politik und Zeitgeschichte*, 4. September 1963, pp. 3 et suiv.

SCHUMAN, E., *Verfassungs- und Menschenrechtsbeschwerde gegen richterliche Entscheidungen*, Duncker et Humblot, Berlin (1963), 380 pages.

SEIDL-HOHEVELDERN, I., Internationale Organisationen und der Schutz des Privateigentums, in: *Journal du Droit International*, N° 3 (1963), pp. 627 et suiv.

SHALIT, A. R. and GREENBERG, J., New Horizons for Human Rights: the European Convention, Court, and Commission of Human Rights, in: *Columbia Law Review*, Vol. 65 (1963), pp. 1384 et suiv.

SÜSTERHENN, A., Vorherrschaft des Rechts: Zehn Jahre Europäische Konvention zum Schutze der Menschenrechte und Grundfreiheiten, in: *Frankfurter Allgemeine Zeitung für Deutschland*, N° 199, 29 août 1963, p. 2.

VASAK, K., The European Convention of Human Rights beyond the frontiers of Europe, in: *The International and Comparative Law Quarterly*, October 1964, pp. 1206 et suiv.

WOESNER, H., Die ersten Entscheidungen des Europäischen Gerichtshofs für Menschenrechte, in: *Neue Juristische Wochenschrift*, Heft 16 (1963) pp. 694 et suiv.

ALPHABETIC INDEX

Abbreviations

"Convention (the)"	means the European Convention on Human Rights
"First Protocol (the)"	means the First Protocol to the European Convention on Human Rights
"Commission (the)"	means the European Commission on Human Rights
"Court (the)"	means the European Court of Human Rights

A

B

F

G

H

I

J

L

M N

P

R

S

T

U

V

W

Z

INDEX ALPHABETIQUE

Abréviations

"Convention (La—)" signifie la Convention européenne des Droits de l'Homme.
"Protocole (Le—)" signifie le Protocole Additionnel à la Convention européenne des Droits de l'Homme.
"Commission (La—)" signifie la Commission européenne des Droits de l'Homme.
"Cour (La—)" signifie la Cour européenne des Droits de l'Homme.

A

D

Q

R

T

V

Z

FSC
www.fsc.org
MIX
Papier aus verantwortungsvollen Quellen
Paper from responsible sources
FSC® C105338

If you have any concerns about our products,
you can contact us on
ProductSafety@springernature.com

In case Publisher is established outside the EU,
the EU authorized representative is:
Springer Nature Customer Service Center GmbH
Europaplatz 3, 69115 Heidelberg, Germany

Printed by Libri Plureos GmbH
in Hamburg, Germany